Albert Bolze

Die Praxis des Reichsgerichts in Civilsachen

Albert Bolze

Die Praxis des Reichsgerichts in Civilsachen

ISBN/EAN: 9783743652217

Hergestellt in Europa, USA, Kanada, Australien, Japan

Cover: Foto ©Suzi / pixelio.de

Weitere Bücher finden Sie auf **www.hansebooks.com**

Die
Praxis des Reichsgerichts
in Civilsachen.

Bearbeitet

von

A. Bolze,
Reichsgerichtsrath.

———

Neunter Band.

Leipzig:
F. A. Brockhaus.
1890.

Inhaltsverzeichniß.

—

Erste Abtheilung.
Rechtsquellen, örtliches und zeitliches Recht.

Zweite Abtheilung.
Das bürgerliche Recht.

I. Das Rechtsverhältniß und seine Elemente.

II. Die einzelnen vermögensrechtlichen Rechtsverhältnisse der Einzelpersonen.

A. Dingliche Rechte und verwandte Rechtsverhältnisse.

B. Obligationen und Ansprüche.

a. Allgemeines.

b. Einzelne Obligationen und Ansprüche.

IV. Das Familienrecht.

V. Das Erbrecht.

VI. Berührung mit dem öffentlichen Recht.

Dritte Abtheilung.
Civilprozeß.

Abkürzungen.

I, II, III, IV, V, VI = erster bis sechster Civilsenat des Reichsgerichts.

A. B. G. = Allgemeines Berggesetz.

A. L. R. = Preußisches Allgemeines Landrecht.

A. G. = Anfechtungsgesetz.

A. G. O. = Preußische Allgemeine Gerichtsordnung.

A. S. B. B. = Allgemeine Seeversicherungsbedingungen.

B. = Baden.

B. L. R. = Badisches Landrecht.

C. P. O. = Civilprozeßordnung.

E. = Entscheidungen.

E. G. = Einführungsgesetz.

E. E. G. = Preußisches Gesetz über den Eigenthumserwerb vom 5. Mai 1872.

E. L. = Elsaß-Lothringen.

F. = Rheinisch-Französisches Recht.

G. B. O. = Grundbuchordnung.

G. O. = Gewerbeordnung.

G. R. = Gemeines Recht.

G. S. = Gesetzsammlung.

H. G. B. = Handelsgesetzbuch.

K. O. = Konkursordnung.

O. H. G. = Offene Handelsgesellschaft.

O. T. = Berliner Obertribunal.

Pl. = Plenarentscheidung.

Pr. = Preußen.

u. w. d. a. = und was dem anhängt.

Erste Abtheilung.

Rechtsquellen, örtliches, zeitliches Recht.

1. Das Geständniß der Beklagten geht nur dahin, daß die Mennoniten bei Herrichtung des Kirchhofs mitgewirkt und in der Folge die zur Unterhaltung erforderlichen Abgaben geleistet haben. Dafür aber, daß die mennonitischen Besitzer diese Abgaben geleistet haben in Erfüllung einer auf ihren Grundstücken haftenden Last und nicht einer persönlichen Verpflichtung, was nur dann anzunehmen wäre, wenn feststände, daß eine Repartition der Unterhaltungskosten auf die Grundstücke stattgefunden hätte und von den Besitzern dieser Repartition gemäß Zahlung geleistet wäre, gewährt das Geständniß keinen Anhalt und ist auch sonst nichts erbracht worden. Die Feststellung einer die Grundstücksbesitzer verpflichtenden Observanz entbehrt daher gerade in dem für die Entscheidung wesentlichen Punkte der Begründung. Insbesondere kommt in Betracht, daß die Beklagten unter Beweis gestellt haben, einerseits, daß der Kirchhof lediglich aus dem Erbgelde unterhalten sei, welches diejenigen Personen bezahlt haben, welche haben beerdigen lassen; andererseits, daß eine Menge von Forensen zur Unterhaltung des Kirchhofs niemals beigetragen haben. IV, 334/88 vom 3. Febr. 90.

2. Im Fall Bd. VII, Nr. 9 u. 340) hat das Berufungsgericht nun als Inhalt des partikularen Gewohnheitsrechtssatzes festgestellt, der König konnte mit Zustimmung des Nießbrauchers Aenderungen in Fideikommißsachen verfügen, auch ein bestehendes Familienfideikommiß (ohne Zustimmung der Agnaten) aufheben. Da das partikulare Recht nicht revisibel, so wurde nun die Revision gegen die anderweite Verurtheilung des Beklagten zurückgewiesen. III, 248/89 vom 17. Dec. 89/24. Jan. 90.

Gewohnheitsrecht und Observanz.

Observanz. 3. IV, 345/89 vom 24. Febr. 90 wie IV, 227/84 vom 8. Dec. Bd. I, 15. Durch den Umstand, daß Klägerin im Juli 1843 durch einen Erlaß der Regierung Kenntniß von dem Gutachten des Obertribunals vom 31. Oft. 1842, welches jener irrigen Meinung entgegengetreten, erlangt habe, erachtet das Berufungsgericht den Rechtsirrthum der Klägerin nicht für behoben. Es erwägt, daß auf Grund der weiteren Verhandlungen der Klägerin mit der Regierung Klägerin habe annehmen müssen und angenommen habe, das Gutachten des höchsten Gerichtshofes sei noch nicht maßgebend und gegen den Fiskus im Wege Rechtens Angesichts der Kursächsischen Gesetzgebung nichts auszurichten. Betreffs des Plenarbeschlusses des Obertribunals vom 6. Dec. 1852, durch welchen das Gutachten von 1842 bestätigt worden, nimmt der Berufungsrichter aber an, daß der Klägerin von dieser Entscheidung erst im März 1882 Kenntniß geworden sei. — Seitdem seien nur zwei Baufälle vorgekommen, welche zur Bildung einer Observanz nicht ausreichten. Revision zurückgewiesen. Die Unterstellung der Revision, daß dem Richter mindestens die Prüfung obgelegen, ob nicht die späteren Baufälle in Verbindung mit den früheren zur Bildung der streitigen Observanz geeignet gewesen, erscheint gegenüber der Feststellung des Vorderrichters, daß auf Grund der älteren Fälle die Observanz sich überhaupt nicht habe bilden können, unzutreffend. IV, 345/89 vom 24. Febr. 90.

4. Die von der Behörde längere Zeit fortgesetzte mißbräuchliche Unterlassung der Erhebung einer gesetzlich normirten Abgabe bringt an sich noch nicht die gewohnheitsrechtliche Beseitigung der Abgabe für die entsprechenden Fälle mit sich; diese würde erst dann vorliegen, wenn nicht nur die Uebung auf der allseitig getheilten Ueberzeugung beruhte, daß die Abgabe in solchen Fällen nicht geschuldet werde, sondern auch diese Ueberzeugung nicht in einer falschen Auslegung des Gesetzes ihren Grund hatte. VI, 336/89 vom 24. März 90.

Oertliches Recht. 5. Der Sohn hat, als er in Russisch-Polen als Gutspächter wohnte, seinen Vater bei sich aufgenommen und alimentirt. Daß er hieraus einen Anspruch auf Ersatz nicht hatte, weil er zur Alimentation verpflichtet war, nach dem in Polen geltenden Code mit Recht beantwortet, als der Sohn in seinem späteren Wohnsitz Berlin auf Rückzahlung eines Darlehns belangt, mit jenem An-

spruch kompensiren wollte. IV, 223/89 vom 25. Nov. Vgl.
Bd. IV, 15.

6. Das Oberlandesgericht hat die Zahlungsverbindlichkeit des
Beklagten nach Mecklenburgischem Rechte beurtheilt, und die Einrede der Verjährung aus der M. Verordnung vom 12. Mai 1855
begründet erachtet. Es hat angenommen, daß für jene Verbindlichkeit nach der Natur des in Frage stehenden Rechtsgeschäftes
und in Ermangelung einer gegentheiligen Veredung der Wohnort
des Beklagten, Neuburg, als Erfüllungsort zu gelten habe. Der
hiergegen gerichtete Hinweis darauf, daß Kläger die Leistungen,
deren Preis er einklage, in seinem Wohnort Neuhaldensleben fertig
zu stellen gehabt und nur die Aufstellung einzelner Maschinentheile
in Neuburg übernommen habe, würde lediglich dann relevant sein
können, wenn der Erfüllungsort für die klägerische Leistung zu
bestimmen wäre, läßt aber auf einen örtlichen Zusammenhang
zwischen dieser und der beklagtischen Zahlungspflicht nicht schließen.
Auch die weitere Ausführung, daß es nach dem Inhalte des Handelsgesetzbuchs nicht zulässig erscheine, ein einheitliches Handelsgeschäft
nach verschiedenem örtlichen Recht zu beurtheilen, ist nicht begründet.
Revision zurückgewiesen. III, 227/89 vom 29. Nov.

7. Die Eheleute haben an verschiedenen Orten, zuletzt in der
Rheinprovinz gewohnt. Am 1. März 1888 haben sie sich getrennt,
die Ehefrau ist nach Köln, der Ehemann nach Scholwin bei Stettin
verzogen. Die Ehefrau fordert Alimente vom 1. April 1888 ab.
Da die persönlichen Verhältnisse der Ehegatten nach dem jeweiligen
Wohnsitze des Ehemannes zu beurtheilen, A. L. R. maßgebend.
IV, 339/89 vom 3. Jan.

8. Die Eheleute sind die Ehe in Preußen eingegangen, und
haben dort bis zur Entfernung der Ehefrau ihren Wohnsitz gehabt. Der Ehemann hat dann seinen Wohnsitz nach Hamburg
verlegt, und nun die Ehescheidungsklage wegen böslicher Verlassung erhoben. Das Hamburger Recht als das des Gerichts-
orts oder des Wohnorts des Ehemanns maßgebend. Daß die
Staatsangehörigkeit entscheide — v. Bar, 2. Aufl., S. 482 ff. —
nicht richtig. VI, 277/89 vom 3. Febr. 90.

9. Im Falle 376/78 durfte der Mecklenburger Kläger, da
das Grundstück in Mecklenburg lag, Verzugszinsen der Differenzforderung von dem Hamburger Beklagten nach M. Recht nur zu

5 Proc., seit der Klagerhebung Proceßzinsen nach Hamburger Recht zu 6 Proc. fordern. VI, 210/89 vom 7./19. Dec.

10. Im Fall 400 war auch die Rüge nicht begründet, daß die Grundsätze über Statutenkollision verletzt seien, ohne daß es einer Erörterung darüber bedarf, welches Recht für die in Rede stehende Frage maßgebend sei, schon deshalb nicht begründet, weil die Kläger in den Vorinstanzen nicht behauptet haben und kein Grund zu der Annahme vorlag, daß nach fremdem Recht eine andere Beurtheilung hätte eintreten müssen als nach einheimischem Recht. Im Vorprozeß waren die Beklagten von dem Court of common pleas zu New-York zur Zahlung verurtheilt. Vgl. 707. VI, 245/89 vom 9. Jan. 90.

11. Ob bezüglich des zur Erbschaft sei es durch Gesetz, sei es durch letztwillige Verfügung berufenen Verschollenen eine Lebenspräsumtion besteht, insonderheit ob der demselben bestellte Kurator für ihn die Erbschaft erwerben konnte, nicht nach dem letzten Wohnsitz des Verschollenen, sondern nach dem Wohnsitz des Erblassers. III, 291/89 vom 7. Jan. 90.

12. Eine Firma in Deutz, zwei Firmen in Mannheim und eine Firma in Lippstadt hatten jede selbständig von einer Firma in Odessa Weizen gekauft. Verkäuferin lud die gesammten Quantitäten Weizen für alle vier Käufer in einen Seedampfer ab, ohne sie gehörig von einander zu scheiden. Die Käufer haben ihre Fakturen bezahlt und die Konossemente erhalten. Bei der Ankunft des Seedampfers im Bestimmungshafen Rotterdam stellte sich heraus, daß ein erhebliches Manko vorhanden war. Die Firma zu Lippstadt und eine Mannheimer Firma löschten zuerst die ihnen fakturirte Quantität, die andere Mannheimer Firma erhielt 3250 Kilo weniger, als sie sollte; die Deutzer Firma 32180 Kilo weniger. Klage der Letzteren gegen die drei Ersteren auf entsprechende Repartition und Herauszahlung in Geld, wozu die Beklagten unter Annahme, es sei Miteigenthum an der Gesammtquantität durch die gemeinsame Absendung eingetreten, im Wesentlichen verurtheilt wurden. Revision zurückgewiesen, bei Irrevisibilität der maßgebenden Rechte. Für die Frage, ob Miteigenthum eingetreten, war das Russische Recht maßgebend; für das Recht auf Theilung der gemeinschaftlichen Waarenmenge und auf Ersatz des Werthes der Weizenquantitäten, welche sich die Beklagten über

das Maß ihrer Antheilsberechtigung zugeeignet haben, das Holländische, als das Recht des Ortes, wo die Theilung vorgenommen werden sollte, und wo die Verletzung des klägerischen Rechts stattfand. Unerheblich, daß der Berufungsrichter in erster Beziehung das Russische Recht nicht angezogen hat, weil er davon ausging, das Miteigenthum trete in solchem Falle nach jedem Rechte ein. II, 293/89 vom 31. Jan. 90.

13. Aus der Motivirung, welche §. 3 des Reichsgesetzes über die Konsulargerichtsbarkeit vom 10. Juli 1879 und der damit übereinstimmende §. 24 des Bundesgesetzes vom 8. Nov. 1867 seitens der gesetzgebenden Faktoren gefunden haben, wie aus deren Wortlaut ergibt sich, daß das Konsulargericht dasjenige bürgerliche Recht anzuwenden hat, welches der Preußische Richter im Gebiet des A. L. R. anwenden würde. IV, 130/88 vom 16. Dec. 89/10. Febr. 90.

14. Die beiden Eheleute sind Hamburgische Staatsangehörige, und hatten dort ihren ersten Wohnsitz; zur Zeit der Klagerhebung hatte der Ehemann seinen Wohnsitz im Bezirk des Konsulargerichts zu Konstantinopel. Der Preußische Richter würde wegen der zwingenden Natur des Ehescheidungsrechts sein eigenes Recht anzuwenden haben, deshalb hat auch das Konsulargericht das Pr. A. L. R. anzuwenden. IV, 130/88 vom 16. Dec. 89/10. Febr. 90.

15. Ein Mecklenburger kaufte eine Berliner Schankwirthschaft von einem Berliner in Berlin und gab dabei eine Mecklenburger Hypothek an Zahlungsstatt. Auf die Haftung des Cedenten aus der übernommenen Gewähr für die Bonität A. L. R. I, 11, §§. 434 ff. maßgebend. I, 6/90 vom 8. März.

16. Im Fall 32 sei anzunehmen, daß nach Absicht der Parteien das in Bischweiler geltende Recht für den Eigenthumsübergang maßgebend war. Demnach bedurfte es nicht einmal der Besitzübergabe. Revision zurückgewiesen. II, 325/89 vom 4. März 90.

17. Vgl. 27. Die Vermuthung des Code 653 nicht anzuwenden auf Zwischenmauern, welche in ihrem gegenwärtigen Zustande bereits vor Einführung des Code bestanden. II, 229/89 vom 4. Dec.

Zweite Abtheilung.

Das bürgerliche Recht.

Handlungs-
fähigkeit.

18. Das Berufungsgericht hat die Prüfung mit größter Umsicht verwirklicht und ist zu dem Ergebnisse gelangt, daß der Beklagte kurz vor, bei und nach dem Abschlusse der Rechtsgeschäfte vom 1. Aug. 1885 sich bei den mannigfachsten Gelegenheiten, nicht nur im Verkehre des gewöhnlichen Lebens, sondern auch namentlich bei der Verhandlung über Rechtsgeschäfte mit Rechtsanwälten und Richtern, als fähig gezeigt hat, die Voraussetzungen seines Handelns klar zu erfassen, und dementsprechend zweckmäßig, ja sogar recht klug, und juristisch wohl bedacht zu handeln. Obwohl derselbe schon längere Zeit vor, bei und nach dem Abschlusse jener bestimmten Rechtsgeschäfte an einer kontinuirlich fortschreitenden, allmählich immer mehr die Treue des Gedächtnisses, die Schärfe der Auffassung und die Fähigkeit zuverlässiger Schlußfolgerung abschwächenden Krankheit des Gehirns gelitten habe, lasse sich die richterliche Ueberzeugung nicht gewinnen, daß ihm bereits zur Zeit des Abschlusses jener Rechtsgeschäfte vom 1. Aug. 1885 im Sinne des Gesetzes die Fähigkeit gemangelt habe, die Folgen seiner Handlungen zu überlegen. Gerade die allmählich und stetig fortschreitende Natur des Krankheitsprozesses in Verknüpfung mit dem gekennzeichneten Verhalten des Kranken zu den gekennzeichneten Zeiten wirkt einer solchen Ueberzeugung entgegen. — Revision zurückgewiesen. I, 311/89 vom 23. Nov.

19. Das Berufungsurtheil theilt folgenden Passus aus dem Gutachten des Sachverständigen mit: Die sehr häufig mit Schlaganfall verbundene Störung des Bewußtseins ist in der Regel keine qualitative, sondern eine quantitative, von leichten Störungen des

Denkens bis zur völligen Betäubung. Das Denken kann ver- Handlungs-
fähigkeit.
langsamt, erschwert, ohne deshalb aufgehoben, dem Inhalt nach
alterirt zu sein. Hieran knüpft der Berufungsrichter folgende
Ausführung: Hieraus sei zu entnehmen, daß die medizinische
Wissenschaft bei hochgradigem Schwachsinn — Blödsinn — die
freie Willensbestimmung für ausgeschlossen erachtet, daß aber eine
derartige vollständige Bewußtlosigkeit nicht die regelmäßige Folge
eines Gehirnschlaganfalles ist, daß vielmehr im Gefolge desselben
häufig sich nur eine Abschwächung der Bewußtseinsthätigkeit findet,
welche je nach dem Grade des Defekts verschiedenstufig sein, an
verschiedenen Tagen wechseln könne, und die Freiheit des Willens
nicht ausschließe, sondern nur beeinträchtige. Auf Grund einer
eingehenden Würdigung der zahlreichen Beweise nimmt dann der
Berufungsrichter Handlungsfähigkeit zur Zeit des Vertragschlusses
an. Revision zurückgewiesen. V, 210/89 vom 20. Nov.

20. G. R. Der Pfleger des entmündigten Beklagten O. ist
verurtheilt. O. möge zur fraglichen Zeit fixe Ideen gehabt haben,
auch möge er Anfällen unterworfen gewesen sein, während deren
er sich vorübergehend im Zustand völligen Irreseins befunden
hätte, es sei aber nicht behauptet, geschweige bewiesen, daß die
fraglichen Geschäfte in Zuständen dieser letzteren Art abgeschlossen
worden seien, und es sei nicht bewiesen, daß ein innerer Zusammenhang zwischen einer fixen Idee und dem Abschluß der Geschäfte
bestanden habe, daß O. bei diesem Abschluß von einer Wahnidee
beeinflußt worden sei, insbesondere nicht bewiesen, daß diejenige
Wahnidee, welche ihn hinsichtlich der Vornahme, beziehungsweise
des Umfangs der Börsenspekulation hätte beeinflussen können, schon
vor Juni 1886 aufgetreten sei. Im Juni 1886 sind nicht neue
Spekulationsgeschäfte abgeschlossen, sondern die schwebenden prolongirt beziehungsweise abgewickelt worden. Die Aufträge in
Betreff der Prolongationen waren sachgemäß; wenn O. gesund
gewesen, oder wenn Klägerin behindert gewesen, mit O. zu verhandeln, so sei nicht anzunehmen, daß die Prolongation unterblieben sein würde. Revision zurückgewiesen. VI, 307/89 vom
24. Febr./20. März 90.

21. Der Berufungsrichter hat die im Ehescheidungsprozeß Stand.
liegenden Ehegatten als dem gemeinen Stande angehörig angesehen. — A. L. R. II, 1, §. 701. — Nicht zu beanstanden: Die

Klägerin hat ihren Ehemann als Handelsmann bezeichnet. Diese Bezeichnung, die der Beklagte im Rechtsstreite bisher behalten hat, weist darauf hin, daß der Beklagte von den kleinen Handwerkern und Arbeitern, aus denen sich die große untere Schicht der Bewohner einer großen Stadt zusammensetzt, sich nicht unterscheidbar in der Art abhebt, daß er dem mittleren Bürgerstande beizurechnen wäre. Auch die Bildungsverhältnisse der Streittheile, soweit sie im gegenwärtigen Rechtsstreite zu Tage getreten sind, lassen darauf schließen, daß die Eheleute einem höheren Stande, als dem gemeinen Bürgerstande, nicht beizuzählen sind. Wenn der Beklagte früher die Bürgerschule in Burg besucht und später einen selbstständigen Handel mit Vieh und mit Schweinefleisch betrieben, auch eine Gewerbesteuer von 18 Mark gezahlt hat, so wird dadurch nichts geändert. IV, 311/89 vom 6. Febr. 90.

22. Der Kläger ist Eigenthümer von zwei im Dorfe Meiderich an der Einmündung der Baustraße in die Chaussee belegenen Grundstücken, welche zum Theil mit einem zum Betriebe der Schankwirthschaft benutzten Hause bebaut sind, zum andern Theil noch unbebaut liegen. Nördlich von diesen Grundstücken in einer Entfernung von etwa 120 m wird die Baustraße von der dem Beklagten gehörigen Köln-Mindener Zweigbahn durchkreuzt. Der bisher freie Uebergang über die Bahn ist von dem Fiskus gesperrt, und die Straße in einiger Entfernung seitwärts unter die Bahn hindurch geführt. Dem Kläger ist in der Berufung, sowohl für das bebaute als das unbebaute Grundstück Entschädigung zugesprochen. Aufgehoben, abgewiesen. Der Schadenanspruch war weder durch E. z. A. L. R. §. 75 zu begründen, da in ein wohlerworbenes Recht des Klägers nicht eingegriffen ist, noch durch A. L. R. I, 8, §§. 65—82, II, 15, §. 2 ff., noch durch das Enteignungsgesetz vom 11. Juni 1874 oder das Straßengesetz vom 2. Juli 1875; auch wenn davon ausgegangen wird, daß zwischen der Gemeinde, die zum Bauen an einer öffentlichen Straße aufgefordert, und demjenigen, welcher dieser Aufforderung Folge geleistet hat, ein Vertrag zu Stande gekommen ist, — vgl. IV*, 126/81 vom 7. März 82 (Bd. I, 64; E. 7, 63) — und daß aus diesem Vertrage dem Bauenden ein Recht auf die Benutzung der Straße erwächst, so kann doch dieses auf stillschweigender Vereinbarung beruhende Recht keinen weiteren Inhalt und Umfang

haben, als sich aus der Natur und dem Zwecke der Straße mit Oeffentliche
Straße. Nothwendigkeit von selbst ergibt. Für die Annahme, daß der Kläger eine Grundgerechtigkeit an der ganzen Baustraße, und zwar nicht blos für sein Hausgrundstück, sondern auch für den unbebauten Grundstückstheil erworben, und daß er danach ein Privatrecht auf das unveränderte Fortbestehen der Straße in ihrer ganzen Längenausdehnung gehabt habe, fehlt es an jedem gesetzlichen Grunde. VI, 206/89 vom 28. Nov.

23. Der Erwerb eines Rechts durch unvordenkliche Ver- Unvordenklichjährung setzt nur voraus, daß der Zustand, um den es sich handelt, keit. seit unvordenklicher Zeit gedauert habe. Wer sich daher auf diesen Rechtstitel beruft, muß darthun, daß entweder sein Besitz seit Menschengedenken bis zur Klaganstellung fortbestanden habe, oder daß der Rechtserwerb bereits zu einer früheren, jedoch noch innerhalb des Gedenkens der jetzt lebenden Generation fallenden Zeit vollendet gewesen sei. In letzterem Falle kann das einmal begründete Recht dadurch allein nicht aufgehoben werden, daß eine spätere Besitzveränderung nachgewiesen wird. Vgl. Seuffert, Archiv, 31, Nr. 12.   III, 251/89 vom 3. Jan. 90.

24. Nach der Annahme des Berufungsgerichts war die Benutzung der städtischen Wasserleitung zur Entnahme von Wasser Seitens des beklagten Brauereibesitzers und seiner Vorbesitzer von Anfang an eine prekaristische, auf Widerruf bewilligte. Der Beklagte kann sich deshalb auch nicht auf Unvordenklichkeit aus der Zeit vor dem Code berufen.   II, 257/89 vom 31. Jan. 90.

25. Der Meinung des Revisionsklägers, es reiche für den Klagegrund der unvordenklichen Verjährung aus, wenn die Besitzhandlungen des Klägers sich thatsächlich auf die Manganerze mitbezogen haben, wenngleich die letzteren damals für Eisensteine gehalten und als solche mitgewonnen worden sind, konnte nicht beigetreten werden. Seit das Mangan als besonderes Metall entdeckt, erkannt und als solches den verleihbaren Mineralien eingereiht ist, unterliegt es dem Prinzip der Bergbaufreiheit und den darauf beruhenden gesetzlichen Bestimmungen. Es ist also auch Gegenstand eines besonderen Rechtserwerbs und Rechtsbesitzes, und wenn bei der seit unvordenklicher Zeit fortgesetzten Rechtsausübung der Erwerbs- und Besitzwille nur auf Gewinnung von Eisen ging, so kann, wenn auch unter den geförderten Eisenerzen sich mangan-

Unvordenklich-
keit.

haltige Erze befunden haben sollten, der langjährige Besitz in
Ermangelung eines hierauf gerichteten Willens nicht auf das erst
in neuerer Zeit entdeckte Mangan bezogen werden. V, 140/89
vom 8. März 90.

Besitz.

26. Die Pfarrgemeinde Dietkirchen zu Bonn beansprucht das
Eigenthum des vor der Kirche belegenen Stiftsplatzes, an welchem
das Haus und die Fabrik des Klägers liegen, widerklagend und
begehrt Beseitigung von Fenstern des Widerbeklagten, von auf den
Platz geleiteten Dachrinnen und aufgestellten Rinnsteinen. Sie
will das Eigenthum ersessen haben. Sie habe den durch Abbruch
des Abteigebäudes geschaffenen Vorplatz 1821 in Besitz genommen,
in ordnungsmäßigen Zustand gebracht, mit Bäumen bepflanzt,
diese unterhalten, den Platz gepflastert. Sie wurde abgewiesen.
Die Unzweideutigkeit ihres Besitzstandes werde in Zweifel
gezogen, da die Stadt Bonn sich eines an die Kirche angebauten
Schuppens als Aufbewahrungsort für ihre Spritzen bedient und
eine unbeschränkte Benutzung über den Vorplatz zum Gehen und
Fahren ausgeübt habe. Die am Platz belegenen Häuser haben
nach demselben Fenster, mehrere derselben auch Eingänge und
Treppen nach demselben gehabt. Der Platz ist notorisch allgemein
vom Publikum als Weg benutzt, so daß die Bedenken gegen die
Unzweideutigkeit der Besitzhandlungen der Kirche entscheidende Bedeutung gewinnen. Der Vorbesitzer des Klägers hat in den
1830er Jahren eine Gosse angelegt und unterhalten, also einen
Zustand geschaffen, welcher von dem Kirchenvorstand als Eingriff
in seinen Besitzstand hätte angesehen werden müssen, dessen Duldung
also Zweifel erwecken, ob die Kirchengemeinde sich als ausschließliche Eigenthumsbesitzerin zu geriren gewillt war. Erschüttert
wird die Annahme einer Ausschließlichkeit dieses Besitzes durch die
Thatsache, daß 1833 die Stadt Bonn dem Vorbesitzer des Klägers
einige Quadratruthen von dem Terrain zur Geradelegung seiner
Gartenmauer abgetreten hat, ohne daß irgendwie von einem Pro-
teste der Kirchengemeinde etwas bekannt geworden wäre. Revision
zurückgewiesen. Code 2230 bezieht sich nur auf das eine der
Erfordernisse des Verjährungsbesitzes, welche der Art. 2229 aufstellt, und es kann davon, daß aus demselben auch eine Vermuthung
bezüglich der übrigen herzuleiten sei, keine Rede sein. Die Revision legt hier ersichtlich dem „Eigenthumsbesitze" des Art. 2230 cit.

eine unrichtige Bedeutung bei, und es läßt sich auch die Behaup=
tung, daß das Oberlandesgericht zu seiner Verneinung der Aus=
schließlichkeit und Unzweideutigkeit des beklagtischen Besitzes auf
Grund von Thatsachen gelange, welche im Wesentlichen nur als
eine Ausübung von Nutzungsrechten sich darstellten, der bezüglichen
Ausführung des Berufungsurtheils gegenüber nicht aufrecht er=
halten. II, 278/89 vom 17. Jan. 90. Vgl. 683.

27. Die in Code 654 aufgeführten Merkmale sind nicht Miteigenthum.
Beispiele, sondern es sind die nicht auszudehnenden alleinigen
Merkmale, an denen beim Mangel eines Titels das Alleineigen=
thum der Zwischenmauer zwischen zwei Grundstücken zu erkennen
ist: Rechtsprechung und Schriftsteller hierin fast einstimmig. II,
229/89 vom 3. Dec. 89. Vgl. 17.

28. Die beiden Miteigenthümer hatten als Käufer jeder die Eigenthums=
Hälfte der auf dem verkauften Gut haftenden Pfandbriefschuld erwerb.
übernommen. Daraus ergab sich außer dem Anspruch des ein=
zelnen Miteigenthümers gegen seine Verkäufer gegen den Miteigen=
thümer ein Anspruch aus der Gemeinschaft, welcher aber nur dahin
ging, daß wenn der eine von dem Gläubiger in Anspruch genommen
wurde für die ganze Schuld, der Miteigenthümer die andere Hälfte
deckte und Jenen event. schadlos hielt: nicht ein Anspruch darauf,
daß ihn der andere Miteigenthümer von seiner Hälfte der Grund=
schuld befreie. Und jener Anspruch war davon abhängig, daß der Be=
klagte zur Zeit der Subhastation noch Miteigenthümer war. Da
diese Voraussetzungen hier nicht festgestellt und nicht festzustellen
waren, Klage abgewiesen. V, 245/89 vom 18. Jan. 90. Vgl. 137.

29. Daraus allein, daß des Klägers Vater 200 Mark in
Jenes Namen angenommen und demselben erworben hat, folgt
noch nicht, daß die dem Vater abgepfändeten 1590 Mark, welche
von jenen 200 Mark und von durch den Vater vereinnahmten
Pferdekaufgeldern herrühren, Eigenthum des Klägers durch Ver=
mischung geworden seien. Es genügt der Hinweis darauf, daß eine
die Erkennbarkeit und Unterscheidung der ursprünglichen Zahlungen
ausschließende Vermischung nur bei Gleichartigkeit der Münzsorten,
in welchen gezahlt wurde, vorkommen konnte. III, 296/89 vom
14. Jan. 90.

30. Hat der Vater des Klägers als dessen Mandatar den
Verkauf der Pferde besorgt und das Kaufgeld für denselben in

der Absicht einkassirt, für ihn das Eigenthum des gezahlten Geldes zu erwerben, so trat der direkte Eigenthumserwerb des Klägers an der Kaufsumme ein, und zwar auch dann, wenn der klägerische Vater sich nicht als Beauftragter zu erkennen gab. III, 296/89 vom 14. Jan. 90.

31. Der beklagte Fuhrherr hat einer Versicherungsgesellschaft, welcher er erhebliche Prämien schuldig war, 14 Stück Pferde „verkauft"; nach den vorgelegten Verträgen ist der Kaufpreis von 5000 Mark durch Gegenrechnung berichtigt, der Beklagte sollte pro Tag und Pferd 14 Pf. Miethe zahlen, die Pferde unter allen Bedingungen versichert halten, gegen Zahlung des Kaufpreises zum Rückkauf berechtigt sein, während der Miethzeit die Gefahr tragen. Gegen die Klage auf Herausgabe der Pferde die Einrede der Simulation; der Berufungsrichter fordert den Eid des Direktors der Versicherungsgesellschaft, entweder daß es nicht wahr sei, daß er der ihm mitgetheilten Vertauschung zweier Pferde nicht widersprochen habe oder daß er nicht die Versicherungssumme für ein gefallenes Pferd dem Beklagten gut geschrieben habe. Würde einer der Eide nicht geleistet, sollte Simulation angenommen werden. Aufgehoben, zurückverwiesen. Der Berufungsrichter mußte erwägen, ob der Abschluß eines Kaufvertrages ernstlich beabsichtigt sein konnte, wenn die Bestimmungen der Urkunden über Festsetzung eines Kaufpreises für die Uebertragung des Eigenthums an den Kaufsachen, und die Berichtigung desselben durch Gegenrechnung fortfallen, weil, wie Beklagter behauptet, ein Kaufpreis nicht bezahlt sei, vielmehr seine Schuld fortbestanden habe, durch deren Berichtigung er zum Rückkauf berechtigt sein sollte. V, 281/89 vom 19. Febr. 90.

32. Eugen Asch zu Bischweiler hatte von der Vereinsbank zu Berlin aus der ihr gehörenden Tuchfabrik in Bischweiler eine Anzahl Tuche unter der Bedingung gekauft, daß der Kauf mit Zahlung des Preises perfekt werde. Ein Theilhaber der Handlung Gebrüder Kahn zu Eschwege schloß für diese in Gegenwart des Direktors der Vereinsbank mit Eugen Asch am 25. Okt. 1885 einen Kauf über mit Nummern bezeichnete 64 Stück Tuch zu Bischweiler für 5000 Mark, von der Vereinsbank festgesetzten Preis, mit der Maßgabe ab, daß Gebrüder Kahn die 5000 Mark an die Vereinsbank zu zahlen haben. Nebenabrede, Eugen Asch

sollte die Tuche an R. & F. zu Berlin zur Appretur und zum Färben schicken. Dann sollten die Tuche den Gebrüdern Kahn überwiesen werden. Von dem Erlöse über den Kaufpreis und die Kosten bei R. & F. sollte Eugen Asch ein Viertel erhalten. Die Zahlung an die Vereinsbank erfolgte am 28. Okt. Weil beide Verkäufe am Ort, wo sich die Tücher befanden, abgeschlossen worden, ist anzunehmen, daß am 25. Okt. die Uebergabe an den Theilhaber von Gebrüder Kahn stattfand. Uebrigens war das Französische Recht maßgebend — 16 —. Unerheblich, daß eine Aussonderung der 64 Stücke nicht stattgefunden, denn sie waren in der Faktura nach Nummern bezeichnet. Am 28. Okt. ist das Eigenthum an diesen 64 Stück auf die Gebrüder Kahn übergegangen. Revision zurückgewiesen. Code 1599 steht nicht entgegen, weil, wie beide Vorinstanzen hervorhoben, der Kauf zwischen A. und K. am 25. Okt. unter der mit rückwirkender Kraft eingetretenen Bedingung der Zahlung und des sich daran knüpfenden Eigenthumserwerbs abgeschlossen worden ist. II, 325/89 vom 4. März 90. Vgl. 941. Eigenthums-
erwerb.

33. Die Einrede der Simulation des Eigenthumserwerbs der Ehefrau war nicht begründet. Es steht fest, daß der Verwalter im Konkurse des Ehemanns die streitigen Sachen der jetzt klagenden Ehefrau verkauft und übergeben hat. Der Berufungsrichter nimmt ferner als erwiesen an, daß der Verwalter den ernsten Willen hatte, durch Abschluß des Vertrags und Uebergabe die Sachen der Klägerin zu Eigenthum zu übertragen. Daß die letztere einen entgegengesetzten Willen dem Konkursverwalter gegenüber kundgegeben, namentlich ihm zu erkennen gegeben hätte, daß sie nicht für sich, sondern als Vertreterin ihres Mannes (des Kridars) handle, ist von dem Beklagten nicht behauptet. Sie ist daher Eigenthümerin der ihr verkauften Sachen geworden, gleichviel ob das von dem Beklagten behauptete Abkommen, daß der Ehemann Eigenthümer der Sachen bleiben, die Ehefrau die Sachen in seinem Auftrage kaufen solle, zwischen ihr und ihrem Manne bestand oder nicht. Ein solches mag vielleicht geeignet sein, obligatorische Beziehungen zwischen den Eheleuten zu begründen; der Eigenthumsübergang wird dadurch nicht beeinflußt. V, 317/89 vom 1. März 90.

34. Wenn A. L. R. I, 9 §. 332 auf die Erhöhung einer gemeinschaftlichen Mauer in ihrer ganzen Stärke Seitens des einen Besondere Er-
werbsarten des
Grundeigen-
thums.

Besondere Er-
werbsarten des
Grundeigen-
thums.

Nachbars anzuwenden, so ist als maßgebender Zeitpunkt, wo der
andere Nachbar den Widerspruch zu erheben hat, nicht schon der
anzusehen, als Jener überhaupt seinen Bau anfing, sondern der,
wo der Höherbau der gemeinschaftlichen Mauer begonnen wurde.
V, 252/89 vom 25. Jan. 90.

Rechtsverhält-
nisse in Bezug
auf den Ein-
trag im Grund-
buch.

35. Das in dem Eigenthume der Obermühle liegende Recht
auf Benutzung des vorüberfließenden, also an das Ufer dieses
Grundstücks bereits herangetretenen Wassers wurde durch den Vertrag des Obermüllers nicht berührt, durch welchen er einem der
Untermüller das ihm bis dahin zustehende Recht abtrat, den Ausfluß des Wassers aus dem See durch die bestehende Schutzvorrichtung zu reguliren. Der Vertrag betrifft die Zuleitung des
Wassers zu dem Mühlengrundstücke und das zum Zwecke dieser
Zuleitung bestehende Recht, auf dem Grundstücke eines Dritten,
der Stadt Strausberg, eine Stauvorrichtung zu haben und zu
benutzen. Das Recht auf diese Stauvorrichtung ist eine der Obermühle, und, da die Stauvorrichtung zugleich den übrigen drei
Mühlen dient, den vier Mühlen gemeinschaftlich zustehende Grundgerechtigkeit; das der Obermühle allein zustehende Recht aber,
die Stauvorrichtung zu reguliren, ist ein Vorzugsrecht dieser
Mühle bei der Ausübung der Grundgerechtigkeit. Durch die vertragsmäßige Uebertragung des Regulirungsrechts auf die Schneide-
mühle wird der Obermühle, während ihr die Grundgerechtigkeit
selbst verbleibt, jenes Vorzugsrecht bei der Ausübung derselben
genommen. Diese Erschwerung in der Ausübung des der Obermühle subjektiv-dinglich zustehenden Rechtes mag wirthschaftlich
den Besitzer dieser Mühle ebenso belasten, wie eine dem Mühlengrundstücke als objektiv-dingliche Verpflichtung obliegende Grundgerechtigkeit oder andere Last; darum allein kann sie aber rechtlich
nicht als eine Belastung (Eigenthumseinschränkung in diesem Sinne,
vgl. A. L. R. I, 19, §. 1. 9. 14 ff.) des Mühlengrundstückes angesehen werden, und die Frage, welche dingliche Lasten des Grundstückes bei der Subhastation bestehen bleiben oder erlöschen, ist
daher für den Rechtsstreit ganz einflußlos; der Vermerk über jene
theilweise Abveräußerung der Grundgerechtigkeit gehörte, wenn er
überhaupt in das Grundbuch eingetragen werden mußte oder sollte,
auf das Titelblatt als Abschreibung eines dem Grundstücke zustehenden Rechts; daß er unrichtig in die zweite Abtheilung ge-

bracht worden ist, ändert an seiner Bedeutung Nichts. V, 198/89 vom 30. Nov. Vgl. 59 u. 918.

36. Auf Grund einer Erbbescheinigung sind die Grundstücke, deren antheilige Herausgabe Kläger fordern, dem Ehemann der Beklagten im Grundbuch zugeschrieben ohne den Vermerk, daß die letztwillige Zuwendung mit einem Fideikommiß zu Gunsten der Kläger belastet war. Diese nicht eingetragene Eigenthumsbeschränkung erlangte nach §. 11 des Koburg-Gothaischen Gesetzes vom 1. März 1877 gegen Dritte nur Wirksamkeit, wenn sie dieselbe kannten. In der Lage eines Dritten befindet sich aber die Beklagte, insofern ihr Ehemann die fraglichen Grundstücke aufgelassen hat und sie nicht etwa, wie die Kläger behaupten, als Universalerbin in seine Person eingetreten ist. Da weder dies noch ihr Wissen festgestellt ist, so wurde das die Beklagte verurtheilende Erkenntniß aufgehoben; zurückverwiesen. III, 258/89 vom 7. Jan. 90.

37. Verkäuferin hatte sich beim Verkauf der streitigen Druckerei-utensilien an S. & C. das Eigenthum an denselben vorbehalten, der Eigenthumsübergang sollte suspensiv bedingt sein. Nach einer Aenderung der Person der Inhaber der Handlung S. & C., wobei aber die Eintretenden das Eigenthum der Verkäuferin kannten, wurde gegen den derzeitigen Inhaber von S. & C. gepfändet. Auf Klage der Verkäuferin auf Freigabe erkannt, weil A. L. R. I, 11, §. 264 resolutiv bedingten Eigenthumsübergang voraussetzt — vgl. V, 63/85 vom 30. Sept. (Bd. II, 168, S. 14, 66), — H. G. B. 306 kam nicht in Frage. Derselbe setzt, wie mit III, 165/87 vom 25. Nov. anzunehmen, körperliche Uebergabe voraus, also nicht anzuwenden bei constitutum possessorium. V, 235/89 vom 11. Jan.

38. Der Berufungsrichter hat festgestellt, daß die Störung, welcher der klägerische Gottesdienst erwiesener Maßen seit dem Umbau der Synagoge durch das aus dem Böttchereibetrieb des Beklagten entspringende Getöse erfährt, nicht durch die Erregung dieses Getöses an sich, sondern erst dadurch verursacht worden ist, daß die Klägerin selber das Hineindringen des Schalls in ihre gottesdienstlichen Räume durch die Art und Weise der Bauausführung ermöglicht und verschuldet hat. Wenn dabei der Berufungsrichter von der Rechtsansicht ausgegangen ist, daß die Klä-

Nachbarrecht. gerin, weil sie in einem Bedürfniß nach außergewöhnlicher Ruhe ungestört bleiben wolle, auch verpflichtet gewesen wäre, Einrichtungen zu treffen, welche dies ermöglichten, so ist dies nur zu billigen. Die Verpflichtung zur Unterlassung außergewöhnlicher, mit den Anforderungen des Zusammenlebens der Menschen unverträglicher Benutzungsarten des Eigenthums steht auf der andern Seite die Verpflichtung gegenüber, den gemeinüblichen Gebrauch des benachbarten Eigenthums zu dulden und die eigenen Ansprüche nicht über das gemeinübliche Maß zu spannen. V, 238/89 vom 15. Jan. 90.

39. Den Beweis, daß der Beklagte den Gottesdienst aus Chikane — A. L. R. I, 8, §§. 27, 28 — durch Erregung von Lärm gestört, hat der Berufungsrichter mit Recht abgelehnt: weil Thatsachen, aus denen solche Absicht zu folgern sein möchten, nicht behauptet seien. Daß nachdem gewisse Probepredigten angekündigt waren, der Beklagte die Böttcherei zur Zeit dieser Probepredigten betrieben hat, wurde nicht als schlüssige Thatsache angesehen. V, 238/89 vom 15. Jan. 90.

40. G. R. Der Kreisausschuß von Bernburg hat nach der Klagbehauptung unmittelbar an der Liethebrücke die Kreisstraße 1 bis 1½ Meter erhöht, sodaß das an der Straße liegende Haus der Klägerin, welches früher höher als die Straße gelegen habe, jetzt tiefer liege. Da das Brückenjoch nicht erweitert sei, so fließe bei Hochwasser das von diesem nicht aufgenommene Wasser nicht mehr wie früher zu beiden Seiten der Brücke ab, sondern werde längs des erhöhten Straßendammes zurückgestaut, bis es die Straße an der tiefsten Stelle, und dann das Gehöft der Klägerin überfluthe. Da es sich um bauliche Veränderungen handelt, welche von einer öffentlichen Behörde im öffentlichen Interesse vorgenommen sind, so ist der Antrag auf Beseitigung mit Recht abzuweisen. Der Klage auf Entschädigung und auf Sicherstellung gegen künftigen Schaden nach Maßgabe der für die aquae pluviae arcendae actio kann aber nicht entgegengehalten werden, daß der Beklagte nicht die Aenderung des Wasserlaufs bezweckt habe, daß dies vielmehr nur ein Erfolg der baulichen Aenderung sei. — Abweichend von V, 9/89 vom 13. April (Bd. VII, 64) für Preußisches Recht, wenn schon diese Entscheidung glaubt dasselbe für G. R. annehmen zu dürfen. — III, 336/89 vom 14. März 90.

41. Hat die Verwaltungsbehörde dem §. 14 des Pr. Enteig- Nachbarrecht.
nungsgesetzes entsprechende Anordnungen nicht getroffen, so bleiben
den durch das ausgeführte Unternehmen geschädigten Interessenten
ihre sich aus dem Nachbarrecht ergebenden Entschädigungsansprüche.
Ein solcher Anspruch ist aber nicht erhoben, wenn der Windmüller
eine Entschädigung für die Werthverminderung begehrt, welche sein
Grundstück durch die Anlage und den Betrieb der Eisenbahn erlitten habe. Diese Forderung kann nicht unabhängig von der
stattgehabten Enteignung erhoben werden. Ihr stand hier überdies entgegen, daß der Kläger das Eigenthum erst erworben hatte,
nachdem der Minderwerth zufolge des Unternehmens bereits eingetreten war, und daß die dreijährige Frist des §. 31 des Pr.
Enteig. Ges. längst abgelaufen war. V, 316/89 vom 15. März 90.

42. Baden. Im Fall 84. 85: Nach Landrechts-Satz 642 Ersitzung und
erfordert die Erwerbung durch Verjährung das Vorhandensein Verjährung
solcher offenen Anlagen, die den Fall und den Einlauf des Quell- dinglicher
wassers auf das untere Grundstück zu befördern bestimmt sind. Rechte.
Daß die vorhandenen Deicheln und Gräben Anlagen mit dieser
Bestimmung seien, wird von dem Oberlandesgericht mit eingehen-
der Begründung aus den thatsächlichen Verhältnissen verneint.
Bei den Deicheln, welche das Quellwasser zwei von der Gemeinde
unterhaltenen Brunnen zuführen, leuchtet dies von selbst ein. Aber
auch in Betreff der Gräben, in welchen alsdann das Wasser da
seinen Abfluß nahm, wo es ihn nach der natürlichen Beschaffenheit des Bodens nehmen mußte, die aber nach der Ansicht des
Oberlandesgerichts ursprünglich künstlich angelegt worden sind,
läßt die Begründung eine Rechtsverletzung nicht erkennen. Das
Oberlandesgericht hält die Bestimmung für den Mühlenbetrieb
nicht für erwiesen und erklärt es für sehr wahrscheinlich, daß die
Gräben nur im Interesse der zwischen der Ramsener Straße
und dem Schleifenbache gelegenen Grundstücke, um diese vor Ver-
heerungen durch das Abwasser zu schützen, mithin als Entwässe-
rungsgräben angelegt wurden und daß bei der ursprünglichen Anlage das Interesse der Mühle, sofern diese älter als die Gräben
sein sollte, überhaupt nicht in Betracht gekommen sei. Wenn hierbei hervorgehoben wird, daß es wesentlich darauf ankomme, ob
die Eigenthümer der Quellen erkennen konnten, daß die Mühlenbesitzer sich ein Recht beimessen wollten, das Quellwasser dauernd

Ersitzung und Verjährung dinglicher Rechte.

durch diese Gräben der Mühle zufließen zu machen, so ist auch dies nicht rechtsirrthümlich, da nur unter dieser Voraussetzung ein öffentlicher und unzweideutiger Besitz angenommen werden kann. Indem nun das Oberlandesgericht feststellt, daß der Bestand der Gräben zu keiner Zeit als ein von den Mühlenbesitzern ausgehender Eingriff in das unbeschränkte Eigenthum der Quellenbesitzer sich kundgegeben habe, vielmehr für diese eine völlig bedeutungslose Anlage gewesen sei, konnte es den bestehenden Wassergräben die Eigenschaft einer dem L. R. S. 642 entsprechenden Anlage absprechen. II, 212/89 vom 12. Nov. Entsprechend II, 301/89 vom 4. Febr. 90.

43. Ebenso wenig, als auf die Klageverjährung — s. 127 — können die Beklagten auf erwerbende Verjährung sich berufen. Ein des Erwerbes durch Ersitzung fähiges, also dingliches Recht, das geeignet wäre, den Anspruch des Klägers auf Beseitigung des ihm nachtheiligen Wehres auszuschließen, würde ein solches sein müssen, kraft dessen der Kläger verpflichtet wäre, die durch das Wehr an seinen Grundstücken entstehenden Nachtheile zu dulden; als der zur Ersitzung eines solchen Rechts erforderliche Besitz könnte nichts Anderes gedacht werden, als eben die nachtheilige Einwirkung des Wehres auf die Grundstücke des Klägers, in Verbindung mit der Absicht der Beklagten, eine solche Einwirkung auf die Grundstücke des Klägers mittels des Wehres vorzunehmen, und mit der Duldung dieser Einwirkung durch den Kläger (A. L. R. I, 7, §. 81). Will man die Möglichkeit, daß ein solches Recht an den Grundstücken des Klägers besessen und ersessen werde, zugeben, so könnte doch dessen Besitz erst begonnen sein mit der thatsächlichen Einwirkung des durch das Wehr verursachten Rückstaues auf die Grundstücke des Klägers, und diese hat erst seit 1869 stattgefunden. Der bloße Besitz des Wehres auf einem Grundstücke, von welchem nicht behauptet ist, daß es dem Kläger gehöre, wirkt gegen diesen nicht die Ersitzung des Rechts, mittels desselben das Wasser auf seine, des Klägers, Grundstücke zurückzustauen. V, 225/89 vom 21. Dec.

44. Ein die Verjährung ausschließender heimlicher Quasibesitz ist alsdann nicht vorhanden, wenn nach den thatsächlichen Verhältnissen des konkreten Falles nicht angenommen werden kann, die Besitzesausübung habe verheimlicht werden wollen, wenngleich

sie, sei es aus Mangel an einer Anzeige oder aus Unachtsamkeit des Eigenthümers, nicht zur Kenntniß des letzteren gekommen ist, l. 5, §. 3, Dig. quod vi aut clam (43. 24). Die Wasserleitung der Kläger zweigt von einem unter der Dorfstraße durchführenden und hier eingebauten Wassertunnel ab, und verläuft von da unterirdisch bis nach den Kellern der Häuser der Kläger. Die erste Anlegung hat bei Tage zu der gewöhnlichen Arbeitszeit stattgefunden; die Arbeiten, welche auf der Dorfstraße vorzunehmen waren, haben einen ganzen Tag gedauert. Besondere Gründe, daß die Anlage dennoch von der Gemeinde, welcher der Hauptkanal gehörte, verheimlicht werden wollte, sind nicht angegeben. Hiernach kein heimlicher Besitz, wenn auch die Gemeinde Nichts erfahren hat, und ihr keine Anzeige gemacht ist. III, 171/89 vom 17. Jan./11. Febr. 90.   Vgl. 49. 53. 617.

Ersitzung und Verjährung dinglicher Rechte.

45. Auch einer Stelle ohne eigenes Feld kann eine Streuberechtigung zustehen, welche das Material zur Stallstreu hergeben soll, so daß der Dünger z. B. für Pachtland verwendet wird. Vgl. Pr. Gemeinheitstheilungsordnung §§. 41ᵇ, 53. V, 204/89 vom 4. Dec.

Grunddienstbarkeit.

46. Der Begriff der Waldstreu-Berechtigung als des Rechtes zum Werben von Stall- und Dungstreu ist nicht durch §. 1 der Pr. Verordnung von 1843 neu geschaffen, sondern es ist unter derjenigen Streuberechtigung, welche eine besondere Erwähnung und Regelung durch die Gesetzgebung erfahren hat, auch schon vorher nur das Nämliche verstanden worden. Außer dem, nur auf diese Zwecke hinweisenden Namen der Streu-Berechtigung ergibt sich dies für das Preußische Recht aus A. L. R. I, 8, §. 92: Das Nadelharken ist nur an Orten, wo der Mangel anderweitiger Düngung es unentbehrlich macht, ... zu gestatten. Vgl. Bornemann, 1. Auflage (1836), Bd. 4, S. 594 (§. 329 zu b. c). Daß daneben eine auf Werbung der nämlichen Waldprodukte (Laub, Nadeln, Moos) zu anderen Verwendungszwecken gerichtete Servitut denkbar ist, kann zugegeben werden. Jedenfalls können Servituten dieses Inhalts in nennenswerther Ausdehnung thatsächlich nicht bestanden haben, denn sonst hätten sie im §. 1 der Verordnung von 1843 miterwähnt sein müssen, da es die Absicht dieses Gesetzes weder sein konnte, dieselben, falls sie zu Recht bestanden, aufzuheben, noch auch, sie von den für die

Grundbienst-
barkeit.

Berechtigung zu Stall- und Dungstreu vorgeschriebenen Ausübungsbeschränkungen auszuschließen. Daß die Beschränkung auf Stall- und Dungstreu im Urtheil nicht ausgesprochen, beschwert also den Provokaten nicht. V, 204/89 vom 4. Dec. Vgl. 878.

47. Der Kläger hatte die Grundgerechtigkeit erworben, sich eines Abfallrohres zur Ableitung des Niederschlagwassers von seinem Hause zu bedienen. Der Beklagte hatte bei seinem Neubau das Rohr entfernt, ohne daß Kläger sofort Widerspruch erhoben hätte. Darin wurde eine stillschweigende Einwilligung des Klägers nicht gefunden. „Jedenfalls habe der Kläger, solange der Umbau am Hause des Beklagten noch nicht vollendet war, darüber keine Gewißheit gehabt, ob nicht die frühere Anlage im Wesentlichen werde wiederhergestellt werden; deshalb habe für ihn kein Grund vorgelegen, schon damals der Beseitigung des Rohres zu widersprechen." Revision zurückgewiesen. V, 252/89 vom 25. Jan. 90.

48. Vgl. V, 287/86 vom 29. Jan. 87 (Bd. IV, 102). Daß der Sonderrechtsnachfolger an die von seinem Vorbesitzer mündlich bestellte Grundbienstbarkeit gebunden bleibt, wenn der Servitutberechtigte den lästigen Vertrag seinerseits erfüllt hat, beschränkt sich nicht auf den Fall, daß Jener sonst seinen Vorgänger zur Rückgabe der empfangenen Leistung verpflichten würde. Hier bildete die Gegenleistung die dem Vorbesitzer zur Berieselung seiner Wiesen gestattete Stauanlage, mit anderen Worten: die Gewährung des Rechts, trotz des aus §. 16 des Pr. Gesetzes vom 28. Febr. 1843 sich ergebenden Widerspruchsrechts des Mühlenbesitzers, die Stauanlage anzulegen. In Wirklichkeit ist es also der Verzicht auf das Widerspruchsrecht, welcher die Gegenleistung bildet. Dies Widerspruchsrecht mag heute, wenn der Beklagte oder sein Vorbesitzer sich des Rechts auf die Wasserkraft begeben haben sollte, nicht mehr bestehen; aber die Rechtsbeständigkeit der Servitutbestellung wird dadurch so wenig berührt, wie durch den Umstand, daß der Vorbesitzer der Klägerin erst zu einer Zeit von der ihm ertheilten Erlaubniß Gebrauch gemacht hat, wo die Mühle nach ihrer Behauptung bereits aufläffig war und er auch ohne Erlaubniß des K. die Stauanlage hätte machen dürfen. Ob der Vorbesitzer der Klägerin aus diesen Gründen von dem Vertrage abgehen darf, kann hier unerörtert bleiben. Der Klägerin als

Nichtkontrahentin steht jedenfalls ein solches Recht nicht zu. V, Grundbienst-
293/89 vom 26. Febr. 90. barkeit.

49. Daß eine unterirdisch geführte, in Grund und Boden
eingebaute, seit vielen Jahren bestehende Wasserleitung für eine
als Servitut daran konstituirte Nebenleitung der perpetua causa
nicht entbehrt, ist ebensowenig zu bestreiten, als daß der von der
Beklagten herbeigezogene Grundsatz: servitus servitutis esse ne-
quit, nicht Platz greifen kann, mag nun die Beklagte oder ein
Dritter als Eigenthümer der Hauptleitung anzusehen sein. III,
171/89 vom 17. Jan./11. Febr. 90. Vgl. 44. 53. 617.

50. N. war Eigenthümer des in der L.straße belegenen
Grundstücks 46, sowie des angrenzenden Grundstücks 67 der
S.straße. Er hat jenes dem Kläger im J. 1884, dieses dem
Beklagten im J. 1885 veräußert. Im Kaufvertrage von 1884
hat N. sich verpflichtet „am Hause" noch mehrere Arbeiten un-
entgeltlich vorzunehmen, darunter die Wasserleitung in drei Stock-
werken und die Entwässerung. N. hat die Entwässerung über
sein Grundstück 67 eingerichtet, die Wasserleitung für das Hinter-
haus 46 an die Wasserleitung des Grundstücks 67 angeschlossen.
Später hat Kläger ein Vorderhaus an der L.straße gebaut, und
die Wasserleitung an die des Hinterhauses angeschlossen. In dem
Vertrage von 1884 wurde die Bestellung einer Servitut auch für
das Vorderhaus 46 gefunden. Denn das Grundstück war, wie
auch N. bekannt war, vom Kläger erworben, um alsbald ein
Vorderhaus auf demselben zu errichten. Es konnte nicht unterstellt werden, daß die Stadt alsbald in der L.straße die Wasserleitung und Entwässerung einrichten werde, was auch bis jetzt nicht
geschehen ist. Abwassergräben sind aber nach der städtischen Bau-
ordnung nur unter erschwerenden Bedingungen erlaubt; es habe
unmöglich in der Absicht der Kontrahenten liegen können, das
demnächst zu errichtende Vorderhaus schlechter zu stellen, das heißt
von der Wasserleitung auszuschließen, und auf eine Abwassergrube
zu verweisen. Der Kaufvertrag wird unter Heranziehung von
B. L. R. 1602, 1134, 1135 und 1156 dahin ausgelegt, daß sich
die Servitutbestellung auch auf das Vorderhaus erstreckte. Revision zurückgewiesen. Es kann dahingestellt bleiben, ob nicht
hier, wie von der Revision geltend gemacht wurde, vielmehr der
Zusatz 1602 a („Vorbehaltlich der wider den Käufer zu richten-

Grunddienst-
barkeit.

den Auslegung bei Gedingen, die zu seinem besonderen Vortheil
angehängt werden") anzuwenden gewesen wäre; denn aus dem
weiteren Inhalt der Gründe ergibt sich, daß das Urtheil auf der
Auslegung nach L. R., S. 1602 nicht beruht. Das Berufungsgericht ist ungeachtet der mangelhaften Fassung des Vertrags zu
der Ueberzeugung gelangt, die über den buchstäblichen Sinn der
Worte hinausgehende Absicht der Parteien bei der betreffenden
Vertragsbestimmung sei dahin gegangen, daß eine Dienstbarkeit
für das ganze verkaufte Grundstück einschließlich des demnächst
darauf zu erbauenden Vorderhauses gewährt werden solle. II,
3/90 vom 11. März.

Konfessoria
und Negatoria.

51. Nach den Grundsätzen des Römischen Rechts ist die
konfessorische Klage gegen Jeden, namentlich gegen jeden
Besitzer des angeblich dienenden Grundstücks gegeben, welcher
das Servitutrecht des Klägers verletzt, — und es gilt die gleiche
Regel unter Herrschaft des Code civil, welcher sich hier an das
Römische Recht anschließt. Wenn dem gegenüber das Oberlandesgericht annimmt, daß die Klägerin dadurch, daß sie der beklagten
Kirchengemeinde das Eigenthum des sogenannten Windgäßchens
bestreite, ihrem auf Zusprechung der fraglichen Servitut an letzterem gerichteten Klageantrage den Boden entziehe, weil das Servitutrecht nur dem wirklichen Eigenthümer des belasteten
Grundstücks gegenüber festgestellt werden könne, so beruht diese
nicht näher motivirte Annahme, welche ersichtlich auch zu bedenklichen praktischen Konsequenzen führt, auf einer rechtsirrthümlichen
Auffassung. Berufungsurtheil so weit aufgehoben und zurückverwiesen. II, 278/89 vom 17. Jan. 90.

52. Im Fall 153: Eine Beschränkung des Eigenthumsrechts
an dem vom Beklagten erpachteten Grundstück Nr. 22 Starolenka
im Sinne des §. 11 des E. E. G. kann selbst dann nicht angenommen werden, wenn die von den H.'schen Eheleuten dem
Kläger gegenüber übernommene Verpflichtung, in Starolenka keine
Schankwirthschaft zu errichten, ausdrücklich auch in Beziehung
auf das erwähnte Grundstück der H.'schen Eheleute ausgesprochen
worden ist. Dieser Paragraph bezieht sich auf Beschränkungen
des Eigenthümers in der Verfügung über das Grundstück selbst,
nicht aber auf Einschränkungen im Gebrauch desselben zu Gunsten
eines Dritten, welche, wenn sie als Rechte dieses Dritten dingliche

Natur und Wirkung erhalten sollen, der Eintragung bedürfen *Konfessoria* (§. 12 E. E. G., vgl. Turnau, Grundbuchordnung Note 2 zu §. 11, *und Negatoria.* S. 684 ff.). Daß eine solche erfolgen sollte, ist vom Kläger nicht behauptet worden; auch sonst erhellt aus seinen Anführungen nicht, daß der Wille der Kontrahenten dahin gegangen sei, durch die Verpflichtung, welche die H.'schen Eheleute für ihre Person eingegangen, dem Kläger ein Recht an dem ihnen gehörigen Grundstücke „zum rothen Hause“ einzuräumen. Es liegt also auch ein Recht zur Sache (A. L. R. I, 2, §. 133) nicht vor und es kann daher von einer Anwendung des I, 19, §. 5 keine Rede sein. V, 185/89 vom 5. Febr.

53. Unerheblich, daß es im Fall 617 Kläger haben an einer grundbuchmäßigen Bezeichnung des herrschenden und dienenden Grundstücks fehlen lassen. Daß die Kläger im Eigenthumsbesitze der Hofgrundstücke sich befinden, in welche die streitige Wasserableitung mündet und für deren Bedürfnisse sie ein dingliches Recht hieran in Anspruch nehmen, ist von der Beklagten anerkannt. Dies aber muß zur Aktivlegitimation der Kläger genügen, da einerseits die von den Beklagten vermißte Beschreibung nicht zu den gemeinrechtlichen Voraussetzungen einer Konfessorienklage gehört, und andererseits, sofern auch der bonae fidei possessor zu dieser Klage zuzulassen ist, den im anerkannten Eigenthumsbesitze stehenden Klägern die Berechtigung hierzu ebenfalls nicht abgesprochen werden kann. III, 171/89 vom 17. Jan./11. Febr. 90.

54. Im Fall 233: Nur wenn Kläger die ganze Schuld *Hypothek.* bezahlt hatte, war das Begehren gerechtfertigt, daß die Beklagte zur Vornahme der Löschung verurtheilt werde. Daran ändert auch der Umstand nichts, daß die Beklagte zugestandenermaßen von der Reichsbank diejenigen Summen eigenmächtig entnahm, welche zur Bestreitung der Kosten der Erneuerung der Einschreibung und Deckung der am 1. Juli fälligen Zinsen erforderlich waren. Daraus kann nicht gefolgert werden, daß die anfangs zurückgewiesene Summe später angenommen worden sei. Selbst wenn man dies annehmen wollte, würde aber, ganz abgesehen davon, daß die Löschungskosten nicht angeboten wurden, eine vollständige Tilgung der Forderung der Beklagten an Kapital, Zinsen und Erneuerungskosten nicht vorliegen. II, 218/89 vom 19. Nov.

55. Colmar. Sch. Sohn hatte an seinen Vater eine For-

derung aus geführter Vormundschaft von 27 269,43 Frcs., für
welche die gesetzliche Hypothek i. J. 1867 eingeschrieben, und später
erneuert ist. Er hat für eine Forderung des B. an seinen Vater
von 16000 Frcs. Bürgschaft geleistet, und dem B., welcher Hypothek nicht hatte, ohne einen Theil seiner Forderung zu cediren,
das Vorrecht abgetreten. Demnächst ist der Vater gestorben und
von Sch. Sohn beerbt. Da die Hypothek als accessorisches Recht
nicht ohne die Forderung abtretbar war, so liegt eine einfache
Einräumung der Priorität vor. Diese nützt aber dem B. nichts
mehr, nachdem die Hypothek von Sch. Sohn mit dessen Forderung
dadurch untergegangen ist, daß dieser seinen Vater, den Schuldner
beerbt hat. — Code 1300, 2180¹. — II, 234/89 vom 19. Nov.

56. G. R. Nach heutigem Recht ist auch eine Sondernach-
folge in die Schuld in der Weise möglich, daß nur an die Stelle
des alten ein neuer Schuldner tritt, während im Uebrigen die
ursprüngliche Obligation in ihrem früheren Bestande unverändert
bleibt. Wenn daher die Dockcompagnie sich auflöste und ihr Geschäft mit allen Aktiven und Passiven auf Oltmanns übertrug und
die Klägerin nunmehr den Oltmanns als ihren alleinigen Schuldner
annahm, so wurde, abgesehen von dem Personenwechsel auf der
Schuldseite, dadurch an der Obligation und den dafür haftenden
Spezialpfandrechten nichts geändert. III, 214/89 vom 19. Nov.

57. Daß die Sicherstellung für künftige, bedingte und der
Größe nach noch unbestimmte Ansprüche nur dann Gültigkeit habe,
wenn die Hypothek bei der Bestellung und bei der Eintragung
als „Kautionshypothek" bezeichnet ist, läßt sich ebenso wenig aus
den Bestimmungen des E. E. G. vom 5. Mai 1872 (§§. 24, 67),
wie aus den landrechtlichen Vorschriften entnehmen. Entscheidend
für die Gültigkeit ist vielmehr nur die Frage, ob und in welchem
Umfange zur Zeit der Geltendmachung der Hypothek die nach der
Willensmeinung des Bestellers und des Erwerbers in Wirklichkeit
sichergestellte Forderung entstanden ist und noch besteht. (Vgl. die
Urtheile des O. T. in Striethorst, Bd. 63, S. 303; Bd. 82,
S. 238.) Hier war die Hypothek für 100000 Mark Darlehn
bestellt. VI, 201/89 vom 21. Nov.

58. Der Kläger in seiner Eigenschaft als persönlicher Gläubiger des A. P. kann die Ansprüche des Letzteren auf Löschung der
Hypothek insoweit, als Valuta nicht gewährt sein sollte, nicht zur

Geltung bringen, ohne die Rechte des A. P. erlangt zu haben. Die Befugnisse, welche nach dieser Richtung in §. 5 des Gesetzes vom 13. Juli 1883, mit Rücksicht auf die Vorschriften über die Festsetzung eines Mindestgebotes, dem Gläubiger verliehen sind, der für eine eingetragene Forderung einen Vollstreckungstitel hat (vgl. Bericht der Herrenhauskommission, Drucksachen 1882/83, Nr. 18, S. 10, 11) stehen den rein persönlichen Gläubigern des Eigenthümers des verpfändeten Grundstückes nicht zu. VI, 201/89 vom 21. Nov.

59. Im Fall 35 hatte ein Hypothekgläubiger die Obermühle in der Subhastation erstanden. Er focht nun dem Eigenthümer der Untermühle gegenüber den Vertrag an, mittelst dessen der Subhastat das Recht, die Schutzvorrichtung zu reguliren, diesem abgetreten hatte. Aus der Eigenschaft des Klägers als ehemaligen, bei der Subhastation theilweise ausgefallenen dinglichen Gläubigers der Obermühle kann dies nicht begründet werden. Die Klage verfolgt weder auf Grund des §. 50 des E. E. G. Ansprüche aus Verschlechterung der Hypothek gegen den Eigenthümer des Pfandgrundstücks, noch die Wiederherbeischaffung der, jetzt in der Hand des Beklagten befindlichen Berechtigung, damit dieselbe zur Befriedigung des Klägers auf Grund seines, auf der Berechtigung mithaftenden Pfand(Grundschuld-)Rechts mit verwendet, also mit dem ursprünglich (wie unter den Parteien außer Streit ist) berechtigten Grundstücke zur Zwangsversteigerung gezogen werde, noch auch eine Entschädigung für den, etwa durch schuldhaftes Verhalten des Beklagten herbeigeführten Ausfall der klägerischen Grundschuld bei der Zwangsversteigerung, sondern der Kläger verlangt, daß die Berechtigung, mit dem subhastirten Grundstücke in der Hand des Erstehers, für den von diesem gezahlten Erwerbspreis, wieder vereinigt werde. Daran, daß dies geschehe, hat aber der ausgefallene Gläubiger als solcher kein rechtliches Interesse; der Umstand, daß in vorliegendem Falle der ausgefallene Gläubiger zugleich selbst der Ersteher ist, kann in der Beurtheilung des aus dem Gläubigerrechte hergeleiteten Anspruchs Nichts ändern. V, 198/89 vom 30. Nov. Vgl. 918.

60. Die Korrealhypothek von 67 869 Mark haftete auf dem Stammgrundstück 94 und einer davon abgezweigten Parzelle 415. Dem Antrage entsprechend hat der Grundbuchrichter 7869 Mark bei 94 und 61 869 Mark bei 415 gelöscht. Da eine Erklärung

Hypothek. dahin nicht abgegeben war, daß die Gesammthaft aufgelöst sei;
so wurde diese Löschung der Gesammthaft auch der Grundbuchordnung §. 30 entsprechend vom Grundbuchrichter nicht vermerkt.
Als das Grundstück 94 subhastirt wurde, kamen die bei demselben
eingetragenen 60 000 Mark zur Hebung. Der Vollstreckungsrichter nahm dem Eintrag entsprechend, korrekt an, daß die auf
415 eingetragenen 6000 Mark einen Theil jener 60 000 Mark
bildeten, für welchen Theil 415 mithafte, ersuchte deshalb den
Grundbuchrichter um Löschung auch der 6000 Mark, welche erfolgte — Gesetz vom 13. Juli 1883, §. 125, E. E. G. §. 42. —
Nach den Verabredungen der Parteien und nach den urkundlichen
Feststellungen sollten aber die 67 869 Mark unter Löschung von
1869 Mark in zwei selbständige Hypotheken von 60 000 Mark
auf 94 und 6000 Mark auf 415 zerlegt werden, wie denn auch
der beklagte Eigenthümer von 415 diese 6000 Mark dem Kläger
weiter verzinst hat. Hieraus ergibt sich, daß der Beklagte aus
der Löschung der Hypothek, die vom Vollstreckungsrichter nicht
hätte beantragt werden können, wenn die in dem Abkommen vorgesehenen Grundbuchoperationen von den Parteien rechtzeitig veranlaßt wären, sich also lediglich als eine Folge der Nichtausfüh-
rung des Vertrages darstellt, Rechte für sich nicht herleiten kann.
Daraus folgt die Verpflichtung des Beklagten zur Zahlung der
bisher durch Hypothek gesicherten Forderung. V, 205/89 vom 4. Dec.

61. Daraus, daß nach E. E. G. §. 30 die Leistung des Versicherers der Hypothek haftet, ist nicht zu folgern, der Versicherer
dürfe wegen der nicht gezahlten Prämie Befriedigung aus den
Erstehungsgeldern (vor der Hypothek) fordern. Ein Hagelschaden
war nicht eingetreten und der H.versicherungsgesellschaft auf Gegenseitigkeit steht kein dingliches Recht zu. V, 195/89 vom 23. Nov.
Vgl. 915, 916.

62. Wenn der Hypothekgläubiger der Mühle im Fall 81
die Negatoria gegen Störungen des Tritten hätte, was nach Pr.
Recht streitig ist, so würde diese Klage hier versagen, weil ein
Eingriff in das belastete Eigenthum nicht vorliegt. Würde aber
dem Müller aus persönlichem Vertragsverhältniß mit dem Bergfiskus das Recht auf ungeminderte Fortgewährung des Wassers
aus dem Hubstollen zustehen, so würde der Hypothekgläubiger diesen
persönlichen Anspruch gegen den Bergfiskus nicht erheben können,

wenn schon seine Hypothek durch die Verminderung der Wasserkraft an Werth verloren hat. Er kann auch von ihm keine Entschädigung dafür fordern, daß der Bergfiskus dem Müller für
die entzogene Wasserkraft eine Entschädigung ohne Zuziehung des
Hypothekgläubigers gezahlt hat. V, 209/89 vom 11. Dec.

63. Der nacheingetragene Hypothekgläubiger macht gegen die
voreingetragene Hypothekgläubigerin und deren Faustpfandgläubiger
aus eigenem Recht, nicht aus dem des gemeinschaftlichen Schuldners,
geltend, daß die vorstehende Hypothek auf Simulation beruhe.
Der Faustpfandgläubiger beruft sich deshalb der Klage gegenüber
ohne Erfolg auf seinen guten Glauben bei Erwerb des Faust-
pfandes. Denn der Kläger leitet sein Recht nicht aus dem der
vorstehenden Hypothek zu Grunde liegenden, angeblich simulirten
Schuldanerkenntniß ab, sondern aus der ihm ausgestellten Obligation. Der Umstand, daß Obligation und jene Hypothek von
demselben Schuldner herrühren, bewirkt nicht eine Rechtsnachfolge
im Verhältniß der späteren zu der früheren, angefochtenen Hypothek.
Kläger kommt also lediglich als Dritter in Betracht, welchem
gegenüber die Berufung auf Code 1321 nicht zusteht. II, 261/89
vom 7. Jan. 90.

64. Gegen Dernburg und Turnau bei wiederholter Prüfung festgehalten an der Entscheidung V, 39/79 vom 29. Nov.
(E. 1, 50) und IV, 235/82 vom 11. Mai (E. 7, 72), daß der
Gläubiger, wenn seine Forderung fällig ist, binnen sechs Monaten
nach der ihm von der Schuldübernahme des Käufers gemachten
Mittheilung bei Verlust seines persönlichen Anspruchs gegen den
Verkäufer klagen muß, ohne daß ihm, wie für die Kündigung,
noch außerdem ein Jahr läuft. — E. E. G. §. 41. — V, 258/89
vom 29. Jan. 90.

65. Die Bekanntmachung der Schuldübernahme muß in einer
Weise ausgeführt werden, welche den Gläubiger erkennen läßt, dieselbe werde vom Veräußerer zu dem sich aus §. 41 E. E. G.
ergebenden Zwecke gemacht. Eine blos gelegentliche, im Laufe der
Unterhaltung vorkommende Erzählung der Schuldübernahme kann
daher so wenig, wie das Anhören von Verhandlungen über dieselbe zwischen Veräußerer und Erwerber, selbst wenn sich dabei
der Gläubiger betheiligt, als eine wirksame Bekanntmachung angesehen werden. V, 258/89 vom 29. Jan. 90.

Hypothek.   66. Daß die Mittheilung an den Gläubiger auch von dem
Ehemann der Verkäuferin erfolgen kann, ist nicht zu bestreiten,
da sie als eine die Verbesserung des Vermögens der Ehefrau be-
zweckende Maßregel innerhalb der gesetzlichen Verwaltungsbefugnisse
des Ehemanns liegt. V, 258/89 vom 29. Jan. 90.

67. Der Beklagte hat durch einen Bevollmächtigten wegen
einer ihm gegen den ursprünglichen Hypothekgläubiger zustehenden
Forderung die Hypothek pfänden und einziehen lassen. Vor
20 Jahren hatte der Beklagte als Notar die im Grundbuch nicht
eingetragene Cession der Hypothek an den Vorgänger der Kläger
beurkundet. Es war nach der konkreten Sachlage angenommen,
daß dies dem Beklagten bekannt geblieben war, so daß der Name
des Cedenten und der Gegenstand der Cession genügte, um das
Wissen des Beklagten in Thätigkeit zu setzen. Nach A. L. R. I, 7,
§. 21 genügte das, um bei einer auch von einem Stellvertreter
des Beklagten erwirkten Pfändung einen rechtlich wirksamen Pfand-
besitz desselben auszuschließen. Zur Zahlung verurtheilt. — Vgl.
V, 338/85 vom 7. April 86 (Bd. III, 83; E. 15, 61). V, 94/89
vom 19. Juni 89/21. Jan. 90.

68. Die von dem Kläger in Anspruch genommene Grunddienstbarkeit konnte nicht darauf gegründet werden, daß der
Hypothekgläubiger, welcher das von dem Vorbesitzer des Beklagten
erstandene Grundstück zur Subhastation gebracht hatte, hierbei die
Grunddienstbarkeit diesem Grundstück auferlegt habe. Denn jener
Vorbesitzer, welcher das Grundstück durch Meistgebot innerhalb
seiner Hypothek erstanden hatte, hatte als Hypothekgläubiger gegen
die Auflegung der Grunddienstbarkeit Verwahrung eingelegt. Wenn
auch in den römischen Rechtsquellen die Frage, inwiefern der
Pfandgläubiger neu entstandene jura in re gegen sich gelten lassen
müsse, oder nicht, nirgends ausdrücklich erörtert ist, so wird doch
vorherrschend angenommen, daß neu bestellte vertragsmäßige Servituten ihm gegenüber wirkungslos seien, ja sogar daß sie durch
den von ihm bewirkten Pfandverkauf schlechthin erlöschen, unter
Berufung auf l. 15 C. de pign. 8, 14, l. 54. 205 D. de R. J. 50, 17
und l. 20 pr. §. 1 D de A. R. D. 41, 1; vgl. Sammlung von
Erkenntnissen des Oberappellationsgerichts zu Lübeck in Hamburgischen Rechtssachen, Bd. 2, S. 307 ff. (auch Seuffert, Archiv,
Bd. 6, Nr. 16), und Dernburg, Pfandrecht, Bd. 2, S. 148 ff.

Ist aber für das gemeine Recht der Grundsatz anzuerkennen, daß das einmal erworbene Pfandrecht durch nachträglich bestellte jura in re nicht beeinträchtigt werden kann, so steht hiermit jedenfalls die Entscheidung in Einklang, wonach Dies auch von einem nachstehenden Pfandrechte gilt, welches nach dem maßgebenden Partikularrechte, wie hier nach dem Hamburgischen, durch den von einem vorgehenden Pfandgläubiger bewirkten Zwangsverkauf nicht ohne Weiteres erlischt. Daß auch die Sachlage dadurch keine andere geworden, daß der Ersteher demnächst seine Hypothek hat tilgen lassen, hat das Berufsgericht nach dem irrevisibeln Hamburger Recht angenommen. VI, 253/89 vom 6. Febr. 90.

69. Im Fall 547. Auch wenn der Widerkläger Vollerbe des berechtigten Inhabers der Hypothek wäre, würde er von dem Widerverklagten, welcher auf Grund einer von ihm nicht angenommenen Cession zu Unrecht und ohne sein Zuthun als Gläubiger im Grundbuch eingetragen ist, nicht Umschreibung der Hypothek auf Widerklägers Namen, sondern nur Bewilligung der Löschung des Namens des Widerverklagten fordern können. Es wäre dann Sache des Widerklägers, auf Grund seines aus der Beerbung des Cedenten abgeleiteten Gläubigerrechts beim Grundbuchrichter seine eigene Eintragung als Gläubiger zu erwirken. — Dernburg Bd. 3, §. 158, S. 455, Anm. 7; Turnau 4. Aufl., Bd. 2, S. 429; Achilles S. 401. — V, 275/89 vom 15. Febr. 90.

70. A. L. R. I, 11, §. 971 gibt auch demjenigen, welcher aus einer Werkverbingung dem Bauherrn Materialien zu einem Bau geliefert hat, welche dieser in den Bau eingefügt hat, das Recht, seine Forderung für jene Materialien auf das Grundstück eintragen zu lassen. Vgl. A. G. O. I, 50, §. 424. — Der Ausdruck „Werkmeister" hat dort eine weitere Bedeutung, die Werkverbingung braucht sich nicht auf Herstellung des Baues zu beziehen. §. 973 ist eingeschränkt durch §§. 971/72 zu verstehen. VI, 273/89 vom 25. Jan./13. Febr. 90.

71. Das Reichsgericht hat im Anschluß an die Rechtsprechung des Preußischen O. T. und des R. O. H. G. mehrfach ausgesprochen, daß die Vorschrift des Preußischen Rechts, nach welcher zur Verpfändung von Forderungen Schriftform erforderlich ist, auch für handelsgeschäftliche Verpfändungen Geltung hat. Aus §. 1 der Verordnung vom 9. Dec. 1809, auf welchem dieses Er-

forderniß beruht, in Verbindung mit dem daſelbſt angeführten A. L. R. I, 11, §. 393 f. ergibt ſich aber, daß es zur Wahrung der Schriftform genügt, wenn die Erklärung des Verpfänders ſchriftlich erfolgt, daß dagegen eine ſchriftliche Annahme dieſer Erklärung nicht nothwendig iſt. Demnach war es zur Beſtellung eines Pfandrechtes an der durch die Polize beurkundeten Forderung ausreichend, daß die in dem Schreiben des klägeriſchen Erblaſſers vom 25. Nov. 1884 enthaltene Offerte ſchriftlich verlautbart und vom Beklagten mündlich ſowie thatſächlich durch Gewährung des erbetenen Kredites acceptirt worden iſt. Die Offerte wurde auch abweichend vom Vorgericht ausgelegt als Verpfändungserklärung, nicht als Verſprechen, verpfänden zu wollen. I, 230/89 vom 13. Nov.

72. Der Kläger hatte durch die ſchriftliche Verpfändung, welche die in väterlicher Gewalt ſtehende Hypothekgläubigerin mit mündlicher Genehmigung ihres Vaters an der Hypothek vorgenommen hatte — vgl. 224 — verbunden mit der Uebergabe des Hypothekenbriefs an den Rendanten des Vorſchußvereins D., zu dem von den Betheiligten vereinbarten und ausgeſprochenen Zweck, damit er denſelben für den Kläger aufbewahre, und die Annahme des D. zu dieſem Zweck ein Fauſtpfand an der Hypothek erworben. Dies Fauſtpfand iſt auch nach A. L. R. dadurch nicht untergegangen, daß D. dem Beklagten, für welchen die Hypothek gepfändet wurde, als jener noch die Hypothekenurkunde für den Kläger beſaß, dieſe ohne Wiſſen des Klägers ausgeantwortet hat. Denn nach A. L. R. I, 20, §§. 244, 253 bewirkt der unfreiwillige Beſitzverluſt den Verluſt des Pfandrechts nur, wenn der Fauſtpfandgläubiger ſich dabei beruhigt. So lange dies nicht geſchieht, hat er eine dingliche Klage zur Wiederherſtellung ſeines Beſitzes. V, 233/89 vom 8. Jan./ 1. Febr. 90. Vgl. 73 u. 74.

73. Bei der Kolliſion des Fauſtpfandrechts (72) und des Pfändungspfandrechts nicht entſcheidend, daß dem Beklagten die Hypothek zur Einziehung nicht an Zahlungsſtatt überwieſen iſt. Denn auf den Rang des bereits durch die Pfändung erworbenen Pfandrechts übt die Art der Ueberweiſung keinen Einfluß. Nicht entſcheidend, daß der Beklagte den Beſitz der Hypothekenurkunde gutgläubig erlangt hat. Denn die Beſtimmung in A. L. R. I, 10, §. 23 ruht auf der Vorausſetzung, daß von mehreren Prätendenten

der eine die an ihn erfolgte Tradition für sich geltend machen kann, daß also die Besitzeinräumung auf den Entschluß des gemeinschaftlichen Konstituenten der kollidirenden Rechte zurückzuführen sei. V, 233/89 vom 8. Jan./1. Febr. 90.

74. Auch wenn man an dem in §. 15, E. G. zur Konkurs-Ordnung aufgestellten Erforderniß festhält, daß der Faustpfandgläubiger den erlangten Gewahrsam des Hypothekenbriefes behalten haben muß, erweist sich der jetzige Besitz des Beklagten an demselben als unerheblich. Der Kläger hat durch seinen Besitzstellvertreter den Gewahrsam behalten bis zu dem Augenblick, in welchem der Beklagte denjenigen Besitz erlangte, auf Grund dessen er nunmehr den Kläger überwinden will; und das genügt. Wenn der cit. §. 15 (vgl. §. 14, Abs. 1 daselbst) neben dem Erlangen auch das Behalten des Gewahrsams für das Bestehen bezw. Fortbestehen des Faustpfandrechts erfordert, so kann damit nur das Behalten bis zu dem Zeitpunkt gemeint sein, in welchem das angeblich bessere Recht des Dritten erworben worden sein soll; also beim Streit zwischen dem absonderungsberechtigten Faustpfandgläubiger und der Konkursmasse im Augenblick der Konkurseröffnung, beim Streit mit einem andern Pfandgläubiger oder Vorzugsberechtigten im Augenblick der Entstehung des von diesem geltend gemachten Rechts. Danach ist mit Recht der von dem älteren Faustpfandgläubiger beanspruchte, seiner Forderung entsprechende Theil des auf die Hypothek entfallenen Geldbetrages Jenem zugesprochen. V, 233/89 vom 8. Jan./1. Febr. 90.

75. A. L. R. Nach Angabe des Beklagten sei zwischen diesem und dem ursprünglichen Gläubiger M. beredet, wenn Ziegellieferungen von jenem an M. stattgefunden hätten oder stattfinden würden, sollte jener berechtigt sein, gegen die Forderung des M. aus dem Schuldschein aufzurechnen. Ein Vertrag über derartige Ziegellieferungen war nicht abgeschlossen; Beklagter hatte sich weder zu solchen Lieferungen verpflichtet, noch hatte er ein Recht, von M. die Abnahme von Ziegeln zu verlangen; vielmehr hing es von dem Belieben des M. und des Beklagten ab, ob sie Verträge über Ziegellieferungen schließen wollten. Die von dem Beklagten geltend gemachten Gegenforderungen an M. rühren aus der Zeit her, nachdem dem Beklagten die Verpfändung der streitigen Forderung an die Klägerin, welcher demnächst die Forderung zur Sicher-

Faustpfand. heit cedirt ist, angezeigt war. Wenn M. selbst damals die 7000 Mark eingefordert hätte, so hätte Beklagter sich nicht darauf berufen können, daß die Forderung ihm für etwaige künftige Ziegellieferungen an M. Deckung gewähren sollte. Ebensowenig kann der Schuldner aus Geschäften, welche er nach der Benachrichtigung abgeschlossen hat, auf Grund jener allgemeinen Abrede der Klägerin gegenüber kompensiren. VI, 313/89 vom 27. Febr. 90.

Zurückbehaltungsrecht. 76. G. R. Der Käuferin einer Hypothek war das Recht vorbehalten, einen Theil des Kaufpreises zurückzuhalten, weil sie behauptete, der Schuldner habe Gegenansprüche an den Cedenten. Im Konkurse des Schuldners ist die Hypothek, soweit das Befriedigungsobjekt reichte, realisirt, ohne daß gegen die Käuferin Gegenansprüche geltend gemacht sind. Die dem Schuldner etwa zustehenden Gegenansprüche gegen den Cedenten sind ihr überwiesen. Sie hat solche aber nicht darlegen können. Damit war ihr Zurückbehaltungsrecht erledigt; sie wurde zur Zahlung verurtheilt. Denn nur die Insufficienz der Masse, nicht ein Mangel im Recht ihres Cedenten stand ihrer vollen Befriedigung entgegen. III, 285/89 vom 13. Dec.

Lehnrecht. 77. Der Wortlaut des Familienvertrags vom 9. Febr. 1784, § 2, ergibt, daß das Ankaufsrecht bezüglich der allodialen Familienstammgüter in erster Linie: „den nächsten in das Lehn succedirenden Agnaten" zustehen soll. Es wird danach die Nachfolge in das Lehn und die Geltendmachung des Ankaufsrechts zum Allode durch den Lehnsnachfolger dergestalt in untrennbare Verbindung miteinander gesetzt, daß diese ohne jene überhaupt nicht fortbestehen kann. Nicht um die Aufstellung einer bloßen Lehns-Successionsordnung für die Ausübung des Rückkaufsrechts handelt es sich mithin, — diese könnte ungeachtet des Wegfalls des Lehnsverbandes für das fideikommißähnliche Verhältniß noch fortdauernd in Wirksamkeit bleiben —, sondern darum, daß die Geltendmachung der streitigen Berechtigung von dem Eintritte in das Lehn nach Maßgabe der inzwischen landesgesetzlich aufgehobenen Lehnserbfolge abhängig gemacht worden ist. Bei solchem Sachverhalte kann keine Rede davon sein, daß die lehnsfähigen Agnaten nunmehr zwar nicht länger in das Lehn succediren, wohl aber noch das Rückkaufsrecht und zwar nur dieses haben; es fiel vielmehr nothwendig mit der Erbfolge in die früheren Lehne auch das den

Lehnsnachfolgern zugesicherte Rückkaufsrecht in Ansehung der in den Besitz der Witwen und Töchter eines verstorbenen Agnaten gelangten Allodialgüter hinweg. III, 278/79 vom 28. Jan. 90.

78. G. R. Es findet zwar ein dem Dotalanspruch des Römischen Rechtes gleicher Anspruch Seitens der aufgeheiratheten Meierfrau oder ihrer Erben im Falle der Auflösung der Ehe nicht statt, dagegen ist solcher Anspruch nicht schlechthin ausgeschlossen, wo durch Veräußerung der Stelle das durch die Einbringung des Brautschatzes und die Ehe begründete Recht der Ehefrau auf demnächstige Gewährung einer Leibzucht aus dem Hofe vereitelt wird, wie im Fall des Konkurses des Meiers. III, 239/89 vom 10. Dec.

79. Hier war dem Ehemanne als dem aufgeheiratheten Wirth gegenüber rechtskräftig ausgesprochen, daß die Ehefrau den in den Meierhof eingebrachten Brautschatz wegen dessen Vermögensverfalls zurückfordern dürfe. Vor der Zwangsversteigerung hatte der Ehemann zu Gunsten der Gehöfserbin auf seine Rechte als aufgeheiratheter Wirth verzichtet. Nun lag der Gehöfserbin die Verpflichtung ob, die Forderung der Ehefrau aus dem ihr zugefallenen Ueberschuß der Erstehungsgelder zu befriedigen. III, 239/89 vom 10. Dec.

80. Die Verpflichtung der Beklagten wurde auch dadurch nicht aufgehoben, daß diese inzwischen über die erlangten Geldmittel im eigenen Interesse oder zu Gunsten dritter Personen verfügt hatte. III, 239/89 vom 10. Dec.

81. Eine Mühle wurde durch das Wasser getrieben, welches aus dem fiskalischen Hauptschlüsselerbstollen in einen bei der Mühle entlang geführten Kanal ablief. Auch bei der Unterstellung, daß der Mühle eine Grunddienstbarkeit an dem Erbstollen zustand, ist es kein Eingriff in das Recht der Mühle, daß der Bergfiskus den Erbstollen aufgelassen hat, in Folge dessen die Wasserkraft so vermindert ist, daß die Mühle betriebsunfähig geworden ist. Denn der Erbstollenberechtigte kann auf sein Recht verzichten und dadurch oder durch eine dem freiwilligen Verzicht gleichstehende Handlungsweise die Freierklärung des Erbstollens herbeiführen, ohne daß er von den dinglich Berechtigten deshalb für die erwachsenden Nachtheile verantwortlich gemacht werden kann: gerade wie der Eigenthümer auf das Bergwerk verzichten kann. Die Hypothek-

Bergrecht. gläubiger und sonstigen Realberechtigten haben dann nur das Recht, binnen drei Monaten Subhastation zu beantragen. V, 209/89 vom 11. Dec. Vgl. 62.

82. Die Brunnen des Klägers sind versiegt in Folge einer Senkung des Grundwasserstandes. Diese ist aber in Folge der von der Gelsenkirchener Bergwerksaktiengesellschaft und einer anderen Gesellschaft hergestellten Entwässerungsanlage verursacht. Die Klage gegen Erstere abgewiesen, Revision zurückgewiesen. Die Wasserentziehung ist nicht die Folge direkter Wasserentziehung des Bergbaues, vielmehr ist jene Anlage nur gemacht, um einen durch den Bergwerksbetrieb verursachten Schaden an fremden Grundstücken zu beseitigen. Darauf findet A. B. G. §. 148 keine Anwendung. Denn es liegt dabei nicht Betrieb eines Bergwerks vor, auch nicht um deswillen, weil der Beklagten die Vornahme der Entwässerung bei Vermeidung der Einstellung ihres Betriebes aufgegeben ist. V, 270/89 vom 8. Febr. 90.

83. Ecclesie de Hegene, Cisterciensis ordinis, nec non Abbati et confratribus — hanc facimus gratiam et concedimus libertatem, ut si quam possint venam metalli, argenti, cupri, plumbi vel stanni in suis prediis reperire vel elaborare suis debeant usibus retinere et absque calumnia cujuslibet possidere. Rechtsgrundsätzlich steht der Auslegung des Berufungsrichters nichts entgegen, daß der deutsche König Wilhelm von Holland dem Kloster Hagen das Bergbaurecht innerhalb seines Territoriums nur für die von ihm selbst zu entdeckenden Mineralien verliehen habe. Danach stand dem Rechtsnachfolger des Klosters ein Widerspruchsrecht gegen die Muthung der Beklagten auf den von dieser gefundenen Manganeisenstein nicht zu. V, 140/89 vom 8. März 90. Vgl. 25.

Gewässer. 84. Baden. Die Gemeinde Gailingen hat im Gemeindewald entspringende Quellen, welche bis dahin dem Schleifenbach das Wasser lieferten, zu einer Wasserleitung für den Ort gezogen. Die Klage des Müllers, dessen Mühle von dem Bach getrieben wurde, ist abgewiesen, die Revision zurückgewiesen. Nicht nur die (nicht revisible) Mühlenordnung vom 18. März 1822, welche durch §. 80 der Vollzugsverordnung zum Wassergesetz vom 24. Dec. 1876 ausdrücklich aufgehoben wurde, ist mit Recht nicht für geeignet erklärt, dem Kläger ein dauerndes Recht auf die bisher benutzte Wasserkraft zu sichern, sondern auch das Wassergesetz vom 25. Aug. 1876, welches das Verfügungsrecht des Eigenthümers über die auf seinen Liegenschaften zu Tage tretenden Quellen nicht etwa durch die für die Ausübung der Benutzungsrechte der Anlieger eines fließenden Wassers (Landrechts-Satz 644) gegebenen Vorschriften beschränkt, da der Eigenthümer des Quellengrundstücks als solcher nicht zu jenen Anliegern zu rechnen ist und wie er selbst kein Recht an dem Wasser, welches sein Grundstück verlassen hat, besitzt, auch durch die den Anliegern zustehende Benutzung dieses Wassers in seiner Verfügung über die zu seinem Grundeigenthum gehörigen Quellen, abgesehen von dem Falle besonderer Erwerbung von Rechten gemäß Landrechts-Satz 642, nicht gehindert wird. II, 212/89 vom 12. Nov. Vgl. 42.

85. Der Auslegung, welche das Oberlandesgericht dem Landrechts-Satz 643 in Beziehung auf den Begriff eines neben Gemeinde, Dorf und Weiler genannten Hofes gibt, als eines Hofguts mit eigener Gemarkung, einer gemeinderechtlichen Grundsätzen unterstehenden öffentlich-rechtlichen Persönlichkeit, ist beizutreten, auch kann in der Annahme, daß für die Mühle des Klägers, welcher nicht einmal nach dem allgemeinen Sprachgebrauche die Bezeichnung als „Hof" zukomme, das gesetzliche Dienstbarkeitsrecht des Landrecht-Satzes 643 nicht in Anspruch genommen werden könne, ein Rechtsirrthum nicht gefunden werden. II, 212/89 vom 12. Nov.

86. Aus A. L. R. I, 8, §. 99 hat jeder Grundbesitzer, welchem das in einem Privatflusse angebrachte Hemmniß des Wasserablaufs Nachtheil bringt, nicht schon wenn ein Nachtheil droht — vgl. 127 —, Klage auf dessen Beseitigung. Da der beklagte Müller bisher das schadenbringende Wehr unterhalten hat, und ein Recht auf dessen Fortbestand zu haben behauptet, obschon er dasselbe nicht errichtet hat, so durfte dem Domänenfiskus die Befugniß zur Fortnahme eingeräumt, dem Beklagten das Recht aberkannt werden, das Wehr fortzuhalten. V, 225/89 vom 21. Dec.

87. Daß der Kläger vielleicht die Räumung des Flußbettes gegen die Uferbesitzer polizeilich erzwingen kann — Gesetz vom 28. Febr. 1843, §. 7 —, wodurch der Nachtheil auch beseitigt wäre, steht seiner Klage nicht entgegen. Denn die Versandung des Flußbettes war erst eine Folge des Wehrs und der Beklagte

Gewässer.

ist nicht befugt, den Kläger auf diesen zweiten Weg zu verweisen. V, 225/89 vom 21. Dec.

88. Die Klage kann aber dadurch beseitigt werden, daß Kläger in der bei Setzung des Merkpfahls ergangenen Verhandlung vom J. 1844 als dauerndes Recht der Mühle eine Stauhöhe von 3 Fuß bewilligt hat. War nach der damaligen Sohlhöhe des Flusses solche Stauhöhe ohne das 3½ Kilometer oberhalb der Mühle befindliche Wehr nicht zu halten, und dem Kläger die damalige Existenz des Wehres bekannt, so ist allerdings zu untersuchen, ob nicht die Bewilligung der Stauhöhe die der Haltung des Wehres einschloß. V, 225/89 vom 21. Dec.

89. Nach dem Preußischen Gesetz vom 28. Febr. 1843, welches nach Verordnung vom 9. Jan. 1845 auch für die Rheinprovinz gilt, kann die Quelle nur dann als Theil eines Privatflusses angesehen werden, wenn deren Wasser sofort in geregeltem, über die Eigenthumsgrenzen des Quellengrundstücks sich fortsetzendem Lauf abfließt, und nur in diesem Fall kann von Uferbesitzern die Rede sein. Die auf dem Grundstück des Beklagten entspringenden Quellen waren vor dem Jahre 1886 nicht gefaßt, ihr Wasser lief, dem natürlichen Gefälle folgend, wild ab. Unerheblich, ob sie ¾ des Wassers des Göllerbachs lieferten. Der Beklagte hat die Quellen 1886 fassen lassen, und führt das Wasser seitdem mittelst einer künstlichen Wasserleitung seiner Brauerei zu. Die Klägerin fordert das Wasser für ihre Wiesen und für ihre Mühle, für welche sie bis dahin aus dem Göllerbacher Weiher, welcher mittelst jener Quellen gespeist sei, bezogen habe. Abgewiesen. Revision zurückgewiesen. II, 301/89 vom 4. Febr. 90.

90. A. L. R. Vgl. Bd. IV, 178. Liegt der Landsee im Zuge eines öffentlichen Flusses, welchen er an einer Seite aufnimmt, an seinem anderen Ende wieder abgibt, so wird er ein Theil desselben, und für die von ihm bedeckte Fläche treten die Grundsätze in Kraft, welche vom Flußbett gelten. Dasselbe greift aber nicht dann Platz, wenn der Fluß die zwischen ihm und dem Landsee liegende Landzunge dauernd überfluthet. Es bleibt die Möglichkeit bestehen, daß der Fluß nicht durch, sondern neben dem See seinen Lauf fortsetzt. Tritt letzteres ein, so kann der See nicht als Theil des Flusses angesehen werden: der Landsee kann vielmehr in solchem Fall Privateigenthum sein. Ob das bei dem

Verhältniß zwischen dem Fritzower See und der Divenow der Fall, **Gewässer.**
blieb zu erörtern. II, 297/89 vom 5. März 90.

91. Die Vernichtung des Patents 6163 auf Rollschutzwände **Patentrecht.**
ist bestätigt. War durch aufrollbare Fallläden und Tischdecken die
Rollbarkeit nach einer Seite bekannt, so ergab sich daraus ohne
Erfindergedanken die Konstruktion, welche die Aufrollbarkeit nach
beiden Seiten ermöglichte, von selbst. — Vgl. I, 27/87 vom
7. April 88. — Die Verwendung von durch Bänder zusammen-
gehaltenen Holzstäben mit bekannter Profilirung zu Rollschutz-
wänden war keine Erfindung, da die Aufstellung dünner trans-
portabler Wände auch schon bekannt war. I, 273/89 vom 18. Dec.

92. Das Patent des Christian Lorenz 8812 vom 24. Juli
1879 war nur dahin einzuschränken: Ein Regulirofen mit vom
Zimmer aus zugänglicher, tiefliegender Feuerung, neben welcher sich
ein Wärmekasten und über welcher sich ein nur von außen zugänglicher Kochraum befindet, welch letzterer auch von außen von
einem besonderen höher gelegenen Rost aus geheizt werden kann,
wie dies in der Zeichnung dargestellt ist. Wenn auch die Anordnung zweier zum Kochen und Heizen bestimmter Feuerungen, aber
in gleicher Höhenlage bei Zugänglichkeit des Kochraums nur von
der anderen Seite (Küche) schon früher bekannt war, so bedang
die durch den Kochraum gebotene höhere Anlage des Heizraums
in der Küche, daß im Zimmer die Anlage so hoch genommen
wurde, daß die unteren Schichten des Zimmers nicht genügend
erwärmt wurden. Die ungleiche Anlegung der Heizräume in Verbindung mit dem Wärmekasten stellt einen Erfindungsgedanken
dar. I, 184/88 vom 18. Dec. 89.

93. Dem Fabrikanten Georg Großheim in Elberfeld ist das
Patent 34066, gültig vom 27. Mai 1885 ab, auf Originalplatten
oder Walzen zum Drucken von Dessins ertheilt, welche Platten
oder Walzen auch nach wiederholtem Abschleifen ohne Erneuerung
der Gravirung benutzt werden können. Zu dem Behuf soll die
Originalplatte oder der Originalcylinder ganz tief gravirt oder
geätzt werden, sodaß er zum Drucken unbrauchbar wäre. Dieses
tiefe Dessin wird dann mit einem geeigneten Material, Kitt, Gyps
oder dergleichen ausgefüllt. Das Material wird mit einem Streich-
messer zum Theil abgestrichen. Wird die Platte durch Verschleiß
uneben und dadurch vorläufig unbrauchbar, so bedarf es zu ihrer

 Wiedernutzbarmachung nur des Abschleifens. Dieses Abschleifen kann so oft wiederholt werden, als es die ursprüngliche Aetzung zuläßt. Hätte der Nichtigkeitskläger vorher schon bemerkt, daß die bei Herstellung der Platten durch Fehler in der Gravirung tiefer hergestellten Stellen sich durch Ansammlung von Oelfarbe in den Vertiefungen von selbst reparirten, so hat ihm diese Beobachtung nicht dazu geholfen, den weiteren Schritt zu thun, die Gravirung durchgehends tiefer herzustellen, um dann diese ganze Gravirung mit einem Füllmaterial auszufüllen, und so die Möglichkeit zu gewinnen, die Platte nach ihrer Benutzung wiederholt abschleifen zu können, und sie ohne wiederholte Gravirung weiter zu benutzen. Dieser Schritt war aber die patentirte Erfindung, welche dadurch nicht vorweggenommen ist, daß der Nichtigkeits= kläger etwa eine Beobachtung gemacht hat, welche hätte zu der Erfindung führen können. I, 289/89 vom 4. Jan. 90.

94. Das Patent 41665 Coninx vom 22. Febr. 1887 auf ein Verfahren zur Herstellung von Walzdraht ist vernichtet. Das Verfahren, die ausgewalzten Knüppel noch glühend in den Wärmeofen zu bringen, um sie hier auf den erforderlichen Hitze= grad zu bringen, war schon früher in öffentlicher Benutzung im Inlande. Es war auch nicht in der Beschränkung aufrecht zu halten, daß die Knüppel noch glühend auf der der Ausziehseite des Wärmeofens gegenüber liegenden Seite eingesetzt werden, wie dies Verfahren in der Patentschrift beschrieben ist. Denn weder machte die Einreihung dieses in anderer Anwendung bekannten Arbeitsmittels in das bekannte Verfahren zur Herstellung von Walzdraht durch Chargiren des Wärmeofens mit glühenden, statt kalten Knüppeln gewisse, besondere Schwierigkeiten, zu deren Ueberwindung ein Erfindergedanke erforderlich war, noch erschien das bekannte Arbeitsmittel, der zweiseitige Ofen, in diesem be= kannten Verfahren zur Herstellung von Walzdraht als ein qua= litativ neues Mittel mit neuem technischen Effekte. I, 250/89 vom 8. Jan. 90.

95. Hat der Erfinder eine neue Maschine dargestellt, welche zwar durch das zweckmäßige Zusammenwirken einer Zahl einzelner Theile den erstrebten Gesammterfolg herbeiführt, aber an diesen einzelnen Theilen zeigen sich gegenüber den bis dahin bekannten Konstruktionstheilen erhebliche Verbesserungen, so darf ihm der

Patentschutz für den einzelnen Theil nicht um deswillen entzogen werden, weil sich der Erfinder nicht auf diese Verbesserung eines einzelnen Theils eingeschränkt hat. Man darf auch nicht fordern, daß der Erfinder bei der Patentnachsuchung dies zum Ausdruck zu bringen habe, daß und welche einzelnen Theile er neben der Gesammtkonstruktion für sich patentirt haben wolle. Bei zusammengesetzten Maschinen würde solche Forderung zu den monströsesten Patentansprüchen führen. Es ist vielmehr davon auszugehen, daß das Patent der Gesammtkonstruktion auch die einzelnen Theile deckt, soweit dieselben für sich als neue Erfindungen anzuerkennen sind. I, 314/89 vom 18. Jan. 90.

96. Wenn aber auch die Bekleidung der Schlagleisten mit Leder oder anderen elastischen Stoffen, um das Zerschlagen und Brechen der Hirsekörner zu vermeiden, zur Zeit der Anmeldung der Erfindung neu war, so kann darin eine Erfindung nicht erblickt werden. Daß harte Körper mit Leder überzogen werden, um sie für die Berührung mit anderen Körpern weicher zu machen, ist eine sehr alte und allgemein bekannte Einrichtung. Die Anwendung dieser Einrichtung auf die Schlagleisten einer Hirsepolirmaschine oder die ganze innere Mantelfläche derselben ist keine Erfindung. Deshalb lag darin allein, daß die Beklagten die Lederbekleidung allein bei ihren im Uebrigen anders konstruirten Maschinen angewendet hatten, keine Verletzung des Patents auf eine Hirsepolirmaschine, bei welcher jene Lederbekleidung einen Theil der Gesammtkonstruktion bildete. I, 314/89 vom 18. Jan. 90.

97. Das Patent 35509 von (ursprünglich G. Wippermann und) Caspar v. d. Mühlen und Friedrich Siebel auf eine Maschine und ein Verfahren, (wollenen) Spitzen das Aussehen geklöppelter zu geben, vernichtet. Wären die Beklagten die Ersten gewesen, welche die Spitzen in der in der Patentschrift bezeichneten Weise weben ließen, und hätten sie gefunden, daß sich der so gewebten Spitze durch das beschriebene Verfahren das Ansehen geklöppelter Spitzen geben lasse, — so hatte ihre Erfindung wirklich die Tragweite, welche in dem weit gefaßten Patentanspruch der Patentschrift ihren Ausdruck gefunden hat: „indem die (in bestimmter Weise gewebte) Waare in trockenem Zustande mittelst passender Vorrichtungen ausgebreitet und während die Ausbreitung noch etwas vor sich geht, heißen Dämpfen ausgesetzt, in aus-

Patentrecht. gebreitetem Zustand abkühlen gelassen, und leicht getrocknet wird". Die Beklagten hatten ein Mittel, jene Ausbreitung und Festhaltung der Form durch Einwirkung heißer Dämpfe unter Anwendung einer bestimmten Maschine zu erreichen, beschrieben. Aber dieses Mittel des Mittels war nur ein Beispiel. Der Inhalt der Erfindung beschränkte sich unter jener Voraussetzung nicht auf das entferntere Mittel, welches anzuwenden ist, um die Ausbreitung und Festhaltung der Form zu gewinnen, sondern erstreckte sich auf das nächste Mittel, der so gewebten Spitze das Aussehen einer geklöppelten dadurch zu geben, daß die Spitze ausgebreitet und heißen Dämpfen ausgesetzt wird u. s. w. Aber jene allgemeine Erfindung haben die Beklagten nicht gemacht. Ihre angebliche Erfindung beschränkte sich auf die in der Patentschrift beschriebene bestimmte Maschine und deren Anwendung, um das bereits bekannte Verfahren auf maschinellem Wege zu handhaben. Diese Aufgabe hatten sich der Zeit eine Anzahl Fabrikanten gestellt. Gelöst konnte diese Aufgabe nur durch Darstellung der Maschine einer bestimmten Konstruktion werden. Denn eine Maschine κατ' ἐξοχήν läßt sich nicht bauen. Deshalb war die Einschränkung, welche das Patentamt durch seine Entscheidung im Nichtigkeitsverfahren ausgesprochen hat: „die Ausbreitung mittelst passender maschineller Vorrichtung zu erzielen", unzulässig. I, 293/89 vom 29. Jan. 90.

98. Die Maschine, welche vorstehend beschrieben und im Patentanspruch 2 unter Schutz gestellt war, war im Wesentlichen dieselbe wie die zur Zeit der Anmeldung bekannte Tenderingmaschine. Das Patentamt hatte diesen Patentanspruch auf die Maschine eingeschränkt „soweit die Maschine zu dem unter 1 angegebenen Verfahren Anwendung findet". Das ist unzulässig. Eine Erfindung kann zum Gegenstande haben eine Maschine oder ein Verfahren. Ist eine Maschine erfunden, so ist dem Erfinder die Maschine zu patentiren. Dies hat dann von selbst die Wirkung, daß die Maschine ohne Einwilligung des Patentinhabers überhaupt und zu keinem Verfahren irgend welcher Art gebraucht werden darf. (§. 4 des Patentgesetzes.) Ist die Erfindung der Maschine bereits durch offenkundige Benutzung bekannt, so kann auch ein eingeschränktes Patent auf eine im Wesentlichen gleich konstruirte Maschine nicht mehr ertheilt werden. Wenn jemand

eine bekannte Maschine zu einem neuen Verfahren benutzt,
so kann allein in Frage kommen, ob dieses Verfahren eine
patentfähige Erfindung darstellt. Der Bau der nicht patentirten
und bekannten Maschine, damit dieselbe zu dem patentirten Ver=
fahren angewendet werde, kann dann nur insoweit als Patent=
verletzung in Frage kommen, als sich dieselbe als wissentliche Hülfe=
leistung zur patentwidrigen Benutzung der Maschine zu jenem
Verfahren darstellt. I, 293/89 vom 29. Jan. 90.

99. Die Berufungskläger haben geltend gemacht, es sei über=
haupt unzulässig, den Gebrauch einer offenkundig benutzten Ma=
schine dadurch einzuschränken, daß ein neues Verfahren dahin
patentirt werde, diese Maschine zu diesem neuen Verfahren an=
zuwenden. Wäre das richtig, so würde es kaum noch ein Patent
auf ein neues Verfahren geben können. Denn zu jedem Ver=
fahren müssen Körper angewendet werden, und werden in der
Regel bekannte Körper angewendet. Daß diese Körper in anderen
Fällen erst bearbeitet oder verarbeitet werden, wäre der Deduktion
der Berufungskläger gegenüber gleichgültig. Auch die Bearbeitung
ist eben nur ein Verfahren, zu welchem die bis dahin bekannten
Körper vermöge der ihnen innewohnenden Eigenschaften verwendet
werden. Der Satz ist auch in der Einschränkung auf den neuen
Gebrauch von bisher bekannten Maschinen und Werkzeugen zu
einem bis dahin nicht bekannten Verfahren gänzlich unhaltbar.
I, 293/89 vom 29. Jan. 90.

100. Die erstinstanzliche Entscheidung stellt die Sätze auf:
„Wenn die Beklagten zuerst den Weg angegeben haben, um diesen
Artikel erheblich schneller und billiger herzustellen, als dies bisher
geschah, so haben sie damit ein technisch erhebliches Problem ge=
löst. Ob andere diese Aufgabe gleichfalls ohne Schwierigkeit
hätten lösen können .... ist unerheblich, denn Thatsache ist, daß
Niemand zuvor das unzweifelhaft für die Industrie werthvolle
Verfahren in der von den Beklagten gezeigten Weise ausgeführt
hat." Diese Deduktion verkennt den Charakter der Erfindung.
Für diese ist die Frage sehr erheblich, ob das, was die Beklagten
gefunden hatten, gegenüber dem, was bis dahin Gemeingut war,
ohne Schwierigkeit zu finden war. Für die Beantwortung dieser
Frage kann man sich nicht auf den subjektiven Standpunkt der
Beklagten stellen, ob es für sie schwer war, sondern auf den der

 gesammten Industrie. Nicht einmal die Aufgabe haben die Beklagten zuerst gestellt. Wäre aber diese Aufgabe einem Maschinen
bauenden Sachverständigen vorgelegt, welcher die Tenderingmaschine
und deren Wirkungsweise kannte, so würde derselbe, wie angenommen wurde, die im Wesentlichen gleiche Maschine der Beklagten, welche auf ein anderes Gewebe gerade so einwirkt wie
auf die in besonderer Art gewebten Spitzen eingewirkt werden
soll, ohne Schwierigkeit gebaut haben. Auf der Tenderingmaschine
lassen sich Spitzen in derselben Weise appretiren. Also keine Erfindung weder der Maschine noch des Verfahrens. I, 293/89
vom 29. Jan. 90.

101. Die Erfindung der in England gebauten Tenderingmaschine war durch öffentliche Benutzung in Deutschland Gemeingut geworden. Von einer Firma zu Barmen wird die Tenderingmaschine in ihrer dortigen Fabrik seit 1873 zur Erbreiterung von
halbwollenen Futterstoffen und Fixirung der so gewonnenen Form
angewendet. Zwei Maschinen dieser Art stehen in einem Saale
der Fabrik im Betriebe, in welchem etwa 50 Arbeiter beschäftigt
sind. Am Fabrikthor ist zwar angeschlagen: Eintritt ist fremden
Personen verboten! Der Fabrikant betrachtet aber die Maschine
und ihren Betrieb nicht als Geheimniß. Er ist bereit, die Maschine dritten Personen auf deren Ansuchen zu zeigen. In einem
früheren Jahre hat er bereits eine Maschine dieser Art einem
anderen Fabrikanten in Elberfeld geliehen. I, 293/89 vom
29. Jan. 90.

102. Der Kläger hatte aus dem Vertrage, mit welchem er
die Patente übertrug, eine Rente zu fordern. Die Patentamtliche
Entscheidung hat das Patent wesentlich eingeschränkt; die Patent-
inhaberin ist zur Zahlung der Rente bis zu dem jene Entscheidung
bestätigenden Urtheil des Reichsgerichts verurtheilt. Daß die straf-
rechtliche Verfolgung in der Zeit seit der Publikation der Patent-
amtlichen Entscheidung sistirt wurde, schließt jenen Schutz noch
nicht aus. Denn so lange diese Entscheidung nicht bestätigt war,
setzten sich alle diejenigen, welche die Uebertretung des Patentgesetzes in der Zwischenzeit riskirt hätten, der Verfolgung für den
Fall aus, daß jene Entscheidung in zweiter Instanz nicht bestätigt
wurde. Auch läßt sich keineswegs annehmen, daß gegen solche
Kontravenienten eine Feststellung wissentlicher Patentverletzung um

deswillen abgelehnt sein würde, weil die patentamtliche Entscheidung das Patent, in den bezeichneten Punkten aufgehoben und eingeschränkt hatte. Derjenige, welcher im Bewußtsein davon, daß solche Patentansprüche bestehen und daß das von ihm ausgeübte Verfahren oder die von ihm feilgehaltene oder in Verkehr gesetzte Einrichtung unter jene Patentansprüche fällt, handelt, nimmt wissentlich den Bestimmungen des §. 4 des Patentgesetzes zuwider die patentirte Erfindung in Benutzung. Hatte er den Glauben und die Hoffnung, das Patent werde demnächst rechtskräftig vernichtet werden, und irrt er sich hierin, so wird durch diesen Glauben die Thatsache nicht beseitigt, daß er zu einer Zeit, wo das Patent zu Recht bestand, wissentlich das Patent verletzt hat; und diese wissentliche Patentverletzung darf verfolgt werden, wenn das Patent trotz der erhobenen Nichtigkeitsklage bestehen geblieben, die dem Nichtigkeitskläger günstige erstinstanzliche Entscheidung also in zweiter Instanz aufgehoben ist. Dazu kommt im vorliegenden Falle, daß thatsächlich die Beklagte im J. 1886 einen gesteigerten Umsatz der patentirt gewesenen Einrichtungen gehabt und dies dem Kläger selbst nach der Entscheidung des Kaiserlichen Patentamts und vor dem Urtheil des Reichsgerichts mitgetheilt hat. I, 329/89 vom 12. Febr. 90.

103. Der Patentanspruch 1 des Max Déri 33051 vom 18. Febr. 1885: „Bei Anwendung von Induktionsrollen für Wechselströme, eine Anordnung dieser Apparate zur Bildung von Stromvertheilungsstationen zweiter Ordnung, nicht wie bisher durch Serienschaltung der Induktionsrollen in den primären Hauptdraht, sondern durch parallele Abzweigung der sekundären Erregungsquellen von den zwei Zuleitungen des primären Leitungsstranges, zwischen denen eine möglichst konstante Potentialdifferenz erhalten wird, so wie beschrieben und in Fig. 3 und 4 dargestellt", wurde vernichtet, weil derselbe nicht als eine Erfindung gelten könne, und zu unbestimmt gehalten sei, um eine gewerbliche Verwerthung zu gestatten, und die Benutzung durch andere Sachverständige zu ermöglichen. Könnte der Gegenstand des Anspruchs trotz seiner mangelhaften Fassung und Unbestimmtheit überhaupt als ein Verfahren aufgefaßt werden, so würde doch das Neue dieses Verfahrens lediglich in der Kombination bekannter Momente liegen. Eine solche Kombination darf aber nur dann als Erfindung im

Patentrecht. Sinne des Patentgesetzes gelten, wenn dadurch auf technisch gewerblichem Gebiete ein Fortschritt erzielt wird. Ein solcher Fortschritt wird durch die in dem Anspruche 1 der Patentschrift No. 33951 gegebenen Anordnungen gar nicht erzielt. Es müßten erst Erfindungen gemacht werden, wie die der späteren Patente 34649 und 40414, bei welchen derselbe Patentinhaber betheiligt ist, um das angestrebte Ziel zu erreichen. I, 285/87 vom 9. Dec. 89.

104. Die Nichtigkeitsbeschwerde wider das Patent 16248 von Ulrich (Dampfsäcke an den Sitzflächen des Ventils eines Pulsometers) abgewiesen. Die Einrichtung ist eine solche, daß nach wissenschaftlichen Grundsätzen zu erwarten ist, daß sie bei dem Betriebe des Pulsometers einen Einfluß auf die Bewegung des Ventils ausübt, welches wechselweise die eine oder die andere der beiden Kammern des Pulsometers gegen den einströmenden Dampf abschließt. Streitig allein ist der Grad der Wirkung. Die Patent ertheilende Behörde hat sich mit jener Thatsache begnügt, damit hat der Erfinder prima facie für sich, daß das, was in der Patentbeschreibung dargestellt ist, und was nach allgemeinen Grundsätzen als eine sinnreiche Erfindung erscheint, auch eine gewerbliche Erfindung zuläßt. Die Nichtigkeitskläger haben den Beweis zu führen, daß dies nicht der Fall. Ihnen steht die Thatsache entgegen, daß die Nichtigkeitskläger selbst mehr als 1000 von Pulsometern dieser Konstruktion mit anerkannter Leistungsfähigkeit abgesetzt haben, und der Beweis, daß letztere nicht die Folge der patentirten Konstruktion, war nicht geführt. Wollten die Nichtigkeitskläger das Reichsgericht hiervon und von der gänzlichen Unbrauchbarkeit des Patents des Nichtigkeitsbeklagten überzeugen, so hätte es dazu eines sehr stringenten Beweises, einer völligen Evidenz bedurft. Denn es liegt in der Natur jeder Erfindung, welche neue Bahnen eröffnet, daß sie mit einem anderen Maßstabe gemessen werden muß als das bis dahin Sichere, durch eine lange Praxis und durch vielfache theoretische Untersuchungen Bestätigte. Bloße theoretische Untersuchungen werden selten ausreichen, um die Unzulänglichkeit einer patentirten Erfindung zu beweisen; derselben ist Zeit zu lassen, durch vielfache Anwendung unter veränderten Umständen ihre praktische Brauchbarkeit zu erweisen. Völlig zutreffend hat sich die Entscheidung des Kaiserlichen Patent-

amts auf diesen Standpunkt gestellt. Das ganze Patentwesen Patentrecht. würde in seinem Grunde erschüttert werden, wollte man von dem Erfinder fordern, daß er die Grenzen seiner Erfindung genau bezeichnen, die Umstände, unter welchen sie wirkt und nicht wirkt, im Einzelnen mit völliger Bestimmtheit darzulegen im Stande sei: und wollte man ein Patent um deswillen vernichten, weil es einem sorgfältigen und gewissenhaften Sachverständigen bei seinen wiederholten Versuchen unter den ihm gegebenen Bedingungen nicht gelungen ist, einen merklichen Unterschied der Wirkungen zu entdecken, je nachdem er eine die Dampfsäcke bedeckende Zunge an den von ihm geprobten einen Pulsometer eingesetzt hat oder eine anders konstruirte Zunge. Ist es auch dem Sachverständigen nicht ausgeschlossen, daß durch gewisse Aenderungen der Ulrich'sche Pulsometer die Wirkungen erzielen kann, welche der Sachverständige bisher vermißt, so würde es sich fragen, ob diese Aenderungen innerhalb des durch die Patentansprüche gezogenen Rahmens der Ulrich'schen Erfindung liegen, und weiter, ob ihre Verwirklichung eine Folge einfacher Ausprobirung wäre, in welcher Weise am wirksamsten die Erfindung darzustellen wäre: oder ob sie sich als eine neue Erfindung charakterisiren würde. Erst wenn hierüber eine dem Erfinder ungünstige Evidenz vorläge, würde sich ein Urtheil begründen lassen, daß Ulrich die Erfindung, welche er zu machen auf dem Wege war, nicht gemacht habe, daß, wie es die Nichtigkeitskläger einmal bezeichnet haben, eine nicht fertige Erfindung vorliege. I, 47/88 vom 19. März 90.

105. Die Patentvernichtungsklage gegen den Anspruch 2 des Zusatzpatents 6758 Krimmel, schiefes Scharnier mit ausziehbarem Stift an einem Kinderstuhl abgewiesen. Allerdings kann die Patentfähigkeit nicht darauf gestützt werden, daß das Scharnier in Verbindung steht mit allen den besonderen Einrichtungen des Hauptpatents 413. Denn die Einrichtungen dieses Hauptpatents waren durch diese selbst bekannt, als das Zusatzpatent angemeldet wurde. Auch war der ausziehbare Stift an einem Scharnier zu dem Zweck, um den sonst durch das Scharnier umklappbaren unteren Theil von dem oberen zu trennen, und diesen oberen Theil als niedrigen Kinderstuhl für sich zu verwenden, durch die amerikanische Patentschrift 76801 von 1868 bekannt geworden. Dennoch hat das Reichsgericht das schiefe Scharnier am schrägen Stuhlbein, welches nicht

Patentrecht.

so leicht zerbricht, in Verbindung mit dem ausziehbaren Stift, angebracht an einem zu einem Kinderwagen umklappbaren Kinderstuhl, als eine neue Erfindung gelten lassen. I, 306/89 vom 15. März 90. Vgl. 838.

106. Das Patent 36124 (Querfurth) an einem Temperofen mit kontinuirlichem Betrieb die Kombination des beweglichen Bodens mit der seitlichen Doppelfeuerung und den Heizungs- und Ventilatorluftzuführungskanälen in der Beschränkung auf einen senkrecht beweglichen Boden aufrecht erhalten. Darin lag eine Erfindung, wenn auch die Beweglichkeit nach wagrechter Richtung bereits bekannt war. Da letztere bekannt, überdies in der Patentschrift nur die Beweglichkeit nach unten dargestellt war, die Beschränkung erforderlich. I, 183/89 vom 19. März 90.

Markenschutz. 107. Im Fall Bd. III, 227 anderweit: Zwischen Johann Hoff und seinem Bruder, sowie dessen Sohn, dem Beklagten, war ein Vertrag abgeschlossen, welcher jenem das Absatzgebiet Nordamerika ausschließlich sicherte. Es war aber in demselben dem Beklagten Leopold Hoff vorbehalten, das von ihm von Hamburg aus nach Amerika unter der Firma Leopold Hoff betriebene Geschäft mit Malzbier und Malzpräparaten fortzusetzen. Dies Geschäft hatte Leopold Hoff mit den Amerikanischen Agenten Tarrant & Co. in New-York betrieben, welchem Jener das Bier in Fässern unter der Bezeichnung Hoff's Malt-Extract Beer übersandte. Tarrant & Co. füllten das Bier auf Flaschen mit der Etikette Joh. Hoff's Malt-Extract Beer, und vertrieben es so. Kläger und Leopold Hoff hatten früher mit Tarrant & Co. einen bis 1906 laufenden Vertrag geschlossen, welcher diese zum Bezug und Vertrieb des Joh. Hoff'schen Biers, das durch Leopold Hoff zu liefern sei, berechtigte. Johann Hoff hat den Fortbestand dieses Vertrags in einem Prozesse wider Tarrant & Co. bestritten. In dem obigen Vergleiche wurde weiter bestimmt, derselbe sei einflußlos auf jenen Vertrag mit Tarrant & Co., und auf die hierüber schwebenden Streitigkeiten, und darf von keinem der Kontrahenten bei Vermeidung einer Konventionalstrafe für diese Prozesse direkt oder indirekt benutzt werden. Das Reichsgericht hat die Vergleichsbestimmung dahin ausgelegt, daß Leopold Hoff berechtigt sein sollte, so lange nicht der Prozeß zwischen Johann Hoff und Tarrant & Co. definitiv entschieden sei, den bisherigen Geschäftsbetrieb mit Tar-

rant & Co. fortzusetzen. Die Klage wegen Verletzung des Joh. Markenschutz.
Hoff'schen Waarenzeichens durch Anstiftung von Tarrant & Co.
wurde deshalb abgewiesen. I, 265/89 vom 14. Dec.

108. Es wurde überdies abgesehen von jenem Vergleich aus=
gesprochen: Es ist in dem früheren Revisionsurtheil nur prin=
cipiell für rechtlich möglich erklärt worden, daß auch durch Ueber=
sendung einer Waare an einen Dritten mit dem Wissen und
Willen, daß Letzterer dieselbe mit der Bezeichnung eines fremden
Namens oder einer fremden Firma versieht, falls Letzteres ge=
schieht, eine Mittthäterschaft bei der fälschlichen Namensbezeichnung
begangen werden kann. Ebenso läßt sich auch nicht leugnen, daß
auch bei vertragsmäßiger Einräumung des Rechts zu solcher Be=
zeichnung Seitens des berechtigten Namens= oder Firmenträgers die
Bezeichnung unter Ueberschreitung der vertragsmäßigen Schranken
neben der Vertragsverletzung zugleich auch eine Verletzung des
Gesetzes sein kann. Aber keine dieser Möglichkeiten trifft für den
vorliegenden Fall zu. Tarrant & Co. schöpfen ihr Recht, das
Bier in der angegebenen Weise zu bezeichnen, nicht aus einer Ab=
machung lediglich mit Beklagtem, sondern aus dem Vertrage, den
Johann Hoff selbst mit ihnen geschlossen hat. Beklagter liefert
das Bier an Tarrant & Co., nicht aus Willkür oder in freier
Entschließung, sondern, weil er zur Lieferung verbunden ist, wenn
jener Vertrag besteht. Bei solcher Sachlage und da die Annahme
des Fortbestandes des Vertrages nicht auf einem bösen Glauben
des Beklagten beruht, kann die Fortlieferung des Bieres, die ohne
eigene Bethätigung des Beklagten bei der Bezeichnung der Waare
mit dem Namen Joh. Hoff erfolgt, nicht als Miturheberschaft an
dieser Bezeichnung im Sinne einer Mitverantwortlichkeit für einen
in Bezug auf Tarrant & Co. etwa nach §. 13 des Markenschutz=
gesetzes zu qualifizirenden Thatbestand angesehen werden. I, 265/89
vom 14. Dec.

109. Mit vollem Recht hat die Kammer für Handelssachen Firma.
angenommen, daß H. G. B. Art. 25, Abs. 2 auch dann An=
wendung findet, wenn das Handelsgeschäft des Vorgängers, wie
das hier der Fall gewesen ist, in das Handelsregister nicht einge=
tragen war. Dies ist auch bereits von R. O. H. E. Bd. 23, Nr. 79
und auch von dem Reichsgericht III, 205/85 vom 4./11. Dec.
(vgl. Bolze, Praxis, Bd. II, Nr. 343) ausgesprochen. Und diesen

 Entscheidungen tritt der erkennende Senat bei. I, 239/89 vom 27. Nov.

110. Vgl. Bd. I, 304. A. W. Faber hat in Amerika und England Warnungen veröffentlicht, aus deren Anlaß auf Klage von Johann Faber jene Firma verurtheilt wurde, sie habe sich bei Vermeidung einer Strafe von 1500 Mark für jeden Zuwiderhandlungsfall in ihren Preiskurants und sonstigen in Ausübung ihres Handelsbetriebes erfolgenden Bekanntmachungen jeder Erklärung zu enthalten, durch deren ausnahmslose, ihr allein das Recht auf den Gebrauch des Namens „Faber" im geschäftlichen Betriebe beilegende Fassung auch die Bleistifte der Firma Johann Faber als solche hingestellt erscheinen, welche mit dem Namen „Faber" unbefugter Weise bezeichnet seien. Revision zurückgewiesen. Die negatorische Klage ist wie bei der Schutzmarke — vgl. I, 237/86 vom 2. Okt. (Bd. III, 227 E., 18, 7) — und bei der patentirten Erfindung — I, 197/89 vom 19. Okt. — auch unabhängig von einer Verschuldung des Störenden zulässig, und auch wenn die Störung im Ausland vorgenommen; unerheblich, ob der Verletzte auch nach dem Gesetze des Auslandes desselben Schutzes theilhaftig wäre. Handelt es sich um Waaren, deren Absatzgebiet nicht nur das Inland, sondern auch das Ausland ist, so soll selbstverständlich die Bezeichnung der Waaren mit Firma und Namen die Wirkung haben, die Waaren im gesammten Absatzgebiete, also auch im Auslande, als eine von dem betreffenden Gewerbetreibenden herrührende zu kennzeichnen, und es wäre nicht abzusehen, warum sich die Rechtssphäre des Berechtigten nicht auf dieses gesammte Gebiet erstrecken, warum der inländische Richter nicht gegen Störungen und Beeinträchtigungen, welche jenes Recht im ausländischen Absatzgebiete erfährt, dem Gekränkten den Schutz des Gesetzes sollte angedeihen lassen, zumal wenn der Gegner selbst Inländer ist. Daß etwa Beklagte in England und Amerika ausschließlich berechtigt seien, den Namen Faber zu führen, hat sie nicht behauptet. VI, 186/89 vom 14. Nov. Vgl. 149.

111. Der Beklagte hatte mit auf Widerruf ertheilter Bewilligung den Namen des Klägers als Firma geführt. Nachdem diese Bewilligung zurückgezogen ist, hat Beklagter diese Firmenführung unterlassen. Nun konnte Kläger nicht negatorisch auf

Unterlassung des ferneren Gebrauchs der Firma klagen (H. G. B. 27).   Firma.
I, 353/89 vom 26. Febr. 90.

112. Die klagende Aktiengesellschaft hat ihren Sitz in Blauberg; sie hat als ihre Firma eintragen lassen Granitwerke Blauberg; die beklagte Handelsgesellschaft Clémençon & Will in Cham hat mehrfach zu dieser Firma den Zusatz gezeichnet: „Granitwerk Blauberg." Soweit das Landgericht die Beklagte verurtheilt hatte, den Gebrauch der Firma Granitwerke Blauberg zu unterlassen, ist das Urtheil mit Recht aufgehoben, denn diese Firma hatte die Beklagte nicht gebraucht; soweit die Klägerin gefordert hat, daß Beklagte sich jedes Zusatzes enthalte, welche ihrer Firma ähnlich sei, ist bei dem völligen Mangel an Bestimmtheit des Gegenstandes einer derartigen Unterlassung dies richterliche Verbot unzulässig.   I, 349/89 vom 1. März 90.

113. Ueber die Unzulässigkeit des Zusatzes „Granitwerk Blauberg" entscheidet die Thatsache allein nicht, daß die Beklagte ihren Sitz an einem anderen Orte hat — H. G. B. 20 —. Zusätze zur Firma, welche zur näheren Bezeichnung der Person oder des Geschäfts dienen — H. G. B. 16, Abf. 2 — sind nur solche, welche mit den wirklichen Verhältnissen im Einklang stehen. — I, 506/81 vom 2. März, E. 3, 47. — Das war aber hier nicht dadurch ausgeschlossen, daß das Granitwerk der Beklagten nicht innerhalb des Blaubergs, sondern an demselben lag, und in der Firma die Präposition „am" weggelassen war: zumal der Granit, welchen die Beklagte bricht, auf demselben Lager ansteht, welches sich vom Blauberge her bis zu dieser Stelle fortsetzt.   I, 349/89 vom 1. März 90.

114. Die Beklagten haften gemäß A. L. R. I, 6, §§. 29—32   Solidarische
nur insofern solidarisch für den Schaden, als sie zu dessen Zu   Haft.
fügung mitgewirkt haben. Eine solche Mitwirkung setzt keineswegs ein gemeinschaftliches oder gleichzeitiges Handeln voraus. Sie kann nicht blos in den Formen der Mitthäterschaft, Anstiftung oder Beihülfe (§§. 47—49 des Strafgesetzbuchs), sondern durch jedes vorsätzliche oder kulpose Thun oder Unterlassen erfolgen, welches zu der Schadenszufügung mitgewirkt hat, sodaß namentlich auch für den durch einen Diebstahl zugefügten Schaden der Hehler und diejenigen, die in mindestens kulposer Weise den Diebstahl ermöglicht oder begünstigt haben, solidarisch mit dem Diebe haften können.

Solidarische Haft. Im vorliegenden Falle kommt indessen in Betracht, daß es sich um eine Reihe von Entwendungen, welche die Tochter gegen ihre Eltern verübt hat, handelt, von welchen jede einzelne das Vermögen der Kläger um einen bestimmten Geldbetrag beschädigt hat. Für die Annahme nun, daß die Beklagten, auch wenn sich ihre Thätigkeit nur auf einzelne der festgestellten Entwendungen erstreckt haben sollte, dennoch für sämmtliche entwendeten Waaren und Gelder aufkommen müßten, fehlt es an einer ausreichenden Begründung, und ebenso wenig ist aus der Vorentscheidung zu ersehen, daß jeder der Beklagten unmittelbar oder mittelbar zu allen Entwendungen mitgewirkt habe. VI, 314/89 vom 3. März 90.

Verschuldung. 115. Im Fall Bd. VII, 172 hat das Berufungsgericht wiederum erkannt wie früher; Revision zurückgewiesen. Der Kläger habe in seiner Stellung als westpreußischer Wirth selbständige Anordnungen wegen der Art der Arbeitsausführung, namentlich Aenderungen in Betreff der Aufstellung und Einrichtung des Dreschapparats nicht zu treffen gehabt, vielmehr habe ihm nur die Kontrolirung der Art der Arbeit nach Maßgabe der von dem Beklagten oder von dessen Vertretern in der Wirthschaftsleitung erlassenen Anweisungen obgelegen, und demzufolge sei Kläger weder verpflichtet noch nach den gewöhnlichen Fähigkeiten eines Wirths im Stande gewesen, bei Wahrnehmung etwaiger Unregelmäßigkeiten in der Beschaffenheit des Apparats seine Aufmerksamkeit darauf zu richten, ob aus solchen Unregelmäßigkeiten eine Gefahr für ihn oder für andere Arbeiter entstehen, und in welcher Weise dieser Gefahr vorgebeugt werden könnte. Dem beklagten Rittergutsbesitzer habe die zur Erkennung der Möglichkeit einer Gefahr erforderliche höhere Ueberlegungskraft inne gewohnt. VI, 292/89 vom 13. Febr. 90.

Kausalität. 116. Im Fall 184. Wenn einmal der Kläger durch das außerkontraktliche Verschulden des Beklagten einen Schaden erlitten hat, konnte die Ersatzpflicht des Beklagten niemals dadurch ausgeschlossen oder eingeschränkt werden, daß die Vormünder des Klägers, welche hier ja nicht als Vertreter desselben in einem Vertragsverhältnisse dem Beklagten gegenüber stehen, gleichfalls in dieser Sache etwas versehen hätten und daher auch ihrerseits an der Beschädigung des Klägers Schuld trügen; denn die A. L. R. I, 6,

§§. 19—21 reden nur von eigenen Versehen des Beschädigten *Kausalität.* selbst. VI, 221/89 vom 12. Dec.

117. Im Fall 316 hatte M. seine Differenzforderung aus dem von dem Beklagten im Namen der Kläger geschlossenen Kaffee=termingeschäft gegen die Kläger erhoben, und deshalb eine Schuld an dieselben aus früherem Geschäft nicht bezahlt. Er war zwar mit jener Differenzforderung aus dem vom jetzigen Beklagten außerhalb der Vollmacht geschlossenen Geschäft abgewiesen. In=zwischen war aber M. in Vermögensverfall gerathen. Die Kläger haben mit Recht von dem Beklagten Ersatz des ihnen hieraus entstandenen Schadens gefordert. Wenn M. nicht vom Beklagten getäuscht wäre, so würde er den Klägern den diesen schuldigen Betrag, zu dessen Zahlung er auch diesen im Vorprozeß verur=theilt ist, schon alsbald bezahlt und nicht wegen seines angeblichen Gegenanspruchs zurückbehalten haben. Er war auch damals zahlungsfähig. M. war des Glaubens, daß Beklagter, wenn schon mandatswidrig, doch innerhalb seiner Vollmacht gehandelt habe. Daß er die ältere Schuld nicht gezahlt hat, beruht nicht auf seinem eigenen Verschulden. Auch hat der Beklagte nichts dazu gethan, um M. an der Geltendmachung seiner angeblichen Forderung gegen die Klägerin zu hindern. Wenn schon er ihm geschrieben hat, er verpflichte sich, falls M. bei den Klägern in Verlust kommen sollte, ihm auf zwischen ihnen zu vereinbarendem Wege vollen Ersatz zu leisten: so hat er dessen Forderung weder bezahlt noch sichergestellt. Endlich steht den Klägern nicht entgegen, daß sie nicht ihren Schaden durch Erwirkung vorläufiger Vollstreckbarkeit der Verurtheilung des M. abgewendet haben. Dazu waren sie nicht verpflichtet, weil sie die vorläufige Vollstreckbarkeit nur gegen Sicher=heitsleistung hätten erlangen können. I, 223/89 vom 16. Nov.

118. Die Gemeinde R. ist verurtheilt, den Klägern für die Entziehung einer für einen öffentlichen Weg erklärten Bodenfläche vollständigen Ersatz zu leisten. Demnächst ist die Haftung der Beklagten auf 50 Mark beschränkt, als denjenigen Betrag, welcher erforderlich war, um die den öffentlichen Weg versperrende Ein=friedigung der klägerischen Weide, deren Beseitigung durch poli=zeiliche Verfügung angeordnet worden, dergestalt zu versetzen, daß der Weg außerhalb derselben blieb. Durch diese Versetzung der Einfriedigung von der östlichen zur westlichen Seite des Weges

Kaufalität. würde der höhere Schaden, welchen die Kläger durch die in Folge
der Beseitigung der Einfriedigung nothwendig gewordene Haltung
eines Hirten, sowie durch Verringerung des Milchertrages erlitten
haben wollen und ersetzt verlangen, vermieden worden sein; daß
Kläger die Versetzung unterließen, grobes Versehen. Revision
zurückgewiesen. V, 261/89 vom 1. Febr. 90.

Zufall und
Unmöglichkeit
der Erfüllung.
119. Eine mit der Ausführung von Festungsbauten betraute
Baugesellschaft hatte den Kläger ermächtigt und verpflichtet, eine
Kantinenwirthschaft zu erbauen und zu betreiben, auch dem Kläger
die Stelle an der Lünette II angewiesen. Die Kantine ist ausgeführt und betrieben. Vor Vollendung der Festungsbauten ging
die Lünette II in das Eigenthum der Stadt über. Auf Klage der
Stadt wurde die Baugesellschaft zur Räumung verurtheilt und
die Kantine abgebrochen. Die Entschädigungsklage des Kantinen-
wirths ist abgewiesen. Die Abweisung konnte nicht auf Code 1147
gestützt werden; denn der Uebergang des Eigenthums der Lünette II
auf die Stadt ist nicht eine cause étrangère i. S. des Art. 1147.
Dazu hätte es weiterer Feststellungen bedurft, ob etwa schon bei
Abschluß des Vertrags die Befugniß der Beklagten, die Kantinenwirthschaft während des Baues zu gestatten und zu übertragen,
eine beschränkte war oder nicht, ob damals die Beklagte die eingetretene Störung als möglich voraussehen konnte. — Laurent
16, 255. — Die Abweisung erfolgte aber auf Grund einer aus-
dehnenden Auslegung des Vertrages, welcher die Beklagte für gewisse
Fälle befugte, die Auflösung zu fordern. Aus letzterem Grunde
Revision zurückgewiesen. II, 326/89 vom 28. Febr. 90.

Erfüllung.
120. Nach der zwischen dem Auftraggeber und dem Mandatar angeblich getroffenen Vereinbarung sollten die gezahlten
1600 Thaler einen Vorschuß zur theilweisen Deckung der alsbald zu machenden Kapitalszahlung von 2400 Thaler bilden. Wäre
dies richtig, so durfte Beklagter nicht hinterher die ihm gewährten
Deckungsmittel anderweitig und insbesondere nicht (wodurch der
Kläger allein benachtheiligt ist) auf unverzinsliche Ansprüche an
den Kläger, welche zudem noch gar nicht durch Rechnungslegung
liquid gestellt waren, verrechnen. — A. L. R. I, 16, §. 150. —
IV, 217/85 vom 5. Dec.

121. Aus dem Umstande, daß auf dem Kaufkontrakte sich
die vom Verkäufer vollzogene Quittung vom 15. März 1888 über

die erfolgte Anzahlung von 3000 Mark befand, in Verbindung *Erfüllung.*
mit der geschehenen Hingabe des Accepts über 2000 Mark folgt
noch nicht, daß schon durch das Accept selbst, also durch Novation,
die betreffende Kaufgelderschuld in Höhe von 2000 Mark berichtigt
sein sollte. Vgl. R. O. H. G. E., B. 10, S. 47. I, 240/89
vom 4. Dec.

122. Der klagende Testamentsvollstrecker hat in einem Schrei- *Kompensation.*
ben an den Miterben, welchem er vermiethet hatte, den Jahres-
abschluß über die geführte Verwaltung mitgetheilt und für den
Beklagten ein gewisses Antheil an diesem berechnet. Der Beklagte
hat aber nichts dafür vorgebracht, daß seine angebliche Gegenforderung gegen den Miethzins fällig und zahlbar sei, und selbst
dann, als Kläger den Mangel der Fälligkeit ausdrücklich gerügt
und entgegnet hat, die Auszahlung des Antheils des Klägers an
dem Nachlasse werde durch das Bestehen von Verbindlichkeiten des
Nachlasses gehindert, sich schweigend verhalten. Dem Kompen-
sationseinwande fehlt mithin das vom Beklagten zu beweisende
Erforderniß der Fälligkeit der Gegenforderung. A. L. R. I, 16,
§. 343. V, 230/89 vom 8. Jan. 90.

123. Im Fall 473, 474 war die Kompensation auch aus
dem Grunde unzulässig, weil der getilgte Anspruch auf Liberirung,
also Vornahme einer Handlung, die Gegenforderung auf Geld
ging. III, 273/89 vom 21. Jan. 90.

124. A. L. R. Die Klägerin war durch eine Dreschmaschine *Konfusion.*
verletzt und hatte gegen den Gutseigenthümer eine Entschädigungsforderung erstritten. Der Beklagte hatte von seinen Miterben
das Gut gekauft, und auf dasselbe auch die Wirthschafts-
schulden übernommen. Klägerin hat sich diese Forderung überweisen lassen. Die Einrede des Beklagten, die überwiesene Forderung sei durch Konfusion erloschen, weil er selber Miterbe seines
verstorbenen Vaters geworden, unbegründet. Der Beklagte haftete
aus dem Vertrage jeder seiner Miterbinnen auf die ganze Schuld.
Auf diese kontraktliche Verpflichtung blieb die Theilung der Erbschaft, wenn solche stattgefunden, ohne Einfluß. V, 301/89 vom
8. März 90.

125. Im Fall 355. Der Anspruch des Klägers auf Ver- *Anspruchs-*
gütung für Anfertigung der Bauzeichnung und des Kostenanschlags *verjährung.*
und für die ihm vom Beklagten im Zusammenhange und im An-

Anspruchs-
verjährung.

schlusse an diese Arbeiten übertragene Leitung des Baues sei als ein einheitlicher anzusehen und als solcher nicht mit Vollendung des Baues im Okt. 1883, sondern erst mit der durch ihn bewirkten Revision der Rechnungen der einzelnen Bauhandwerker, welche zu der Leitung gehört haben, und mit der Mittheilung des Ergebnisses dieser Revision sowie der Aushändigung jener Rechnungen an den Beklagten fällig geworden, zumal die Angemessenheit der klägerischen Forderungen nur nach Maßgabe der gesammten Bausumme zu bestimmen gewesen und diese erst nach Revision der Baurechnungen habe festgestellt werden können; die letzten Rechnungen habe Kläger dem Beklagten erst im Jan. oder Febr. 1884 ausgehändigt; danach sei die ganze Honorarforderung erst im Jahre 1884 im Sinne des Pr. Gesetzes vom 31. März 1838, §. 5³ fällig geworden. Also keine Verjährung. VI, 202/89 vom 25. Nov.

126. Wenn im Fall 62, 81 dem Hypothekgläubiger ein Schadensersatzanspruch gegen Fiskus zugestanden hätte aus außerordentlicher Beschädigung, so würde derselbe verjährt sein. Die Verschlimmerung in dem Vermögenszustand der Klägerin ist aber nach ihrer Klagebegründung durch Verschulden des Beklagten schon dadurch eingetreten, daß die ihr mitverpfändete Wasserkraft dem Pfandgrundstücke entzogen, hierdurch aber die Sicherheit ihrer Hypothek wesentlich geschmälert und gefährdet und damit die letztere selbst entwerthet worden ist. Hiernach aber konnte die Klägerin die gegenwärtig erhobene, zunächst auf Wiederherstellung des früheren Zustandes event. auf Feststellung der Entschädigungspflicht für den zu erwartenden Ausfall in der Zwangsversteigerung gerichtete Klage schon von dem Zeitpunkte ab erheben, wo sie von dem Dasein des Schadens in dem angegebenen Sinne, nämlich der Entwerthung des Pfandgrundstückes und der entsprechenden Entwerthung ihrer Hypothek und deren Ursache Kenntniß erhielt. Daß der Schuldner persönlich für die Hypothek haftete, und sich erst später als zahlungsunfähig herausgestellt hat, würde den Anfangspunkt des Laufs der Verjährung nicht hinausgerückt haben. V, 209/89 vom 11. Dec.

127. Im Fall 86/88. Da der Grundeigenthümer auf Beseitigung des Wehrs erst klagen konnte, nachdem ein Nachtheil eingetreten war, die erste Benachtheiligung aber innerhalb der Verjährungsfrist lag, ist eine Verjährung nicht eingetreten. Nur

wenn als nothwendige Folge des Wehrs eine Benachtheiligung des Klägers schon vor ihrem wirklichen Eintritt nachweisbar war, und Kläger dies erkannt hätte, hätte er früher klagen können — A. L. R. I, 9, §. 514. — Das war aber nicht erwiesen. V, 225/89 vom 21. Dec.

128. Nach G. R. wird die Anspruchsverjährung auch durch Erhebung der Klage bei einem unzuständigen Richter unterbrochen; das Gegentheil ergibt sich nicht aus c. 7. C. ne de statu def. (7 21). — Vgl. gegen die herrschende Ansicht Hellmann im Civ. Arch. 66, S. 204 ff. — Die sechsmonatliche Verjährung des Anspruchs auf Rückzahlung eines zu Unrecht erhobenen Stempels — Pr. Gesetz vom 24. Mai 1861, §. 12 — wurde durch die bei dem Amtsgericht statt bei dem Landgericht erhobene Klage unterbrochen. III, 209/89 vom 15. Nov. 89/17. Jan. 90.

129. Die Ansicht, daß die in einem Auseinandersetzungsverfahren vor der Receßbestätigung ergehenden richterlichen Entscheidungen einen provisorischen Charakter in dem Sinne haben, daß die Verjährung der aus demselben ergehenden Ansprüche, hier der durch das Urtheil von 1874 mit ihren Fälligkeitsterminen festgestellten Renten erst von der Receßbestätigung ab laufe, unbegründet. Mit Eintritt der Fälligkeitstermine begann der Lauf der nicht bezahlten Rentenbeträge. V, 239/89 vom 15. Jan. 90.

130. Auf A. L. R. I, 9, §. 569 konnte sich Fiskus nicht berufen, da Thatsachen, welche ein unredliches Verhalten der Beklagten bei Nichterfüllung ihrer Verbindlichkeit unter Kenntniß von dem Fortbestand beweisen, nicht behauptet waren — vgl. V, 363/85 vom 1. Mai 86 (Bd. III, 286), 141/88 vom 26. Sept. (Bd. VI, 212). — Die Beklagten mochten sich trotz des Urtheils ihrer Verpflichtung zur Rentenzahlung nicht bewußt geworden sein. V, 239/89 vom 15. Jan. 90.

131. Die Dienstherrin des Feilenhauergesellen hatte diesem versprochen, den verdienten Lohn auf die Sparkasse zu tragen. Das hat sie auch gethan, aber das Buch auf ihren Namen schreiben lassen. Mit dem Anspruch auf das im Nachlaß der Dienstherrin vorgefundene Sparkassenbuch war der Cessionar des Klägers abgewiesen. Soweit dem nun erhobenen Anspruch auf Auszahlung des Lohnes die Verjährungseinrede entgegengesetzt ist, wird diese nicht dadurch ausgeschlossen, daß die Dienstherrin zur Spar-

Anspruchs-
verjährung.

kaffe eingelegt hat, wenn die Abrede, daß jener Lohn bei der Sparkasse belegt werden sollte, lediglich im Interesse des Gesellen getroffen war. Vgl. IV, 23/86 vom 5. Juli (Bd. III, 294). Anders, wenn die Dienstherrin ein Recht auf Einhaltung dieser Abrede gehabt, so daß der Geselle vor deren Tode oder einer Aenderung des Verhältnisses den Lohn nicht hätte fordern können. VI, 255/89 vom 16. Jan. 90.

132. Die Rückstände der Beiträge der Grundstückseigenthümer zu den Kirchen- und Pfarrbaulasten, sowie zu den Kosten der Herstellung des Kirchhofs waren der kurzen Verjährung nicht unterworfen. Die Anwendbarkeit des Gesetzes vom 31. März 1838, §. 2, Nr. 1 u. 5 ist ausgeschlossen, weil es sich hier weder um Gebühren für kirchliche Handlungen, noch um Rückstände von zu bestimmten Zeiten wiederkehrenden Abgaben und Leistungen handelt. Ebensowenig findet das Gesetz vom 18. Juni 1840 Anwendung, welches die Verjährung der öffentlichen Abgaben regelt; auch der §. 14 dieses Gesetzes, welcher die an Gemeinden und andere öffentliche Körperschaften oder Anstalten zu entrichtenden Abgaben in Ansehung der Verjährung den Staatssteuern gleichstellt, hat nur öffentliche Abgaben im Auge, zu welchen die in Rede stehenden Leistungen nicht gehören. IV, 334/88 vom 3. Febr. 90.

133. Im Fall 384/385 steht dem Antrag des Käufers auf Rückzahlung des für die entwährten Maschinen gezahlten Kaufpreises nicht entgegen. Die kurzen Verjährungsfristen kommen nur zur Anwendung, wenn Käufer seinen Anspruch auf die Mangelhaftigkeit des Ganzen stützt. Wie dagegen die kurze Verjährung dem Käufer nicht entgegengesetzt werden kann, wenn ihm durch Eigenthumsansprüche eines Dritten die Sache ganz entzogen wird, so muß dieser Grundsatz auch Anwendung finden, wenn zwar das Entwährte thatsächlich nur einen Theil der gekauften Sache bildet, der Käufer aber hiervon ganz absieht, vielmehr die entwährte Sache als selbständigen Gegenstand ins Auge faßt und allein wegen dessen Entwährung Anspruch erhebt. (O. T. E. B. 15, S. 3; Förster-Eccius 1, §. 86; Dernburg II, §. 145.) I, 339/89 vom 15. Febr. 90.

Rückforderung
aus grund-
loser Bereiche-
rung.

134. Im Fall 305: Die beklagte Ehefrau haftete dem Gläubiger des schenkenden Ehemannes auf den vollen Betrag der von

ihr eingezogenen Geldforderung. Denn zu der Zeit, da Beklagte die Forderung einklagte und vom Schuldner bezahlt erhielt (zwischen December 1876 und April 1878) war dieselbe bereits längst, wie ihr bekannt, der Klägerin überwiesen. Konnte sie aber nicht im Zweifel sein, daß ihre Restitutionspflicht zur Geltung werde gebracht werden, so konnte sie auch ihrer Verbindlichkeit nicht durch Fortgeben oder Konsumtion des Eingenommenen entgehen (L. 65, §. 8 D. de cond. ind. 12. 6, L. 39, D. de don. mort. 39. 6). III, 226/89 vom 26. Nov.

Rückforderung aus grundloser Bereicherung.

135. A. L. R. Der Kläger, Testamentsvollstrecker eines Nachlasses, fordert für seine Person von dem Beklagten Erstattung, weil er ihm als Miterben auf seinen Erbtheil vorschußweise mehr gezahlt habe, als Beklagter zu fordern habe. Da zur Deckung bereite Mittel im Nachlaß nicht vorhanden waren, habe er die Vorschüsse aus eigenen Mitteln geleistet. Die Klage ist begründet, da Beklagter aus dem Vermögen des Klägers bereichert ist. Auch wenn der Kläger zunächst die Zuschüsse aus seinem Vermögen zur Nachlaßmasse gemacht, und aus dieser an den Beklagten gezahlt hat. Entscheidend das Endergebniß, daß der Kläger Deckung im Nachlasse nicht gefunden hat. Daß der Kläger die dem Beklagten geleisteten Vorschüsse wiederholt als Nachlaßforderungen gebucht und daß er den Beklagten als Nachlaßschuldner in Anspruch genommen und Beklagter sich als solcher bekannt hat, ist ohne rechtliche Bedeutung. IV, 315/89 vom 3. Dec.

136. Die von der Klägerin gelieferten Baumaterialien sind bei derselben von W. auf dessen Namen — ohne Nennung des Namens des Beklagten — gekauft. Nach dem unstreitigen Inhalte des Vertrages zwischen W. und dem Beklagten, hat W. zweifellos den Bau, in welchen die von der Klägerin ihm gelieferten Eisentheile verwendet wurden, für sich und in der Absicht aufgeführt, das von ihm aufzuführende Gebäude zu behalten und nach dessen Herstellung auch den Grund und Boden aufgelassen zu erhalten. Damit war der Beklagte einverstanden. Der Beklagte hat dem W. den Bau bezahlt und ist Eigenthümer geblieben. W. ist vermögenslos; ein Bereicherungsanspruch der Klägerin liegt nicht vor — R. G. E. I, S. 159; IV, 32/88 vom 3. Mai (Bd. VI, 223). VI, 315/87 vom 16. Febr. 88 (Bd. V, 269). — Es ist aber auch nicht an dem, daß, weil Beklagter Eigenthümer

Rückforderung
aus grund-
loser Bereiche-
rung.

des erwähnten Grund und Bodens war, etwa mit gesetzlicher Nothwendigkeit das Eigenthum an dem darauf geführten Bau und den
in diesen verwendeten Materialien in das Vermögen des Beklagten
übergegangen wäre. Dem preußischen Rechte ist der strenge Grundsatz: res cedit solo, fremd, vgl. §. 329 ff., Thl. I, Tit. 9 des
A. L. R., Reichsgerichts-Entscheidungen Bd. 1, S. 180. Selbst
wenn man nicht mit Dernburg I, §. 236, 1, Note 4 so weit
gehen will, anzunehmen, daß der für sich Bauende immer zunächst Eigenthümer des Baues werde, so ist doch vorliegenden
Falls gegenüber dem Inhalte des Vertrages und dem Einverständnisse des Beklagten im Hinblick auf §. 332, I, 9, A. L. R.
die Folgerung gerechtfertigt, daß Beklagter durch die Verwendung der Eisentheile in den Bau nicht Eigenthümer derselben
(weil nicht Eigenthümer des Baues selbst) geworden. Auch von
diesem Standpunkte aus ist sohin eine Bereicherung des Beklagten
im Sinne der Klage ohne Rechtsirrthum verneint. VI, 254/89
vom 16. Jan. 90.

137. Im Fall 28 war auch nicht festgestellt, daß der Beklagte zur Zeit der Subhastation noch persönlicher Schuldner der
Pfandbriefschuld war. Mit Rücksicht auf das Resultat der Subhastation würde auch die Befreiung des Schuldners dem Betrage
der Schuld nicht gleichwerthig gewesen sein. Danach erwies sich
der Anspruch auch nicht aus dem Grunde der Bereicherung haltbar. V, 245/89 vom 18. Jan. 90.

138. Im Fall 141 das Berufungsurtheil aufgehoben, weil
das Vermächtniß auch bezüglich der 2400 Mark angebliche Forderung
der Erblasserin an die Ehefrau des Klägers diesem angerechnet
war. Die Ehefrau habe ohne Zustimmung ihres Ehemannes eine
der Erblasserin zustehende Forderung dieser Höhe eingezogen, und
Kläger habe nicht behauptet, daß seine Ehefrau das Geld zweck-
widrig vergeudet habe, oder daß sie überhaupt eine Person sei,
welche mit Geld nicht umzugehen verstehe. Da die Ehefrau ohne
Einwilligung des Ehemannes gehandelt hat, auch über eine nachträgliche Genehmigung des Ehemannes nichts vorliegt, so ist durch
die Empfangnahme sowenig aus dem Gesichtspunkte der Geschäftsführung wie aus dem des Mandats eine gültige Schuld begründet
worden. Der Gläubiger kann daher nach dem in diesem Fall
maßgebenden A. L. R. nur fordern, was erweislich vorhanden

oder nützlich verwendet ist. Der Beweis solcher Verhaftung ex re trifft den Gläubiger, hier die Beklagte, welche die Forderung qu. dem Kläger anrechnen will. III, 266/89 vom 31. Jan./ 11. Febr. 90.

Rückforderung aus grundloser Bereicherung.

139. Im Fall 539 läßt sich die Verurtheilung nicht anders verstehen, als daß eine diesen Anspruch rechtfertigende Bereicherung der Beklagten auf Kosten der Pflegschaftsmasse stattgefunden habe. In dieser Beziehung fehlt aber eine Feststellung, daß und wie die Beklagte Klara um jene 5285,4 Mark bereichert sei, vollständig. Anscheinend kann ihre Bereicherung auf Kosten der Pflegschaftsmasse höchstens in dem Betrage bestehen, um welchen die in ihr Vermögen allein gelangten 12 000 Mark den ihrem ein Drittel Grundstücksantheil entsprechenden ein Drittel Antheil der nach Abzug der Posten Nr. 1—8 übrig bleibenden Kaufgelder des ganzen Grundstücks übersteigen. IV, 365/89 vom 13. März 90. Vgl. 711.

140. Im Fall 285 hat S. die Kosten dem Notar gezahlt, aber sie der Aktiengesellschaft, deren Bankier und Vorstandsmitglied er war, ins Debet gestellt. Diese Einstellung ist unbeanstandet geblieben, auch nachdem S. aus dem Vorstande geschieden war, und der Schlußsaldo ohne Vorbehalt gezahlt. Der Rückforderung fehlt es am Irrthum und an der Nichtschuld. Abgewiesen. I, 266/89 vom 14. Dec.

Rückforderung irrthümlich gezahlter Nichtschuld.

141. G. R. Der Kläger hat für die am 12. Mai 1882 verstorbene A. H., Schwester seiner Ehefrau, eine große Reihe von Aufwendungen gemacht, nachdem A. H. auf ihre Beerbung durch Klägers Ehefrau hingewiesen und ihm auf seine Anregungen wegen Sicherstellung für seine Auslagen wiederholt die Versicherung ertheilt hatte, kein anderer als seine Ehefrau oder sein Sohn Robert solle ihr Vermögen haben. Insbesondere hat er nach den Angaben der A. H. ein ihm gehörendes, neben seinem Wohnhause belegenes Haus umgebaut, die A. H. mit ihrem Dienstmädchen längere Zeit beköstigt, ihr auch Pflege durch seine Ehefrau gewährt u. s. w. A. H. ist nach einiger Zeit mit einem Testament verstorben, nach welchem die Beklagte ihre Universalerbin geworden ist und dritten Personen erhebliche Summen zugewendet sind, während die klägerische Ehefrau übergangen und nur deren Sohn Robert ein auf 450 Mark geschätztes Mobiliar und eine

Rückforderung wegen nicht eingetretener Voraussetzung.

Rückforderung wegen nicht eingetretener Voraussetzung.

Summe von 3000 Mark zugewendet ist. Von dieser Summe sind nach dem Testamente 2400 Mark durch Ueberweisung einer Forderung gewährt, welche die A. H. auf Höhe dieses Betrages gegen die klägerische Ehefrau erworben haben will. Die Klage auf Ersatz der Verwendungen theils als condictio ob rem datorum, theils als actio doli — s. 156 — zugesprochen, so jedoch, daß das Vermächtniß in Anrechnung käme. Da A. H. nur von ihrer Beerbung gesprochen, so sind die Hinstellungen zu unbestimmt, als daß sie in dem Kläger mehr als die Erwartung einer Entschädigung durch Zuwendungen, namentlich der Zuwendung des ganzen Nachlasses, haben hervorrufen können. Es ist daher ohne Rechtsirrthum angenommen, daß der Kläger sich das Vermächtniß an den Sohn als theilweise Entschädigung dienen zu lassen hat. III, 266/89 vom 31. Jan./11. Febr. 90. Vgl. 138.

Rückforderung aus verwerflichem Empfang.

142. Die Klägerin räumte der Hypothek des Beklagten das Vorzugsrecht vor ihrer Hypothek ein. In Folge dessen gelangte bei der Zwangsversteigerung des Grundstücks die Hypothek des Beklagten mit 2490,63 Mark zur Hebung, während der Rest derselben sowie die ganze Hypothek der Klägerin ausfielen. Klägerin begehrt die Herauszahlung jener 2490,63 Mark, weil die Prioritätseinräumung auf Verlangen des Beklagten zu dem Zwecke gewährt sei, damit letzterer in dem damals anhängigen Konkursverfahren über das Vermögen des Schwagers der Klägerin für den von diesem beantragten Akkord stimme. Die Klägerin hat zu einem unerlaubten Zweck eine Leistung gemacht, bezw. lief das Geschäft gegen ein Verbotsgesetz. K. O. §§. 168, 173¹, 213. Deshalb konnte nach A. L. R. I, 16, §§. 172, 173, 205 nicht die Klägerin, sondern nur der Fiskus zurückfordern. Unerheblich der Beweggrund der Klägerin, daß sie aus Gefälligkeit gegen ihre Schwester und auf Verlangen des Beklagten gehandelt hat. Zu dem Resultat, daß Klägerin ein Rückforderungsrecht nicht hat, führt auch A. L. R. I, 3, §. 36. Die Klage ist abgewiesen. IV, 262/89 vom 9. Dec.

Interesse.

143. Das Schiff des Beklagten ist für den der klägerischen Barke durch den Zusammenstoß erwachsenen Schaden ersatzpflichtig erachtet. Das Berufungsurtheil hat für die 15 Tage Verzögerung der Reise nur die Auslagen an Kost und Heuer für die Mannschaft zugesprochen, Entschädigung für entzogenen Nichtver-

dienst abgewiesen. Aufgehoben, zurückverwiesen. Es ist anzunehmen, daß das klägerische Schiff in Folge des Unfalles die fraglichen 15 Tage an seiner Reisezeit verloren hat. Der Umstand, daß dasselbe ein Segelschiff ist, welches in höherem Maße als Dampfschiffe von Wind und Wetter abhängt, und bei welchem daher nicht mit Sicherheit auf eine prompte Ankunft zu rechnen ist, steht dem klägerischen Anspruch nicht entgegen, da die Verpflichtung zum Schadensersatz nicht dadurch ausgeschlossen wird, daß der Schaden möglicherweise auch ohne die Dazwischenkunft der zum Ersatz verpflichtenden Thatsache eingetreten wäre. Thatsachen, aus denen sich eine Gewißheit oder Wahrscheinlichkeit dafür ergibt, daß die Verzögerung auch ohne den Zusammenstoß eingetreten wäre, sind von dem Beklagten nicht vorgebracht; als ein derartiges Vorbringen kann insbesondere auch der Hinweis auf das Alter und den angeblich geringen Werth der Barke nicht betrachtet werden. Das Urtheil geht von einer unrichtigen Auffassung des in Rede stehenden Ersatzanspruches aus, wenn es zur Substantiirung desselben den Nachweis fordert, daß Kläger bei früherer Ankunft im Bestimmungshafen eine höhere Rückfracht hätte erlangen können, als demnächst wirklich erzielt worden ist. Der Schaden, dessen Ersatz vorliegend beansprucht wird, besteht nicht in der Differenz zwischen der bei früherer Ankunft zu erlangenden und der später wirklich verdienten Fracht, sondern darin, daß das vom Kläger geführte Schiff während des 15tägigen, durch den Zusammenstoß verursachten Aufenthaltes gar nichts verdient hat, mithin während dieser Zeit für die Rhederei kein werbendes Kapital gewesen ist. I, 246/89 vom 23. Nov.

144. Bei dem Anspruch der Klägerin auf Ersatz der ihr durch die Schuld des Beklagten an Arbeitsversäumniß und Minderung der Erwerbsfähigkeit verursachten Einbuße handelt es sich um einen persönlichen Ersatzanspruch derselben, welcher ihr nicht dadurch verloren gehen kann, daß sie als Ehefrau ihren Erwerb durch die Thätigkeit in der Hauswirthschaft und in der Oekonomie ihres Mannes hat. Denn es ist deshalb keineswegs selbstverständlich, daß ihre Arbeiten und Dienste ohne Entgelt von anderen Mitgliedern der Familie übernommen worden sind oder in Zukunft übernommen werden können und müssen, wie denn die Klägerin ausdrücklich behauptet, daß sie in den ersten 8 Wochen ihre

<table>
<tr><td>Intereſſe.</td><td>

Arbeiten durch Taglöhnerinnen habe verrichten laſſen müſſen. Nach dem gewöhnlichen Gang der Dinge hat ſie durch die Beeinträchtigung ihrer Arbeitsfähigkeit Schaden erlitten und wird ihn in Zukunft erleiden. Es iſt daher Sache des Beklagten, zu begründen, daß und warum dies ausnahmsweiſe nicht der Fall geweſen iſt oder nicht ſein wird. III, 247/89 vom 17. Dec.

145. Die Beklagte hat angegeben, daß die fraglichen Apparate von ihr weiter an eine Stettiner Handelsgeſellſchaft geliefert ſeien, und der mindeſtens 1250 Mark betragende Schade durch die Verſpätung der Lieferung zwar in erſter Linie jene Geſellſchaft treffe, daß aber der Inhaber der beklagten Firma derſelben für den geſammten Schaden aufkommen müſſe. Damit iſt nicht behauptet, daß die beklagte Firma Schadenserſatz in Höhe von 1250 Mark geleiſtet habe, auch nicht daß ein Erſatzanſpruch dieſes Betrages gegen ſie geltend gemacht ſei und ihre Zahlungspflicht feſtſtehe, ſondern es iſt nur auf die Möglichkeit oder Wahrſcheinlichkeit hingewieſen, daß ſie mit Erfolg zum Erſatze des bezeichneten Schadens werde angehalten werden. Die Gefahr eines ſolchen Vermögensſchadens begründet aber nicht ſchon jetzt eine zur Aufrechnung mit dem Klageanſpruch geeignete Gegenforderung. Reviſion gegen das verurtheilende Berufungsurtheil zurückgewieſen. III, 274/89 vom 24. Jan. 90.

</td></tr>
<tr><td>Zinſen.</td><td>

146. Der durch A. L. R. I, 13, §. 72 gerechtfertigte Anſpruch des Beklagten auf landübliche, d. h. 5 Proc., Zinſen der von ihm geleiſteten Kapitalzahlungen wird nicht durch den Umſtand ausgeſchloſſen, daß zu der fraglichen Zeit Geld zu 4 Proc. erhältlich geweſen. IV, 217/89 vom 5. Dec. Vgl. 219.

147. Verzugszinſen im Fall 545 ſeit der Aufforderung, obſchon ein beſtimmter Betrag noch nicht ausgemittelt war: denn die Grundſätze der Berechnung ſtanden geſetzlich feſt, und die Information über den Nachlaß ſtand dem Beklagten zu. IV, 288/89 vom 20./28. Jan. 90.

148. Im Fall 846. Nachdem Klägerin ihre Anſchließung, mit welcher ſie weiter gehende Zinſen gefordert hatte, am 28. Mai den Beklagten hatte zuſtellen laſſen, war ihr die durch Theilurtheil zugeſprochene Kapitalſumme mit den zugeſprochenen Zinſen am 3. Juni 1889 gezahlt, und ſie hat ohne Vorbehalt quittirt. Dadurch verlor ſie die bereits geforderten weiteren Zinſen nicht;

</td></tr>
</table>

der Hinweis auf A. L. R. I, 11, §. 845 verfehlt. IV, 288/89 vom 20./28. Jan. 90.

Zinsen.

149. Im Fall 110. Selbst angenommen, die jetzt in Rede stehende Klage, welche nicht auf Entschädigung gerichtet ist, verfolge einen Anspruch aus einem Delikte, so würde dem Standpunkte des zweiten Richters die Berechtigung nicht zu versagen sein. Wenn nämlich auch die, die Klage veranlassenden Veröffentlichungen im Auslande geschehen sind, so trifft doch deren Erfolg, die Schädigung an Ehre und Vermögen, die Klägerin vornehmlich am Sitze ihrer Hauptniederlassung, und wofern diese Beeinträchtigung von der Beklagten ausgegangen und veranlaßt oder auch nur genehmigt ist, kann mit Grund gesagt werden, daß die schädigende Handlung ihren Ausgang von der Hauptniederlassung der Beklagten genommen hat. Treffen aber Urheberschaft und Erfolg einer Handlung an Orten eines Rechtsgebietes zusammen, so kann vom Standpunkte des Civilrechts wohl davon gesprochen werden, daß die Handlung an diesen Orten begangen ist, womit nicht ausgeschlossen ist, daß die Begehung der Handlung beziehungsweise einzelner Theile derselben zugleich noch in anderen Orten stattgefunden. VI, 186/89 vom 14. Nov.

Delikt.

150. An S. kamen 100 Sack Weizen auf der Eisenbahn in Coblenz an. Bevor S. die Fracht bezahlt und den Frachtbrief ausgeantwortet erhielt, hat der Bodenmeister der Eisenbahn einen Frachtbrief des S. entgegengenommen, nach welchem der Weizen an L. in Boppard zu versenden war; er hat auch dem S. ein Duplikat dieses Frachtbriefs abgestempelt. Auf Ordre des Absenders hat die Eisenbahnverwaltung demnächst den Weizen an diesen zurückgesandt. S. hat aber erreicht, daß L. gegen Vorzeigung jenes Duplikats Accept über den Preis an S. gesandt hat; dieser hat das Accept begeben, von ihm war das Geld nicht wieder zu erlangen. Der Schadensanspruch, welchen L. gegen Eisenbahnfiskus aus Code 1382/84 erhoben hat, ist nicht damit zu beseitigen, daß nach §. 50 Ziffer 5 des Betriebsreglements S. durch jenes Duplikat keine Rechte auf die Waare erlangte. Der Schaden ist dem L. dadurch entstanden, daß dieser aus der vorzeitigen Unterstempelung jenes Duplikats folgerte, der Weizen sei dem S. von der Eisenbahn übergeben. Das abweisende Urtheil aufgehoben, zurückverwiesen. II, 304,89 vom 7. Febr. 90.

Delikt.

151. Der Inhaber einer großen Schuhwaarenfabrik klagte gegen einen Händler, welcher schlechter gearbeitete Schuhwaaren anderer Schuhmacher als von jener Fabrik hergestellt wissentlich verkaufte, auf Unterlassung. Das abweisende Berufungsurtheil aufgehoben. Indem das Gesetz denjenigen, welcher eine unrechte That im Sinne des B. L. R. 1382 vorgenommen, in der bezeichneten Gesetzesstelle zur Entschädigung verpflichtet, geht es nothwendig von dem Satze aus, daß derselbe verpflichtet sei, eine Handlung, weil mit Unrecht in die Rechtssphäre eines anderen eingreifend, zu unterlassen. Es bestand also eine Verpflichtung zur Unterlassung jener Handlung, und zwar nicht etwa bloß aus Gründen der öffentlichen Ordnung oder gegenüber der öffentlichen Ordnung, sondern aus Gründen des Privatrechts und gegenüber demjenigen, welchem durch die unrechte That Schaden zugefügt wird. Dem entsprechend auf der anderen Seite ein Recht auf Unterlassung, folgeweis auch eine Klage hierauf, ohne daß erforderlich wäre, es bestehe ein sonstiges, den Anspruch auf Unterlassung begründendes Rechtsverhältniß. II, 11/90 vom 6. März.

Arglist und Betrug.

152. Die Klägerin lieh Z. 3000 Mark gegen eine Hypothek mit der Abrede, Z. sollte eine vorstehende Grundschuld von 2980 Mark bezahlen und löschen lassen. Z. hat auch die Grundschuld bezahlt, aber sich abtreten lassen und dann dem Beklagten abgetreten. Bei der Subhastation ist die Hypothek fast ganz ausgefallen. Der Beklagte ist der Klägerin verurtheilt. Revision zurückgewiesen. Es war festgestellt, daß Z. von Anfang an beabsichtigt habe, die Klägerin zu betrügen. Der Beklagte habe für die Cession keine Valuta gezahlt; bei der Zwangsversteigerung den Erlös auf Umwegen wieder Z. zufließen lassen wollen; er sei auch ein Mann, von dem man sich einer betrügerischen Handlungsweise versehen könne, wie er denn zu Z. seit Jahren in intimen Beziehungen stand. Unerheblich, ob Beklagter die Verpflichtung des Z. und die Person des Berechtigten kannte; er sei sich bei Empfangnahme der Urkunde bewußt gewesen, daß Z. sich derselben in arglistiger Weise entschlage, und daß sich rechtswidrige Folgen an diese Handlungsweise knüpften. Das genügte, um die Theilnahme des Beklagten an der betrügerischen Handlungsweise des Z. festzustellen, und ihn zum Ersatz nach A. L. R. I, 6, §§. 8 und 10 zu verurtheilen. VI, 285/89 vom 3. Febr. 90.

153. Die H.'schen Eheleute hatten nach dem Kaufvertrage vom Arglist und
Betrug.
2. Sept. 1884 und nach dem Judikat vom 27. Okt. 1887 gegen=
über dem Kläger die Verpflichtung, in Starlenke keine Schank=
wirthschaft zu errichten. Die H.'schen Eheleute haben dem Be=
klagten das rothe Haus zum Zweck der Ausübung des Handels
mit gewöhnlichem Branntwein verpachtet, und der Beklagte treibt
diesen Handel. Nach der Behauptung des Klägers war es Ab=
sicht der H.'schen Eheleute, das vertragliche Recht des Klägers
und das von diesem erstrittene Judikat zu vereiteln; das habe
Beklagter gewußt, und sogar mit den H.'schen Eheleuten darüber
berathen, welche Fassung dem Pachtvertrag zu geben sei, damit
Kläger weder gegen die H.'schen Eheleute noch gegen Beklagten
Ansprüche erheben könne. Allein die Abschließung eines Vertrags,
welche die Verletzung einer älteren vertraglichen Pflicht Seitens
eines der Vertragsschließenden in sich schließt, kann als eine un=
erlaubte Handlung — A. L. R. I, 3, §. 35 — des anderen Ver=
tragsschließenden nicht erachtet werden, auch wenn dieser die Ver=
tragsbrüchigkeit seines Gegenkontrahenten, und die auf Kränkung
der Rechte des Klägers gerichtete Absicht desselben kennt. V,
185/89 vom 5. Febr. 90. Vgl. 52.

154. Im Fall Bd. VI, 743 und 253 hat nun das Berufungs=
gericht die beklagten Erben zu 1 verurtheilt; Revision zurück=
gewiesen. Der Erblasser der Beklagten 1 war nach dem Mittestator
D. und vor dessen Witwe verstorben, ihm waren seine Kinder
bezüglich des gemeinschaftlichen Vermögens der testirenden Ehe=
leute substituirt. Die Beklagten 1 sind die Witwe und Kinder
ihres Erblassers. Es ist festgestellt, daß die überlebende Witwe
D., welche die Erbschaft ihres Ehemannes angetreten hatte, dem
Erblasser der Beklagten 1 den wesentlichsten Theil des gemein=
schaftlichen Nachlasses, die ausstehenden Forderungen abgetreten
hat, und daß der Erblasser der Beklagten 1 davon später die
Vermächtnisse des beiderseitigen Nachlasses entrichten sollte, zu
deren Entrichtung das der Witwe D. verbleibende Vermögen
gänzlich unzureichend war. Der Cessionar habe aber beim Er=
werb der Nachlaßforderungen die arglistige Absicht verfolgt, sich
in den Besitz des wesentlichsten Theils des Nachlasses zu setzen,
um denselben entgegen dem ihm wohlbekannten Willen der Cedentin

Arglist und Betrug.

zur späteren Auszahlung der Legate unzulänglich zu machen, und solche zu vereiteln. IV, 309/89 vom 3. Febr. 90.

155. Wie der Berufungsrichter das irrevisible Recht wiedergibt, ist der Ehemann nach dem Paderborner Güterrecht zwar an sich befugt, über das gütergemeinschaftliche Vermögen zu verfügen, jedoch mit der Maßgabe, daß Veräußerungen, selbst unter lästigem Titel, sobald sie auf eine bösliche oder gar betrügliche Verletzung der Rechte der Frau gerichtet seien, und dabei der dritte Erwerber eines bösen Glaubens überführt werden könne, als mit dem Zwecke und der Natur der gütergemeinschaftlichen Vermögenseinheit unvereinbar, ohne Zustimmung der Frau für ungültig zu erachten seien. Unter solchen Umständen hat der Ehemann über eine gemeinschaftliche Leibzucht der Eheleute verfügt, das Aequivalent, welches die Ersteher des belasteten Guts gewährt haben, war viel zu niedrig und nur auf die Lebenszeit des viel älteren Ehemanns bemessen. Der Berufungsrichter erachtet dieselben deshalb für verpflichtet, das auf die Leibzucht entfallene Kapital zu einer Leibgedingsmasse zu zahlen, abzüglich der dem Ehemann bis zu dessen Tode gewährten Leistungen. Die zu Grunde liegende Auffassung ist nicht unbedenklich. Die Kaufgelder sind in der Subhastation bestimmungsmäßig erlegt und verrechnet worden. Die Ersteher N. und W. waren legitimirt, die Leibzucht zu liquidiren, und es erfolgte gegen das Liquidat kein Widerspruch. War die Abtretung der Leibzuchtsrechte der Ehefrau an sie ungültig, so kann der Anspruch derselben an sich nur auf Herausgabe desjenigen gehen, was die Genannten aus den Kaufgeldern auf die Leibzucht erhalten hatten, wobei sich die Klägerin die willkürliche Verwendung eines Theiles des auf die Leibzucht entfallenen Kapitals zur Deckung der nacheingetragenen Forderungen des N. und W. nicht entgegen setzen zu lassen braucht. Gleichwohl wurde das Urtheil aus dem Gesichtspunkt der Arglist aufrecht erhalten. Nach A. L. R. I, 6, §. 79 können N. und W. den Vertrag der Klägerin gegenüber nicht aufrecht halten; nach §. 29 sind sie zu voller Genugthuung solidarisch verpflichtet. IV, 263/89 vom 28. Jan. 90.

156. Im Fall 141 lag auf Seiten der Erblasserin ein Wortbruch vor. Die Aufwendungen, welche Kläger durch Umbauten seines Hauses gemacht hat, hat er auf die Zusage der Erblasserin hin gemacht. Er konnte sie deshalb abzüglich einerseits des Ver-

mächtnisses, andererseits des dadurch erzielten Mehrwerths seines Hauses von der Beklagten ersetzt verlangen — L. 34 D. de dolo malo (4. 3). — III, 266/89 vom 31. Jan./11. Febr. 90. Vgl. 845, 830, Bd. II, 534.

157. Einer Prüfung der allerdings streitigen Frage, ob die condictio furtiva gegen den Hehler begründet sei, bedarf es nicht, weil die angefochtene Entscheidung nach der Vorschrift in Artikel XV, §. 3 der Königlich Pr. Verordnung, betreffend das Strafrecht u. s. w. in den durch das Gesetz vom 20. Sept. 1866 und die Gesetze vom 24. Dec. 1866 mit der Monarchie vereinigten Landestheilen u. s. w., vom 25. Juni 1867 begründet ist. Denn danach haften wegen des Ersatzes, welcher Folge einer von Mehreren gemeinschaftlich ausgeführten, oder von dem Einen angestifteten und von den Anderen ausgeführten strafbaren Handlung ist, die Einzelnen für das Ganze und es gilt dieses auch von der Begünstigung, sofern der Begünstiger einen Vortheil aus dem Vergehen erlangt hat. III, 269/89 vom 29. Nov.

158. Am 19. Okt. ist der Konkurs über den Schuldner eröffnet. Vor der spätestens am 15. Sept. erfolgten Hingabe des Darlehens zwischen dem Gläubiger und dem Schuldner war vereinbart, Beklagter solle dem Schuldner Darlehen und dieser dagegen Sicherheitswechsel geben. Bei dieser Sachlage ist die rechtliche Folgerung unbedenklich, daß am 9. Okt. der Gläubiger einen Anspruch darauf hatte, überhaupt „Wechsel" zu seiner Sicherheit zu erhalten, und daß sohin die Sicherung der Art nach eine geschuldete war. Und es kann nicht gesagt werden, daß, wenn der Gläubiger schon bei der Darlehenshingabe Wechsel erhielt, welche am 9. Okt. gegen andere Wechsel zurückgegeben wurden, Beklagter kein Recht auf Bestellung solcher anderweiten Sicherheit und ebensowenig einen Anspruch auf die am 16. Okt. ihm im Wege theilweisen Abtausches gegebenen neuen Wechsel gehabt habe. Denn dem gegenüber trifft der Gesichtspunkt zu, daß es sich hier nur um einen an sich gleichgültigen Austausch der Sicherungsobjekte handelte, wenn nicht die Hingabe der neuen Wechsel auf einem neuen Vertrage beruhte, oder die neuen Wechsel eine größere Sicherheit boten, was klagenderseits, wo für den 9. Okt. ohnedies jeder Austausch widersprochen ist, selbst nicht behauptet wurde. Die beiden am 16. Okt. vom Beklagten zurückgegebenen Wechsel aber waren

Anfechtung. an diesem Tage fällig und sind offenbar deswegen gegen später fällige Wechsel umgetauscht worden. Die Anfechtung aus K. O. §. 23 Nr. 2 also nicht begründet. VI, 215/89 vom 2. Dec.

159. Die Anfechtungsklage war aus §§. 2, 3¹ des A. G. begründet. Der Kläger hatte am 26. Nov. 85 ein vorläufig vollstreckbares Anerkenntnißurtheil wider Eheleute v. K. zu Karlsruhe unter sammtverbindlicher Haftung erwirkt, am 5. Febr. 87 ließ er sein Urtheil auf die Liegenschaften des Schuldners eintragen. Die beklagte E. K., Schwester der Ehefrau v. K., hatte am 26. Nov. 85 für ihre Forderung ein ähnliches Anerkenntnißurtheil erlangt; am 27. Nov. stellten die Eheleute v. K. der E. K. eine Urkunde aus: „die Frau v. K., welche für die Forderung der E. K. sammtverbindlich ist, erklärt mit Ermächtigung ihres Ehegatten, daß sie zu Gunsten der Forderungen ihrer Schwester auf ihr eheweibliches Unterpfandrecht verzichtet, und den Vorrang dieses Unterpfandrechts auf E. K. überträgt. E. K. wird von dieser Uebertragung nur zur Herbeiführung einer gleichheitlichen Befriedigung sämmtlicher jetzt vorhandenen Gläubiger Gebrauch machen." Am 16. Dec. 1887 eine ähnliche notarielle Beurkundung und Eintrag im Pfandbuch ohne vorstehenden Schluß der Erklärung. Wird unterstellt, daß jene Erklärung als Vorzugseinräumung gilt, so wäre durch dieselbe der Werth des Hauses, des einzigen Vermögenstücks der v. K.'schen Eheleute, konsumirt. Daß der obige Schlußpassus eine gleichmäßige Befriedigung aller Gläubiger anstrebt, steht der Annahme einer Benachtheiligung des Klägers nicht im Wege. — Vgl. II, 195/89 vom 1. Nov. — So lange ein Konkursverfahren noch nicht eröffnet ist, wird die dem Kläger an sich zustehende volle Befriedigung, durch Zwangsvollstreckung, ohne Rücksicht auf konkurrirende Gläubiger herbeizuführen, beeinträchtigt, wenn ihm durch Handlungen des Schuldners diese Möglichkeit entzogen und ihm statt derselben ein solcher Theilungsmodus aufgenöthigt wird, wie er durch den Konkurs geschaffen würde; es würde dadurch in unzulässiger Weise durch den Schuldner ein außergerichtliches Konkursverfahren bewirkt werden. Sein Anfechtungsrecht wird auch nicht etwa dadurch aufgehoben, wenn er etwa seinerseits davon Kenntniß hatte, daß sein Schuldner keine genügenden Mittel zur Befriedigung aller Gläubiger besitzt. II, 215/89 vom 15./19. Nov.

160. Das Berufungsgericht hat die Anfechtungsklage abge-

wiesen, weil der Verkauf des Grundstücks an die Beklagte die Gläubiger nicht benachtheiligt habe. Aufgehoben, zurückverwiesen. Das Urtheil begnügt sich damit, auszuführen, daß „voraussichtlich" die Zwangsversteigerung des Grundstücks, wenn es nicht belastet gewesen, nicht mehr als 14 000 Mark ergeben haben würde. Es nimmt danach an, daß, wenn es mit der gegenwärtigen Belastung, deren Werth diesen Betrag übersteige, auf Antrag des Klägers zur Zwangsversteigerung gelangt wäre, für diesen nichts übrig geblieben wäre. An einer andern Stelle des Urtheils wird die Summe von 14 000 Mark als der „muthmaßliche" Verkaufspreis des Grundstücks bezeichnet. Dagegen fehlt es an einer bestimmten Feststellung, daß nach der richterlichen Ueberzeugung der Kläger, wenn er die Zwangsversteigerung des Grundstücks erwirkt hätte, auch nicht zur theilweisen Befriedigung wegen seiner Forderung gelangt wäre. Die erwähnte Ausdrucksweise muß in dieser Beziehung um so mehr Bedenken erregen, als der eine Sachverständige den Werth des Grundstücks höher geschätzt und als die Mitbeklagte G. das Grundstück nicht blos gegen Uebernahme der Lasten, sondern unter Zuzahlung von 2500 Mark erworben hat. VI, 224/89 vom 2. Dec.

161. Trotz II, 317/89 vom 1./8. Febr. 89 (Bd. VII, 298, S. 23, 3), welche Entscheidung nicht entgegensteht, konnte der Berufungsrichter Benachtheiligungsabsicht annehmen, weil der Schuldner wußte, daß das Rechtsgeschäft nothwendig die übrigen Gläubiger benachtheiligen müsse. Er bestellte eine Hypothek, als er bereits überschuldet war, und gab seine gesammte Fahrniß weg. VI, 196/89 vom 21. Nov./5. Dec.

162. Der Kläger hat im Konkurse seiner Schuldner Wechsel geltend gemacht. Er ist damit auf Grund K. O. §. 24² abgewiesen. Das Berufungsurtheil aufgehoben, zurückverwiesen. Der Kläger hatte geltend gemacht, daß drei Wechseln ein Schuldanerkenntniß zu Grunde liege, welches von den Inhabern der in Konkurs gefallenen Firma früher als ein Jahr vor der Konkurseröffnung mit dem Versprechen ausgestellt sei, für die anerkannte Schuldsumme Wechsel zu geben. Die Eingehung der Wechselverpflichtung erbringt aber nur prima facie einen Beweis für die objektive Gläubigerbenachtheiligung. Der Gläubiger kann denselben entkräften, wenn er eine causa nachweist, welche ergibt,

 daß die Aktivmasse entsprechend vermehrt oder ein anderer Passiv=
posten dafür hinweggefallen ist. Dabei bleibt dem Anfechtenden
unbenommen, die Ausgleichung durch die Darlegung besonderer
Umstände zu widerlegen. I, 260/89 vom 7. Dec.

163. Das Anerkenntniß, für welches später die Wechsel hin=
gegeben sein sollen, stellte einen selbständigen Verpflichtungsgrund
dar. War es der Anfechtung aus §. 24² wegen seiner früheren
Ausstellung entrückt, so hätte den Beweis, daß dasselbe des
materiellen Schuldgrundes überhaupt entbehre, der Konkurs=
verwalter führen müssen. Daß mittelst des Wechsels eine schnellere
Eintreibung der Forderung ermöglicht werde, sowie daß die Fällig=
keit der Schuld bei der Hingabe der Wechsel verfrüht sei, wäre
für den Anfechtungsanspruch nur erheblich gewesen, wenn etwa
Zahlung der Wechsel erfolgt wäre. Hier hatte aber der Kläger
von diesen Vortheilen keinen Gebrauch gemacht, also sie gewisser=
maßen der Masse zurückgewährt. I, 260/89 vom 7. Dec.

164. Abgesehen von dem Mangel der objektiven Benach=
theiligung hätte der Gläubiger im Fall 162 auch den ihm durch
K. O. §. 24² nachgelassenen Beweis der mangelnden Benachtheili=
gungsabsicht nur in Beziehung auf die Wechselhingabe zu führen
gehabt. Hatte er ein gültiges Schuldanerkenntniß vor der kritischen
Zeit erhalten, welches zugleich die Verpflichtung des Schuldners
enthielt, dem Kläger in Höhe des anerkannten Betrags Wechsel=
accepte zu geben, ohne daß durch die hingegebenen Accepte die
Last der Konkursmasse vergrößert wurde, so ist nicht abzusehen,
weshalb damit nicht der Beweis geführt sein soll, daß der Schuld=
ner bei Hingabe der Wechsel keine Benachtheiligungsabsicht gehabt
habe. I, 260/89 vom 7. Dec.

165. Bezüglich zweier Wechsel behauptet Kläger, sie seien
zwar als Gefälligkeitswechsel ausgestellt, dafür habe er aber der
Gemeinschuldnerin Gefälligkeitswechsel gegeben, und diese habe sie
realisirt, so daß er seine Wechsel hätte einlösen müssen. Ist das
richtig, so wird die Konkursmasse nicht dadurch benachtheiligt, daß
Kläger die Accepte der Beklagten geltend macht, wie wenigstens
zunächst anzunehmen ist, mag der Betrag für die Accepte in die
Geschäftskasse geflossen oder damit ein anderer Gläubiger befriedigt
sein. I, 260/89 vom 7. Dec.

166. Unter den Verträgen — K. O. §. 24² — jede Ge=

währung eines Rechts durch Willensbedingung zu verstehen, bei welcher als Rechtssubjekte mit auf diesen Zweck gerichteten Handlungen in dem im §. 24² bezeichneten Verwandtschaftsverhältnisse stehende Personen einander gegenübertreten; insonderheit auch ein Wechsel, welcher vom Gemeinschuldner acceptirt, von dessen Mutter gezogen, und von ihr und einem andern Bruder des Gemeinschuldners in blanco girirt, von letzterem seinem Bruder, dem Kläger übergeben war, um diesem Rechte gegen den Gemeinschuldner zu gewähren. I, 275/89 vom 21. Dec.

167. Im Fall 936 ist auch eine Anfechtung des gesetzlichen Rechts, eine eigene Forderung gegen eine Schuld an den Gemeinschuldner zu kompensiren, ausgeschlossen. Angefochten konnte nur das Rechtsgeschäft werden, aus welchem die Schuld des Widerbeklagten herrührte. I, 275/89 vom 21. Dec.

168. In einem Nachlaßkonkurse tritt für die zeitliche Voraussetzung der Anfechtbarkeit gemäß §. 23 K. O. keineswegs an Stelle der Zahlungseinstellung die Ueberschuldung, wennschon letztere die Voraussetzung der Konkurseröffnung bildet, vielmehr bleibt ebenso, wie im Regelkonkurse, die Zahlungseinstellung maßgebend, gleichviel, ob dieselbe von Seiten des Erblassers oder von Seiten des Erben vorgenommen ist. Danach wurde der von einem Gläubiger des Erblassers gegen eine Miterbin ausgebrachte Arrest auf Anfechtungsklage des Verwalters im demnächst eröffneten Nachlaßkonkurse für unwirksam erklärt, da derselbe die Zahlungseinstellung zur Zeit, als er den Arrest extrahirt, kannte. So schon V, 220/84 vom 31. Jan. 85 (Bd. I, 543), IV, 244/89 vom 12. Dec./28. Jan. 90.

169. Der Geschäftsinhaber war geisteskrank, seine Ehefrau Prokuristin. Dieselbe übergab zwei von ihr girirte Wechsel ihrem 20jährigen Sohn, welcher thatsächlich das Geschäft führte, zum Diskontiren. Dieser hat, ohne daß behauptet oder ersichtlich gewesen wäre, daß seine Mutter hiervon etwas wußte, innerhalb der 10tägigen Frist vor der Zahlungseinstellung einem der Gläubiger einen jener Wechsel und Werthpapiere gegeben. Die Werthpapiere wurden, um einen Prozeß zu vermeiden, zurückgegeben, die Anfechtung des Konkursverwalters bez. des Wechsels aus §. 23² und 24 K. O. abgewiesen, Revision zurückgewiesen. Die Begünstigungs- bezw. Benachtheiligungsabsicht allein aus der Person des Sohnes zu beurtheilen. Es war aber angenommen, daß, obschon das Bank-

 haus den Wechselkredit gekündigt hatte, der Sohn, wie er zeugeneidlich bekundet, damals nicht geglaubt, daß es zum Konkurse kommen würde, sondern gehofft hatte, die augenblickliche Geldverlegenheit werde überwunden werden. Es liegt kein Grund vor, anzunehmen, der zweite Richter habe mit dieser Feststellung nicht auch verneinen wollen, der Sohn habe die Möglichkeit einer Zahlungseinstellung und deren Konsequenzen ins Auge gefaßt; deshalb die aus dem unterstellten Bewußtsein dieser Möglichkeit der Revision gezogenen Folgerungen nicht erörtert. Fehlte dem Vertreter des Gemeinschuldners die Absicht der Benachtheiligung, so konnte der Beklagte solche nicht kennen. VI, 304/89 vom 17. Febr. 90.

170. Der Beweis, daß der Ehefrau des Schuldners eine Absicht ihres Ehemanns, seine Gläubiger durch Hingabe von Handfesten an die Ehefrau zu benachtheiligen, nicht bekannt war, kann nur künstlich geführt werden. Von wesentlicher Bedeutung kann dabei der Nachweis werden, daß der Schuldner eine andere Absicht bei seinem Handeln gehabt habe; so z. B. die, daß er zur Vornahme der Handlung durch eine dem Anfechtungsgegner gegenüber bestehende Verpflichtung veranlaßt worden sei, namentlich daß die fragliche Rechtshandlung die Erfüllung eines wirksam abgeschlossenen Vertrages gewesen sei. Allerdings genügt ein solcher Nachweis nicht in der Art, daß durch denselben jede Möglichkeit der Anfechtbarkeit grundsätzlich ausgeschlossen wäre. Trotz der Verbindlichkeit zur Erfüllung des Vertrages kann als Grund zur Vornahme der Rechtshandlung eine besondere fraudulose Absicht des Schuldners sich darstellen. Allein eine solche Absicht wird sich thatsächlich nur beim Vorhandensein besonderer Umstände als vorhanden annehmen lassen. Hat also der Anfechtungsgegner nach dieser Richtung keinen Beweis geführt, so wird ihm dies nur dann präjudiziren, wenn solche besondere Umstände vom Anfechtenden geltend gemacht werden oder deutlich vorliegen. I, 328/89 vom 29. Jan./3. Febr. 90. Vgl. 758/60.

171. Klägerin hat eine zu Gunsten der Beklagten vollzogene Pfändung von ausstehenden Forderungen ihrer Schuldnerin angefochten. Außer erheblichen noch nicht durch Urtheil festgestellten Forderungen hat Klägerin eine vollstreckbare Forderung von 6000 Mark und eine andere von 12 463 Mark. Der Klägerin kann allerdings nicht eingewendet werden, daß sie für die erstere

Forberung eine ihr von der Ehefrau des Schuldners bestellte Anfechtung.
Sicherheit von 4000 Mark in Händen habe. Denn, soweit er=
sichtlich, würde der Schuldner selbst sich gegenüber der Zwangs=
vollstreckung der Klägerin nicht darauf berufen können, daß sie jene
Sicherheit habe. §. 2 des Anfechtungsgesetzes macht die Anfech=
tung davon abhängig, daß die Zwangsvollstreckung in das Ver=
mögen des Schuldners zu einer Befriedigung des Gläubigers
nicht geführt habe, und voraussichtlich nicht führen werde. VI,
317/89 vom 13. März 90.

172. Andererseits entscheidet noch nicht für die Klägerin, daß
eine Zwangsvollstreckung wegen 6000 Mark im J. 1885 fruchtlos
ausgefallen. Denn Klägerin hat in demselben Jahre Forderungen
ihres Schuldners in Höhe von 32 830,15 Mark, ferner von
3894,77 Mark, sowie ferner etwa von 1000 Mark pfänden und
sich überweisen lassen. Zu einer Anfechtung würde die Klägerin
erst berechtigt sein, wenn festgestellt wäre, daß sie durch jene
Zwangsvollstreckungen wegen der vollstreckbaren Forderungen vor=
aussichtlich nicht befriedigt werden wird. Daß jene gepfändeten
Forderungen unrealisirbar seien, ist nicht festgestellt. Das ver=
urtheilende Erkenntniß aufgehoben, zurückverwiesen. VI, 317/89
vom 13. März 90.

173. Die gegen den Cessionar des Extrahenten angefochtene
Pfändung war ohne jede Mitwirkung der Gemeinschuldnerin vor=
genommen, sodaß ihr eine Absicht, dadurch ihre Gläubiger zu
benachtheiligen, nicht beizumessen war, also auch dem Beklagten
eine solche Absicht nicht bekannt gewesen sein kann. Damit fällt
die auf §. 33 K. O. gestützte Anfechtungsklage ohne Weiteres.
Ob der Vertreter der Gemeinschuldnerin nachher an der Ueber=
tragung des Pfandrechts auf den Beklagten sich betheiligt hat,
erscheint völlig gleichgültig. Die Pfändung selbst war bereits ge=
schehen. Sie rückgängig zu machen, dazu fehlten der Gemein=
schuldnerin die Mittel. Eine von ihr später etwa erklärte Geneh=
migung der Pfändung war an sich zur Rechtsbeständigkeit der
Abtretung nicht erforderlich und schon deshalb einflußlos, weil es
nur darauf ankommt, was sie zur Zeit der Pfändung beabsichtigte.
Damals aber hatte sie nicht mitgewirkt. Ohnedem war von dem
Kläger nicht behauptet worden, daß sie mit der Pfändung ein=
verstanden gewesen sei. VI, 323/89 vom 10. März 90.

Lex Aquilia.   174. Bei einem Rennen refüsirte das von dem Lieutenant Grafen S. gerittene Pferd vor einem Hinderniß und sprang über die den Rennplatz von dem Zuschauerraume trennende Hecke. Der Kläger erlitt dadurch eine Verletzung. Seine Klage gegen diesen Mitbeklagten abgewiesen. Dieser habe mit den Arrangements auf der Rennbahn nichts zu thun gehabt, wenn ihm auch die Bahn und die Hindernisse vor dem Rennen vorgezeigt worden, so sei dieses nur in seinem eigenen Interesse, damit er selbst die Bahn kennen lerne, geschehen; er habe dagegen nicht die Befugniß gehabt, auf Maßregeln zur Sicherung des Publikums hinzuwirken; dieses könne von einem bloßen Theilnehmer am Rennen nicht verlangt werden. Daß dem Beklagten ein grobes Versehen bei der Leitung des Pferdes zur Last falle, sei nicht erwiesen. Wenn das Pferd bei demselben Rennen vor einer früheren Hürde gescheut habe, und wenn auch, als der Beklagte die Hürde habe nehmen wollen, der Sieg bereits entschieden gewesen, so habe er doch ohne Versehen annehmen können, das Pferd werde den Sprung machen, und als Dritter das Ziel zu erreichen suchen dürfen, zumal noch nicht feststehe, daß ein dritter Preis nicht zu erlangen gewesen sei. Revision zurückgewiesen. Bezüglich zweier anderer Mitbeklagten, welchen nach dem Berufungsurtheil die Sorge für Sicherungsmaßregeln oblag, wurde die Sache zurückverwiesen. VI, 198/89 vom 18. Nov.

175. Der Kläger hat sich der berechtigten Anwendung des Pfändungsrechts Seitens des Beklagten widersetzt, er ist hierbei durch die Sense, welche Beklagter pfänden wollte, verletzt, ohne daß ihn der Beklagte hat verletzen wollen. Die Entschädigungsklage des Klägers ist abgewiesen. VI, 218/89 vom 9. Dec.

176. Bei einem Feste des Kriegervereins hat ein Böllerschießen ohne polizeiliche Erlaubniß stattgefunden — St. G. B. §. 367, Nr. 8. — Zwei Söhne des Klägers sind durch einen Schuß verletzt. Die Klage gegen den Vorstand des Kriegervereins durfte nicht schon um deswillen abgewiesen werden, weil der Erfolg ganz derselbe wäre, wenn die polizeiliche Erlaubniß nachgesucht wäre. Denn nach A. L. R. I, 6, §. 26 soll jeder durch die Beobachtung des Polizeigesetzes vermeidliche Schaden als ein durch die Vernachlässigung des Gebots verursachter angesehen werden. Aufgehoben, zurückverwiesen. VI, 232/89 vom 16. Dec.

177. Der gemeinrechtliche Anspruch auf Schmerzensgeld ist Lex Aquilia. nicht dadurch beseitigt, daß das partikulare Strafgesetzbuch, in welchem der Anspruch anerkannt war, durch das R. St. G. aufgehoben ist. III, 247/89 vom 17. Dec.

178. Da die vierjährige Tochter des Klägers zufolge des groben Verschuldens des Beklagten ein Bein verloren hat, und dadurch zugleich ihre zukünftige Erwerbsfähigkeit beeinträchtigt ist und ihr die Gelegenheit sich zu verheirathen, erschwert ist, so durfte ihr neben einer Rente vom 14. Lebensjahre ab (A. L. R. I, 6, §. 116) eine bei Vollendung des 16. Lebensjahres zu zahlende Ausstattung (§§. 123, 124) von 900 Mark zugesprochen werden; die Zinsen der Ausstattung sollen auf die Rente angerechnet werden. VI, 316/89 vom 6. März 90.

179. A. L. R. Der Ehemann der Klägerin hat in dunkler Nacht das Genick gebrochen durch den Sturz in einen gemauerten unbedeckten Graben, welcher oben 1,60 Meter breit, 1 Meter tief, an einer Seite steil, an der anderen unter einem Winkel von 45° abfiel, an der Dorfstraße entlang lief und mit einer Einfriedigung nicht versehen war. Da auch schon vorher Personen in den Graben gefallen waren, und dieser nicht beleuchtet war, hat der Berufungsrichter die Gemeinde, weil sie den „Abhang“ nicht genügend verwahrt hat — St. G. B. §. 367, Nr. 12 — verurtheilt, den der Wittwe und ihren Kindern durch den Verlust ihres Ernährers erwachsenen Schaden zu ersetzen. Revision zurückgewiesen. VI, 309/89 vom 27. Febr. 90.

180. Die Aquilische Klage setzt zu ihrem Erfolge stets voraus, daß der Verletzte nicht die Mitschuld an seiner Verletzung trägt, daß er nicht die Handlung des Beklagten, aus welcher seine Verletzung entstanden ist, zuvor ausdrücklich oder stillschweigend gebilligt hat. Hier ließ das Verhalten der Miether keine andere Deutung zu, als daß sie damit einverstanden waren, daß der Zugang zu ihrer Miethwohnung von der Beklagten nicht beleuchtet wurde und daß dieselben Schutz für ungefährdeten Verkehr im Hause von der Beklagten nicht wollten, zumal sie ja auch die Beleuchtung, wenn und soweit erforderlich, sich selbst beschaffen konnten. Deshalb die Klage aus der Verletzung abgewiesen. III, 343/89 vom 14. März 90.

Verletzung der Amtspflicht.

181. In einem dem Bd. IV, 354 gleichen Falle hat das Berufungsgericht angenommen: Durch die Entziehung des Fahrscheins am 4. Okt. 1884 hat der Beklagte seine Amtsbefugnisse überschritten. Diese Ueberschreitung beruht auf einem geringen Versehen des Beklagten. Dagegen hat der Beklagte ein mäßiges Versehen dadurch begangen, daß er, obgleich er am 4. Okt. durch die Beschwerde vom 3. Okt. davon Kenntniß erhalten, daß die das neue Droschkenreglement enthaltende Polizeiverordnung bis dahin nicht in der vorgeschriebenen Weise durch Aushang bekannt gemacht worden, auch jetzt noch die eigene Prüfung dieses Erfordernisses der Gültigkeit derselben unterlassen und daß er seine die Entziehung des Fahrscheins verordnende Verfügung nicht schon in der Frühe des 5. Okt. zurückgenommen und den Fahrschein zurückgegeben hat. Demzufolge sind die Kläger berechtigt, Ersatz des Gewinns zu beanspruchen, der ihnen durch die Nichtausübung ihres Gewerbebetriebes in der Zeit vom 5.—12. Okt. entstanden ist. — A. L. R. I, 6, §§. 12, 13. — Am 13. Okt. früh ist der Fahrschein zurückgegeben. Revision zurückgewiesen. IV, 228/89 vom 28. Nov.

182. Die Polizeiverordnung ist frühestens mit dem Ablauf des 5. Okt., dem zweiten Tage nach deren Aushang, in Kraft getreten. Dadurch wurde indessen für die folgenden Tage die Verpflichtung des Beklagten nicht beseitigt, den aus seiner ungesetzlichen Handlung vom 4. entstandenen Schaden zu ersetzen. Die Gesetzwidrigkeit der Entziehung des Fahrscheins verlor diesen Charakter nicht dadurch, daß der Beklagte hinterher einen gesetzlichen Grund für die Möglichkeit einer solchen Maßregel erst erlangte, und als eine Voraussetzung hierfür durfte das Berufungsgericht ansehen, daß der Beklagte nach Eintritt der Gesetzeskraft der Polizeiverordnung eine nunmehr erst gesetzlich berechtigte Aufforderung zur Beschaffung des neuen Droschkentarifs erließ. IV, 228/89 vom 28. Nov.

183. In einem anderen Falle lag nur vor, daß der Polizeipräsident an die Droschkenkutscher am 1. Okt., mit welchem Tage das damals noch nicht genügend publizirte neue Droschkenreglement in Kraft trat, die Aufforderung erlassen hatte, nunmehr nach dem neuen Tarif zu fahren, widrigenfalls sie Wegweisung von den Halteplätzen, Strafe und im Wiederholungsfalle Entziehung des

Fahrscheins zu gewärtigen hätten. War diese Aufforderung auch vorzeitig gestellt, so wurde sie doch mit Eintritt der Rechtskraft des neuen Reglements sogleich wirksam und hinderte an sich den Gewerbebetrieb der Kläger nicht. Der Berufungsrichter konnte folgeweise auch ohne Rechtsirrthum aussprechen, daß die Nichtzurücknahme der Aufforderung nach dem 5. Okt. eine gesetzlich berechtigte war, oder doch unter den mit diesem Tage eingetretenen Umständen dem Beklagten höchstens zu einem geringen Versehen gereichte, welches eine fernere Verpflichtung zu dem beanspruchten Ersatze des den Klägern entgangenen Verdienstes nicht mehr begründete. IV, 227/89 vom 28. Nov.

184. A. L. R. Der Beklagte hat, als amtlich bestellter und vereidigter Taxator für ländliche Grundstücke, wegen der von ihm bei Schätzung solcher Grundstücke etwa begangenen Versehen, mindestens dann, wenn er die Richtigkeit der Taxe auf den von ihm ein für allemal geleisteten Eid genommen hatte, dritten Personen, welche durch ihren Glauben oder durch den Glauben ihrer Vertreter an diese Richtigkeit in Folge jener Versehen einen Vermögensschaden erlitten haben, auch außerkontraktlich hierfür aufzukommen. VI. 221/89 vom 12. Dec.

185. Die Anlegung der Bestände der städtischen Sparkasse lag nach dem Statut deren Vorstand ob. Dazu gehörte auch die Kontrole darüber, daß die verlangte Hypothek wirklich gewährt werde, und vorher die Auszahlung der Gelder nicht stattfinde. Der Vorstand hatte nach Prüfung der Sicherheit der angebotenen Hypothek beschlossen, dieselbe gegen Gewährung der Cessionsvaluta von 5240 Mark zu erwerben, nachdem der Schuldner ein drittes Grundstück mit dem halben Feuerkassenwerth von 3900 Mark an erster Stelle verpfändet habe. Der 20fache Betrag des Grundsteuerreinertrags der verpfändeten Grundstücke betrug 1340 Mark. Der Bürgermeister, welcher Mitglied des Vorstandes war, hat, nachdem die Cession verlautbart war, ohne die Hypothekverstärkung, den Rendanten angewiesen, die Cessionsvaluta auszuzahlen und „dagegen das beikommende Schuldbokument über 5240 Mark, bestehend aus 3 Hypothekenurkunden, anzunehmen". Das Schuldbokument lag der Anweisung nicht bei. Der Rendant hat Zahlung geleistet, die Sparkasse hat einen Ausfall an der Hypothek an Kapital und Kosten gehabt. Der Bürgermeister ist aus A. L. R. II, 10,

Verletzung der Amtspflicht.

§§. 85 fg. zum Ersatz des Ausfalls der Sparkasse wegen groben Verschuldens verurtheilt. Revision zurückgewiesen. Der Einwand, daß die Zahlungsanweisung richtig gewesen sei, weil sie von drei Hypothekenurkunden spreche, und nur unrichtig vom Rendanten ausgeführt sei, ist offenbar nur dann erheblich, wenn es als eine Obliegenheit des Rendanten angesehen wird, die — erst später eingelieferten — Urkunden nicht nur der Zahl nach, sondern auch darauf hin zu prüfen, ob ihr Inhalt dem Beleihungsbeschlusse entspreche. Dies verneint das Berufungsgericht, indem es annimmt, der Beklagte habe für die unrichtige Ausführung der Anweisung, d. h. für den Irrthum des Rendanten bei der ihm vom Beklagten zu Unrecht überlassenen Prüfung der Urkunden einzustehen. Ein Bedenken hiergegen kann um so weniger aufkommen, als die Hypothekenurkunden in der Anweisung nicht näher bezeichnet sind und der Rendant daher sehr wohl die Cession für die dritte Urkunde halten konnte. IV, 269/89 vom 7. Jan. 90.

186. Im Fall Bd. VII, 275, 930 hat das Berufungsgericht anderweit festgestellt, die Abweisung des Beklagten im Vorprozeß sei erfolgt, weil dem Beklagten ein Anspruch an den andern Gläubiger, welchem der Gerichtsvollzieher den Erlös ausgezahlt hatte, in keiner Weise zustehe. Nun dürfte der Gerichtsvollzieher zum Ersatz verurtheilt werden. Denn daß der Beklagte gegen jene Entscheidung des Vorprozesses ein Rechtsmittel nicht eingelegt habe, gereiche ihm nicht zum Verschulden, da sich die Entschädigung nicht offensichtlich als ungerechtfertigt dargestellt, der jetzige Kläger selbst Gründe für die Einlegung eines Rechtsmittels nicht angegeben, und dem Beklagten durch seinen Anwalt davon abgerathen sei. Thatsächlich. IV, 277/89 vom 9. Jan. 90.

187. Der beklagte Gensdarm hat einem auf dem Felde frei herumlaufenden Hund des Klägers als angeblich toll durch einen Schuß getödtet. Gemäß A. L. R. II, 10, §§. 88, 89, in Verbindung mit I, 3, §§. 22, 23, I, 6, §§. 8, 15, 88 ist er zum Ersatz verurtheilt, weil der Beklagte bei Anwendung der gebotenen Aufmerksamkeit den Hund nicht für toll hätte halten dürfen. VI, 282/89 vom 25. Jan. 90.

188. Im Fall 529 war der Amtsrichter, welcher die Decharge aufgenommen hatte, ohne die Ehefrau zu belehren, demnächst von der Ehefrau auf Schadensersatz belangt, weil sie Gläu

bigern des Ehemanns verurtheilt war. Klage abgewiesen. IV, Verletzung der Amtspflicht.
310/89 vom 3. Febr. 90.

189. Der beklagte Amtsrichter hatte ein gemeinschaftliches Testament von Eheleuten aufgenommen, in welchem die Großmutter der Ehefrau enterbt war, weil diese ihr boshafter Weise durch üble Behandlung einen erheblichen dauernden Schaden an ihrer Gesundheit zugefügt habe. Nach dem Tode der Ehefrau ist gegen den Ehemann die Ungültigkeit der Erbeseinsetzung ausgesprochen, weil das märkische Recht die Enterbung nur auf Grund der Nov. 115 zulasse, welche den Enterbungsgrund des A. L. R. II, 2, §. 508 nicht kenne. Der Ehemann fordert von dem Amtsrichter Schadensersatz, weil dieser auf eine Anfrage der testirenden Eheleute die Enterbung für zulässig erklärt haben soll, ohne auf das Bedenkliche der Enterbung aufmerksam zu machen. Das Landgericht hat hierüber dem Beklagten den Ueberzeugungseid auferlegt, die Berufung des Klägers ist zurückgewiesen, weil die Klage abzuweisen gewesen wäre. Denn die Frage, ob §. 508 in der Mark gelte, sei streitig, und den Beklagten treffe kein Versehen, wenn er von der Rechtsansicht ausgegangen sei, daß §. 508 zu den Rechtssätzen gehöre, deren Geltung in der Mark durch §. VII des Publikationspatents vom 5. Febr. 1794 nicht aufgehoben sei. Auch in der Subsumtion des ihm mitgetheilten Beweggrundes unter §. 508 liege kein Versehen. Die Großmutter soll, während die Erblasserin krank darnieder gelegen, ihr den Betrag von 200 Thalern, den sie ihr einige Tage vorher zur Beschaffung ihrer Aussteuer und zur Ausgleichung mit den übrigen Kindern gegeben, unter der wahrheitswidrigen Angabe, daß sie Zahlungen zu leisten habe, abgeschwindelt haben. Ueber die 200 Thaler habe sie ihr einen ungültigen, weil nicht unterschriebenen Schuldschein gegeben. Durch dies Verhalten der Großmutter und durch die sonstige Behandlung, welche sie von ihr im Herbste 1885 erfahren, sei sie in hohem Grade gekränkt und an ihrer ohnehin geschwächten Gesundheit dauernd geschädigt worden. Revision zurückgewiesen. IV, 298/89 vom 28. Jan. 90.

190. Die Klägerin war eingetragene Miteigenthümerin eines Ritterguts; sie hatte durch ihren Bevollmächtigten A. ein auf der Karte richtig verzeichnetes Trennstück von 10 ha 12 ar 59 qm an R. verkauft, für diesen war eine Protestation eingetragen.

Verletzung der
Amtspflicht.

Jener Bevollmächtigte und Miteigenthümer A. überreichte später Katasterauszüge und Karten, auf denen nur ein realer Theil jenes Trennstücks von 5 ha 63 ar 60 qm als an R. veräußert bezeichnet war. Der Beklagte hat als Grundbuchrichter auf Grund dieser Nachweisungen den letztbezeichneten Theil des Trennstücks für R. abgeschrieben und auf ein anderes Grundbuchblatt übertragen. Die Eigenthümer des Stammguts haben demnächst dieses mit dem nicht abgeschriebenen Trennstückstheil von 4 ha 48 ar 99 qm an einen gutgläubigen Dritten aufgelassen, welcher dieses Trennstück von den R.'schen Erben mit Erfolg vindicirt hat; diese sind wegen ihres Regresses von der Klägerin vergleichsweise abgefunden. Die Klägerin hat den Beklagten auf Schadensersatz belangt; sie ist abgewiesen, Revision zurückgewiesen. Die Klägerin hatte nicht nur durch ihren Bevollmächtigten unrichtige Kataster-Auszüge Zwecks Regulirung des Grundbuchs einreichen lassen, sondern war auch durch Zufertigung eines Hypothekenbriefes von der gleicherweise unrichtigen Abschreibung der R.'schen Parzelle in Kenntniß gesetzt. Unter diesen Umständen nahm der Berufungsrichter eine Verpflichtung der Klägerin an, sich vor der Auflassung des Restguts über den wirklichen Stand der Dinge durch Einsicht des Grundbuchs oder andere geeignete Mittel zuverlässige Information zu verschaffen, welchenfalls das durch den unrichtigen Inhalt der Kataster-Auszüge veranlaßte Versehen des Beklagten unschwer hätte redressirt werden können. Darin, daß die Klägerin dies unterließ, war, wie aus dem Berufungsurtheil zu entnehmen, mindestens ein mäßiges Versehen der Klägerin gefunden. Das Versehen der Beklagten andererseits charakterisirt der Berufungsrichter als ein höchstens mäßiges, da Beklagter durch die unrichtige Angabe in dem Kataster-Auszuge getäuscht sei, von welcher er wohl habe voraussetzen dürfen, daß solche von Seiten der Klägerin, deren Bevollmächtigter den Auszug überreicht habe, geprüft sein werde. Da aber die ungerechtfertigte Löschung der Protestation nur in Verbindung mit der davon verschiedenen uneingeschränkten Auflassung des Restguts den geklagten Schaden hervorgerufen hat, war dies ein mittelbarer (A. L. R. I, 6, §. 3, I, 3, §. 5). V, 316/89 vom 10. Febr. 90.

Haftpflicht.

191. Der Ehemann der Klägerin war als Arbeiter eines Bauunternehmers bei Erdarbeiten beschäftigt, welche dieser für

die Hessische Ludwigsbahn übernommen hatte. Dabei wurde Ge= Haftpflicht.
dachter von einer Lokomotive angerannt und starb in Folge dessen.
Der Klage aus Haftpflichtgesetz §. 1 steht §. 98 des Unfallver=
sicherungsgesetzes nicht entgegen. Wenn dieser §. 98 auch in seinen
beiden Sätzen dahin auszudehnen ist, daß es bei den Gesetzen be=
wendet, nach welchen ein Dritter auch ohne Verschulden für
den Unfall haftet, und wenn auch dieser Anspruch aus §. 1 des
Haftpflichtgesetzes auf die Berufsgenossenschaft übergeht: so tritt
doch dieser Uebergang erst dann ein, wenn die Berufsgenossen=
schaft dem Entschädigungsberechtigten Leistungen gewährt hat, oder
wenn wenigstens ihre Verpflichtung hierzu in ordnungsmäßiger
Weise festgestellt ist. Wenn der Entschädigungsberechtigte, z. B.
weil die Berufsgenossenschaft ihre Entschädigungspflicht verweigert,
von dem Dritten volle Entschädigung fordert, so kann dieser nicht
geltend machen, er habe ⅔ der Entschädigung von der Berufs=
genossenschaft zu fordern. II, 233/89 vom 26. Nov.

192. Dem im Betriebe der Ostbahn körperlich verletzten
Eisenbahnsekretär wurde auf Grund des Haftpflichtgesetzes Ent=
schädigung auch für den nun entzogenen Verdienst durch Neben=
arbeiten, welche er bei der beklagten Eisenbahn im Anmeldebureau
verrichtet hatte, zugebilligt. Eine willkürliche Zurücknahme der
Erlaubniß würde nicht stattgefunden haben; der nach dem Unfall
ausgesprochene Widerruf kam nicht in Betracht; ebenso wenig
§. 13 der „Bestimmungen“, daß Ansprüche auf Entschädigung
ausgeschlossen sind, wenn die Erlaubniß zu den Nebenarbeiten
widerrufen wird. VI, 205/89 vom 25. Nov.

193. Der Kläger ist, als er die Eisenbahn passirte, von der
Lokomotive erfaßt, in die Böschung geworfen, sein Wagen zer=
trümmert. Eisenbahnfiskus aus Haftpflichtgesetz §. 1 und code
1384 verurtheilt. Der Eisenbahnwärter sei nicht berechtigt ge=
wesen, innerhalb der letzten drei Minuten vor Ankunft des Zuges
die Barrière zu öffnen; er habe dann dieselbe, als der Wagen
sich dicht vor derselben befunden, wieder geschlossen und den Kläger
aufgefordert, zurückzufahren, was demselben nicht mehr gelungen
sei. Durch dieses unzeitige Oeffnen der Barrière sei der Kläger
zum Weiterfahren veranlaßt worden, und in ihr liege die Ver=
schuldung des Bahnwärters, durch welche der Kläger in eine für
ihn gefährliche Lage gebracht und der Unfall herbeigeführt worden

sei, ohne daß eine Verschuldung des Klägers, .dessen Pferde scheu
geworden, vorliege. Revision zurückgewiesen. II, 267/89 vom
10. Jan. 90.

194. Uebereinstimmend mit VI, 149/89 vom 26. Sept. —
Bd. VIII, 672. — Da ein Beamter der Bayrischen Staatsbahn
in Folge eines Betriebsunfalles getödtet war, so war für den
Anspruch der Hinterbliebenen die Anwendung des Haftpflichtgesetzes
nur dann ausgeschlossen, wenn den Klägerinnen (Witwe und
Kind) durch das Landesgesetz (§. 12 des Reichsgesetzes vom
15. März 1886) von vorn herein die gleichen Vortheile zugewendet worden wären, wie im gleichen Fall den Hinterbliebenen
eines Reichsbeamten durch das Reichsgesetz. Dabei ist nicht blos
der Procentsatz zu vergleichen, welchen die Pension im Verhältniß
zum Diensteinkommen beträgt, sondern auch das Diensteinkommen
(§. 2 des Reichsgesetzes), von welchem dieser Procentsatz berechnet
wird: nicht in dem Sinne, als müßte das Diensteinkommen des
Landesbeamten ziffermäßig dieselbe Höhe haben wie das Diensteinkommen des Reichsbeamten der gleichen Kategorie. Aber in
dem Sinne, daß bei dem Procentsatz das Diensteinkommen in
gleichem Umfange angesetzt wird, so daß die Fürsorge des Landesgesetzes dem Resultat nach mindestens die gleiche wie die des
Reichsgesetzes ist. Das war hier nicht der Fall bezüglich der
Witwe. Denn nach der Auslegung, welche das Berufungsurtheil
den maßgebenden bayrischen Bestimmungen zu Theil werden läßt,
ist die Pension nur von dem Hauptgeldbezug zu berechnen, nicht
von dem Rangirgeld, welches der Verunglückte mit 360 Mark
für das Jahr bezogen habe; während solche Nebenbezüge nach
§. 42 des Reichsbeamtengesetzes zum pensionsfähigen Diensteinkommen gerechnet werden. Nun würde allerdings die mitklagende
volljährige, aber in Folge eines Leidens erwerbsunfähige Tochter
auch nach dem Reichsgesetz keine Pension erhalten haben; aber
das Reichsgesetz §. 12 redet nur von den Hinterbliebenen.
Deshalb ist die Frage nach dem Ausschluß des Haftpflichtgesetzes
nur für sämmtliche in Betracht kommende Hinterbliebenen einheitlich zu beantworten, und dann zu verneinen, wenn die landesgesetzliche Fürsorge in ihrem Gesammtbetrage hinter jener des
Reichsgesetzes zurückbleibt. Da die Tochter, wie festgestellt, nach
Bayrischem Landesrecht gegenüber dem Vater alimentationsberech-

tigt war, so wurde auf eine Rente von 300 Mark für die Witwe und 300 Mark für die Tochter erkannt. VI, 268/89 vom 20. Febr. 90.

195. Ein vierjähriger Knabe ist beim Betriebe der Pferdeeisenbahn so verletzt, daß er ein Bein verloren hat. Zu den Heilungskosten i. S. §. 3, Nr. 2 des Haftpflichtgesetzes ist auch der Aufwand zu zählen, welcher in der durch den Unfall gesteigerten Pflegebedürftigkeit des Verletzten seinen Grund hat. Mit Unrecht ist der hierauf gerichtete Entschädigungsanspruch abgewiesen, weil die Eltern zu der Pflege verpflichtet seien. Denn mit der Verletzung ist der Anspruch auf die Heilungskosten gegeben, nicht erst mit deren Verwendung ein Ersatzanspruch. Und da jener Anspruch ein Aktivum bildet, so daß aus diesem die Heilungskosten für den verletzten Knaben selbst zu beschaffen sind, so würden die Eltern nur subsidiär haften. III, 299/89 vom 11. Febr. 90.

196. Das Berufungsgericht nahm an, daß zwar dem getödteten Ehemann der Klägerin ein eigenes Verschulden zur Last falle, das Verschulden der Beklagten, welches darin zu finden sei, daß dieselben die bei den gegebenen Verhältnissen unbedingt gebotene Schließung der vorhandenen Barrière bezw. die Anbringung einer solchen unterlassen hätten, jedoch weit erheblicher gewesen sei, als dasjenige des Getödteten. Mit Rücksicht auf dieses überwiegende Verschulden der Beklagten, welches den Unfall, der bei Schließung der Barrière nicht eingetreten sein würde, herbeigeführt habe, wurde angenommen, daß §. 1 des Haftpflichtgesetzes, der auch für Bahnen von untergeordneter Bedeutung gelte, im vorliegenden Falle Anwendung zu finden habe. In diesen Ausführungen ist ein Rechtsirrthum nicht zu finden. II, 16/90 vom 11. März.

197. Der klagende Matrose hat auf einem Dampfer der Hamburger Pacific-Dampfschiffslinie Abends während des Ankerlichtens dem Steuermann beim Schmieren des Ankerspills geleuchtet, ist dabei mit dem rechten Arm in die Kammräder des mit Dampf getriebenen Ankerspills gekommen, und hat dadurch eine Abquetschung des Arms erlitten. Abweichend vom Berufungsgericht ist die Rhederei zum Schadensersatz verurtheilt, weil sie zuwider der Sorgfalt eines ordentlichen Rheders unterlassen hat, die Kammräder mit einem Schutzblech zu versehen. I, 13/90 vom 15. März.

198. Im Kanal stießen das Deutsche Segelschiff Priscilla und der Holländische Dampfer P. Caland zusammen. Beide hatten Schaden, die Rhederei des Dampfers ist, weil dessen Schiffsführer allein die Schuld trug, mit der durch H. G. B. 451 und 452 vorgeschriebenen beschränkten Haft verurtheilt. Revision zurückgewiesen. Die beiden Schiffe hatten bei einer Entfernung von etwa 2 Seemeilen sich ungefähr rechtvoraus in Sicht bei entgegengesetztem Kurs und sahen beide abwechselnd das rothe und grüne Licht. Der Dampfer beobachtete etwa eine Seemeile, und gab, da er das rothe Licht öfter sichtete als das grüne, Backbordruder, wodurch der Kurs etwa 1½ Strich nach Steuerbordseite verändert wurde. Das war ungenügend, obwohl die Priscilla ihren Kurs beibehielt, wie sich aus den Lichtern ergab. Statt eine weitere Kursänderung vorzunehmen, woran der P. Caland behindert war, sei er auf dem W. ½ S. Kurse liegen geblieben, und habe es ruhig mit angesehen, daß der Lichterwechsel sich noch verschiedene Male wiederholte, und zwar den Umständen nach während einer recht geraumen Zeit. Er habe also, da mit dem bisherigen Rudermanöver der Zweck ersichtlich nicht erreicht war, das zum Ausweichen erforderliche Manöver noch immer aufgeschoben, offenbar in der Voraussetzung, daß er dazu selbst in einem ganz geringen Abstande der Schiffe mit einer verhältnißmäßig kleinen Veränderung der Ruderlage noch im Stande sein werde, und er habe demnach, da er dem Gegensegler, welchem er aus dem Wege gehen mußte, bisher nicht aus dem Wege gegangen sei, riskiren wollen, ihn ganz in der Nähe zu passiren. Dieses Verhalten ist dem Führer des Dampfers mit Recht zum Vorwurfe gemacht, es sei darin ein Mangel an der nöthigen Vorsicht zu erblicken. Da der eingeschlagene Kurs ersichtlich noch im Kurse der Priscilla gelegen habe, würde er direkt zur Kollision geführt haben, so daß es dringend erforderlich gewesen sei, ihn rechtzeitig zu ändern. Die zur Verhütung des Zusammenstoßens der Schiffe auf See erlassenen Vorschriften sind darauf berechnet, die Gefahr thunlichst schon im Entstehen zu verhindern, wie schon die Vorschrift über die Entfernungen, auf welche die Lichter sichtbar sein müssen, ergibt, da hiernach das Gesetz die Ausführung der je nach der Konstellation der Lichter indicirten Manöver schon auf weite Distanzen erwarte, wie es auch das Interesse der Sicherheit des

Seeverkehrs erfordert. Wer dem entgegen, ohne daß besondere
Umstände ihn dazu nöthigen, ein ihm obliegendes Manöver zum
Ausweichen bis auf den letzten Augenblick, in welchem die Ausführung vielleicht noch gelingen könne, hinausschiebt, verstößt daher
gegen die vom Gesetze verlangte Vorsicht. Es handele sich vor
Allem auch darum, die definitive Ausführbarkeit eines erforderlichen Manövers nicht unnöthig dadurch in Frage zu stellen, daß
man sie der stets als möglich zu berücksichtigenden Einwirkung un-
berechenbarer Zufälligkeiten preisgibt. Die Konsequenzen einer
solchen Verlängerung der Gefahr, welcher vorzubeugen dem Dampfer
oblag, hat derselbe als die Folgen eigenen Verschuldens zu tragen,
ohne damit gehört zu werden, daß er bei weiterem Abfallen nach
Steuerbord möglicher Weise die Kurslinie von noch gar nicht
sichtbaren Schiffen kreuzte. I, 274/89 vom 18. Dec.

199. Wäre auch der Beweis zu führen, daß der Dampfer,
als er demnächst nach Backbord auszuweichen suchte, weil er nun
noch andere Schiffe erblickte, hierzu noch Zeit gehabt hätte, sofern
nur der Segler Kurs gehalten hätte, so bliebe doch gegen den Führer
des Dampfers immer der Vorwurf bestehen, daß er seiner Pflicht
zum Ausweichen, obwohl er vorher reichlich Zeit gehabt habe, ihr
mit einer unzweifelhaften Sicherheit des Erfolges zu genügen, erst
dann und unter solchen Umständen nachkam, die einen sicheren
Erfolg überhaupt nicht, mindestens aber für den Gegensegler
nicht mehr erkennen ließen, ja gerade mit Rücksicht auf das bis
dahin Geschehene geeignet waren, den Gegensegler durch die nicht
mehr zu erwartende plötzliche Veränderung der Situation so zu
überraschen, daß schon der damit verbundene Schein einer unmittelbaren Gefahr genügen würde, um die Annahme des wirklichen Vorhandenseins einer solchen zu entschuldigen. Denn obwohl es mit der Verpflichtung des kurshaltenden Schiffes, nicht
durch voreiliges Eingreifen in die Situation die Absichten des
zum Ausweichen verpflichteten Gegenseglers zu durchkreuzen, sehr
strenge zu nehmen sei und das Gesetz in dieser Beziehung das
Aeußerste von Ruhe und Kaltblütigkeit verlange, so wolle das
Gesetz doch auch, daß der zur Unthätigkeit verpflichtete Schiffsführer sich seiner eigenen nautischen Einsicht nicht begeben und sich
mit den ihm anvertrauten Menschenleben und Gütern nicht willen-
los dem Belieben des Gegenseglers unterwerfen soll. Es schreibe

Schiffs-
kollision.

ihm vielmehr, wenn er erkennt, daß das Verhalten des Gegenseglers den Zusammenstoß herbeiführen wird, ausdrücklich vor,
nicht unverständig an der Befolgung des Art. 22 der Kaiserlichen Verordnung festzuhalten, sondern das Seinige zur Abwendung der Gefahr, und zwar selbstverständlich rechtzeitig zu thun.
Er sei befugt und verpflichtet, so zu handeln, sobald er, ohne
gegen die von einem ordentlichen Schiffer zu erwartende Einsicht
zu verstoßen, berechtigt ist, das Vorhandensein einer Kollisions-
gefahr anzunehmen, die ohne sein Eingreifen schon im nächsten
Augenblicke nicht mehr zu vermeiden sein würde, um nicht diese
unmittelbare Gefahr zu einer unvermeidlichen werden zu lassen.
Revision zurückgewiesen, da die Rechtsgrundsätze ganz mit den von
dem Reichsgericht im Fall der Kollision Sophie und Hohenstaufen
I, 137/88 vom 7. Juli — Bd. VI, 307; E. 21, 23 — angenommenen übereinstimmen. I, 274/89 vom 18. Dec.

Beschädigung
durch Thiere.

200. Der Erblasser der Beklagten hatte durch Vertrag mit
der Oberpostdirektion die Besorgung des Postfuhrwesens der Sta-
tion Rheydt, bestehend in der Beförderung der Poststücke nach und
von dem Bahnhofe zum Postgebäude übernommen. Dies Vertragsverhältniß wurde nach dem Tode des Posthalters gemäß §. 23
des Vertrages von dessen Erben in der Weise fortgesetzt, daß der
Sohn Wilhelm thatsächlich zwar allein, aber im Auftrage und für
gemeinschaftliche Rechnung der sämmtlichen Erben das Geschäft
führte. Am 26. Febr. 1883 wurde zwischen Wilhelm R. und
der Postbehörde unter ausdrücklicher Bezugnahme auf den ersten
Vertrag ein Nachtragsvertrag abgeschlossen, laut welchem der Erstere
vom 1. März 1883 ab auch die Postpacketbeförderung zu den
Wohnungen der Empfänger innerhalb des Ortsbestellbezirkes Rheydt
übernahm. Der Berufungsrichter hält den Wilhelm R. für ermächtigt, ein solches Abkommen mit bindender Kraft für die Miterben abzuschließen, weil ihm der Postbehörde gegenüber die Vertretung der Gemeinschaft im Betriebe des Fuhrgeschäftes übertragen war. In der Ausübung der Postpacketbeförderung ist ein
Postillon in Folge davon, daß ohne seine Verschuldung das Pferd
durchging, verletzt. Die R.'schen Erben als Miteigenthümer sind,
und da sie sich des Pferdes durch ihren Bevollmächtigten Wilhelm
R. zur Zeit des Unfalls bedient haben, wenn dieser auch nach
Außen hin als Führer des Geschäftes auftrat, ein Jeder pro rata

zum Schadensersatz verurtheilt. Revision zurückgewiesen. II, **Beschädigung durch Thiere.**
232/89 vom 3. Dec.

201. Kläger sei oft über das an dem Tage des Vorfalls **Pfändungsrecht.** allerdings schon abgeerntete Feld der Beklagten gegangen; hierin liege, da Kläger hierzu ein Recht nicht gehabt, ein Eingriff in den Eigenthums- und Besitzbereich der Beklagten, zumal wenn es, wie dieses der Fall, mit einem Anspruch auf Berechtigung geschehe, und der mitbeklagte Ehemann dem Kläger noch ausdrücklich das Betreten seines Landes verboten habe; nach A. L. R. I, 14, §§. 413, 451 sei eine Pfändung auch in dem Fall zulässig, wenn sich Jemand gegen bloße Beeinträchtigung seines Rechtes schützen wolle; wenn der mitbeklagte Ehemann, welcher den Kläger persönlich kannte, die Pfändung auch nur habe vornehmen dürfen, wenn sie das einzige Mittel gewesen, sich des Beweises der geschehenen Beeinträchtigung zu versichern, so habe doch diese Voraussetzung vorgelegen; denn der einzige Zeuge des Vorganges Z. habe sich der gleichen unerlaubten Handlung schuldig gemacht, auch sei er ein Schwager des Klägers, mithin sein Zeugniß kein sicheres Beweismittel gewesen; die Sense sei ein zur Führung des Beweises geeigneter Gegenstand gewesen; darnach müsse der mitbeklagte Ehemann als zur Pfändung der Sense berechtigt und der Widerstand des Klägers als ein unberechtigter angesehen werden; dem Ersteren falle mithin ein Versehen nicht zur Last. Darin ist kein Rechtsirrthum enthalten. Revision zurückgewiesen. VI, 218/89 vom 9. Dec. Vgl. 175.

202. Die beklagte Kreditanstalt zu Menden hatte der Handlung R. zu Dortmund Aktien zum Parikurse angeboten, R. hatte **Vertrag.** unter Pari geboten. Beklagte schrieb mit Postkarte vom 10. Aug.: „Wir nehmen an, daß Sie auf unsere Offerte nicht reflektiren, wenn Sie uns bis heute Abend keine telegraphische Nachricht gesandt haben, da uns von anderer Seite eine Offerte al pari vorliegt." Die Postkarte trug den Poststempel von 12 bis 1 Uhr, und war in Dortmund gegen 4 Uhr Nachmittags angekommen. R. hat 7 Uhr 25 Minuten Abends eine Depesche über Annahme der Aktien al pari aufgegeben, welche nach dem Schluß der Geschäftszeit in Menden angekommen und an das Dienstmädchen des Kassirers abgegeben ist. Ihr Inhalt fand keine Beachtung, der Vertrag ist nicht zu Stande gekommen. Es erscheint vollkommen

Vertrag.

zutreffend, unter dem „bis heute Abend" in dem Schreiben eines Geschäftsmannes in einer geschäftlichen Angelegenheit, noch dazu eines für Geschäftszwecke organisirten Vereins, den Zeitpunkt des Eintritts der Geschäftsruhe für den betreffenden Tag, wie er in dem betreffenden Verkehrsbezirk für Banken der übliche war, zu verstehen. Daß die Beklagte um des einzelnen hier in Rede stehenden Geschäftes willen hätte Anordnungen treffen wollen, vermöge deren sie noch über diese Zeit hinaus ihre Organe zur Empfangnahme der eingehenden Antwort und zum Treffen weiterer Verfügungen nach solcher Empfangnahme bereit hielt, durfte Klägerin nicht vermuthen. Daß sie, wie Klägerin behauptet, erst gegen 7 Uhr in ihren Besitz gekommen, war ein Umstand, den Beklagte nicht vorauszusetzen und jedenfalls, wenn sie an einer Entscheidung über den Verkauf der Aktien bis zum Geschäftsschluß ein Interesse hatte, nicht zum Gegenstande ihres Risikos zu machen brauchte. I, 228/89 vom 13. Nov.

203. Die Klägerin hatte die Loose zur ersten Lotterie der Beklagten vertrieben. Der Berufungsrichter hat durch rechtlich nicht zu beanstandende Auslegung festgestellt, daß die Beklagten durch §. 8 des Vertrages nur verpflichtet worden seien, der Klägerin die Uebernahme des Vertriebs der Loose für die zu veranstaltende neue Lotterie anzutragen, das heißt die Eingehung eines neuen Geschäfts unter den Bedingungen des ersten zu offeriren, und es ist nicht erfindlich, weshalb nicht auf diese Vertragsofferte die Vorschrift des Art. 319 H. G. B. anwendbar sein sollte. Der Klägerin war zur Abgabe ihrer Erklärung eine reichlich bemessene Frist gestellt. Da sie sich innerhalb derselben nur dilatorisch erklärte, durfte die Beklagte den Vertrieb einem Dritten übertragen. IV, 336/89 vom 16. Jan. 90.

Erklärung.

204. Parteien standen mit einander in Geschäftsverbindung. Am 31. Jan. Depesche der Klägerin: „Mittelpreis $58^1/_2$, wozu 100 Bankazinn". Die Annahmedepesche hat Beklagter mit Postkarte erläutert, es sei ihr zu $50^1/_2$ offerirt; mit diesem Fehler war thatsächlich die Depesche bei dem Beklagten eingelaufen. Brief der Klägerin vom 1. Febr., sie nehme an, daß $50^1/_2$ ein Schreibfehler der Postkarte, da $58^1/_2$ depeschirt sei. Der Beklagte antwortete erst am 11. Febr., nach den Ermittelungen beim Telegraphenamt sei $50^1/_2$ von Amsterdam telegraphirt, was Klägerin

beſtritt. Beklagter verurtheilt auf 58¹/₂. Aus dem Schreiben Erklärung.
vom 1. Febr. habe Beklagter gewußt, daß Klägerin ſich zu 58¹/₂
gebunden erachtete und die Folgen eines etwaigen Preisrückganges
trage. Dieſerhalb habe dem Beklagten die Pflicht obgelegen, eine
Ablehnung des Geſchäfts zu 58¹/₂ ſofort anzuzeigen, zumal ihm
nicht habe unbekannt ſein können, daß die Klägerin durch die Ver=
zögerung bei einem nach dem eigenen Beweisanerbieten großen
Preisſchwankungen unterworfenen Metalle zu einer ihr nachtheili=
gen Unthätigkeit veranlaßt werde. Daß dieſe Unthätigkeit bei einer
Preisſteigerung dem Beklagten zum Vortheile gereichte, und daß
dieſer Vortheil erſtrebt worden, kennzeichne das Verhalten des
Beklagten als Arglift. Auf dieſe könne er ſich nicht berufen.
Reviſion zurückgewieſen. II, 279/89 vom 17. Jan. 90.

205. Im Fall 333 konnte aus dem Briefe des Beklagten G.,
in welchem er die Unterzeichnung der Schlußnote ablehnte, nicht
abgeleitet werden, er habe die Ausführung des Auftrags von
R. und E. Seckel an ſich genehmigt. Allerdings ſpricht dieſer
Brief nur davon, daß Kläger den Auftrag gegen die Ordre in
ihrem ſachlichen Theil, wie dieſen der Beklagte auffaſſen will,
ausgeführt habe. Aber er lehnt eben damit die Genehmigung
der Ausführung ab. I, 356/89 vom 1. März 90.

206. Wollte die Beklagte in Fall 437 geltend machen, daß
ihr Wille nicht auf die rückwirkende Kraft der neuen Verſiche=
rungsbedingungen gerichtet geweſen ſei, mithin ihre Willens=
erklärung wegen mangelnder Uebereinſtimmung mit dem Willen
anfechten, ſo mußte ſie ihre Einrede thatſächlich begründen. Was
in dieſer Beziehung geltend gemacht iſt, genügte nicht. Den Ver=
handlungen des Vorſtandes legt der Berufungsrichter keine Be=
deutung bei; denn in Vertragsverhältniſſen komme es nicht aus=
ſchließlich auf den Willen, ſondern darauf an, was dem Gegen=
kontrahenten gegenüber erklärt ſei. Das iſt nicht rechtsirrthüm=
lich. Iſt der Wortlaut der neuen Statuten klar, ſo muß eine
denſelben entgegenſtehende Abſicht der Beklagten, da ſolche nicht
äußerlich erkennbar hervorgetreten iſt, außer Berückſichtigung bleiben.
III, 199/89 vom 29. Okt./26. Nov.

207. Im Fall 387. Ob der Nachtrag von 1887 als Ab=
änderung des Vertrages von 1880 aufzufaſſen, d. h., ob er von
den Kontrahenten mit der Abſicht einer nachträglichen Aenderung

Erklärung.

jenes Vertrages vereinbart sei, entscheidet sich in erster Linie nach der Willenserklärung der Kontrahenten selber. Dabei ist vom Berufungsrichter unbeachtet geblieben, daß die Kontrahenten eine solche Absicht deutlich ausgesprochen, nämlich daß sie ausdrücklich erklärt haben, einen Nachtrag zu jenem Vertrage und zwar in Beziehung auf die Erhöhung des Kaufpreises zu errichten. Solange nicht nachgewiesen ist, daß diese Erklärung anders als wie sie lautet zu verstehen, daß sie also nicht ernstlich gemeint sei, hat es bei ihr zu bewenden. Daß der Sohn dem Vater habe schenken wollen, steht nicht bereits fest, vielmehr ist umgekehrt bis zum Beweise des Gegentheils davon auszugehen, daß Parteien das gewollt haben, was sie erklärten. V, 310/89 vom 12. März 90.

Personen der Vertragsschließenden.

208. Der klagende Civilingenieur hatte sich verpflichtet, den beklagten Bauunternehmer schadlos zu halten, falls diesem durch des Klägers Schuld wegen Nichteinhalten des Termins der Fertigstellung oder infolge der von ihm dem Bauherrn geleisteten Garantie Unkosten entstehen sollten. Daraus durfte der Berufungsrichter die rechtliche Folgerung ziehen, Kläger habe mit dem Beklagten, und nicht mit diesem als dem Vertreter des Bauherrn kontrahirt. Daß Beklagter sich verpflichtet hatte, die Rechnungen des Klägers dem Bauherrn unverzüglich einzureichen, und den Jenem zustehenden Antheil an den Zahlungen ihm unverzüglich zu überweisen, war dahin ausgelegt, daß dem Kläger damit nur eine erhöhte Gewähr pünktlicher Zahlung gewährleistet werden sollte. Deshalb brauchte sich Kläger nicht im entsprechenden Verhältniß Abzüge machen zu lassen, wenn sich Beklagter solche von der veranschlagten Gesammtsumme durch den Bauherrn hatte machen lassen. Daß der Bauherr $^2/_3$ des Gesammtbetrags während des Baues und $^1/_3$ nach dessen Fertigstellung zu zahlen hatte, und daß Beklagter dies dem Kläger mitgetheilt hatte, konnte höchstens zu der Annahme führen, daß Kläger seine Zahlungen entsprechend zu diesen Zeiten erhielt. Revision des verurtheilten Beklagten zurückgewiesen. VI, 252/89 vom 11. Jan. 90.

209. Der Berufungsrichter hat angenommen, daß beim Handel, zumal auf Märkten, der Vertragswille der Kontrahenten nicht auf bestimmte Personen gerichtet sei, sondern nur auf Erlangung der Waare gegen Zahlung des Kaufpreises, welcher für den, welchen es angehe, gezahlt werde. Dem Revisionskläger ist

zwar darin beizustimmen, daß beim Pferdehandel gerade in Rücksicht auf die dort so häufig zur praktischen Geltung kommende
Haftung des Verkäufers die Person des Verkäufers in der Regel
Seitens des Käufers nicht leicht als ein für den Vertragsschluß
unerhebliches Moment wird angesehen werden. Wenn jedoch das
Berufungsgericht nach der konkreten Sachlage angenommen hat,
die Absicht der Käufer der Pferde sei dahin gegangen, dieselben
zu erwerben, gleichviel wer sie verkaufe, und den Preis an den
zu zahlen, wen es angehe, so liegt in dieser thatsächlichen Beurtheilung der Sachlage ein Rechtsirrthum nicht. III, 296/89
vom 14. Jan. 90.

210. Dem Kläger war bekannt, daß der Beklagte als Mitglied des Kommittee für die Herstellung der Bahnlinie thätig war,
und daß er für das Kommittee die fehlenden 200 000 Mark beschaffen wollte. Gleichwohl hat das Berufungsgericht auf Grund der
Korrespondenz thatsächlich angenommen, daß der Beklagte für seine
Person dem Kläger Auftrag ertheilt habe, und ihn zu Zahlung der
Provision für die entsprechende Nachweisung verurtheilt. Revision
zurückgewiesen. Der vom Revisionskläger aufgestellte Satz, es
folge aus der Natur des onerosen Rechtsgeschäfts, daß im Zweifel
derjenige, welcher Leistungsempfänger sein solle, auch die gleichzeitig
in Betracht gezogene Gegenleistung zu prästiren habe, ist für den
hier vorliegenden Fall, in welchem Jemand sich die Leistung an
einen Dritten versprechen läßt, nicht anzuerkennen. Es ist vielmehr Sache der thatsächlichen Beurtheilung, ob die für die fragliche Leistung versprochene Gegenleistung im einzelnen Fall von
dem Versprechenden Namens und im Auftrage des Dritten oder
in eigenem Namen zugesichert ist. III, 320/89 vom 4. März 90.

211. R. erschien in der gerichtlichen Verhandlung, in welcher
die Kläger ihre Grundstücke freiwillig versteigerten, um das Interesse der Sparkasse wahrzunehmen. Die erste Kaufbedingung
lautet: „Das Kaufgeld wird dem Rendanten der Kreissparkasse
zu Altenkirchen, A. R., welcher hiermit zur Empfangnahme, Verrechnung und Befriedigung der Gläubiger sich bereit erklärt, bezahlt." Das Berufungsgericht legt das dahin aus, daß A. R.
für seine Person, welche durch jene Charakterisirung nur genau
bezeichnet wurde, mit der Einziehung beauftragt wurde, nicht in
ihm die Sparkasse. Revision zurückgewiesen. An sich steht die

Personen der Vertrags-schließenden.

Uebernahme eines solchen Auftrags mit der Stellung als Hypothek-gläubiger in keinem Zusammenhang. Schlüssige Umstände, aus welchen Auftrag an die Sparkasse anzunehmen, wären von den Klägern darzulegen gewesen. III, 334/89 vom 25. Febr. 90.

212. Die beklagte Landschaft hat mit Zustimmung der Fideikommißfamilie die Fideikommißherrschaft R. bepfandbrieft und zugleich in Verwaltung genommen. Der ernannte Verwalter hat die Herrschaft verpachtet, und der Direktor der Landschaft hat diesen Pachtvertrag stillschweigend genehmigt. Für die Ansprüche des Pächters aus dem während bestehendem Nießbrauch der Landschaft beendigten Pachtverhältnisse haftet die Landschaft, welche die Genehmigung in Wahrnehmung eigener, berechtigter Interessen als Gegenkontrahentin des Pächters ertheilt hat, schlechthin, nicht blos mit den Revenüen des Fideikommisses. Grundsätzlich haftet Jeder für die Erfüllung der Verträge persönlich und mit seinem ganzen, der Zwangsvollstreckung unterliegendem Vermögen. Der Inhalt der Verträge ergibt die Absicht der Landschaft, ihre Haftung auf die Fideikommißeinkünfte zu beschränken, sowenig als die Absicht des Pächters, sich mit solcher Beschränkung zu begnügen. Daraus, daß bei den Pachtverträgen auf die Verwaltung der Landschaft Rücksicht genommen ist, folgt weder, daß die Landschaft als Vertreterin, somit im Namen eines Dritten, noch daß sie unter Beschränkung auf die Haftung mit den Einkünften des Fideikommisses kontrahirt hat. Unter Aufhebung des Berufungsurtheils, welches die Landschaft verurtheilt hatte, „aus den Revenüen der Fideikommißherrschaft zu zahlen", ist jene schlechthin verurtheilt. V, 287/89 vom 22. Febr. 90. Vgl. 532.

Stell-vertretung.

213. In den Statuten der eingetragenen Genossenschaft war als Gegenstand des Unternehmens der Betrieb von Bankgeschäften auf gemeinschaftlichen Kredit angegeben. Der Vereinsvorstand besteht aus dem Vorsitzenden, dem Kassirer und dem Kontroleur. Zur rechtsverbindlichen Zeichnung der Vereinsfirma war die Unterschrift von mindestens zwei Vorstandsmitgliedern erforderlich. Die beiden anderen Vorstandsmitglieder haben dem Kassirer W. den Betrieb der Annahme verzinslicher Darlehne fast ausschließlich allein überlassen; dieser hat vielfach Gelder als verzinsliche Darlehn allein angenommen, den Depositenbogen, in welche die Einzahlungen ohne Unterschrift eingetragen, wurden außerhalb nur

mit seinem Namen unterschrieben, Gelder unterschlagen und in die Bücher nicht eingetragen. Die Klage eines so behandelten Darlehnsgebers gegen die Genossenschaft war abgewiesen, das Berufungsurtheil aufgehoben, zurückverwiesen. Allerdings konnte die dem Vorstand als solchem zustehende Vertretungsbefugniß nicht durch ein einzelnes Mitglied ausgeübt werden; auch konnte eine dahin gehende Ermächtigung dem W. weder durch ausdrückliches noch stillschweigendes Einverständniß der übrigen Vorstandsmitglieder ertheilt werden. Allein W. war als Kassirer ermächtigt, nicht nur Spareinlagen, sondern unter gewissen Voraussetzungen auch „Depositen" wirksam für die Genossenschaft entgegenzunehmen. Er war somit Handlungsbevollmächtigter. Insoweit findet H. G. B. 47 auf ihn Anwendung. Die Genossenschaft muß aber die Ermächtigung zum Abschluß von Darlehnsgeschäften gegen sich gelten lassen, welche die beiden anderen Vorstandsmitglieder dadurch ertheilt haben, daß sie Jahre lang thatsächlich haben geschehen lassen, daß W. allein für die Genossenschaft Darlehn annahm: zumal allgemeine Bestimmungen, welche die Geschäftsführung bezüglich dieses Geschäftszweiges geregelt hätten, anscheinend nicht erlassen waren. I, 280/89 vom 21. Dec.

214. Wie vom Berufungsrichter festgestellt ist, war thatsächlich dem W. Jahre lang der alleinige Verkehr mit dem Publikum, insbesondere auch die Annahme von Darlehnen überlassen worden. Unter diesen Umständen mußten Veranstaltungen getroffen werden, aus denen den Einzahlenden ersichtlich wurde, daß W. nur unter bestimmten Einschränkungen zur Entgegennahme befugt sein sollte. Ist dies nicht geschehen, so ist das Verlangen gerechtfertigt, daß der Beklagte alle Einzahlungen gelten lassen muß, die zu Händen des W. geleistet worden sind und die dieser namens des Beklagten entgegengenommen hat. Daß die beiden anderen Vorstandsmitglieder dem W. mit ihrer Blankoaufschrift versehene Kontoauszüge übergeben haben, kann nicht als eine derartige Veranstaltung angesehen werden, da das Publikum hierin eher eine Bestätigung der uneingeschränkten Ermächtigung des W. als eine Einschränkung derselben erblicken durfte. Dies muß um so mehr angenommen werden, wenn die übrigen Vorstandsmitglieder gewußt haben, daß auch in anderen Fällen von W. allein überschriebene Depositenkontoauszüge zur Verwendung gekommen sind,

Stell-
vertretung.

Stell-
vertretung.

ohne daß sie etwas gethan haben, um dieser Verwendung entgegenzutreten oder dieselbe in einer für Dritte erkennbaren Weise für unstatthaft zu erklären. Unerheblich ist in diesem letzteren Fall auch, daß die Einzahlungen nicht in die Geschäftsbücher des Beklagten eingetragen worden sind, sofern nicht dargethan wird, daß die Ermächtigung des W. zur Empfangnahme von Depositen von der sogleich bei der Einzahlung zu bewirkenden Eintragung in die Geschäftsbücher abhängig gemacht worden ist. I, 280/89 vom 21. Dec.

215. Durch die Vollmacht zum Abschluß eines einzelnen Handelsgeschäftes ist O. nicht in die Stellung eines Handlungsbevollmächtigten des Beklagten eingetreten, da von einer Bestellung im Sinne H. G. B. 47, wie von Hahn, Kommentar, Bd. 1, S. 188, Nr. 4 zutreffend bemerkt, nur da gesprochen werden kann, wo ein Geschäftskreis vorliegt. Der hier ertheilte einzelne Auftrag ist nach den gemeinrechtlichen Grundsätzen des Mandates zu beurtheilen, und war dessen Inhalt von der Klägerin, welche Rechte aus demselben herleitet, zu erweisen. III, 293/89 vom 10. Jan. 90.

216. Der Schwiegersohn der Klägerin hat bei dem beklagten Bankier angefragt, welche Papiere er ihm zur Anlage für eine Summe von 4—5000 Mark empfehle. Beklagter hat darauf die Aktien der Berliner Verlags-Druckerei-Gesellschaft empfohlen, welche für das laufende Geschäftsjahr 9 Proc., mindestens 8 Proc. ergeben würden. Nach Publikation der Bilanz stehe diesen Aktien eine bedeutende Kurssteigerung bevor. Er bitte die Ordre seinem Bankgeschäft zukommen zu lassen. Darauf hat der Anfragende K. beordert, Beklagter möge für seine Schwiegermutter, deren Vermögen er verwalte, 4000 Mark jener Aktien ankaufen. Beklagter hat unter der Adresse der Klägerin zu Händen des K. geschrieben, er habe die Aktien zu 111¾ gekauft; Klägerin hat den Preis bezahlt und die Aktien empfangen. Empfehlung der Aktien und Einkaufskommission bilden ein zusammenhängendes Ganzes, bei welchem die Empfehlung in Bezug auf die dabei dem Beklagten obgelegenen Verpflichtungen vom Kommissionsverhältniß beherrscht wird. Die Klägerin kann also auch die Rechte aus der schuldhaften Empfehlung, obwohl sie dem Beklagten damals noch nicht genannt war, und dem erfolgten Ankauf geltend machen. Vgl. 332. I, 315/89 vom 22. Jan. 90.

Stell-
vertretung.

217. Im Fall 333 würde A., welcher eine völlig in sich
bestimmte Offerte zur Ueberschreibung an B. L. & Co. von G.
aufgegeben erhielt, ohne daß ihm überlassen war, dieselbe zu er=
gänzen oder zu erweitern, mit der herrschenden Ansicht als
bloßer Vermittler anzusehen sein, welcher auch nicht als Stellver=
treter kontrahirte. Als Vermittler war er auch in den früheren
Fällen, in welchen G. selbst die übersandten Schlußnoten zeichnete,
in dieser bezeichnet. War er nur das, so kam darauf, daß er
wußte, die o. H. G. B. L. & Co. höre am 1. Jan. 1888 auf zu
bestehen, und ihr Geschäft ging auf R. & E. S. über, gewiß Nichts
an. L. 2, D. de litigatoribus (44, 6). I, 356/89 vom 1. März 90.

218. Aber wenn man auch die Möglichkeit offen zu halten
hätte, daß A. den Auftrag erhalten habe, Namens des Beklagten
so, wie ihm die Offerte desselben mitgetheilt war, zu
kontrahiren, würde der Beklagte doch durch einen über diese Voll=
macht hinausgehenden Abschluß nicht verpflichtet worden sein. Die
Vollmacht ging dann aber eben nur dahin, daß A. an B. L. & Co.
einen Auftrag ertheile. So kann man aus dem Bewußtsein des
A. heraus der von diesem mitgetheilten Offerte keinen anderen In=
halt unterschieben als den, welche sie bei der Aufgabe an A. hatte.
Dem Willen des G. entsprach es nicht, daß das Geschäft von einer
anderen Person ausgeführt werde. I, 356/89 vom 1. März 90.

Form.

219. Der beklagte Mandatar durfte von seinen Kapital=
zahlungen Zinsen zu 5 Proc. nach A. L. R. I, 13, §. 72 fordern,
wenn er auch dem Kläger mündlich versprochen hatte, das Kauf=
geld für die Stätte Nr. 48 zu 4 Proc. verschaffen zu wollen.
Der gegen die letztgedachte Annahme gerichtete Revisionsangriff,
mit welchem die Verletzung des A. L. R. I, 5, §. 165 gerügt wird,
übersieht, daß es sich hierbei nicht um einen zweiseitigen, vom
Kläger erfüllten Vertrag über Handlungen, sondern um ein ein=
seitiges, angeblich vom Kläger angenommenes Versprechen des Be=
klagten handelte, welches nach §. 131 daselbst zu seiner Gültigkeit
der Schriftform bedurft und in deren Ermangelung weder einen
Anspruch auf Erfüllung noch auf Entschädigung zu erzeugen ver=
mocht hätte. IV, 217/85 vom 5. Dec.

220. Die Bestimmung, daß ein an sich veräußerliches Recht
von dem Erwerber nicht abgetreten werden darf, wird die ganze
eine Seite der im Eigenthum liegenden Befugnisse, nämlich das

Form. Recht der freien Verfügung, dem Erwerber entzogen und dieser auf den eigenen Gebrauch des erworbenen Rechts beschränkt. Dem Cedenten der Klägerin war ein dem Beklagten gehöriger Sandberg zur Ausnutzung auf 20 Jahre gegen eine für jede Ladung Sand zu zahlende Vergütung abgetreten. War neben dem schriftlichen Vertrage mündlich verabredet, daß der Cedent seine Rechte nicht abtreten dürfe, so war dies aus jenem Grunde ein wesentlicher Bestandtheil des Vertrags, keine Nebenabrede i. S. A. L. R. I, 5, §. 128. V, 201/89 vom 30. Nov. Vgl. Bd. VIII, 377.

221. Wiewohl die mündliche Abrede, es solle der Aufgang zur gemietheten ersten Etage in bestimmter Weise geändert werden, etwas Nebensächliches betraf, so lag keine Nebenabrede vor, wenn nach dem Willen der Kontrahenten das Zustandekommen des Vertrags von der Aufnahme der bedungenen Leistung in denselben abhängen sollte. V, 208/89 vom 7. Dec.

222. Ein Rechtsanspruch, daß derjenige, welcher sich weiter als durch mündlichen Vertrag nicht hat binden wollen, den Vertrag auch schriftlich abschließe, besteht für den Mitkontrahenten des mündlichen Vertrags selbst dann nicht, wenn der Gegner den erfolgten mündlichen Abschluß des Vertrages im Prozesse zugesteht. Ein mündlicher Vergleich war hier auch nicht für den Kläger dadurch bindend geworden, daß er die bisherige Erfüllung durch die Beklagte im Fall 802, 810 durch Anschluß an die Wasserleitung der Beklagten angenommen habe, während er für die Beklagte widerruflich geblieben sei. Durch vollständige Erfüllung — durch beiderseitige bei Verträgen über bewegliche Sachen, durch einseitige bei Verträgen über Handlungen — A. L. R. I, 5, §§. 146, 165 wird der mündliche Vertrag für beide Theile unwiderruflich; in dem vorliegenden Falle aber, in welchem die von der Beklagten ihrer Behauptung nach mündlich übernommene Vergleichsleistung sich auch auf die Zukunft erstrecken soll, eine vollständige Erfüllung des Vertrages also noch nicht vorliegen kann, bleibt der Vertrag für beide Theile gleich widerruflich, dasern nur der Widerrufende sich den aus dem Widerrufe in Rücksicht auf die Erstattung oder Vergütung des bisher Geleisteten entstehenden Folgen unterwerfen will. V, 196/89 vom 27. Nov.

223. Der Kläger hat von der Beklagten ein Berliner Grundstück gekauft und 15000 Mark auf den Kaufpreis gezahlt. Er

forbert sie zurück, weil der Kauf durch beiderseitiges Einverständniß aufgehoben sei. Beklagte gibt das zu, behauptet aber, der Kläger habe auf die 15000 Mark verzichtet. Sie ist zur Rückzahlung verurtheilt. „Die Frage, ob der von den Parteien abgeschlossene Kaufvertrag für beide Theile unverbindlich, oder ob der Kläger wegen der Unterschrift und der Aushändigung desselben seinerseits gebunden war, kann auf sich beruhen. Denn da Einverständniß der Parteien darüber besteht, daß der Vertrag aufgehoben ist und nicht ausgeführt werden soll, so folgt daraus, daß der Kläger berechtigt ist, den von ihm gezahlten Betrag zurückzufordern, sofern er nicht darauf verzichtet hat.... Bei der Prüfung, ob die Vorschriften des H. G. B. auf denselben Anwendung finden, ist der spätere Vertrag im Ganzen, von welchem der Verzicht nur einen integrirenden Theil bildet, in Betracht zu ziehen, und danach die zu entscheidende Frage dahin zu stellen, ob die vertragsmäßige Aufhebung eines Vertrages über unbewegliche Sachen — H. G. B. Art. 275 — ein Handelsgeschäft ist?... Der Inhalt des Vertrages ging dahin, daß die Beklagte von der Verpflichtung, das Eigenthum des Hausgrundstückes auf den Kläger zu übertragen, und der Kläger von der Verpflichtung, gegen Aufgabe der angezahlten 15000 Mark, das Eigenthum anzunehmen und das Restkaufgeld an die Beklagte zu entrichten, befreit wurde. Ein derartiger Vertrag, welcher die Uebertragung oder Nichtübertragung eines Grundstücks zum Hauptgegenstande hat, betrifft unmittelbar eine unbewegliche Sache, und fällt deshalb unter die Vorschrift des Art. 275 des H. G. B. Lag aber kein Handelsgeschäft vor, so war der Vertrag, wegen mangelnder Schriftform rechtsungültig, und befugte die Beklagte nicht, auch wenn der Kläger Kaufmann ist, auf Grund desselben die Rückzahlung der 15000 Mark zu verweigern." V, 247/89 vom 22. Jan. 90.

224. Vgl. V, 206/87 vom 19. Nov. (Bd. VII, 410). Das Gesetz vom 12. Juli 1875 erkennt — abweichend von dem Ausgangspunkt der Entscheidungen des Pr. O. T. (E. 72, S. 251) — den Minderjährigen als den eigentlichen Kontrahenten an, wenn es ihn im §. 2 nur ohne Genehmigung des Vaters, Vormunds oder Pflegers noch nach zurückgelegtem 7. Lebensjahre für nicht fähig zur rechtsgeschäftlichen Uebernahme von Verbindlichkeiten (also mit der Genehmigung für dazu fähig) erklärt. Daraus folgt,

Form.

 daß etwaige Formerfordernisse des Rechtsgeschäfts von dem (kon=
trahirenden) Minderjährigen erfüllt werden müssen, daß aber damit
auch den Formvorschriften Genüge geschieht, da für die Genehmi=
gung durch den Vater, Vormund oder Pfleger, welche, ebenso wie
beim majorennen Hauskinde, auch generell für einen Kreis von
Geschäften ertheilt werden kann, die Beobachtung der zur Gültig=
keit des einzelnen Geschäfts erforderlichen Form nicht vorgeschrieben
ist. Bedarf die Genehmigung der Rechtsgeschäfte Minderjähriger
keiner Form, so kann eine solche auch nicht für die Einwilligung
des Hausvaters in Geschäfte des majorennen Hauskindes verlangt
werden. V, 233/89 vom 8. Jan./1. Febr. 90. Vgl. 72/74.

225. Parteien sind hinterher dahin miteinander übereinge=
kommen, daß der von ihnen schriftlich abgeschlossene Gesellschafts=
vertrag so ausgelegt und verstanden werden soll, als wenn er nur
die Ausbeutung des wirklich von ihnen erworbenen Theils des
Grundstücks 68, nicht dieses ganze Grundstück betreffe. Daß diese
vereinbarte Auslegung mit dem Inhalt des schriftlichen Vertrages
im Widerspruch stehe, konnte nicht behauptet werden. Bei dieser
Sachlage unterlag die Vereinbarung nicht den landrechtlichen Form=
vorschriften. V, 255/89 vom 29. Jan. 90.

226. Gegen Pr. O. T. (E. 15, S. 83, Striethorst 2, S. 45;
49, S. 114, 326) mit R. G. V, 275/85 vom 3. März 86 (Bd. II,
692); V, 269/86 vom 15. Jan. 87; V, 38/87 vom 20. April, daß
A. L. R. I, 5, § 146 wie alle weiter folgenden Bestimmungen des
Gesetzbuchs über die aus vollständiger oder theilweiser Erfüllung
entstehenden Wirkungen mündlicher Verträge selbständige, dem
Vertragsabschluß nachfolgende Leistungen voraussetzen,
durch welche der Wille der Betheiligten, trotz der mangelnden
Schriftform an dem Vertrage festzuhalten, sich bethätigt, und daß
deshalb bei liberatorischen Verträgen in der bloßen Verzichts=
erklärung noch nicht die Erfüllung des formlosen Abkommens ge=
funden werden kann. Die Witwe und Erben des Z. verzichteten
in einem mündlichen Vergleich auf den ihnen in der Kaufgelder=
belegungsverhandlung überwiesenen Anspruch von 1560 Mark nebst
Zinsen, wogegen der Beklagte der ihm gegen den Z.'schen Nachlaß
zustehenden Forderung von 675 Mark, von denen er 300 Mark
klagend geltend gemacht hatte, entsagt und die betreffende Klage
zurücknimmt. Die Witwe und Erben haben den Verzicht sodann

zu gerichtlichem Protokoll erklärt, der Beklagte soll aber nur seine Klage zurückgenommen haben, dagegen hat er auf seine Restforderung von 375 Mark schriftlich nicht verzichtet. Der Vergleich ist also nur zum Theil erfüllt, sodaß jeder Kontrahent zurücktreten konnte (A. L. R. I, 5, §. 156 ff.). Die Witwe und Erben sind damit zurückgetreten, daß sie die von dem Vergleich betroffene Forderung dem Kläger abgetreten haben, welcher auf Zahlung geklagt hat. Die Einrede des Vergleichs wurde deshalb verworfen. V, 259/89 vom 1. Febr. 90.

227. Der notarielle Pachtvertrag ist infolge eines Briefs des Pächters ohne weitere Form aufgehoben, die Aufhebung hiernächst aber thatsächlich ausgeführt. Das genügte, da A. L. R. I, 5, §. 146 auf Verträge über Rechte anzuwenden, welche nicht Zubehör eines Grundstücks sind, namentlich Pachtrechte. V, 283/89 vom 22. Febr. 90.

228. Handelsgehülfe sei, wer kaufmännische Dienste, nicht aber, wer technische Dienste — sei es auch in einem kaufmännischen Geschäft — leistet. Nun ist zwar geltend gemacht worden, der Mühlenmeister habe außer den ihm durch den Vertrag zugewiesenen Funktionen thatsächlich auch den Handelsverkehr mit den Landleuten durch Abnahme des Getreides und Wiederaushändigung des davon fabricirten Mehls geleitet. Es kann jedoch unerörtert bleiben, ob Kläger hiermit kaufmännische Dienste geleistet hätte; denn auch wenn dies zu bejahen wäre, könnte der Umstand, daß Kläger diese Dienste nicht auf Grund des Vertrages, sondern freiwillig geleistet hätte, die Annahme nicht rechtfertigen, daß der Kläger, dessen Dienstleistungen im Uebrigen lediglich technischer Natur waren, Handlungsgehülfe gewesen sei. VI, 175/89 vom 28. Okt.

229. Im Fall 330. Der Revisionskläger hat sich ferner auf einen allgemeinen Gebrauch der Frankfurter Kommissionäre berufen. Bestände derselbe, so wäre das nur ein auf Unredlichkeit und Täuschung des kaufenden Publikums hinauslaufender Mißbrauch, welchen sich kein Käufer gefallen zu lassen braucht. I, 276/89 vom 21. Dec.

230. Der Direktor einer Aktiengesellschaft nicht Kaufmann. V, 247/89 vom 22. Jan. 90.

231. Das H. G. B. geht, wie in anderen Fällen, so auch hier, sobald nur in Ausübung des Handelsgewerbes gehandelt wird, nicht auf eine Scheidung der einzelnen Gewerbszweige ein, spricht vielmehr dem Kaufmann, der in Ausübung des Handels-

Handels-
geschäfte.

gewerbes die Aufbewahrung bewirkt — und dies geschieht, sobald
er auf Grund eines von ihm als Kaufmann geschlossenen Kaufes
die übersandte, von ihm nicht angenommene Waare bei sich lagern
läßt —, für diesen Dienst den gewerbsüblichen Lohn eines Lagerers
zu, auch wenn sein Gewerbebetrieb nicht im Lagern von Waaren
besteht. Es darf deshalb dem Käufer nicht ein niedrigeres Lager-
geld als dem Spediteur zugesprochen werden, weil er kein Spediteur ist. Für maßgebend wurde erachtet, welcher Preis der in
dem Orte des Lagerns gewöhnliche sei. I, 341/89 vom 15. Febr. 90.

232. Der Beklagte führt die Bewirthschaftung eines der
Firma Krupp gehörigen Hotels in eigenem Namen und bezieht
ein festes Gehalt als theilweisen Ersatz für seine Dienste, für sein
Personal, für Heizung und Beleuchtung. Die Weine bezieht er
von der Konsumanstalt Krupp, und hat sie zu einem festgestellten
Preise abzugeben. Die Einnahme für Zimmermiethe hat er abzuliefern. Sonst beschaffte er Speisen und Getränke für eigene
Rechnung. Als Restaurateur ist der Beklagte Kaufmann; daß er
aus dem Verkauf der Speisen und Getränke Gewinn ziehen wollte,
ist nicht zu bezweifeln. I, 14/90 vom 24. März.

Zeit-
bestimmung
(Kündigung).

233. Köln. Der Kläger hat ein auf einem erkauften Hause
stehendes verzinsliches Hypothekenkapital der Süddeutschen Boden-
kreditbank von 92 000 Mark übernommen. Dasselbe war nach
dreimonatlicher Kündigung rückzahlbar. Die Beklagte hatte dem
Kläger gestattet, Beträge nicht unter 1000 Mark und nicht über
12 000 Mark nach vorgängiger vierwöchentlicher Anzeige beliebig
heimzuzahlen, für die Heimzahlung des Kapitals im Ganzen bleibe
die obligationsmäßige Kündigungsfrist bestehen. Kläger schrieb
der Beklagten in acht Briefen vom 8., 9., 10., 12., 13., 14., 22.,
23. März, daß er jedesmal vier Wochen nach dem betreffenden
Brief einen Betrag von je 12 000 Mark, am Schluß die noch
übrigen 8000 Mark bezahlen werde. Die Beklagte erklärte, sie
werde die ersten 12 000 Mark annehmen, die weiter angekündigten Beträge zurückweisen. Kläger hat in dieser Weise auf das
Girokonto der Beklagten bei der Reichsbank eingezahlt; die Beklagte ihm 78 869 Mark, welche mit den ersten 12 000 Mark
die Kapitalsumme nebst Zinsen ausmachten, zur Verfügung gestellt. Die Klage auf Löschung ist abgewiesen. Seine nothwendige
Beschränkung findet das dem Kläger nachgelassene Belieben in

der Wahl des Zeitpunktes der Theilzahlungen einmal durch die
Aufrechterhaltung der vierteljährigen Kündigungsfrist für Rückzahlung der gesammten 92 000 Mark, als womit das vom Kläger
versuchte Verfahren, welches nach rasch aufeinander folgendem Ablauf der vierwöchigen Fristen in kürzerer als Vierteljahrsfrist die
Gesammtschuld an Beklagte zurückgeführt hätte, in klaren Widerspruch tritt, sodann durch den Sinn und Zweck dieser die Rückzahlung vorbereitenden Fristen. Wie die gesetzte Vierteljahresfrist
im Fall der Gesammtkündigung durch Beklagte dem Kläger zur
Beschaffung des Geldes, durch Kläger der Beklagten zur anderweiten Unterbringung desselben die benöthigte oder wünschenswerthe
Zeit offen lassen und gewähren soll, so hat offenbar die dem
Kläger zur Pflicht gemachte vorgängige vierwöchentliche Anzeige
im Fall beabsichtigter Theil-Rückzahlungen nur den Sinn und
Zweck, für die betreffs solchergestalt zurückfließenden Gelder zu
treffenden Maßnahmen der Beklagten diesen nothwendigen Zeitraum
offen zu lassen. Kläger durfte nicht bei voller Ausnutzung der Rück-
zahlungsbefugniß durch Ankündigung von 12 000 Mark und während
des Laufes der desfallsigen Frist diese der Beklagten dadurch beeinträchtigen und schmälern, daß er, wie geschehen, weitere Rückzah-
lungen dieses Betrages ankündigte und nach Fristablauf bewirkte,
da alsdann wegen der erstangekündigten 12 000 Mark die Frist
nur in ihrem bereits abgelaufenen Theil der Beklagten unge-
schmälert zu Gute kam, von den ferneren Rückzahlungsanzeigen
angerechnet dagegen nur für den durch die weiter angekündigten
Summen erhöhten Betrag zur Verfügung blieb. Revision zurückgewiesen. Das Berufungsurtheil beruht auf der Revision ent-
zogener Vertragsauslegung. II, 218/89 vom 19. Nov. Vgl. 54.

234. Der Crédit foncier Luxembourgeois hat verzinsliche
Obligationen auf den Inhaber ausgegeben, welche nach einem
Amortisationsplan in 60 Jahren durch Ausloosung zur Tilgung
kommen sollen. Durch Beschluß des Staatsministers, des Re-
gierungspräsidenten und des Generaldirektors der Finanzen ist
diese anonyme Gesellschaft in Liquidation erklärt, weil sich dieselbe
in der Unmöglichkeit befinde, ihren statutarischen Verpflichtungen
nachzukommen. Der deutsche Kläger ist Inhaber von Obligationen
über zusammen 8000 Frcs.; er hat eine der Gesellschaft zustehende
Hypothek an einem Grundstück des Bezirks Aachen mit Arrest

**Zeit-
bestimmung.** belegen lassen, dann gegen die Liquidatoren Verurtheilung auf
Zahlung der Obligationen sammt Zinsen erlangt. Revision zurückgewiesen. Die Forderung der Obligationsinhaber war keineswegs
von einer Bedingung abhängig gemacht, sondern wurde nach dem
Inhalte des Inhaberpapieres durch dessen Ausgabe begründet und
sofort verzinsbar. Nur der Zeitpunkt der auf höchstens 60 Jahre
hinausgeschobenen Einforderbarkeit wurde an eine vorherige Ausloosung oder die der Gesellschaft vorbehaltene Kündigung geknüpft.
Allerdings wird nach Code 1188 ein Schuldner der Wohlthat
der Befristung nur verlustig, wenn er in Fallimentszustand geräth,
oder wenn durch seine Handlungen die versprochenen Sicherheiten
vermindert werden. Dem Fallimente wird aber von dem Gesetze
der Vermögensverfall vollständig gleichgestellt, z. B. in Art. 1613
und 1913; die Rechtsprechung hat sich daher einstimmig dahin
ausgesprochen, daß auch dieser Zustand den Verlust der Wohlthat
der Befristung herbeiführt. Vgl. Laurent Bd. 17, S. 211. Daß
aber nicht eine bloße Zahlungsstockung, sondern Vermögensverfall
vorliegt, haben die Vorinstanzen aus dem Regierungsbeschluß entnommen, weil das Aktivum gegenüber dem Passivum der Pfandbriefe ein Defizit ergibt, welches aus den statutarischen Hülfs-
mitteln nicht gedeckt werden kann. II, 214/89 vom 19. Nov. Vgl. 263.

Auslegung. 235. Im Fall 337 war bestimmt: Wird das Pachtstück verkauft oder das Pachtverhältniß von der Verpächterin, was ihr
freisteht, vor Ablauf der bedungenen Pachtzeit aus einem Grunde,
welcher nicht in dem Mangel der Erfüllung der dem Pächter obliegenden Verbindlichkeit liegt, aufgelöst, so sollte der Pächter Entschädigung fordern dürfen. Der Berufungsrichter hielt den Vertrag
rechtsirrthümlich für einen Pachtvertrag, als welcher derselbe allerdings fälschlich bezeichnet ist. Daraus folgerte der Berufungsrichter,
daß der Käufer gemäß A. L. R. an jenen Vertrag gebunden sei.
Mit Rücksicht hierauf wollte er den von der angeblichen Verpächterin thatsächlich abgeschlossenen Kauf nicht als unter obige Bestimmung fallend ansehen. Vielmehr könnte damit nur ein solcher Kauf
gemeint sein, welcher in Folge besonderer Abrede auflösende Wirkung habe. Solche Abrede sei hier nicht getroffen, auch habe der
Kläger das Verhältniß nicht gelöst. Aufgehoben, weil diese Auslegung auf jener falschen Rechtsauffassung beruhte. III, 183/89
vom 25. Okt./5. Nov.

236. Der Kläger hatte nach einem mit dem Magistrat von Auslegung.
Cottbus geschlossenen Vertrage die Mannschaften des Regiments 52
in sein Privatkasernement aufzunehmen, welche ihm vom Magistrat
überwiesen wurden, auch ihnen zu gewähren, was die Militärbehörde bei Massenquartieren fordern darf, gegen eine pro Mann
und Tag verabredete Vergütung. Diese Vergütung war auch zu
zahlen, wenn die Mannschaften zum Manöver ausgerückt waren.
In sechs Jahren sind Ersatzreservisten während ihrer zehnwöchent-
lichen Uebungen im Kasernement des Klägers untergebracht, andere
Mannschaften haben den Platz geräumt und sind in Bürgerquar-
tieren untergebracht; jene Ersatzreservisten zum Theil auch während
des Manövers, als die übrigen Mannschaften ausgerückt waren.
Kläger ist mit seinem Anspruch auf andere, und während des
Manövers besondere Vergütung neben der sonst für die ausge-
rückten Mannschaften fortzuzahlenden abgewiesen. Er behauptet,
daß die Ersatzreservisten nicht als Mannschaften des Regiments
im Sinn des Vertrages anzusehen, sondern als durchziehende
Truppen, sodaß die hierüber bestehenden Vorschriften über Unterbringung, Verpflegung, Serviszahlung anzuwenden seien. Das
Berufungsgericht hat Auskunft des Kriegsministeriums eingeholt,
nach welcher die Ersatzreservisten während der Zeit ihrer Einziehung
zur Dienstleistung als zu dem Verbande des Regiments gehörig,
zu welchem sie eingezogen, anzusehen seien. Revision zurückgewiesen.
Es ist zwar richtig, daß die Absicht, welche die Vertragschließenden
bei einem Vertragsschlusse gehabt haben, der Regel nach nicht
durch eine Behörde wird festgestellt werden können. Wenn es sich
aber, wie im vorliegenden Falle, um den Sprachgebrauch handelt
und dem Gerichte, das den Inhalt eines Vertrages zu beurtheilen
hat, der in Betracht kommende Sprachgebrauch nicht so bekannt
ist, daß es die Entscheidung über die Tragweite des Vertrages
ohne weiteres zu treffen im Stande ist, so ist nicht ausgeschlossen,
eine öffentliche Behörde, welcher der Sprachgebrauch vorzugsweise
bekannt sein muß, um Auskunft über die Bedeutung des Aus-
druckes anzugehen und die ertheilte Auskunft, wie dies Seitens
des Berufungsgerichts geschehen ist, der Entscheidung zu Grunde
zu legen. IV, 261/89 vom 23. Dec.

237. Das Beweiserbieten ist klar und bestimmt dahin gerichtet, daß ein Uebereinkommen, wie solches in dem von der

Auslegung. Klägerin vorgelegten Briefe vom 2. Aug. enthalten und im Telegramme vom 31. Aug. beſtätigt iſt, nach dem Sprachgebrauche an der Pariſer Börſe nur den Sinn haben könne, daß zwiſchen den Parteien ein reines Differenzgeſchäft verabredet worden ſei, ſo daß es als ausgeſchloſſen gelte, daß die eine Partei von der anderen die Lieferung der in Frage ſtehenden Werthpapiere begehren oder deren Abnahme fordern dürfe. Wenn dem gegenüber die Gründe des angefochtenen Urtheils, in welchen vorher als ſicher bezeichnet wird, daß der Beklagte die Geſchäfte mit der Klägerin in der an der Pariſer Börſe üblichen Art machen wollte, zunächſt ausführen, daß der Sachverſtändigenbeweis nur durch Bankiers zu führen wäre und nur die regelmäßig vorkommende Art der Abwickelung der Börſengeſchäfte, wie der erſte Richter dieſelbe geſchildert hat, zu Grunde zu legen wäre, ſo wird verkannt, daß der Beweisſatz auf Feſtſtellung des Sinnes und der Bedeutung gerichtet iſt, welche der Sprachgebrauch an der Pariſer Börſe den in der Korreſpondenz der Parteien feſtgeſtellten Abmachungen beilegt. Wenn ſodann hinzugefügt wird, daß die rechtliche Frage, ob dieſe Art der Abwickelung die einzig zuläſſige wäre, nicht durch Sachverſtändige, ſondern nur durch den Richter ihre Erledigung finden könnte, ſo iſt weiter verkannt, daß für die Auslegung der Verträge und Feſtſtellung des Parteiwillens zunächſt die Bedeutung maßgebend iſt, welche der Sprachgebrauch des Ortes, nach welchem die Parteien ſich richten wollten, ihren Erklärungen beilegt (Code 1158, 1159 H. G. B. 279) und daß erſt nach Ermittelung dieſes Sprachgebrauches die thatſächliche Vorausſetzung und Grundlage für die richterliche Beurtheilung gegeben iſt. Aufgehoben, zurückverwieſen. II, 284/89 vom 14. Jan. 90.

238. Die Gothaer Grundkreditbank, Hauptgläubigerin der Kurhavener Immobiliengeſellſchaft, war im Sept. 1882 mit einer Hypothek an einem Grundſtück der Letzteren hinter ein aufzunehmendes Darlehn von 40 000 Mark mit der Verabredung zurückgetreten, daß die Pachterträgniſſe, ſoweit ſie nicht zur Verzinſung der 40 000 Mark erforderlich, von dem Pächter direkt an die G. G. gezahlt werden ſollten. Im Jahre 1883 ſind auf dieſe Weiſe an die G. G. 1637,50 Mark gezahlt. Im Dec. 1882 verſprach die G. G. dem Direktor der K. J., welcher ein Gehalt nicht mehr bezog, 2000 Mark Honorar für ſeine Verwaltung,

wenn aus den Revenuen der ihr verpfändeten Immobilien der
K. J., welche von dieser nach einem im Jahre 1877 getroffenen
Abkommen nach Abzug der Aufwendungen zur Erhaltung der
Grundstücke an die G. G. abgeführt werden sollten, so viel übrig
blieb. Ohne Rechtsirrthum ist angenommen, daß hierbei die direkt
an die G. G. abzuführenden Restpachterträgnisse des erstgedachten
Grundstücks nicht mit in Anrechnung zu bringen seien. Da die
G. G. im Jahre 1883 überhaupt nichts weiter als obige 1637,50
erhalten hatte, wurde die Klage des Direktors auf 2000 Mark
abgewiesen. Revision zurückgewiesen. III, 271/89 vom 21. Jan. 90.

239. Neben der Auslegungsregel des H. G. B. 278 muß
jedenfalls die weitere Regel angewendet werden, daß nur der erklärte oder doch nur der erkennbare Willen der Parteien in Betracht gezogen werden darf. VI, 271/89 vom 25. Jan. 90.

240. Durch H. G. B. 278 wird die Anwendung der Auslegungsregel A. L. R. I, 5, §. 266 nicht ausgeschlossen. —
Vgl. auch R. O. H. G. E. I, S. 22; IV, S. 61; V, S. 121,
243; VI, S. 153; VIII, S. 230; IX, S. 379; XI, S. 272;
XIV, S. 268, 437; XVII, S. 19, 20. — IV, 312/89 vom
6. Febr. 90.

241. Nach dem Vertrage sollte eine Rate des Preises gezahlt werden, wenn der innere Ausputz des Hauses beendet
sei. Ueber die Bedeutung dieses Ausdrucks folgt der Berufungsrichter dem Gutachten eines Sachverständigen, welcher darunter
inneren Ausbau versteht, wozu Herstellung der Oefen, Fenster,
Thüren, Schlösser, Malen u. s. w. gehören. „Eine weitere und
nähere Begründung des Gutachtens, als durch den Hinweis auf
den Sinn und den Inhalt des Vertrages sei im vorliegenden Fall
durch die Sache nicht geboten, und es könne deshalb dieses Gutachten dem Gericht bei Lösung der ihm obliegenden Aufgabe der
Vertragsauslegung als geeignetes Hülfsmittel dienen." Das war
nicht unzulässig, und kein Verstoß gegen C. P. O. §. 259. V,
274/89 vom 12. Febr. 90.

242. Zeugen haben bekundet, daß der Vertrag so beendet
sei, wie der Beklagte behauptet. Der Berufungsrichter legt aber
den vorliegenden schriftlichen Vertrag im Sinne des Klägers aus.
Der Inhalt des Vertrages, wie er durch Auslegung seines Wort-
lautes unter sorgfältigster Berücksichtigung aller in Betracht kom-

Auslegung. menden Umstände ermittelt worden, ist für das Berufungsgericht, weil es darin den treuen Ausbruck eines verständigen, aus dem Sachverhalt erklärlichen und in allen Einzelheiten logisch zusammenhängenden Willens der Kontrahenten findet, wogegen es bei dem von den Zeugen Bekundeten den Anschluß an das Sachverhältniß und die innere Konsequenz, d. h. die Uebereinstimmung mit den sonstigen Bestimmungen des Vertrages vermißt, von solch beweisender Kraft, daß es seine Ueberzeugung nicht durch die Aussagen der Zeugen binden, sondern frei walten läßt, um die richtige Feststellung zu treffen. Da die Zeugen nicht unglaubwürdig erscheinen, wird nach einem Grunde gesucht, welcher den Widerspruch zwischen Vertrag und Zeugenaussagen erklären kann, und unter ausführlicher Darlegung der Thatumstände gefunden, es sei am wahrscheinlichsten, daß die Zeugen die mündlichen Beredungen der Kontrahenten mißverstanden oder doch insofern unrichtig aufgefaßt haben, als einzelne gesprächsweise Erörterungen von ihnen irrthümlich als endgültige Abreden angesehen worden seien. Revision zurückgewiesen. V, 262/89 vom 1. Febr. 90.

243. In dem notariellen Vertrage war bestimmt, daß die Zahlung der dem Kläger von Seiten seiner Mutter versprochenen 600 Thaler erfolgen sollte, sobald diese ihre Grundstücke verkauft habe. Der letztere Passus habe aber nach dem ganzen Inhalt des Vertrages und nach den begleitenden Umständen nicht den Sinn, daß der Zeitpunkt des Grundstücksverkaufs der Willkür der Beklagten habe überlassen werden sollen, vielmehr die Bedeutung, daß nach Absicht der Kontrahenten zum Verkauf der Grundstücke und demgemäß zur Zahlung der 600 Thaler der Beklagten eine Frist von 2—3 Jahren gewährt sein solle. Für diese Auslegung sprächen die Hinweisung im Vertrage auf die kurz bevorstehende Verheirathung des Klägers und die Bezeichnung der Schuld als Mitgift, die unstreitige Stundung des in den 600 Thalern mitenthaltenen und bereits fällig gewesenen Vatererbtheils des Klägers, sowie das von der Zeugin S. bekundete Zugeständniß der Beklagten, daß sie dem Kläger vor dessen Verheirathung versprochen habe, sein Vermögen binnen 2—3 Jahren auszuzahlen. Da die Frist verstrichen, wurde die Mutter zur Zahlung verurtheilt. Revision unter Bezugnahme auf A. L. R. I, 5, §. 252; I, 4, §. 71 zurückgewiesen. IV, 340/89 vom 30. Jan. 90.

244. Pächter des Bergwerks haben den Verpächtern eine Tonnenprämie für alles geförderte und verkaufte Bleierz zu be=zahlen, und soll diese Tonnenprämie für jede Tonne von 20 Zoll=centnern in den geförderten Erzen enthaltenen metallischen Bleies, oder für jede Tonne auf dem Werke geschmolzenen und verkauften metallischen Bleies 20 Mark betragen. Beim Schmelzen gehen 5 Proc. Blei verloren. Da Pächter auf dem Werke eine Hütte, welche den Verpächtern nach Ablauf der Pachtzeit laut Vertrags verblieben wäre, nicht angelegt haben, so wurde das in den Erzen enthaltene Blei so verstanden, daß davon jene 5 Proc. nicht abzu=ziehen seien. Revision der Pächter zurückgewiesen. II, 317/89 vom 18. Febr. 90.

245. „Wenn einer der Kontrahenten freiwillig austritt, so darf derselbe bei einer zu Gunsten des andern Kontrahenten ver=fallenden Konventionalstrafe von 5000 Mark innerhalb 10 Jahren in der Provinz Hannover und im Uebrigen in einem Umkreise von 50 Kilometern um die Stadt Hannover ein gleiches oder ähnliches Geschäft nicht betreiben oder an einem solchen sich in keiner Weise betheiligen." Der Berufungsrichter nimmt an, daß der Beklagte der Strafe verfallen sei, wenn er auch keine Han=delsniederlassung in dem geschützten Bezirk gegründet, weil er in dem Bezirk oder mit Wirkung für diesen Bezirk fortgesetzt ge=schäftliche Handlungen behufs Verkaufs gleicher oder ähnlicher Waaren vorgenommen, gewerbsmäßig solche Thätigkeit entfaltet habe, welche mit der von einer Handelsniederlassung regelmäßig ausgehenden übereinstimme und dem Kläger in ähnlicher Weise Konkurrenz mache, wie eine Handelsniederlassung in dem Bezirke; das entspreche dem Zweck der Strafbestimmung. Aufgehoben, Klage abgewiesen. Das Berufungsgericht verstößt gegen die Aus=legungsregel, daß Strafstipulationen nicht ausdehnend ausgelegt werden dürfen, und daß, wenn der Wortlaut klar ist, eine Kon=ventionalstrafe nur dann verfallen ist, wenn eine Handlung vor=genommen ist, welche durch die Strafbestimmung bedroht ist, nicht aber auch dann, wenn eine Handlung in Frage steht, welche, wenn die Parteien daran gedacht hätten, möglicher Weise auch unter Strafe gestellt wäre, aber nach dem Wortlaute der Bestim=mung nicht unter dieselbe fällt. Ein Kaufmann betreibt nach dem gemeinen Sprachgebrauch sein Geschäft an einem Orte, wenn er

dort eine Handelsniederlassung hat. III, 317/89 vom 25. Febr./ 4. März 90.

246. „Die Pension erlischt mit Auflösung der Gesellschaft." Die Aktien-Gesellschaft hat sich in eine Gewerkschaft umgewandelt, $\frac{1}{30}$ Antheil den Gläubigern eingeräumt, den Rest der Kuxe von den Aktionären übernommen, das Vermögen der A. ist von den Liquidatoren versteigert. „Der Ersteher hat in alle Rechte und Verbindlichkeiten der A. als Schuldner einzutreten, alle Verträge derselben, alle mit Beamten eingegangenen dienstlichen Verträge zu übernehmen." Die Gewerkschaft hat erstanden, und mehrere Jahre die Pension gezahlt. Die nach Sistirung der Zahlung von dem früheren Bergverwalter erhobene Klage abgewiesen. Berufungsurtheil aufgehoben, zurückverwiesen. Es war gemäß H. G. B. 278 zu erörtern, ob die wesentlich bloße Umformung der Gesell= schaft im Sinne des Vertrags als die gemeinte Auflösung der Gesellschaft zu verstehen sei, und ob nicht die „Uebernahme der Verträge" den Pensionsanspruch des Klägers begründete. VI, 318/89 vom 3. März 90.

247. Im Fall 531. Da der Bestand des ganzen Ausein= andersetzungs=Vertrages von der nicht ertheilten obervormund= schaftlichen Genehmigung unterschiedslos abhängig gemacht ist, konnte der erhobene Anspruch nicht geltend gemacht werden. I, 4/90 vom 5. März.

248. Im Fall 542. Daraus, daß das Berufungsurtheil eine besondere Würdigung des Umstandes, daß der Vertrag vom 4. Febr. 1885 neben dem Erbverzicht am künftigen mütterlichen Nachlasse zugleich eine Abfindung des Kindes von der bereits an= gefallenen Erbschaft des Vaters enthält, vermissen läßt, ergibt sich kein durchgreifendes Bedenken. Denn wenn auch insoweit die An= wendung des §. 484 l. c. ausgeschlossen bleiben muß, so kommt doch dagegen in Betracht, daß der Vertrag die seitens der Be= klagten dem Karl S. versprochene Abfindung in einheitlicher Summe hinstellt, und deshalb nicht festgestellt werden kann, wie= viel von diesem Betrage auf das angefallene Vatererbe und wie= viel auf das künftige Muttererbe zu rechnen sei. IV, 359/89 vom 6. März 90.

249. Daß der Berufungsrichter vorstehend den Stiefvater nicht auf Grund A. L. R. I, 5, §. 424 haften läßt, ergibt sich

aus der Erwägung, daß derselbe sich nicht als Korrentschuldner, sondern als Ehemann der Mutter des abzufindenden Sohnes habe verpflichten wollen. IV, 359/89 vom 6. März 90.

250. A. L. R. Der Beklagte hat eine fahrbare Lokomobile kaufen wollen; die gekaufte Dampfmaschine hat einen eingemauerten Kessel. Wenn anzunehmen, daß ein Irrthum in wesentlichen Eigenschaften, nicht blos Irrthum im Beweggrunde vorliegt, so hat doch der Beklagte, nachdem er Kenntniß erhalten, Anweisung zur Einmauerung ertheilt, und bei dem Kreisbauinspektor die zur Abnahme eines fest liegenden Dampfkessels nothwendige Druckprobe nachgesucht. Da auch jene Anweisung dem von dem Kläger beauftragten Monteur gegenüber abgegeben ist, so hat Beklagter damit diesem gegenüber die Anfechtung aufgegeben; er würde also an den Kauf gebunden sein. I, 38/90 vom 8. März.

251. Derjenige, welcher als Gläubiger der Genossenschaft eine Person, unter der Behauptung ihrer Zugehörigkeit zur Genossenschaft in dem maßgebenden Zeitpunkt, in Anspruch nimmt, muß sich von dem Belangten entgegen halten lassen, es sei der Eintritt des Belangten in die Genossenschaft wegen solcher Vorgänge, welche der Genossenschaft gegenüber seinen Eintritt in die Genossenschaft unwirksam machen, rechtsunwirksam gewesen. Hier war mit Erfolg geltend gemacht, daß Beklagte durch betrügerische Vorspiegelungen eines Inspektors und eines Agenten der Genossenschaft zum Beitritt bewogen seien. Den Klägern stand B. L. R. 1116, daß der nur vom Vertragsgegner, nicht der vom Mitkontrahenten ausgeübte Betrug diesen Vertrag unwirksam mache, nicht entgegen. Der Vertrag, aus welchem der Kläger Ansprüche gegen die Beklagte ableitet, ist nicht Namens der Genossenschafter, sondern Namens der Genossenschaft abgeschlossen. Die Haftung der Genossenschafter ist nur die gesetzliche Folge des von den Organen der Genossenschaft für diese abgeschlossenen Vertrags. II, 235/89 vom 6./13. Dec.

252. Dem Verkäufer eines Berliner Schankgeschäfts wurde eine Mecklenburgische Hypothek an Zahlungsstatt gegeben. Für die Behauptung des Verkäufers, er sei von dem Käufer über die Bonität der Hypothek, welche demnächst ausfiel, getäuscht, die Behauptung, Verkäufer könne daran keinen Pfennig verlieren, erheblich, der Käufer habe erklärt, der Hypothekschuldner habe die

Zinsen bezahlt, die Hypothek sei so gut wie baares Geld, während der Schuldner die Zinsen nicht bezahlt gehabt, vielmehr Käufer darauf geklagt habe. Der Berufungsrichter hält sich zu eng an den Begriff des Betrugs im strafrechtlichen Sinne, wenn er in dem Anpreisen der Hypothek, in der Erklärung, für sie einstehen zu wollen, in Verbindung mit dem Vorbringen einer falschen und dem Verschweigen einer wahren Thatsache, welche nach der Anschauung des Lebens und des Verkehrs für die Beurtheilung der Sicherheit einer Hypothek von Bedeutung sind, kein vorsätzliches, die Vertragspflicht verletzendes, gegen Treue und Glauben verstoßendes und deshalb als Arglist erscheinendes Verhalten des Beklagten bei Angabe der Sicherheit findet. A. L. R. I, 5, §. 285. Daneben kommen allerdings die vom Beklagten behaupteten Thatsachen in Betracht, daß er den Kläger darauf hingewiesen habe, das Grundstück und das Geschäft des Schuldners werde bei der Persönlichkeit des Letzteren entwerthet werden, wenn es nicht bald verkauft werde, und daß der Kläger vor dem Vertragsschluß sich an Ort und Stelle von der Beschaffenheit des Grundstücks und den Hypothekenverhältnissen überzeugt habe, weil er die Hypotheken nur habe erwerben wollen, um das Grundstück mittels derselben in seine Hände zu bringen. I, 6/90 vom 8. März.

253. G. R. Der auf Zahlung des Kaufpreises belangte Käufer kann die Unverbindlichkeit des Kaufs wegen Betrugs bei Eingehung des Geschäfts geltend machen, ohne daß er sofort die gekaufte Sache zurückgibt oder sich zu deren Zurückgabe erbietet. Sache des Verkäufers ist es, nachdem Käufer von seinem Auflösungsrecht Gebrauch gemacht hat, den Kaufgegenstand zurückzufordern. Wollte sich auf diese Klage des Verkäufers der Käufer auf den abgeschlossenen Vertrag berufen, so replizirt der Verkäufer mit dem Hinweis auf die von dem Käufer im Vorprozeß abgegebene Dispositiverklärung, daß er wegen Betrugs vom Vertrage zurücktrete. III, 328/89 vom 11. März 90.

254. G. R. Hat aber der Käufer, nachdem er den Betrug erkannt hat, den gekauften Gegenstand oder einen wesentlichen Theil desselben, z. B. das Inventar eines landwirthschaftlichen Guts veräußert, und sich dadurch außer Stand gesetzt, denselben dem Verkäufer zurückgeben zu können, so ist dem Käufer das Rücktrittsrecht zu versagen. III, 328/89 vom 11. März 90.

255. Ein Kaffirer des Vorschußvereins hatte zum Nachtheil Vertragsan-
fechtung wegen
Drohung.
desselben Fälschungen und Unterschlagungen begangen. Aus einer
für die Defekte übernommenen Bürgschaft wurde ein Theilhaber
einer inzwischen aufgelösten offenen Handelsgesellschaft H. W. be=
langt. Die Klage ist abgewiesen, Revision zurückgewiesen. Die
Urkunde war zunächst von dem anderen Theilhaber H., dem Bruder
des Kaffirers, für die Handelsgesellschaft unterschrieben. Der
Vertreter des Vorschußvereins hatte bei den Verhandlungen ge=
äußert: wenn H. die verlangte Sicherheit nicht gewähre, so komme
dessen Bruder hinter Schloß und Riegel; durch diese Drohung
war H. zu den abgegebenen Erklärungen gebracht. Mit Rücksicht
darauf, daß es ein Bruder des H. war, welcher mit der An=
zeige wegen des Verbrechens der Wechselfälschung bedroht wurde,
war die Anwendung des §. 35 A. L. R. I, 4 unbedenklich. Daß
aber nicht blos H. selbst, sondern insoweit, als dieser für die
Handelsgesellschaft verpflichtende Erklärungen in Folge der
Drohung abgegeben hatte, auch der Beklagte als damaliger
Theilhaber dieser Gesellschaft diese Erklärungen anzufechten be=
rechtigt ist, kann keinem Bedenken unterliegen. I, 347/89 vom
19. Febr. 90. Vgl. 260.

256. Colmar. Im Fall 338 hatte der Berufungsrichter Wiederauf-
hebung von
Verträgen.
den Vermiether auch zu 1200 Mark Schadensersatz verurtheilt.
Revision auch hierin zurückgewiesen. Es ist lediglich Sache des
von der thatsächlichen Beurtheilung abhängigen richterlichen Er=
messens, ob bei dem Vorhandensein der Voraussetzungen der Auf=
lösungsklage wegen Nichterfüllung dem Vertrage entsprechender
Verpflichtungen dem Beklagten noch eine Frist zur Nachholung
des Versäumten zu gewähren sei. Dafür, daß das Gericht etwa
sich dieser ihm zustehenden Befugniß nicht bewußt gewesen wäre,
liegt um so weniger ein Anhalt vor, als der Kläger schon im
Frühjahre 1888 den Beklagten durch die erhobene Klage auf Vor=
nahme der erforderlichen Reparaturen in Verzug gesetzt hat und
der letztere während der ganzen Dauer des Rechtsstreits auf dem
Standpunkte stehen geblieben ist, daß der klägerischerseits behaup=
tete Fehler und eine Reparaturbedürftigkeit nicht vorliege. Daß
der Beklagte hierbei nicht gegen besseres Wissen gehandelt haben
mag, kann ihn gegen die Folgen der Nichterfüllung seiner nun=
mehr festgestellten Vertragspflichten nicht schützen, auch die Ent=

Wiederauf-
hebung von
Verträgen.

schädigungspflicht wegen Nichterfüllung eines Vertrags setzt eine weitere Verschuldung nicht voraus. II, 188/89 vom 25. Okt.

257. Im Fall 223. Der Verkäufer war im Besitz des Grundstücks geblieben; allein der Grundsatz, daß er nicht Kaufpreis und Sache zugleich nutzen solle, ist für diesen Fall nicht geschrieben. Vielmehr hätte der Verkäufer die auf den Kaufpreis angezahlte, jetzt wegen Wiederaufhebung des Vertrags zurückgeforderte Summe nur zu verzinsen, wenn er bösgläubig war oder sich im Verzuge befand. — A. L. R. I, 16, §§. 189, 194, 195, 208. — Das war nicht der Fall; deshalb nur Zinsen seit der Klagerhebung. V, 247/89 vom 22. Jan. 90.

258. „Sollte während des Laufs des Miethsvertrags ein dem jetzigen seinen Anstrich eines Privathauses nicht entsprechendes offenes Geschäft in demselben errichtet werden, so ist der Miether vom Miethvertrage entbunden." Da in dem Hause eine Steuereinnahme eingerichtet wurde, klagte Miether, „den zwischen den Parteien bestehenden Miethvertrag aufzulösen bezw. für aufgelöst zu erklären". Das die Klage abweisende Urtheil aufgehoben, zurückverwiesen. Dieselbe beruht, wie sich aus dem Zusammenhange der Ausführungen des Berufungsurtheils ergibt, auf der Annahme, daß, wenn im einzelnen Falle die Voraussetzungen des Code 1183 gegeben seien, dann die Anstellung einer Auflösungsklage rechtlich als ausgeschlossen erachtet werden müsse. Dieser vom Oberlandesgerichte nicht näher begründeten Annahme gegenüber kommt nun schon in Betracht, daß, wenn auch der Kläger hier berechtigt gewesen, auf Grund der bezogenen Gesetzesvorschrift das fragliche Miethsverhältniß als von Rechtswegen aufgehoben zu behandeln, demselben doch grundsätzlich nichts im Wege stand, von diesem Rechte keinen Gebrauch zu machen, und auf die Verletzung des Vertrages seitens der Beklagten sich stützend, die Auflösung desselben geltend zu machen. Das Oberlandesgericht hat auch übersehen, daß darüber, ob der Fall der vereinbarten resolutorischen Klausel eingetreten sei, zwischen den Parteien Streit obwaltete, und es also einer Anrufung und Entscheidung des Richters über die Frage des Fortbestehens des Vertrages bedurfte. II, 2/90 vom 28. Febr. Vgl. 687.

Anerkennung
anfechtbarer
Rechtshand-
lungen.

259. B. Der Mangel obervormundschaftlicher Genehmigung einer vormundschaftlichen Veräußerung rechtfertigt die Anfechtung

aus L. R. 1304. Da aber der Vormund nicht die Stellung eines Bevollmächtigten hat, so wird der Mangel nicht durch einfache Genehmigung nach erreichter Volljährigkeit geheilt, vielmehr ist Bestätigung — L. R. 1338 — erforderlich. Dieselbe kann auch mündlich erfolgen (Bd. VII, 403), sie bedarf auch nicht der Annahme des Gegenkontrahenten. „Da sie zu dessen Vortheil erfolgt, muß sie bei einem zweiseitigen Rechtsgeschäft in der Regel demjenigen gegenüber abgegeben werden, welcher als Mitkontrahent erscheint. Hiernach ist es zwar keineswegs ausgeschlossen, daß eine Bestätigung auch durch eine an den früheren Vormund, welcher das wegen Nichteinhaltung einer gesetzlichen Form anfechtbare Geschäft abschloß, gerichtete Erklärung wirksam ausgesprochen werden kann"; allein es muß aus der Erklärung die Kenntniß von dem dem Geschäfte anhaftenden Mangel und die Absicht sich ergeben, auf die die Minderjährigkeit des Bestätigenden zur Zeit des Geschäftsabschlusses gegründete Anfechtung zum Vortheil des Gegenkontrahenten zu verzichten. II, 299/89 vom 4. Febr. 90.

260. Die Erklärung im Fall 255 hatte nachträglich auch der jetzige Beklagte unterschrieben. Beklagter war aber bei seiner Unterschrift der Meinung, es handle sich lediglich darum, daß eine von seinem Socius erklärte Verpfändung von Vermögensobjekten der Firma durch ihn genehmigt werden solle, und setzte auch nur zu solchem Zwecke seine Unterschrift unter das Schriftstück. Die Annahme des Berufungsgerichts, aus dieser Unterschrift lasse sich weder folgern, daß Beklagter sich habe persönlich verpflichten wollen, noch auch, daß er der Einrede des Zwanges insofern verlustig gegangen sei, als er die, eine bloße Verpfändung des Gesellschaftsvermögens überschreitende, ihn persönlich mitverpflichtende Erklärung seines Socius nun nicht mehr anfechten könne, erscheint daher als gerechtfertigt. I, 347/89 vom 19. Febr. 90.

261. Nach übereinstimmender Absicht der Kontrahenten ist die Lieferung des Grubenholzes nur auf so lange vergeben, als nach dem vom Interesse des Bergwerks geleiteten Ermessen der Beklagten das Holz durch den alten Schacht eingeführt werden würde. Deswegen und weil der Kläger eine chicanöse oder sonstwie unzulässige Ausübung solchen der Beklagten überlassenen Ermessens nicht behauptet hat, ist vom Berufungsrichter auf Ab

Inhalt der
Vertragsobli-
gation.

weisung der auf Entschädigung wegen nicht abgenommenen Holzes erhobenen Klage erkannt, da das Holz durch den alten Schacht nicht mehr eingeführt ist. Die von der Revision gegen dieses Urtheil gerichteten Angriffe sind nicht gerechtfertigt. V, 289/89 vom 26. Febr. 90.

262. A. L. R. In dem Pachtvertrage ist Baustelle, Bauart und Einrichtung aller vom Verpächter herzustellenden neuen Gebäude der alleinigen Entscheidung des Verpächters vorbehalten. Der Berufungsrichter erachtet es durch das als vereinbart anzunehmende billige Ermessen des Verpächters von der richterlichen Entscheidung nicht ausgeschlossen, ob ein Neubaufall vorliege; der Verpächter dürfe auch durch die Wahl einer für den Pächter unbrauchbaren Baustelle, Bauart und Einrichtung die richterliche Entscheidung nicht illusorisch machen. Demnächst verurtheilt der Berufungsrichter den Verpächter zur Erneuerung von drei Gebäuden mindestens in dem bisherigen Umfange und der bisherigen Bauart; er stellt auf Grund der Gutachten von Sachverständigen fest, daß die alten Gebäude ohne Aufwendung unverhältnißmäßiger Kosten nicht mehr zu repariren sind. Revision zurückgewiesen; der Verpächter handelt nicht mehr nach billigem Ermessen, wenn er nothwendige Bauten, welche ihm auszuführen obliegen, weigert. V, 249/89 vom 19. Febr. 90.

Inhaber-
papier.

263. Im Fall 234. Mit Unrecht wird endlich von der Revision ausgeführt, der Berufungsrichter habe sich der Prüfung der Frage nicht unterziehen dürfen, ob anzunehmen sei, daß die Obligationsgläubiger sich für die Ordnung ihrer rechtlichen Beziehungen, also auch für die in den Statuten nicht vorgesehene, aber im Einklange mit denselben und mit den Landesgesetzen stehende Ordnung dem örtlichen Rechte hätten unterwerfen wollen, diese Annahme würde dazu geführt haben, die durch die Staatsbehörden angeordnete Liquidation auch für den Kläger als verbindlich zu erklären. Dieser Ausführung steht die rechtliche Natur der in Frage stehenden Forderung entgegen, denn die auf den Inhaber ausgestellte Schuldurkunde trägt ihren Werth in sich selbst und legt ihrem Erwerber keine anderen Beschränkungen auf, als diejenigen, welche in der Urkunde selbst zum Ausdrucke gekommen sind. Es bedurfte daher nicht der Untersuchung, welche Absicht Kläger bei dem Erwerbe der Schuldverschreibung gehabt

habe, welcher nach Eintritt der Liquidation gemacht sein soll. II, 214/89 vom 19. Nov.

264. Kläger hatte Grundstücke für 2400 Thaler gekauft; er klagte auf 7065 Mark Schadensersatz, weil Beklagter die Grundstücke anderweit für 15 000 Mark weiter verkauft habe, wurde aber abgewiesen, weil sie nur für 7000 Mark verkauft waren. Nun klagte er auf Erfüllung. Beklagter ist zur Auflassung gegen Zahlung von 7200 Mark verurtheilt, Revision zurückgewiesen. Kläger hat mit der ersten Klage nicht ein Wahlrecht ausgeübt. Nach A. L. R. I, 11, §§. 76, 231 konnte Kläger zunächst nur auf Erfüllung klagen, ohne Hinzutritt besonderer Umstände nicht auf Schadensersatz. Dadurch, daß er die unrichtige Klage hierauf erhoben hat, und mit derselben aus einem Grunde abgewiesen ist, welcher der Erfüllungsklage nicht entgegensteht, wurde er begrifflich nicht gehindert, diese zu erheben. Der Berufungsrichter hat auch thatsächlich nicht festgestellt, daß er mit Erhebung der Schadensersatzklage auf Erfüllung verzichtet habe. V, 191/89 vom 20. Nov. / 21. Dec.

265. Der Beklagte hatte, als er noch in Deutz wohnte, ein Pianino gekauft, und den Kaufpreis in Raten zu zahlen versprochen. Als er in Berlin ein Geschäft begründet hatte, wurde der früheren Vertragsurkunde ein neues schriftliches Uebereinkommen beigefügt, in welchem „festgestellt" wird, daß der Beklagte 660 Mark abgezahlt habe und noch 564 Mark schulde. Sodann wird „vereinbart" monatliche Ratenzahlung der Restschuld mit je 20 Mark und Fälligkeit derselben bei Zahlungsverzug. „Im Uebrigen soll der ursprüngliche Vertrag in allen seinen Punkten aufrecht erhalten und bestehen bleiben." Damit ist der Erfüllungsort Deutz nicht auch für die jetzt zu zahlenden Raten festgestellt. Dieser Auffassung würde eine Verkennung der Bedeutung der subsidiären gesetzlichen Bestimmungen zu Grunde liegen. Eine solche Bestimmung gilt nicht als eine von den Kontrahenten präsumtiv gewollte, sondern sie gilt, weil die Kontrahenten keinen Willen (ausdrücklich oder stillschweigend) erklärt haben, als gesetzliche Bestimmung. Wäre ein zweiter Vertrag nicht geschlossen und auf Grund des ersten Vertrags geklagt worden, so würde auf Grund der Bestimmung des H. G. B. 324, Abs. 2 Deutz als Erfüllungsort anzusehen gewesen sein. An Stelle des ersten Vertrags ist

Erfüllungsort. nun aber der zweite getreten, und die Anwendung des Art. 324, Abs. 2 auf diesen führt zur Annahme des Orts, an welchem der Beklagte zur Zeit des Abschlusses dieses Vertrags seinen Wohnsitz hatte. Die Herübernahme der Bestimmungen des ersten Vertrags, welche im zweiten Vertrag nicht abgeändert sind („im Uebrigen“), ist für die Frage nach dem Erfüllungsort darum bedeutungslos, weil über diesen der erste Vertrag keine Bestimmung enthält. I, 236/89 vom 27. Nov.

Ansprüche Dritter aus von Anderen abgeschlossenen Verträgen. 266. Nach der richtigen Auslegung von Code 1121, wie solche sich aus dessen Wortlaute und Zusammenhange mit dem älteren Rechte ergibt, wird der Vertrag zum Vortheile eines Dritten lediglich zwischen dem Stipulanten und dem Promittenten abgeschlossen und allein durch die Wirkung dieses Vertrages wird der Dritte forderungsberechtigt, wenn eine der beiden anderen Voraussetzungen für die Gültigkeit eines solchen Vertrages vorliegt. Es kommt nicht darauf an, daß der Promittent dem Dritten selbst gegenüber eine Verpflichtung übernommen, sich ihm gegenüber zum Schuldner habe machen wollen. Der Kläger L. hat dem später in Konkurs verfallenen P. einen von Jenem übernommenen Bau übertragen. Unter dem schriftlichen Vertrage ein Zusatz der Kontrahenten, daß alle nach und nach zu leistenden Zahlungen für Rechnung des P. an die Bank von Elsaß-Lothringen zu geschehen haben. Die Bank hat im Prozeß wider den Kläger und den Konkursverwalter von P. Beweis erboten, daß der Zusatz dadurch veranlaßt sei, daß P. dem Kläger unter Vorlegung eines Briefes der Bank mittheilte, diese wollte dem P. den von diesem beantragten Kredit gewähren, wenn L. die nach und nach zu leistenden Anzahlungen für Rechnung des P. an die Bank zu leisten sich verpflichte, und der Bauvertrag mit dieser die Verpflichtung des L. enthaltenden Zusage bei ihr hinterlegt werde. Darauf habe L. jenen Zusatz unter den Vertrag geschrieben, P. sein Exemplar mit diesem Zusatz bei der Bank hinterlegt, und hierauf habe diese dem P. den Kredit bewilligt. Dieser Beweis war zu erheben. Ist dann festzustellen, daß L. dem P. zum Vortheil der Bank versprochen hat, und die Bank hat rechtzeitig erklärt, von der Zusage zu ihren Gunsten Gebrauch machen zu wollen, so hätte L. nicht mit Wirkung gegen die Bank an P. bezahlen können, diese wäre gegen denselben allein forde=

rungsberechtigt gewesen und das Restguthaben des P. an L. könnte nicht als zur Konkursmasse gehörendes Vermögen gelten. II, 313/89 vom 14. Febr. 90.

267. „Der Magistrat sichert in Uebereinstimmung mit dem hiesigen Truppen-Kommando dem Herrn Gastwirth R. zu, daß bei einer Belegung der Stadt Grottkau mit einer berittenen Garnison stets der von ihm nach den Festsetzungen des Kriegsministeriums vom 27. April 1875 erbaute Stall in zweiter Linie, also zunächst dem städtischen Garnisonsstall, belegt wird, so lange derselbe den gesetzlichen Anforderungen an einen Stall für Militärpferde entspricht.“ Nach der Feststellung des Berufungsgerichts war mit diesem Reverse nur die Verpflichtung übernommen, daß die Stadt bei der zuständigen Militärbehörde die Belegung des Stalles mit Dienstpferden zu erwirken bemüht sein würde. — A. L. R. I, 5, §. 40. — Diese Verpflichtung hat der Magistrat, für eine Zeit ohne Erfolg, erfüllt. Die Klage des Gastwirths auf Zahlung der Entschädigung für diese Zeit abgewiesen. Revision zurückgewiesen. Denn nach dem Urkundenausdruck war der Erfolg — §. 45 — nicht zugesichert. IV, 265/89 vom 3. Jan. 90.

268. W. führte einen Prozeß gegen A.; in einem Vertrage trat W. diese Forderung an L. ab; dieser versprach dem W. die Kosten jenes Prozesses zu erstatten. Nachdem W. mit der Klage abgewiesen und auf eine von A. erhobene Widerklage zu einem bedeutenden Objekt verurtheilt ist, hat sich A. den Kostenerstattungsanspruch, welchen W. gegen L. aus jenem Vertrage hatte, überweisen lassen und klagt nun gegen L. Damit ist er abgewiesen, denn dem L. ist die Gegenleistung nicht gewährt, da W. eine Forderung an L. nicht hat. I, 327/89 vom 25. Jan. 90.

269. Der Konkursverwalter des Verkäufers hat die von diesem zur Lieferung übernommene Maschine geliefert, der Käufer den Kaufpreis wegen Mängel zurückgehalten, zu Zahlung von ³/₄ verurtheilt, Revision des Käufers zurückgewiesen. Nach dem von dem Berufungsrichter gebilligten Gutachten des Sachverständigen hatte die Maschine zwar Mängel, war aber dennoch betriebsfähig und wird nach Ansicht des Sachverständigen billigen Anforderungen entsprechen, sobald die Lage der Kurbelwelle berichtigt, die Schieberstange erneuert und die Nacharbeit an dem Expansionsschieber vorgenommen ist. Beklagter hat die Maschine weder zurückgewiesen

Gegenseitiger
Vertrag.

noch von dem ihm durch Code 1184 gewährten Rechte der Vertragsauflösung Gebrauch gemacht; er hat vielmehr die Maschine in Benutzung genommen und bedient sich derselben noch heute. Aus diesem Thatbestande schließt der Berufungsrichter, daß Klägerin ihrer Vertragsverbindlichkeit im Wesentlichen nachgekommen sei, und Beklagter die Leistung als Vertragserfüllung angenommen habe, demselben aber Gegenansprüche zustehen, welche ihn zur Innebehaltung eines Viertels des Kaufpreises berechtigen, da solches zur Deckung für Schaden und Kosten der Abänderung ausreicht. Da der Code über das Innebehaltungsrecht keine festen Grundsätze aufstellt, ist der Richter auf die im Gemeinen Rechte entwickelten allgemeinen Rechtsgrundsätze angewiesen. Die vorliegende Entscheidung entspricht der Auffassung, welche der Entwurf zum Bürgerlichen Gesetzbuch in §. 367 im Anschlusse an die herrschende Theorie und Rechtsprechung aufstellt. II, 305/89 vom 11. Febr. 90.

270. Der Werkmeister fiel vor Vollendung des Baues in Konkurs, der Konkursverwalter lehnte den Eintritt in den Vertrag ab. Der Bauherr vollendete den Bau selbst; der Werkmeister wurde nach beendigtem Konkurse verurtheilt, die eingetragene Kaution löschen zu lassen und mit seiner Widerklage auf noch eine Baurate abgewiesen, da auch keine Bereicherung vorlag. Denn der Bauherr hatte zur Vollendung des vertragsmäßigen Baues mehr ausgegeben, als er dem Widerkläger noch zu zahlen gehabt haben würde, wenn dieser den Bau vollendet hätte. Das ist kein Kompensationsbehelf, sondern ergibt sich aus dem gegenseitigen Vertrag. Durch die Weigerung der Erfüllung von Seiten des Konkursverwalters löste sich der Anspruch des Klägers in eine Interessenforderung auf, die ebenso, wie der ursprüngliche Erfüllungsanspruch, unter dem Einfluß der Gegenforderung steht. Der Kläger kann Ersatz fordern für diejenigen Kosten, die er auf Vollendung der vom Beklagten kontraktlich übernommenen Leistung verwandt hat, aber immer nur unter Einrechnung des Betrages, dessen Zahlung ihm infolge der Nichterfüllung des Vertrages von Seiten des Beklagten erspart geblieben ist. Nur die Differenz zwischen beiden Summen bildet den Schaden, den der Kläger infolge der Nichterfüllung erlitten hat. V, 274/89 vom 12. Febr. 90.

271. Auch wenn in dem Versprechen der Bürgschaftsleistung

ein Vertrag über Handlungen nicht läge — vgl. aber Bolze, Bd. IV, Gegenseitiger Vertrag.
667 —, war der Kläger im Fall 291 nicht gehalten auf Erfüllung
zu klagen — „in der Regel" A. L. R. I, 5, §. 393 — da nach
Lage dieses Falles die Erfüllung, wenn sie nicht zu der Zeit erfolgte, wo sie erfolgen mußte, keine Erfüllung mehr war. In
solchen Fällen ist mit der Unmöglichkeit der Gegenleistung die
Voraussetzung beseitigt, an welche nach dem aus der Natur des
Vertrages folgenden Vertragswillen die Leistung geknüpft ist, und
damit das Rücktrittsrecht begründet. Vgl. Striethorst, Bd. 34,
S. 57. Hier suchte Kläger ein Darlehn zur Bezahlung des
Wechsels, aus welchem ihm die Zwangsvollstreckung drohte. Um
dieser zu entgehen, gab er sein wichtiges Recht aus dem ersten
Vertrage zum erheblichen Theil zu Gunsten des Beklagten auf,
der dagegen die Verpflichtung der Bürgschaftsleistung behufs Beschaffung des Darlehns zur Tilgung der drohenden Wechselverpflichtung übernahm. Mit der Weigerung der Bürgschaftsleistung
verlor die Erfüllung dieser Verpflichtung für den Kläger jeden
Werth. Denn es kam darauf an, die Bürgschaft gerade damals
behufs Beschaffung des zur Tilgung der Wechselschuld erforderlichen Darlehns zu erhalten. Es widerspricht nicht nur dem
Grundsatz von Treue und Glauben, wenn der Beklagte den Kläger
trotzdem an der Erklärung im zweiten Abkommen festhalten will,
sondern auch dem klar erkennbaren Willen der Parteien. Auch
das Interesse des Klägers an der Erfüllung des Abkommens, zu
dessen Ersatz der Beklagte ihm nach A. L. R. I, 5, §. 277 ff.,
285 ff. jedenfalls in vollem Umfange verpflichtet, besteht für den
Kläger offensichtlich in der Restitution des aufgegebenen Rechts,
welches er danach geltend machen kann, wie wenn er es nicht aufgegeben hätte. I, 12/90 vom 15. März.

272. Keine Verletzung von A. L. R. I, 11, §. 938, weil
dem Beklagten der Rücktritt gestattet ohne Feststellung eines Verschuldens des Klägers. Denn nach Inhalt der Vertragsbestimmung
war das Recht des Beklagten zum Rücktritt von dem Vertrage
lediglich davon abhängig gemacht, ob nach dem Gutachten des
den Bau leitenden Beamten nach Lage der Sache die rechtzeitige
Fertigstellung des Baues zu erwarten sei oder nicht. VI, 233/89
vom 10. März 90.

273. Im Fall 469 und 277 waren die o. H. G. und der Causa.

 mitbeklagte Gesellschafter H. mit der Einrede des Wuchers zu
hören. Der Aussteller Gesellschafter P. soll nur 1350 Mark
gezahlt erhalten haben, geklagt sind 2303,80 Mark aus dem auf
so hoch lautenden Wechsel. Die früheren Wechsel habe P. auf
eigenen Namen gezeichnet, den jetzigen Prolongationswechsel nach
dem Verlangen des Klägers auf die o. H. G. ziehen müssen. Da
der Letztere die früher von P. ausgestellten Wechsel in sich aufgenommen haben soll, so konnte die gesetzlich ausgesprochene
Ungültigkeit der wucherlichen, dem Klagewechsel zu Grunde liegenden Rechtsgeschäfte nicht dadurch beseitigt werden, daß der Wechselaussteller einen Prolongationswechsel hingab, selbst wenn hierbei
kein Wucher untergelaufen ist, der Aussteller also sich nicht gerade
rücksichtlich des Prolongationswechsels auf den Rechtsbehelf des
Art. 3 des Reichsgesetzes vom 24. Mai 1880 zu berufen vermag.
III, 245/89 vom 13. Dec.

274. Ueberdies soll der neue auf einen Monat prolongirte
Wechsel auf 303,80 Mark höher gezogen sein als der verfallene
Wechsel über 2000 Mark. Steht schon die Gewährung eines
Vermögensvortheils von 1050 Mark an den Gläubiger für ein
auf die Dauer eines Jahres dem Schuldner hingegebenes Darlehn von 1350 Mark in einem so auffälligen Mißverhältnisse zur
Leistung, daß es kaum noch der Anführung besonderer Umstände
bedarf, um die Annahme zu begründen, daß es sich dabei um
wucherliche Verträge im Sinne des Reichsgesetzes gehandelt habe,
so überschreitet die Ausbedingung einer Vergütung von etwa
300 Mark für die Prolongation eines Wechsels über 2000 Mark
auf die Dauer eines Monats dergestalt den landesüblichen Zinsfuß, daß daraus unter allen Umständen die dringendste Vermuthung für das Vorhandensein eines wucherlichen Geschäfts hergeleitet werden muß. Der Wechselaussteller befand sich demnach,
wenn er nicht geradezu leichtsinnig handelte oder gänzlich unerfahren
in Geldgeschäften war, voraussetzlich in einer Nothlage; der Gläubiger, der ein solches Anerbieten annahm, konnte vernünftiger
Weise über dessen Motive nicht im Zweifel sein. Es wäre seine
Sache gewesen, die Einrede des Wuchers durch Anführung bestimmter Thatsachen zu elibiren. III, 245/89 vom 13. Dec.

275. Zunächst ist festgestellt, daß eine Stundung des dem
Kläger vor Abschluß des Kaufvertrages gewährten Darlehns über-

haupt nicht in Frage stand, dieses Darlehn vielmehr durch Aufrechnung auf den von dem Kläger zu beziehenden Kaufpreis getilgt
und der Ueberschuß an denselben herausbezahlt werden sollte und
auch wirklich ausbezahlt wurde. Aus dem Kaufvertrag, der nach
den Feststellungen der beiden Vorinstanzen ernstlich gemeint und
mit dem eine den Rückkauf gestattende Vereinbarung nicht verbunden war, ist der Kläger nicht Schuldner, sondern Gläubiger
des Käufers geworden. Er behauptet nur, durch den Abschluß
desselben insofern benachtheiligt worden zu sein, als der Kaufpreis
viel zu niedrig bemessen worden sei. Auf derartige Uebervorthei-
lungen bezieht sich aber §. 302ᵃ des St. G. B. nicht. Von einer
Anwendung dieser Vorschrift könnte sonach nur dann die Rede
sein, wenn der Abschluß des Kaufgeschäftes und die darauf gefolgte
Cession die Bedingung für die Gewährung weiterer Darlehne an
den Kläger gewesen wäre, sonach gesagt werden könnte, die dem
Käufer aus dem Kaufvertrag erwachsenen Vortheile seien als
Gegenleistung „für ein (künftiges) Darlehn" versprochen oder gewährt worden. In dieser Beziehung wurde aber festgestellt, daß
ein solcher Zusammenhang zwischen Kauf und Darlehn nicht erwiesen, ja nicht einmal vom Kläger behauptet worden sei. Deshalb mit Recht die Klage wegen angeblichen Wuchers zurückgewiesen.
II, 283/89 vom 14. Jan. 90.

276. Dem Beklagten war eine Hypothek über 9000 Mark
bestellt, nur 6000 Mark waren baar bezahlt. Er behauptet, er
habe das Darlehn im J. 1873 dem Kläger gezahlt, damit dieser
ein Haus kaufe, was geschah. Der Kläger habe ihm wegen des
vortheilhaften Ankaufs einen Gewinnantheil von 3000 Mark zugesichert und dafür Hypothek bestellt. Code 1855 nicht anzuwenden, denn ein Gesellschaftsvertrag lag nach der nicht beanstandeten
Annahme des Berufungsrichters nicht vor, da weder eine Sache
gemeinschaftlich gemacht werden sollte, noch ein Gewinn getheilt
werden sollte; vielmehr seien die 3000 Mark lediglich als Extra-
vergütung für das baare Darlehn bewilligt. Das war nach dem
damaligen Recht, da das Gesetz vom 14. Nov. 1867 noch nicht
abgeändert war, erlaubt. II, 12/90 vom 6. März. Vgl. Bd. II,
794ᵇ; III, 33.

277. Im Fall 469 hatte der Kläger auf Grund des Blanko-
indossaments aus dem protestirten Wechsel geklagt, ohne sein und

Wechsel.

die nachfolgenden Indossamente durchzustreichen. Beklagte verurtheilt. Daraus war ein Revisionsangriff nicht abzuleiten. Pl.
vom 8. Juli 80 — E. 2, 22 — steht nicht entgegen; denn Kläger
war Besitzer und Indossatar schon vor dem Protest. III, 245/89
vom 13. Dec. Vgl. 273.

278. Der Protest über einen auf E. in Bahrenfeld gezogenen,
in Hamburg bei Peter Lind zahlbar gestellten Wechsel lautete: —
der Wechsel sei „bei dem Herrn Peter Lind in dessen Geschäftslokal, Gerhofstraße 15, zur Zahlung vorgezeigt; da ihm aber in
Abwesenheit des Bezogenen ein Angestellter Namens Heinecke
erklärte, «er wisse nichts darüber zu sagen», so habe er u. s. w.".
Auf einen nach Klagerhebung hin zugefügten Vermerk des pro-
testirenden Notars, es liege ein Schreibfehler vor, indem es heißen
müsse „in Abwesenheit des Domiziliaten", war keine Rücksicht
zu nehmen. Da sich auch sonst aus dem Inhalt des Protestes
nicht ergab, daß hier nur ein Schreibfehler vorliege, ist die gegen
den Acceptanten erhobene Wechselklage abgewiesen. III, 324/89
vom 24. Jan. 90.

279. Ein Wechsel, datirt von Berlin, gezogen auf Frau F.
in Charlottenburg, „zahlbar beim Aussteller oder bei der Realkreditbank i/Berlin Kommandantenstraße", ist ungültig. Die Orts-
bezeichnung „i/Berlin" bezieht sich allein auf „die Realkreditbank",
und ist nicht mitzubeziehen auf den Aussteller. Danach wäre der
Wechsel zahlbar in Charlottenburg (W. O. 4, Nr. 8) oder in
Berlin, ein Platzwechsel oder ein Domicilwechsel. I, 354/89
vom 1. März 90.

Veräußerungs-
geschäft.

280. Das Grundstück war der Ehefrau und ihrem Ehemann
gemeinschaftlich aufgelassen. Von den Erben ihres Ehemanns
fordert die Ehefrau Auflassung von dessen Antheil, denn es sei
zwischen ihnen verabredet gewesen, der Ehemann sollte nur Miteigenthümer werden, um den Miethern gegenüber Autorität zu
haben, er sollte aber von seinem Miteigenthum nicht gegen die
Klägerin Gebrauch machen, vielmehr verpflichtet sein, ihr, wenn
sie es verlange, das Miteigenthum zu übertragen. Die Erben
sind verurtheilt „gegen Liberirung der von ihrem Erblasser übernommenen Verpflichtungen". Revision zurückgewiesen. Nach der
vom Berufungsgerichte getroffenen Feststellung sollte der Erblasser
der Beklagten gegenüber der Klägerin bezüglich des ihm auf-

gelassenen Miteigenthumsantheils lediglich die rechtliche Stellung Veräußerungs-
eines Vertreters gegenüber dem Alleineigenthümer, eines Bevoll- geschäft.
mächtigten gegenüber dem Machtgeber haben. Der Erblasser der
Beklagten konnte innerhalb dieser Stellung nicht für sich, sondern
nur für die Klägerin Rechte erwerben. Indem in Verwirklichung
dieser Absicht der Klägerin und ihres Mannes dem letzteren das
Grundstück zum Miteigenthum aufgelassen wurde, erwarb er dasselbe als Bevollmächtigter der Klägerin mit der Verpflichtung,
dies in Folge des Auftrags der Klägerin erworbene Miteigenthum
dieser auf ihr Verlangen zu überlassen. Ob der Auftrag schriftlich
oder mündlich ertheilt war, ist, nachdem derselbe ausgeführt worden,
von keiner Bedeutung (vgl. Koch's Kommentar, Bd. II, Anm. 6ᵃ
zu §. 7 und Anm. 42 zu §. 62, I, 13 A. L. R.). V, 241/89
vom 15. Jan. 90.

281. E. hatte eine ihm gegen T. zustehende Forderung auf Cession.
13 000 Mark durch Urkunde vom 2. Mai an die B. cedirt. Der
Schuldner hat am 18. Juni die Cessionarin als seine Gläubigerin
anerkannt. Am 20. Juni wurde die Forderung des E. für Ba.
wegen dessen Forderung von 11 031,90 Mark sammt Zinsen gepfändet und dem Ba. zur Einziehung überwiesen. Dem T. ist der
Pfändungs- und Ueberweisungsbeschluß am 21. Juni früh 9¼ Uhr
vorschriftsmäßig zugestellt (vgl. 895). Am Mittag desselben Tages
hat er 5000 Mark an die B. gezahlt. In Höhe von 1300 Mark
soll die Cession an die B. erfolgt sein, um sich damit wegen ihres
Darlehnsanspruchs von 1300 Mark an E. zu befriedigen. Soweit
würde die Zahlung des T. nicht anzufechten sein — vgl. A. L. R.
I, 20, §§. 296—298; I, 11, §§. 402 ff. — VI, 261/89 vom 19. Dec.

282. Im Uebrigen sei zwischen E. und der B. bei der Cession
verabredet, E. sollte das Eigenthum der cedirten Forderung behalten und die B. die Forderung für Rechnung des E. als dessen
Bevollmächtigte auf eigenen Namen einziehen. Wenn auch dieser
Sachverhalt den T. berechtigte, an sich an die B. mit befreiender
Wirkung zu zahlen, so durfte er bei solcher Sachlage an die B.
über 1300 Mark hinaus — 281 — so wenig wie an T. zahlen,
nachdem ihm der Pfändungs- und Ueberweisungsbeschluß zugestellt
war. Er hat sich auch, als er zahlte, nicht in dem guten Glauben
befunden, daß die B. Eigenthümerin der Forderung geworden sei,
und nicht vielmehr blos die Befugniß erhalten habe, die Forderung

Cession.

für den Cedenten einzuziehen. Unerheblich bei solcher Sachlage, daß er die Cessionarin als seine Gläubigerin anerkannt hatte. Soweit ist T. dem B. mit Recht zur Zahlung verurtheilt. VI, 261/89 vom 19. Dec.

283. A. L. R. Das Berufungsgericht erwägt, die beiden Cessionen, auf Grund deren geklagt wird, seien formell auf die Uebertragung des Eigenthums an der streitigen Forderung gerichtet gewesen; aus der Behauptung des Beklagten, daß die Betheiligten eine Verpfändung beabsichtigt hätten, sei nicht zu entnehmen, daß es sich um eine Scheinconcession gehandelt habe, um so weniger als die Absicht der Sicherstellung keineswegs die Eigenthumsübertragung ausschließe, vielmehr auch durch die Uebereignung eine Sicherstellung vollzogen werden könne, wie dieses namentlich bei Bankinstituten häufig der Fall sei; darnach seien alle Erklärungen, welche von einer Verpfändung des Schuldscheins sprächen, unerheblich. Nicht rechtsirrthümlich. VI, 313/89 vom 27. Febr. 90.

284. Im Fall 425, 426 wurde Wozniak zur Erstattung der an die Woz.'schen Eheleute gezahlten Brandentschädigung verurtheilt, in Folge der Annahme vertragsmäßiger Cession des Anspruchs gegen den fahrlässigen Urheber des Brandes. §. 45 des Regulativs bestimmt diesen Uebergang bis auf den Betrag des von der Societät geleisteten Brandschadens „kraft der Versicherung", die Versicherung ist aber ein Vertrag, durch dessen Eingehung sich jeder in die Societät eintretende Kontrahent den Bestimmungen des Regulativs freiwillig unterwirft. Eine vertragsmäßige Abtretung des Rechtes auf Schadloshaltung, welche der Schätzung in Geld fähig ist, wird aber vom Gesetze ausdrücklich als erlaubt bezeichnet (A. L. R. I, 11, §. 389), wobei der Umstand, daß es sich um Abtretung einer zur Zeit des Vertragsabschlusses noch nicht existirenden, sondern erst möglicher Weise entstehenden Forderung handelt, nicht entgegen steht. VI, 311/89 vom 3. März 90.

Schuldübernahme.

285. S. hatte ein Rittergut mit Brauerei für 550000 Thaler unter der Abrede gekauft, daß er sich vorbehalte, die Objekte in eine Aktiengesellschaft einzubringen und den Verkäufer anzuweisen, dieselben einer von ihm zu bezeichnenden Person zu übergeben. Die Stempelkosten übernahm S. An demselben Tage hat S. mit anderen Personen die Aktiengesellschaft gegründet, in welche

er die Rechte aus dem Kauf einbrachte. Einige Tage später Schuldüber-
nahme. wurden die Grundstücke von dem Verkäufer der durch ihre Direktoren vertretenen Aktiengesellschaft übergeben; in der Uebergabeverhandlung war erklärt, daß die Aktiengesellschaft den Stempel des Kaufvertrags übernehme. Damit ist die Gesellschaft insoweit in die Verpflichtung des S. aus dem Kaufvertrage eingetreten und für sie die Verbindlichkeit zur Zahlung der Stempelkosten begründet. I, 266/89 vom 14. Dec. Vgl. 140 u. 483.

286. Der Vitalizienvertrag — §. 19 Anhangs zu A. L. R. — wird dadurch nicht ausgeschlossen, daß die ihr gesammtes Vermögen an ihre Schwiegertochter abtretenden Eltern sich auch eine Geldrente ausbedangen. Es ist unerheblich, ob die Alimente in einer Rente in natura oder gemischt zu gewähren sind; wie derselbe auch nicht dadurch ausgeschlossen wird, daß Nutzungen an einzelnen Theilen des Vermögens vorbehalten, geringe Summen als Kaufpreis gezahlt werden; — R. O. H. G. 3, S. 368 —. Es genügt, daß die Alimente die hauptsächlichste Gegenleistung bilden. IV, 258/89 vom 23. Dec.

287. Die Haftung des Uebernehmers für die Schulden mit dem übertragenen Vermögen kann bei dem Vitalizienvertrage — §. 19 Anhangs zum A. L. R. — nicht durch Verabredung unter den Kontrahenten dieses Vertrages ausgeschlossen werden. IV, 258/89 vom 23. Dec.

288. Im Fall 335 war im Vergleich über die frühere Rück- Vergleich. gabe Bestimmung nur über die Wintersaaten getroffen. Der Pächter hatte das dahin verstanden, daß die fehlende Sommersaat nicht zu erstatten sei, der Verpächter dahin, daß in dieser Beziehung das Gesetz und der Pachtvertrag maßgebend bleibe. Ob der Kläger aus diesem Grunde den notariellen Vertrag anfechten darf, kann unerörtert bleiben. Denn selbst wenn man dies annimmt, so kann ihm doch nicht das Recht zugestanden werden, die Vertragsbestimmungen in der Art zu theilen, daß er die einen gelten läßt, die anderen aber als unverbindlich bezeichnet. Er hat entweder dem Vertrage in seinem ganzen Umfange sich zu unterwerfen oder sich gänzlich von ihm loszusagen. Ist aber der Vergleich überhaupt unwirksam, so zerfällt auch der im gegenwärtigen Prozeß verfolgte Anspruch des Klägers auf Herausgabe der Kaution, der von ihm ausschließlich auf die im Vergleiche ausgespro-

Vergleich. chene Aufhebung des Pachtvertrages und den vermeintlich durch jenen erfolgten Ausschluß des Anspruchs auf die Sommersaat gegründet ist. V, 199/89 vom 30. Nov.

Vertrag auf den Ausspruch von Arbitratoren. 289. Es kann zwar keinem Zweifel unterliegen, daß Verträge, durch welche die Feststellung thatsächlicher Verhältnisse einem Dritten oder mehreren Personen übertragen wird, auch auf anderen Gebieten, insbesondere in Ansehung des Bestehens der Dauer und des Umfanges der Erwerbsunfähigkeit, der Höhe eines Schadens u. s. w., hier zwischen der Unfallversicherungsgesellschaft und dem Versicherten, zulässig sind; denn derartige Vereinbarungen sind nicht als sogenannte Beweisverträge anzusehen, durch welche dem Gericht die Benützung bestimmter Beweismittel vorgeschrieben oder verwehrt werden soll, sondern gehören dem Gebiete des materiellen Rechts an und haben in dem Verfügungsrecht der Parteien über den Gegenstand des Vertrages ihren Grund. Aber soweit nicht die positive Vorschrift des Code 1854 in Betracht kommt, ist in Ansehung der Feststellungen, welche auf Grund des Vertrages erfolgten, nicht ohne Weiteres anzunehmen, daß dieselben wegen offenbarer Unbilligkeit angefochten werden können. Eine Rechtsvermuthung, nach welcher der Vertrag im Zweifel in diesem Sinne ausgelegt werden soll, kennt das rheinische Recht nicht. Es ist also in jedem einzelnen Fall auf dem Wege der Vertragsauslegung der Wille der Parteien zu ermitteln (Art. 1134, 1135). Ergibt sich aus dem Vertrage selbst oder aus den Umständen nicht, daß das billige Ermessen des Dritten maßgebend sein soll, so entscheidet das Arbitrium schlechthin, ohne daß dasselbe wegen großer Unbilligkeit angefochten werden konnte. So in der Regel, wenn ausbedungen ist, die Anrufung des Gerichts sei ausgeschlossen. II, 237/89 vom 10. Dec.

Verzicht. 290. Ein Verzicht auf Schadensersatzansprüche wegen verspäteter Lieferung ist freilich daraus zu entnehmen, wenn die Zahlung des gesammten Kaufpreises ohne Abzug oder Vorbehalt einer Entschädigung wegen Verspätung der Lieferung erfolgt, welchen Fall das von der Berufungsentscheidung in Bezug genommene Urtheil R. G. E. Bd. I, S. 21, 22 betrifft; indessen die gleiche rechtliche Bedeutung ist keineswegs jeder Abschlags- oder a Kontozahlung beizumessen, die ohne Vorbehalt geleistet wird. Daß die hier fraglichen a Kontozahlungen in der Absicht

des Verzichtes auf Schadensersatzansprüche ohne Weiteres be= Verzicht.
willigt sind, durfte um so weniger angenommen werden, als die
Beklagte kurz zuvor den Kläger im Schreiben vom 24. Jan.
darauf hingewiesen hatte, daß sie ihren Schaden wegen verspä=
teter Lieferung demnächst gegen ihn geltend machen werde. Ebenso=
wenig lag in dem Schreiben der Beklagten vom 19. Jan. ein
vorbehaltloses Zahlungsversprechen, denn derzeit waren die zu den
Absorbtionsgefäßen gehörigen Wasserstände, durch deren Fehlen
gerade der fragliche Schade entstanden sein soll, bei der Beklagten
noch nicht eingetroffen, und wie aus ihren Schreiben vom 24. Jan.
erhellt, auch damals noch nicht angelangt. Es durfte daher aus
dem früheren Schreiben vom 19. Jan. nicht ein Verzicht auf Er=
satzansprüche wegen Verspätung der damals in Betreff der Wasser=
stände noch gar nicht beschafften Lieferung gefolgert werden. III,
274/89 vom 24. Jan. 90.

291. Der Kläger hatte vom Beklagten ein Bierverlaggeschäft
gekauft. Dabei hatte sich dieser verpflichtet, ein derartiges Geschäft
anderweit in Breslau nicht zu errichten. Später hat Beklagter
versprochen, die Wechselbürgschaft für ein von dem Beklagten auf=
zunehmendes Darlehn zu übernehmen: dagegen hat Kläger erklärt,
er habe nichts dagegen, daß Beklagter ein Bierverlaggeschäft in
näher bestimmter Weise betreibe. Damit hat der Kläger nicht
dem Beklagten neue Rechte übertragen, sondern er hat auf ge=
wisse Rechte aus dem ersten Vertrage gegen Entgelt verzichtet; da
aber Beklagter demnächst die Uebernahme der Bürgschaft verwei=
gerte, so durfte Kläger seinerseits von dem Vertrage nach A. L. R.
I, 16, §. 394 in Verbindung mit I, 11, §. 878 zurücktreten und
sein Recht aus dem ersten Vertrage so geltend machen, als ob
er denselben nicht entsagt hätte. I, 12/90 vom 15. März. Vgl. 727.

292. Der Kläger fordert Löschung einer auf sein Grund=
stück eingetragenen Kautionshypothek, welche für Verpflichtungen aus
dem vom Beklagten übernommenen Geschäft eingetragen war. Es
steht zwar unbestritten fest, daß der Beklagte im Gesuch an die
Hypothekenbehörde die Tilgung der Kautionshypothek beantragte,
und das auf Erledigung dieser Tilgung dringende Schreiben des
Klägers dahin beantwortete, es bedürfe dieserhalb der Klage nicht,
da er schon Schritte gethan habe, um das klägerische Grundstück
von der fraglichen Hypothek zu befreien. Hieraus ergibt sich, daß

Verzicht.

der Beklagte derzeit bereit war, diesen Anspruch des Klägers zu erfüllen, indessen eine rechtliche Verpflichtung, dies ohne Rücksicht auf seine Gegenansprüche zu thun, hat er damit nicht übernommen. Wenn der Kläger demnächst seine Verpflichtungen aus dem die Gesellschaft auflösenden Vertrage nicht erfüllte, und die dem Beklagten zukommenden Geschäftsbücher zurückhielt, auch unrichtige Bucheinträge zu Tage traten, durch welche Beklagter sich benachtheiligt erachtet, so konnte ein bindender Verzicht auf hieraus sich ergebende Einwendungen gegen den Klaganspruch daraus nicht abgeleitet werden, daß der Beklagte früher bereit war, mit der ihm obliegenden Leistung voranzugehen. III, 304/89 vom 18. Febr. 90.

Lex commissoria und cassatorische Klausel.

293. Allerdings hat Kläger in dem abgeschlossenen Verkaufe des gesammten Vermögens seines Wladiwostocker Handlungshauses und der mit demselben verbundenen Realitäten für die Fälle, daß er die zur Uebertragung jener Grundstücke ertheilte Vollmacht ungültig erklären sollte oder daß aus seiner persönlichen Veranlassung die Vollziehung und Auslieferung der Besitzurkunden auf das Immobiliar an die Käufer verzögert werden sollte, erklärt, daß dann der dem Kläger durch den Vertrag eingeräumte Anspruch (auf Zahlung der 40 000 Mark) gegen die beklagten Käufer sowie die Verpflichtung der Beklagten (die Moskauer Schulden des Klägers im Belaufe von circa 61 000 Rubel ohne Ersatzpflicht des Klägers zu berichtigen) erloschen und außerdem der Kläger verpflichtet sein solle, an die Beklagten eine Nichterfüllungsstrafe von 15 000 Rubel zu bezahlen. Aber mit Unrecht folgert die Revision hieraus, das Berufungsgericht fasse die Zahlung der 10 000 Mark (welche einen Theil jener 40 000 Mark bilden) und die Ausstellung der neuen Vollmacht, welche vom Kläger gefordert wurde, weil die ertheilte durch seinen Konkurs hinfällig geworden war, unrichtiger Weise unter Verkennung des gedachten Inhalts der Urkunde als im Verhältnisse von Leistung und Gegenleistung aus einem Vertrage auf, was unzutreffend sei, weil Kläger, wenn er berechtigt gewesen wäre, die Ausstellung der neuen Vollmacht bis zur Bezahlung der 10 000 Mark zu verweigern, im Stande gewesen sein würde, diese Zahlung gerade durch eine Handlungsweise zu erzwingen, welche eben den Verlust des Anspruches auf diese Zahlung herbeiführen sollte. Die Entscheidung des Berufungsgerichts beruht auf dem ganz zutreffenden Gedanken, daß der Kläger sich jener empfindlichen Strafe nicht

auch für einen Fall der vorliegenden Art unterworfen habe, wo die Beklagten ihm durch die unberechtigte Vorenthaltung der ihrerseits geschuldeten Leistung einen begründeten Anlaß gegeben hatten, von seinem Retentionsrechte Gebrauch zu machen. Den Beklagten steht die Replik der Arglist entgegen, zumal der Kläger des ihm von den Beklagten vorenthaltenen Geldes bringend bedurfte. I, 216/89 vom 9. Jan. 90.

Lex commissoria und lassatorische Klausel.

294. Der Berufungsrichter hat zutreffend erwogen, daß nach A. L. R. I, 5, §. 302 die im vorhergehenden §. 301 vorgeschriebene Ermäßigung der den doppelten Betrag des wirklich auszumittelnden Interesse übersteigenden Konventionalstrafe auf diesen doppelten Betrag dann nicht stattfinde, wenn das Interesse gar keiner Schätzung fähig sei; daß ferner solche Unschätzbarkeit vom Gesetze vorausgesetzt werde für den Zeitpunkt des Vertragsschlusses. Sodann wurde thatsächlich angenommen, zur Zeit des Abschlusses des vorliegenden Pachtvertrages sei das Interesse des Verpächters an der Nichtüberschreitung des dem Pächter ertheilten Verbots eines Verkaufs von Futtervorräthen, darunter Kartoffeln, keiner Schätzung fähig gewesen. Revision zurückgewiesen. V, 283/89 vom 22. Febr. 90.

Konventionalstrafe.

295. Im Fall 293 hatten die Käufer die Verpflichtung übernommen, die Hamburger Gläubiger des Verkäufers nach und nach zu befriedigen. Sie befanden sich im thatsächlichen Besitze des ihnen vom Kläger abgetretenen Vermögens, hatten aus Wladiwostock bereits 130000 Mark Rimessen erhalten; die Grundstücke, deren gerichtliche Ueberschreibung von einer durch den Kläger auszustellenden neuen Vollmacht abhing, bildeten nur einen geringen Theil jenes Vermögens. Die Beklagten hätten es bei dieser Sachlage nicht dazu kommen lassen dürfen, daß der ihnen zugestandener Maßen bekannte Siemssen'sche Wechsel gegen den Kläger in Hamburg eingeklagt und dadurch Kläger selbst am 16. Juli 1885 zu dessen Einlösung veranlaßt wurde. Wenn nun auch Kläger durch die Ende Juli 1885 an G. und an die Behörden in Wladiwostock telegraphirte Erneuerung der sogenannten Protestvollmacht auf G. vom Jan. 1885 und den in Folge dessen an G. am 12. Aug. 1885 gestellten Antrag die von dem Kläger zur Erfüllung seiner Verpflichtung an K. ertheilte Vollmacht wirklich für ungültig erklärt haben sollte, um den Beklagten gegenüber,

Konventional- welche sich bisher der ihnen obliegenden Leistung vertragswidrig ent-
strafe. zogen hatten, die einzige seinerseits noch restirende Leistung — die
Umschreibung der Grundstücke in Wladiwostock — zurückzuhalten,
so würde dies als berechtigt anzusehen sein und als nicht kon-
traktwidrig den Verfall der Konventionalstrafe nicht bewirkt haben.
Revision soweit zurückgewiesen. I, 216/89 vom 9. Jan. 90.

296. Indem das Berufungsgericht dann davon ausgeht, daß,
wenn nach dem vorstehenden Vertrage die normirte Konventionalstrafe verfallen sein soll, sofern „aus des Klägers persönlicher
Veranlassung" die Umschreibung der Grundstücke „verzögert werden" sollte, hierbei in erster Linie an positive Handlungen des
Klägers, wie Gegenanträge, Widerspruch bei den Behörden und
dergleichen gedacht worden sei, daß aber die Verzögerung auch
durch Unterlassungen, wie z. B. durch Nichtausstellung einer
neuen, nöthig gewordenen Vollmacht begangen werden könne, nimmt
es andererseits an, es sei aber als Voraussetzung des Verfalles
der Konventionalstrafe immer nöthig, daß die auf des Klägers
persönliche Veranlassung zurückzuführende Handlung oder Unterlassung in Wirklichkeit eine Verzögerung der Umschreibung herbeigeführt habe, es bedürfe des Erfolges einer Verzögerung,
ein erfolgloser Versuch, die Umschreibung zu verzögern, genüge
nicht, denn nicht schon der Versuch der Verzögerung, sondern
nur die wirkliche Verzögerung selbst sei mit Konventionalstrafe bedroht. Nicht rechtsirrthümlich. I, 216/89 vom 9. Jan. 90.

Anerkennung. 297. A. L. R. Der Kläger war im Dienst der beklagten
Eisenbahngesellschaft als Zugführer angestellt, als er beim Betriebe der Eisenbahn im J. 1877 einen Unfall erlitt, so daß ihm
der rechte Arm abgenommen werden mußte. Er ist von derselben
beschäftigt, aber im J. 1886 entlassen, weil er eine Stelle nicht
übernehmen wollte, welche zu verwalten er nicht fähig war. Die
Beklagte ist für verpflichtet erachtet, den Kläger zu entschädigen,
nachdem dieser geschworen hatte: „Es ist wahr, daß mir im Dec.
1877 die beiden Direktoren der beklagten Gesellschaft, auf den
von mir erhobenen Anspruch einer Entschädigung für den in der
Klage gedachten Unfall vom 4. Okt. 1877 erklärt haben, daß ich
bis an mein Lebensende bei der beklagten Gesellschaft mit leichtem
Dienste beschäftigt werden würde, und daß sie die Verpflichtung
der beklagten Gesellschaft zu meiner Entschädigung aus dem ge-

dachten Unfall für den Fall meiner Untauglichkeit anerkannten.“
Revision zurückgewiesen. Das Berufungsgericht hat in dieser
Erklärung der Direktoren ein konstitutives Anerkenntniß gefunden;
einer näheren Begründung, daß die Direktoren die Absicht gehabt
haben, die Gesellschaft zu verpflichten, bedurfte es nach dem Inhalt
dieser Erklärung nicht. Wenn Kläger mit leichteren Arbeiten, d. h.
wie das Berufungsgericht es auffaßt, mit solchen, zu deren Ver-
richtung er nach seinem Gesundheitszustande noch im Stande gewesen sei, beschäftigt werden sollte, so konnte ohne Rechtsirrthum
diese Zusicherung als genügend bestimmt angesehen werden. Sie
reichte aus, um im einzelnen Falle festzustellen, ob dem Kläger
die Arbeiten, die von ihm verlangt wurden, zugemuthet werden
dürften. Die Höhe der Entschädigung ist den übereinstimmenden
Erklärungen der Parteien gemäß festgestellt. VI, 260/89 vom
18. Nov.

298. Der beklagte Sohn des Klägers hatte seinen in Gütergemeinschaft lebenden Eltern einen Schuldschein über 1000 Fl.
Darlehn ausgestellt. Er behauptete, das Darlehn sei simulirt, da
die 1000 Fl. behufs Einbringung in die Ehe als Vorempfang
gezahlt seien, und nur zurückgezahlt werden sollten, wenn die Ehe,
was nicht der Fall, kinderlos blieb. Der Kläger behauptete umgekehrt, die Eltern haben dem Beklagten das Versprechen eines
Vorempfangs von 2000 Fl. nur gegeben, weil ihn sonst dessen
jetzige Ehefrau nicht habe heirathen wollen; zwischen den Eltern
und dem Beklagten sei ausgemacht, die 1000 Fl. werden schlechthin als Darlehn gezahlt. Nach dem Tode der Mutter hat die
Inventarisirung des Nachlasses stattgefunden, wobei eine Darlehnsforderung von 1000 Fl. an den Beklagten mit von demselben bis zum Tode der Erblasserin verschuldeten Zinsen aufgeführt ist. Die Vorempfänge der Kinder sind angegeben; als der
des Beklagten nur 1000 Fl. Abgerechnet zwischen der Gütergemeinschaft und dem Ehegatten; Verzicht der Erbinteressenten auf
die Gemeinschaft; Erbschaft der Mutter angetreten; Theilungs-
berechnung, Verweisung der Interessenten; dabei sind dem Witwer
die 1000 Fl. Darlehn mit den Zinsen überwiesen. Der Beklagte
hat diesen Notariatsakt genehmigt und unterschrieben. Darin ist
eine Anerkennung der Darlehnsforderung enthalten. Bei solchem
Sachverhalte ist der Beklagte nicht befugt, die Richtigkeit ein-

Anerkennung. zelner in der Erbtheilung enthaltenen Ansätze anzufechten und er kann sich auch nicht darauf berufen, daß der dort anerkannten Darlehnsschuld eine Einrede aus dem ursprünglichen Verpflichtungsgrunde entgegenstehe; er muß vielmehr, wenn er die Erb- und Gemeinschaftstheilung nicht gegen sich gelten lassen will, solche sowohl nach gemeinem Rechte wie nach badischem Landrechte im Ganzen mit den dazu geeigneten Rechtsmitteln beseitigen. III, 255/89 vom 10. Jan. 90.

299. Die Beklagte bezog von dem Kläger Eisenerze aus Holland, welche dieser franco Werk des Beklagten zu liefern hatte. Die Beklagte hatte die Transportkosten zu verlegen, den Kaufpreis zu berechnen, die Transportkosten in Abzug zu bringen, danach die Rechnungen periodisch aufzustellen und dem Kläger einzureichen. Dies ist geschehen, die Rechnungen sind von der Beklagten periodisch aufgestellt, dem Kläger eingereicht, von ihm geprüft, bezahlt und die Geschäfte aus beiden Verträgen bis Ende 1882 vollständig abgewickelt. Der Kläger steht, nachdem er die periodisch gelegten Rechnungen entgegengenommen hat, der Saldo an ihn bezahlt und von ihm ohne Vorbehalt angenommen ist, ebenso wie der Gläubiger, der quittirt hat, d. h. er hat nun seinerseits außer dem Irrthum zu beweisen, daß er nicht befriedigt ist, daß ihm zu Unrecht abgezogen, was ihm in Rechnung gestellt ist. — Vgl. H. G. B. 294. — Außer der reinen Fracht waren auch Nebenkosten (Zollabfertigung und sonstige Spesen) in dem Transportsatz enthalten. Läßt sich jetzt nicht mehr nachweisen, auf wie hoch sich die Nebenkosten, also der gesammte Betrag der Transportkosten stellte, so schadet das dem Kläger, welcher behauptet, es seien ihm zu hohe Transportkosten in Ansatz gebracht, und jetzt die angebliche Differenz nachfordert: der Anspruch mag nun als condictio indebiti oder als actio venditi substantiirt sein. I, 335/89 vom 19. Febr. 90.

Kontokurrentvertrag. 300. Der klagende Maurermeister war bis in den Juni 1883 Mitglied einer eingetragenen Genossenschaft, bei welcher er Geldeinlagen machte, sich Geld zurückzahlen ließ und Geld kreditiren ließ. Wegen seines Restguthabens hat er im J. 1884 die Genossenschaft verklagt, welche ihm verurtheilt ist; nachdem über sie der Konkurs eröffnet war, hat er zum Theil schon 1882 ausgetretene Genossen verklagt. Das die Klage gegen zwei 1882

ausgetretene Genossen abweisende Urtheil ist aufgehoben. Unter- *Kontokurrent-*
stellt man, es habe zwischen dem Kläger ein in sich abgeschlossenes *vertrag.*
Kontokurrentvertragsverhältniß für 1882 bestanden, so war dieses
Vertragsverhältniß schon vor dem Ausscheiden der Revisionsbeklagten begründet. Ihre solidarische Haftung war dann für den
Saldo des Jahres 1882 begründet, wenigstens in der Beschränkung auf die Höhe, welche sich bei ihrem Ausscheiden ergeben
haben würde, wenn damals salbirt wäre. Die Haftung kann also
nicht dadurch erloschen sein, daß per ultimo Dec. 1882 salbirt
ist. Ist das Kontokurrentverhältniß nach dem 1. Jan. 1883
fortgesetzt, so ist die Haftung für den Saldo von ultimo Dec.
1882 auch nach gemeinem Recht nicht dadurch untergegangen, daß
dasselbe in das Kontokurrent des Jahres 1883 eingestellt ist. Daß
aber dies Kontokurrent mit beiderseitigem Einverständniß salbirt
wäre, war nicht festgestellt. I, 229/89 vom 13. Nov.

301. Hätte aber der Kontokurrentvertrag von Anfang an
den Inhalt gehabt, daß der Eintritt des Zeitpunkts der periodischen Abrechnungen nicht den Schluß des Kontokurrentverhältnisses
bewirke, daß vielmehr dadurch nur einzelne Abschnitte des ganzen
Kontokurrentverhältnisses geordnet werden sollen, so hätten die
ausgeschiedenen Genossen eine Befreiung von ihrer Verbindlichkeit
nicht schon dadurch erreichen können, daß nach ihrem Ausscheiden
Kläger und die Genossenschaft sich lediglich nach dem Inhalt des
bereits vor ihrem Ausscheiden geschlossenen Kontokurrentvertrags
verhalten haben. Bei einem solchen Verhältniß kann der Grundsatz keine Anwendung finden, daß mit jedem periodischen Rech-
nungsabschluß ein Kontokurrentverhältniß aufhöre und ein neues
Kontokurrentverhältniß beginne. — Vgl. Seuffert, Archiv 22,
Nr. 66. — I, 229/89 vom 13. Nov.

302. Daß im Gebiete des gemeinen Rechts gegen Darlehns- *Schuldschein.*
scheine auch nach Ablauf von zwei Jahren noch der Gegenbeweis
zulässig sei, hat das Reichsgericht in Uebereinstimmung mit einer
weit verbreiteten Praxis auch für die Zeit vor Einführung der
Reichs-Civilprozeßordnung bereits angenommen (vgl. Fenner und
Mecke, Archiv für civ. E. des Reichsg., Bd. I, S. 205), und kann
es daher unerörtert bleiben, ob eine etwa entgegenstehende gemeinrechtliche Bestimmung durch die Vorschriften des Einführungsgesetzes
zur Civilprozeßordnung aufgehoben ist. III, 231/89 vom 3. Dec.

Schuldschein.   303. Die Ehefrau eines Mitgesellschafters hat demselben 24 000 Mark eingebracht. Im Konkurse der o. H. G. hat sie 24 000 Mark Darlehnsforderung liquidirt unter Vorlegung eines Schuldscheins, welcher von einer Mitgesellschafterin unter der Gesellschaftsfirma ausgestellt war. Dessen Beweiskraft wurde nicht dadurch beseitigt, daß jene Gesellschafterin als Zeugin bekundete, sie habe den Schuldschein auf Diktat ihres Sohnes zur Beruhigung von dessen Ehefrau, der Klägerin, ge- und unterschrieben. Ihr Sohn habe ihr gesagt, er habe das Geld ratenweise in das Geschäft gesteckt; dieser Angabe habe sie Glauben geschenkt. Wenn der Ehemann das Eingebrachte der Klägerin in das Geschäft der Handelsgesellschaft zur Deckung von Schulden derselben verwendet hat, so gewann zunächst allerdings nur er daraus einen Anspruch gegen die Gesellschaft. Aber so wie er die Forderung daraus von Anfang an zu einer Forderung seiner Ehefrau dadurch machen konnte, daß er das Geld Namens seiner Ehefrau der Gesellschaft hergab, so wenig stand rechtlich etwas im Wege, daß die Forderung aus der Hergabe und Verwendung nachträglich zu einer Forderung seiner Ehefrau dadurch geschaffen wurde, daß die Gesellschaft sich als Schuldnerin der Ehefrau aus der Verwendung bekannte. Nun hat der Konkursverwalter zu beweisen, daß das Geld in die Gesellschaft nicht verwendet sei. I, 322/89 vom 25. Jan. 90.

304. Daß die Ausstellung eines kaufmännischen Verpflichtungsscheines zu einem handelsgewerblichen Zweck erfolgen müsse, fordert H. G. B. 301 nicht. I, 14/90 vom 24. März.

Schenkung.   305. Trotz L. 32 pr. D. de don. int. v. et ux. (24, 1) — Konvalescenz der vom schenkenden Ehegatten nicht widerrufenen Schenkung durch dessen Tod — und L. 29, D. de r. jur. ist auch im Just. R. die Schenkung der Ehegatten unter Lebenden absolut nichtig. Die Ausnahme der don. propter nuptias im gem. Sächsischen Recht mit diesem Institut selbst obsolet. Der Gläubiger, welchem eine Forderung des Ehemanns gegen E. im Jahre 1874 überwiesen war, durfte deshalb die Schenkung, mit welcher der Ehemann diese Forderung zuvor an seine Ehefrau cedirt hatte, ignoriren. Da auch die Ehefrau auf Grund dieser Cession die Forderung von E. eingezogen hatte, so haftete sie jenem Gläubiger, ohne daß derselbe sich erst den Anspruch des Ehemanns gegen seine Ehefrau aus der nichtigen Schenkung überweisen zu lassen brauchte. III, 226/89 vom 26. Nov. Vgl. 134.

306. Die Klägerin hatte ihr ganzes Vermögen einschließlich der besonders verzeichneten Grundstücke an die G.'schen Eheleute, damals wohlhabende, wenn auch nicht reiche Landwirthe, gegen die Verpflichtung geschenkt, der Klägerin vollen, ihrem Vermögen und ihrer Blindheit entsprechenden Lebensunterhalt zu gewähren. Diese sind in Vermögensverfall gerathen, haben die Grundstücke verkauft, der G. ist Oberknecht geworden, dann Tagelöhner; und hat dann mit der Klägerin bei den G.'schen Kindern aus Mitleid Wohnung gefunden. Da der Unterhalt, welcher jetzt der Klägerin geboten ist, nicht im Sinne des Vertrages geleistet ist, wurden unter Auflösung der Schenkung die G.'schen Eheleute und deren Käufer verurtheilt, der Klägerin die Grundstücke, frei von allen nach dem Schenkungsvertrage begründeten Lasten und Hypotheken zurückzugeben. — Code 953, 954, 1184. — An dem Verfahren hatte eine Hypothekgläubigerin des Käufers als Nebenintervenientin Theil genommen. Sie wurde mit dem Anerbieten, an Stelle der Eheleute G. zu erfüllen, nicht gehört, weil es sich um eine sowohl in Geben als auch in Thun bestehende Verbindlichkeit handelt, von welcher festgestellt ist, daß dabei auf die Person des Verpflichteten, insbesondere auch auf dessen Dankbarkeit und das Schwägerschaftsverhältniß Rücksicht zu nehmen sei — Code 1237. Dem Anerbieten, daß die Intervenientin den Eheleuten G. selbst die nach richterlichem Ermessen festzusetzenden Mittel zur Vertragserfüllung zur Verfügung stellen wolle, ist gleichfalls aus einem zutreffenden Grunde die Beachtung versagt worden, nämlich, weil die Verhältnisse der gedachten Eheleute keine Garantie für die zweckentsprechende Verwendung dieser Mittel böten. Die Klägerin, welche Anspruch auf sofortige Erfüllung hat, kann nicht auf eine unsichere zukünftige Leistung verwiesen werden. Endlich wurde auch die Einrede des Verzichtes mit Recht für unbegründet erklärt. Ueber den von dem Käufer gezahlten Preis war ein Vertheilungsverfahren eröffnet, in welchem Klägerin 13 140 Mark anmeldete, aber nicht erhielt. Da die Auflösung vom Gesetze gerade für den Fall gewährt wird, wenn die Erfüllung nicht zu erlangen ist, so kann aus jenem erfolglosen Begehren der letzteren kein Verzicht auf jene gefolgert werden. II, 300/89 vom 4. Febr. 90.

307. A. L. R.   Der Frau B. stand aus dem Testament ihres Sohnes ein Pflichttheil zu. In einer gerichtlichen Verhandlung vom 29. Juli 79 erklärte sie, sie schenke diesen von ihr angenommenen Pflichttheil ihrer durch Krankheit am Erscheinen verhinderten Tochter H. Für Letztere nahm der erschienene Justizrath L. das Geschenk an. Dieser bat um Ausfertigung des Protokolls. Am 16. Febr. 80 erschien die H. vor Gericht, überreichte jene Ausfertigung und erklärte die Annahme der Schenkung. Damit ist dieselbe wirksam zu Stande gekommen. Denn die Betheiligten hatten schon mit der Aufnahme des Protokolls vom 29. Juli die Schenkung und ihre Annahme als wirksam erklärt angesehen; als sie zweifelhaft geworden sind, ist die persönliche Annahmeerklärung der H. nachgeholt. Dafür, daß bis dahin die Schenkerin ihren Annahmewillen geändert habe, liegt nichts vor. IV, 292/89 vom 20. Jan. 90.

308. Aus A. L. R. I, 11, §. 1060 konnte vorstehend die Gültigkeit der Schenkung nicht abgeleitet werden. Denn eine Krankheit, welche die H. unfähig gemacht hätte, einen Willen zu erklären wegen Mangels an Verstand oder wie ein Kind, lag nicht vor. IV, 292/89 vom 20. Jan. 90.

309. Ebensowenig war die Gültigkeit daraus abzuleiten, daß L. als Geschäftsführer der H. aufgetreten war, denn derselbe hatte keine vermuthete Vollmacht. — A. L. R. I, 5, §§. 87 fg.; I, 13, §§. 119, 120. — IV, 292/89 vom 20. Jan. 90.

310. Am 16. Nov. 1882 fand die Erbauseinandersetzung über den Nachlaß des Sohnes der Frau B. statt. Neben der als Miterbin eingesetzten H. erschien die Frau B. Der Pflichttheil der Mutter wurde berechnet und der Frau B. in Nachlaßforderungen gewährt, ohne daß von jener Schenkung geredet wurde. Nicht rechtsirrthümlich, daß das Berufungsgericht den Inhalt des Erbtheilungsvertrages nicht für geeignet erachtet hat, in den Rechten der Klägerin eine Aenderung hervorzubringen. Der Ausdruck der Absicht der Betheiligten, daß die auf die Klägerin übergegangenen Rechte wieder der Mutter der Streittheile zustehen sollten, ist in dem Vertrage nicht enthalten. Der Umstand, daß die Mutter der Streittheile laut des Vertrages so aufgetreten ist, als wenn ihr der von ihr an die Klägerin abgetretene Pflichttheilsanspruch noch oder wieder zustände, kann als schlüssiger Ausdruck eines solchen

Willens nicht angesehen werden. Nach dem Tode der Mutter Schenkung.
machte die H. jene Schenkung gegen ihre Miterbinnen mit Erfolg
geltend. IV, 292/89 vom 20. Jan. 90.

311. Im Fall Bd. VII, 474, 493 war in der anderweiten
Verhandlung Beweis im Sinne der reichsgerichtlichen Entscheidung
erhoben, aber nicht erbracht, Kläger wiederum abgewiesen, Revision
zurückgewiesen. Dafür, daß der Vater des Beklagten mit sich selbst
für den Kläger kontrahirt habe, als er die Cession verlautbarte,
lag nicht das Geringste vor. V, 275/89 vom 15. Febr. 90.

312. G. R. Der Erblasser des Klägers hat sich seines über
15 000 Mark lautenden Sparkassenbuchs durch Schenkung an den
Beklagten, dessen Frau und Schwägerin ohne Insinuation ent-
äußert. Die Insinuation ist durch den Werth jeder einzelnen
Schenkung bedingt, so daß die Schenkung an jede einzelne der
drei Personen in Höhe von 4666²/₃ Mark gilt. III, 263/89
vom 14. Jan./11. Febr. 90. Vgl. 717.

313. H. schuldete seiner Ehefrau zu deren vorbehaltenem Ver- Verwahrungs-
mögen, welches sie durch M. verwalten ließ, 8000 Mark. Durch vertrag.
den Auftrag, welchen H. dem Beklagten ertheilte, die Werthpapiere
auf sein Konto für seine Ehefrau anzuschaffen, durch die Anweisung desselben, die angeschafften Papiere für dieselbe zu verwahren,
und durch die dem M. gegenüber abgegebene, von diesem acceptirte Erklärung des Beklagten erachtet das Berufungsgericht zwischen
diesem und der Ehefrau H. einen Verwahrungsvertrag als zu
Stande gekommen. Das Eigenthum der Werthpapiere ist nach
der Annahme des Berufungsgerichts dadurch auf die Ehefrau H.
übergegangen, daß diese durch ihren Verwalter M. die Anweisung
des Ehemanns H., des bisherigen Besitzers, annahm und der Beklagte als Inhaber der Werthpapiere erklärte, dieselben fortan für
Frau H., die neue Besitzerin, in Verwahrung zu haben. Die erforderliche Schriftform aber wird in der brieflichen Korrespondenz
erblickt. Die Rüge einer Verletzung des A. L. R. I, 14, §. 9,
der Verwahrungsvertrag erfordere die Uebergabe der zu verwah-
renden Sache, ein solcher Vertrag liege aber nicht in dem Auftrage, eine Sache in Gewahrsam zu behalten, die man bereits
inne habe, ist unbegründet. Mit der Annahme der Anweisung
seitens der neuen Besitzerin ist der Besitzübergang auf Frau H. vollzogen. — A. L. R. I, 7, §§. 66—68. — Daß eine Uebergabe an die

Verwahrungsvertrag. Klägerin nicht stattgefunden habe, ist nicht richtig, die Bezugnahme auf R. G. E. I, S. 391 verfehlt. IV, 296/89 vom 23. Jan. 90.

Kreditgeschäfte. 314. Kläger B. hat dem Beklagten M. für ein ihm gezahltes Darlehn von 5000 Thalern Hypothek bestellt, und versprochen, das Darlehn bis zur Rückzahlung mit 5 Proc. zu verzinsen. M. hat die Hypothek einem Dritten abgetreten. In einem Tilgungsvertrage vom 21. Nov. 1874 hatte sich B. verpflichtet, jährlich 400 Thaler in zwei Raten am 1. Juni und 1. Dec., zu beginnen mit nächstem 1. Juni an M. zu zahlen. Dieser verpflichtete sich, bei pünktlicher Zahlung dieser Kapitalsquoten, für welche 4 Proc. Zinsen gutzurechnen waren, nach 10½ Jahren vom Tage der ersten Ratenzahlung die Hypothek für Rechnung des B. abzutragen. Am 2. Juni 1885 hat B. die letzte Kapitalsquote von 600 Mark und die Zinsen des Kapitals von 15000 Mark für die Zeit vom 1. Dec. 1884 bis Ende Mai 1885 an M. gezahlt; er klagte nun auf Herbeiführung der Löschung. Das verurtheilende Berufungsurtheil aufgehoben. M. fordert noch die Zinsen für die Zeit vom 1. Juni bis 1. Dec. von 15 000 Mark, weil B. dies Kapital nach dem Darlehnsvertrage bis zur Tilgung mit 5 Proc. zu verzinsen, M. aber die Herbeiführung der Tilgung für den 1. Dec. versprochen hatte. Das Berufungsurtheil konnte nur in Folge einer rechtsirrthümlichen Auffassung zu der Annahme gelangen, durch die Zahlung der letzten Tilgungsquote an M., der nach dem Tilgungsvertrag nur verpflichtet war, mit den dazu geschlagenen Zinsen die auf einen Dritten übergegangene Hypothekenforderung „abzutragen", sei diese Forderung ohne Weiteres erloschen, und deshalb sei B. nicht verpflichtet, weitere Zinsen der Darlehnssumme zu zahlen. Da der Bestand der hypothekarischen Darlehnsschuld durch den Tilgungsvertrag gar nicht berührt wurde, hätte es einer besonderen Vorschrift im Tilgungsvertrag bedurft, um die Verpflichtung des Beklagten zur Uebernahme der in Frage stehenden Zinsen oder zu einer früheren Kündigung zu begründen, in Folge deren die Schuld schon früher getilgt werden durfte. II, 291/89 vom 28. Jan. 90.

Auftrag. 315. A. L. R. I, 13, § 72 ohne Zweifel auf Abzahlung einer verzinslichen Kapitalsschuld des Machtgebers anzuwenden. Bestritten nur, ob nicht auch Zahlungen anderer Schulden als Kapitalzahlungen anzusehen. IV, 217/89 vom 5. Dec. Vgl. 146.

316. Dem Beklagten war die Auftragsofferte der Kläger *Auftrag.*
zugegangen, täglich bis 1000 Sack Kaffee mit 2 Proc. Kommission
um den von ihm aus den an ihn zu richtenden Telegrammen zu
entnehmenden Preis fest zu handeln mit der Bedingung, daß der
Käufer für das gleiche Quantum zum Marktwerth eine Ordre
gibt. Indem der Beklagte am 1. April an M. per. Sept.
1000 Sack Kaffee im Namen der Kläger verkaufte, acceptirte er
zugleich ihr gegenüber die Auftragsofferte bezüglich dieser 1000 Sack.
Da er aber verkaufte, ohne zugleich zum Marktwerth einzukaufen,
so haftete er den Klägern auf Schadensersatz, obschon diese das
Geschäft als über die ertheilte Vollmacht hinausgehend ablehnten.
I, 223/89 vom 16. Nov. Vgl. 117.

317. Die Beklagten waren beauftragt, den Verkauf der
klägerischen Fabrikate an eine bestimmte, denselben als solvent und
zuverlässig bezeichnete Firma zu vermitteln, sie haben thatsächlich
einen Handel mit einer andern Firma vermittelt und die Klägerin
hierüber getäuscht, und durch diese Täuschung bewirkt, daß die
Klägerin sich ihrer Waare gegen Zahlung von 98 Proc. des Kaufpreises entäußerte, und jetzt die restirenden 2 Proc. nicht erlangen
kann. Die Beklagten deshalb zur Erlegung dieser 2 Proc. verurtheilt. III, 338/89 vom 18. März 90.

318. Der dahin erbotene Zeugenbeweis, daß der Erblasser *Verwaltungs-*
die bezeichneten Werthpapiere erworben, noch vor seinem Tode die *vertrag.*
letzten fälligen Kupons zur Einlösung gebracht, und nach dessen
Tode Kläger solche für eigene Rechnung verkauft habe, wird für
nicht genügend erachtet zur Herstellung des allein entscheidenden Nachweises der widerrechtlichen Aneignung. Dabei
wird aber übersehen, daß der Kläger Verwalter und Liquidator
des Nachlasses gewesen ist und daher gemäß Code 1993, wenn
der Beweis erbracht würde, daß die fraglichen Papiere sich im
Nachlasse befunden haben, ihm die Rechnungsablage über
deren Verbleib und nicht der Beklagten der Beweis widerrechtlicher
Aneignung obläge. II, 194/89 vom 22. Oft.

319. Das Wiener Geschäft hatte einen Agenten in Hamburg. *Agentur-*
Derselbe fordert die Provision für ein Geschäft, welches die Be- *vertrag.*
klagte in dem Artikel der Agentur im Februar mit einem Königs-
berger Kaufmann S. gemacht hat, welcher kaufte, um in Hamburg
eine Filiale zu begründen und solche im April begründet hat. Nach

Angabe des Agenten ist die Provision usancemäßig auch für Geschäfte zu zahlen, welche Beklagte nach Hamburg macht. Vom Berufungsrichter wird ausgeführt, auch wenn die fragliche Usance bestehe, falle doch das Geschäft, welches die Klägerin mit S. abgeschlossen habe, nicht unter die „nach Hamburg" abgeschlossenen Geschäfte. Damals habe noch keine Zweigniederlassung von S. in Hamburg bestanden, das Geschäft sei in Wien abgeschlossen worden, und wenn auch die Waaren für Hamburg bestimmt waren, so habe diese Absicht doch jeden Augenblick geändert werden können. Diese Auffassung erscheint nicht unrichtig. I, 277/89 vom 21. Dec.

320. Das Berufungsurtheil spricht dem für Vermittelung einer Ehe versprochenen Makellohne die Klagbarkeit nicht grundsätzlich ab, sondern nur für den Fall, wenn der Lohn nicht für die Bemühungen um das Zustandekommen einer Ehe mit einer bestimmten Person, sondern für den Erfolg, daß eine Ehe vermittelt werde, zugesagt ist. Es wird dabei das entscheidende Gewicht für die Anwendbarkeit von Code 1131, 1133 auf die Gefahr gelegt, daß ein derartiger Vertrag zur Anwendung von Mitteln verleite, welche die für die Eheschließung besonders wichtige, auf vollständiger Kenntniß und Würdigung aller persönlichen Verhältnisse beruhende Einwilligung beeinträchtigen, und daß die auf diesem Wege zu Stande gebrachte Ehe deren sittlicher Bedeutung und Würde, sowie auch den Neigungen und Charakteren der Eheschließenden nicht entsprechen könne. Revision unter Bezugnahme auf Code 450, Abs. 3 in Verbindung mit 1596, 472, 907, 909, 1395, 1445, 1595 zurückgewiesen, daß G. O. §. 35 die gewerbsmäßigen Vermittelungsagenten für Heirathen erwähnt und unter besondere Aufsicht stellt, ohne Bedeutung für die Klagbarkeit ihrer Ansprüche. Darüber entscheidet das Landesgesetz. II, 269/89 vom 7. Jan. 90.

321. Der Beklagte hatte einer Frau St. 5000 Mark versprochen, wenn er sich verheirathete, ohne daß er die Verpflichtung von dem Nachweis abhängig mache, daß die Heirath auch wirklich durch Vermittelung der Frau St. herbeigeführt sei. Beklagter verurtheilt, Revision zurückgewiesen. Das Versprechen einer Vergütung für den Nachweis einer heirathsfähigen Person oder für die Vermittelung einer Ehe ist weder im Preußischen Landrechte verboten, noch enthält die Leistung oder Annahme eines solchen

Versprechens an sich eine Unsittlichkeit. Letzteres ist in der Gesetz- Mäkelvertrag.
gebung des Deutschen Reichs insofern anerkannt, als §. 35, Abs. 3
der R. G. O. das Geschäft der gewerbsmäßigen Vermittelungsagenten für Heirathen dann untersagt, wenn Thatsachen vorliegen,
welche die Unzuverlässigkeit des Gewerbetreibenden in Bezug auf
seinen Gewerbebetrieb darthun. Abgesehen von diesem Fall muß
also die gewerbsmäßige Vermittelung von Heirathen für erlaubt
gelten.   VI, 265/89 vom 23. Jan. 90.

322. Im Fall Bd. VII, 502. Anderweit erkannt wie früher,
die dem Kläger für seine Parzellirung zukommende Vergütung ist
auf 323,25 Mark bestimmt. Nun ist die Revision zurückgewiesen.
VI, 256/89 vom 16. Jan. 90.

323. Der Kläger war vom Beklagten mit der Vermittelung
eines Verkaufs von dessen Grundstück beauftragt. War auch die
Urkunde über den vermittelten Kauf nur von dem Beklagten
unterschrieben und dem Käufer ausgehändigt, während sich Käufer
mündlich einverstanden erklärt hatte, ohne diese Urkunde unterschrieben zu haben, so würde daraus eine die Forderung der
Mäklergebühr ausschließende Nichtigkeit des Kaufs nicht folgen.
Vielmehr war Beklagter gebunden, der Käufer hätte nur zurücktreten können. — A. L. R. I, 5, §§. 116, 131, 135, 185; I, 10,
§§. 15—17; I, 11, §. 75; Pr. des O. T. 292 und 1046. — Der
Käufer ist aber nicht zurückgetreten; er hat dem Beklagten
10 000 Mark gezahlt und an dem Vertrage so lange festgehalten,
bis ihm dieser 30 000 Mark Abstandsgeld entrichtete; und darauf
der Vertrag von beiden Theilen wieder aufgehoben wurde. Diese
Wiederaufhebung berechtigte aber den Beklagten so wenig, die
Mäklergebühr zu verweigern, wie der nach erfolgtem Abschluß des
Kaufs erfolgte Widerruf des Auftrags. VI, 291/89 vom 6. Febr. 90.

324. An und für sich und vorbehaltlich der Würdigung der
Einwendungen des Beklagten, welche sich auf eine abweichende
Willensmeinung der Kontrahenten stützen, kann die Annahme, daß
der Anspruch auf Mäklergebühr nicht davon abhänge, ob das Geschäft ganz nach den ursprünglich geplanten Modalitäten oder unter
Mitwirkung der ursprünglich ins Auge gefaßten Personen zu
Stande kam, wenn nur das beabsichtigte Unternehmen als solches
in seiner Wesenheit gelungen und der Zweck der Unternehmung
erreicht sei, nicht als rechtsirrig angesehen werden, da es in der

Mäklervertrag. That nur darauf ankommt, daß ein ursächlicher Zusammenhang zwischen der Thätigkeit des Maklers und der schließlichen Herbeiführung des von den Parteien gewollten Ergebnisses nachgewiesen sei, um dem Vermittler seinen Provisionsanspruch zu sichern. — Hier hatte der Vermittler das Zustandekommen eines Bahnbaues erwirkt. Es war für unerheblich erachtet, daß die ursprünglichen Projekte verschiedene Aenderungen erlitten hatten, daß die Projekte von einem anderen als dem ursprünglichen Komitee bewirkt worden seien, daß der Beklagte bei dem ersten Projekte Konzessionär, jetzt Bauunternehmer gewesen; das ausgeführte Projekt war keineswegs ein ganz anderes, und Kläger für das ganze Unternehmen mit Erfolg thätig gewesen. Beklagter verurtheilt, seine Revision zurückgewiesen. VI, 271/89 vom 25. Jan. 90.

325. Durch Vermittelung des Klägers ist es gelungen, eine Hypothek über 450 000 Mark, welche der Inhaber zur Veräußerung für 350 000 Mark an die Hand gegeben hatte, für 400 000 Mark zu veräußern. Der Beklagte hatte dem Kläger für die Vermittelung die Hälfte des von ihm erzielten Gewinnes versprochen. Da Beklagter einem E., welchem die Hypothek von dem Inhaber an die Hand gegeben war, 20 000 Mark von der zu theilenden Provision hat abgeben müssen, so mindert sich um diesen Betrag der zwischen den Parteien zu theilende Gewinn. Unerheblich, ob Beklagter dem Kläger vorher von der Betheiligung des E. Kenntniß gegeben hat. Beklagter hatte sich bei dem Abschluß mit dem Konsortium, welches die Hypothek erwarb, seine Mitbetheiligung bei dem Konsortium ausbedungen. Der erhebliche Gewinn, welchen er hierdurch gemacht hat, fällt nicht unter den zu theilenden Vermittlergewinn. Vielmehr war das ein von der Vermittelung zu trennendes neues Geschäft. Wäre anzunehmen, daß Beklagter mit Rücksicht auf den ihm zugesicherten Konsortialantheil eine geringere Vermittlerprovision beansprucht und erhalten hätte, als sonst zu erlangen gewesen wäre, so könnte in Frage kommen, ob Beklagter sich durch sein Verhalten schadensersatzpflichtig gemacht hat. Nach dieser Richtung ist die Klage indeß nicht begründet. I, 326/89 vom 12. Febr. 90.

326. A. L. R. Dem Kläger war eine Provision für den Fall versprochen, daß durch seine Vermittelung die Fabrik der Beklagten verkauft oder in eine Aktiengesellschaft umgewandelt werde.

Die Beklagten haben auch in Folge der Vermittelung des Klägers mit einem Bankhause ein vorbereitendes Abkommen in Bezug auf die Fabrik getroffen, von welchem sie aber zurückgetreten sind. Unerheblich, ob dieser Rücktritt willkürlich war. Zu einem der zwei Geschäfte, für deren Vermittelung die Provision zu zahlen war, ist es nicht gekommen. Deshalb kann dieselbe nicht gefordert werden. VI, 308/89 vom 27. Febr. 90.

327. Die Aufträge sind mit der Maßgabe ertheilt und übernommen, welche auf der Vorderseite der von den Beklagten verwendeten Schlußnotenformulare zum Ausdruck gebracht ist, d. h. „in Gemäßheit des Regulativs der Waarenliquidationskasse und der umstehend (auf der Rückseite) verzeichneten Bedingungen". Dieser Vermerk kann aber nur dahin verstanden werden, daß in erster Linie die Bedingungen der Beklagten und erst in zweiter Linie die Bestimmungen des Regulativs die lex contractus für die Parteien bilden sollen. Danach war den Beklagten gestattet, einlaufende Ordres eventuell in sich selbst zu kompensiren, d. h. als Selbstverkäufer und Selbstkäufer einzutreten, auch wenn ihnen dieses Recht nach dem Regulativ der Hamburger Waarenliquidationskasse nicht zugestanden hätte. I, 255/89 vom 7. Dec.

328. Daß es sich um diskretionäre Aufträge gehandelt habe, bei denen die Ausführung dem Ermessen des Kommissionärs überlassen war, spricht nicht gegen das Recht zum Selbsteintritt. I, 255/89 vom 7. Dec.

329. Gegen das Recht zum Selbsteintritt spricht nicht der Umstand, daß nach den Einrichtungen des Hamburger Kaffeemarktes die Feststellung des Tageskurses auf Grund der bei der Waarenliquidationskasse angemeldeten Geschäfte erfolge. Hätte Kläger, was wenig glaublich erscheint, in der That die Absicht gehabt, durch die von ihm ertheilten Aufträge einen Einfluß auf den Marktpreis auszuüben, so hätte er im Hinblick auf den ihm bekannten Inhalt der Bedingungen der Beklagten den Willen, daß die Geschäfte durch die Waarenliquidationskasse gehen und von den Beklagten nicht in sich selbst gemacht werden sollten, deutlich zu erkennen geben müssen. I, 255/89 vom 7. Dec.

330. Kläger hatte dem Beklagten Papiere zum Verkauf an der Frankfurter Börse gesandt; Beklagter behielt den Erlös zurück und erhielt den Auftrag, andere Papiere für den Kläger zu kaufen.

Kommission. Nachricht, er habe für den Kläger per ult. gekauft resp. demselben verkauft. Am 1. Nov. 81 weitere Nachricht, er habe heute für den Kläger zu beziehen und nach Lieferung auf Effektenkonto gutzuschreiben; folgt Angabe der Sorten und Banquierrechnung über zusammen 51 882,35 Mark. Der Beklagte hat geständigermaßen damals solche Papiere nicht hereingenommen, auch nicht behauptet, daß er sonst für den Kläger die Papiere bereit gehalten habe. Er ist dem Kläger im J. 1889 verurtheilt dessen Guthaben zu zahlen, wobei die 51 882,35 Mark aus der Rechnung hinweggelassen wurden. Da der Beklagte für Rechnung des Klägers keine Papiere bezogen hat, so hat er keinen Ersatzanspruch. Wollte aber Beklagter behaupten, er sei als Selbstkontrahent in das Geschäft eingetreten, so konnte er das nur, wenn er dem Kläger die Papiere, welche zu kaufen dieser ihm aufgetragen hatte, selbst lieferte. (H. G. B. 376.) Er mußte sie aber so liefern, wie sie nach dem Inhalt des Auftrags zu liefern waren, d. h. per ultimo Okt. 1881. Und er konnte den für Lieferung per ultimo Okt. 1881 versprochenen Preis nur fordern, wenn er per ultimo Okt. 1881 lieferte. Mit dem Einwand, er wolle die (inzwischen im Kurse heruntergegangenen) Papiere jetzt zum alten Kurse liefern, war er nicht zu hören. Freilich braucht der Verkäufer die Waare nur gegen Zahlung des Preises zu liefern; er kann, wenn der Käufer mit Zahlung des Preises im Verzuge ist, während er selbst die Waare hat und zu liefern bereit ist, die ihm durch das Handelsgesetzbuch eingeräumten Rechte ausüben. Davon war aber hier auf beiden Seiten nicht die Rede. Der Kläger war nicht im Verzuge, denn der Beklagte hatte von ihm gar nicht Einsendung des überschießenden Betrages des Kaufpreises gefordert. Er hatte ihm vielmehr den ganzen Kaufpreis in Rechnung gestellt und eben damit auch denjenigen Theil des Kaufpreises kreditirt, für welchen er Deckung nicht in Händen hatte. I, 276/89 vom 21. Dec. Vgl. 229.

331. Bei dem Umstand, daß der Beklagte als Verkaufskommissionär der Klägerin die Forderung schuldete, hat die der Einwendung eines Abzugs von 2003,47 Mark zu Grunde liegende Behauptung des Beklagten, er habe geringwerthigere Waaren als versprochen erhalten, und damit die erwähnte Einwendung selbst, keine rechtliche Bedeutung. Sie hätte als Bemängelung einer

vertragsmäßigen Waare nur Bedeutung bei einem festen Kaufe; Kommission. bei einem Kommissionsgeschäft eine Bedeutung aber nur dann, wenn von dem Beklagten ein Einwand dahin aufgestellt worden wäre, daß er deshalb einen Verkauf zu dem festgesetzten Preise nicht habe machen können (H. G. B. 363). II, 309/89 vom 7. Febr. 90.

332. Der Beklagte hatte im Fall 216 gegen die ihm obliegende Sorgfalt verstoßen, indem er der Klägerin als zum Erwerb geeignete Papiere, speziell als Papiere, deren derzeitiger niedriger Kurs sich aus dem Mangel jeder Reklame und der Unkenntniß des Publikums von der Höhe der bevorstehenden Dividende von 9 % erkläre, Aktien empfohlen und zu einem Kurse von 111 % als dem derzeitigen berechnet hatte, die — was Beklagter verschwieg — in Wahrheit eine Bewerthung Seitens des Publikums oder der Börse noch gar nicht erfahren hatten, vielmehr vom Beklagten durch Gründung geschaffen, den Gegenstand seines Versuchs, sie, und zwar unter der Hand, abzusetzen, bildeten und für die er den Kurs, bestehend in einer nicht offiziellen Kursnotiz, im Wesentlichen nach seinem Gutdünken bestimmte, so daß Klägerin der Schaden der Geringwerthigkeit und Unverkäuflichkeit der Aktien traf, wenn Beklagter es aufgab, den Kurs der Aktien zu halten. Jener Kurs ist nach dem Ankauf bis zu 136,50 Mark hinaufgetrieben, dann aber so weit heruntergegangen, daß die Aktien überhaupt unverkäuflich geworden sind, auch einen Ertrag nicht mehr ergeben haben. Da die Klägerin sie zur Anlage erworben hatte, ist es ihr nicht zum Verschulden angerechnet, daß sie dieselben nicht inzwischen verkauft hat. Der Beklagte ist zu Rückzahlung des Kaufpreises unter Rücknahme der Aktien bedingt verurtheilt, Revision zurückgewiesen. I, 315/89 vom 22. Jan. 90.

333. A. in Duisburg schrieb an Behrens Landsberg & Co. zu Hamburg am 30. Dec. 1887: Ich bitte Sie für G. zum Preise von 80 Pf. (für das Pfund) oder billiger wieder 500 Sack Kaffee per Mai 1888 zu kaufen. Diese Ordre bleibt bis auf Widerruf in Kraft. Am 3. Jan. lief bei A. eine Depesche von R. und E. Seckel in Hamburg ein: Kauften Grote 500 Mai 1880, ebenso ein die Ausführung des Auftrags meldender Brief. G. hat die Vollziehung des Schlußscheins und die Genehmigung des Geschäfts abgelehnt. Selbsthülfeverkauf von R. und E. Seckel,

Kommiſſion.

Klage auf die Differenz gegen G. abgewiesen, Reviſion zurück=
gewiesen. Der Brief A.'s war am 31. Dec. nach Schluß der
Börse in Hamburg eingelaufen, mit dem 1. Jan. 1888 hörte die
Gesellschaft Behrens Landsberg & Co. auf zu bestehen, ihr Ge=
schäft ging auf R. und E. Seckel mit Aktiven und Passiven über;
einer der Theilhaber dieser neuen Gesellschaft war Theilhaber der
aufgelösten Gesellschaft gewesen. Das war durch Cirkular den
Kunden, auch A. angezeigt; dieser hatte G. keine Mittheilung ge=
macht, der es auch sonst nicht wußte. Die Klägerin hat den Auf=
trag nicht als Unterbeauftragte von B. L. & Co., welche vom
1. Jan. ab gar nicht mehr bestand, sondern so ausgeführt, als
sei sie die Beauftragte gewesen; sie war aber eine andere Person
als diejenige, an welche der Auftrag gerichtet war, und konnte
deshalb durch dessen Ausführung keine Rechte gegen G. erwerben.
Auch wenn nach H. G. B. 323 es zu gelten hatte, daß Behrens
Landsberg & Co. den Auftrag angenommen hatte, ergab sich
daraus kein Aktivum, welches mit den übrigen Aktiven auf R.
und L. Seckel übergegangen wäre. Denn der Mandatar erwirbt
nicht durch die Annahme des Auftrags, sondern erst durch die
Ausführung einen Anspruch gegen den Auftraggeber. I, 356/89
vom 1. März 90. Vgl. 217, 218 und 205.

334. Ein Hamburger Kaufmann F. erhielt als Einkaufs=
kommissionär von einem Kaufmann R. in Straßburg den Auf=
trag, 1000 Sack Kaffee bis zu einem Höchstbetrag von 70 Pf.
für den halben Kilo lieferbar Okt. 1888 zu kaufen. Er ist als
Verkäufer zum Preise von 70 Pf. eingetreten, nach der Schluß=
note sollten das Regulativ der Waarenliquidationskasse und die
auf der Schlußnote aufgedruckten Bedingungen maßgebend sein.
Für das Verhältniß von F. zu R. war nicht mehr die Kommiſſion,
sondern der Kauf maßgebend. Es war deshalb unerheblich, daß
F. in der Zeit zwischen dem 19. und 26. Sept. bei R. unter
Hervorhebung des Umstandes, daß ihm der Kaffee nach dem Re=
gulativ §. 15 schon am 27. Sept. früh angedient werden könne,
mehrmals angefragt hat, wie er sich im Fall der Anbienung zu
verhalten habe, und daß ihm hierauf R. nicht geantwortet hat.
F. selbst hat dem K. den Kaffee nicht angedient; nach der An=
gabe des F. ist ihm am 27. Sept. der Kaffee angedient, nach
§. 18 des Regulativs mußte der Käufer, falls er die angediente

Waare nicht empfangen, sondern weiter verkaufen will, im vor=
liegenden Fall innerhalb einer Stunde, die Waare weiter verkauft
und der Waarenliquidationskasse die Waaren zurückgeliefert haben,
widrigenfalls angenommen wird, daß er die Waare empfangen
wolle. Dazu wären hier 81081 Mark Kaufpreis erforderlich
gewesen. F. hat dem K. am 27. Sept. telegraphirt, er habe zu
63 Pf. weiter verkauft, und er hat auf die Differenz von 7 Pf.
geklagt. Die Klage ist abgewiesen, Revision zurückgewiesen. Denn
der Beklagte hatte den Kläger zu diesem Weiterverkaufe für seine
Rechnung nicht ermächtigt; abgesehen hiervon wäre aber Kläger
hierzu nur berechtigt gewesen, wenn die Voraussetzungen H. G. B.
334 vorgelegen hätten, auch dann hätte er die Bestimmungen des
H. G. B. 343 beobachten müssen, was nicht der Fall war. II,
25/90 vom 18. März.

335. Durch die Rückgewähr des Guts zu einem früheren
Termin infolge Aufhebung der Pacht wurde, wie auch im A. L. R.
I, 21, §. 598 anerkannt ist, an sich nichts geändert. Freilich
konnte am 15. März die Sommersaat noch nicht in bestelltem
Zustande, wie dies hätte im Juni geschehen müssen, zurückgewährt
werden. Aber das Saatkorn bildet ein Zubehör des Guts A. L. R.
I, 2, §. 50 und fällt deshalb nicht unter die Nutzungen desselben.
Waren dem Pächter bestimmte Felder, mit Sommersaat bestellt,
vom Verpächter übergeben, so mußte er das zur Bestellung er=
forderliche Saatkorn, wenn die Rückgewähr vor der Zeit der Aus=
saat erfolgte, vorräthig halten und so den Verpächter in den Stand
setzen, zur geeigneten Zeit selbst die Bestellung vorzunehmen. So=
weit dasselbe fehlte, hatte er es zu vergüten. V, 199/89 vom
30. Nov. Vgl. 288.

336. Fr. Der Beklagte hat dem Kläger seine Wirthschaft
auf drei Jahre, vom 1. Juli ab, verpachtet, vierteljährliche Kün=
digung nach Ablauf des ersten Vierteljahrs vorbehalten. Für den
Fall, daß das Haus an einen Dritten verkauft würde, oder Kläger
ausziehen müßte, sollte Beklagter eine Entschädigung von 2000 Mark
zahlen. Beklagter hat am 19. Sept. d. J. zu Anfang 1889 ge=
kündigt, die Kündigung aber am 20. Okt. wieder zurückgezogen.
Damals hatte Kläger eine andere Wirthschaft noch nicht erpachtet.
Die Klage auf 2000 Mark wurde abgewiesen, weil Kläger nicht hat
ausziehen müssen. Revision zurückgewiesen. II, 244 89 vom 13. Dec.

Pacht und
Miethe.

337. Der Kläger sollte auf dem Grundstück der Beklagten Gebäude errichten, in diesen 7 Jahre lang eine Restauration für eigene Rechnung betreiben, nach deren Ablauf der Beklagten die Gebäude gegen Vergütung von ³/₄ des Feuerkassenwerths abtreten, inzwischen aber der Beklagten gewisse Leistungen machen, welche sich als ein bestimmter Pachtzins nicht qualifizirten. Wenn der Vertrag sich auch selbst als Pachtvertrag, den Kläger als Pächter, die Beklagte als Verpächterin, das Vertragsverhältniß als Pachtverhältniß bezeichnet, so ist dasselbe nach den Bestimmungen des Pr. A. L. R. kein Pachtvertrag. Denn diesem ist ein entweder in sich bestimmter oder mit Zuverlässigkeit zu bestimmender Zins, welcher wie der Kaufpreis in Gelde besteht, wesentlich. A. L. R. I, 21, §§. 258, 259. Das Berufungsgericht, welches den Vertrag als Pachtvertrag auffaßte, und daraus Folgerungen zog, wurde aufgehoben; zurückverwiesen. III, 183/89 vom 25. Okt./5. Nov. Vgl. 235.

338. Colmar. Festgestellt, daß in dem zum Aufenthalte von Menschen bestimmten Raume hinter dem gemietheten Ladenlokale an der Wand nach der Abtrittgrube zu sich Ausschwitzungen gezeigt haben, welche wie der Zustand der zwischen dem Raume und der Abtrittgrube befindlichen Mauer mit Sicherheit darauf schließen lassen, daß Erzeugnisse organischer Zersetzungen aus der Grube in und durch die Mauer dringen und daß, wenn auch eigentliche Fäkalstoffe bis jetzt durch die Scheidewand nicht durchgesickert seien, doch die bringende Gefahr bestehe, daß durch einen Riß derselben plötzlich schwere Gesundheitsbeschädigungen eintreten können. Von diesem auf Beweiswürdigung, welche vom Revisionsgericht nicht nachzuprüfen ist, beruhenden Ergebniß aus konnte das Oberlandesgericht ohne Verletzung des Gesetzes zu dem Schlusse gelangen, daß hier ein fehlerhafter Zustand der vermietheten Lokalitäten vorliege, welchen der Miether sich nicht gefallen zu lassen brauche und welcher dem Beklagten als Vermiether die Wiederherstellung der Bewohnbarkeit durch Veränderung oder Verlegung der Grube zur Pflicht mache. Auch konnte insbesondere mit Rücksicht auf den Umstand, daß die Gefahr nicht blos für den bezeichneten einzelnen Raum, sondern auch für die damit in Verbindung stehenden sonstigen Theile der vermietheten Wohnung sammt Laden angenommen wurde, ohne Rechtsverletzung ein Grund zur Auf-

lösung des zwischen den Parteien geschlossenen Miethvertrages gefunden werden. Code 1720, 1741. II, 188/89 vom 25. Okt.
Vgl. 256.

339. Die Stadt Düsseldorf hat den Klägern die Jagd auf
einem Theile des Gemeindebezirks verpachtet. Die Ueberlassung
der einer Eigenthümerin gehörigen Wiesen, welche einen Theil des
Jagdterrains bildeten, an den Reiter- und Rennverein zu Düsseldorf zur Veranstaltung von Pferderennen, Abhaltung von Volks-
spielen, Fuchsjagden, der Einrichtung einer Trainirbahn, ist erst
nach Abschluß des Jagdpachtvertrages erfolgt, und stellt eine besondere bei einer Feldmark der Art außergewöhnliche Benutzungs-
art dar, daß sie bei Abschluß des Vertrags nicht in den Bereich
der Möglichkeit gezogen werden konnte. Diese Benutzung hatte
aber für den Jagdpachtbezirk unter dem Einflusse der örtlichen
Verhältnisse die Folge, daß der hauptsächlich für die Fortpflanzung
des Wildes geeignet gewesene Theil desselben hierzu nicht mehr
oder nur in viel geringerem Maße dienen kann, und hierdurch
eine Verminderung des Wildstandes eingetreten ist, welche nach
der zutreffend erscheinenden Schätzung des ersten Richters eine
dauernde Verminderung des Jagdertrages um $^2/_5$ nach sich zieht.
Für den Pachtpreis aber ist in erster Linie der Ertrag maßgebend,
welchen eine Jagd bieten kann und voraussichtlich erzielen läßt.
Der Pachtzins wurde entsprechend herabgesetzt, und die Stadt zur
Rückzahlung des betreffenden Theils der bezahlten Pachtzinse verurtheilt. Revision zurückgewiesen. Mit Rücksicht auf die vorliegenden Umstände, namentlich die Erheblichkeit der eingetretenen
Umstände, ist der Anspruch der Pächter nach den Grundsätzen der
Billigkeit und des guten Glaubens, welche die Erfüllung der Verträge gesetzlich beherrschen, zu beurtheilen. Diese Ausführung findet
in den analog anzuwendenden Art. 1719 Abs. 3 und 1723 Code
in Verbindung mit 1134 und 1135 ihre Stütze. II, 290/89 vom
10. Jan. 90.

340. Nach den Bestimmungen des Pr. Jagdpolizeigesetzes
werden die betheiligten Grundbesitzer durch die Gemeindebehörde
vertreten; es habe daher jeder einzelne derselben für die den Verpächter vertraglich treffenden Verpflichtungen einzustehen, wie er
auch nach der Größe seines Besitzes an den Pachterträgnissen Theil
nehme. Da sich die durch die Gemeindebehörde repräsentirte Jagd-

behörde und der Jagdpächter als vertragschließende Parteien gegen=
überstehen, so stellen sich die vertraglichen Verpflichtungen, welche
jedem einzelnen Grundstücksbesitzer obliegen, zugleich als eine Ver=
pflichtung der Gesammtheit dar. Auch dieser Auffassung trat das
Reichsgericht bei. II, 290/89 vom 10. Jan. 90.

341. Nach allgemeinen Grundsätzen — Code 1142, 1145,
1147 — wird ein Kontrahent dadurch, daß er seine Vertragspflicht
verletzt, dem anderen Theile zur Schadloshaltung, d. h. zur
Ausgleichung des diesem entstandenen Vermögensnachtheils ver=
pflichtet. Läßt sich letztere nun im gegebenen Falle in einer Herab=
minderung der vertraglichen Gegenleistung finden, so steht einem
darauf gerichteten Anspruche des anderen Kontrahenten grundsätzlich
nichts entgegen. Im vorliegenden Falle hat der erhobene Anspruch
überdies auch in der Vorschrift Code 1722, welche unbedenklich
auf einen Fall der vorliegenden Art analoge Anwendung findet,
einen speziellen wesentlichen Anhalt. II, 290/89 vom 10. Jan. 90.

342. B. L. R. 1738 und 1776 finden keine Anwendung,
wenn aus dem Verhalten der Parteien hervorgeht, daß ein Wille
beider Parteien zur Erneuerung des Pachtvertrags nicht vorhanden
ist. An der Feststellung, daß solcher Wille nicht vorhanden war,
hinderte das Berufungsgericht nicht der Umstand, daß Pächter noch
nach Ablauf des ursprünglichen Pachtvertrags thatsächlich in der
Innehabung des ihm verpachtet gewesenen Grundstücks verblieb.
II, 282/89 vom 21. Jan. 90.

343. Der Pächter hat das Pachtobjekt vertragsmäßig und
pfleglich zu benutzen und jeden verschuldeten Nachtheil zu ersetzen
(L. 25, §§. 3 und 4, D. loc. cond. 19, 2). Ob ein solcher ein=
getreten ist, kann sich aber in der Regel erst nach Ablauf der
Pachtzeit entscheiden, weil sich nun erst übersehen läßt, ob der
Pächter das Objekt in dem Zustand zurückgeben kann, in dem es
nach vertragsmäßiger und pfleglicher Benutzung sein muß. Bis
dahin kann der ordnungsmäßige Zustand hergestellt, der erwachsene
Schaden wieder ausgeglichen und damit jede Verantwortung des
Pächters weggefallen sein. Nur wo schon während der Pachtzeit
feststände, daß durch Fortsetzung der ordnungswidrigen Behand=
lung des Pachtobjekts dessen dereinstige ordnungsmäßige Rück=
gewährung unmöglich werden müßte, kann der Verpächter berechtigt
erscheinen, auch schon während der Pachtzeit auf ihre Unterlassung

zu bringen, ohne sich auf künftige Schadensersatzansprüche ver=
weisen und beschränken lassen zu müssen. Diese Sätze nicht rechts=
irrthümlich. III, 141/89 vom 17. Jan. 90.

344. Darin, daß der Pächter anderen Leuten den Uebergang
über einige Gutsgrundstücke prekär gestattet hat, liegt noch keine
Gefährdung der Gutsgerechtsame durch Ersitzungserwerb. Deshalb
konnte nicht die Errichtung von Warnungstafeln als Verbots=
tafeln beansprucht werden. III, 141/89 vom 17. Jan. 90.

345. Nach dem Pachtvertrag wird der Brunnen von beiden
Theilen unterhalten und benutzt. Keine Vertragsverletzung, daß
Pächter seinen Arbeitern die Benutzung verstattet hat, da dadurch
weder der Brunnen geschädigt noch der Mitgenuß des Klägers
beeinträchtigt wurde. III, 141/89 vom 17. Jan. 90.

346. Eine chikanöse Ausschließung der Mitbenutzung behauptet.
Die Vorderrichter haben den gestellten Antrag für zu unbestimmt
und unbestimmbar erachtet, als daß er den Gegenstand einer rich=
terlichen Entscheidung und demnächstigen exekutorischen Vollziehung
bilden könnte. Dafür, daß der Beklagte dem Kläger die Mit=
benutzung des Brunnens ausschließlich zu dem Zwecke, um ihm
zu schaden, erschwert habe, hat der Berufungsrichter auch jedes
thatsächliche Moment vermißt. Revision zurückgewiesen. III, 141/89
vom 17. Jan. 90.

347. Hat sich Vermiether, welcher früher ein Metzgergeschäft
im Hause betrieben hatte, dem Miether, welcher das Lokal zur
Betreibung einer Wirthschaft miethete, verpflichtet, den Laden unter
keinen Umständen einem Metzger zu vermiethen, so ist die Aus=
legung nicht rechtsirrthümlich und verstößt namentlich nicht gegen
Code 1162, daß sich damit der Vermiether verpflichtet habe, auch
selbst die Metzgerei im Hause nicht zu betreiben. II, 312/89
vom 14. Febr. 90.

348. Der Pachtvertrag ist vor Ablauf der Pachtperiode that=
sächlich aufgelöst und rechtlich aufgehoben. Verpächter fordert aus
dem Pachtvertrage wegen ungenügender Zurückgabe des Pachtguts
Konventionalstrafe, der Pächter kann nicht kompensiren mit dem
Vortheil, welcher dem Verpächter daraus erwachsen sei, daß er
nach Aufhebung des Pachtvertrags zu einem höheren Pachtzins
anderweit verpachtet habe. Denn durch die Aufhebung des ersten
Pachtvertrags erhielt Verpächter die Ländereien zur freien Ver=

fügung zurück, ohne dabei durch Rücksichten auf das nicht mehr bestehende Pachtrecht des ersten Pächters gebunden zu sein. V, 283/89 vom 22. Febr. 90.

349. Der ursprüngliche Miethvertrag über Räume in einem Berliner Hause auf ein Jahr, vom 1. Juli 1886/87, mit der Klausel, daß der Vertrag jedesmal auf ein Jahr prolongirt werde, wenn nicht sechs Monate vor dem Ablauf gekündigt. Spätere schriftliche Vereinbarung, daß der Vertrag bis 1. April 1890 gültig sei. Das Berufungsgericht geht davon aus, daß durch diese spätere Vereinbarung die obige Klausel nicht abgeändert wurde, sodaß es einer halbjährlichen Kündigung vor dem 1. April 1890 bedurfte, wenn der Vertrag mit diesem Tage zu Ende gehen sollte. Die Ausführungen des Berufungsrichters können in keinem Theile Bedenken erregen. V, 355/89 vom 8. März 90.

350. Der Pächter einer Mühle hat, nachdem das Pachtverhältniß beiderseitig aufgehoben war, eine Entschädigungsforderung erhoben, weil in Folge unterlassener Reparatur der Mühlkanal der Mühle nicht das volle Wasser zugeführt habe; er habe aber die Verpächter zur Reparatur vergeblich aufgefordert. Das die Forderung abweisende Urtheil aufgehoben, zurückverwiesen. Wenn eine Vertragspflicht der Verpächter anerkannt wird, zu nothwendigen größeren Reparaturen am Kanal, welche der Pächter vornehmen wollte, ihre Zustimmung zu geben, womit sie die Bestreitung der Kosten auf sich nahmen, und wenn wegen Nichterfüllung dieser Obliegenheit dem Pächter das umfassendere Recht der Auflösungsklage nach B. L. R. 1184 eingeräumt wird, so erscheint es als rechtsirrthümlich, daß das Berufungsgericht dem Pächter die ihm nach 1142, 1146 ff. zustehende Entschädigungsforderung versagt, welche dem Gläubiger nach 1184 sogar noch neben dem Rechte, die Vertragsauflösung zu begehren, gewährt ist. Daß der Pächter aber auf diesen Entschädigungsanspruch ausdrücklich oder stillschweigend verzichtet habe, kann in den Gründen des angefochtenen Urtheils nicht als festgestellt oder begründet angesehen werden. II, 9/90 vom 6. März.

351. Mit Unrecht wurde schon darin eine Verschuldung des Pächters gefunden, welche ihm nach B. L. R. 1148ᵃ den Anspruch auf Entschädigung entziehen würde, daß er von der Befugniß, unter Aufbietung etwaigen eigenen Vermögens oder Kredits

die Reparatur selbst vornehmen zu lassen, um später seine Ersatz-
forderung geltend zu machen, keinen Gebrauch gemacht hat. Eine
Verpflichtung zur Benutzung dieses Rechts wird auch vom
Oberlandesgericht nicht angenommen, da es dem Pächter die Auf-
lösungsklage nach Satz 1184 zuerkennt. Der durch die Fortdauer
des mangelhaften Zustandes des Kanals dem Pächter erwachsene
Schaden kann daher nicht schon deshalb ihm zur Mitverschuldung
zugerechnet werden, weil es ihm nicht beliebte, ungeachtet die Ver-
pächter ihre Zustimmung zu der nach der Behauptung der Be-
klagten nothwendig gewordenen Hauptreparatur des Kanals nicht
ertheilten, diese vorläufig auf eigene Kosten zu übernehmen, um
demnächst die verlegten Kosten von den Verpächtern einzuziehen.
II, 9/90 vom 6. März.

Pacht und
Miethe.

352. Der Vertrag, durch welchen die Ausnutzung eines Stein-
bruchs bis zur Erschöpfung des Lagers überlassen wird, kann
gemeinrechtlich als Pachtvertrag aufgefaßt werden. III, 321/89
vom 28. Febr./11. März 90.

353. Kläger hatte vom Badischen Domänenfiskus die Fischerei
auf einer Strecke des Rheins gepachtet. Die staatliche Rheinbau-
inspektion genehmigte auf dieser Strecke theils die Einrichtung einer
Schlittschuhbahn, theils die Eisentnahme Seitens mehrerer Braue-
reien. Dadurch ist dem Kläger die Möglichkeit entzogen, auf
jenen Strecken durch Einhauen von Löchern in die Eisfläche und
Einlegen von Netzen in die geöffneten Stellen die Fischerei zu
betreiben. Kläger setzte den Fiskus in Verzug, und erhob dann
Klage; Fiskus ist zum Schadensersatz verurtheilt, und es ist aus-
gesprochen, daß er sich der Genehmigung zur Einrichtung von
Schlittschuhbahnen und der Eisentnahme zu enthalten habe. Revi-
sion zurückgewiesen. II, 33/90 vom 25. März. Vgl. 489 und 819.

354. Der klagenden Gesellschaft ist die Benutzung von Pro-
vinzialstraßen bei Cöln zur Anlegung einer Pferdebahn gestattet.
Sie findet eine Vertragsverletzung darin, daß der Provinzialver-
waltungsrath die von ihr nachgesuchte Verlängerung einer Weiche
und Anlegung von drei neuen Weichen abgelehnt hat; Klage ab-
gewiesen, Revision zurückgewiesen. Wenn einmal durch den Ver-
trag selbst festgesetzt ist, daß die Anlage der Pferdebahn in genau
bestimmter Weise und mit den durch die Zeichnungen vor-
geschriebenen Weichen zu erfolgen habe, so kann unmöglich die

Benutzung des
Straßen-
terrains zur
Pferdebahn.

Benutzung des Straßen-terrains zur Pferdebahn.

Rücksicht auf Code 1135 zu dem Resultate führen, daß eine lediglich im Interesse des einen Kontrahenten liegende Abänderung der ausdrücklichen Vertragsbestimmungen als dem wirklichen Inhalte des Vertrages entsprechend angesehen werden könnte. II, 272/89 vom 14. Jan. 90.

Dienstmiethe und ähnliche Verträge.

355. A. L. R. Der beklagte Posthalter ließ auf seine Rechnung ein für den Postdienst geeignetes Gebäude aufführen. Er hat seinem Neffen, einem Maurer- und Zimmermeister, die Maurer- und Zimmerarbeiten übertragen, welche bezahlt sind. Diesem ist er verurtheilt, für Anfertigung der Bauzeichnungen und des Kostenanschlags sowie für die technische Leitung des Baues bezüglich der Klempner-, Tischler-, Maler- und Schlosserarbeiten 1681,50 Mark zu zahlen, da nach dem Gutachten eines Sachverständigen bei größeren Gebäuden ein gewisser Prozentsatz des Kostenanschlags als besondere Vergütung für die hier aufgetragene Bauleitung gezahlt zu werden pflege; daneben werde die Aufstellung des Kostenanschlags und die Anfertigung der Bauzeichnungen besonders vergütet. Beides habe zu den Obliegenheiten des bauausführenden Maurer- und Zimmermeisters nicht gehört. Revision zurückgewiesen. VI, 202/89 vom 25. Nov.

356. Die Anwendbarkeit des von dem Reichsgerichte wiederholt ausgesprochenen Grundsatzes, daß ein dauerndes Dienstverhältniß nach den Bestimmungen des gemeinen Rechts vor Ablauf der Vertragszeit einseitig aufgehoben werden kann, wenn Umstände eintreten, unter welchen vom Standpunkte der Billigkeit aus dem zurücktretenden Kontrahenten die Fortsetzung des Verhältnisses nicht zugemuthet werden darf, erstreckt sich auch auf solche Fälle, in welchen diese Dauer nach gewissen anderen thatsächlichen Verhältnissen, z. B. nach der Lebenszeit oder wie hier nach der Dauer eines Pachtvertrags, bestimmt wurde. Dabei kann es keinen Unterschied begründen, ob der Vertrag, auf welchen der Dienstmiethvertrag rücksichtlich seiner Dauer verweist, von den Parteien selbst oder zwischen Dritten geschlossen worden ist. Wenn daher im vorliegenden Falle weiter nichts vereinbart wurde, als daß „die Dauer des Dienstvertrages mit der Dauer des Pachtvertrages über den Steinbruch Altenberg (welchen der Beklagte bis zur gänzlichen Ausnützung von dem Kläger erpachtet hatte) zusammenfalle", bezw. daß „die Dauer des Pachtvertrages über einen zweiten Steinbruch

Ziegenberg (welchen Beklagter vom Fiskus auf einige Jahre er= *Dienstmiethe.* pachtet bekam), für die Dauer des hierüber geschlossenen Dienst= vertrages bestimmend sei", — so ist damit allein nur eine Be= stimmung über die Dauer des Dienstverhältnisses getroffen, nicht aber zugleich festgesetzt worden, daß die für eine vorzeitige ein= seitige Auflösung eines solchen Vertrags geltenden allgemeinen Regeln für die streitigen Engagementverträge ausgeschlossen sein sollten. Der Beklagte konnte, wenn Gründe obiger Art vorlagen, den Kläger, welchen er als Betriebsführer der Steinbrüche enga= girt hatte, einseitig entlassen, ohne dadurch behindert zu sein, daß er nicht auch den Steinbruch Altenberg zurückgab, und obgleich das Pachtverhältniß über den Steinbruch Ziegenberg noch lief. III, 321/89 vom 28. Febr./11. März 90.

357. Zu den Anforderungen, welche man an einen Mühlen= meister stellen kann, gehört nicht ohne Weiteres, daß er seine ganze Zeit und Thätigkeit der Mühle widme; hätte Beklagter eine solche Anforderung stellen wollen, so wäre es seine Sache gewesen, für Aufnahme einer dahin gehenden Verpflichtung des Klägers in den Kontrakt zu sorgen, oder zum Mindesten, sobald er erfahren, daß Kläger seine freie Zeit im Interesse anderer Mühlenbesitzer ver= wende, demselben dies ausdrücklich zu untersagen; weder das eine noch das andere sei geschehen. Das ist nicht rechtsirrthümlich. VI, 175/89 vom 28. Okt.

358. Das Berufungsgericht stellt sich mit seinen Ausfüh= *Vertrag über* rungen in Widerspruch gegen den grundlegenden Plenarbeschluß *Handlungen.* des O. T. vom 17. Nov. 1845 (E. Bd. 12, S. 31), zu welchem gerade der Fall Veranlassung gegeben hat, daß Jemand durch unförmlichen Vertrag sein Bauergut für einen bestimmten Preis und ein Ausgedinge mit der Uebereinkunft verkauft hatte, der Käufer solle dafür seine Tochter heirathen. In diesem Urtheile ist auch die jetzt wieder vom Berufungsgerichte geltend gemachte Auffassung aus zutreffenden Gründen als unrichtig abgewiesen, daß die Eingehung der Ehe nur als Bedingung in Betracht komme, unter welcher der Kaufvertrag über das Grundstück geschlossen werde. Der Vertrag ist so zu konstruiren: Der Kläger hat sich verpflichtet, die Tochter der Beklagten zu heirathen, das ist seine Leistung; die Beklagten haben sich dagegen verpflichtet, dem Kläger ein bestimmtes Grundstück unter bestimmten — wie Kläger behauptet:

Vertrag über
Handlungen.

angemessenen, wie Beklagte einwenden: besonders vortheilhaften — Bedingungen käuflich zu überlassen, das ist die Gegenleistung. Soll nach A. L. R. I, 11, §. 1048 selbst in den Fällen der Vertrag einem lästigen gleichgeachtet werden, in welchen unter der Bedingung oder zum Zweck der Ehe etwas schenkweise versprochen wird, so ist dieses um so mehr anzunehmen, wenn das Versprechen sich nicht als eine reine Schenkung darstellt, sondern, wie vorliegend, die Ueberlassung einer Sache gegen Entgelt zum Gegenstande hat. Hat aber die unter den Parteien angeblich stattgehabte Verabredung die Natur eines lästigen Vertrages, so findet darauf auch die Vorschrift des A. L. R. I, 5, §. 165 Anwendung. Nachdem der Kläger die Tochter der Beklagten geheirathet hat, kann er die mündlich zugesagte käufliche Ueberlassung des Grundstücks fordern. V, 210/89 vom 7. Dec.

359. Nach dem Rechte des Code civil — Art. 204 — ist das Versprechen der Eltern, die Tochter auszustatten, resp. einen Beitrag zu den Kosten des künftigen ehelichen Haushaltes derselben zu geben, eine den Regeln über die Schenkung unter Lebenden unterworfene Liberalität, und daran ändert es grundsätzlich auch nichts, wenn, wie der Kläger hier behauptet, nach vorgängiger Verhandlung über die Bedürfnisse der letzteren die Zahlung einer bestimmten jährlichen Summe zugesagt worden ist. Es läßt sich denn auch ein „lästiger Vertrag" nicht so konstruiren, daß die Eheschließung des Klägers als eine vermögensrechtliche Leistung anzusehen sei, welche die causa für die Gegenleistung der Beklagten, d. h. den streitigen Jahreszuschuß bilde. Eine solche Annahme steht mit den französisch-rechtlichen Grundsätzen von der Ehe in Widerspruch. Das Versprechen hätte zu seiner Klagbarkeit der notariellen Bekundung nicht entbehren können. Code 931, 1081. II, 238/89 vom 10. Dec.

360. Beklagter hatte ein Hotel für 650000 Mark gekauft. Das wurde ihm leid. Mit dem Kläger vereinbarte er unter Zustimmung des Käufers Wiederaufhebung des Vertrags gegen Zahlung eines Abstandsgeldes von 2000 Mark an Kläger. Der von beiden Seiten nicht erfüllte Vertrag wurde unter Kassation der darüber aufgenommenen Urkunde wieder aufgehoben — A. L. R. I, 5, §§. 386/7. — Nun hat Beklagter die versprochenen 2000 Mark an Kläger zu zahlen. I, 14/90 vom 24. März.

361. Beklagter war nach dem Vertrage verpflichtet, nach seinem Austritt aus dem klägerischen Geschäft weder ein Konkurrenzgeschäft zu errichten, noch in ein bestehendes einzutreten oder direkt oder indirekt für ein solches thätig zu sein. War das Geschäft, in welches der Beklagte nach dem Austritt eingetreten ist, kein Konkurrenzgeschäft, ist es auch nicht wahr, daß dessen Inhaber damals schon den Plan, sein Geschäft auf den Konkurrenzartikel einzurichten, gehabt und solches dem Beklagten mitgetheilt habe, so kann aus dem Vertrage nicht die Verpflichtung abgeleitet werden, zur Vermeidung der Konventionalstrafe aus dem Geschäft sofort wieder auszutreten, nachdem das Geschäft nach dem Eintritt des Beklagten sich auf den Konkurrenzartikel eingerichtet hatte. III, 331/89 vom 14. März 90.

362. Der Bauunternehmer M. hatte für den Reichsmilitärfiskus Kasernen gebaut. Er hatte sich verpflichtet, die Hausteine für den Neubau der Kaserne aus Jaumont zu beziehen. Dies war jedoch unmöglich, weil vorher schon der Fiskus mit den Besitzern der Steinbrüche zu Jaumont Verträge über so bedeutende Lieferungen abgeschlossen hatte, daß diese sich dem M. nicht weiter verpflichten konnten. Deshalb bezog M. mit Zustimmung des bauleitenden Beamten die Steine aus anderen Brüchen und hatte dadurch einen Mehraufwand für Fracht von 6394,50 Mark. Aehnlich lag die Sache mit den Schiefern, welche M. nicht, wie er versprochen hatte, von Trier beziehen konnte. Dem M. ist ein Ersatzanspruch höherer Kosten abgesprochen. Das Berufungsgericht nimmt nur eine relative und vorübergehende Unmöglichkeit in der Weise an, daß M. entweder mit der Vertragserfüllung hätte warten müssen, bis er die Baumaterialien aus Jaumont und Trier erlangen konnte, oder daß er für solche höhere Preise zu bezahlen hatte, wenn er sie sofort beschaffen wollte. Von diesem Standpunkte aus wird gefolgert, daß M. nur in Erfüllung des Vertrages gehandelt habe, welche ihm durch die Einwilligung der Bauverwaltung, die Steine und Schiefer von anderen Orten zu beziehen, sogar erleichtert worden sei. Wenn demgemäß die Voraussetzungen der nützlichen Geschäftsführung (Code 1372 fg.) verneint wurde, so ist hierin eine Gesetzesverletzung nicht zu erkennen. Aber auch bei der Unterstellung einer absoluten Unmöglichkeit, welche beim Mangel eigenen Verschuldens

Werkver-
dingung.

den M. von der Vertragsleistung befreit hätte, ohne daß für den Kläger ein Anspruch auf Schadensersatz entstanden wäre, hätte jener doch nur die Fortsetzung des Baues unterlassen können; wenn er aber statt dessen den Bau mit größerem Aufwande von Kosten vollendete, so hat er eben die rechtliche Folgerung, daß er vom Vertrage befreit sei, nicht gezogen, sondern denselben gleichwohl erfüllt und kann für die Mehrauslagen keinen Ersatz aus dem Rechtsgrunde der nützlichen Geschäftsführung begehren. II, 241/89 vom 29. Nov.

363. Colmar. Der Kläger hatte Abbruch eines Hauses und Neubau binnen vier Monaten übernommen. Während der Ausführung zufolge Antrags der Nachbarn gerichtliches Inhibitorium des Eingriffs in die gemeinschaftliche Mauer bis zu Erstattung eines Sachverständigengutachtens am 13. Juli. Dies erfolgte am 27. Juli dahin. daß die Mauer kunstgerecht zu unterfangen sei. Zufolge jenes Beschlusses hatte Kläger die Arbeiten eingestellt. Nach dem 27. Juli Verhandlung zwischen den Parteien über Fortführung mit Meinungsverschiedenheit über den Zeitpunkt, bis wann in Folge der Unterbrechung das Werk zu vollenden sei. Parteien ließen sich gegenseitig Aufforderung auf Erfüllung des Vertrags durch Gerichtsvollzieher zustellen. Am 16. und 18. Aug. erschien Kläger mit seinen Leuten auf dem Bauplatz, fand aber andere Arbeiter, welche Beklagter fortzuschicken sich weigerte. Am 19. Aug. Erklärung des Klägers zugestellt, er werde Auflösung des Vertrags und Schadensersatz fordern; gleiche Erklärung des Beklagten am 22. Aug. Der Beklagte ist zum Schadensersatz verurtheilt, Antrag des Klägers auf Auflösung für erledigt erklärt. Der Beklagte sei jedenfalls nicht berechtigt gewesen, ohne Urtheil und Recht seinerseits vom Vertrage abzugehen, weil der Kläger seiner Auslegung bezüglich der Vertragsbestimmung über die Baufrist unter den veränderten Verhältnissen nicht zustimmte. Die Zurückweisung der Arbeiter des Klägers sei unter diesen Umständen ein Vertragsbruch des Beklagten gewesen, der den Kläger berechtigte, dessen Auflösung und Schadensersatz zu begehren. Der auf Auflösung des Vertrages gerichtete Klageantrag sei jedoch durch die gegenseitigen Erklärungen der Parteien und dadurch, daß der Beklagte bereits vor dem Urtheile erster Instanz seinen Bau durch einen anderen Unternehmer habe vollenden lassen,

thatsächlich erledigt. Revision zurückgewiesen. II, 249/89 vom 20. Dec.

364. G. R. Die von einem Architekten gelieferten Bauzeichnungen waren für völlig unbrauchbar gefunden. Der Beklagten konnte nicht zugemuthet werden, von dem Architekten, dessen Zeichnungen an so bedeutenden Mängeln litten, ihren Bau ausführen zu lassen; sie schuldete auch für die Zeichnungen selbst wegen deren Unbrauchbarkeit keine Gegenleistung. Unerheblich, daß die (nicht sachverständige) Beklagte die Zeichnungen genehmigt, und den Kläger angewiesen habe, auf Grund derselben weiter vorzugehen. Denn, wenn es unmöglich war, nach den Zeichnungen zu bauen, so entbehrte die Genehmigung, weil auf etwas Unmögliches gerichtet, der rechtlichen Wirkung. VI, 312/89 vom 27. Febr. 90.

365. Der klagende Spediteur der Eisenbahngüterexpedition zu Essen hatte 20 Waggonladungen eiserner Geschosse zum Transport nach Turn-Severin übergeben. Die Frachtbriefe enthielten den Vermerk: ab Essen bis Halbstadt transito im Tarif nach den unteren Donauländern vom 1. Okt. 1886, ab Halbstadt bis Verciorowa im Lokalverkehr, ab Verciorowa bis Turn-Severin im Lokalverkehr. Durch einen Nachtragstarif vom 1. Juli 1887 ist der frühere Tarif insoweit abgeändert, als die ermäßigten Frachtsätze nur für solche Stationen bestehen blieben, für welche ein direkter Verkehr nicht besteht. Für die Linie Essen-Turn-Severin war aber ein direkter Tarif gegeben. Die Eisenbahn hat deshalb für die Strecke Essen bis Halbstadt den Normaltarif erhoben. Die Klage auf theilweise Zurückzahlung abgewiesen. Durch die Beweisvorschrift des H. G. B. 391 wird der Gegenbeweis nicht ausgeschlossen, es ist aber durch beide Vorinstanzen festgestellt, daß der Transportvertrag, wie auch der Frachtbrief besagt, unter Zugrundelegung der bestehenden Reglements abgeschlossen worden ist, und die Bahnverwaltung, als sie die Frachtbriefe beanstandete, deutlich ihren Willen zu erkennen gab, die Beförderung nicht unter Anwendung des aufgehobenen Tarifs auszuführen. Daß die Eisenbahn aber nicht den kürzeren und billigeren Weg gewählt hat, ist damit gerechtfertigt, daß sie an den ihr vorgeschriebenen Weg gebunden war, und daß Klägerin, welche als Transportunternehmerin die Bestimmungen des Tarifs kennen mußte, die

Folgen ihrer undeutlichen Beförderungsvorschrift zu tragen hatte. — Reglement §. 50, Z. 3 und 4. — Revision zurückgewiesen. II, 222/89 vom 26. Nov./3. Dec.

366. Die beklagte Rhederei hatte sich im Konnossement über die versandten Kisten mit Fensterglas von Bruch überhaupt sowie von Verlust und Schaden durch Baratterie, Vergehen, Nachlässigkeit oder Fehler des Kapitäns, der Seeleute oder anderer Personen im Dienste des Schiffes freigezeichnet. Auf dem Rande war noch hinzugesetzt „nicht verantwortlich für Bruch in den Kisten". Das war keine Einschränkung, sondern als eine Erweiterung der allgemeinen Freizeichnung von „Bruch" gemeint, und deckte die Beschädigung der Kisten, in welchen das Fensterglas verpackt war. Auch reichte jene Klausel über H. G. B. 659 hinaus, da sich die Freizeichnung auch auf die Haftung für ein Verschulden der Schiffsbesatzung erstreckte. I, 325/89 vom 2. Okt.

367. Die beklagte Rhederei hatte 500 Kisten übernommen, es waren aber nur 498 Kisten abgeliefert. Diesem Anspruche gegenüber kann die Beklagte sich auf das Präjudiz des Art. 610 des H. G. B. nicht berufen. Denn obwohl über die sämmtlichen 500 Kisten nur ein gemeinschaftliches Konnossement ausgestellt war und nach diesem sämmtliche Kisten dieselbe Marke trugen, so waren sie doch zugleich mit 500 verschiedenen fortlaufenden Nummern bezeichnet, und es muß unter diesen Umständen in Bezug auf die Ablieferungspflicht des Verfrachters jede Kiste als selbständiges Ganzes angesehen und insofern eine Verbindung verschiedener Konossemente in ein und derselben Urkunde angenommen werden. Es liegt daher in Betreff der nicht abgelieferten Kisten nicht ein Theilverlust, sondern ein die Anwendung des Art. 610 selbstverständlich nicht zulassender Totalverlust vor, wie denn auch die Besichtigung durch eine Behörde oder durch Sachverständige für solche Fälle regelmäßig bedeutungslos sein würde. Vgl. E. d. R. O. H. G. Bd. 11, S. 34 fg. und Bd. 15, S. 141 fg. I, 325/89 vom 2. Okt.

368. Aber auch die Berufung der Beklagten darauf, daß sie nach dem Konossemente für „inkorrekte Ablieferung" nicht verantwortlich sei, erscheint nicht als zutreffend. Denn es handelt sich hier nicht etwa um eine Verwechselung mit anderen Gütern, welche man unter diesem Ausdrucke verstehen könnte und bei

welcher der Empfänger in anderen nicht für ihn bestimmten Gütern Frachtvertrag. ein Aequivalent erhält, sondern um eine einfache nackte Nicht-lieferung der verladenen zwei Kisten, ohne daß der Verfrachter sich auch nur zu deren Nachlieferung mit einem anderen Schiffe er-bietet oder irgend etwas dafür anführt, daß und in welcher Weise die betreffenden Güter thatsächlich verloren gegangen seien. In einem so weiten Sinne kann jedoch die gedachte Klausel un-möglich verstanden werden. I, 325/89 vom 2. Okt.

369. Nur weil die Frachtzahlung für das angenommene Gut die Bedeutung einer Genehmigung hat, schließt sie weitere An-sprüche an den Frachtführer aus. — H. G. B. 408. — Das war hier nicht der Fall. Die beklagten Ewerführer trugen die Frachten, welche sie von dem Kläger, einem Kaufmann in Hamburg, zu fordern hatten, in ein Kontrabuch ein, sie holten sich von Zeit zu Zeit runde Summen in entsprechender Höhe von dem Kläger, welche in dem Kontrabuch als a conto empfangen eingetragen sind, ohne daß Abrechnungen stattgefunden haben, oder der Kläger die Eintragungen unterschrieben hatte. Vielmehr haben die Be-klagten allein in dem Kontrabuch Zahlungen von abbirten Fracht-forderungen abgezogen. Da nun auch Kläger mittelst Briefs vom 1. Okt. die Beklagten für die angeblich durch Verschulden von deren Leuten am 29. Sept. gesunkene, dann gehobene und dem Kläger abgelieferte Ladung verantwortlich gemacht hat, so können sich Beklagte auf die am 30. Okt. geleistete a conto-Zahlung von 1000 Mark und auf eine spätere a conto-Zahlung von 1500 Mark nicht berufen, um den Schadensersatzanspruch abzulehnen, wenn-schon im Kontrabuch am 27. Sept. die Fracht für die gesunkenen 1000 Sack Guano mit 80 Mark eingetragen, jene 1000 Mark von den Frachtforderungen einschließlich dieser 80 Mark abgezogen und die spätere Zahlung von der Aktivsumme wieder abgezogen ist. I, 305/89 vom 15. Jan. 90.

370. Der Beklagte hatte für ein Marionettentheater den Transport von Sachen von Küppersteg nach Hucklenbroich über-nommen; er hat sie zunächst bis Langenfeld gefahren, und dort am 6. März mit Bewilligung des Klägers in seiner Scheune untergebracht. Mit dieser sind sie einige Tage später verbrannt. Das die Klage auf Ersatz abweisende Berufungsurtheil aufge-hoben; zurückverwiesen. Das durch die Beweisaufnahme gewon-

Frachtvertrag. nene Resultat als dahin festgestellt bezeichnet, daß „die Auf=
lösung beziehungsweise eine Unterbrechung" des zwischen
den Parteien bestandenen Frachtvertrages am 6. März eingetreten
sei. Eine bloße Unterbrechung des Vollzuges des Frachtvertrages
würde aber, wie die Revision mit Recht geltend macht, den Be=
klagten nicht von der im H. G. B. 395 ausgesprochenen Ver=
bindlichkeit befreit haben, weil die Unterbrechung nicht der Auf=
lösung des Vertrages gleichzustellen ist, vielmehr die bloße Unter=
brechung nur die vollständige Ausführung des Frachtvertrages
hinausschieben würde, ohne die Parteien von den durch den Ver=
trag übernommenen Verpflichtungen zu befreien. II, 22/90 vom
14. März.

Kauf. 371. Die Gläubigerin hatte die Verpflichtung übernommen,
dem Kläger, welcher einen der Gläubigerin an zweiter Stelle ver=
verpfändeten Wald von dem Schuldner kaufen wollte, das Eigen=
thum an diesem Walde auch dann zu verschaffen, wenn derselbe
in dem von der Gläubigerin betriebenen Zwangsvollstreckungs=
verfahren versteigert werden sollte. Käufer verpflichteten sich den
Preis an die Gläubigerin zu zahlen, welche mit der ersten Hypo=
thekgläubigerin ein Abkommen treffen sollte. Der Wald ist mit den
übrigen Grundstücken versteigert und von jener an zweiter Stelle
eingetragenen Gläubigerin erstanden. Dieselbe ist dem Kläger
verurtheilt, diesem den Wald gegen Zahlung des Kaufpreises zu
Eigenthum zu übertragen. Revision zurückgewiesen; dem Vertrage
steht B. L. R. 1599 nicht entgegen. II, 196/89 vom 22. Okt.

372. T. verkaufte im J. 1887 dem S. von dem ihm ge=
hörigen Antheile an dem in 100 Kuxe eingetheilten Bergwerke
O.-Zeche acht Kuxe. Für das Bergwerk war Konzession von dem
Preußischen Finanzminister im J. 1842 ertheilt. Die Kuxe konnten
nur durch einen Majoritätsbeschluß der sämmtlichen Bergwerks=
eigenthümer geschaffen werden; die zur Hälfte Mitbetheiligten ver=
weigerten aber ihre Zustimmung zur Umwandlung des unter der
Herrschaft des französischen Berggesetzes stehenden Bergwerks in
eine dem Pr. Allg. Berggesetz vom 24. Juni 1865 entsprechende
Gewerkschaft. So erachtete das Berufungsgericht den Kauf inso=
weit verbindlich, als Verkäufer $^8/_{100}$ des ganzen Bergwerks ver=
kauft habe, was von dem Beklagten anerkannt worden. Beklagter
habe auch, da das Bergwerk Immobile, gemäß des Gesetzes vom

20. Mai 1885 §§. 1 und 13, Art. I, den Verkauf in notarieller Form zu beurkunden. Hierauf sei aber nicht geklagt. Geklagt war auf Lieferung von acht Kuxen und Herbeiführung der Beschlußfassung aller Mitbetheiligten behufs Herbeiführung einer Gewerkschaft nach §. 240 des B. G. Diese Klage wurde zur Zeit abgewiesen, weil solches Urtheil bei dem erklärten Widerspruch der Mitbetheiligten nicht in Vollzug gesetzt werden könne. Revision zurückgewiesen. II, 226/89 vom 29. Nov.

373. Auf Schadensersatz wegen verzögerter Lieferung konnte Beklagter nach Code 1184 nicht verurtheilt werden, weil ihm die Weigerung der Mitbetheiligten und die dadurch herbeigeführte zeitweilige Unmöglichkeit der Leistung nicht zuzurechnen war. II, 226/89 vom 29. Nov.

374. Die Witwe und fünf Kinder hatten der Klägerin am 1. Dec. das Nachlaßgrundstück, bei welchem noch ein sechstes Kind betheiligt war, schriftlich verkauft mit der Abrede, die Auflassung sollte binnen 14 Tagen vorgenommen werden. Am 2. Dec. gerichtliche Verhandlung zwischen denselben Personen mit „Uebereignung“ des Grundstücks an die Käuferin unter der Abrede, daß die Auflassung sofort nach obervormundschaftlicher Genehmigung des Erbvergleichs, welcher der Witwe den Nachlaß unter Aussetzung von Abfindungen an die Kinder überließ, erfolgen sollte. Am 13. Jan. hat die sechste Tochter die Genehmigung des Erbrezesses „vorerst“ versagt. In Folge fortgesetzter Verhandlungen hat zwischen den Erbinteressenten einschließlich der sechsten Tochter am 15. Aug. Einigung stattgefunden, in welcher die Abfindung letzterer erhöht wurde. Am 19. Sept. obervormundschaftliche Genehmigung des Erbrezesses und der Uebereignung des Grundstückes an die Klägerin. Inzwischen hatte die Klägerin, welcher das Grundstück schon vor dem 1. Dec. übergeben war und welche vorher und am 1. Dec. Zahlung auf den Kaufpreis geleistet hatte, auf Rückzahlung des Kaufpreises und Ungültigkeitserklärung des Kaufes im Mai geklagt. Sie hat auch im Nov. die Entgegennahme der vor dem Amtsgericht angebotenen Auflassung abgelehnt. Das der Klage stattgebende Berufungsurtheil ist aufgehoben, die Klage abgewiesen. V, 190/89 vom 20. Nov. Vgl. 853.

375. Der Antrag auf Ersatz der durch die Beseitigung des Schwamms für den Kläger entstandenen Reparaturkosten stellt sich

Kauf.   nicht bar und ist auch vom Berufungsrichter nicht aufgefaßt als
Theil des Anspruchs auf Vergütung des Minderwerths, sondern
als umgewandelter Anspruch auf Gewährung der gewöhnlich vorausgesetzten Schwammfreiheit des Hauses. Die Rüge, der Berufungsrichter habe unberücksichtigt gelassen, daß jeder Umbau auch Merkmale der Neuherstellung und Verbesserung des früheren Zustandes
enthalte, geht fehl; denn wenn Kläger durch die Vertragsverletzung
des Beklagten genötigt wurde, Neuanschaffungen zu machen, so
braucht er den unvermeiblichen Mehrwerth des Neuen nicht aus
eigenen Mitteln zuzusetzen. V, 165/89 vom 18. Dec.

376. G. R. Der Beklagte hatte sich verpflichtet, wenn ihm
Kläger die jetzt einem S. gehörige Dampfziegelei und Kalkbrennerei
zu W. für 70 666 Thaler zum Kauf anbieten würde, so wolle
er das Werk zu diesem Preise annehmen. Das Reichsgericht
betrachtet als Gegenstand der Verpflichtung die event. Zahlung
des verabredeten Preises nach Lieferung, bezw. Anbieten des Grundstücks von Seiten des Klägers. Es trägt nur Bedenken, von
diesem Standpunkte aus das Geschäft als bedingten Kaufvertrag
zu bezeichnen, weil es zweifelhaft erscheint, ob diese juristische Kategorie in Fällen nur einseitiger Bindung des „Käufers" Anwendung
findet. Immerhin liegt aber jedenfalls ein Geschäft vor, welches
mindestens einem bedingten Kaufe ganz ähnlich und nach Eintritt
der Bedingung völlig nach Analogie eines Kaufes zu beurtheilen
ist. VI, 210/89 vom 5./19. Dec.

377. Mindestens für das Justinianische Recht liegt gar kein
Grund vor, in L. 1, §. 3 D. de peric. et commodo (18, 6) etwas
Anderes zu finden, als die Anwendung der allgemeinen Grundsätze des Kaufvertrages auf einen Fall des Verkaufes von Wein.
Daß aber der vorstehende Fall gerade von der Beschaffenheit war,
daß nach Billigkeit dem Kläger, welcher dem Beklagten vergebens
Erfüllung angeboten hatte, der Selbsthülfeverkauf zu gestatten war,
ist vom Berufungsgerichte aus der konkreten Sachlage ohne Rechtsirrthum entwickelt. VI, 210/89 vom 5./19. Dec.

378. Als Regel ist vorgängige Androhung des Selbsthülfeverkaufs erforderlich. Das war auch vorstehend am 23. Juli
geschehen. Dabei ist es gleichgültig, daß der anderweitige Verkauf
an R., von welchem der Beklagte nichts wußte, schon am Tage
vorher geschehen war, da der letztere sich doch bis zum 9. Aug. 1880,

wo ihm der Kläger diesen vollzogenen Verkauf anzeigte, ganz schweigend verhielt. Unter solchen Umständen durfte der Kläger den schon früher abgeschlossenen Verkauf als Grundlage seines Anspruches auf die Differenz an den Beklagten benutzen. Daß aber der Kläger bei diesem Verkaufe mit voller Sorgfalt gehandelt habe, ist vom Oberlandesgericht unter Berücksichtigung aller erheblichen Umstände ausreichend dargelegt. VI, 210/89 vom 7./19. Dec.

379. G. R. Bei der vom Verkäufer geltend gemachten Verletzung über die Hälfte mit Recht nicht der Werth zu Grunde gelegt, welchen die Koppel nach dem Gutachten der Sachverständigen für jeden Dritten bei beliebiger Benutzung hat, sondern der höhere Werth, welcher durch die ortsgewöhnliche, bestimmungsgemäße Bewirthschaftung, insbesondere auch durch Verpachtung erzielt werden kann. III, 288/89 vom 3. Jan. 90.

380. Der Verkäufer des Rittergutes hat seinen Käufer vorsätzlich zu dem Irrthum verleitet, daß Verkäufer Eigenthümer von zwei Häusern sei, und daß somit Käufer auch diese zwei Häuser erworben habe. Von der Haftung für den Schaden kann sich Verkäufer nicht durch den Hinweis darauf befreien, daß Käufer sich aus dem Grundbuch von der Nichtzugehörigkeit der Häuser hätte überzeugen können. — A. L. R. I, 6, §. 18. — V, 248/89 vom 22. Jan. 90.

381. Ist über mehrere Sachen als über eine einzige untrennbare Sache kontrahirt, hier über zwei Häuser, welche die Beklagten, wie sie den Klägern bei den Kaufverhandlungen nach ihrer Behauptung erklärt hätten, nur zusammen verkaufen wollten, so finden die regelmäßigen Bestimmungen der §§. 325 bis 332 I, 5 A. L. R. Anwendung. Die Käufer konnten dann nur beide Häuser zusammen redhibiren, wenn das eine den Schwamm hatte. Der für das gemeine Recht anerkannte Satz: „Ist von mehreren zusammen verkauften Sachen Eine fehlerhaft, so erstreckt sich die Pflicht der Rücknahme und Rückgabe auf alle, wenn sie als ein Ganzes verkauft worden sind", ist hiernach auch im Preußischen Recht nicht zu vermissen. Wollte man das Gegentheil annehmen, so wäre damit zugelassen, daß der eine Kontrahent wider den Willen des anderen sich seiner Vertragspflicht, die mehreren Sachen nur als eine einzige gelten zu lassen, entziehen dürfte. Das Berufungsurtheil hatte den Klägern den Eid auferlegt, daß für das

Kauf.

Haus mit Schwamm ein Preis von 20 000 Mark beredet sei. Aufgehoben, zurückverwiesen. V, 246/89 vom 18. Jan. 90.

382. Nach Code 1613 ist der Verkäufer auch im Falle derselbe für die Zahlung des Preises eine Frist bewilligt hat, wenn der Käufer seit dem Vertrage in Konkurs oder Vermögensverfall gerathen und so die Gefahr den Preis zu verlieren droht, zur Ueberlieferung der Waare nur gegen vorgängige Sicherstellung verpflichtet. Ein bloßer Verdacht gegen die Zahlungsfähigkeit des Käufers genügt nicht. Zachariae-Dreyer, Bd. 2, S. 494 und Note 13, Aubry und Rau, Bd. 4, S. 363 Text und Note 13; Laurent, Bd. 24, Nr. 172. Zugleich muß der Konkurs oder Vermögensverfall des Käufers, um die Zurückbehaltung der Waare zu rechtfertigen, in der dem Verkaufe folgenden Zeit eingetreten sein. Ob im einzelnen Falle nach der in Betracht kommenden Sachlage ein Vermögensverfall im Sinne Art. 1613 anzunehmen, beruht wesentlich auf thatsächlicher Beurtheilung. II, 310/89 vom 14. Febr. 90.

383. Im Fall 293. Als Sinn des Ueberlassungsvertrages festgestellt, daß behufs der gerichtlichen Umschreibung der Grundstücke in Wladiwostock Kläger die erforderliche Vollmacht auf K. ausstellen, die eigentliche Betreibung der Umschreibung auf Grund der Vollmacht aber Sache der beklagten Käufer sein sollte. Allein K., auf welchen die ursprüngliche Vollmacht ausgestellt wurde, war damals Generalbevollmächtigter der Beklagten und an ihre Instruktionen gebunden. Nachdem der Versuch, durch die auf Jenen ausgestellte Vollmacht die Ueberschreibung zu erlangen, fehlgeschlagen und K. Wladiwostock verlassen, so ist kein Grund dafür ersichtlich, weshalb die Beklagten die Betreibung der Sache ihrerseits auch fernerhin und unter veränderten Umständen definitiv hätten übernehmen und auf jede weitere Thätigkeit des Klägers behufs Realisirung der an sich ihm obliegenden Verpflichtung, ihnen das Eigenthum an den Grundstücken zu verschaffen, mit Ausnahme der Ausstellung einer neuen gültigen Vollmacht schlechthin hätten verzichten sollen. Es wurde erwogen, daß sich auch nach Ausstellung der Vollmacht Hindernisse für die Uebertragung des Eigenthums herausstellen könnten, zu deren Beseitigung der Kläger mitzuwirken habe (wie Unthätigkeit des ernannten Bevollmächtigten, Verlust der Vollmacht u. dgl.). Aus diesen Gründen wurde

zwar die Verurtheilung der Käufer zu den geklagten Geldforderungen nur davon abhängig gemacht, daß Kläger eine schriftliche Vollmacht zur Umschreibung der auf seinen Namen in Wladiwostock eingetragenen Grundstücke ertheile. Auf die Widerklage der Käufer wurde aber der Verkäufer verurtheilt, auch im Uebrigen Alles vorzunehmen, was etwa von seiner Seite behufs Umschreibung der Grundstücke erforderlich werden sollte. I, 216/89 vom 9. Jan. 90.

384. Der Kläger hatte ein in zwei Häusern betriebenes Apothekerwaarengeschäft, mit welchem eine Pulverisir- und Schneideanstalt für Drogen und Farbenhölzer, sowie eine Mostrichfabrikation verbunden war, mit allen Utensilien, Fabrikationseinrichtungen und Vorräthen gekauft; indem er in den Miethvertrag des Verkäufers eingetreten war. Als das Miethverhältniß gelöst wurde, reklamirten die Hauseigenthümer mit Erfolg fünf der mitverkauften Maschinen als ihr Eigenthum, weil mit dem Hause fest verbunden. Klage des Käufers auf Auflösung des ganzen Kaufvertrags, weil durch Entziehung der Maschinen das Ganze betroffen wurde. Abgewiesen, weil der Kläger die Aufhebung des ganzen Vertrags nur gegen Rückgewährung dessen fordern kann, was, abgesehen von den evincirten Gegenständen Gegenstand des Kaufvertrages war (A. L. R. I, 11, §. 165). Hierzu ist aber der Kläger, welcher zugestandener Maßen den Betrieb der verschiedenen Geschäftszweige, auch soweit sie nicht den Betrieb des Farbholzgeschäfts angehörten, eingestellt hat, nicht im Stande. I, 339/89 vom 15. Febr. 90.

385. Der Käufer konnte auch nicht vom Kauf bezüglich aller verkauften Maschinen, unter Rückgewähr derjenigen, welche er noch hatte, zurücktreten, da nicht ersichtlich ist, wie diese zusammen ein Ganzes ausmachen. Dagegen konnte er zurücktreten bezüglich der entzogenen Maschinen. — A. L. R. I, 11, §. 169. Dieser Anspruch ist nicht actio quanti minoris. I, 339/89 vom 15. Febr. 90. Vgl. 133.

386. Vgl. Bd. III, 689 und Bd. VI, 410. Der Ehemann hat mit seiner Ehefrau in allgemeiner Gütergemeinschaft gelebt; diese ist mit Hinterlassung minderjähriger Kinder verstorben, er hatte von „dem ihm gehörigen Grundstück" an den Kläger einen Ackerplan und mehrere Wiesen verkauft und übergeben. Der Käufer mußte, daß das Grundstück den Kindern mitgehöre; gleichwohl ist der Beklagte zur Auflassung verurtheilt. Der Berufungsrichter

Kauf.

hat in Uebereinstimmung mit der konstanten Praxis des früheren Pr. Obertribunals und des Reichsgerichts angenommen, daß der Verkauf einer fremden Sache, auch wenn beide Kontrahenten diese Eigenschaft kannten, an sich nach Preußischem Recht zulässig ist, und daß in solchem Falle der Verkäufer vertragsmäßig verpflichtet wird, dem Käufer das Eigenthum der Kaufsache zu verschaffen. Anders, wenn ausdrücklich über eine fremde Sache kontrahirt ist. — A. L. R. I, 5, §. 46. — Dazu ist zwar nicht erforderlich, daß dies mit expressen Worten geschehen sei; vielmehr erfordert das Gesetz nur, daß die Eigenschaft der Sache, über welche kontrahirt wird, als einer fremden erkennbar zum Ausdruck gelangen muß. Aber an diesem Requisit zur Anwendung des §. 46 cit. fehlt es hier. Durch das bloße Wissen, daß die Sache dem Verkäufer nicht gehört, wird es nicht ersetzt. Durch den Verkauf werden zwar den Kindern ihre Rechte nicht entzogen; der Beklagte kann sich aber dieses Einwands nicht bedienen, um sich seinen Verpflichtungen aus dem Vertrage zu entziehen. V, 306/89 vom 5. März 90.

387. A. L. R. Nachdem der Vater seinem Sohne sein Gut für 61 500 Mark und einen Altentheil im J. 80 verkauft und im J. 84 aufgelassen hatte, haben Kontrahenten im J. 87 einen notariellen Nachtrag geschlossen, in welchem der Preis um 30 000 Mark mit der beiderseitigen Erklärung erhöht ist, der jetzige Preis entspreche dem wahren Werth; der frühere niedrigere Preis sei bewilligt, um das Gut dem männlichen Stamme des Vaters zu erhalten. Wegen der jetzt eingetretenen bedenklichen Erkrankung des Sohnes sei der Preis nach dem wahren Werth festgestellt. Nach dem Tode des Sohnes hat der Vater auf jene 30 000 geklagt; das abweisende Urtheil aufgehoben, zurückverwiesen. (Formlose) Schenkung ist nicht schon um deswillen anzunehmen, weil der Kaufvertrag bei dem Abschluß des Nachtrages im Wesentlichen erfüllt war. Auch nach der Erfüllung ist wie eine Aufhebung so auch eine Abänderung zulässig. In letzterem Fall ist der Nachtrag in Verbindung mit dem früheren Vertrage zusammen zu beurtheilen; nicht als selbständiger Vertrag, welcher hier der Gegenleistung entbehre. V, 310/89 vom 12. März 90. Vgl. 207.

Handelskauf.

388. Bei einem Kauf zur Probe kommt H. G. B. 335 zur Anwendung. Wenn derselbe auch nur beim Mangel anderer Abrede anzuwenden, so war hier angenommen, daß andere Abrede

nicht getroffen sei. Da das gelieferte Isingglass nicht mittlerer Art und Güte war, so ist die Klage abgewiesen. I, 241/89 vom 30. Nov.

389. Laut Vertrags sollte die Beklagte die während eines Monats geschnittenen Sägewaaren nach Ablauf des Monats gegen baar übernehmen. Eine ratenweise Uebernahme ist denn auch nach den Zeugenaussagen eingehalten worden, dergestalt, daß die Beklagte von Zeit zu Zeit sich eine Quantität Hölzer auf dem Lagerplatz der Klägerin zumessen ließ. Nun nimmt der Berufungsrichter als erwiesen an, daß der klägerische Platzmeister im Mai 1887 die weitere (ratenweise) Zumessung abgelehnt, daß Beklagte sich hierauf an den klägerischen Prokuristen gewendet und, von diesem auf den schriftlichen Weg verwiesen, den Brief vom 25. Mai geschrieben hat, worauf die Antwort vom 27. Mai erfolgte, mit welcher die Beklagte an den Rechtsanwalt verwiesen wurde. In dieser Verweisung der Beklagten an den Rechtsanwalt, bezw. auf den Prozeßweg, kann eine Verweigerung dessen gefunden werden, was dieselbe unmittelbar vorher mündlich und schriftlich verlangt hatte, und da dieses Verlangen augenscheinlich nichts anderes bezweckte, als die Fortsetzung der Zumessung des längst auf Lager befindlichen Holzes in der bisher üblichen und der Beklagten „gesetzlich“, d. h. vertragsmäßig zustehenden Weise, so läßt sich das Verhalten der Klägerin nur als eine Weigerung der Vertragserfüllung auffassen, um so mehr, als dieselbe auf dem, in dem Briefe vom 27. Mai eingenommenen Standpunkt verharrte, und der Beklagten auch nach diesem Zeitpunkt und bis zu dem von Letzterer erklärten Vertragsrücktritt ihre Lieferungsabsicht nicht zu erkennen gegeben hat. Nicht die Beklagte war im Annahmeverzug, sondern die Klägerin im Erfüllungsverzug. Sie ist deshalb mit ihrer Klage abgewiesen, und der Beklagten zur Rückzahlung des Preises verurtheilt, soweit derselbe die Lieferungen übersteigt. III, 222/89 vom 10. Dec.

390. Klägerin hat auch mit dem früheren Vorgang nicht erfüllt: Wenn auch der klägerische Prokurist H. den anwesenden Inhabern der beklagten Firma eine Quantität Buchenholz auf dem Lagerplatz der Klägerin gezeigt und dabei gesagt hat: „das ist das von Ihnen gekaufte Buchenholz, ich überweise es Ihnen hiermit“, so ist doch nicht ersichtlich, daß die Vertreter der Beklagten nach

Handelskauf. Lage der Sache diese Erklärung als eine wirkliche Besitzesübertragung haben auffassen müssen. Denn einmal erscheint zweifelhaft, ob überhaupt nur auf klägerischer Seite eine dahin gehende Absicht obwaltete, da der Zeuge H. deponirt, er habe bei dem fraglichen Anlaß nicht gewußt, ob die erforderliche Anzahl Buchenbohlen in der vertragsmäßigen Qualität vorhanden war. Dazu kommt, daß der Beklagten laut Vertrags die Bestimmung über die Stärke der Bohlen vorbehalten war („Stärke nach unserer Angabe"), auf welche Vertragsbestimmung zu ihren Gunsten die Beklagte ohne Grund Verzicht geleistet hätte, wenn die fragliche Vorweisung von ihr ohne Weiteres als Ueberlieferung acceptirt worden wäre. Hat nun der Berufungsrichter daraufhin angenommen, es sei die gedachte Zuweisung nur dahin aufzufassen, daß Beklagte aus dem bezeichneten Holze demnächst die vertragsmäßig zu liefernden Bohlen zugemessen und tradirt erhalten werde, es habe nur mit Rücksicht hierauf die von der Beklagten vorgenommene Bedeckung des Holzes stattgefunden und es seien die im Streit befindlichen Zahlungen seitens der Beklagten nicht Zahlungen auf anerkannt erfolgte Holzlieferungen, sondern solche gewesen, die in Erwartung künftiger Lieferungen geschehen seien, so hat mit Allem dem der Berufungsrichter die Sachlage nicht in rechtsirrthümlicher Weise beurtheilt. III, 222/89 vom 10. Dec.

391. Die Widerklage auf Rückzahlung des Preises nach H. G. B. 355 und 356 zu beurtheilen. Die Anzeige der Widerkläger (Art. 356) lag in der Erhebung der Widerklage, eine Nachfrist hat Verkäuferin nicht begehrt. III, 222/89 vom 10. Dec.

392. Die Bestimmung in dem Kaufvertrage: „Die Zuckerfabrik bezahlt den Betrag jeder Lieferung nach Empfang und Richtigfinden der Waare", kann, wenn man erwägt, daß die Unterscheidung des Zuckerrübensamens vom Futterrübensamen nicht schon nach dem äußeren Anblick des Samens, und auch nicht bereits beim Aufgang der Pflanzen im Frühjahr möglich ist, während doch die Echtheit des Samens ausdrücklich von dem Verkäufer garantirt war, nur die Bedeutung haben, daß der Preis erst bezahlt werden sollte, sobald erkennbar geworden sein konnte, ob der Samen echt war, und daß die alsdann erfolgende Zahlung zugleich den Richtigbefund der Waare in sich schließen sollte. I, 225/89 vom 16. Nov.

393. Daß zur Zeit, als die Zuckerfabrik den Rübensamen Handelskauf. ihrem Verkäufer zahlte, am 6. Okt. 1884 die Echtheit des Samens erkennbar gewesen, kann keinem Bedenken unterliegen. Es war aber auch damals bereits die Zeit der Ernte. So wenig anzunehmen ist, daß sich der Betriebsdirektor einer Zuckerfabrik nicht um den Stand der Rübenernte, die aus dem von ihr den Rübenbauern zur Aussaat gegebenen Samen auf dem Sitze des Etablissements nahe belegenen Feldern gewonnen werden soll, kümmere und lediglich das Ergebniß der einzelnen Anlieferungen abwarten wird, so wenig kann davon als geschäftlicher Ordnung entsprechend ausgegangen werden, daß die Zahlung des Preises, wenn sie trotz der Lieferung des Samens im Februar erst im Oktober um die Zeit der Ernte, nachdem mit deren Anlieferung bereits begonnen war, erfolgte, doch noch eine anticipirte, in bloßer Voraussetzung, daß sich die Waare demnächst als echt erweisen werde, gewährte gewesen wäre. Es ist in keiner Weise angedeutet worden, daß etwa Kläger wegen der Zahlung gedrängt hätte. Die Zahlung muß daher als die vertragsmäßig vorgesehene, welche den Richtigbefund der Waare in sich schloß, erachtet werden und diesen Richtigbefund mit seinen Wirkungen hätte die beklagte Zuckerfabrik, gerade wie eine zu kondicirende Zahlung oder ein Anerkenntniß, anzufechten gehabt. Diese Anfechtung kann aber nicht schon damit begründet werden, daß nachgewiesen wird, es hätten von gelieferten 300 Centnern Samen 6 Centner zu 5—10 Proc. Futterrübensamen enthalten. Es lag nahe genug, daß dies der Vorstand der Beklagten gegenüber dem sonstigen befriedigenden Ergebnisse der Lieferungen für etwas Unerhebliches erachtet hat. Die beklagte Zuckerfabrik hatte somit kein Recht, von dem Vertrage zurückzutreten. Sie ist zur Zahlung auch des im J. 1885 zu liefern gewesenen Rübensamens verurtheilt. I, 225/89 vom 16. Nov.

394. Beklagter kaufte 43 Stück Satin „unter der Bedingung", daß theilweis schon am 12. Nov. geliefert werde. An diesem Tage forderte Beklagter 19 Stück, lehnte die Abnahme von 7 der ihm vorgelegten Stücke ab als nicht lieferbar, erklärte sich aber einstweilen mit der Lieferung der übrigen 12 Stück zufrieden. Das lehnte Verkäufer ab, wenn nicht die ganzen 19 Stück abgenommen würden. Einen Beweis, daß die 7 Stück lieferbar

Handelskauf. gewesen, hat Verkäufer nicht erbracht. Da er sich ohne rechtfer=
tigenden Grund geweigert hat, die 12 Stück zu verabfolgen, und
Beklagte von dem resolutiv bedingten Kauf zurückgetreten war,
wurde die Klage auf Grund Code 1183 abgewiesen. Es bedurfte
weder einer gerichtlichen Auflösung des Vertrages, noch einer
Inverzugsetzung. Der Fall Code 1656 liegt so wenig vor wie
1178. Revision zurückgewiesen. II, 240/89 vom 10. Dec.

395. Käufer hat sich darüber beschwert, daß Verkäufer den
Selbsthülfeverkauf in England zu weit hinausgeschoben haben.
Aber auch wenn die Behauptung des Käufers richtig wäre, daß
von December bis April jeden Jahres selbst gegen die theuersten
Frachten keine Schiffe zu haben seien, so würde die Hinausschie=
bung des Selbsthülfeverkaufs doch nur dann dem Verkäufer zur
Schuld angerechnet werden können, wenn er dadurch eine ab=
sichtliche Schädigung des Käufers bezweckte. Von einer Spe=
kulation seinerseits kann dabei nicht die Rede sein, denn er hat
ja immer, aber auch immer nur den vertragsmäßigen Preis zu
erhalten, und ihm kann es an sich gleichgültig sein, wieviel er
davon durch Selbsthülfe erhält und wieviel er vom Käufer ein=
klagen muß. I, 264/89 vom 18. Dec.

396. Der Verkäufer eines bereits gebrauchten Pulsometers
hatte für denselben auf sechs Monate so garantirt, daß er in
dieser Zeit alle Theile in seiner Fabrik kostenfrei ersetze, welche
nachweislich in Folge schlechten Materials oder mangelhafter Aus=
führung bei normalem Betrieb unbrauchbar werden. Der Käufer
hat ihn als unbrauchbar zur Verfügung gestellt, der Verkäufer
die Dispositionsstellung abgelehnt, weil die Vornahme der Repa=
ratur nicht verweigert sei. Käufer zur Zahlung verurtheilt. Auf=
gehoben, zurückverwiesen. Der Berufungsrichter hat unterlassen
zu prüfen, ob nicht durch die vereinbarte Garantie die allgemeinen
Grundsätze über die Folgen mangelhafter Lieferung, insbesondere
die Zulässigkeit der Redhibition modifizirt seien. Er hat nur aus=
gesprochen, daß die Garantie den Käufer nicht von der Unter=
suchungspflicht H. G. B. 347 entbunden habe. Es ist aber nicht
einmal ein Distanzkauf genügend begründet. Daraus allein, daß
Parteien verschiedenen Wohnsitz haben, folgt er nicht. — Vgl. I,
593/80 vom 2. Nov. 81, E. 6, 15. — I, 257/89 vom 4. Dec.

397. Genuskauf über eine Partie Bretter von bestimmter

Länge, Breite und Stärke und eine Partie Dielen. Verkäufer Handelskauf. hatte ohne Grund den Vertrag wegen angeblichen Annahmeverzugs des Käufers aufgehoben. Der Käufer hat auf Lieferung eines Theils der Bretter, wie er s. Z. fertig geschnitten war, geklagt, betreffs eines andern Theils auf Schadensersatz wegen Nichterfüllung, sich die Erklärung betreffs der Dielen vorbehalten. Daß der Kläger des Anspruchs auf Erfüllung dadurch überhaupt verlustig gegangen sei, daß er in der Klage theilweise Erfüllung, theilweise Schadensersatz wegen Nichterfüllung gefordert habe, entbehrt jeden gesetzlichen Grundes und ist namentlich auf den Art. 355 H. G. B. nicht zu stützen. Die Lage des Beklagten ist durch die Beschränkung auf einen Theil der Erfüllung nicht erschwert, und der Kläger will nach seinen Erklärungen in der Vorinstanz Erfüllung des ganzen Vertrags. I, 285/89 vom 4. Jan. 90.

398. Daß der Beklagte von seiner Verpflichtung zur Erfüllung des Vertrages dadurch nicht befreit ist, daß er die im Juni vorhandenen geschnittenen Hölzer im Juli an L. verkauft hat, bedarf einer weiteren Darlegung ebensowenig, wie daß er seine Befreiung nicht darauf stützen kann, daß L. die Hölzer später an den Kläger verkauft hat. Da es sich um Lieferung eines Genus, wenn auch aus einem bestimmten Walde, handelt, wäre es deshalb Sache der Beklagten gewesen, die Unmöglichkeit der verlangten Erfüllung durch die Behauptung und den Nachweis darzulegen, daß der Wald durch den Verkauf der Hölzer an L. erschöpft sei. Davon hat der Beklagte nichts behauptet. I, 285/89 vom 4. Jan. 90.

399. Beklagte hat Fettkohle gekauft. Dieselbe müsse 72 Proc. Cokes geben; geliefert sei eine viel magerere Kohle. Abzug für die Lieferungen der Monate November bis März. Sie hat sehr häufig und in geringen Zwischenräumen über die „mangelhafte", „ungenügende," „unverantwortlich schlechte," „magerere" Beschaffenheit der gelieferten Kohlen Klage geführt wird. Die Kohlen werden als „unter aller Würde ausgefallen", als „dem Begriff Cokeskohlen ungenügend", als „vertragswidrig" u. s. w. bezeichnet, „das ungeheuere Vorkommen von Asche", „der Mangel an Fettgehalt und an Backfähigkeit" u. s. w. wird wiederholt gerügt. Auf das Deutlichste geben sich diese Ausstellungen als absichtliche

Handelskauf.

„Rügen" und „Mängelanzeigen", nicht blos als beiläufige Bemerkungen zu erkennen, indem an dieselben Erklärungen geknüpft werden, wie: „es kann so nicht fortgehen", „es muß Wandel geschafft werden". Endlich werden in den Briefen vom 3. und 21. Dec., 12. Jan., 22. Febr., 20. März, 20. April die Berechnungen der in den einzelnen Monaten erlittenen Verluste aufgestellt. Allerdings ist es richtig, daß keine der in mehr als zwanzig Briefen der Beklagten enthaltenen Erklärungen sich auf eine bestimmte einzelne oder mehrere einzelne Kohlenlieferungen bezieht, und daß alle Lieferungen von der Beklagten angenommen wurden. Allein die Beklagte behauptet, daß die Untersuchung der Kohlen auf Cokesgehalt vor der Bearbeitung derselben zu Cokes unthunlich sei; erst aus dem Erfolg der Verarbeitung lasse sich die Verwendbarkeit der Kohlen zu Cokes bezw. der Grad der Verwendbarkeit erkennen. Ist dies in der That der Fall, so ist im Verhalten der Beklagten eine dem H. G. B. 347 entsprechende Mängelanzeige zu finden und es entspricht diese Auffassung wesentlich dem Verkehrsbedürfniß. I, 270/89 vom 18. Dec.

400. Der Käufer in New-York hatte die ihm vom Baseler Verkäufer zugesandten seidenen Kravatten und Gürtel zur Verfügung gestellt, weil zu viel übersandt war. Er hat sich erboten, die Waare in Konsignation zu übernehmen. Das lehnte der Verkäufer ab. Nun hat der Käufer die gesammte Waare verkauft. Die Klage auf Zahlung des fakturirten Kaufpreises ist abgewiesen, weil der alsbaldige Verkauf der Waare im Interesse der Absender gelegen gewesen; beim Mangel jeder Anzeige für das Gegentheil sei davon auszugehen, daß der Käufer den Verkauf im Interesse der Kläger und für deren Rechnung vorgenommen habe. Revision zurückgewiesen. Wäre anzunehmen, daß der Käufer gegen Verbot gehandelt habe, so könnte nur Schadensersatz, sonst nur Rechnungslegung begehrt werden. VI, 245/89 vom 9. Jan. 90. Vgl. 10.

401. Wenn noch vorher ein Mißverständniß unter den Parteien über die Höhe des Preises bestanden haben sollte, so kann sich Käufer darauf nicht berufen. Denn Verkäufer hatte dem Käufer zu Händen von dessen Prokuristen den ersten Packen mit einem Schriftstück zugesandt: „Herrn H. G. hier. Kauften

8 Packen Java-Taback J. L. L. B, H zum Preise von 160 Pfennig
per ½ Kilogramm. Von der Abnahme 6 Monat Ziel resp. in
2 Monaten abzunehmen, auf frei versichertem Lager", welcher
Erklärung sich dann mit der Bezeichnung: Gewichts-Aufgabe die
Specifikation des Brutto-Gewichts und der Tara der einzelnen
Ballen anschließt, der zufolge die Partie Netto 673½ Kilogramm
wiegt und wobei nochmals hinzugefügt ist „à ½ Kilogramm
160 Pfennig". Hiernach enthält das Schriftstück in erster Linie
— und zwar vollkommen deutlich und verständlich — die näheren
Modalitäten des Kaufgeschäfts, wie dasselbe nach der Auffassung
des Verkäufers abgeschlossen war, und es kann keinem Zweifel
unterliegen, daß dies in der erkennbaren Absicht geschah, den Inhalt des mündlich zu Stande gekommenen Vertrages schriftlich zu
fixiren, wie dies unter Kaufleuten üblich ist. Darin besteht aber
gerade das Wesen und die Bedeutung einer sogenannten Schluß-
nota und es konnte dies bei Anwendung der ihm obliegenden
Sorgfalt um so weniger entgehen, als auch die in dem Schriftstücke mitenthaltene Gewichtsaufgabe die sämmtlichen den Gegenstand des Kaufgeschäfts bildenden acht Packen umfaßte, während
es, wenn Kläger dem Schriftstücke nur die Bedeutung einer Ge-
wichts-Nota beigelegt hätte, nur der Aufgabe des Gewichtes des
einen Packens bedurft haben würde, welcher zunächst allein abgenommen und dem Prokuristen B. mit jenem Schriftstück übersandt war. Aus der Hinnahme und dem unbeanstandeten Behalten des letzteren von Seiten des Prokuristen in Verbindung
mit der im kaufmännischen Verkehre beobachteten Ueblichkeit durfte
das Berufungsgericht daher mit Recht ein nachträgliches Einverständniß des B. mit dem Inhalte des Schriftstückes und mithin
auch mit dem darin fixirten Kaufpreise entnehmen, selbst wenn B.
bis dahin wirklich der Meinung gewesen wäre, zu einem niedrigeren Preise gekauft zu haben. Dem stehen auch die Entscheidungen des vormaligen R. O. H. G. in Bd. 5, S. 32 ff. und
Bd. 22, S. 144 ff. nicht entgegen, da es sich dort um die Aufnahme von Nebenbestimmungen in die Faktura handelte, hinsichtlich welcher besondere Abreden beim Vertrage nicht getroffen
waren, so daß in dieser Beziehung die gesetzlichen Vorschriften
als vereinbart gelten mußten, wogegen hier eine angebliche Abweichung von dem vereinbarten Preise, also von einem wesent-

lichen Essentiale des Vertrages, in das Schriftstück aufgenommen war.   I, 304/89 vom 11. Jan. 90.

402. Der Verkäufer hat wegen Verzugs in der Abnahme der verkauften Nüsse Selbsthülfeverkauf vorgenommen, nachdem er den Käufer am 28. Nov. zur Abnahme der bestellten 400 Centner Nüsse unter Androhung des Selbsthülfeverkaufs binnen 2 Tagen vergeblich aufgefordert hatte. Selbst, wenn Verkäufer die Nüsse in für Rechnung des Käufers angeschaffte Säcke gefüllt und abgewogen hätte, so würde er Angesichts der vom Käufer erklärten Ablehnung vom 23. Nov. nicht gebunden gewesen sein, die nämlichen Nüsse als einen zur Spezies gewordenen Gegenstand bereit zu halten und zur Versteigerung zu bringen. Die zur Versteigerung gebrachten Nüsse waren gleicher Qualität. Hätte Verkäufer von jenen eingesackten Nüssen am 23. Nov. einen Theil an einen Dritten verkauft, so hat er damit über einen Theil der dem Beklagten verkauften Waare nicht verfügt. II, 294/89 vom 21. Jan. 90.

403. Beklagter hatte sich am 8. Sept. verpflichtet, dem Kläger für binnen 8 Tagen zu liefernde 200 Zehnmarkstücke mit dem Bilde des Kaisers Friedrich 12 Mark pro Stück zu zahlen; Kläger für jedes fehlende Stück 2 Mark zu zahlen. Am 12. Sept. hat Kläger angeblich bereits die 200 Zehnmarkstücke angeboten, und als diese nicht abgenommen wurden, sie am 13. dem Beklagten durch Gerichtsvollzieher realiter anbieten und Erfüllung fordern lassen. Die Klage auf Zahlung von 2400 Mark war abgewiesen. Auch Beklagter habe, wie Kläger, einen Kauf abzuschließen beabsichtigt, nicht wie Beklagter für sich behauptete, eine Wette, aber es sei, wie thatsächlich angenommen wurde, ein Fixgeschäft geschlossen, und Verkäufer habe nicht unverzüglich nach Ablauf der Frist dem Käufer angezeigt, daß er auf Erfüllung bestehe. Aufgehoben, zurückverwiesen: weil nicht der doppelte Vorgang gewürdigt, daß Verkäufer am 12. und am 13. Sept. angeboten bezw. Erfüllung gefordert. II, 292/89 vom 28. Jan. 90.

404. Im Fall Bd. VII, 579 hatte der Berufungsrichter nach der Zurückverweisung lediglich auf Grund derselben Thatsachen, welche bei dem früheren Berufungsurtheil vorlagen, ausgesprochen, das vorliegende Abkommen charakterisire sich als einer der im Verkehrsleben nicht selten vorkommenden Verträge, mittelst deren sich Käufer während eines gewissen Zeitraums die Lieferung

seines Bedarfs an einer Waarengattung, der Verkäufer einen Ab=
nehmer für denselben Zeitraum sichere, und wobei für diejenigen
Waaren, welche innerhalb dieses Zeitraums bezogen werden, im
beiderseitigen Interesse ein fester Preis ausgemacht werde, um den
Preisschwankungen vorzubeugen, welchen andernfalls die betreffende
Waare je nach der Höhe der Arbeitslöhne, dem wechselnden Preise
des Rohmaterials oder nach anderen Konjunkturen des Verkehrs=
lebens ausgesetzt sein würde. Die Feststellung einer gewissen Zeit=
dauer in solchem Vertrage habe wenigstens dann, wenn dem Käufer
die Bestimmung der einzelnen Quantitäten und ihrer Beschaffen=
heit überlassen sei, den Sinn, daß Käufer, was er innerhalb
jenes Zeitraums beziehe, zu den vereinbarten Preisen zu erhalten
habe. Lasse er den Zeitraum verstreichen, ohne von jenem Recht
Gebrauch zu machen, so könne er Lieferung auf Grund der verab=
redeten Preise nicht fordern. Danach war die Klage wiederum
abgewiesen. Berufungsurtheil von Neuem aufgehoben. Denn das
Berufungsgericht hat nicht die im Reichsgerichtsurtheil (a. a. O.
S. 216 verbis „Anders würde sich — präjudiziren konnte") offen
gelassene Ermittelung des konkreten Vertragswillens vorgenommen,
sondern eine Regel aufgestellt, welche von der maßgebenden Auf=
fassung des Reichsgerichts abwich. Ueberdies ist das Wesen des
fest abgeschlossenen Spezifikationskaufs verkannt, welcher beiden
Theilen Pflichten auferlegte und Rechte gab, solche nicht erst von
Bestellungen des Käufers abhängig machte. Hiernach wäre sofort
in der Sache selbst zu erkennen gewesen, wenn nicht noch eine
Einrede des Vergleichs thatsächliche Feststellungen erfordert hätte.
Zurückverwiesen. VI, 278/89 vom 3. Febr. 90.

405. Die Käuferin hat unosmosirte Melasse gekauft. Wie
festgestellt, ist durch keinerlei Untersuchung, nicht einmal durch
Probeverarbeitung mit Bestimmtheit zu ermitteln, ob Melasse
osmosirt ist oder nicht. Die Einrede aus der vertragswidrigen
Beschaffenheit der Waare ist deshalb dadurch nicht verloren ge=
gangen, daß die Beklagte die bis zum 2. Sept. gelieferte Waare
nicht untersucht und den Mangel erst gerügt hat, nachdem ihr am
8. Dec. von H., einem Mitgliede des Aufsichtsraths der Fabrik
Opalenitza, von woher Verkäufer die Melasse bezogen hatte, mit=
getheilt war, daß sie osmosirte Melasse erhalten habe. Die An=
nahme beider Vorderrichter, daß eine Verspätung der Rüge darin

Handelskauf. nicht zu finden sei, daß die Beklagte, nachdem sie am 8. Dec. durch H. erfahren, es sei ihr osmosirte Melasse geliefert, die Anzeige davon der Klägerin erst am 15. Dec. gemacht hat, beruht auf der rein thatsächlichen, durch die Sachlage begründeten, gegen das Gesetz nicht verstoßenden Erwägung, daß die Beklagte am 8. Dec. über die Richtigkeit der H.'schen Mittheilung noch nicht sicher gewesen, volle Sicherheit sogar erst nach dem 15. Dec. durch das Schreiben vom 21. Dec. erlangt habe. Die Klage des Verkäufers ist abgewiesen, Revision zurückgewiesen. I, 338/89 vom 12. Febr. 90.

406. Im Fall Bd. VII, 585 hat der Berufungsrichter den Beklagten anderweit verurtheilt, indem er nach Erhebung eines Sachverständigengutachtens festgestellt hat, daß das Geben und Nehmen einer Ausfallprobe vorliegenden Falls in dem im Knochenhandel allgemein gebräuchlichen Sinn erfolgt sei, daß die mit der Probe übereinstimmende Waare als genehmigt gelte, wenn der an der Ausfallprobe bei ordnungsmäßiger Untersuchung erkennbare Mangel nicht gerügt werde, und daß der Mangel der Reinheit für den Käufer bei ordnungsmäßiger Untersuchung erkennbar gewesen sei. I, 330/89 vom 1. Febr. 90.

407. Die Parteien standen seit dem J. 1887 derartig in Geschäftsverbindung, daß die Beklagte von dem Kläger fortlaufend Garne bezog. Ueber Quantität, Qualität und Preiseshöhe der in bestimmten Fristen successive zu liefernden Garne wurden aufeinander folgende Vereinbarungen abgeschlossen. Es war aber von vornherein zwischen den Parteien abgemacht, daß für sämmtliche in ihrem fortlaufenden Verkehr abzuschließende Garngeschäfte die Berichtigung des Preises gelieferter Garne beklagterseits zu erfolgen habe netto vier Monate vom Tage der Faktura, während bei Zahlung binnen 30 Tagen ihm 2 Proc. Sconto berechnet werden sollten. Die beiden letzten Abschlüsse je zu 5000 Kilogramm Zephyrgarn datiren vom 1. Dec. 1887 und 21. März 1888. Kläger hat von dem ersten Posten 3750 Kilogramm geliefert, Beklagte blieb mit den Zahlungen im Rückstand; sie war am 31. März 1888 mit 15 081,90 Mark, am 30. April mit 25 019,15 Mark im Verzuge, ult. Mai mit 21 787,65 Mark, ult. Juni mit 33 412,63 Mark. Als Beklagte trotz Mahnungen die Rückstände nicht bezahlte, erklärte Kläger,

daß er die von früher noch offenen Garnabschlüsse als erledigt betrachte. Der Beklagte ist zur Zahlung des Rückstandes verurtheilt, Kompensationseinrede mit Schadensersatzforderung wegen Nichtlieferung abgewiesen, mit der vom Revisionsgericht gebilligten Begründung des Landgerichts: Wenn auch die Abschlüsse vom 1. Dec. 1887 und 21. März 1888 zeitlich auseinander fielen; so erscheine es in dem vorliegenden Falle doch sachgemäß, die Rechte und Pflichten der Kontrahenten aus diesen Abschlüssen als mit einander zusammenhängende aufzufassen. Unstreitig habe der Geschäftsverkehr der Parteien sich nicht auf die erwähnten beiden Abschlüsse beschränkt, sondern habe sich in gleicher Weise schon eine Zeit lang vorher entwickelt. Beklagte habe sich Garne schicken lassen, und zwar in fortlaufenden Raten, und dafür an Kläger (auf Grund einer ein für alle Mal getroffenen Vereinbarung über die Zahlungsmodalitäten) den erfolgten Lieferungen entsprechend fortlaufend an Kläger Zahlungen zu leisten gehabt. Der Abschluß vom 21. März 1888 sei daher nur eine Fortsetzung des bereits auf Grund des Abschlusses vom 1. Dec. 1887 und der noch früheren Abschlüsse bestehenden Geschäftsverkehrs der Parteien gewesen, habe die durch ihn festgesetzten Lieferungen den auf Grund der früheren Abschlüsse noch ausstehenden lediglich angereiht, enthalte nur eine Erweiterung der Lieferungs- und Zahlungsverpflichtungen, sodaß die Pflicht des Klägers zur Lieferung der zuletzt bestellten Quantitäten Garn nicht als von der Erfüllung der Pflicht der Beklagten zur Berichtigung des fälligen Preises für die auf Grund der früheren Bestellungen gelieferten Garne unabhängig gewollt, sondern als unter Voraussetzung, daß Beklagte sich in Bezug auf jene Preisesberichtigung vertragsmäßig verhalten werde, übernommen, zu erachten sei. Der Rücktritt des Klägers nach H. G. B. 354, 356, 359 berechtigt. I, 7/90 vom 8. März.

408. Im Fall 837. Nun ist freilich im Vorprozeß dem Kläger der Theil seines Schadens, welchen er in Höhe von 900 Mark gefordert hatte, nicht blos auf der Grundlage des Breslauer Marktpreises abgesprochen, sondern auch auf der Grundlage des Budapester Marktpreises zugesprochen, und der Kläger hat den ihm so zugesprochenen Anspruch gezahlt erhalten, nachdem

er eventuell denselben auf dieser Grundlage verfolgt hatte, und hierüber Beweis erhoben war. Allein diese Thatsache vermag doch die Befugniß des Klägers nicht auszuschließen, für den damals nicht verfolgten Theil seines Schadensanspruchs auf den Breslauer Marktpreis zurückzukommen. Denn waren seit dem im Okt. 1883 abgeschlossenen Einkauf die Preise von Rothkleesamen im November sowohl in Budapest als in Breslau, also allgemein so weit gestiegen, daß der von dem Kläger im Vorprozeß geforderte Theil der Differenz innerhalb dieser allgemeinen Preissteigerung lag, so war es ganz gleichgültig, ob der Kläger den Rothkleesamen, wenn er geliefert worden wäre, am Erfüllungsorte oder ob er ihn an dem von ihm beabsichtigten Bestimmungsorte veräußert haben würde. Er hätte den Gewinn von 900 Mark in jedem Falle gehabt. Die Unterscheidung der Marktpreise von Breslau und Budapest wurde von praktischer Bedeutung erst soweit Kläger über den Marktpreis von Budapest hinaus den Marktpreis von Breslau forderte, also bezüglich desjenigen Theils des Anspruchs, welcher im Vorprozeß nicht gefordert, nicht zugesprochen, nicht abgesprochen und bisher nicht gezahlt ist. Für diesen Theil des Anspruchs steht also die Substantiirung, die Zuerkennung und die Zahlung des früheren Anspruchs nicht im Wege. I, 302/89 vom 12. März 90.

409. Der Kläger hatte jetzt auch seinen Schaden konkret so berechnet, daß er, wenn ihm die Waare geliefert worden wäre, dieselbe einem bestimmten Kaufmann für einen von diesem damals gebotenen Preis verkauft haben würde. Damit wurde er nicht mehr gehört, nachdem er schon im Vorprozeß den Schaden nur abstrakt berechnet, und einen Theil dieses Schadens gezahlt erhalten hatte. I, 302/89 vom 12. März 90.

410. War die Waare frachtfrei Budapest nach Ordre des Klägers in dem Sinne zu liefern, daß der Verkäufer auf die Ordre des Klägers dorthin zu senden hatte, wohin sie der Kläger beorderte, so war der Ort, wohin der Kläger die Waare beordert haben würde, der Bestimmungsort. Und da der Kläger, wenn erfüllt worden wäre, die Waare dort gehabt haben würde, sodaß er sie dort hätte verkaufen können, so kann er auch die Differenz des Marktpreises des Bestimmungsortes seiner Berechnung des entgangenen Gewinns zu Grunde legen. Hiergegen läßt sich nicht

geltend machen, daß der Kläger seiner Zeit keine Ordre ertheilt hat. Da der Beklagte die Erfüllung des Geschäftes verweigert hat, so hatte Kläger keinen Anlaß eine Ordre zu ertheilen. Es muß jetzt genügen, daß er nachweist, er würde, wenn Beklagter erfüllungsbereit gewesen wäre, sie nach Breslau beordert haben; da derselbe die Waare in Breslau angeboten hat, da sie bei der Versendung nach dem Wohnorte des Käufers über Breslau hätte gehen müssen, und da sie nach dessen Angabe in Breslau einen hohen und nicht einen höheren Marktpreis als Posen hatte, so ist kaum anzunehmen, daß dieser Beweis nicht zu führen wäre. I, 302/89 vom 12. März 90.

411. Die Deutsche Bank hatte dem Kläger per ult. Juni für 225 000 Mark Deutsche Bankaktien verkauft. Da im Laufe des Juni junge Aktien emittirt werden sollten, verlangte Kläger Ausübung des Bezugsrechts nach §. 17 der Berliner Börsenbedingungen, und die Verkäuferin ertheilte dem Kläger über Lieferung junger Aktien auf Grund des bestehenden Engagements Schlußnote. Da die Handelsrichterliche Prüfung der Zeichnungen und die davon abhängige Eintragung der Kapitalserhöhung in das Handelsregister im Monat Juni nicht zum Abschluß gelangte, traf die Sachverständigenkommission der Berliner Fondsbörse gemäß §. 6 der Bedingungen am 23. Juni die Anordnung: für alle Zeitgeschäfte in Deutschen Bankaktien, welche einschließlich 19. Juni d. J. geschlossen wurden und soweit solche nicht durch die Ablieferung der überschießenden Beträge zur Regulirung gelangt sind, wird auf die zur Lieferung kommenden abgestempelten Deutschen Bankaktien ein Kursaufschlag von 2,80 Proc. festgesetzt. Der Anspruch auf Mitlieferung der Bezugstücke ist hiermit erledigt. Dieser Anordnung waren alle auf Grund der Börsenbedingungen abgeschlossenen Geschäfte unterworfen, auch das vorliegende. Die Thatsache, daß die Deutsche Bank zugleich die Emittentin war, ändert daran Nichts. Hatte sie selbst sich wegen der 225 000 Mark alter Aktien durch Ankauf von einem Dritten gedeckt, so erhielt sie von diesem auch die jungen Aktien nicht. Und hatte der Kläger 225 000 Mark alte Aktien an der Berliner Börse weiter verkauft, so hatte er seinem Käufer auch junge Aktien nicht zu liefern. I, 262/89 vom 11. Dec.

412. Beklagte hat dem Kläger bei seinen Fondsspekulationen

an der Berliner Börse als sogenannte Aufgabe gedient. Die Parteien sind einverstanden, daß die Beklagte hiernach verpflichtet war, in die Engagements des Klägers als Verkäufer oder Käufer einzutreten, wogegen dem Kläger die Verpflichtung oblag, die betreffenden Effekten der Beklagten als Verkäufer zu liefern, bezw. sie als Käufer von ihr abzunehmen. Beklagte hatte außerdem die übliche Provision und Ersatz ihrer Auslagen zu fordern. Zur Sicherheit für Erfüllung seiner Verpflichtungen hat Kläger der Beklagten 1000 Mark preußische 4procentige Konsols nebst Kupons als Depot übergeben. Beklagte hat bei steigender Tendenz von per ult. zu liefernden Papieren am 17. Sept. den Kläger mündlich und demnächst auch durch eingeschriebenen Brief aufgefordert, die Engagements zu erledigen oder sein Depot zu erhöhen. Da diese Aufforderungen vergeblich geblieben, hat sie am 18. Sept. die Aktien durch vereidete Makler zu dem damaligen höheren Kurse ankaufen lassen und den Kläger von der geschehenen Zwangsregulirung benachrichtigt. Sie ist dem Kläger zur Rückgabe des Depots verurtheilt, ihr Anspruch aus der Zwangsregulirung ist abgewiesen. A. L. R. I, 13, §. 70 gab der Beklagten keinen Anspruch auf einen Vorschuß, da für die fortlaufende Geschäftsverbindung eine Sicherheit von bestimmter Höhe bestellt und angenommen war. Die Voraussetzungen des A. L. R. I, 20, §. 23 lagen nicht vor, und ein abweichender Handelsbrauch besteht nach dem Gutachten der Aeltesten der Berliner Kaufmannschaft nicht. Unerheblich, daß die Kurse thatsächlich bis ult. gestiegen sind. Da die Beklagte zu der von ihr vorgenommenen Zwangsregulirung nicht befugt war, so hätte sie die ihr zustehenden Befugnisse in Gemäßheit der Bedingungen der Berliner Fondsbörse am Erfüllungstage, bezw. am Tage nach dem Erfüllungstage ausüben müssen und ist, da dies nicht geschehen, aller Ansprüche gegen den Kläger aus den vorgedachten Geschäften verlustig gegangen. I, 348/89 vom 22. Febr. 90.

413. Der Kläger hat Loospapiere in derselben Weise wie in dem zur Aburtheilung gegen ihn gekommenen Fall IV, 128/85 vom 21. Sept. (Bd. II, 1038) am 19. Juni 1885 an den Beklagten verkauft; nachdem das angezogene Reichsgerichtliche Urtheil ertheilt war, hat er sich am 10. Febr. 1887 von dem Beklagten einen Revers dahin ausstellen lassen, daß dieser ein mit 8% zu

verzinsendes Darlehn von 2550 Mark (Betrag der Kaufpreise) Lotteriespiel.
erhalten habe gegen Deponirung der betreffenden Loospapiere. Der
Berufungsrichter entnimmt den übereinstimmenden Angaben der
Parteien, daß der Revers sich in der Hauptsache lediglich über
das Restkaufgeld aus dem Vertrage vom 19. Juni 1885 verhält,
und nur über die Modalitäten der Schuld, sowie deren Verzinsung
und Sicherung veränderte Bestimmungen trifft, und folgert hieraus mit Recht, daß in der rechtlichen Natur der Schuld eine Veränderung durch den Revers nicht hervorgebracht worden ist. Uebrigens würde auch die an Stelle der aus einem unerlaubten Geschäfte
herrührenden alten Schuld gesetzte neue Verbindlichkeit gemäß
L. L. R. I, 16, §. 468 dem Widerruf gleich der geleisteten Zahlung unterliegen. Da verbotene Lotterie vorlag, Klage auf die
2550 Mark abgewiesen.   V, 296/89 vom 1. März 90.

414. Der Kläger hat sobann am 10. Febr. 1887 weitere
Loospapiere an den Beklagten verkauft. Hierbei sind nicht alle
die in IV, 128/85 festgestellten Bedingungen vereinbart, gleichwohl hat der Berufungsrichter verbotene Lotterie angenommen,
da der Kläger derartige Geschäfte auch gewerbsmäßig und öffentlich betrieben hat. Revision zurückgewiesen. Der Berufungsrichter
hat ein entscheidendes Gewicht auf die persönliche Verpflichtung
des Verkäufers zu Herauszahlung der während der Dauer der
Abschlagszahlungen auf die verkauften Loose etwa entfallenden
Gewinne gelegt. Daß der Kläger eine solche Verpflichtung gegenüber dem Beklagten übernommen, ist vom Berufungsrichter festgestellt, danach aber die Annahme berechtigt, daß der Beklagte
außer dem erst nach vollständiger Bezahlung des Kaufpreises zu
realisirenden obligatorischen Anspruch auf Gewährung der verkauften Papiere noch die Hoffnung erwarb, schon vorher einen
von einer planmäßigen Verloosung abhängigen Gewinn zu machen,
den nicht der Schuldner des Loospapiers, sondern der Kläger ihm
zu gewähren oder zu verschaffen schuldig war, und daß die erhebliche Differenz zwischen dem vom Kläger zu zahlenden Kaufpreis
und dem Kurswerth der Loose das Aequivalent (den Einsatz) für
die dem Beklagten gewährte Hoffnung, schon vor Erwerb der verkauften Loose einen Gewinn zu machen, bildet. Darnach rechtfertigt die thatsächliche Feststellung des Vertragswillens auch in
Betreff des Vertrages vom 10. Febr. 1887 die Bejahung der

vom Berufungsrichter als entscheidend für das Vorhandensein eines nach §. 286 des Strafgesetzbuchs strafbaren Lotterieunternehmens aufgestellte erste Frage, ob der Vertrag neben einem gewöhnlichen oder betagten und bedingten Sachenverkauf ein gewagtes Geschäft (Hoffnungskauf) nach dem Willen und der Absicht der Kontrahenten enthalten hat. V, 296/89 vom 1. März 90.

415. Der Patentinhaber G. cedirte der Klägerin die ihm mit dem Patent verliehenen Rechte speziell für die Ausnutzung in der gesammten Porzellan-, Steingut- und Thonwaarenindustrie dagegen behielt sich G. die Ausübung seiner Patentrechte für den Druck von Flaschenverschlußknöpfen der eigenen Fabrikation vor. Das bedeutete nur eine Beschränkung des der Klägerin übertragenen Ausschließungsrechts seiner eigenen Fabrikation gegenüber, also im Sinn einer dem G. verbliebenen Licenz. Dadurch war die Klägerin einem Dritten innerhalb jenes Gebiets der Porzellanindustrie eine Licenz zur Ausübung des patentirten Druckverfahrens innerhalb von dessen Fabrikbetrieb zu ertheilen nicht behindert. I, 213/89 vom 2. Nov.

416. Die inzwischen ausgesprochene theilweise Nichtigkeitserklärung des Patents berührte die Licenz nicht. Die theilweise Nichtigkeitserklärung war nur zum Zwecke der Beseitigung zu weit gehender Folgerungen über den Umfang des Patents aus einer unpräcisen Fassung des Patentanspruches und zur Präcisirung des wirklich als neu und patentfähig unter Patentschutz gestellten Erfindungsgegenstandes erfolgt. Daraus, daß nach der ursprünglichen Fassung eine zu weit gehende Folgerung in Betreff des Umfanges des Patentschutzes möglich, übrigens nur bei der rechtsirrthümlichen Unterstellung, daß auch allgemeine Ideen oder Prinzipien patentfähig seien, folgt noch nicht, daß Beklagter bei Abschluß des Licenzvertrages solche Folgerung gezogen hat. Auch nach der ursprünglichen Fassung hieß es am Schlusse des Patentanspruches: im wesentlichen wie „dargestellt und beschrieben“. I, 213/89 vom 2. Nov.

417. Der Beklagte wendete ohne Erfolg ein, daß der Patentinhaber der von ihm dem Konsortium der Licenzträger gegenüber übernommenen Verpflichtung zuwider Patentverletzungen dritter Personen nicht verfolgt habe. Denn diese Unterlassungen sollen in einer späteren Zeit, als für welche die Licenzgebühr gefordert

wurde, vorgekommen sein. Die Gebühr ist in dem Licenzvertrage Licenzvertrag.
in einer Weise normirt, daß die einzelnen Raten als Vergütung
für den Genuß der Licenz gerade während der von den Raten
umfaßten Zeitdauer gelten müssen. Für die Zeitdauer, für welche
dieser Genuß ohne Störung gewährt worden ist, muß daher auch
die Zahlung geleistet werden. Es wäre nicht ersichtlich, mit welchem Rechte der Licenznehmer, sofern in dieser Beziehung nicht
eine besondere Verabredung getroffen ist, den ihm in Wahrheit
gewährten Genuß vergütungslos haben sollte. Daß und wieviel
der Genuß der Licenz in der Zeit, in welcher die Beklagten ihn
unbeeinträchtigt gehabt, wegen mangelnder Fortdauer dieses Zustandes, während auf solche Fortdauer gerechnet wurde, weniger
werth gewesen wäre, dies hätten Beklagte zu behaupten und näher
darzulegen gehabt. I, 318/89 vom 29. Jan. 90.

418. Die Klägerin hatte bei einer Feuerversicherungsgesell- Feuerversiche-
schaft ihr Waarenlager versichert. In dem Versicherungsantrage rung.
ist die Frage verneint: Hat der Antragende bereits Brandschaden
erlitten? wann, von welcher Anstalt, mit welchem Betrage ist derselbe entschädigt? Die Frage 5 war unbeantwortet gelassen: Bei
welcher Gesellschaft war der Antragende bisher versichert? mit
welcher Summe und mit welcher Prämie? Die Klägerin war
aber bereits bei der Berliner und später bei der Elberfelder Versicherungsgesellschaft versichert. Sie wurde dort mit 6800 Mark,
hier mit 500 Mark entschädigt; beide Versicherungen sollen von
den Gesellschaften aufgehoben sein. Das die Beklagte verurtheilende Erkenntniß aufgehoben, zurückverwiesen. Die Klägerin will
entschuldigt sein durch die Mittheilungen, welche sie dem Agenten
Sp. gemacht habe, welcher den von der Klägerin in blanco unter-
zeichneten Antrag ausgefüllt habe. Das Berufungsgericht geht
richtig davon aus, daß nach dem Wesen des Versicherungsvertrages
und nach den gesetzlichen Bestimmungen (A. L. R. II, 8, §. 2024
und I, 11, §. 539) der Versicherungsnehmer verpflichtet ist, bei
Eingehung des Vertrages dem Versicherer alle ihm bekannten Umstände getreulich anzuzeigen, welche entweder objektiv für den
Charakter und den Umfang der vom Versicherer zu übernehmen-
den Gefahr von Erheblichkeit sind oder von welchen der Versicherungsnehmer annehmen muß, daß sie auf den Entschluß des
Versicherers, sich auf das Geschäft einzulassen, von Einfluß sein

Feuerversiche-
rung.

können. Auch würde die Beklagte, soweit Sp. von den hier fraglichen Umständen unterrichtet war, sich auf die unrichtigen Antworten in dem schriftlichen Versicherungsantrage nicht berufen können. Denn daß Sp. ein bei ihr beschäftigter Agent sei, hatte die Beklagte ausdrücklich zugestanden und gerade der von der Beklagten betonte Umstand, daß Sp. nicht unmittelbar von ihr angestellt, sondern Handlungsgehülfe des beklagtischen General-agenten M. war, welcher ausweise der Polize Namens der Beklagten den Versicherungsvertrag abgeschlossen hat und hierzu unstreitig von der Beklagten legitimirt war, rechtfertigt die An-nahme, daß Sp. im vorliegenden Falle nicht als bloßer Bote, sondern als Organ der Beklagten anzusehen sei, dessen Wahr-nehmung und Wissenschaft die Beklagte gegen sich gelten lassen muß. Die Beklagte hat aber behauptet, daß der Klägerin der ausgefüllte Antrag von einem Polizeibeamten vorgelegt ist, und daß sie denselben hierbei anerkannt habe. Solche Vorlegung ge-schah zwar nur im polizeilichen Interesse zur Prüfung, ob eine etwaige Ueberversicherung vorliege. Allein es wird bei der weiteren Verhandlung die Frage zu würdigen sein, ob nicht ein schuldvolles Verhalten der Klägerin gegenüber der Beklagten darin zu finden ist, daß die Klägerin, wenn sie die unrichtige Ausfüllung der Antworten auf die hier in Betracht kommenden Fragen er-kannt hatte, deren Berichtigung unterließ, oder daß sie, wenn sie die Unrichtigkeit nicht bemerkt haben sollte, eine genaue Prüfung desjenigen unterließ, was der Beklagten gegenüber als ihre Er-klärung gelten sollte. I, 159/89 vom 18. Sept.

419. Hat die Klägerin dem Agenten eine ausreichende rich-tige Mittheilung über die Fragen nicht gemacht, so ist die Ver-urtheilung der Beklagten nicht damit zu rechtfertigen, daß Sp. unterlassen habe, die Klägerin darüber zu befragen, ob sie außer dem diesem mitgetheilten kleineren Brandschaden nicht noch ander-weite erlitten habe. Wollte die Klägerin dem Sp. die Ausfüllung des Antragsformulars überlassen, so war es ihre Sache, ihm auch alle diejenigen Umstände mitzutheilen, durch welche eine richtige Beantwortung der Fragen ermöglicht würde. Einerseits handelt es sich um Thatsachen, hinsichtlich deren die Beklagte und ihr Agent zunächst auf die ihr von der Klägerin zu ertheilende Aus-kunft angewiesen war. Andererseits kommt es darauf an, ob nicht

der Klägerin erkennbar war, daß diese in allen Versicherungs- Feuerversiche-
rung.
antragsformularen wiederkehrenden Fragen für die Entschließung
der Beklagten, ob sie auf die Versicherung eingehen wolle, erheblich waren.   I, 159/89 vom 18. Sept.

419ᵇ. Auch ist nicht ohne Weiteres anzunehmen, daß Klägerin von den Fragen im Antragsformular nicht Kenntniß genommen habe.   Es liegt doch nahe, daß die Klägerin, welche
Inhaberin eines von ihr selbst betriebenen kaufmännischen Geschäftes ist, das ihr vorgelegte Antragsformular, wenngleich sie
dessen Ausfüllung dem Sp. überließ, vor der Unterzeichnung ihres
Namens durchgelesen hat.   Glaubte aber das Berufungsgericht
dies nicht ohne Weiteres annehmen zu können, so hätte es in
dieser Beziehung das ihm zustehende Fragerecht ausüben müssen
und eventuell hätte das Berufungsgericht erwägen müssen, ob
nicht — wie das Landgericht angenommen hat — der Klägerin,
da dieselbe schon vorher bei zwei anderen Gesellschaften versichert
gewesen war und da auch nach der Annahme des Berufungsgerichts
gerade die hier in Rede stehenden Fragen in allen Antragsformularen zu Feuerversicherungen regelmäßig wiederkehren, ein Verschulden nicht schon dann zur Last fallen würde, wenn sie es unterlassen hätte, von den in dem ihr vorgelegten Antragsformulare
der Beklagten aufgestellten Fragen Kenntniß zu nehmen.   Vgl. Entscheidungen des R. O. H. G. Bd. 8, S. 55 ff.   I, 159/89 vom
18. Sept.

420. Der klagende Spediteur hatte bei einer Hamburger
Versicherungsgesellschaft generelle Versicherung gegen Feuersgefahr
auf Waaren aller Art, lagernd in einem bestimmten Speicher für

eigene $\frac{\text{und}}{\text{oder}}$ fremde Rechnung genommen in Höhe von 50000

Mark.   Anderweite Versicherung schadet nicht.   Nach auf der Rückseite aufgetragener Erklärung der Direktion war die Versicherung
innerhalb der Versicherungszeit fixirt in Höhe von 32000 Mark
auf 680 Fässer Zucker zwischen 1/1040.   Zur speziellen Versicherung dieser Waare war der Spediteur von deren Eigenthümer
beauftragt.   Von den 680 Fässern verbrannten in dem Speicher
480 Fässer.   Die Versicherungsgesellschaft wurde zur Bezahlung
des innerhalb des betr. Theils der Versicherungssumme liegenden
Schadens verurtheilt.   Mit ihrem Einwand, daß der Spediteur

Feuerverfiche-
rung.

noch bei anderen Gesellschaften generelle Versicherung genommen habe, wurde die Beklagte abgewiesen. Die Absicht der Parteien bei Umwandlung der generellen Versicherung in eine spezielle kann nur dahin gehen, in dem zwischen ihnen bestehenden Rechtsverhältniß in Betreff der besonderen Waare die Wirkung der generellen Versicherung eines Waarenlagers mit wechselndem Inhalt auszuschließen und die der besonderen Versicherung einer bestimmten Waare eintreten zu lassen. I, 194/89 vom 2. Oft.

421. Nach §. 4 der Versicherungsbedingungen liegt dem Versicherten die richtige Angabe auch der Lokalitäten ob, in welchen die versicherten Gegenstände aufbewahrt werden. Nach §. 5 erlischt, wenn versicherte Gegenstände translozirt werden, die Entschädigungsverpflichtung der Gesellschaft, tritt jedoch wieder in Kraft, wenn die Gesellschaft nach Kenntnißnahme der Translozirung sich zur Fortsetzung der Versicherung schriftlich bereit erklärt hat. Diese Art der Erlöschung ist bezüglich eines Theils der versicherten Sachen nicht eingetreten, denn, obgleich die Versicherte am 30. Aug. und am 21. Oft. 1887 die Anzeige gemacht hat, daß jene Sachen sich jetzt in dem neuen Gebäude befinden, sind dieselben in dem alten Lokale verblieben und dort am 4./5. Nov. 1887 verbrannt. Die Annahme wäre nicht zu billigen, daß schon durch die erwähnten Veränderungsanzeigen vom 30. Aug. und 21. Oft. 1887, welche die Forterhaltung der Versicherung bezweckten, eine Erlöschung der Versicherung hinsichtlich der als translozirt bezeichneten Gegenstände eingetreten sei. Die Beklagte hat sich sowohl gegenüber der Veränderungsanzeige vom 30. Aug. als auch gegenüber derjenigen vom 21. Oft. 1887 zur Fortsetzung der Versicherung nach Antrag bereit erklärt und dem Antrage vom 30. Aug. durch einen Nachtrag vom September, welcher vor dem Brande behändigt ist, entsprochen. Hiernach konnte es sich für die Entscheidung zunächst nur darum handeln, ob nicht nach dem gemäß H. G. B. 278, 279 zu erforschenden Willen der Parteien die Versicherung der Gegenstände in dem alten Lokale erst dann erlöschen und diejenige derselben Gegenstände in dem neuen Aufbewahrungsorte erst dann in Kraft treten sollte, wann die etwa verzögerte Translokation wirklich stattgefunden hatte. II, 184/89 vom 22. Oft.

422. Den Hauptgegenstand des Rechtsstreits bildet aber die

Entschädigungsforderung wegen der in der Veränderungsanzeige vom 21. Okt. 1887 enthaltenen Gegenstände und hier ist es unbestritten, daß der Nachtrag Nr. 12852 vom 26. Okt. 1887 der Klägerin erst nach dem Brande behändigt worden ist. Es kommt darauf an, ob die neue Versicherung perfekt geworden ist, und die Abweisung des Entschädigungsanspruchs aus diesem Grunde sich rechtfertigt. Da es sich um einen unter Abwesenden geschlossenen Vertrag handelt, kommt hiernach die Vorschrift des Art. 321 des H. G. B. in Betracht, nach welchem ein durch Eingang der schriftlichen Annahme bei dem Antragsteller zu Stande gekommener Vertrag als schon in dem Zeitpunkte abgeschlossen gilt, in welchem die Erklärung der Annahme behufs der Absendung abgegeben ist. Die mit dem Gesuch um Genehmigung verbundene Veränderungsanzeige war die Offerte der Klägerin, die Versicherung auch für die in die neue Fabrik verbrachten Gegenstände fortzusetzen, und die Ausfertigung des Nachtrags Nr. 12852 enthielt die Annahme dieses Antrags. Dieser Nachtrag befand sich aber zur Zeit des Brandes noch im Besitze eines Organs der Beklagten, nämlich ihres Agenten, welcher den Nachtrag erst nach dem Brande behändigt hat. Es war zu erwägen, ob der Agent blos Bote war, oder ob ihm ein gewisses Ermessen über die Aushändigung der Police zustand, und die Ausübung desselben im Interesse der Gesellschaft zur Pflicht gemacht war. Wäre letzteres anzunehmen, was nach der Stellung der Versicherungsagenten im Allgemeinen nicht ausgeschlossen erscheint, so könnte dies zu dem Schlusse führen, daß Beklagte mit der Absendung des Nachtrags an ihren Agenten in Düren noch nicht alles gethan hatte, was zur Uebermittelung an die Klägerin nothwendig war, und daß sie selbst die Genehmigungserklärung noch nicht als definitiv an die Klägerin abgegeben betrachten konnte. Hierbei wären sodann weiter die Versicherungsbedingungen in Betracht zu ziehen, darüber nämlich, ob nach §. 5 in Verbindung mit §. 3 dieser Bedingungen der Abschluß überhaupt als auf die Zeit der Zustellung des Nachtrags Nr. 12852 an die Klägerin fixirt erachtet werden müsse. Wäre die Versicherung für das neue Lokal erst nach dem Brande zum Abschluß gelangt, so würde dieselbe wegen Mangels eines zur Versicherung geeigneten Gegenstandes überhaupt nicht in Kraft getreten sein, somit nicht als neue Versicherung die Aufhebung der früheren bewirkt haben und damit der Grund, aus welchem der Entschädigungsanspruch der Klägerin zurückgewiesen wurde, hinweggefallen sein. II, 184/89 vom 22. Okt.

423. Suchte der eine Gesellschafter durch Zuwendung von Vortheilen den Beamten zu bestimmen, die Ansprüche trotz ihrer Zweifelhaftigkeit festzustellen und unter Unterdrückung der Bedenken der beklagten Versicherungsgesellschaft zur Befriedigung zu empfehlen, so machte er sich eines in §. 12 der Bedingungen mit der Verwirkung des Anspruchs bedrohten „betrüglichen Zuwerkegehens" gegen die Beklagte selbst dann schuldig, wenn die Ansprüche der Gesellschaft aus einem anderen Grunde zu Recht bestanden haben sollten. „Betrügliches Zuwerkegehen gegen die Societät" liegt dann vor, wenn mit Erregung eines Irrthums vom Versicherten ein rechtswidriger Vermögensvortheil unter Schädigung des Versicherers angestrebt wird. Dieser Thatbestand ist dann gegeben, wenn durch Einwirkung auf den regulirenden Beamten mittels Bestechung ein Irrthum bei dem die Versicherungsgesellschaft vertretenden Organe erregt und auf Grund dieses Irrthums die Anerkennung des Anspruchs erreicht werden soll. Unerheblich, daß die Bestechung nicht gelungen ist. Der Anspruch der Gesellschaft abgewiesen. III, 215/89 vom 26. Nov.

424. Im Fall 829 legte die Police dem Versicherten die Verpflichtung auf, der Spezifikation seines Schadens mit Berechnung des Werths der verbrannten Sachen seine Bücher, Rechnungen oder anderen Dokumente beizufügen. Die Gesellschaft ist berechtigt, alle die Personen vernehmen zu lassen, welche darüber Auskunft ertheilen können. Die verklagte Gesellschaft hatte auf Grund dieser Bestimmung zum Beweise ihrer Behauptung, daß der verbrannte Lacdye der denkbar geringwerthigste gewesen sei, von den Klägern nicht nur die Edition der Einkaufsbücher, Fakturen und Einfuhrdeklarationen, sondern auch Angaben darüber verlangt, von wem der Lacdye gekauft und welcher Preis dafür gezahlt sei. Das Berufungsgericht hätte deshalb, auch wenn es seinerseits ein Eingehen auf diese Anträge für die ihm obliegende Beweiswürdigung nicht erforderlich erachtete und aus diesem Grunde dasselbe ablehnen durfte, sich doch die Frage vorlegen müssen, ob nicht der Beklagten ein vertragsmäßiges Recht darauf zustehe, nur gegen Vorlegung der Bücher u. s. w.

seitens des Versicherten — vorausgesetzt natürlich, daß dieser nicht Feuerversiche-
ohne seine Schuld dazu außer Stande war — zahlen zu müssen, rung.
und ob mithin nicht der Entschädigungsanspruch des Versicherten
durch die Erfüllung der ihm nach der Police obliegenden Ver=
pflichtungen bedingt ist. I, 377/89 vom 1. Febr. 90.

425. Der Büdner Wozinak hatte ebenso wie der Maurer
Urbanski und die Woz.'schen Eheleute bei der Feuersozietät Posen
versichert. Trotz eines in der Mitte liegenden Verschuldens des
Versicherten hat die Sozietät nach ihrem Reglement den Brand=
schaden zu vergüten, und sie hat ihn vergütet. Der Sozietät
bleibt aber „der Anspruch auf Rückgewähr nach den allgemeinen
Gesetzen insoweit vorbehalten, als dem Versicherten in seinen eige=
nen Handlungen eine grobe Verschuldung zur Last fällt". Hier
lag eine unerlaubte Handlung des Beklagten Wozinak vor. Denn
er hatte eine feuergefährliche Feuerungsanlage durch den Maurer
Urbanski herstellen lassen, ohne die baupolizeiliche Genehmigung
einzuholen; diese Genehmigung würde, wenn sie nachgesucht wäre,
nicht ertheilt und so der Brand nicht ausgebrochen sein, welcher
durch die mangelhafte Feuerungsanlage ausgebrochen ist. Die
Vorinstanzen haben hierin auch eine grobe Verschuldung gefunden.
Der Beklagte W. hat also den Schaden, welcher der Sozietät in
Auszahlung des Brandschadens an ihn selbst erwachsen ist, grob=
fahrlässig verschuldet; und war somit nach obiger Versicherungs=
bedingung in Verbindung mit A. L. R. I, 6, §§. 25, 26; St. G. B.
§. 367, Nr. 15 zur Rückgewähr dieses Betrages zu verurtheilen.
VI, 311/89 vom 3. März 90.

426. Da U. als Bauhandwerker neben W. strafbar war, so
haftete jeder von beiden zur Rückzahlung derjenigen Summe,
welche er von der Klägerin als Brandentschädigung erhalten habe
und eventuell auch zur Zahlung der vom Mitbeklagten empfan=
genen Summe in dem von diesem nicht beizutreibenden Be=
trage. — Diese Entscheidung ist schon im Hinblick auf A. L. R.
I, 6, §. 10 gerechtfertigt, weil nach den vorangehenden Fest=
stellungen jeder der beiden Beklagten die Beschädigung herbei=
geführt, also vollständige Genugthuung zu leisten hat, wobei
es selbstverständlich erscheint, daß, insoweit der Schadensersatz in
Rückzahlung bereits empfangener Beträge besteht, derjenige von
ihnen, welcher den ihn treffenden Betrag thatsächlich erhalten hat,

Feuerversiche-
rung.

in erster Linie zur Rückgabe verpflichtet, der andere aber aus dem Gesichtspunkte des auch ihm obliegenden Schadensersatzes subsidiär zur Leistung verpflichtet ist. — VI, 311/89 vom 3. März 90. Vgl. 284.

See-
versicherung.

427. Die Hanseatische Seeversicherungsgesellschaft war mit 30 Proc. bei einer laufenden Versicherung betheiligt, welche die Firma M. genommen hatte „auf Waaren aller Art in Dampf- und Segelschiffen von Europa und Nordamerika ... nach Mollendo und weiter zu Lande nach Arequipa ... bis in die Lagerräume der Versicherten oder Empfänger im durchstehenden Risiko zu Wasser und zu Lande, wobei etwaiges Anlaufen anderer Plätze innerhalb oder außerhalb der Route und gleichviel, zu welchem Zwecke, nicht präjudiziren soll". Die Klägerin hatte mit verschiedenen Schiffen Waaren nach Mollendo verladen; die Schiffe hatten Häfen angelaufen, in welchen die Cholera herrschte. Die peruanische Regierung ließ solche Schiffe in Mollendo nicht zu. Die Schiffe hatten die Waaren in anderen Häfen gelöscht, von wo sie in anderer Weise nach Mollendo gelangt sind. Klägerin fordert den auf die Beklagte fallenden Antheil an den in der Dispache berechneten Kosten der Entlöschung, Wiedereinschiffung und Weiterbeförderung. Die Beklagte ist zum Ersatz verurtheilt. Es handelt sich nicht um Quarantäne-Kosten im Sinne H. G. B. 622 und 757, Ziffer 3, welche gleich den gewöhnlichen Hafenkosten der Schiffer zu tragen hat und vom Versicherer nicht ersetzt zu werden brauchen. Daß die von den Schiffen in Mollendo zu gewärtigenden Quarantäne-Maßregeln die Veranlassung dazu geboten haben mögen, die Reise nicht dorthin fortzusetzen, ist unerheblich, da das Motiv, die dortigen Quarantäne-Kosten zu vermeiden und zu ersparen, es nicht rechtfertigt, die dem Befrachter durch das Aufgeben der Reise, das Löschen der Güter in einem Zwischenhafen und die anderweitige Beförderung derselben nach ihrem Bestimmungsorte verursachten ganz anders gearteten Aufwendungen den Quarantäne-Kosten rechtlich gleichzustellen. I, 84/89 vom 4. Mai.

428. Soweit vorstehend die Schiffe in Valparaiso gelöscht hatten, lag nicht eine Deviation, sondern eine Beendigung der Reise vor. Denn die nach der Westküste gehenden Dampfer laufen V. an; in den Konossementen der beiden Linien, welcher

die hier fraglichen Dampfer angehören, wird außer Mollendo und Callao auch Valparaiso als Anlaufehafen genannt. Somit lag ein Fall des §. 77 der S. V. V. (H. G. V. 832) vor. I, 84/89 vom 4. Mai. Vgl. 750.

429. Es gehört nicht zur Begründung des Schadensersatzanspruches, daß der Versicherte darlege, er sei ben ihm durch A. S. V. V. §. 71 auferlegten Verpflichtungen nachgekommen, bei Geltendmachung des Anspruchs des Versicherers an den Dritten mitzuwirken. Der Versicherer wird vielmehr nur mit diesem Anspruche dem klagenden Versicherten gegenüber kompensiren können, wenn bereits feststeht, daß durch die Nichterfüllung der diesem in §. 71 cit. auferlegten Verpflichtungen ein dem Versicherten in gleicher Höhe zustehender Ersatzanspruch gegen einen Dritten verloren gegangen ist. Da dies aber im vorliegenden Falle nach dem Thatbestande des angefochtenen Urtheils nicht der Fall ist, so ist die Beklagte schuldig, der Klägerin zunächst ihrerseits den Schaden zu zahlen, und würde es ihr lediglich vorbehalten bleiben, die Zahlung des Schadens demnächst (ganz oder zum Theil) von der Klägerin zurückzufordern, falls sich herausstellen sollte, daß und wie weit sie durch Verletzung der nach §. 71 cit. der Klägerin obliegenden Verpflichtungen in ihrem Rückgriffsrechte gegen die Rheder der Denderah und Bianca geschädigt ist. Vgl. Entscheidungen des Reichsgerichts in Civilsachen, Bd. 9, S. 118 fg.   I, 84/89 vom 4. Mai.

430. Diejenigen Dampfer, welche vorstehend ihre Reise erst in Arica, dem Mollendo nächstgelegenen Hafen aufgegeben hatten, waren hierzu durch die Klausel des Konnossements befugt: In case of blockade ... or if, without such blockade ... the entering of the port of discharge should be considered unsafe by reason of war ... or any other reason as also in case of quarantaine, the master to have the option of landing the goods at any other port, which he may consider safe, at shippers risk and expense. (Vgl. I, 417/87 vom 28. März 88 — Bd. V, 630.) — Auch hat Klägerin, indem sie sich diese Konnossementsklauseln gefallen ließ, im Voraus ihre Zustimmung hierzu ertheilt, sodaß sie eine Entschädigung aus §. 77 A. S. V. V. nicht würde fordern können. Ein Zusatz zu §. 27 der S. V. V. von 1881 lautet aber: „Den Versicherten, deren Güter in

Dampfschiffen verladen werden, ist es unpräjudizirlich, wenn die darüber gezeichneten Konnossemente Bestimmungen enthalten, durch welche die Rheder der ihnen den Ladungsinteressenten gegenüber wegen Erfüllung der Frachtkontrakte gesetzlich obliegenden Verbindlichkeiten, gleichviel in welchem Maße, sich entschlagen." Diese Klausel ist keineswegs einzuschränken auf solche Fälle, in denen der Rheder sich von der Haftung für einen Kontraktsbruch des Schiffers freizeichnet; nach H. G. B. 631, 636 und 641 würden die Schiffe nicht befugt gewesen sein, behufs Vermeidung des Quarantäne-Liegens ohne Entschädigungspflicht in Arica vom Vertrage zurückzutreten; der Zusatz ist aber gerade dazu bestimmt, solchen üblich gewordenen Befreiungsklauseln der großen Dampfschiffrhedereien gegenüber die Ladungsinteressenten als Versicherte dadurch zu schützen, daß ihnen „unpräjudizirlich" sein solle, was an sich ihren Anspruch an den Versicherer beseitigen würde. Es müsse mithin so angesehen werden, als sei die Reise ohne Zustimmung oder nachträgliche Genehmigung des Versicherten aufgegeben, womit nicht etwa dem Versicherer ein nicht übernommenes Risiko aufgebürdet, der Umfang seiner Haftung ausgedehnt oder erweitert, sondern nur die durch den Zusatz zu §. 27 gewollte Folge herbeigeführt wird, daß der Versicherer gegen einen ohne die Befreiungsklausel des Konnossements haftenden Dritten keine Ansprüche aus dem Rechte des Versicherten geltend machen könne, weil dieser sich inhalts des Konnossements derselben begeben hat. I, 84/89 vom 4. Mai.

431. Das Konnossement des Segelschiffes Magellan enthielt die aufgedruckte Aricaklausel: „Sollte bei Ankunft des Schiffes in Arica der Hafen von Mollendo blockirt sein, resp. eine Blockade dieses Hafens während des Löschens in Arica eintreten oder der Zugang zum Hafen von Mollendo durch kriegerische Maßnahmen gefährdet, resp. aus anderen Gründen die Entlöschung daselbst nicht gestattet sein, so sind sämmtliche Waaren in Arica zu entlöschen und in Empfang zu nehmen." Diese Klausel berechtigte den Schiffer nicht, schon bei einfacher Quarantäne, welche das Schiff in Mollendo hätte halten müssen, in Arica zu löschen. Da dies der Schiffer gleichwohl gethan hat, so durfte Klägerin aus §. 77 A. S. V. V. wegen freiwilliger Aufgabe der Reise, zu welcher sie die Zustimmung nicht gegeben hatte, die Entschädi-

gung von der Versicherungsgesellschaft fordern. I, 84/89 vom
4. Mai.

432. Die Kläger haben versichert 7500 Mark taxirte Fracht=
gelder des Schiffes Mena von Puerto Cabello nach einem der
bezeichneten Häfen Europas, mit Ladung, gleichviel welcher Art,
und/oder Ballast. Was der Frachtbetrag eventuell weniger ausmachen
wird als der versicherte Betrag, valedirt auf behaltene Ankunft
des Schiffes und ist ohne weiteren Nachweis das Interesse mit
100 Proc. zu bezahlen, falls das Schiff wegen Seeschaden seinen
Endbestimmungsort nicht erreicht oder kondemnirt wird. Das Schiff
hat die Reise von Puerto Cabello mit Ballast angetreten, und ist
nach erlittener Haverie in Maracaibo kondemnirt. Das Berufungs=
urtheil weist die Klage auf 7500 Mark ab. Aufgehoben, zurück=
verwiesen. Die Polize befreite die Kläger nicht von der Ver=
pflichtung, ihr Interesse zu bezeichnen. Die Beklagten hatten dann
den Nachweis zu führen, daß das bezeichnete Interesse nicht, oder
nicht in Höhe der Versicherungssumme vorhanden ist. I, 316 89
vom 22. Jan. 90.

433. Der vorstehend gedachten Verpflichtung haben die Kläger,
welche Mitrheder waren, genügt, indem sie die von ihnen der
Rhederei mit 8889,58 Mark geleisteten Vorschüsse als ihr Interesse
bezeichneten; an erster Stelle die Vorschußforderung nach der pas=
siven Seite. Der Vorschuß sei für Ausrüstung, Versicherung u. s. w.
gegeben, so daß diese Versicherung nicht durch die des Kasko ge=
deckt wurde. Das Reichsgericht schließt sich in Bezug auf die
Zulässigkeit einer derartigen Versicherung den Erwägungen an,
auf welchen das Urtheil R. O. H. G. E. Bd. 15, Nr. 40, S. 117 ff.
beruht. Mit Bezug auf die Sachlage des gegenwärtig zu ent=
scheidenden Falles ist hervorzuheben, daß die Versicherung von
Vorschußgeldern Namens der Rhederei allerdings nicht schrankenlos
zulässig ist, sondern nur dann, wenn die Vorschüsse in Beziehung
auf die versicherte Reise und zur Deckung von im regelmäßigen
Geschäftsgange erforderlichen Ausgaben gewährt sind, daß ferner
der Einwand der Doppelversicherung begründet ist, wenn zur Zeit
der Versicherung der Vorschußgelder die Aufwendungen, zu deren
Bestreitung die Vorschüsse gegeben sind, bereits anderweit unter
Versicherung gebracht waren. Mit dieser Einschränkung aber ist

See-
versicherung.

die Versicherung von Vorschußforderungen nach ihrer passiven Seite für statthaft zu erachten. Eine Wettassekuranz kann in einer solchen Versicherung schon deswegen nicht gefunden werden, weil es sich hierbei in der Hauptsache immer um die Deckung von Auslagen handelt, für die zufolge §. 19 A. S. V. V. (H. G. B. 800) auch direkt Versicherung Namens der Rhederei genommen werden kann. Den Beklagten blieb der Beweis offen, daß das bezeichnete Interesse nicht vorhanden war. Spezielle Angaben über die Höhe der einzelnen Aufwendungen hatten die Kläger nicht zu machen. I, 316/89 vom 22. Jan. 90.

Unfallversiche-
rung.

434. Da die Beklagte den Erblasser der Kläger nur gegen solche Unfälle versichert hat, welche den Tod oder die Erwerbsunfähigkeit „unmittelbar veranlaßt haben", so fordert das Berufungsgericht mit Recht beim Leugnen der Beklagten von den Klägern den Beweis des ursächlichen Zusammenhangs zwischen dem zur Frage stehenden Wespenstiche und dem Tode des Versicherten. Mit der hervorgehobenen Fassung des Versicherungsvertrages ist die Ansicht der Revision nicht zu vereinigen, daß die Vertragschließenden die Schwierigkeit der Nachweisung des Kausalzusammenhangs haben berücksichtigen und dem Versicherten, bezw. dessen Erben in dieser Beziehung Erleichterungen haben gewähren wollen. Die Beweislast ist daher für den Versicherten nicht anders zu beurtheilen wie für den Beschädigten bei einer Klage aus der Lex Aquilia. III, 261/89 vom 10. Jan. 90.

Lebensversiche-
rung.

435. Die Verfassung der Gothaer Lebensversicherungsbank 1828 hatte bereits in §. 61 die Bestimmung: „Wenn ein Versicherter in aktiven Kriegsdienst oder Seedienst geht, wird die sein Leben betreffende Polize ungültig. Es bleibt aber dem Eigenthümer der Polize unbenommen, vor erfolgter Annahme solcher Dienste über die Füglichkeit einer bedingten Fortsetzung der Versicherung mit der Bank zu unterhandeln." Danach war die Ungültigkeit der Polize kein unabänderliches Grundgesetz der Bank; da die Art und der Inhalt der zu stellenden Bedingungen dem Bankvorstand nicht vorgeschrieben war, so war er auch in der Feststellung dieser Bedingungen uneingeschränkt. Der Bankvorstand handelte daher nach §. 28 der Verfassung von 1883 innerhalb seiner Machtbefugniß, wenn er erst durch den Beschluß vom 25. Juli 1870 und durch die sich hieran anschließenden Beschlüsse von 1870,

1876, 1886 und 1888 die Fortsetzung unter immer leichter wer=
denden Bedingungen und Modalitäten freigab und zuletzt in der
Verfassung von 1888 die Aufrechthaltung der Versicherung der
nach dem Gesetz wehrpflichtigen Kombattanten nur noch an die
Bedingung rechtzeitiger Einlösung der Polize knüpfte und in allen
diesen Bedingungen den Seekriegsdienst dem Landkriegsdienste
gleichstellte. Nach §. 28 war aber dem Bankvorstande erlaubt,
unter Stimmeneinheit weniger wesentliche Bestimmungen der Ver=
fassung, welche die eigentlichen Grundsätze der Bank, so wie sie
ursprünglich festgesetzt sind, unverändert lassen, zu treffen. Per=
sonen, welche im Seedienst oder Seekriegsdienst stehen, sowie
Militärpersonen, sobald sie den wirklichen Kriegsdienst angetreten
haben, sind aber nach der Auslegung, welche der Berufungsrichter
den neueren Bestimmungen hat zu Theil werden lassen, auch jetzt
von dem Abschluß einer Versicherung ausgeschlossen. Der Kläger
hatte im J. 1884 Versicherung genommen. Kläger war nicht
befugt, auf Beseitigung jener Abänderung ihm gegenüber zu klagen.
III, 17/90 vom 7. Febr. Vgl. 438.

436. Nach dem Statut, unter dessen Herrschaft der Ver=
storbene sich bei der Aktiengesellschaft versichert hatte, ist die Lebens=
versicherungssumme nicht zu zahlen, wenn der Versicherte sich das
Leben auch in unzurechnungsfähigem Zustande genommen hat.
Daraus, daß das Statut später geändert sei, konnten die Witwe
und Kinder kein Recht ableiten. Diese geänderten Bestimmungen
bilden die Grundlage für die späteren Versicherungen. Es ist auch
nicht behauptet, daß etwa die Beklagte diese Veränderungen als
die Versicherungsnehmer günstiger stellende in einer Weise kund=
gegeben hätte, welche auch bei den bisher Versicherten den Glauben
erzeugen durfte, daß sie auch ihnen zu Statten kommen sollten,
sodaß Letztere etwa deshalb von einem Fallenlassen der eingegan=
genen Versicherungen abgehalten werden konnten. I, 313/89 vom
18. Jan. 90.

437. Der Versicherungsnehmer hat sich im Mai 1888 das
Leben genommen. Nach dem Statut der Rentenanstalt auf Gegen=
seitigkeit, welche auch Lebensversicherungsgeschäfte, aber nicht auf
Gegenseitigkeit, betreibt, ist sie im Falle der Selbstentleibung nur
zur Zahlung der statutenmäßigen Reserve verpflichtet. Die Ge=
neralversammlung hat im J. 1886 die Gesammtverwaltung (Aus=

Lebensversiche-
rung.

schuß und Direktion) zur Feststellung und Abänderung der Lebensversicherungsbedingungen ermächtigt. Die Gesammtverwaltung hat im J. 1887 neue Versicherungsbedingungen aufgestellt, welche an die Stelle der statutarischen getreten und den Lebensversicherungsurkunden beigedruckt sind. Darunter befindet sich auch die Bestimmung der Unanfechtbarkeit der Lebensversicherungspolize. Die Direktion hat diese Bedingungen ihren Vertretern mitgetheilt, im Rechenschaftsbericht vom 25. Mai 1888 ist hervorgehoben, daß jene Bedingungen veröffentlicht und in Wirksamkeit getreten seien. Das Berufungsgericht versteht dieselben ihrem Wortlaute nach dahin, daß sie auch den früher Versicherten zu gut kommen sollen. Rechtsirrthümlich nimmt aber der Berufungsrichter an, daß die Witwe, zu deren Gunsten der Versicherungsvertrag geschlossen war, dieses Angebot nach dem Tode des Versicherungsnehmers hätte acceptiren können. Eine Abänderung des Lebensversicherungsvertrages konnte nur so erfolgen, daß der Versicherte selbst jene Abänderung der Bedingungen acceptirte. Dieser Acceptation bedurfte es aber dann nicht, wenn die neuen Bedingungen beim Leben des Versicherungsnehmers öffentlich bekannt gemacht waren. Mit der öffentlichen Bekanntmachung gibt die Versicherungsanstalt ihren Willen kund, sich jedem Versicherungsnehmer gegenüber, falls kein Widerspruch erfolgt, für gebunden zu erklären und diese Gebundenheit nicht von einer zustimmenden Erklärung des Einzelnen abhängig zu machen. Sie berechtigt die Betheiligten zu der Annahme, daß die laufenden Versicherungsverträge unter den neuen günstigeren Bedingungen vom Zeitpunkt der Veröffentlichung festgesetzt werden sollen. Unerheblich, daß die neuen Bedingungen zum Theil lästigere Bestimmungen für die Versicherten erhielten. Auf gewisse Verwirkungsklauseln konnte die Beklagte verzichten. Das die Beklagte verurtheilende Berufungsurtheil aufgehoben; zurückverwiesen, um zu ermitteln, ob die Veröffentlichung bei Lebzeiten des Versicherungsnehmers erfolgt sei. III, 199/89 vom 29. Okt./26. Nov. 89.

438. Vgl. 435. Durch den einstimmigen Beschluß des Bankvorstandes der Gothaer Lebensversicherungsbank hat §. 68 der Statuten folgende Fassung erhalten: Ferner erlischt die Versicherung a) wenn der Versicherte kraft seines Berufes als Kombattant in wirklichen Kriegsdienst tritt, ohne das zur Aufrechterhaltung oder zur Suspension (§. 74) der Versicherung für

diesen Fall Erforderliche rechtzeitig wahrzunehmen. . . . Versiche-^{Lebensversiche-} rungen auf das Leben solcher Personen, welche in Folge der im Bankgebiete geltenden gesetzlichen allgemeinen Wehrpflicht oder zwar kraft ihres Berufes, aber als Nichtkombattanten, am wirklichen Kriegsdienste sich betheiligen, werden durch letzteren nicht beeinträchtigt, sofern die betreffenden Versicherungsscheine am Tage der Mobilmachung zum Zwecke eines Krieges bereits eingelöst waren. Andernfalls treten dieselben nicht in Kraft. Die besonderen Bedingungen, unter denen die Versicherungen von Personen, welche berufsmäßig und als Kombattanten wirklichen Kriegsdienst zu leisten haben würden, aufrecht erhalten werden können, stellt der Bankvorstand fest. b) Wenn derjenige, auf dessen Leben die Versicherung besteht, in Seedienst tritt, ohne das zur Suspension (§. 74) der Versicherung Erforderliche wahrzunehmen. . . . Hinsichtlich derjenigen Personen, welche wirklichen Kriegsdienst in der Marine, sei es kraft ihres Berufes oder kraft allgemeiner Wehrpflicht zu leisten haben, gelten die Bestimmungen unter a. Die Kläger haben sämmtlich in früheren Jahren, zum Theil schon 1863 bei der Gothaer Bank Versicherung genommen. Ihre Klage, den Beschluß bezüglich der Uebernahme des Kriegsrisikos als rechtsungültig aufzuheben, und seine Ausführung zu unterlassen: weil dadurch in ihre wohlerworbenen Rechte eingegriffen werde, da sie dahin führen könne, daß den Mitgliedern Dividenden nicht mehr gezahlt, sondern Nachschüsse erforderlich werden, und weil der Bankvorstand seine durch §. 28 der Statuten von 1838 bestimmten, verfassungsmäßigen Rechte überschritten habe, — abgewiesen, Revision zurückgewiesen. Ein Recht darauf, daß Maßnahmen unterlassen werden, welche die Folge haben können, daß Dividenden nicht mehr gezahlt werden und Zuschüsse nöthig werden, haben die Versicherten nur, wenn diese Maßnahmen verfassungswidrig sind. Dem Bankvorstande steht aber nach den Statuten das Recht zu, diese durch einstimmigen Beschluß in weniger wesentlichen Bestimmungen abzuändern, wenn die eigentlichen Grundsätze der Bank so, wie sie ursprünglich festgesetzt, unverändert bleiben. Eine Bestimmung dahin, daß es den Beklagten freistehe, die Uebernahme einer Versicherung gegen die imminente Gefahr, im Kriege das Leben zu verlieren, würde gegen die Grundsätze einer auf Gegenseitigkeit

Lebensversiche-
rung.

gegründeten Lebensversicherungsgesellschaft verstoßen. Solche Bestimmung ist aber nicht getroffen. Der Beschluß ändert nur, daß die Versicherung solcher Personen unbedingt fortdauert, welche in Folge der im Bankgebiet gesetzlichen allgemeinen Wehrpflicht, oder zwar kraft Berufs, aber als Nichtkombattanten am wirklichen Kriegsdienst sich betheiligen; während die von Personen, welche berufsmäßig und als Kombattanten wirkliche Kriegsdienste zu leisten haben, abgeschlossenen Versicherungen bedingt aufrecht erhalten werden können. Dies verstößt gegen die Zwecke einer Lebensversicherungsgesellschaft nicht. Es kann nicht geltend gemacht werden, daß die Grundlage jeder rationellen Lebensversicherungsgesellschaft die auf der Erfahrung beruhende natürliche Absterbeordnung und der darauf basirte Prämientarif sei. Denn wenn auch keine Lebensversicherungsgesellschaft, wie die beklagte Bank, auf Grund der Absterbeordnung die Versicherung gegen eine bestimmte Lebensgefahr übernehmen kann und wird, so entzieht sich doch keine der Mitübernahme von Gefahren, die das menschliche Leben unvorhergesehen, unvorsehbar und unverschuldet bedrohen, obwohl die Absterbeordnungen sie nicht berücksichtigen. Der Berufungsrichter weist in dieser Beziehung nicht ohne Grund auf das Beispiel der Epidemien hin, welche erfahrungsmäßig viel schlimmer wirken als Kriege, dennoch aber von allen Lebensversicherungsgesellschaften mitgetragen werden. Die Gothaer Bank hatte bereits im ersten Statut §. 61 dem Versicherten bei Eintritt des Kriegsdienstes eine bedingte Fortdauer der Versicherung vorbehalten. In §. 68 des zweiten Statuts ist dieser Grundsatz zwar beseitigt, aber unter Gewährung einer Vergütung für das ausscheidende Mitglied, welche erkennen läßt, daß im Geist der Verfassung die Aufhebung der Versicherung als an sich hart und unbillig empfunden wurde. Der Beschluß vom 25. Juli 1870 ist wieder zu dem ersten Statut §. 61 zurückgekehrt. Dieser Grundsatz hat durch 20 Jahre in unangefochtener Uebung bestanden. Der Beschluß von 1888 geht über die dem Bankvorstande durch den Beschluß vom 25. Juli 1870 ertheilten Befugnisse grundsätzlich nicht hinaus. Er enthält bezüglich der babei vorzugsweise in Betracht kommenden gesetzlich Wehrpflichtigen nichts als die Aufstellung der den allgemeinen Grundsätzen des Versicherungsrechts und den rechtlichen und ethischen Grundlagen der Lebensversicherung

auf Gegenseitigkeit entsprechenden Norm, daß die unfreiwillige Ueber= Lebensversiche-
rung.
nahme erhöhter Gefahr und des vorzeitigen Todes in solcher Ge=
fahr die Versicherung nicht berührt. In einem Lande der all=
gemeinen Wehrpflicht wird der vorsichtige und gewissenhafte Mann,
der in der Sorge für die Zukunft der Seinen zur Lebensversiche=
rung schreitet, unter den Zufälligkeiten, die ihm einen unvorher=
gesehenen Tod bringen können, auch die in Betracht ziehen, daß
er als Wehrpflichtiger vor den Feind treten muß. Daß die Ueber=
nahme des Kriegsrisikos für Wehrpflichtige und Militärbeamte
ohne besondere Zuschlagsprämie erfolgt, ist eine rein technische
Frage, welche der Bankvorstand als der berufenste Vertreter der
Banktheilhaber zu entscheiden hat. Hiernach lag ein Zuwider=
handeln gegen §. 28 der Statuten nicht vor. I, 340/89 vom
10. März 90.

439. Die Klägerin hatte für ihren Sohn bereits im J. 1881 Interzession.
und 1882 Wechsel bei dem Vorschußverein gezeichnet und Werth=
papiere zur Sicherheit dieser Wechsel cedirt. Sie hat 1887 zur
Deckung der früheren Schuld, und ohne die Absicht schenken zu
wollen, wiederum Wechsel unterzeichnet, diesmal an erster Stelle,
während der Sohn an zweiter Stelle unterschrieben hat. Sie
hat auch wieder dieselben Papiere cedirt. Es lag lediglich Fort=
setzung der bisherigen Kreditgewährung und neue Interzession vor,
welche durch jene Form nur verdeckt werden sollte. Auch wenn,
wie der Vorschußverein darstellt, ein Darlehn an die Mutter ver=
einbart wäre, dessen Verlust zur Deckung jener älteren Wechsel
verwendet werden sollte, würde Einsetzung des eigenen Credits für
den Sohn unter Kenntniß des Darlehnsgläubigers, also Inter=
zession vorliegen. III, 315/89 vom 11. Febr. 90.

440. Die Wechsel waren ungültig, weil die Klägerin auf Bürgschaft.
die Belehrung und Verwarnung des Richters die Bürgschaft nicht
übernommen hat. Die Mecklenburgische Verordnung vom 16. Mai
1857 enthält nicht eine bloße Formvorschrift; die Frau kann nur
intercediren, wenn sie sich zuvor einer Einwirkung des Gerichts
auf ihren Willen unterwirft und trotz dieser Einwirkung die Inter=
zession aufrecht hält. Danach hat die Verordnung, wie der Be=
rufungsrichter mit Recht annimmt, der Handlungsfähigkeit der
Ehefrau für Interzessionen eine besondere Schranke gesetzt. H.G.B.
317 ohne Einfluß. III, 315/89 vom 11. Febr. 90.

441. Mittels privatschriftlichen Vertrages verkaufte Kläger sein Grundstück an K. Von dem Kaufpreise sollten 3000 Mark (als „Anzahlung") spätestens am 15. Sept. 1883 gezahlt werden, 500 Mark an dritter Stelle für den Verkäufer eingetragen werden. Durch Urkunde vom 25. Mai 1884 übernahm der Beklagte „selbstschuldnerisch" von dem bis dahin nicht berichtigten Kaufpreise die erstgedachten 3000 Mark und die letztgedachten 500 Mark und verpflichtete sich, diese Beträge spätestens am 1. Dec. 1884 an den Kläger zu zahlen. Mit Bewilligung des K. hat Kläger das Grundstück an die Ehefrau des K. aufgelassen. Der auf Zahlung der 3500 Mark belangte Bürge kann nicht einwenden, Kläger habe den Vertrag nicht erfüllt, weil er das Grundstück nicht an K. aufgelassen habe. Denn durch die mit Bewilligung des K. an dessen Ehefrau erfolgte Auflassung ist der Vertrag gegenüber dem K. erfüllt, und die Forderung aus dem Kauf besteht gegen K. — A. L. R. I, 16, §. 30. — IV, 284/89 vom 14. Jan. 90.

442. Der beklagte Bürge kann nicht einwenden, daß der Kläger seine Sicherheit dadurch aufgegeben habe, daß derselbe das Grundstück aufgelassen habe, ohne sich die 3000 Mark zahlen zu lassen. Der ökonomische Zweck der selbstschuldnerischen Bürgschaft bestand gerade darin, dem Gläubiger die Vorleistung zu ermöglichen, ohne solche von der — nunmehr durch die Bürgschaft gesicherten — Gegenleistung abhängig zu machen; deshalb konnte in der Vorleistung für sich eine Verletzung der dem Bürgen vom Gläubiger geschuldeten Sorgfalt nicht gefunden werden. Auch kann in dem Recht des einen Kontrahenten, seine Leistung bis zur erfolgten Gegenleistung zurückzuhalten, nicht eine vom Gegenkontrahenten bestellte Sicherheit im Sinne A. L. R. I, 14, §. 331 gefunden werden. IV, 284/89 vom 14. Jan. 90.

443. Ein Aufgeben der Sicherheit würde aber darin zu finden sein, wenn der Kläger das Recht, wegen 500 Mark die Bestellung der Hypothek zu fordern, aufgegeben hätte. Wenn aber der Berufungsrichter angenommen hat, daß der Kläger den aus der unterbliebenen Eintragung erwachsenen Nachtheil durch Abtretung seines noch fortbestehenden Rechts auf Eintragung gegen K. und dessen Ehefrau auszugleichen im Stande sei, so hat der Kläger im Hinblick auf die §§. 333, 339 I, 14 A. L. R. keinen rechtmäßigen Grund, sich über die Zulassung dieses Mittels der

Schadloshaltung des Bürgen zu beschweren, deffen Versagung seinerseits ihn dem Vorwurfe des Dolus aussetzen würde. IV, 284/89 vom 14. Jan. 90.

444. Dabei ist aber die Behauptung des Beklagten außer Acht gelaffen, daß die Ehefrau K. nach Inhalt der mit dem Kläger vor der Auflaffung getroffenen Abrede die als bezahlt bezeichneten 3500 Mark Kaufgeld nicht übernommen habe. Wäre dies richtig, so würde Kläger gemäß §. 10 des E. E. G. einen Anspruch auf Zahlung beziehungsweise Eintragung dieser 500 Mark gegen die Ehefrau K., welche, soviel erhellt, noch eingetragene Eigenthümerin des Grundstücks ist, gar nicht erworben haben, und die Abtretung des nicht existirenden Rechts könnte ein Aequivalent für die bisher unterbliebene Eintragung offenbar nicht bilden. — Insoweit ist daher dem Beklagten ein Revisionsgrund gegeben. — IV, 284/89 vom 14. Jan. 90.

445. D. hatte sein Grundstück hypothekenfrei an den Beklagten verkauft; er sicherte ihm bei der Parzellirung einen Reingewinn von 6000 Mark dergestalt zu, daß Beklagter, was er weniger erziele, vom Kaufpreis abrechnen dürfe. Kläger haben die Bürgschaft dafür übernommen, daß Verkäufer alle seine Verpflichtungen aus dem Vertrage erfülle. Nach der Bürgschaftsübernahme haben der Beklagte und sein Verkäufer vereinbart, daß der Käufer die Hypotheken übernehme und daß der Kaufpreis dadurch, nur auf andere Weise berichtigt sei. Nun ist der Bürge frei; denn auch ein Abzug am Kaufpreis kann nicht mehr eintreten. Sollte Verkäufer in dem neuen Vertrage die Verpflichtung übernommen haben, dem Käufer zu zahlen, was derselbe bei einer Parzellirung weniger als 6000 Mark Reingewinn erlöse, so haben Kläger dafür eine Bürgschaft nicht übernommen. III, 290/89 vom 28. Jan. 90.

446. J. L. & Co. hatte der Oberdampfschiffahrtsgesellschaft einen Kredit bis zur Höhe von 40 000 Mark eröffnet. Dafür hatten sich 15 Firmen bezw. Personen in dieser Höhe durch Unterzeichnung eines Depotwechsels verbürgt. Sie hatten auch der mitbürgenden Gesellschaft E. K. & Co. den Auftrag ertheilt, für die der O.gesellschaft zu gewährenden Darlehne Wechsel zu acceptiren. Solche Wechsel waren acceptirt und prolongirt, zuletzt hatte J. L. & Co. Auflösung des Kreditverhältnisses gefordert. Nun hat

Gesellschaft. G., der eine der beiden Theilhaber von E. K. & Co., die Verpflichtung dieser o. H. G. J. L. & Co. gegenüber persönlich übernommen, und bis zur vollständigen Zahlung durch Papiere sichergestellt, solche Schuld auch bisher zu ⅓ bezahlt. Dagegen hat die Gläubigerin an E. K. & Co. eine Quittung über die Forderung gegeben, und der Zeuge L. hat bekundet, daß ihre Forderung an E. K. & Co. erloschen sei. E. K. & C. durfte aus dieser Tilgung der Forderung im Regreßwege gegen die übrigen Bürgen klagen — A. L. R. I, 16, §. 46 — ohne daß der Einwand mangelnder Aktivlegitimation berechtigt war, weil G. getilgt habe. Unerheblich auch, daß nach dem inneren Verhältniß zwischen G. und seinem Mitgesellschafter beredet war, dieser solle für jene Forderung von J. L. & Co. nicht mithaften. I, 336/89 vom 19. Febr. 90.

447. Für die vorliegende Frage unerheblich, ob Vereinigung zu einzelnen Handelsgeschäften oder eine Gesellschaft des bürgerlichen Rechts vorlag. Sp. hatte aus einer Konkursmasse Materialien zum Bau von Pianofortes erworben, H. sollte aus diesen Pianinos bauen, welche dann zu verkaufen waren. Das Geschäft ging auf den Namen des H. und sollte bis September 1886 betrieben werden. Am 25. Sept. 86, als die Gesellschaft ihrem Ende entgegenging, und der Miethvertrag über die Geschäftsräume ablief, schrieb Sp. dem H., daß er über sämmtliche Bestände seiner Pianofortefabrik einen Kaufvertrag über den Betrag des von ihm eingelegten Kapitals, d. h. für 21 100 Mark verabredet habe, und erbiete dem Beklagten das Vorkaufsrecht, indem er spätestens innerhalb 48 Stunden dessen Entschließung entgegensehe. H. hat darauf nicht geantwortet, und Sp. hat hiernächst den Kaufvertrag zu jenem Preise abgeschlossen. Erstreckte sich die Anfrage auch nur auf die Ausübung des Vorkaufsrechts, so ging die Mittheilung doch dahin, daß der p. Sp. einen Kaufvertrag verabredet, nicht daß er ihn bereits geschlossen habe. Da der Beklagte das Miteigenthum an diesen Beständen in Anspruch nahm, so hatte er allen Anlaß, sich gegen die Veräußerung auszusprechen, wenn er mit derselben nicht einverstanden war. That er das nicht, so galt er als zustimmend — arg. A. L. R. I, 13, §. 247. Die Annahme des Kammergerichts, daß der Beklagte den Verkauf für 21 100 Mark genehmigt habe, verletzt also in keiner Weise das Gesetz, vielmehr entspricht sie dessen Vorschrift. I, 258/89 vom 4. Dec.

448. Der Erblasser der Gemeinschuldner hatte mit dem Wider= **Gesellschaft.**
kläger zusammen eine Fischerei gepachtet. Der Widerkläger hat
die Kaution in Werthpapieren aus eigenen Mitteln und in eigenem
Namen hinterlegt. Es ist, obgleich eine Taxe nicht stattfand, Mit=
eigenthum angenommen, weil die Vermuthung des A. L. R. I, 17,
§. 202 vom Berufungsrichter widerlegt erachtet ist. Ein förm=
licher Pachtvertrag lag nicht vor. Da aber der §. 13 der Pacht=
bedingungen dem Pächter die Hinterlegung einer Kaution zur
Pflicht macht, da ferner der Erblasser und der Beklagte unstreitig
gemeinschaftliche Pächter auf Grund der Pachtbedingungen geworden
sind, erscheint die Annahme des Berufungsrichters, daß Beide
gemeinschaftlich die Pflicht zur Bestellung der Kaution dem Fiskus
gegenüber übernommen haben, gerechtfertigt und es steht ferner
Nichts entgegen, daß der Berufungsrichter nachher von der aus
dem Pachtvertrage (d. h. den von den beiden Pächtern acceptirten
Pachtbedingungen) zu entnehmenden Absicht der Betheiligten spricht.
Die hieraus gezogene Folgerung, daß nach dem Willen der Be=
theiligten die Kaution ein zum Betriebe des gemeinschaftlichen
Geschäfts zusammengetragener, der Gesellschaft zu eigen zu über=
lassender Fonds gewesen sei, bewegt sich auf thatsächlichem Gebiet
und enthält in Betreff der rechtlichen Beurtheilung, daß die in
der Absicht der Eigenthumsübertragung erfolgte Deposition, wenn
sie auch von dem Beklagten allein auf seinen Namen erfolgt sei,
zum Erwerb des Miteigenthums des Erblassers ausreichend gewesen
sei, keine Rechtsnormverletzung. IV, 233/89 vom 5. Dec.

449. Sieben Personen hatten sich im J. 1871 verbunden,
die Verpflegung der aus Frankreich heimkehrenden Truppen des
achten Armeekorps zu übernehmen. L. war der Geschäftsführer
und vereinnahmte die Gelder. Bei der Vertheilung des Gewinnes
wollen die Kläger benachtheiligt sein; es ist nicht mit vertheilt
ein Gewinn, welchen die Gesellschaft dadurch gemacht hätte, daß
einem Unterbetheiligten mit dessen Bewilligung 6759 Thlr. 14 Sgr.
7 Pf. weniger gezahlt seien, als er hätte fordern können. Zur
Erstattung wurden drei Gesellschafter pro rata verurtheilt. Kassirt
bezüglich zweier Mitverklagten. Zurückverwiesen in Erwägung, daß
die Mitwirkung in Ausführung der dem L. ertheilten Vollmacht,
auch bei der Annahme, daß die Mitverklagten durch L. in die
Vollmacht substituirt worden seien, eine Ersatzverbindlichkeit der=

selben nach Code 1993 nur in dem Falle begründen könnte, wenn sie auf Grund dieses Auftrags etwas empfangen hätten, der in dieser Beziehung von den Klägerinnen erbotene Beweis aber nicht erhoben und eine Feststellung nicht getroffen ist; daß auch unter derselben Voraussetzung die Mitverklagten als ersatzverbindlich zu erachten sein würden, wenn sie gemäß Art. 1372 als Geschäftsführer für die Gesellschaft gehandelt hätten; daß endlich die Annahme einer Entschädigungspflicht durch den Umstand ausgeschlossen wird, daß weder der Nachlaßvertrag, welcher für die Gesellschaft vortheilhaft war, noch die falsche Buchführung über angeblich dem Unterkonsortium geleistete höhere Zahlung, einen Schaden für die Gesellschaft herbeigeführt hat. II, 123/89 vom 27. Dec.

450. Auf die Klage eines Gesellschafters ist die Ausschließung des anderen Gesellschafters aus der zwischen nur diesen Beiden bestehenden Gesellschaft gemäß A. L. R. I, 17, §§. 273/74 erkannt. Revision zurückgewiesen; darüber, was aus dem bisher gesellschaftlich betriebenen Unternehmen wird, und in welcher Weise die Auseinandersetzung zu erfolgen hat, ist in diesem Prozeß nicht verhandelt und nicht zu entscheiden. V, 255/89 vom 29. Jan. 90.

451. In dem Gesellschaftsvertrage war jedem Gesellschafter verboten, seinen Gesellschaftsantheil innerhalb 6 Jahren ohne Einwilligung des andern zu veräußern. In Zusammenhalt mit dem Umstande, daß der Beklagte sich im Gesellschaftsvertrage zur Ertheilung seines Beiraths verpflichtet hat, mußte darin, daß Beklagter seinen Gesellschaftsantheil ohne Zustimmung des Klägers veräußert hat, eine beharrliche Pflichtentziehung gefunden werden, welche den Kläger berechtigte, die Ausschließung des Beklagten — A. L. R. I, 17, §. 273 — zu fordern. V, 255/89 vom 29. Jan. 90.

452. Der Kläger hat, nachdem er sich mit dem Beklagten überworfen hatte, in vier Fällen der Vorschrift des Gesellschaftsvertrags zuwider Ausgaben von über 100 Mark ohne Zustimmung des Beklagten aus Gesellschaftsmitteln geleistet. Der Berufungsrichter ist der Ansicht, daß diese Zahlungen so im wohlverstandenen Interesse der Gesellschaft geleistet sind, weil der Kläger annehmen durfte, daß der Beklagte bei Ertheilung oder Verweigerung seiner Genehmigung sich nicht nach dem Interesse der Gesellschaft richten werde. Deshalb kein Anspruch des Beklagten

auf Ausschließung des Klägers wegen beharrlicher Pflichtentziehung Gesellschaft.
nach A. L. R. I, 17, §. 273. V, 255/89 vom 29. Jan. 90.

453. Unbegründet ist die Rüge des beklagten bisherigen Gesellschafters R.: daß schon die jetzt eingetretene Beendigung des Gesellschaftsverhältnisses dem Kläger das Recht entziehe, die Veräußerung des R.'schen Miteigenthums an M. anzufechten. Diese Beendigung des Gesellschaftsverhältnisses hat die dem Kläger aus der Vertragsverletzung des Beklagten R. erwachsenen Rechte um so weniger wieder aufheben können, als mit dem Gesellschafts=verhältniß als solchem keineswegs auch die daraus entstandenen vermögensrechtlichen Beziehungen der Gesellschafter aufgehoben sind, vielmehr eine Auseinandersetzung erforderlich machen, welche der Kläger durch die vertragswidrige Hineinschiebung eines Dritten nicht erschweren zu lassen braucht. V, 256/89 vom 29. Jan. 90).

454. Im Fall Bd. VI, 624 wurde anderweit die Klage auf Rechnungslegung abgewiesen, weil Klägerin, nachdem Parteien im J. 1883 korrespondirt hatten, sich drei Jahre lang völlig passiv verhalten hatte, die Beklagte daraus schließen durfte, daß Klägerin das Vertragsverhältniß als gelöst betrachte, und Klägerin nun nach drei Jahren an dem lediglich durch die Thätigkeit der Be=klagten erzielten Gewinn theilnehmen wollte. Revision zurückge=wiesen. I, 3/90 vom 22. März.

455. War nichts Anderes verabredet, so verstand es sich Stille Gesell=
schaft.
völlig von selbst, daß die stille Gesellschaft von da anfing, wo der stille Gesellschafter seine Einlage machte, nicht erst von der näch=sten Inventur ab. I, 231/89 vom 16. Nov.

456. Nachdem die stille Gesellschaft aufgelöst ist, durfte der stille Gesellschafter seine Resteinlage zurückfordern, indem er dem Beklagten den Nachweis des von ihm behaupteten Verlustes über=ließ. I, 231/89 vom 16. Nov.

457. Lief aber die stille Gesellschaft bereits von der Zeit an, als jene ersten Einlagen des Klägers gemacht wurden, so ist die weitere Folgerung unabweislich, daß der Beklagte mit seiner Verlustberechnung nicht zu hören ist. Auch wenn anzunehmen wäre, die stille Gesellschaft habe sich auf die Zeit bis 1. Febr. 1886 erstreckt, und auf die Zeit vom 1. Febr. 1884 bis 1. Febr. 1886 entfalle auf den Antheil des Klägers ein Verlust von 1959,54 Mark, so ist damit nicht erwiesen, ob nicht dieser Ver=

Stille Gesell-
schaft.

lust ganz, oder zu welchem Theile durch einen entsprechenden Gewinn ausgeglichen ist, welcher in der Zeit vom Beginn der Gesellschaft bis 1. Febr. 1884 gemacht wurde. Da aber der Beklagte auch für diese Zeit rechnungspflichtig ist, und da er diese Rechnung im vorliegenden Prozesse zu legen hatte, wenn er überhaupt damit gehört werden wollte, so hat er kein Recht, sich auf den umgekehrten Standpunkt zu stellen, von dem Kläger etwa einen Nachweis zu fordern, wie viel Gewinn in jener Zeit vor dem 1. Febr. 1884 gemacht worden sei. Ebensowenig kann er von dem Kläger fordern, derselbe solle erst einen Anspruch auf Rechnungslegung für diese Zeit erheben, oder er solle sein Interesse daran geltend machen, daß keine Rechnung gelegt sei. Noch weniger hat Beklagter einen Anspruch darauf, daß eine freie Abschätzung des Gewinnes für diesen Zeitpunkt eintrete. Auf diesen Standpunkt hätte sich der Kläger stellen können, wenn er Herauszahlung eines nach seiner Behauptung in jenem Zeitraum gemachten Gewinnes gefordert hätte. Aber das fordert der Kläger nicht; er beschränkt sich auf die Forderung seiner Resteinlage, und hat es dem Beklagten überlassen, seinen Anspruch auf einen etwaigen Verlustantheil zu substantiiren. Diesen Anspruch konnte Beklagter nur so substantiiren, daß er die Rechnung für den ganzen Zeitraum der Gesellschaft aufstellte. I, 231/89 vom 16. Nov.

458. Der Kläger ist als stiller Gesellschafter mit einer Einlage von 45 000 Mark einer Kommanditgesellschaft beigetreten, welche ein Kapital von 942 000 Mark hatte. Nach dem Vertrage sollte der Gewinn nach dem Verhältniß der Einlagen einschließlich der des persönlich haftenden Gesellschafters getheilt werden. Obwohl nach einigen Jahren das ganze Geschäftskapital verwirthschaftet war, ist die Kommanditgesellschaft und die stille Gesellschaft fortgesetzt, es sind auch demnächst, ohne daß Kläger hiergegen Widerspruch erhoben hat, neue Kommanditisten mit einer neuen Einlage von 534 000 Mark eingetreten. An dem Gewinn, welcher von da ab gemacht ist, nahm der Kläger nicht zu einem günstigeren Verhältniß als dem von 45 000 Mark : 1 521 000 Mark, welches ihm von der Kommanditgesellschaft, seinem Komplementar, angeboten, Theil. I, 309/89 vom 1. Febr. 90.

Offene Han-
delsgesellschaft.

459. Die Parteien haben über Abschluß einer Gesellschaft unter gemeinschaftlicher Firma verhandelt, Beklagter sollte sein

Geschäft mit Kundschaft, Kläger Geldmittel einbringen. Der Ge- Offene Han-
delsgesellschaft.
schäftsbetrieb war noch nicht eröffnet, als Kläger dem Beklagten
den Auftrag ertheilte, für die Geschäftszwecke drei Prähme zu
kaufen, zur Anzahlung wollte Kläger dem Beklagten 3000 Mark
senden. Nachdem Beklagter dem Kläger geschrieben hatte, er habe
die Prähme fest auf den Namen des Klägers für 9000 Mark gekauft, dieser möge ihm 3000 Mark senden, sind diese abgesandt.
Beklagter hat nun erst die Prähme auf eigenen Namen gekauft,
den Verkäufer veranlaßt, auf der Kaufurkunde über 3000 Mark
zu quittiren, ihm aber die Zahlung eines Theils derselben von
2000 Mark bis zur Zahlung des Restkaufpreises gegen Ausstellung
eines Wechsels zu stunden, und hat die 2000 Mark für sich ver-
braucht, den Wechsel auch nicht eingelöst. Für den Fall nicht
pünktlicher Zahlung des Restkaufpreises sollte die Anzahlung verfallen sein. Kläger hat weitere Zahlungen nicht geleistet, so daß
die Anzahlung auf die Prähme verfallen ist. Beklagter ist dem
Kläger verurtheilt, 3000 Mark zu zahlen, wenn Kläger über gewisse Behauptungen des Beklagten Eide leistete. Die Revision
des Beklagten ist zurückgewiesen. I, 240/89 vom 4. Dec. Vgl.
121, 738, 467.

460. Ist der Antrag auf Ausschließung — H. G. B.
128 — gestellt, so ist zunächst zu prüfen, ob ein Grund vorliegt,
der im Sinne des Art. 125 wichtig genug ist, daß aus demselben
auf Auflösung der Gesellschaft würde erkannt werden können. Für
diese Untersuchung ist dem Richter durch beispielsweise Aufzählung
einzelner Gründe eine gewisse Direktive gegeben, ohne daß aber
dadurch seinem Ermessen eine Schranke gezogen wäre. Der Gesetzgeber weist namentlich auch nicht etwa darauf hin, nur ein
solcher Grund sei für wichtig zu erachten, welcher auf dem Verschulden eines Gesellschafters beruht oder überhaupt in dessen
Person liegt. Es ist auch nicht erforderlich, daß ein einzelnes
Moment für sich als durchschlagend hervortritt, verschiedene Umstände können in ihrer Verbindung und vielleicht erst durch dieselbe als wichtiger Grund erscheinen, und es können in dieser Weise
namentlich auch in der Person verschiedener Gesellschafter liegende
Umstände zusammen in Betracht kommen; ja es ist nicht ausgeschlossen, daß dabei selbst ein in der Person des Antragenden liegender
Grund berücksichtigt werde. I, 154/89 vom 18. Sept./16. Okt.

Offene Handelsgesellschaft.

461. Ist die Frage bejaht, daß ein zur Auflösung ausreichender Grund vorliegt, so ist zu erörtern, ob für die Anwendung des Art. 128 ein besonderer Grund vorliegt. Allerdings beschränkt Art. 128 die Ausschließung nicht auf den Fall des Verschuldens des Auszuschließenden, nur „in der Person desselben muß der Grund liegen", und das kann auch ganz ohne Verschulden desselben vorkommen, z. B. im Fall des Art. 125, Abs. 3, Nr. 5 (Unfähigwerden des Gesellschafters zu den ihm obliegenden Geschäften der Gesellschaft durch anhaltende Krankheit oder aus anderen Ursachen). Allein gerade der Umstand, daß die Spitze der gesetzlichen Bestimmung gegen einen einzelnen Gesellschafter gerichtet ist, welcher zu Gunsten der übrigen Gesellschafter in eine unvortheilhafte, jedenfalls von ihm nicht gewollte Lage versetzt werden soll, weist darauf hin, daß der Richter im Sinne des Gesellschafters handelt, wenn er die Frage, ob der Aufhebungsgrund verschuldet ist oder nicht, in den Kreis seiner Betrachtungen zieht, und wenn er bei Prüfung der Wichtigkeit des geltend gemachten Ausschließungsgrundes einen strengen Maßstab anwendet. Gesetz- und vertragswidrige Handlungen der auf Ausschließung klagenden Gesellschafter können vom Verklagten zum Zweck der Kompensation geltend gemacht werden. I, 154/89 vom 18. Sept./16. Okt.

462. Der Umstand, ob der Auszuschließende sich bewußt war, die Vertragspflichten verletzt zu haben, wird für das Urtheil über die Ausschließung von großer Bedeutung sein. Die Prüfung darf sich aber hierauf nicht beschränken, denn nicht nur kann aus anderen Gründen auf Ausschließung erkannt werden, sondern es können auch einzelne Momente, welche an sich die Ausschließung nicht begründen würden, in Verbindung mit andern Momenten selbst für die Frage von wesentlicher Bedeutung sein, ob Unredlichkeit anzunehmen sei. I, 154/89 vom 18. Sept./16. Okt.

463. Wenn neben einem Grund, welcher, wenn er allein vorhanden wäre, die Ausschließung rechtfertigen würde, noch andere Momente von der einen oder der anderen Seite geltend gemacht werden, so kann dadurch jenem Grund die Spitze abgebrochen werden, so daß der auf Ausschließung gerichtete Antrag nicht durchdringt. Allein die Sache kann auch so liegen, daß jene anderen Momente nicht geeignet sind, dem Antrag auf Ausschließung die

Wirkung zu entziehen. Darum ist der als Rechtssatz aufgestellte Offene Han-
Ausspruch nicht richtig, daß nothwendige Voraussetzung der delsgesellschaft.
Ausschließung sei, daß die Schädigung nur auf einseitiges Verschulden dieses einen Gesellschafters ohne konkurrirendes Verschulden
der übrigen Gesellschafter zurückzuführen sei, und daß den Klägern
der Beweis solcher alleinigen Verschuldung des Beklagten
obgelegen hätte. Das Gesetz gibt dem Richter unbedingte Freiheit
des Ermessens. I, 154/89 vom 18. Sept./16. Okt.

464. Auch ist es nicht richtig, daß eine Schädigung der
Gesellschaft eingetreten sein müßte, um den Ausschließungsantrag
zu rechtfertigen. War die schuldhafte Handlung des einen Gesellschafters so beschaffen, daß sie voraussichtlich eine Schädigung
der Gesellschaft zur Folge hatte, so wird die Befugniß, auf Ausschließung zu erkennen nicht dadurch ausgeschlossen, daß der Erfolg
durch zwischengetretene Umstände beseitigt ist. I, 154/89 vom
18. Sept./16. Okt.

465. Als ein Grund, den Beklagten aus der Gesellschaft
auszuschließen, war mit Recht nicht angesehen, daß der Beklagte
verschiedene Geschäfte über 3000 Mark allein abgeschlossen hatte,
obwohl der Vertrag bestimmte, der einzelne Gesellschafter solle nur
bis zu einem Objektswerth von 3000 Mark selbständig verfügen
dürfen. Denn dadurch war die Gesellschaft nicht gefährdet.
Die Kläger brauchten nur nach innen solche Geschäfte nicht als
Gesellschaftsgeschäfte anzuerkennen. Ebenso, daß der Beklagte einmal 5000 Mark aus der Kasse entnommen hatte, während er
nur jährlich 3000 Mark aus derselben entnehmen durfte; ebenso,
daß der Beklagte 600 Mark Repräsentationsgelder wie in früheren
Jahren im J. 1884 erhoben hatte. In letzterer Beziehung hätten
die Kläger das im Vertrage vorgesehene Schiedsgericht angehen
sollen. Noch daß der Beklagte mehr Pferde auf Kosten der Gesellschaft gehalten, als er nach Annahme der Kläger hätte halten
dürfen. Auf Antrag der Kläger war dem Beklagten durch einstweilige Verfügung die Vertretung der Gesellschaft entzogen. Die
Kläger konnten ihm nicht vorwerfen, daß er seitdem sich der Geschäftsführung überhaupt enthalten habe. Hätte der Beklagte
weiter Geschäfte führen sollen, soweit sie nicht in Vertretungs-
handlungen bestanden, so würden sich daraus unlösbare Konflikte
ergeben haben. I, 154/89 vom 18. Sept./16. Okt.

Offene Han-
delsgesellschaft.

466. Der Vorwurf, welcher daraus entnommen wird, daß der Beklagte sich weigere, einen Eid, welcher der Gesellschaft in einem mit einem Pferdehändler über das betreffende Pferd geführten Prozeß auferlegt worden, mit zu leisten, und daß er unterlassen habe, sich aus den ihm zur Information vorgelegten Geschäftsbüchern über die zu beschwörende Thatsache zu unterrichten, wird ohne Rechtsirrthum darum für grundlos erklärt, weil die Ableistung eines Eides Gewissenssache sei und es lediglich dem Beklagten überlassen bleiben müsse, in welcher Weise er die ihm obliegende Prüfung über die Wahrheit der zu beschwörenden Thatsache vornehme. I, 154/89 vom 18. Sept./16. Okt.

467. Vgl. 459. Eine auftragswidrige Verwendung des gesandten Geldes kann nicht schon darin gefunden werden, daß Beklagter die Zahlung auf einen im eigenen Namen abgeschlossenen Vertrag leistete. Denn Beklagter konnte seine Rechte aus diesem Vertrage dem Kläger cediren. I, 240/89 vom 4. Dec.

468. Vgl. 459. Kläger, welcher 3000 Mark zur Anzahlung gab, deren Zahlung an den Verkäufer eine durchaus zweifelsfreie Sach- und Rechtslage geschaffen hätte, durfte die Schaffung einer solchen verlangen, so daß es gar nicht einmal darauf ankommt, ob er etwa wegen der auf den Kaufvertrag gesetzten Quittung die Uebergabe der Prähme gegen den Verkäufer auch bei Nichtzahlung der fraglichen 2000 Mark hätte durchsetzen können. Und es war nicht seine Sache, die Auffassung des Verkäufers über die Wirkungen des Geschehenen bei Uebertragung der Rechte aus dem Kaufvertrage an Kläger zu erforschen, oder sich danach bei Rechtsverständigen zu erkundigen, sondern die des Beklagten, die Ordnung der Angelegenheit in einer dem Kläger gegen nochmalige Beanspruchung der 2000 Mark unzweifelhafte Sicherheit gewährenden Weise demselben nachzuweisen. So lange dies nicht geschah, weigerte sich Kläger mit Recht, das Geld für die nächste Kaufpreisrate zu gewähren, und es ist daher allerdings das Verhalten des Beklagten der von diesem verschuldete Grund, weshalb Kläger die 3000 Mark eingebüßt hat, ohne den erwarteten Gegenwerth zu erhalten. I, 240/89 vom 4. Dec.

469. Der Gesellschafter P. hat einen von ihm auf seine Gesellschaft H. & Co. an eigene Ordre gezogenen, von dieser angenommenen Wechsel in blanco girirt, dem Kläger begeben, welcher

denſelben in blanco weiter girirt hat. Er hat den proteſtirten Offene Han-
delsgeſellſchaft.
Wechſel eingelöſt und dann zugleich gegen die o. H. G. und deren
Geſellſchafter H. im Wechſelprozeſſe eingeklagt, in dem er deſſen
Theilhaberſchaft an der o. H. G. urkundlich nachwies. Kein Grund
erſichtlich, weshalb das nicht anging. III, 245/89 vom 13. Dec.

470. Die klagende o. H. G. hat ſich im Laufe des Prozeſſes aufgelöſt. Es iſt behauptet, aber vom Beklagten beſtritten
und nicht glaubhaft gemacht, daß einer der beiden Geſellſchafter
die Aktiven und Paſſiven übernommen habe. Wäre eine Liquidation nicht eingetreten, und nimmt man an, daß die Geſellſchaft
erloſchen iſt, oder iſt die Liquidation beendigt, ſo treten die früheren Geſellſchafter, welche bisher Subjekte des geklagten Anſpruchs
waren, dem Prozeßgegner als einfache Streitgenoſſen gegenüber,
ſelbſtverſtändlich ſo, daß der Prozeß ihnen gegenüber nur einheitlich entſchieden werden kann. VI, 244/89 vom 2. Jan. 90.

471. Die Bedingung für den Kauf der o. H. G. iſt freilich
dann nicht als zugeſtanden anzuſehen, wenn gleichzeitig der eine
Geſellſchafter die Setzung der Bedingung zugeſteht, der andere
ſie ablehnt. Wenn dagegen der eine Theilhaber bereits unter Genehmigung der Bedingung das Geſchäft abgeſchloſſen hat, ſo kann
hieran der nachträgliche Widerſpruch des anderen Theilhabers
nichts ändern; und ebenſowenig wird durch den von einem Theilhaber geäußerten Widerſpruch der ſpätere Abſchluß des Geſchäfts
mit der Bedingung durch den anderen Theilhaber — abgeſehen
von dem möglichen Einfluſſe des dolus, welcher hier nicht in Betracht kommt — verhindert. V, 235/89 vom 11. Jan. 90.

472. Durch einen Vorvertrag hatten ſich die Beklagten verpflichtet, den Kläger nach vollſtändiger Herſtellung von deſſen Ge-
ſundheit in ihre o. H. G. aufzunehmen. Auf ſeine Klage auf
Erfüllung waren Beklagte verurtheilt; aufgehoben, zurückverwieſen.
Nach Code 1135 und 1156 mußte geprüft werden, ob die Verpflichtung der Beklagten, den Kläger als Geſellſchafter aufzunehmen, nach der Abſicht der Parteien, ſowie nach der Billigkeit und
dem Herkommen nicht durch die weitere Vorausſetzung bedingt
ſei, daß Kläger den an einen Geſellſchafter zu ſtellenden Anforderungen genüge und nicht einer der Gründe vorliege, welcher die
übrigen Geſellſchafter berechtigen würde, ſofort gemäß Art. 125
des H. G. B. die Auflöſung der Geſellſchaft zu beantragen, wie

Offene Han-
delsgesellschaft. sie das geltend gemacht hatten. Ist diese Frage, wie in der Natur der Sache zu liegen scheint, zu bejahen, so steht dem Kläger, so lange er den an ihn zu stellenden Anforderungen nicht genügt, ein Recht auf Aufnahme in die Gesellschaft vorerst nicht zu. Die Beklagten konnten sich vielmehr der beantragten Aufnahme wider-setzen und brauchten sich nicht darauf verweisen zu lassen, die Auflösung des abgeschlossenen Vertrags gemäß Code 1184 her-beizuführen. II, 276/89 vom 17. Jan. 90.

473. Theilhaber der o. H. G. „Löhe & Wilhelm" waren der jetzige Kläger Löhe und ein Wilhelm. Letzterer schied am 8. Sept. 1887 aus und wurde am 23. ejusd. Kaufmann Zerbst als Mit-inhaber in das Handelsregister eingetragen. Im Jan. 1888 trat auch Kläger aus der Gesellschaft aus, und es übernahm Zerbst sämmtliche Aktiven und Passiven der Firma Löhe & Wilhelm — mit Ausnahme einiger ausdrücklich ausgeschlossener Aktiven — unter dem Versprechen, den Kläger wegen aller Ansprüche, die gegen denselben als früheren Mitinhaber der Firma geltend ge-macht werden könnten, schadlos zu halten. Zerbst schloß hierauf mit Kaufmann Reinhardt einen Gesellschaftsvertrag, und führten beide das frühere Geschäft mit Uebernahme der sämmtlichen Ak-tiven und Passiven der Firma „Löhe & Wilhelm" unter der neuen Firma „Zerbst & Reinhardt" fort. Zu den übernommenen Ge-schäftsschulden gehörte eine Kaufgeldbrestforderung des Kaufmanns A., zu deren Zahlung L. für seine Person verurtheilt ist. Er hat Z. & R. auf Befreiung von dieser seiner Schuld belangt; sie sind unter Verwerfung einer Kompensationseinrede verurtheilt; Revision zurückgewiesen. Die Gegenforderung war damit begründet, daß Kläger einen unrichtigen Status über seine Vermögenslage vom 1. Aug. 1887 vorgelegt und durch die wissentlich falsche Versiche-rung der Richtigkeit desselben den Zerbst zum Eintritte in das Geschäft bestimmt habe. Hierdurch sei ein Schaden von 4043 Mark 92 Pf. entstanden, welchen zum Theile Zerbst, als Theilhaber der jetzigen Firma, zum Theile letztere, als Uebernehmerin der Aktiven und Passiven des Geschäfts, erlitten habe. III, 273/89 vom 25. Jan. 90.

474. Der vorstehende Gegenanspruch steht allein dem Z. in seinem Verhältniß zu L. zu. Da aber das Vermögen der o. H. G. von dem ihrer Theilhaber getrennt ist, und die Rechtsverhältnisse,

welche die o. H. G. als ſolche berühren, von denen, welche die Offene Han-
delsgeſellſchaft. Perſonen der Geſellſchafter in ſonſtiger Beziehung betreffen, aus-
einandergehalten werden müſſen, ſo kann die wegen einer Schuld
belangte o. H. G. nicht mit einer einem Geſellſchafter gegen den
Kläger zuſtehenden Gegenforderung kompenſiren. Die Bezugnahme auf L. 10 D. de duobus reis (45, 2) iſt verfehlt, weil
nicht ein Geſellſchafter, ſondern die Geſellſchaft beklagt iſt. Aus
der Thatſache, daß Z. & R. die Aktiven und Paſſiven des von
Z. betriebenen Geſchäfts übernommen haben, folgt nicht, daß
dieſer Anſpruch des Z. auf Z. & R. übergegangen iſt. Auch
darin, daß der Geſellſchafter Z. damit einverſtanden ſei, daß
Z. & R. die Kompenſation geltend machen, liegt nicht eine Ceſſion
der Gegenforderung an Z. & R. — R. G. E. 10, Nr. 12, S. 47. —
Ueberdies ging die Vertheidigung der Beklagten gegen die Replik
der Unſtatthaftigkeit der Kompenſation nur dahin, daß H. G. B. 121
ſolche nicht verbiete, vielmehr per argum. ex contrario zulaſſe.
Es iſt daher nicht zu beanſtanden, wenn der Berufungsrichter
unter ſolchen Umſtänden es ablehnte, aus dem bloßen Geſchehen-
laſſen der Vorſchützung der Einrede der Kompenſation einen Schluß
auf Vornahme der Ceſſion oder auch nur der Ermächtigung des
Z. zu dieſer Verwendung zu ziehen, zumal die Prozeßvollmacht
des Vertreters der Beklagten nur von der beklagten Firma gezeichnet iſt und nicht erhellt, welcher von den beiden Theilhabern
derſelben dieſe Zeichnung vollzogen hat. III, 273/89 vom
21. Jan. 90. Vgl. 123.

475. Die Klage behauptet, daß die Parteien im Jahre 1882
ein gemeinſchaftliches Geſchäft in Glas- und Steinwaaren unter
der Firma R. & Co. mit der Vereinbarung begründet hätten, daß
Kläger die Einkäufe, Beklagter den Verkauf betreiben, jeder Theil
3000 Mark in das Geſchäft einzahlen und Einlage wie Geſchäftsantheil mit 4 Proc. verzinſt erhalten ſolle. Sie behauptet weiter,
daß beide Parteien in der That je 3000 Mark eingezahlt und das
Geſchäft gemeinſchaftlich betrieben hätten, Beklagter auch verab-
redeter Maßen 1883, 1884 und 1885 die Bilanzen vorgelegt habe,
und daß bei jeder dieſer Vorlagen ausgemacht worden ſei, Kläger
ſolle von ſeiner Einlage 5 Proc. Zinſen ausgezahlt erhalten und
ſeinen weiteren Geſchäftsantheil im Geſchäft ſtehen laſſen. Nach
Angabe des Beklagten hat dieſer im März 1882 an den Kläger

geschrieben, dieser könne nicht offener Gesellschafter werden. Dabei habe sich Kläger beruhigt. Das Berufungsurtheil läßt dahingestellt, ob der Brief vor oder nach dem mündlichen Vertrage der Parteien geschrieben sei. Wenn aber dem Kläger der Beweis jener Behauptungen gelingen sollte, so ist der Abschluß einer Handelsgesellschaft, die sich zunächst als eine offene darstellt, erwiesen. Ist dieser Beweis als erbracht anzusehen, so muß die Würdigung des Briefs vom 2. März 1882, der laut der klägerischen Behauptung erst nach Abschluß des mündlichen Vertrags angelangt ist, eine andere sein, als wenn sich die Sache zur Zeit desselben noch im Stadium der Vorverhandlungen befunden hat. Aufgehoben, zurückverwiesen. III, 311/89 vom 21. Febr. 90.

476. Der Kläger fordert, daß ihm gestattet werde, die Handelsbücher Zwecks Auseinandersetzung auf Grund H. G. B. 130, Abf. 1 unter Zuziehung eines Sachverständigen einzusehen. Das ist dem ausscheidenden Gesellschafter für die Regel nicht zu versagen. Der Umstand, daß Kläger lange Zeit Kaufmann war und daß er während der letzten zehn Jahre die Bilanzen ohne Bemängelung vollzogen hat, rechtfertigt nicht den Schluß, daß derselbe mit der kaufmännischen Buchführung hinlänglich vertraut ist, um im vorliegenden Fall die Prüfung der Handelsbücher und der aufgestellten Bilanz in sachgemäßer Weise durchführen zu können. Auch aus den von den Beklagten behaupteten Aeußerungen des Klägers, die eine feindselige Gesinnung desselben bekunden sollen, folgt nicht, daß sein gegenwärtiges Begehren chikanös ist, da, wenn eine solche Feindseligkeit in der That vorliegt, nicht ersichtlich ist, inwiefern die Zuziehung eines unbetheiligten Dritten den Beklagten zum Nachtheil gereichen könnte. Ein Mißbrauch der vom Kläger in Anspruch genommenen Befugniß wäre hiernach höchstens in Bezug auf die Auswahl des zuzuziehenden Sachverständigen zu besorgen. In dieser Hinsicht ist Kläger den Beklagten möglichst weit entgegengekommen, da er erklärt hat, sich, soweit es mit seinem Interesse vereinbar ist, den Wünschen der Beklagten fügen, eventuell die Bestimmung der Persönlichkeit dem Gericht überlassen zu wollen. Danach sind Beklagte entsprechend verurtheilt. Wenn eine Einigung nicht zu Stande kommt, soll das Vollstreckungsgericht den Sachverständigen ernennen. I, 18/90 vom 22. März.

477. Dadurch daß die beklagte offene Handelsgesellschaft im Laufe der ersten Instanz ihr Ende gefunden hat, wurde das Verfahren nicht unterbrochen, zumal Angesichts C. P. O. §. 223. Die verurtheilten beiden Revisionskläger waren die alleinigen Inhaber des Gesellschaftsvermögens. III, 338/89 vom 18. März 90.

478. Am 1. Jan. schied aus der aus zwei Mitgliedern bestehenden o. H. G. R. aus, an seiner Stelle trat sein Sohn ein; die o. H. G. wurde unter derselben Firma E. E. & Co. weiter geführt, demnach ist die bisherige Gesellschaft als fortgesetzt anzusehen. I, 336/89 vom 19. Febr. 90.

479. Im Fall 704. Daraus, daß der Aufsichtsrath Organ der Gesellschaft ist, folgt nicht, daß die Gesellschaft (Generalversammlung) dessen Wahrnehmungen als ihre eigenen gelten lassen muß. Zu Ertheilung der Decharge ist der Aufsichtsrath nicht berufen. Seine Kenntniß kann für die Frage, in welchem Sinne die Generalversammlung Decharge ertheilt habe, nicht entscheidend sein. Nun bestand zwar, wie der Beklagte sagt, die Generalversammlung vom 16. April in überwiegender Mehrheit aus denjenigen Mitgliedern des Aufsichtsraths, welche von dem Verlust Kenntniß erhalten hatten; ohne Rechtsirrthum folgert jedoch der Berufungsrichter aus dem in dem Protokoll des Aufsichtsraths vom 15. April enthaltenen Vorbehalt, daß in der am 16. April erfolgten Entlastung ein Verzicht auf den jetzt erhobenen Anspruch auch Seitens jener Mitglieder des Aufsichtsraths nicht ausgesprochen werden wollte und nicht ausgesprochen worden ist. Es mag hierbei darauf hingewiesen werden, daß noch nach dem 16. April, und zwar schon im Juni, zwischen dem Aufsichtsrath und dem Beklagten über die Ersatzpflicht des letzteren verhandelt worden ist, ohne daß ersichtlich ist, daß sich damals der Beklagte auf Entlastung berufen hat. VI, 208/89 vom 28. Nov.

480. In dem Gründungsvertrage waren den drei Beklagten, welche den Vertrag mit abschlossen, 7 Aktien, drei anderen Mitgründern 3 Aktien, zusammen 10 Aktien zum Nominalbetrage von 10 000 Mark für angebliche Forderungen an den bisherigen Miteigenthümer der Fabrik B. zugewendet worden. Der Registerrichter lehnte die Eintragung ab, weil er erkannte, daß jene angeblichen Forderungen nur Fiktionen waren. Den angedeuteten Weg, die 10 Aktien als Belohnung für die Gründung offen zu

gewähren, schlugen die Interessenten nicht ein. Vielmehr schlossen die Gründer einen Nachtragsvertrag dahin ab, daß jene sechs Personen die Nominalbeträge der Aktien mit zusammen 10 000 Mark bei der Homburger Gewerbebank laut von dieser ausgestellten Quittungen baar deponirt hätten. Die Revisoren sahen damit den Beweis der Volleinzahlung der Aktien als geführt an; B. überreichte dem Amtsgericht im Auftrage der Gründer den Nachtragsbeschluß und bat „unserem Antrage auf Eintrag nunmehr stattzugeben". Einer der Beklagten schrieb an B.: „Auf Ihren Wunsch bestätige ich Ihnen ausdrücklich, daß Sie mir die seiner Zeit zugesagte Vergütung von 5000 Mark nunmehr in Baar gezahlt haben, womit meine Forderung an Ihre Firma beglichen ist. Ferner bestätige ich Ihnen, daß Sie in meinem Auftrage diese 5000 Mark laut der mir vorgelegten Quittung bei der dortigen Gewerbebank zu Gunsten und für Rechnung der Homburger Farben- und chemischen Fabrik, Aktiengesellschaft in Homburg, deponirt haben, wogegen mir fünf Aktien dieser Gesellschaft à 1000 Mark zu liefern sind, auf die ich hiermit zeichne und die mit obigen deponirten 5000 Mark voll und baar eingezahlt sind." Aehnlich die beiden andern Beklagten. Nun ist die Aktiengesellschaft eingetragen. Die Aktiengesellschaft in Konkurs verfallen; der Konkursverwalter fordert von den Beklagten die angeblich nicht geleisteten Einzahlungen. Sind dieselben nicht gezahlt, so sind die Beklagten zur Zahlung zu verurtheilen. Wenn B., welcher den Beklagten die Gewährung von sieben Aktien einzahlungsfrei als Belohnung für die Mitwirkung bei der Gründung versprochen hatte und daher aus seinem Vermögen die Zahlungen ersetzen mußte, welche sie vermöge der Uebernahme dieser Aktien gegenüber der Aktiengesellschaft zur Erlangung dieser Aktien trafen, es übernahm, die Einzahlungen auf die Aktien für sie zu leisten und ihnen versicherte, daß dies geschehen sei, auch Empfangsbekenntnisse in Bezug auf diese Gelder Seitens der Homburger Gewerbebank als bei ihr für Rechnung der Aktiengesellschaft auf jene Aktien eingezahlt extrahirte, so erklärt dies, daß sich die Beklagten zur Uebernahme der Aktien als zur Baarzahlung verpflichtend bereit finden ließen. Dagegen beschränkt dieser Umstand keineswegs die übernommene Haftbarkeit in dem Sinne, daß die Beklagten für die Zahlung nur hätten haftbar sein wollen, sofern jene Zahlung wirklich bereits erfolgt war. Die Gefahr, daß in Wahrheit jene Zahlung nicht erfolgt war und die Quittungen der Gewerbebank unrichtige Angaben enthielten, traf lediglich die Beklagten, aber nicht die Aktiengefellfchaft. Der Glaube an die Richtigkeit jener Angaben mag der Beweggrund für den Entfchluß der Beklagten gewefen fein, die Aktien in dem zur Baareinzahlung verpflichtenden Sinne zu übernehmen, aber es war keine diefe Verpflichtung befchränkende Bedingung. I, 220/89 vom 9. Nov.

481. Freilich kommt es darauf an, ob die Beträge in baar der Homburger Gewerbebank zur Verfügung der neu errichteten Aktiengefellfchaft übergeben find. Das Gefetz fordert für eine wirkfame Einzahlung in Art. 210 Abf. 3 nicht die unmittelbare Einhändigung an den Vorftand. Vielmehr genügt die Einhändigung an einen Dritten, welcher fich verpflichtet, fie zur Verfügung des Vorftandes der Aktiengefellfchaft zu halten, wenn dies mit Einwilligung des Vorftandes gefchieht. I, 220/89 vom 9. Nov.

482. Daß der Nachtragsvertrag nicht auch notariell oder gerichtlich verlautbart wurde, unerheblich. Der Formmangel muß dadurch für gedeckt erachtet werden, daß die Aktiengefellfchaft mit dem Willen der Beklagten auf der Grundlage diefer Veränderung der urfprünglichen Feftfetzungen, die immerhin doch einen fchriftlichen Ausbruck gefunden hat, auch fich an eine notariell aufgenommene Grunderklärung, welche zum großen Theile wirkfam geblieben, anfchließt, und in noch nach jener Veränderung erfolgter Bethätigung der den Beklagten in ihrer Eigenfchaft als Aktienübernehmer zuftehenden Rechte zur Eintragung gelangt ift. Die entfprechende Beftimmung für mit Formmängeln behaftete Zeichnungsfcheine im Art. 209ᵉ, Abf. 3, S. 2 ift nur die ausdrückliche Sanktion eines für die Sicherheit des Publikums nothwendigen Princips für Fälle, in welchen die Möglichkeit von Regelwidrigkeiten befonders zu gewärtigen war. Eine Bethätigung der Rechte als Aktienübernehmer Seitens der Beklagten nach jener fchriftlichen Veränderung liegt aber in der unftreitig auch in ihrem Auftrage Seitens des B. erfolgten Anmeldung des veränderten Gefellfchaftsvertrages zur Eintragung, wie fie in der Verhandlung vom 17. Jan. 1885 enthalten ift. Denn auch die Nachtragsanmeldung des veränderten Gefellfchaftsvertrages mußte gemäß Art. 210 Abf. 4 von den Gründern ausgehen, während Niemand

Gründer sein konnte, der nicht Aktien übernommen hatte, Art. 209ᵉ. I, 220/89 vom 9. Nov.

483. Im Fall 285. Es besteht kein rechtliches Bedenken darüber, daß auch außerhalb des §. 40 der Statuten durch ausdrückliche oder konkludente Willenserklärung der Gründer, die zugleich die einzigen Aktionäre waren, ein Recht für S. begründet werden konnte, daß die Gesellschaft außer der stipulirten Vergütung für die Einlage, die Kosten und Stempel des Kaufvertrages trug. Der Art. 209ᵇ des H. G. B. (Fassung des Gesetzes vom 11. Juni 1870) stand dem nicht entgegen. I, 266/89 vom 14. Dec.

484. Die Klägerin war Aktionärin einer Rübenzuckerfabrik. Sie hatte ihre Aktien mit ihren Ländereien verkauft. Der Käufer sollte die statutenmäßigen Rüben bauen, dafür den von der Gesellschaft zu zahlenden Rübenpreis beziehen, die Dividende mit der Verkäuferin theilen. Damals war ein fester Preis von 90 Pf. bezw. 1 Mark für den Centner Pflichtrüben statutenmäßig. Für die Ueberrüben, welche der Aktionär baute, war der Preis jährlich festzustellen. Nach dem Verkauf ist das auch für die Pflichtrüben durch Aenderung des Statuts festgestellt, weil die Auszahlung des festen Preises eine Unterbilanz herbeigeführt haben würde. Es ist dann für die Pflichtrüben bald weniger, bald gar nichts bezahlt. Im Geschäftsjahr 1887/88 wurde ein Rübenpreis von 1,60 Mark gezahlt, eine Dividende nicht vertheilt. Klägerin fordert von diesen 1,60 Mark einen Betrag, weil darin eine Dividende enthalten sei. Sie ist damit abgewiesen, Revision zurückgewiesen, weil der höhere Rübenpreis in diesem Jahre den Aktionären als eine auch angemessene Entschädigung für den Ausfall vergangener Jahre an Rübengeld festgestellt war. I, 312/89 vom 15. Jan. 90.

485. Da aus der Bestimmung des §. 17, Abs. 2 der Statuten, nach welcher der Aufsichtsrath befugt ist, den im §. 17, Abs. 1 für die Aktienrüben normirten festen Preis von 1,10 Mark, resp. 1,20 Mark per Centner mit Rücksicht auf die finanzielle Lage der Gesellschaft verhältnißmäßig herabzusetzen oder zu erhöhen, sich klar ergibt, daß die Rübenbaupflicht als eine aktienrechtliche Verpflichtung der Aktionäre angesehen werden sollte, so hat das Berufungsgericht mit Recht die im Statut angeordnete Rübenbaupflicht als nichtig behandelt. Die Klage der Aktiengesell-

ſchaft gegen den ſäumigen Aktionär iſt abgewieſen. Auch wenn der Letztere in einem ſpäteren Schreiben die Geſellſchaft ermächtigte, einen Deckungskauf vorzunehmen, gab dieſe Ermächtigung der Geſellſchaft bei der Nichtigkeit des Anſpruchs auf die Rüben keinen gültigen Anſpruch auf Zahlung des an die Stelle der Rüben getretenen Geldes. III, 283/89 vom 10. Dec. 89/24. Jan. 90.

486. Nach dem Statut der Rübenzucker-Aktiengeſellſchaft Brakel in Weſtphalen hat jeder Aktionär fünf Morgen Zuckerrüben zu bauen und die darauf gewachſenen Rüben an die Fabrik zu liefern. Der dafür zu zahlende Preis wird jährlich am Ende der Kampagne von dem Aufſichtsrath feſtgeſtellt. Die Rübenäcker ſind bis 1. Dec. jeden Jahres zu bezeichnen, für jede Aktie 450 Centner Rüben zu liefern bei einer Strafe von 50 Pf. für jeden fehlenden Centner. Der Pächter K. war mit 40 Aktien betheiligt, er hat die Rübenäcker des Pachtguts im December angemeldet, aber dieſelben mit Rüben nicht beſtellt. Er verfiel am 8. Mai 1888 in Konkurs. Damals hätten die Aecker noch beſtellt werden können, ſie ſind aber auch vom Konkursverwalter nicht mit Rüben beſtellt; derſelbe hat vielmehr die Pachtung an den Verpächter zurückgegeben. Die Aktiengeſellſchaft hat 9000 Mark Konventionalſtrafe für die in der Kampagne 1888/89 nicht gelieferten Rüben als Konkursforderung angemeldet und, da ſie beſtritten wurde, darauf Klage erhoben. Die Forderung iſt zugeſprochen, Reviſion zurückgewieſen. Wenn man auch Bedenken tragen will, für die ſämmtlichen periodiſchen Rübenlieferungen die Vermögensanſprüche im Sinne des §. 2 der Reichs-Konkursordnung ſchon mit der Entſtehung des Rechtsverhältniſſes, durch welches ſich der nachmalige Gemeinſchuldner zu den periodiſchen Lieferungen verpflichtete, für begründet zu erachten, ſo iſt doch unbedenklich mit dem Beginn jedes Kampagnejahres der Anſpruch auf die Rübenlieferung für dieſes Jahr als begründet anzuſehen. Bereits mit Beginn des Kampagnejahres treten die den Rübenbau betreffenden Verpflichtungen ein, welche die Rübenlieferung für dieſes Jahr vorbereiten und ſichern ſollten und auf deren Erfüllung die Klägerin ſelbſt ſchon ein vertragliches Recht hatte. Die Konventionalſtrafe bewegt ſich in ihrer ein für alle Male feſtgeſetzten Höhe nicht außerhalb der Grenzen des muthmaßlichen wirklichen Intereſſes. Nach dieſer ſeiner Natur war aber auch der Anſpruch

Aktien-
gesellschaft.

auf die Konventionalstrafe bei Nichtlieferung der Rüben für die Kampagne 1888/89 ein bereits zur Zeit der Konkurseröffnung begründeter, wenn auch vielleicht als bedingt zu erachtender, Anspruch. Unerheblich, daß die Nichtlieferung durch den Ausbruch des Konkurses herbeigeführt ist, und daß deswegen etwa ein Verzug in rechtlichem Sinne nicht vorliege. Nach §. 21 K. O. kann bei unterbliebener Erfüllung das Erfüllungsinteresse im Konkurse liquibirt werden, folgeweis auch die das Interesse vertretende Konventionalstrafe. I, 334/89 vom 5. Febr. 90.

487. Vorstehend war auch der Einwand nicht begründet, es könne nicht die Konventionalstrafe für Nichtlieferung eines einzelnen Kampagnejahres gefordert werden, weil es sich nur darum handeln könne, daß durch Nichtaushaltung des Rechtsverhältnisses zwischen dem Gemeinschuldner und der Aktiengesellschaft das gesammte Verhältniß zu liquidiren sei. In Betreff der Wirkung der Abgabe der Pachtäcker trifft der §. 16 des Statuts die Bestimmung, daß alsdann der Rübenlieferungspflichtige die Aktien bei Uebernahme der Verpflichtungen aus dem Rübenlieferungsvertrage Seitens des Käufers verkaufen und, falls sie nicht zu verkaufen sind, sich durch Rückgabe der Aktien an die Aktiengesellschaft von der Rübenlieferungspflicht befreien kann. Bei dieser ausdrücklichen Bestimmung muß angenommen werden, daß, wenn der Lieferungspflichtige die Aktien nicht zurückzugewähren vermag, er den Rübenlieferungsvertrag trotz des Verlustes der Pachtäcker durch Beschaffung anderer Aecker zur Bestellung mit Rüben weiter zu erfüllen hat. Eine Rückgewähr der 40 Aktien des Gemeinschuldners ist aber bisher nicht angeboten worden und hat nicht angeboten werden können, weil, wie die Beklagte zugibt, der Gemeinschuldner diese Aktien verpfändet hat. Eine Aufhebung des die Rübenlieferungen betreffenden Vertragsverhältnisses wegen der Abgabe der Aecker läßt sich daher auf eine Vertragsbestimmung zur Zeit nicht gründen. Ein Recht zur Aufhebung des Vertragsverhältnisses aus A. L. R. I, 5, §§. 378, 380 ist nicht geltend gemacht. Der Konkurs hebt das Vertragsverhältniß nicht einfach auf, sondern berechtigt zur Liquidation des Erfüllungsinteresses. Es ist aber nicht ersichtlich, weshalb der Gegenkontrahent gezwungen sein sollte, den Interessenanspruch für die sämmtlichen zukünftigen Jahre zu erheben, und was ihn hindern soll, sich auf einen In-

teressenanspruch wegen der unzweifelhaft, und zwar zunächst, vor=
liegenden Nichterfüllung in Betreff der zur Zeit fälligen Jahres=
lieferung zu beschränken. Es handelt sich jetzt nicht darum, die
Wirkungen der Nichterfüllung für die Ansprüche in Betreff der
zukünftigen Jahreslieferungen gegen den Gemeinschuldner nach
Beendigung des Konkurses oder Aufhebung desselben durch einen
Zwangsvergleich zu bestimmen, und die Frage zu erörtern, ob die
Konkursmasse einen dahin gehenden Anspruch wird erheben können.
Die Berechtigung zu dem vorliegenden Anspruch ergibt sich eben
daraus, daß es sich um den Interessenersatz für die Jahresliefe=
rung handelt, für welche das Kampagnejahr zur Zeit der Konkurs=
eröffnung bereits angebrochen und so weit vorgerückt war, daß eine
Nachholung des Rübenbaues für dieses Jahr durch einen für das
ganze Rübenlieferungsverhältniß erst zu gewinnenden Ersatzmann
ausgeschlossen war. I, 334/89 vom 5. Febr. 90.

488. G. R. Ein Kunstmaler W. war bei einem für die
Kirchengemeinde in eigener Verwaltung geführten Bau zufolge
einer auf das Gerüst aufgelegten Diele zu Tode gestürzt. Die
Kirchengemeinde ist der Witwe aus der Lex Aquilia verurtheilt,
Revision zurückgewiesen. Der Stiftungsrath übertrug in Ver=
tretung der beklagten Kirchengemeinde die oberste Leitung sowie
den Abschluß der Verträge mit den einzelnen Akkordanten und
Arbeitern, insbesondere auch den Abschluß des Vertrages mit W.,
dem Regierungsbaumeister und die unmittelbare ständige Ueber=
wachung der Arbeiten dem Bauführer G. Die Ausführung der
Maurer= und Steinhauerarbeiten wurde dem Architekten S. über=
tragen, der „seine Gerüste den anderen Handarbeitern zur Mit=
benutzung überlassen“ hatte. Von einem durch S. errichteten
Gerüst ist der W. herabgestürzt. Der Berufungsrichter läßt dahin=
gestellt, ob der Stiftungsrath der gesetzliche Vertreter der juristi=
schen Person der Kirchengemeinde sei oder ob diese als universitas
inordinata durch die Gesammtheit der Parochianen gesetzlich ver=
treten werde, und erwägt, daß in dem einen wie in dem anderen
Fall die Beklagte den mit W. abgeschlossenen Vertrag als für sie
abgeschlossen anzuerkennen habe, da sie durch konkludentes Ver=
halten dessen Vertretung genehmigt habe. Daß eine juristische
Person für schuldhafte Handlungen und Unterlassungen der Ver=
treter innerhalb ihrer Zuständigkeit in demselben Maße, wie eine

Aktien-
gesellschaft.

Korporation.

Korporation. physische Person für ihre Handlungen und Unterlassungen, verantwortlich sei, ist von dem Reichsgerichte bereits in früheren Fällen ausgesprochen worden. Ebenso ist der Auftraggeber für Delikte der von ihm Beauftragten bei Ausführung des Auftrags haftbar, wenn er es an der erforderlichen Aufsicht hat fehlen lassen. Der Stiftungsrath hat aber unterlassen, eine entsprechende Fürsorge zu treffen. Für das Verschulden des Stiftungsraths ist die Beklagte verantwortlich, falls derselbe ihr gesetzlicher Vertreter war. Wurde dagegen die Beklagte durch die Gesammtheit der Parochianen gesetzlich vertreten, so trifft diese, wie der Berufungsrichter, ohne daß ein Rechtsirrthum ersichtlich wäre, annimmt, ein Verschulden deshalb, weil sie andere Personen frei und unbeschränkt als ihre Vertreter schalten und walten ließen und damit jene dem gesetzlichen Vertreter obgelegene Verpflichtung hintansetzten. VI, 205/89 vom 10. Febr. 90.

489. Im Fall 353. Wenngleich die Organe der Staatsgewalt von einander unabhängige Funktionen haben und aus Gründen des öffentlichen Rechts ein Organ der Staatsgewalt, hier die Rheinbauinspektion, auch eine Verfügung treffen kann, welche thatsächlich die Rechte beeinträchtigt, welche Jemand aus einem Rechtsakt eines anderen Organs des Staates, hier der Domänenbehörde, mit ihm ableitet, so ist doch bezüglich der privaten Verpflichtungen und Ansprüche, welche sich aus dem letzteren Rechtsakte ergeben, der Staat als eine Einheit zu betrachten. Hat der Staat durch den letzteren Rechtsakt wie hier durch die Fischereiverpachtung die Verpflichtung zur Gewährung des ruhigen Genusses übernommen, so darf er, soweit es sich um die privaten Ansprüche gegen ihn wegen Nichterfüllung dieser Verpflichtung handelt, der Erfüllung der Verpflichtung zur Gewährung des ruhigen Genusses nicht dadurch sich entziehen, daß er diese Genußrechte wieder durch Akte anderer Organe des Staates beeinträchtigt. Für die Folgen solcher, von diesen anderen Organen ausgehender Maßnahmen haftet der Staat hinsichtlich der privaten Ansprüche wegen Nichterfüllung der von ihm übernommenen Verpflichtungen als für seinen eigenen Eingriff in das Genußrecht B. L. R. 1145. Es hat deshalb der Kläger gegen den Beklagten wegen dieser Beeinträchtigung nicht etwa ein bloßes Recht der Pachtzinsermäßigung, sondern ein Recht auf volle Entschädi-

gung, durchaus unabhängig von dem Betrag dessen, was als Korporation. Pachtzins festgesetzt worden ist. II, 33/90 vom 25. März.

490. Die Stadt Berlin hatte bei Vornahme eines Wasserbaues die dem Bauherrn durch St. G. B. 367, Nr. 14 auferlegte Verpflichtung nicht erfüllt. Das Ueberströmen des Wassers aus der Baugrube nach der Richtung des Gebäudes der Kläger war ebenso wie die hierdurch für dieses Gebäude erwachsende Gefahr ohne Fachkenntnisse vorauszusehen. Der Beklagten lag deshalb die Verpflichtung ob, falls sie sich nicht durch Untersuchung der Fundamente des Gebäudes von der Entbehrlichkeit der Sicherung überzeugte, die zur Ableitung des Wassers nach der Spreeseite erforderlichen Maßnahmen zu treffen, namentlich die nach dem klägerischen Gebäude zu gelegene Scheidewand höher aufzuführen und die Querscheidewände zu beseitigen. Da dies unterblieben war, ist die Beklagte zum Schadensersatz verurtheilt. Unerheblich, ob den städtischen Baubeamten, welche jene Bauarbeiten geleitet haben, mit Recht die Eigenschaft von Willensorganen und Repräsentanten der Stadt beigelegt ist. VI, 264/89 vom 20. März 90.

491. Die Klage des Fiskus gegen den Jerichower Deich- Genossenschaften. verband auf Erstattung der durch Anfertigung eines neuen Deichkatasters erwachsenen Kosten ist abgewiesen. Die nach der Behauptung des Klägers von vielen oder den meisten Deichgenossen erhobenen Beschwerden über die ungerechte Vertheilung der Deichlast waren nicht als Beschwerden über unrichtige Rechtsanwendung, sondern als Bemängelungen von der Aenderung bedürftigen Normen des objektiven Rechtes anzusehen. Sie hatten die Bedeutung von Anregungen einer wünschenswerthen Aenderung des bisherigen Rechtes. Die Zuziehung von Vertrauensmännern zu den gepflogenen Verhandlungen ist aus der Absicht zu erklären, bei den beabsichtigten Aenderungen dem Rechtsbedürfnisse der Betheiligten möglichst Genüge zu leisten. Ein Auftrag als Grundlage der Klage ist weder aus jenen Beschwerden, noch aus der Zuziehung von Vertrauensmännern zu entnehmen. Die Ausführung des Klägers, nach welcher der Grund der Verpflichtung des Deichverbandes zur Tragung der Kosten der Anfertigung eines Deichkatasters in dem Interesse des Deichverbandes an einer gleichmäßigen und gerechten Vertheilung der Deichlasten gefunden werden soll, erweist sich aber auch ungeeignet, den Anspruch aus dem Ge-

 sichtspunkte der auftraglosen Geschäftsführung oder nützlichen Verwendung zu begründen. Jenes Interesse erscheint nicht ausreichend,
die Kostenerstattungspflicht zu vermitteln. Es liegt vielmehr in
der Geschichte der Rechtseinrichtung, wie in der dieser Geschichte
entsprechenden Art der staatlichen Behandlung des Deichwesens
und in der preußischen Gesetzgebung selbst die Annahme begründet,
daß der Staat mit der Vornahme der fraglichen Arbeiten seine
eigenen Geschäfte besorgt hat, und daß er daher nicht berechtigt
erscheint, Erstattung der in Rede stehenden Lasten vom Deichver-
bande zu fordern. IV, 254/89 vom 19. Dec.

 492. Die Ehe ist wegen böslicher Verlassung geschieden. Der
in hohem Grade herz- und leberkranke Ehemann für den allein
schuldigen Theil erklärt, Revision zurückgewiesen. Die Weigerung
des Beklagten zur Wiederaufnahme der Klägerin nur dann als
eine durch die Rücksicht auf seine Gesundheit gebotene, wenn die
Behauptung des Beklagten richtig wäre, daß die Klägerin derartig
zanksüchtig und unverträglich sich gegen ihn gezeigt habe, daß die
Wiederholung von durch diese Unverträglichkeit und Streitsucht
hervorgerufenen Scenen seine Gesundheit und sein Leben in Gefahr zu setzen geeignet gewesen sei. Nur in dieser Behauptung
erkennt also das Berufungsgericht einen hinreichenden, rechtmäßigen
Grund auf Seiten des Beklagten, die Wiederaufnahme der Klägerin zu verweigern. Diese Auffassung entspricht dem Wesen der
Ehe und den Rechten und Pflichten der Eheleute, welche schuldig
sind, sich in ihren Vorfallenheiten nach ihren Kräften wechselseitigen Beistand zu leisten und vereint mit einander zu leben
(§§. 174, 175 A. L. R. II, 1). IV, 214/89 vom 18. Nov.

493. Die Versöhnung im Sinne Code 272 enthält zwar
einen Verzicht auf den Scheidungsanspruch aus den mit der Versöhnung verziehenen Ursachen, allein sie begründet keine prozeßhindernde Einrede. Die Einrede ist eine solche des materiellen
Rechts, welche zur Abweisung der Klage führen kann; die Versöhnung hat nicht die Wirkung eines Verzichts gegenüber dem
Prozeßgericht, und steht daher der Fortsetzung des Prozesses unter
Gebrauch weiterer Angriffs- und Vertheidigungsmittel nicht entgegen. II, 231/89 vom 19. Nov. Vgl. 871.

494. Einräumung der Befugniß, auf die vom Beleidigten
verziehenen Scheidungsgründe zurückzugreifen — Code 273 —

beruht lediglich darauf, daß den nach der Aussöhnung verübten Eheſcheidung. abermaligen Verletzungen der durch die Ehe begründeten Verpflich=
tungen ein die Wirkung der Versöhnung beſchränkender Einfluß
beigelegt wird, wobei es nicht darauf ankommt, wann und in
welchem Verfahren die neuen Thatſachen als Scheidungsgründe
geltend gemacht werden. Wenn die der Versöhnung vorausgegan=
genen Scheidungsgründe ſelbſt nach erfolgter Abweiſung der Klage
wieder aufleben können, muß dies ohne vorausgegangenes Urtheil
um ſo mehr ſtattfinden. II, 231/89 vom 19. Nov.

495. Köln. Die Einrede der Kompenſation iſt im Eheſchei=
dungsverfahren unſtatthaft (E. V, S. 336), eine Berückſichtigung
der zur Begründung der Einrede behaupteten Beleidigungen für
die Geſammtbeurtheilung hat aber ſtattgefunden, indem dargelegt
wurde, daß letztere mit dem in früherer Zeit vorgekommenen Be=
leidigungen Seitens des Beklagten in keinem Zuſammenhange
ſtanden und daß auch im Falle ihrer Feſtſtellung durch die er=
botenen Beweismittel das Scheidungsbegehren der Klägerin einer
ausreichenden Grundlage nicht entbehre. II, 231/89 vom 19. Nov.

496. Köln. Beklagter hat mehrere Jahre hindurch wöchent=
lich ein bis zwei Mal ſeine Ehefrau mit Ausbrücken, als „Sau=
menſch, Lütteringhauſer Dickkopf, Dämelak, Schafsnaſe“ u. dgl.
bezeichnet. Möge dies auch im Zuſtande der gewiß nicht ent=
ſchuldbaren Trunkenheit geſchehen ſein, ſo fehle es doch an jedem
Anhaltspunkte für die Annahme des Landgerichts, daß dem Be=
klagten die Abſicht der Beleidigung gefehlt habe, bezw. daß dieſe
Aeußerungen wegen der Trunkenheit des Mannes auf das Ehr=
gefühl der Klägerin weniger kränkend eingewirkt hätten. Da dieſe
ſchweren und gröblichen Beleidigungen Jahr ein Jahr aus fort=
geſetzt worden ſeien, und Klägerin, wenn auch durch ihre Heirath
dem Arbeiterſtande angehörig, einer anſtändigen Familie entſtamme,
ſo müſſe die Fortdauer des ehelichen Lebens für ſie als unerträg=
lich und die erhobene Eheſcheidungsklage ohne Weiteres als gerecht=
fertigt erſchienen. Reviſion zurückgewieſen. II, 239/89 vom 10. Dec.

497. Die Ehefrau war im Febr. 1887 mit einer auf unüber=
windliche Abneigung gegründeten Eheſcheidungsklage rechtskräftig
abgewieſen. Die Klage von Neuem aus demſelben Grunde. —
A. L. R. II, 1, 718*. — Das Scheidungsurtheil des Berufungs=
gerichts aufgehoben, die Klage abgewieſen. Wo nur die früheren

Eheſcheidung. für ſich allein durch das rechtskräftige Berufungsurtheil abgetha-
nen Vorfälle vorgebracht ſind, können dieſelbe als Rechtfertigungs-
gründe der wiederholt behaupteten unüberwindlichen Abneigung des
jetzigen Prozeſſes nicht in Betracht gezogen werden. Die übrigen
thatſächlichen Umſtände, auf welche das Berufungsurtheil Gewicht
legt, nämlich Fortdauer des Getrenntlebens, Unterbleiben von An-
näherungsverſuchen und große Entfernung zwiſchen den beider-
ſeitigen Aufenthaltsorten, haben nur Bedeutung als Erkenntniß-
mittel einer tiefen Abneigung, nicht aber als objektive Rechtferti-
gungsgründe einer ſolchen. Bei dem Mangel dieſer Gründe
erſcheint die Klage nicht haltbar. — Vgl. IV, 225/87 vom 15. Dec.
(Bd. V, 791, E. 20, S. 251.) — IV, 249/89 vom 19. Dec.

498. Es iſt nicht rechtsirrthümlich, wenn das Oberlandesgericht der Eheſcheidungsklage wegen Ehebruchs die von ihm feſt-
geſtellte Thatſache als entgegenſtehend betrachtet, daß der Kläger
mit der erwähnten Handlungsweiſe ſeiner Ehefrau einverſtanden
war, daß dieſe Handlungsweiſe ohne ſein Einverſtändniß gar nicht
ſtattgefunden hätte, er alſo für dieſelbe wenigſtens in gleich hohem
Grade die Verantwortlichkeit trage, wie die Beklagte. Vgl. Merlin,
Quest. v°. Adultère §. 9, Nr. 2, S. 177, Note 3; Bazeille, tr. du
mariage, Bd. 2, 584; Demolombe, Bd. 4, 415; Aubry & Rau,
Bd. 5, 187; Zachariae-Dreyer, Bd. 3, 103 und 111. II, 268/89
vom 10./17. Jan. 90.

499. Die Eheſcheidungsklage des Ehemannes wegen böslicher
Verlaſſung war abgewieſen, auf die Widerklage der Ehefrau wegen
Ehebruchs des Ehemanns mit Frau L. die Ehe getrennt; Berufung
des Ehemanns nur wegen der Schuldfrage. Das Berufungsgericht
nimmt jenen Ehebruch nicht für erwieſen an, weiſt aber die Berufung zurück, weil der Ehemann ſich eines anderen Ehebruchs
ſchuldig gemacht habe. Wenn ſchon dieſer verziehen, dürfe auf ihn
bei der Schuldfrage zurückgegangen werden. Aufgehoben, zurückverwieſen. Vgl. IV, 147/88 vom 8. Okt. (Bd. VI, 681): Die
Beklagte, auf deren Antrag die Scheidung erfolgt iſt, kann dann,
wenn ihr Scheidungsgrund bei der Beurtheilung der Schuldfrage
vom Berufungsrichter für nicht erwieſen erachtet wird, lediglich
in Folge der formellen Rechtskraft der Scheidung ihre Lage zum
Nachtheil des Klägers nicht noch mehr dadurch verbeſſern, daß ſie,
obgleich mit ihrem geſetzlich zuläſſigen Scheidungsgrunde ſachfällig,

den Kläger aus einem verziehenen, also gesetzlich unzulässigen Scheidungsgrunde für den schuldigen Theil erklären lassen könnte. Es würde ein Zurückgreifen auf den verziehenen Scheidungsgrund sich nur rechtfertigen lassen, wenn etwa der Kläger den von ihm angetretenen Beweis der böslichen Verlassung erbracht hätte und es somit in Frage käme, in wie weit die verziehene Beleidigung zur Aufrechnung zu stellen sei; eine Voraussetzung, die hier nicht zutrifft. Vgl. Bornemann, Bd. 5, S. 213 u. 217. IV, 314/89 vom 6. Febr. 90.

500. A. L. R. II, 1, §. 700 erfordert die überlegte Absicht des beleidigenden Theils, dem anderen Ehegatten die Achtung, worauf derselbe vermöge seiner Verhältnisse Anspruch machen könne, zu entziehen und ihm dadurch einen bleibenden Schaden zuzufügen. Diese Voraussetzung trifft aber nicht zu, wenn die Beleidigung allein dem anderen Ehegatten gegenüber ausgesprochen ist, sodaß nicht andere Personen Zeugen derselben gewesen sind, und namentlich wenn die Aeußerung in einem an den anderen Ehegatten gerichteten Briefe enthalten ist, also die Absicht des beleidigenden Theiles, die Aeußerung zur Kenntniß anderer Personen zu bringen, ausgeschlossen erscheinen muß. IV, 320/89 vom 13. Febr. 90.

501. Eine einmalige Beleidigung, mag dieselbe sich auch als eine schwere Ehrenkränkung darstellen, ist für sich allein, und wenn nicht besondere Umstände, deren Vorhandensein hier nicht festgestellt ist, unterstützend hinzutreten, nicht geeignet, die Aufhebung der Ehegemeinschaft von Seiten des beleidigten Theils begründet erscheinen zu lassen. Vielmehr ist im Allgemeinen davon auszugehen, daß letzteres nur dann als zutreffend anzunehmen ist, wenn das beleidigende Verhalten des anderen Theils andauert und sich bis zu einem solchen Grade steigert, daß dem Beleidigten das fernere eheliche Zusammenleben nicht mehr zugemuthet werden kann. Das die Klage wegen böslicher Verlassung abweisende, auf die Widerklage aus A. L. R. II, 1, §. 700 scheidende Urtheil aufgehoben, zurückverwiesen. IV, 320/89 vom 13. Febr. 90.

502. Die Annahme des Berufungsrichters, daß einer Ehefrau, welche glaubhaft erfährt, daß der Mann auf der Straße die Bekanntschaft von Frauenspersonen suche und mit diesen in näheren Verkehr trete, damit ein ausreichender Grund gegeben ist, dem Manne die eheliche Beiwohnung zu versagen, ist an sich

rechtlich nicht zu beanstanden. Die Ehefrau erklärte, sie habe An-
steckung befürchtet. IV, 322/89 vom 13. Febr. 90.

503. Die Ehescheidung, weil der Ehemann sich durch Aus-
schweifungen oder unordentliche Wirthschaft außer Stand gesetzt
habe, die Ehefrau zu ernähren — A. L. R. II, 1, §. 711 — erfordert nicht ein vorgängiges Besserungsverfahren wie in den Fällen
§§. 708—710. Auf unrichtiger Rechtsauffassung beruhte auch die
Einmischung der Thatsache, daß die Ehefrau den Ehemann nicht
aufgefordert habe, ihr den erforderlichen Unterhalt zu verschaffen,
und daß die Ehefrau sich geweigert habe, zu ihrem Ehemanne
zurückzukehren, während es nach Angabe des Ehemanns für ihn
mit der größten Schwierigkeit verbunden sei, ohne den Beistand
der Ehefrau wieder ein selbständiges neues Gewerbe anzufangen.
Denn die Ehefrau war nach ihren unberücksichtigt gebliebenen Angaben zu ihren Eltern gegangen, um ihre und ihrer Kinder Existenz
zu sichern, und sie kehrte nicht zurück, weil der Beklagte zur Gewährung des Unterhalts außer Stande war. IV, 281/89 vom
27. Febr. 90.

504. Der Kläger hat in demselben Jahre, als er die Beklagte geheirathet hatte, während ihrer Schwangerschaft, mit einem
Mädchen die Ehe gebrochen, indem er sich einen fremden Namen
beilegte, sich für unverheirathet ausgab und dem Mädchen die Ehe
versprach; die Beklagte ist, sobald sie dies erfahren hatte, zu ihren
Eltern zurückgegangen und, als der Kläger etwa zwei und ein
halbes Jahr lang sich um sie gar nicht weiter gekümmert und dann
nichts weiter veranlaßt hatte, als daß er ihr den gerichtlichen Rück-
kehrbefehl zustellen ließ, zum Kläger nicht zurückgekehrt. Die
erschwerenden Umstände des von dem Kläger verübten Ehebruchs
lassen die Thatsache allein, daß die Beklagte tief gekränkt dem
Kläger den Rücken kehrte und zu ihren Eltern zurückging, nicht
als bösliche Verlassung erscheinen, und andererseits kann auch bei
dem Mangel aller Annäherungsversuche des Klägers in dem fortgesetzten Fernbleiben und der Nichtbefolgung des Rückkehrbefehls
seitens der Beklagten ebensowenig eine Böslichkeit gesehen werden,
da die Beklagte unter den vorliegenden Verhältnissen allen Grund
zu der Annahme hatte, daß der Kläger selbst ihre Rückkehr ernstlich nicht wolle. IV, 375/89 vom 20. März 90.

505. Wegen A. L. R. II, 1, §. 721 wurde die Ehescheidungs-

Klage der Ehefrau im vorstehenden Fall abgewiesen; den Gegensatz zu der Fortsetzung der Ehe, welche der §. 721 voraussetzt, bildet nicht die thatsächliche, unter Umständen entschuldbare Trennung der Parteien, sondern der Gebrauch der vom Gesetz an die Hand gegebenen Mittel, um die rechtliche Trennung der Ehe herbei= zuführen. Im vorliegenden Falle hat die Beklagte freilich von einem solchen Mittel Gebrauch gemacht, indem sie im Anfang des Jahres 1886 den Kläger zum gerichtlichen Sühnversuch hat laden lassen; allein sie hat nachher mehr als zwei und ein halbes Jahr lang sich unthätig verhalten; keine Ehescheidungsklage angestellt und sich nur darauf beschränkt, die thatsächliche Trennung von dem Kläger fortzusetzen. Dieses Verhalten der Beklagten wider= spricht der Anwendbarkeit des §. 721 nicht, der Ehebruch des Klägers aus dem Jahre 1885 darf daher als Grund für die Ehe= scheidung wegen stillschweigender Verzeihung nicht mehr geltend gemacht werden. IV, 375/89 vom 20. März 90.

506. Nachdem das Berufungsgericht in Uebereinstimmung mit dem Landgerichte angenommen hatte, daß die Parteien dem mittleren Stande angehören, konnte die Bedeutung der erwiesenen außerordentlich schweren mündlichen Ehrenkränkung nicht durch die Erwägung abgeschwächt werden, „daß die Parteien offenbar Leute sind, welchen die feinere Lebensart abgeht", und noch weniger durfte der der Klägerin an den Kopf versetzte Schlag für gering= fügig angesehen werden, „weil nicht erhelle, daß mit besonderer Heftigkeit vorgegangen sei", zumal feststeht, daß der Beklagte sich selbst durch die Gegenwart des Sohnes und der Magd von der Thätlichkeit nicht hat abhalten lassen. Jene Erwägungen des Be= rufungsgerichts finden in dem maßgebenden §. 702, Thl. II, Tit. 1 A. L. R. keinen Anhalt. Das Berufungsgericht hat ferner dem Umstande nicht ausreichende Rechnung getragen, daß nach dem Ergebnisse der Beweiserhebung jene grobe mündliche Ehrenkränkung nicht ein vereinzeltes Vorkommniß gewesen ist, daß vielmehr Be= klagter sich auch sonst noch zu Beschimpfungen der Klägerin und zwar in Gegenwart von Zeugen hat hinreißen lassen. Aufgehoben, zurückverwiesen. III, 330/89 vom 11. März 90.

507. Hier handelt es sich nur um den Antrag der Klage, die Schuldfrage zum Nachtheile des Beklagten zu entscheiden. Die Ehe wurde wegen grober und widerrechtlicher Kränkung der Ehefrau

 geſchieden, ohne daß eine Widerklage erhoben war. Für die Ent=
ſcheidung über jenen Antrag kommt es, da ein ſchweres Ehever=
gehen auf Seiten des Beklagten feſtgeſtellt iſt, nicht weiter darauf
an, ob ſich die Klägerin ihrerſeits einer minder ſchweren Ver=
gehung — §. 702, A. L. R. II, 1 — ſchuldig gemacht hat; denn
dieſe Thatſache würde, wenn ſie erwieſen würde, nicht geeignet ſein,
in materieller Hinſicht eine Aenderung in der Entſcheidung über
die Schuldfrage herbeizuführen; vielmehr würden für den Beklagten
dieſelben rechtlichen Folgen eintreten, die ihn treffen würden, wenn
ſich die Klägerin des ihr zur Laſt gelegten Vergehens nicht ſchuldig
gemacht hätte. Aus dieſem Grunde iſt es ſachlich unerheblich, daß
der Beklagte für den allein ſchuldigen und nicht blos für den
überwiegend ſchuldigen Theil erklärt worden iſt. Auch für die
Entſcheidung über die Koſten des Prozeſſes iſt die ſtreitige Frage
ohne Belang. Reviſion zurückgewieſen. IV, 371/89 vom 13. März 90.

508. „Muthwillige und ohne bringende Veranlaſſung“ ver=
übte Beleidigungen — A. L. R. II, 1, §. 702 — ſind dahin zu ver=
ſtehen, daß zu den Beleidigungen nicht durch das Verhalten des
andern Ehegatten ein an und für ſich begründeter, heftiger und
ſchwer widerſtehlicher Anreiz gegeben ſein müſſe. Ein unmittel=
barer zeitlicher Zuſammenhang wird nicht erfordert; der Anreiz
kann auch weiter zurückliegen, wenn er nur nach der Kürze der
Zeit und den ſonſtigen Umſtänden geeignet iſt, bis zur Beleidigung
fortzuwirken. Ebenſowenig iſt es erforderlich, daß der Anreiz in
einem einzelnen Vorkommniſſe beſtehen müſſe. Hier war die
Beleidigung durch die fortgeſetzte unordentliche Wirthſchaft der
Ehefrau veranlaßt, die Erregung des Ehemanns kam zum Aus=
bruch, als eine unbezahlte Rechnung eingefordert wurde. IV,
370/90 vom 17. März.

509. G. R. Der Ehemann hat mit der ledigen N. die Ehe
gebrochen. Die Ehefrau hat ſich mit ihm dahin verglichen, die
N.'ſche Familie müſſe das Haus verlaſſen, kein Mitglied derſelben
dürfe wieder in das Haus aufgenommen werden. Dann wolle
ſie zurückkehren. Die N.'ſche Familie hat das Haus verlaſſen,
der Ehemann hat aber an einem anderen Orte vertraulichen
Umgang mit der ledigen N. fortgeſetzt. Die Ehefrau iſt nicht
zurückgekehrt; auf ihre Klage ſind Parteien auf zwei Jahre von
Tiſch und Bett getrennt. III, 342/89 vom 18. März 90.

510. Zum Zweck der Ermittelung der Ehescheidungsstrafe Wirkungen der
sind nach A. L. R. II, 1, §. 790 nur diejenigen Schulden zu berück= Ehescheidung.
sichtigen, welche zur Zeit der Erhebung der Scheidungsklage schon
vorhanden waren. Sonst aber wird bei der Berechnung der
Aktiven so verfahren, als ob der schuldige Theil an dem Tage
des publizirten und rechtskräftig gewordenen Scheidungsurtheils
gestorben wäre. — §. 784. — Allein jene Bestimmung soll den
unschuldigen Theil nur vor Nachtheilen schützen. Ergibt sich aber
bei der Prüfung der seit Erhebung der Scheidungsklage gemachten
Schulden und ihrer Vergleichung mit den Beständen der Aktivmasse
zur Zeit einerseits der Erhebung der Klage, andererseits des Urtheils
als feststehend, daß in der Zeit seit der Klagerhebung eine Vermehrung der Aktivmasse, sei es im Ganzen oder in einzelnen
Bestandtheilen, stattgefunden hat und daß diese auf die erst seit
jenem Zeitpunkte eingegangenen Schulden zurückzuführen ist, sobaß
zwischen der Vermehrung und den Schulden nachweisbar ein ursächlicher Zusammenhang besteht, so muß die Aktivmasse in ihrem
Bestande zur Zeit der Verkündung des Urtheils um die fraglichen
Schulden, zwar nicht schlechthin in ihrem Nominalbetrage, denn
dem würde die Vorschrift des §. 790 entgegenstehen, aber in der
Höhe gekürzt werden, um welche durch die Schulden die Vermehrung der Masse herbeigeführt ist. In dieser Höhe sind die
Schulden als auf der Aktivmasse ruhend anzusehen. IV, 198/89
vom 4. Nov.

511. G. R. Der Ehemann, welcher auf die Ehescheidungsstrafe haftet, nach dessen Tod sein Erbe verpflichtet, der Ehefrau
ein Inventar über das ehemännliche Vermögen zu legen — vgl.
III, 309/88 vom 12./19. März 89 (Bd. VII, 1093) — III,
325/89 vom 4./11. März 90.

512. Die geschiedene Ehefrau fordert statt der Ehescheidungsstrafe standesmäßigen Unterhalt bis an das Lebensende. Darauf
würden zwar die Einkünfte des zurückgenommenen, inferirt gewesenen Vermögens anzurechnen sein, nicht aber die des vorbehaltenen Vermögens. — A. L. R. II, 1, §. 801. — IV, 366/89
vom 13. März 90.

513. Für die Abmessung des Unterhalts waren die Erwerbs-
verhältnisse des Beklagten zur Zeit des rechtskräftig gewordenen
Scheidungsurtheils maßgebend — vgl. IV, 133/87 vom 14. Okt.

Wirkungen der Ehescheidung.

(Bb. V, 803) — der für die Abfindung des schuldigen Theils nach A. L. R. II, 1, §§. 783, 784 maßgebende Zeitpunkt ist auch für die Bemessung standesmäßigen Unterhalts nach §. 798 maßgebend. Nicht in Betracht kam also das später von dem Ehemann erworbene Vermögen. Wohl aber ist die Arbeitskraft des schuldigen Ehemanns in Anschlag zu bringen (sie war vor dem Berufungsgericht bez. des nothdürftigen Unterhalts berücksichtigt). Aber auch hier sind grundsätzlich die zur Zeit der Scheidung obwaltenden Verhältnisse maßgebend. Dabei bleibt die Erwägung offen, wie weit dem Umstande Rechnung zu tragen sei, daß die Arbeitskraft des Menschen ihrer Natur nach nicht immer die gleiche ist. IV, 366/89 vom 13. März 90.

Persönliche Verhältnisse der Ehegatten.

514. Der Beklagte hat seine 63jährige Ehefrau mit einem gefährlichen Werkzeuge — einem eichenen Tischschieber — auf Kopf und Arm, und zwar nicht zur Abwehr eines auf ihn gerichteten Schlages, geschlagen, sodaß Gesicht, Kleider und Hände der Klägerin mit Blut befleckt waren, auf dem Kopfe zeigte sich eine klaffende, 3 bis 4 Centimeter lange Wunde, und der linke Arm von der Schulter bis zum Handgelenk blauroth verfärbt. In Abänderung des Berufungsurtheils ist der Beklagte verurtheilt, der von ihm getrennt lebenden Klägerin zur Alimentation außer dem Hause die erstinstanzlich festgestellten Beträge zu zahlen. Der Ehemann muß die ihm nach A. L. R. II, 1, §§. 185, 186 obliegende Verpflegung seiner Ehefrau auch außer dem Hause gewähren, wenn die Frau sich nicht eigenmächtig vom Manne getrennt hat (§. 175 daselbst), sondern aus einem zwingenden Anlaß, der die Annahme einer böslichen Verlassung ausschließt; in diesem Falle bedarf es zur Begründung der Alimentenforderung weder der Anstellung des Ehescheidungsprozesses, noch einer richterlichen Ermächtigung des Getrenntlebens. Wenn der Berufungsrichter in der von ihm für gerechtfertigt erklärten Besorgniß der Klägerin vor einer Wiederholung der gefährlichen Mißhandlung einen zwingenden Anlaß zur Trennung nicht findet und der Meinung ist, die Klägerin müsse abwarten, ob nach der Bestrafung des Beklagten mit 10 Mark die Mißhandlung sich wiederholen werde, so verkennt er den Sinn der angezogenen Bestimmungen. Das nicht näher gekennzeichnete Verlangen eines noch zwingenderen Anlasses, worunter anscheinend eine wiederholte gefährliche Mißhandlung oder ein absolutes

Hinderniß der Vereinigung mit dem Ehemann verstanden ist, erscheint ungerechtfertigt. IV, 339/89 vom 3. Jan. 90.

515. G. R. Dem Anspruch der von ihrem Ehemann getrennt lebenden Ehefrau auf Alimente stand nicht die Einrede entgegen, daß die Ehefrau ihrer Verpflichtung nicht genügt habe, dem Ehemann ihr Vermögen auszuantworten. Beides verhält sich nicht wie Leistung und Gegenleistung, so daß ein Zurückbehaltungsrecht nicht auszuüben ist. Der Gesichtspunkt, daß die Ehefrau Vermögen in Händen habe, von welchem sich dieselbe selbst erhalten könne, nützte dem Ehemann nur, wenn er diesen Beweis erbracht hätte, was nicht der Fall war. VI, 297/89 vom 17. Febr. 90.

516. Auch nach G. R. (Seuffert, Archiv, 26, 243) wie nach A. L. R. — IV, 145/86 vom 20. Nov. (Bd. III, 843, C. 17, S. 213) darf die Ehefrau Alimente von dem Ehemann außer dem Hause fordern, ohne daß zugleich Antrag auf Herstellung des ehelichen Lebens gestellt oder der Richter durch einstweilige Verfügung die Trennung gestattet hat, wenn für die Ehefrau durch Verschulden des Ehemanns ein zwingender Grund zur Trennung gegeben ist, und so lange ihr in Folge Verschuldens des Ehemanns das Verbleiben in der Wohnung des Ehemanns unmöglich gemacht ist, oder ihr nach freiem richterlichen Ermessen ohne unbillige Härte nicht zugemuthet werden kann. Hier hatte der Ehemann die Ehefrau, welche eine Freiheitsstrafe wegen Beleidigung abgebüßt hatte, wieder anzunehmen widerrechtlich verweigert. Den beiden Ehegatten verbleibt das Recht auf Wiederherstellung des ehelichen Lebens zu klagen, dem Beklagten das Recht, sich von der weiteren Verpflichtung zur Zahlung von Alimenten durch ordnungsmäßige Wiederaufnahme der Klägerin zu befreien. III, 323/89 vom 28. Febr. 90.

517. G. R. Die verstorbene Ehefrau Rosine T. geb. B. hatte ihrem Ehemann 10 979,10 Mark zugebracht. Drei ihrer Kinder fordern ihren Antheil an dieser Dos von den Erben des Ehemanns zurück. Es handelt sich um Zuwendungen, welche der Ehemann bei Lebzeiten derselben R. T. deren künftigen Erben unter der Vereinbarung gemacht haben soll, daß diese Zuwendungen auf den demnächstigen mütterlichen Erbtheil zur Anrechnung kommen. Daß solche Zuwendungen und Abreden der Ehefrau gegenüber wirkungslos sind, bedarf keiner Ausführung. Es

Eheliches Güterrecht.

liegt aber kein Grund vor, der Zuwendung und Verabredung auch im Verhältnisse des Gebenden und Nehmenden rechtliche Wirkung abzusprechen. Es ist gegeben unter der Voraussetzung, daß für den Gebenden künftig dem Nehmenden gegenüber eine Verbindlichkeit zur Restitution der Dos begründet sein wird; tritt die Voraussetzung ein, so ist die Verbindlichkeit durch die zuvor erfolgte Leistung nach dem Willen des Gebenden und Nehmenden aufgehoben, anderenfalls steht dem Gebenden das Rückforderungsrecht zu. Deshalb durfte die aus jenen Zuwendungen abgeleitete Einrede nicht abgewiesen werden. III, 279/89 vom 28. Jan./ 4. Febr. 90.

Gütergemeinschaft.

518. Der §. 21 des Eigenthumserwerbsgesetzes vom 5. Mai 1872, wonach der eingetragene Miteigenthümer eines Grundstücks auf seinen Antheil eine Hypothek oder Grundschuld bewilligen und auch im Wege des gesetzlichen Zwanges gegen ihn auf seinen Antheil eine solche eingetragen werden kann, ist auf den Fall der ehelichen Gütergemeinschaft nicht anzuwenden, weil während des Bestehens derselben die Eheleute zwar Antheil an der Gütergemeinschaftsmasse als solcher, nicht aber ideelle Eigenthumsantheile an den einzelnen darin begriffenen Sachen haben. Vgl. O. T. E. 75, S. 265 ff. R. G. Bd. I, S. 396. Die Klägerin konnte deshalb nicht wegen der dem Ehemann durch einstweilige Verfügung aufgegebenen Alimente auf dessen ideellen Antheil an dem gütergemeinschaftlichen Grundstücke eine Vormerkung eintragen lassen noch denselben zur Zwangsversteigerung bringen. IV, 187/89 vom 28. Okt. Vgl. 884.

519. Auch würde die Ehefrau den späteren gütergemeinschaftlichen Gläubigern nicht vorgehen. Denn sie hat diesen gegenüber einen Anspruch auf Belassung des Nothbedarfs nicht. Vielmehr haftet das gütergemeinschaftliche Vermögen für alle während der Ehe, d. h. vor der Rechtskraft des Scheidungsurtheils, von dem Ehemann kontrahirten Schulden. A. L. R. II, 1, §§. 380, 732. Die §§. 790, 820 daselbst beziehen sich nur auf das Verhältniß der Eheleute unter einander, nicht zu den gütergemeinschaftlichen Gläubigern. IV, 187/89 vom 28. Okt.

520. Im Fall 528 wurde auch der Stiefvater zur Zahlung der Alimente verurtheilt, da die Pflicht zur Ernährung vorehelicher Kinder eine Mobiliarschuld, welche der Ehefrau vor Schließung

der Ehe oblag. — Code 1409, 3. 1, 1419, 1421. — II, 31/90 vom 25. März.

521. Nachdem die Ehe auf Antrag des Ehemanns wegen unüberwindlicher Abneigung geschieden ist, wurde dieser auf die Klage der Ehefrau zur Zahlung von 1000 Mark jährlicher Rente bis zur Beendigung des mütterlichen Nießbrauchs, später 1200 Mark als standesmäßigem Unterhalt verurtheilt. Revision zurückgewiesen. Unerheblich, daß sich die Ehefrau noch im Besitze des Mobiliars des Ehemanns befindet. Die Gegenstände kennt der Beklagte; daß Klägerin ihm dieselben vorenthalte, behauptet er nicht, ebensowenig daß sie dieselben verbracht habe. Eine Vermögensabsonderung in Betreff dieses Mobiliars würde also, abgesehen davon, daß sie die Einkünfte der Ehegatten nicht berührt, für die Ermittelung der Gegenstände und ihres Werths ohne Bedeutung sein. IV, 348/89 vom 24. Febr. 90.

522. Bei der Feststellung der Höhe der Rente der Ehefrau ist zunächst eine Remuneration in Rechnung gezogen, welche der Ehemann mit 1200 Mark jährlich bezog. Mit Recht ist nicht berücksichtigt, daß diese Remuneration mit der Stellung, für welche sie gezahlt wurde, kündbar war. Denn nach A. L. R. II, 1, §§. 783/4, 798/9 war die Zeit der Rechtskraft des Scheidungsurtheils maßgebend, und damals war die Stellung noch nicht gekündigt. IV, 348/89 vom 24. Febr. 90.

523. Weiter berücksichtigt eine Unterstützung, welche der Ehemann von seiner Mutter mit jährlich 1000 Mark thatsächlich bezog. Unerheblich, daß die Mutter Anrechnung dieser Unterstützung auf das zukünftige Erbtheil des Ehemanns angeordnet hatte. Denn das Muttervermögen, dessen Anfall ganz ungewiß, ist nicht Kapitalvermögen des Ehemanns, so daß diese Zahlungen nicht als aus seinem Kapitale herrührend, und deshalb keine Einkünfte anzusehen sind. IV, 348/89 vom 24. Febr. 90.

524. Der Vater des Erblassers hatte durch notariellen Vertrag vom 22. Febr. 1872 sein Gut Turostowo seinem Sohne Sigismund von Urbanowski überlassen und das Restkaufgeld von 36 000 Mark zunächst seinen Töchtern, nach deren Tode aber seinen drei übrigen Kindern, worunter auch der Erblasser, je zu 1/3 überwiesen. Der Erblasser verstarb noch vor seinen Schwestern. Nach deren Tode nahmen seine zwei Töchter als Erben 1/3 des auf

Turostowo eingetragenen Restkaufgeldes mit 12 000 Mark in An=
spruch. Der Berufungsrichter beurtheilt den Vertrag als Deutsch=
rechtlichen Gutsüberlassungsvertrag. Danach hatte der Erblasser
das Recht auf seine Abfindung aus diesem Theilungsakt unter
Lebenden — A. L. R. I, 12, §. 656 — bereits vor seinem Tode
ohne seinen Beitritt erworben, und vererbte ihn. IV, 244/89
vom 12. Dec. 89/28. Jan. 90.

525. A. L. R. Die leibliche Mutter hat ihr einjähriges
Kind in die Pflege der Beklagten gegeben, welche sich verpflichtet
haben, dasselbe an Kindesstatt anzunehmen, für das Kind zu sorgen,
d. h. dasselbe zu erziehen und zu verpflegen. Die Mutter hat
auf alle Mutterrechte an dem Kinde für immer verzichtet, sich ver=
pflichtet, niemals zu demselben zu kommen. Die Pflegeeltern haben
auf das Vermögen des Kindes unter der Voraussetzung und zu
dem Zweck verzichtet, daß die Mutter nach Amerika auswandere.
Die Mutter will an den Vertrag nicht gebunden sein, und hat
Herausgabe des Kindes gefordert. Sie ist mit der Klage abge=
wiesen: auch wenn der Verzicht auf das Zutrittsrecht zu dem
Kinde ungültig sein sollte, bleibt das Erziehungsrecht der Pflege=
eltern bestehen. Die Abtretung der mütterlichen Rechte konnte die
Mutter auch nicht aus dem Grunde anfechten, weil ein Pfleger
für das Kind nicht zugezogen war; ebenso bleibt §. 28 der Pr. Vor=
mundschaftsordnung von den Abmachungen in dem Pflegschafts=
vertrage unberührt. IV, 242/89 vom 23. Dec. 89/17. Febr. 90.

526. G. R. Der Vater wurde auf die Klage des Pflegers
seiner minderjährigen Tochter zur Alimentenzahlung verurtheilt,
ohne damit gehört zu werden, daß ihm das Kind von seiner Ehe=
frau, welche getrennt von ihm lebt, widerrechtlich vorenthalten
werde. Durch Streitigkeiten der Eltern über Aufenthalt und Er=
ziehung der Kinder wird an der Alimentationspflicht des Vaters
gegenüber dem Kinde nichts geändert. Da auch das achtjährige
Kind keine Schuld daran trägt, daß es von der Mutter zurück=
gehalten wird, und der Pfleger, welcher dem Kinde nur beigeordnet
ist, um den Alimentenanspruch geltend zu machen, keine Gewalt
über dasselbe hat, so kann sich der Vater der Verpflichtung, die
Alimente in Geld zu zahlen, nicht durch Berufung darauf ent=
ziehen, daß er bereit sei dem Kinde Naturalverpflegung zu ge=
währen. III, 319/89 vom 28. Febr. 90.

527. **Colmar.** Das Berufungsgericht erwog im Fall 620, daß der Mutter wegen des durch ihre Trunksucht gegebenen schlechten Beispiels die Erziehung der Töchter zu nehmen, und diese in einer Erziehungsanstalt unterzubringen seien. Darauf, ob den Stiefvater ein Verschulden treffe, käme es nicht an. Revision zurückgewiesen. II, 31/90 vom 25. März.

528. Da die Mutter vorstehend der ihr nach Code 203 obliegenden Ernährungspflicht im Hause nicht mehr genügen kann, ist sie mit Recht zur Zahlung von Alimenten verurtheilt. Darauf, daß die Kinder eigenes Vermögen haben, nicht Rücksicht genommen, weil dessen Erträgnisse zur Bestreitung der Kosten nicht ausreichen, und das Grundstück sonst in wenigen Jahren aufgezehrt wäre. Revision zurückgewiesen. II, 31/90 vom 25. März. Vgl. 520.

529. A. L. R. II, 18, §§. 785, 795 finden auf den Fall auch nicht analoge Anwendung, daß bereits bei der Verheirathung der Minderjährigen die allgemeine Gütergemeinschaft vertragsmäßig ausgeschlossen war. Diese Ausschließung war von dem Amtsgericht des ersten Wohnsitzes vorschriftsmäßig bekannt gemacht. Dann verlegten die Eheleute noch während der Minderjährigkeit den Wohnsitz nach einem Ort, an welchem auch allg. Gütergemeinschaft gilt, ohne daß die Bekanntmachung wiederholt wurde. Nachdem die Ehefrau großjährig geworden, ersuchte das Vormundschaftsgericht das Amtsgericht des zweiten Wohnsitzes um Aufnahme der Decharge. Die Eheleute erklärten, daß sie einen Ehevertrag abgeschlossen hätten. Die betreffenden Akten sind nicht aufgefunden; das ersuchte Amtsgericht und das Vormundschaftsgericht hatten keine Verpflichtung, in diesem Falle geordneter Vertragsverhältnisse die Ehefrau zu belehren oder gar von Amts wegen die öffentliche Bekanntmachung zu veranlassen. IV, 310/89 vom 3. Febr. 90.

530. Da Erbesauseinandersetzungen unter Nr. 4 des §. 42 der P. V. O. zu den Rechtsgeschäften gezählt werden, zu welchen es der Genehmigung des Vormundschaftsgerichts bedarf, da ferner im vorliegenden Falle zu einer Erbauseinandersetzung die Genehmigung des Vormundschaftsgerichts ertheilt ist, so unterliegt die Ertheilung dieser Genehmigung, wenn sie auf einem wesentlichen Irrthum beruht, der Anfechtung nach den im A. L. R. I, 4 vorgeschriebenen Grundsätzen, mag auch der Vormund, welcher die Erbauseinandersetzung für die Minderjährigen geschlossen hat, die

betreffende Thatsache gekannt, aber dem Vormundschaftsgericht ver-
schwiegen haben. Daß der die vorliegende Erbauseinandersetzung
als Vormundschaftsgericht genehmigende Amtsrichter nicht gewußt
hat, daß der Erblasser in Erfüllung eines vor der Heirath der
Beklagten dem beklagten Ehemann gegebenen Versprechens den
Brüdern desselben 3300 Mark gezahlt habe, ist von dem ersten
Richter unangefochten festgestellt, und daß objektiv dieses Nicht-
wissen einen wesentlichen Irrthum bilde, hat der Berufungsrichter
mit Recht ausgeführt. Die Erbauseinandersetzung, welche sich auf
jene zur Nachlaßmasse gehörigen 3300 Mark nicht mit erstreckt
hat, unterliegt daher der Anfechtung und die vom ersten Richter
ausgesprochene Verurtheilung der Beklagten erscheint gerechtfertigt,
die ihr in der Erbauseinandersetzung bei Ignorirung jener Thatsache
als Erbtheil zugewiesenen und von ihr eingezogenen 1732,50 Mark
zur Nachlaßmasse behufs Vertheilung unter die übrigen Kinder
einzuzahlen. IV, 272/89 vom 7. Jan./6. Febr. 90.

531. Die Erben eines Ziegeleibesitzers betrieben das Ziegelei-
geschäft in offener Handelsgesellschaft, während sie für ihre Person,
ohne Angabe von Quoten, als Eigenthümer der Ziegelei und der
zugehörigen Grundstücke eingetragen waren. Unter Vorbehalt der
obervormundschaftlichen Genehmigung für seinen minderjährigen
Sohn, mit welchem zusammen er seine Ehefrau, eine der Miterbinnen, beerbt hatte, schloß H. und zwei andere Miterben mit
den drei übrigen Miterben einen Vertrag, laut dessen diese drei
aus der Gesellschaft ausschieden, die Anderen das Geschäft fort-
setzten. P. B. überließ sein ⅙ Antheil an der Firma und „demgemäß also auch" an der Rathsziegelei und den übrigen Grundstücken an H. und dessen Sohn, ebenso jede der beiden anderen
ausscheidenden Miterben an einen der anderen die Gesellschaft fort-
setzenden Miterben. Die Käufer verpflichteten sich, den Verkäufern
den sich aus der Bilanz von 1887 ergebenden Antheil an den
Außenständen zu zahlen. Die baaren Kaufgelder sind gezahlt; die
ideellen Antheile an den Grundstücken sind aufgelassen. Die Klage
eines der ausgeschiedenen Miterben auf seinen Antheil an der
Summe der Außenstände von 1887 ist abgewiesen, weil die obervormundschaftliche Genehmigung des Vertrags verweigert wurde.
Revision zurückgewiesen. Der Auseinandersetzungsvertrag zwischen
den Gesellschaftern ist an sich ein Akt der Verwaltung, bei welchem

der Minderjährige durch den Vater vertreten wird; die gerichtliche Genehmigung nur nach Maßgabe A. L. R. II, 2, §§. 170, 171
erforderlich; §. 170 kam nicht in Frage. In dem Vertrage hat
aber H. für sich und Namens seines Sohnes zu dem ihnen bis
dahin zustehenden Antheil an dem Handelsgeschäft und den ihm
gewidmeten Grundstücken noch einen Antheil hinzuerworben gegen
einen Erwerbspreis, der zum Theil rückständig blieb und auf dem
erworbenen und dem ihnen bereits gehörigen Grundstücksantheil
eingetragen wurde. Gleichzeitig hat er aber für sich und seinen
Sohn die Eintragung des gesammten rückständigen Kaufgeldes
aller Käufer auf dem ganzen Ziegeleietablissement bewilligt. Der
Vater war nicht befugt, ohne Mitwirkung des Richters für den
Erwerbspreis nicht nur den hinzuerworbenen Antheil des
Sohnes an dem Grundstück, sondern auch den zum Vermögen des Sohnes bereits gehörigen Antheil an dem
Grundstück und beide Antheile zugleich, wie geschehen, auch für
seine eigene Schuld und die Kaufgeldschuld der Mit-
kontrahenten solidarisch zu verpfänden. Dies ist durch
den §. 171 ausgeschlossen. Insoweit bedurfte der Vertrag der
Genehmigung des Vormundschaftsgerichts. I, 4/90 vom 5. März.
Vgl. 247 und 556.

532. Im Fall 212 waren das Fideikommiß und der der-
zeitige zum Fideikommißbesitz Berechtigte verurtheilt, in die Zahlung der Landschaft zu willigen. Auf die Revision dieser Mitbeklagten aufgehoben, die gegen sie erhobene Klage abgewiesen; sie
haben zu dieser Verurtheilung keinen Anlaß gegeben. Diese Mitbeklagten haben der Zahlung an die Klägerin durch die Landschaft
nicht widersprochen, sondern sich dahin vertheidigt, daß jeder etwaige
Anspruch der Klägerin nur gegen die Landschaft sich richten könne.
Einer Verurtheilung der Landschaft haben sie nicht widersprochen,
und das aus der Befriedigung der Klägerin durch die Landschaft
zwischen dieser und den Mitbeklagten entstehende Rechtsverhältniß
ist nicht Gegenstand des jetzigen Rechtsstreites, in welchem die
Letzteren nicht der Landschaft als Prozeßpartei gegenüberstehen.
Der Grund, welchen der Berufungsrichter für die Verurtheilung
der obigen Mitbeklagten zur Einwilligung in die Zahlung gibt,
weil die Verträge, auf welche die Klageforderung sich gründet, in
Ausübung der Verwaltung des Fideikommisses geschlossen seien,

**Familienfidei-
kommiß.** ist unzutreffend; denn, wenn die Landschaft nur Verwalterin
wäre, so hätte aus den in berechtigter Ausübung der Verwaltung
geschlossenen Verträgen nicht sie, sondern derjenige der beiden
Mitbeklagten, für welchen die Verwaltung geführt wird, zur
Zahlung verurtheilt und die Klage gegen die Landschaft abgewiesen werden müssen. Das in den Händen der Verwalterin
befindliche Vermögen des Geschäftsherrn würde nur Gegenstand
der Zwangsvollstreckung haben sein können. V, 287/89 vom
22. Febr. 90.

Testament. 533. Wenn auch der Erblasser den Kläger zum Testamentsvollstrecker ernannt hat, so konnte er ihn doch auch zum Erben
auf die Hälfte des Nachlasses einsetzen. Diese Einsetzung ist nicht
dadurch nothwendig als ausgeschlossen anzusehen, daß er ihm die
Auflage gemacht hat, das Angefallene innerhalb der vom Erblasser getroffenen Anordnungen selbständig für die Zwecke der
freireligiösen Gemeinde zu verwenden. Nach A. L. R. I, 12, §. 503
braucht die Auferlegung eines Zweckes nicht zum eigenen Vortheil
des Beschwerten zu geschehen. Damit, daß der Berufungsrichter
deshalb nicht die freireligiöse Gemeinde als eingesetzte Erbin angesehen hat, C. P. O. §. 259 nicht verletzt. IV, 334/89 vom
9. Jan. 90.

534. Da der Erbtheil der beiden Enkel lediglich in bestimmten
Sachen und Geldsummen bestehen solle, während betreffs der als
Kläger aufgetretenen Personen bestimmt war, daß den beiden Töchtern und dem Vater und Erblasser der zu 3 benannten Enkel das
zufallen solle, was nach der angeordneten Vertheilung der Nach-
laßsachen noch übrig blieb, so hat der Berufungsrichter mit Recht
diese Letzteren als Erben, jene Enkel als Vermächtnißnehmer angesehen. A. L. R. I, 12, §. 263. Nicht entscheidet für das Gegentheil, daß sich in dem Testamente der Satz findet: „Diese werden
unsere gesetzlichen Erben sein, und wollen wir auch in den Bestimmungen der gesetzlichen Erbfolge nichts ändern — und bestimmen wir nur hinsichtlich der Theilung abweichend von den
gesetzlichen Bestimmungen über die Intestaterbfolge —." IV, 282/89
vom 28. Jan. 90.

**Gemeinschaft-
liches Testa-
ment.** 535. G. R. Frankfurt. Die beiden Eheleute haben sich gegenseitig zu Erben eingesetzt. Nach dem Tode des Letztlebenden sollen
sich die beiderseitigen Verwandten in das gemeinschaftliche Ver-

mögen so theilen, daß die der Ehefrau die eine Hälfte, die des Ehemannes die andere Hälfte erhalten. Der überlebende Ehemann hat die Erbschaft angetreten. Der Berufungsrichter hat das Testament dahin konkret ausgelegt, daß die zur Zeit der Ehefrau vorhandene gesetzliche Erbin ein unbedingtes, wenn schon betagtes Recht erworben. Darin ist kein Rechtsirrthum enthalten. Haben sich auch, wie der Berufungsrichter annimmt, die Ehegatten dahin vertraglich gebunden, daß das beim Tode des Letztlebenden vorhandene Vermögen in zwei gleiche Theile zerfallen soll, so sind die Erben des Ehemanns hieran gebunden, auch wenn der Ehemann neues Vermögen erworben hat. Auch hat die gesetzliche Erbin der Ehefrau das von ihr erworbene unbedingte Vermächtniß auf ihre Erben vererbt. III, 237/89 vom 6. Dec.

536. Nach dem gemeinschaftlichen Testamente der in westphälischer Gütergemeinschaft lebenden Eltern sollte der Ueberlebende den Nachlaß unter die beiden Söhne zu vertheilen berechtigt sein. Der überlebende Ehemann hat dem einen Sohn eine Zuwendung gemacht, nach Angabe der Beklagten mit der Auflage, sich die Beträge auf sein Erbtheil anzurechnen. Den Rest des gesammten Vermögens hat er den Kindern seines anderen noch lebenden Sohnes überlassen. Der erste Sohn hat diese Ueberlassung angefochten, weil der verstorbene Vater dazu nicht berechtigt gewesen sei. Die Verurtheilung aufgehoben. Ist jene Angabe richtig, und betrugen jene Zuwendungen sogar mehr als die Hälfte des Vermögens, so ist der Kläger bei der Frage, ob und wie der Vater über die andere Hälfte rechtsgültig verfügt habe, nicht weiter betheiligt, diese Frage berührt nur noch den anderen Bruder. Die Kollationspflicht des Klägers kommt hierbei gar nicht in Betracht, sie besteht in Beziehung auf den elterlichen Nachlaß zwischen dem Kläger und den Kindern seines noch lebenden Bruders überhaupt nicht (§. 363, II, 2 A. L. R.). IV, 286/89 vom 16. Jan. 90.

537. A. L. R. Die als Erbin eingesetzte Witwe sollte die Verfügung über die Substanz haben, jedoch mit der einen Einschränkung, daß sie die Grundstücke nicht unter dem Feuerkassenwerthe veräußern dürfe. Ein von der Witwe nach dem Tode des Ehemannes bebautes Grundstück von 71 320 Mark Feuerkassenwerth und mit 77 000 Mark Hypotheken belastet, hat sie gegen Uebernahme der Hypotheken veräußert. Einer der Substituten

Gemeinschaftliches Testament.

Fideikommissarische Substitution.

16*

Fideikommif-
farifche Sub-
ſtitution.

wurde verurtheilt, die zu deren Gunſten auf dem Grundſtück eingetragene Verfügungsbeſchränkung löſchen zu laſſen. Die angeblich ausgeſprochene Abſicht, die Rechte der Subſtituten zu vereiteln, kommt, da, wie der Berufungsrichter feſtſtellt, ein Kaufvertrag geſchloſſen iſt, bei einem die Feuerkaſſe von 71 320 Mark
überſteigenden Kaufpreiſe von 77 000 Mark an ſich nicht mehr
in Betracht, als bei einem dem angeblich wahren Werth von
100 000—110 000 Mark entſprechenden Kaufpreiſe; auch in letzterem Falle kann die Veräußerung, wenn gleich der Kaufpreis
durch Uebernahme von Hypotheken gedeckt iſt, in der ausgeſprochenen
Abſicht, die Rechte der Subſtituten in Betreff des Anfalls des
Grundſtücks zu vereiteln, erfolgt ſein. IV, 208/89 vom 14. Nov.

538. Weder nach gem. noch nach Pr. R. unzuläſſig, eine
fideikommiſſariſche Subſtitution an die Bedingung zu knüpfen,
wenn der Fiduzialerbe ſeinerſeits keine letztwillige Verfügung trifft.
III, 302/89 vom 14. Febr. 90.

539. In dem väterlichen Teſtament war ein Grundſtück den
drei Kindern Karl, Auguſt und Klara zu gleichen Theilen hinter-
laſſen. Die erſteren Beiden ſollten nicht berechtigt ſein, über die
Subſtanz ihres Erbtheils zu verfügen; vielmehr ſollten ihre geſetzlichen Erben und deren Nachkommen die Subſtanz mit derſelben
Freiheit und Beſchränkung erhalten. Klara, welche unbeſchränkt
war, hat ihr Drittel Antheil an dem Grundſtück ihren beiden
Brüdern für 12 000 Mark verkauft und am 17. Juni aufgelaſſen;
dieſe haben zugleich das ganze Grundſtück für die 12 000 Mark
der Klara verpfändet. Am 30. Juni iſt auf Erſuchen des Prozeßrichters die Verfügungsbeſchränkung von Karl und Auguſt in der
zweiten Rubrik eingetragen. Klara hat aber im folgenden Jahre
die 12 000 Mark in zwei Theilbeträgen gegen Empfang der vollen
Valuta cedirt, und der Ceſſionar der 9000 Mark hat das ganze
Grundſtück ſubhaſtiren laſſen. In der Kaufgelderbelegung entfiel
nach Befriedigung der vorgehenden Hypotheken auf die 12 000 Mark
ein um 5285,4 Mark höherer Betrag, als auf dieſelben entfallen
wäre, wenn die 12 000 Mark nur auf dem gekauften Drittel
eingetragen geweſen wären. Karl war inzwiſchen geſtorben. Der
den unbekannten dereinſtigen Erben von Auguſt beſtellte Pfleger
klagte gegen Auguſt und Klara auf Zahlung von 5285,4 Mark
zur Pflegſchaftsmaſſe. Das Berufungsurtheil verurtheilte beide

Beklagte, jene Pflegschaftsmasse für die bezeichnete Summe sicher=
zustellen. Das Berufungsurtheil aufgehoben, zurückverwiesen. Das
Berufungsurtheil sieht in der Handlung der drei Geschwister eine
Zuwiderhandlung gegen das Testament, sieht aber davon ab, eine
bewußte Widerrechtlichkeit derselben festzustellen. Dann fehlt es
aber der angenommenen solidarischen Verpflichtung an einer recht=
lichen Begründung. IV, 365/89 vom 13. März 90. Vgl. 139 u. 711.

540. P. hat die Kinder seiner verstorbenen Schwester als
Erben eingesetzt; für den Fall, daß eines derselben vor ihm ver=
stirbt, dessen Kinder, nicht aber die Enkel substituirt (§. 1). Zu
jenen Kindern der Schwester gehörte auch Frau J. Ihr sind auch
für den Fall, daß sie den Erbanfall erlebt, ihre Kinder fideikom=
missarisch substituirt, deren Ehemann ist von der Verwaltung und
vom Nießbrauch des Erbtheils ausgeschlossen (§. 5). Die Frau J.
hat den Todesfall erlebt, sie hatte zwei Kinder, von denen eines
demnächst verstorben ist, und ist nicht mehr gebärungsfähig. Mit
Zustimmung ihres Sohnes hat sie den Erbtheil an den W. ver=
äußert; dessen Klage wider den Pfleger der J.'schen Descendenz
war abgewiesen; Berufungsurtheil aufgehoben, zurückverwiesen.
Für die Entscheidung unerheblich, ob, wie der Berufungsrichter
annimmt, der Erblasser im §. 5 unter den Kindern auch die Enkel
verstanden hat. — A. L. R. I, 12, §. 526. — Denn die eigenen
Söhne der Frau J. sind Fideikommißerben geworden. Ihnen
gegenüber können ihre Kinder — wenn keine anders lautende
letztwillige Anordnung vorliegt — als fideikommissarische Erben
nicht in Betracht kommen, und zwar weder als Miterben noch
als Nacherben. Es ist deshalb auch unerheblich, ob der noch
lebende Sohn R. J. Kinder zu erwarten hat oder nicht. Werden
ihm Kinder geboren und es tritt der Fall ein, daß er unter Hinter=
lassung derselben vor seiner Mutter verstirbt, so geht zwar das
zu seinem Nachlasse gehörige fideikommissarische Erbrecht, — falls
er über dasselbe nicht anderweit rechtsgültig verfügt hat — auf
seine Kinder über, aber nicht kraft eigenen Rechtes der letzteren
als fideikommissarischer Erben des P., sondern vermöge ihres Erb=
rechts in den Nachlaß ihres Vaters. Die Kinder stehen in diesem
Falle anderen Erben völlig gleich, wie auch der verstorbene Rich. J.
wenn er nicht über sein fideikommissarisches Erbrecht bei Lebzeiten
anderweite rechtsgültige Verfügung getroffen hatte, solches auf

Fideikommif-
farifche Sub-
ftitution.

Erbvertrag.

feine Mutter und feinen Bruder vererbt hat. IV, 350/89 vom
27. Febr. 90.

541. Der Kläger will einen Erbvertrag oder Vermächtnißvertrag, welchen der Erblasser, ein in Stuttgart lebender Russe K.
mit ihm mündlich geschlossen, aus folgendem Vorgang ableiten:
Dieser habe den Kläger, wenn dieser ihn habe verlassen wollen,
um Stunden zu geben, wiederholt bei der Hand genommen und
zu ihm gesagt: „das ist nicht nöthig, Sie brauchen keine Stunden
mehr zu geben"; sodann habe K. ihn an seinen Schreibtisch ge=
führt, Papiere herausgenommen, selbige vor ihm, dem Kläger,
ausgebreitet und gesagt: „Gehen Sie doch nicht fort! Alles was
ich habe gehört Ihnen, die Papiere und die Möbel, wenn ich
todt bin; ich habe keine Verwandten, für die ich zu sorgen habe;
Sie sind mein Sohn." K. habe sich alsdann vom Kläger die
Hand geben lassen, zum Zeichen dafür, daß er damit einverstanden
sei, daß er den Kläger zum Alleinerben einsetze. Das Berufungs=
gericht hat den Anspruch für unbegründet erklärt; der Inhalt der
angeblichen Erklärung des K. lasse neben der Auslegung, welche
Kläger derselben gebe, auch die Deutung zu, der Erblasser habe
damit nur seine Absicht, eine letztwillige Verfügung zu Gunsten
des Klägers zu treffen, kundgeben, oder auch die künftige Errichtung einer solchen versprechen wollen; außerdem sprächen aber
verschiedene Umstände dagegen, daß K. einen Erbeinsetzungs-
oder Vermächtnißvertrag mit dem Kläger habe schließen wollen;
danach sei der fragliche Vorgang, wie ihn Kläger selbst darstellte,
nicht geeignet, einen Erbeinsetzungs- bezw. Vermächtnißvertrag zu
begründen. Revision zurückgewiesen. VI, 241/89 vom 20. Jan. 90.

Erbverzicht.

542. Das Berufungsgericht geht davon aus, daß der Ver=
trag vom 4. Febr. 1885 sich nicht, wie vom Landgericht ange=
nommen, als Ausstattungsvertrag darstelle, da in demselben nir=
gends von einer Mitgabe die Rede sei. Es erwägt, daß vielmehr
nach den §§. 1 und 3 des Vertrages die versprochene Summe
von 6000 Mark ein Abfindungskapital, durch welches Karl S.
an Vater- und Muttererbe abgefunden werden solle, bilde, und
derselbe jedem ferneren Anspruche an den Nachlaß seiner Eltern
entsagt habe. Danach erachtet es den Vertrag, soweit derselbe
zwischen Mutter und Sohn geschlossen, als einen solchen, durch
welchen der Sohn vom dereinstigen Nachlasse der Mutter ausge=

schloffen werden folle, und erklärt denselben infoweit mangels Erbverzicht.
Beobachtung der in A. L. R. II, 2, §. 484 vorgeschriebenen Form
für nichtig. Zugleich aber nimmt es an, daß mit dem Wegfall
der Verbindlichkeit der beklagten Ehefrau der Vertrag insgesammt,
also auch dem beklagten zweiten Ehemanne gegenüber, in Wegfall
komme, weil nach Lage der Umstände die Absicht der Kontrahenten
sich dahin ergebe, daß der Ehemann nur als solcher und in Gemeinschaft mit seiner Ehefrau nicht für sich aufs Ganze haften
sollte. Revision zurückgewiesen. Die Nichtigkeit konnte auch von
den auf Zahlung Beklagten geltend gemacht werden. O. T. E. 7,
S. 242/3. Für die absolute Nichtigkeit solcher Geschäfte spricht
die Erwägung, daß das Formgebot des §. 484, wennschon durch
das Interesse nur Eines Kontrahenten hervorgerufen, immerhin
an beide Kontrahenten sich richtet, daß auch aus zweiseitigen Verträgen, welche unter Verletzung der allgemeinen Formvorschriften
in I, 5, §§. 131 fg. geschlossen sind, keine Klage stattfindet (§. 155
dort), und daß im Falle des §. 484 mit Hinblick darauf, daß die
Bestimmung einer Anfechtungsfrist im Gesetze fehlt, bei entgegen-
gesetzter Auffassung, die Wirksamkeit des Rechtsgeschäfts auf un-
gewisse Zeit in der Schwebe bleiben könnte. IV, 359/89 vom
6. März 90. Vgl. 249.

543. „Je soussignée E. G. donne et légue la généralité Auslegung
letztwilliger
Verfügungen.
de mes biens meubles et immeubles et toute propriété: 1° à
M. Ch. L., mon neveu; 2° à mes petites nièces, M. J. P.,
A. C., M. C., M. R. et L. R. Dans le cas où l'un de mes
légataires devait mourir avant moi, je légue la part que je
viens de lui donner à ses enfants ou réprésentants." Die Anführung der Bedachten in zwei Abtheilungen könne als eine Zu-
theilung an die je unter einer Nummer aufgeführten Personen
aufgefaßt werden; sie müsse es, wenn eine andere Bedeutung ausgeschlossen erscheine. Das sei hier der Fall. Weder der verschiedene Grad der Verwandtschaft noch das verschiedene Geschlecht
erklärten diese Numerirung, ein anderer Grund sei dafür auch
nicht vorhanden. Bei der Erkennbarkeit des Willens der Erblasserin, unerheblich der Grund dieses Willens. Doch habe die
Erblasserin unter Uebergehung der kinderlosen Geschwister unter
2 alle Kinder ihrer Neffen und Nichten mit Ausnahme der vier
Kinder ihres Neffen 1 abweichend von der gesetzlichen Erbfolge

Auslegung letztwilliger Verfügungen.

gleichmäßig bedacht. Hätte sie letztere gleichmäßig mit Nr. 2 be=
dacht, so hätten sie ⁴/₉ erhalten, nahezu so viel, wie jetzt ihr Vater
Nr. 1 erhalte. Revision zurückgewiesen; das Berufungsurtheil
stellt als Wille der Erblasserin fest, daß die Bedachten nicht Uni=
versallegatare (Code 1003), sondern Legatare unter Universal=
titel im Sinne Code 1010 sein sollten. Jene Eigenschaft werde
mit Recht wegen Ausschluß des Anwachsungsrechts verneint. Ueber=
dies sei als Gegenstand des Legats nicht l'universalité des biens,
sondern la généralité des biens meubles et immeubles be=
zeichnet. Daß aber die aliquoten Theile in Zahlen angegeben
werden, fordere Code 1010 nicht; hier sei festgestellt, daß der
Nachlaß je zur Hälfte vermacht sei. II, 311/89 vom 4. Febr. 90.

Ungültigkeit letztwilliger Verfügungen.

544. G. R. Das als korrespektives errichtete Testament
der beiden Eheleute war wegen Formmangel ungültig. Nachdem
der Ehemann gestorben, konnte das Testament nicht durch die
übereinstimmenden Erklärungen der Betheiligten gültig werden.
VI, 320/89 vom 13. März 90. Vgl. 554.

Pflichttheil.

545. Die Klägerin, eine Tochter der testirenden Eheleute,
sollte nach deren gemeinschaftlichem Testamente Nichts erhalten,
vielmehr sollte der auf sie entfallende Theil ihren Kindern zu=
fallen. Der Ehemann ist am 23. April 1884 verstorben, am
27. Nov. 1885 hat die Klägerin der Witwe und den eingesetzten
Geschwistern angezeigt, daß sie den Pflichttheil fordere. Sie kann
erst von da ab Zinsen dieses Pflichttheils beanspruchen als Ver=
zugszinsen; nicht seit Ablauf der Ueberlegungsfrist, denn der
Pflichttheil läßt sich einem Geldvermächtniß nicht gleichstellen (A.
L. R. I, 12, §. 328). Nun könnte zwar aus der Natur des
Pflichttheils als einer Geldentschädigung für den entzogenen Erb=
theil — A. L. R. II, 2, §. 392 — gefolgert werden, daß eine
gesetzliche Verzinsung vom Todestage des Erblassers ab ein=
treten müßte.* Da aber Klägerin enterbt war und ihren Ent=
schluß, den Pflichttheil zu fordern, erst am 27. Nov. 1885
kundgethan hat, so ist ihr der Pflichttheil bis dahin nicht vor=
enthalten, sie kann deshalb auch in diesem Falle gesetzliche Zinsen
aus der Zeit vor dem letztern Datum nicht fordern. IV, 288/89
vom 20./28. Jan. 90.

---

* Vgl. Bd. VIII, 614.

546. In folgenden Handlungen der zu Erben Berufenen wurde nach ihrem Arbeiterstande eine Erbschaftsantretung nicht gefunden: Ueberweisung eines Erbschaftsinventars an das Erbschaftssteueramt, weil Beklagte geglaubt haben können, in Folge der amtlichen Aufforderung dazu verpflichtet zu sein, auch wenn sie nicht Erben würden; eine Miterbin hat einen Rock ihrer Mutter einige Male getragen, dann aber auf Belehrung eines Miterben zurückgelegt; aus der Todtenlade sind 22,30 Mark erhoben, um die Beerdigungskosten zu decken, und eine der Miterbinnen hat hierbei dem Kassenboten erklärt, sie und ihre Geschwister seien die Erben der verstorbenen Mutter. III, 332/89 vom 24. Jan. 90.

547. A. L. R. Da der Widerkläger nur Fiduziarerbe ohne Verwaltungsbefugniß des ursprünglichen Inhabers der Hypothek ist, welcher eine Cession verlautbart hatte, ohne daß die Hypothek beim Mangel der Annahme des Cessionars auf diesen übergegangen war, so konnte jener auch in dem Prozesse wider diesen nicht den Ausspruch fordern, daß ihm das von dem Schuldner hinterlegte Kapital ausgeantwortet werde. Soweit es sich aber um Sicherung des Nachlasses handelte, war er zur Klage legitimirt. Deshalb durfte er die Widerklage auf Löschung der im Grundbuch eingetragenen Cession und auf Anerkennung erheben, daß dem Widerbeklagten kein Anspruch auf die hinterlegte Hypothek zustehe. V, 275/89 vom 15. Febr. 90. Vgl. 69.

548. Im Fall 937. Die beiden Töchter und Erbinnen hatten das Abfindungskapital von 12000 Mark unter sich getheilt. Damit hatte dasselbe die Eigenschaft als Nachlaßaktivum nicht wieder verloren; denn gemäß A. L. R. I, 9, §. 444 erlangt der Benefizialerbe an den Nachlaßgegenständen nur ein durch die Pflicht der Verwaltung im Interesse der Gläubiger und Legatare beschränktes Eigenthum, deshalb sein Verfügungsrecht im Falle der Konkurseröffnung über den Nachlaß erlischt, und die noch vorhandenen Nachlaßgegenstände dann von ihm zur Konkursmasse abzuliefern sind. IV, 244/89 vom 12. Dec. 89/28. Jan. 90.

549. A. L. R. Die Klage auf Löschung der getilgten Hypothek konnten auch einzelne Miterben des Schuldners erheben, da die nicht klagenden Miterben durch diese Geltendmachung des gemeinschaftlichen Rechts in keiner Weise beeinträchtigt wurden, auch

Miterben. der Gläubiger dadurch in keine schlechtere Lage versetzt wurde. V, 251/89 vom 25. Jan. 90.

550. Ein Miterbe hat gegen den anderen auf Feststellung der Verpflichtung eine Summe zur Nachlaßmasse einzuzahlen, geklagt. Aufgehoben das abweisende Urtheil, welches die Klage für verfrüht erachtete, weil es noch an der erforderlichen Grundlage, nämlich an der Ausmittelung der Theilungsmasse, wie der Erbtheile, Konferenden und Schulden der einzelnen Erben, fehle. Allein die Klage ist darauf gestützt, daß in dem amtsgerichtlichen Regulirungsverfahren die Beklagten dem vom Justizrath R. entworfenen Theilungsplane nur deshalb widersprochen hätten, weil darin zwei noch bestehende Nachlaßforderungen an die Kläger und die J.'schen Eheleute von 7350 und 9000 Mark nicht berücksichtigt seien, daß Kläger jedoch ihrerseits diese Forderungen nicht anerkennten, und daß deshalb der Widerspruch der Beklagten gegen jenen Theilungsplan unbegründet sei. Der Klageantrag ist zwar nicht erst auf die Verwerfung eben dieses Widerspruches, sondern gleich auf die praktischen Folgen des R.'schen Theilungsplanes, soweit solche das Interesse der Kläger betreffen, gerichtet. Dies macht aber, zumal Kläger in zweiter Instanz eventuell mit der bloßen Feststellung obiger Rezeßfolgen sich einverstanden erklärt haben, in der Sache selbst nichts aus. Auch so verfolgt die Klage im Grunde nur den Zweck, den Widerspruch der Beklagten gegen den R.'schen Theilungsplan zu beseitigen. Der zwischen den jetzigen Parteien bestehende Streitpunkt beschränkt sich wesentlich auf die Frage, ob die von den Beklagten behauptete Schuld der Kläger an den Nachlaß besteht oder nicht. Entscheidet der Richter diesen Streitpunkt zu Gunsten der Beklagten, so ist er in der Lage, die Klage abzuweisen. Fällt die Entscheidung zu Gunsten der Kläger aus, so erscheint die Klage mindestens in Ansehung des eventuellen Antrags gerechtfertigt. Die Austragung der in diesem Prozeß nicht berührten Differenz über die Schuld der J.'schen Eheleute muß den hieran Betheiligten im besonderen Prozesse überlassen werden. IV, 319/89 vom 10. Febr. 90.

551. Der Erblasser hat angeordnet, ein Miterbe solle die Nachlaßgrundstücke zu 1650 Mark übernehmen. Der Beklagte hat die Grundstücke übernommen, und die übrigen haben sie ihm vor dem 22. März 1871 aufgelassen. Ein Miterbe hat beantragt, der

Beklagte habe die 1650 Mark mit Zinsen seit 22. März 1871 Miterben.
zum Nachlaß behufs Vertheilung einzuwerfen. Die Klage ist begründet. Sie will nur Herstellung der Theilungsmasse vorberei-
tet. Wenn der Beklagte geltend macht, wie er niemals bestritten
habe, daß die 1650 Mark von ihm dem Nachlasse gegenüber zu
vertreten seien, so kommt in Betracht, daß nach den Entscheidungsgründen des Berufungsurtheils der Beklagte auf die an ihn gerichtete Frage des Gerichtsvorsitzenden, ob er sich nicht dem vor
dem Berufungsgericht von der Klägerin gestellten Antrage unterwerfen wolle, den Antrag auf Zurückweisung der Berufung aufrecht erhalten hat. Auch kommt in Betracht, daß der Beklagte
im ersten Rechtszuge, wie der Thatbestand des landgerichtlichen
Urtheils ergibt, sich gegen die Klage mit der Behauptung vertheidigt hat, daß die Klägerin mit Rücksicht darauf, was sie aus dem
Nachlasse an sich genommen, was sie zu demselben verschulde und
was sie bei einer Erbtheilung sich anrechnen lassen müsse, und mit
Rücksicht auf die von ihm selbst für den Nachlaß gemachten Aufwendungen keinen Anspruch mehr an die Nachlaßmasse habe. Diese
Behauptungen erscheinen nicht geeignet, den Antrag auf Abweisung
des fraglichen Klagbegehrens zu begründen. In dem einzuleiten-
den Nachlaßregulirungs- und Erbtheilungsverfahren wird es Sache
des Beklagten sein, diejenigen Behauptungen aufzustellen und zur
Anerkennung zu bringen, aus denen sich ergeben soll, daß die
Klägerin aus dem Nachlasse nichts mehr zu fordern hat. IV,
325/89 vom 17. Febr. 90.

552. Die Zinspflicht ergibt sich daraus, daß der Beklagte
nicht zugleich Sache und Preis zu nützen hat. Wenn insoweit
sich ergeben sollte, daß sich der herauszuzahlende Betrag durch
Zahlung von Nachlaßschulden oder in anderer Weise verändert hat,
so hat auch Beklagter das nicht zu verzinsen. IV, 325/89 vom
17. Febr. 90.

553. Der Beklagte hat Nachlaßforderungen eingezogen.
Seine Rechenschaftspflicht ist mit der Mittheilung, daß er 2 Forderungen von Gü. und Ge. zum Betrage von 231 Mark eingezogen
habe, nicht erschöpft. Er hat auch den Zeitpunkt der Einziehung
und weiter anzugeben, wie er das Geld verwendet habe. IV,
325/89 vom 17. Febr. 90.

554. G. R. Im Fall 544 beruht das Berufungsurtheil

Miterben. auf der Erwägung, es sei damit, daß nach dem Tode des Ehemanns von den Betheiligten, denen die Intention der Testatoren
habe bekannt sein müssen, jene allgemein auf Anerkennung des
Testaments lautenden Erklärungen abgegeben wurden, eine Vereinbarung zu Stande gekommen, wodurch die Kläger für den Fall
des Todes der Wittwe auf Theilung des Nachlasses derselben nach
Köpfen verzichtet und in die Theilung nach Stämmen eingewilligt
haben. Daß eine solche Vereinbarung rechtlich wirksam getroffen
werden konnte, läßt sich nicht bezweifeln. Die Feststellung, daß
dies geschehen sei, ist eingehend begründet. Die Annahme, daß
die Acceptation der Beklagten erfolgt, daß die Theilungsbehörde
berufen gewesen sei, die Erklärungen einzelner der Betheiligten im
Namen der Mitbetheiligten entgegenzunehmen, läßt eine Gesetzesverletzung nicht ersehen. VI, 320/89 vom 13. März 90.

Kollation. 555. Durch die gerichtliche Vollmacht des Erblassers war
dessen Ehefrau ermächtigt, Schenkungen aller Art im Namen ihres
Ehemanns vorzunehmen. Das ermächtigte sie auch zu den bei
Lebzeiten ihres Ehemanns den Kindern mit Erlaß der Ausglei-
chungspflicht gemachten Schenkungen. Da der Erlaß bei der
Schenkung erklärt war, gültig. Vgl. IV, 277/88 vom 21. Febr.
und die anderen Urtheile (Bd. VII, 749, E. 23, S. 294 ff.).
IV, 275/89 vom 9. Jan. 90.

Erbrezeß. 556. Im Fall 531. Die Auseinandersetzung enthielt keinen
Erbrezeß. Denn aus dem Vertrage ist zu ersehen, daß die Erben,
nachdem sie sich über den Nachlaß im Uebrigen auseinandergesetzt
hatten, bezüglich des Handelsgeschäfts und des ihm gewidmeten
Ziegeleietablissements nicht in der Erbengemeinschaft geblieben,
sondern in die darin wesentlich verschiedene neue Gemeinschaft als
Handelsgesellschafter getreten waren. Aus der Auffassung des
Pr. Rechts, daß der Antheil am Nachlaß die Natur eines Rechts,
einer beweglichen Sache, hat — Pl.präjudiz des O. T. vom
16. März 1857 —, sind Folgerungen über das Erforderniß der
obervormundschaftlichen Genehmigung nicht zu ziehen. I, 4,90
vom 5. März 90.

**Nachlaß-
inventar.** 557. A. L. R. Die Klägerin war auch, falls der Nachlaß
ihres Ehemanns noch nicht getheilt war, als Miterbin seines Nachlasses befugt, die Auseinandersetzung über einen ihrem Ehemann
in Gemeinschaft mit anderen Erben angefallenen Nachlaß zu be-

antragen und die zur Konstituirung der Nachlaßmasse erforder=
lichen Klageanträge zu stellen, insonderheit durfte sie von einer
Miterbin ihres Ehemannes, welche die zu dem ihm angefallenen
Nachlaß gehörigen, den wesentlichsten Theil desselben bildenden
Außenstände eingezogen hatte, Legung eines eidlich zu erhärtenden
Nachlaßverzeichnisses und einer Verwaltungsrechnung fordern. IV,
321/89 vom 13. Febr. 90.

558. Daß die Beklagte durch notarielle Vollmacht von ihren
Miterbinnen zur Einziehung von ausstehenden Forderungen er=
mächtigt war, gewährt ihr nicht das Recht, auf die den Verwalter
schützende fünfjährige Frist des A. L. R. I, 14, §. 158 sich zu
berufen, weil es an der für die Anwendbarkeit dieser Vorschrift
nothwendigen Voraussetzung des Bestehens eines eigentlichen Ver=
waltungsvertrages im vorliegenden Falle fehlt. IV, 321/89 vom
13. Febr. 90.

559. Im Testament: Die S.'schen Eheleute sollen das zum Vermächtniß.
Gut gehörige Kruggrundstück unter denselben Verhältnissen wie bis=
her bewirthschaften. Allerdings habe nach der Aussage des Amts=
gerichtsraths Sch. die Frau C. bei der Testamentsaufnahme erklärt,
die Kläger sollten außer dem Nießbrauche des Kruggrundstücks die=
jenigen Leistungen an Getreide, Weide u. s. w., welche sie für Lei=
stung persönlicher Dienste von ihr erhielten, auch nach ihrem Tode
erhalten; aber auf die Aufforderung des Sch., diese Leistungen
speziell in das Testament aufnehmen zu lassen und so die Erben
zur Gewährung der Leistungen zu verpflichten, habe die Testatorin
dieses Verlangen abgelehnt, weil es nicht nöthig sei. Dieselbe
habe vorausgesetzt, daß das Gut in den Händen ihres Sohnes
oder ihrer Tochter bleiben und Sohn oder Tochter auch ohne testa=
mentarische Auflage den Klägern nach wie vor die Leistungen an
Getreide u. s. w. zukommen lassen würde. Solange der Beklagte
Heinrich C. das Gut besessen, habe derselbe auch dem Willen
seiner Mutter entsprechend den Klägern die fraglichen Leistungen
gewährt. Seit das Gut in andere Hände übergegangen war, habe
er mit der Gewährung der Prästationen aufgehört, und er könne,
ebenso wie seine mitbeklagte Schwester, zur Gewährung rechtlich
nicht angehalten werden, weil es an einer die Erben dazu ver=
pflichtenden testamentarischen Bestimmung der Erblasserin fehle,
indem nach deren Willen eine solche Verpflichtung Aufnahme in

Vermächtniß. das Testament nicht habe finden sollen. Deshalb die Klage auf
Fortgewähr der Präftationen abgewiesen; Revision zurückgewiesen.
IV, 287/89 vom 16. Jan. 90.

560. Der Erblasser hatte ein Privattestament hinterlassen,
in welchem außer der (ungültigen) Erbeseinsetzung auch Vermächtnisse hinterlassen waren. Gemäß A. L. R. I, 12, §§. 161 und
162 galten die Vermächtnisse in Höhe des 20. Theils des Nachlasses, auf welchen sie reduzirt wurden. Unerheblich, daß die Verfügung eine Versicherung des Erblassers nicht enthielt, daß die
Vermächtnisse ben 20. Theil des Nachlasses nicht übersteigen. IV,
243/89 vom 12. Dec.

561. Wenn der Ehemann bei Lebzeiten seiner Ehefrau an
beren Sohn erster Ehe Zahlungen geleistet hat, die den Betrag
ber Forderungen übersteigen, welche der Sohn zur Zeit der Zahlungen nachweisbar an seine Mutter oder deren zweiten Ehemann
gehabt hat, so kann der überschießende Betrag nicht ohne weiteres
auf einen Vermächtnißanspruch angerechnet werden, der bem Sohne
erster Ehe gegen die Erben des zweiten Ehemannes seiner Mutter,
nachdem seine Mutter von ihrem zweiten Ehemanne beerbt worden,
erwachsen ist. Sollen die Erben des Ehemannes dem Sohne der
Ehefrau aus beren erster Ehe auf Grund des wechselseitigen Testa-
mentes der Eheleute ein Vermächtniß zahlen, so bedarf es des
Nachweises besonderer schlüssiger Umstände, wenn die Anrechnung
von Zahlungen, die bei Lebzeiten beider Eheleute der Ehemann
an den Sohn seiner Frau leistet, auf die bereinstige Vermächtniß-
schuld der Erben des Ehemannes verrechnet werden sollen. Dafür,
daß der zweite Ehemann selbst eine Zahlung auf das Vermächtniß leisten zu wollen erklärt habe, lag hier nichts vor. IV,
364/89 vom 13. März 90.

562. G. R. Ein Schuldvermächtniß liegt nur vor, wenn
es sich um eine Schuld bereits des Erblassers handelte. Die den
Erben auferlegte Verpflichtung, an den ernannten Testamentsvollstrecker das usanzmäßige Honorar zu zahlen, ist kein Schuldvermächtniß. VI, 336/89 vom 24. März 90.

Testaments-
vollstrecker. 563. Nach der unanfechtbaren Auslegung des Testaments
war der Testamentsvollstrecker selbständig zur Klage wider einen
der Erben, welchem er eine Wohnung vermiethet hatte, auf Exmis-
sion, weil er den Zins nicht bezahlt hatte, ohne Beitritt der ihm

beigeordneten Miterben legitimirt. Der Beklagte steht auch dem Kläger als Miether, somit als Dritter gegenüber; deshalb brauchte nicht erörtert zu werden, wie sich die Sache stellen würde, wenn eine Angelegenheit, welche das Verhältniß der Miterben zu einander betrifft, in Frage stände. V, 230/89 vom 8. Jan. 90. Testaments-vollstrecker.

564. Nach A. L. R. kann eine letztwillig dem Bedachten in der Verfügung über den Gegenstand der Zuwendung auferlegte Beschränkung durch entsprechende Anordnung einer Testaments-vollstreckung auch für den Fall wirksam gemacht werden, daß kein Dritter an der Aufrechthaltung der Beschränkung ein rechtliches Interesse hat. V, 286/87. Pl. vom 13. Jan. 90.

565. Am 8. Dec. 1876 ist eine offene Handelsgesellschaft unter der Firma „Schlesische Volksbuchhandlung H. Zimmer & Co." in das Handelsregister zu Breslau eingetragen. Gesellschafter waren damals der Schriftsetzer Zimmer, der Maurerpolier Störmer und der Schneider Just. Nach dem Tode des Just ist die Gesellschaft unter den beiden andern Gesellschaftern fortgesetzt und am 20. Nov. 1885 die Firma der Gesellschaft in die Firma „Zimmer & Störmer" umgeändert worden. Durch schriftlichen Vertrag vom 19. Aug. 1884 verkaufte die Gesellschaft an den Redakteur Julius Kräcker ihre in Breslau in dem Hause Schuh-brücke 42, auch Universitätsplatz 16, befindliche Buchdruckerei mit sämmtlichen Aktiven und Passiven nach ihrem Stande vom 19. Aug. 1884 für 12 000 Mark, welche durch Uebernahme der Passiva im Betrage von 12 455,49 Mark beglichen wurden. Im §. 2 des Vertrages ist auf einen Auszug aus den Geschäftsbüchern als Be-standtheil des Vertrages Bezug genommen und bemerkt, daß da-nach die Aktiva sich auf 17 113,71 Mark, die Passiva auf 12 455,49 Mark stellen. In dem Auszuge befindet sich unter den Passiva ein Posten von 7000 Mark für die Verkäuferin selbst gebucht. Unter Bezugnahme hierauf hat die Verkäuferin sich in einem Reverse vom 29. Aug. 1884, den sie und Kräcker unterschrieben, verpflichtet, die Summe von 7000 Mark dem Käufer bis zum 1. Jan. 1890 unkündbar zu belassen, wogegen Kräcker Verzinsung mit 5 Proc. vom 1. Jan. 1885 ab, jährlich am 1. Jan. zahlbar, übernommen hat. Nach dem Reverse soll das Kapital am 1. Jan. 1890, bei einem Besitzwechsel oder beim Ableben des Käufers vor diesem Termine aber sofort fällig sein. Durch Be- Sozialisten-gesetz.

Sozialisten-
gesetz.

schluß vom 18. Aug. 1885 hat der Regierungspräsident zu Breslau auf Grund der §§. 5—7 des Gesetzes gegen die gemeingefährlichen Bestrebungen der Sozialdemokratie vom 21. Okt. 1878 (Reichsgesetzblatt S. 351), davon ausgehend, daß das von Kräcker unter der bezeichneten Firma betriebene Buchdruckerei- und Verlagsgeschäft in Wahrheit von einem sozialdemokratischen Verein betrieben werde und dessen Eigenthum sei, diesen Verein verboten, auf Grund des Verbots die Druckerei in Beschlag genommen, und die Beklagten als Liquidatoren zur Abwickelung des Geschäfts des Vereins bestellt. Die Beklagten haben liquidirt, und den Erlös bei der Regierungshauptkasse eingezahlt. Von ihnen fordern Zimmer & Störmer Befriedigung aus dem Ertrage der Liquidation für ihre Forderung an Kräcker aus dem Verkauf der Druckerei. Das die Klage abweisende Berufungsurtheil ist aufgehoben. Konsequenz der Beschlagnahme und der Liquidation des Geschäfts als Vereinsvermögen, welche bestehen bleibt, so lange sie nicht gemäß §. 7, Abf. 6 des Gesetzes durch die Aufsichtsbehörde aufgehoben wird, ist, daß die Liquidatoren, ebenso wie sie die Aktiva des Geschäfts einziehen dürfen, ohne daß die Schuldner des Geschäfts einwenden können, daß nicht der Verein, sondern Kräcker mit ihnen kontrahirt habe, aus dem Geschäftsvermögen auch die von Kräcker in Bezug auf das Geschäft eingegangenen Schulden bezahlen müssen. Die Liquidatoren können den Gläubigern des Geschäfts gegenüber ihre Passivlegitimation nicht bestreiten, ohne in unzulässiger Weise die Grundlagen und die Zweckbestimmung ihrer Bestellung zu leugnen. I, 187/89 vom 12. Okt./9. Nov.

566. Wäre freilich der Kaufvertrag vom 19. Aug. 1884 nur zum Schein geschlossen, die Druckerei von Anfang an Eigenthum des sozialistischen Vereins gewesen und geblieben, so würde die auf den Kaufvertrag und den damit zusammenhängenden Revers gestützte Klage hinfällig. Die Feststellung, daß jener Vertrag nur zum Schein geschlossen sei, war aber nicht haltbar, weil die gegen diese Behauptung angetretenen Beweise der Kläger nicht erhoben waren. I, 187/89 vom 12. Okt./9. Nov.

Säkularisa-
tion.

567. Wo, wie hier, eine frühere katholische Stiftung mit dem Eintritt der Reformation aufhörte zu existiren, ihr früheres Gut als bonum vacans behandelt und vom Landesherrn eingezogen wurde, gelangte dasselbe in dessen freies Eigenthum, und

wurde er durch den bloßen Besitz des säkularisirten Stiftsvermö= Säkularisa=
tion.
gens zu dessen Verwendung in bestimmter Richtung nicht ver=
pflichtet. Der Umstand, daß thatsächlich aus den Einkünften des
früheren Stiftsvermögens Aufwendungen zur Erhaltung von Kirche
und Schule gemacht sind, begründete für die hieran interessirten
Gemeinden keinen rechtlichen Anspruch auf Fortgewährung dieser
Leistungen, insofern sie den ferneren Bezug derselben nicht auf
Grund eines besonderen privatrechtlichen Titels oder gesetzlicher
Bestimmung von der Landesherrschaft begehren durften. III,
200/89 vom 29. Okt. Vgl. 604.

568. Ein rechtliches Hinderniß, die aus einem Unternehmen Enteignung.
benachbarten Grundstücken erwachsenden Vortheile in einem die
letzteren betreffenden gleichzeitigen, aber von jenem Unternehmen
unabhängigen Enteignungsverfahren (Neue Friedrich= und Kaiser
Wilhelmstraße zu Berlin) zu berücksichtigen, besteht nicht. Der
Grundsatz des §. 10, Abs. 2 des Enteignungsgesetzes kann hier
keine Anwendung finden, weil eben die Wertherhöhung nicht aus
derselben Anlage fließt, für welche die Enteignung stattfindet. V,
157/89 vom 19. Okt.

569. Es ist zwar richtig, daß die Nichtanfechtung des Ent=
schädigungsbeschlusses Seitens einer Partei nur die Folge hat, daß
derselbe in seinem Gesammtresultat zu Gunsten der anderen Partei
unabänderlich wird, und daß sich diese relative Rechtskraft nicht
auf die einzelnen in der Gesammtsumme enthaltenen Ansätze (Rech=
nungsfaktoren) erstreckt. Es wird aber dadurch nicht ausgeschlossen,
daß durch ausdrückliches oder stillschweigendes Einvernehmen der
Betheiligten einzelne Entschädigungsansprüche des Expropriaten,
welche neben dem Anspruch auf Ersatz des vollen Werthes selbst=
ständig geltend gemacht, von der Enteignungsbehörde anerkannt
und in einem bestimmten Betrage zugesprochen worden sind, bei
Beschreitung des Rechtswegs ausgeschieden werden. Im vorlie=
genden Fall handelt es sich um die Vergütung temporärer Nach=
theile, welche dem Eigenthümer durch die Thatsache der Enteignung
verursacht sind, welche aber für den Werth des Grundstücks selbst
ohne Einfluß sind. Diese Nachtheile (Umzugskosten und Geschäfts=
verluste in Folge Verlegung des Geschäftslokals) sind im Ent=
eignungsverfahren ganz unabhängig von der Werthsermittelung
des enteigneten Grundstücks geschätzt und dem Erblasser der Kläger

Enteignung. außer dem Grundstückswerth zugesprochen worden. Wenn nun in dem durch die Kläger beschrittenen Rechtswege lediglich über den Werth des Grundstücks, nicht aber über die hier in Rede stehenden von dem Grundstückswerth unabhängigen Schäden verhandelt und gestritten worden ist, so erscheint es nicht unberechtigt und nicht rechtsverletzend, wenn der Berufungsrichter den in Rede stehenden Anspruch als außer Streit angesehen und demgemäß den den Klägern zuerkannten Mehrbetrag berechnet hat. V, 161/89 vom 26. Oft.

570. Der Anspruch der Stadt Berlin auf Rückzahlung der Hinterlegungszinsen für die Zeit von der Hinterlegung bis zur Zustellung des Enteignungsbeschlusses, welche den Enteigneten mit der hinterlegten Summe ausgezahlt waren, ist unbegründet. Der Unternehmer hat nach dem Enteignungsgesetz die Entschädigungs= summe zu zahlen oder zu hinterlegen, bevor die Enteignung aus= gesprochen werden kann. Der Unternehmer ist also zur Voraus= zahlung der vorläufig oder definitiv festgestellten Entschädigung verpflichtet. Es liegt in seiner Hand durch den Nachweis der Zahlung oder Hinterlegung den Enteignungsbeschluß heibeizuführen. Daß bis zur geschäftsmäßigen Erledigung einige Zeit vergeht, ist unvermeiblich, und es muß deshalb dieser Zwischenzustand, in welchem der Expropriat sich schon im Besitz der Entschädigung befindet, obwohl die Enteigung noch nicht vollzogen ist, als vom Gesetz gewollt angesehen werden. Eine unrechtmäßige Bereicherung der Kläger aus dem Vermögen der Beklagten liegt sonach nicht vor. V, 161/89 vom 26. Oft.

571. Im Fall der Grundabtretung zu Zwecken des Bergbaus kommen die Vorschriften A. L. R. zur Anwendung. Die hier — I, 3, §. 114; 11, §. 9 — vorgeschriebene Berücksichtigung des außer= ordentlichen Werthes erheischt, daß im Fall einer Theilenteignung die enteignete Fläche nicht nur nach der Benutzungsfähigkeit, welche ihr nach ihrer Beschaffenheit und Lage an und für sich beiwohnt, geschätzt wird, sondern, daß dabei diejenige (höhere) Benutzungs= fähigkeit zu Grunde gelegt wird, welche ihr als Theil eines größeren Ganzen beigewohnt hat, und erst durch die Trennung von dem Restgrundstück verloren gegangen ist, nicht minder aber auch die etwaige Werthsverminderung, welche das Restgrundstück durch die Abtrennung der enteigneten Fläche erleidet. Dieser im §. 8 des Enteignungsgesetzes ausdrücklich ausgesprochene Grundsatz ergibt sich

als Konsequenz der Erstattung des außerordentlichen Werthes auch Enteignung.
in den nicht nach dem Enteignungsgesetze zu entscheidenden Fällen
der Expropriation. V, 175/89 vom 16. Nov.

572. Kläger hat noch beantragt, die Beklagte zu verurtheilen, auch die auf dem enteigneten Theile ruhenden im Grundbuch
eingetragenen Lasten, nämlich ein für das Dominium eingetragenes
Vorkaufsrecht und Fossilienrecht, die eingetragene Rentenpflicht und
ein für G. eingetragenes Wohnungsrecht, insoweit diese Lasten auf
den enteigneten Theil der Parzelle entfallen, zu übernehmen. Dies
Begehren ist in dem vorliegenden Rechtsstreite unzulässig, da die
Feststellungen der Bedingungen, unter welchen die Grundabtre=
tung zu erfolgen hat, den Verwaltungsbehörden obliegt (§. 142
A. B. G.), auch nicht erhellt, daß diese die angerufene Entschei=
dung verweigert haben. Es würde das allerdings eine Feststel=
lungsklage über das durch den Enteignungsbeschluß begründete
Rechtsverhältniß, wenn über Auslegung des Beschlusses Streit
entsteht, nicht ausschließen. In dieser Art ist aber der Anspruch
nicht erhoben und gemäß §. 231 C. P. O. begründet worden.
V, 175/89 vom 16. Nov.

573. Dasselbe gilt von dem eventuellen Klageantrage betreffend
die zur Befreiung der enteigneten Parzelle von den fraglichen Lasten
erforderlichen Aufwendungen, zumal nicht erhellt, daß nach der
rechtskräftigen Entscheidung des Vorprozesses Kläger auf Befreiung
der enteigneten Parzelle von den erwähnten Lasten in Anspruch
genommen worden ist. V, 175/89 vom 16. Nov.

574. Die sechs Monate, innerhalb welcher der Rechtsweg
zu beschreiten ist — §. 30 des Enteignungsgesetzes — sind Kalender=
monate. — Vgl. E. 7, S. 277. V, 193/89 vom 23. Nov.

575. Zum Bau einer Hafeneisenbahn ist das Grundstück des
Klägers enteignet. Zwischen demselben und dem Hafen lag ein
fiskalischer Landstreifen. Wenn auch dieser thatsächlich von den
Interessenten zu den Zwecken des Hafenbetriebs, Anbinden, Ein=
und Ausladen von Schiffen benutzt wurde, so hatte doch Kläger
hierauf kein Recht. Deshalb wurde auch jene mittelbare Verbin=
dung mit dem Hafen bei der Abschätzung nicht berücksichtigt. Der=
artige thatsächliche Vortheile sind zu berücksichtigen, wenn begründete
Aussicht auf deren Fortdauer besteht, sodaß dadurch der Kaufwerth
des Grundstücks beeinflußt wird. Es setzt das aber voraus, daß

Enteignung. diese den Kaufwerth des Grundstücks erhöhende Aussicht auf Fort=
dauer der fraglichen thatsächlichen Vorzüge zur Zeit der Ent=
eignung noch besteht. Geht diese Eigenschaft des Grundstücks
in Folge der die Enteignung veranlassenden Anlage selbst verloren,
so kann dieselbe auch bei der Abschätzung nicht berücksichtigt werden,
weil für diese der faktische Zustand zur Zeit der Enteignung maß=
gebend ist. Zwar können Werthverminderungen, welche lediglich
Folge der Enteignung sind, dem Eigenthümer nicht zum Schaden
gereichen. In einem Fall wie der vorliegende ist aber nicht sowohl
die Enteignung oder das Unternehmen, als vielmehr die veränderte
Disposition des Unternehmers über die Benutzung des ihm ge=
hörigen Grundstücks die Ursache des Wegfalls eines dem Nachbar
bis dahin faktisch gewährten, aber als ein Recht nicht zustehenden
Vortheils. Die Lage des Klägers würde keine andere sein, d. h.
es würden dem Grundstücke desselben die Vortheile des unmittel=
baren Verkehrs nach dem Hafen ebenfalls verloren gegangen sein,
wenn die Hafenbahn blos auf dem fiskalischen Streifen angelegt
wäre. V, 193/89 vom 23. Nov.

576. Das Berufungsgericht hält den Abzug der Steuern
und Abgaben, und zwar den veränderlichen Theil derselben nach
dem Durchschnitte der letzten drei Jahre, von der ermittelten
Nutzung des enteigneten Grundstücks für sachgemäß. Die Be=
hauptung der Kläger, für die nächsten Jahre sei mit Sicherheit
auf eine erhebliche Ermäßigung der Kreis= und Provinzialabgaben
zu rechnen, müsse trotz der Berufung auf das sachverständige
Urtheil des Landraths und die Verwaltungsetats aus den letzten
Jahren außer Betracht bleiben, da Voraussetzungen für die Zukunft
in dieser Beziehung lediglich in das Gebiet werthloser Ver=
muthungen fallen und erfahrungsmäßig an Stelle befriedigter
Kommunalbedürfnisse stets neu zu befriedigende treten. In Folge
der vom Berufungsgerichte angewandten Kapitalisirung der Jahres=
erträge mit dem fünfundzwanzigfachen Betrage sind auch die
Steuer= und Abgabenbeträge nicht, wie im Enteignungsbeschlusse,
mit 20, sondern mit 25 kapitalisirt. Die Begründung des Vorder=
urtheils erscheint auch hier ausreichend und sachgemäß. Die Ver=
nehmung des Landraths G. als Sachverständigen ist aus dem
zulässigen Grunde abgelehnt, das Berufungsgericht werde in seiner
Ueberzeugung, daß der angesetzte Durchschnittsbetrag der betreffen=

den Steuern auch in Zukunft zur Erhebung gelangen werde, nicht Enteignung. beeinflußt werden, wenn auch der Landrath G. bekunden möge, was die Kläger behaupten. V, 302/89 vom 12. März 90.

577. Das Berufungsgericht legte in diesem Fall, abweichend von einem früheren, einen 4% Zinsfuß für Westpreußen der Berechnung der Enteignungssumme zu Grunde. Revision unter Zugrundelegung der früheren rechtlichen Auffassung des Reichsgerichts in ähnlichen Fällen (Bolze V, 869; VII, 761 u. A.) zurückgewiesen. Daß dabei nur eine sichere Kapitalanlage als ein Aequivalent für ein seiner Natur nach die größtmögliche Sicherheit gewährendes Grundstück angesehen werden kann, ist selbstverständlich. Sichere Kapitalanlage ist aber nicht gleichbedeutend mit sicherer hypothekarischer Kapitalanlage. (V, 235/88.) V, 302/89 vom 12. März 90.

578. Zur Zeit der Einleitung der Enteignung war Frau L. Eigenthümerin des Grundstücks, über welches die Eisenbahn gelegt ist. Wäre sie zufolge Auflassung an einen Dritten nicht mehr Eigenthümerin gewesen, als der Enteignungsbeschluß ihr zugestellt wurde, so würde dadurch die Gültigkeit der ausgesprochenen Enteignung nicht alterirt, wie sich aus Pr. Enteignungsgesetz §. 45, Abs. 2 ergibt, wonach auch rücksichtlich aller Eigenthumsansprüche die Entschädigung an Stelle des enteigneten Grundstücks tritt. V, 316/89 vom 15. März 90.

579. Daß die gesetzlich vorgeschriebene Eintragung der Vormerkung bei dem Grundstück unterblieben wäre, über welches das Enteignungsverfahren eingeleitet ist, war nicht behauptet. Hätte aber die Enteignungsbehörde unterlassen, den neuen Eigenthümer zu dem Enteignungsverfahren zuzuziehen, obwohl ihm gemäß §. 24 des Pr. Enteignungsgesetzes von der Auflassung Mittheilung gemacht war, so würde doch der neue Eigenthümer nur berechtigt sein, seine Ansprüche auf die Enteignungsentschädigung, soweit sie ihm von dem früheren Eigenthümer streitig gemacht wird, gegen diesen geltend zu machen. Jedenfalls ist er, wenn er es versäumt hat, seine Rechte in dem Enteignungsverfahren, von welchem er durch die Vormerkung Kenntniß erhalten mußte, wahrzunehmen, für den durch §. 30 eröffneten Rechtsweg auch an die mit der Zustellung des Beschlusses an denjenigen, gegen welchen er ergangen ist, beginnende Frist gebunden, während die Verjährungsfrist des

Enteignung. §. 31 von der erfolgten Zustellung des Entschädigungsbeschlusses unabhängig ist. V, 316/89 vom 15. März 90.

Polizeiliche Baubeschränkung. 580. Die Stadt Berlin hat gegen die aus der im J. 1880 erfolgten Versagung des Baukonsenses für eine Bierhalle erhobene Entschädigungsforderung eingewendet, daß schon dem Erblasser des Klägers im J. 1865 auf sein damaliges Gesuch eröffnet sei, daß er die zu errichtenden Baulichkeiten niederreißen und fortschaffen müsse, sobald das Terrain dem Bauplan gemäß zur Anlegung einer neuen Straße beansprucht werden sollte. Insoweit Kläger eventuell seinen obigen Schadensanspruch auf diese frühere Verweigerung des Konsenses gründen wollte, steht ihm entgegen, daß der Inhalt dieses Anspruchs ein verschiedener ist, je nachdem das beschädigende Ereigniß im J. 1880 durch Versagung des Baukonsenses gegenüber den Klägern, oder schon im J. 1865 durch die damals dem Grundstücke auferlegte Eigenthumsbeschränkung eingetreten ist. V, 183/89 vom 16. Nov.

581. Hier hatte sich die polizeiliche Verfügung von 1865 auf einen anderen Theil des Grundstücks bezogen als denjenigen, auf welchem die Erbauung der Bierhalle im J. 1880 projektirt war. Es kann aber der Grundsatz, daß die aus dem nicht publizirten Bebauungsplan sich ergebenden Beschränkungen der Baufreiheit mit der Anwendung desselben im Einzelfalle für das davon betroffene Grundstück rechtswirksam werden, nicht so weit ausgedehnt werden, daß schon die Anwendung des Bauplanes auf einen bestimmten Theil eines Grundstücks die dadurch für diesen Theil zur rechtlichen Existenz gelangende Servitut der Unbebaubarkeit gleichzeitig von selbst auf alle übrigen Theile des Grundstücks überträgt, welche in dem Bebauungsplan ebenfalls für öffentliche Zwecke in Aussicht genommen, in dem konkreten Falle der Anwendung des Bebauungsplanes aber nicht in Frage gekommen sind. Denn von jener öffentlich-rechtlichen Servitut werden die einzelnen Grundstücke nicht als Sacheinheiten in ihrem ganzen Bestande ergriffen, dieselbe haftet vielmehr nur auf denjenigen Flächen, welche unbebaut bleiben sollen, und es kann daher auch der Anwendung des Bebauungsplanes auf eine bestimmte Fläche an sich noch nicht eine über den Umfang der letzteren sich hinauserstreckende konstitutive Kraft beigemessen werden. V, 183/89 vom 16. Nov.

582. Nach Art. 5, II, §. 7, Abf. 5 des Vertrages vom 8. Juli *Steuern.*
1867 betreffend die Fortdauer des Zoll= und Handelsvereins sollen
die für Rechnung der Kommunen zur Erhebung kommenden Ab=
gaben von Bier den Satz von 20 Proc. des für die Staatssteuer
im §. 2 ibidem verabredeten Maximalsatzes nicht überschreiten.
Eine Ausnahme soll hiervon nur insoweit zulässig sein, „als ein=
zelne Kommunen schon gegenwärtig eine höhere Abgabe erheben,
welchen Falls letztere fortbestehen kann". In Kraft ge=
lassen vom Reichsgesetz wegen Erhebung der Brausteuer vom
31. Mai 1872, welches 20 Sgr. Brausteuer vom Centner Getreide
anordnet. Das Statut von 1860, welches der Gemeinde Mehlis
gestattete, auf das dort gebraute Bier die doppelte Abgabe der
an die Staatskasse zu zahlenden Malzschrotsteuer zu legen, galt
nur bis Ende 1870. Damals wurde das Gemeindebrauhaus
abgebrochen, eine Privatbrauerei war nicht vorhanden. Solche
wurde 1876 eingerichtet. Neues Statut von 1878 mit der Wieder=
einführung der doppelten Abgabe der an die Staatskasse zu zahlen=
den Malzschrotsteuer von 1 Thaler, also 6 Mark für den Centner
an die Gemeindekasse. Das war ungesetzlich. Denn die frühere
höhere Abgabe besteht nach dem Erlöschen des früheren Statuts
nicht fort. Die Klage der Gemeinde auf die höhere Abgabe ab=
gewiesen. III, 282/89 vom 6. Dec.

583. Aus der vom Berufungsgerichte festgestellten Thatsache,
daß seit unvordenklicher Zeit die Kirchenabgabe, welche auf den
klägerischen Grundstücken haftet und von ihren Eigenthümern an
die Kirche bezahlt wurde, ihrem Betrage nach in der damaligen
Staatssteuer, dem sog. Prästandum, zum Abzug gebracht wurde,
würde an sich nur folgen, daß wenn das Prästandum weiter
erhoben wäre, dasselbe auch fernerhin von den Grundbesitzern in
diesem ermäßigten Betrage zu bezahlen sein würde. Diese That=
sache begründet aber weder eine rechtliche Vermuthung, daß auch
schon vor der Setzung ein gleicher Abzug von den alten Abgaben
gemacht worden ist, noch auch rechtfertigt sie den Schluß, daß
nunmehr nach Aufhebung der alten und Einführung der neuen
Grundsteuer die Kläger berechtigt sind, vom Staate den Ersatz
der von den Klägern für ihre Grundstücke an die Kirche gezahlten
Abgaben zu verlangen. III, 327/89 vom 4. März 90.

584. Die Schlesische Landschaft hat auf Grund ihrer Regu= *Stempel.*

 lative vom 22. Nov. 1858 und vom 22. Jan. 1872 an Grund=
eigenthümer Darlehne in ihren Pfandbriefen gegeben. Das sind
Anschaffungsgeschäfte über inländische, auf den Inhaber lautende
und auf Grund staatlicher Genehmigung ausgegebener Schuldver=
schreibungen einer Korporation ländlicher Grundbesitzer. Sie fallen
unter I, 3 des Tarifs zum Reichsgesetze vom 29. Mai 1885, und
unterliegen der Stempelabgabe. IV, 172/89 vom 28. Okt.

585. Nicht wesentlich anders verhält es sich bei den Kon=
versionsgeschäften. Geht auch der Zweck dieser Operationen auf
Herabsetzung des Zinsfußes, so vollziehen sich dieselben doch in
der Art, daß der beliehene Gutsbesitzer gegen Rückgewähr der
alten Pfandbriefe und gegen Fortbestand seiner hypothekarischen
Schuldverpflichtung neue Pfandbriefe zu Eigenthum von der Land=
schaft erhält. In beiden Arten von Geschäften sind aber alle
Merkmale von Anschaffungsgeschäften im Sinne des Reichs=
Stempelgesetzes vom 29. Mai 1885 zu finden. IV, 172/89 vom
28. Okt.

586. Für das Geschäftsverhältniß derselben Parteien wie
IV, 102/87 vom 26. Sept. (Bd. V, 684, E. 19, 29) in einem
späteren Stadium wurde festgestellt, daß die Absicht der genannten
Gläubiger sowohl, als die der Klägerin nicht auf Eigenthums=
übertragung an den Werthpapieren, sondern auf den Abschluß von
Pfandverträgen gerichtet gewesen sei. Zur Begründung dieser Fest=
stellung hebt das Berufungsurtheil hervor, daß der Sachverhalt
des vorliegenden Rechtsstreits gegen den des Vorprozesses insofern
ein veränderter sei, als die Buchung der in das Depot gebrachten
Werthpapiere nicht mehr auf dem allgemeinen Konto der Gläu=
biger, sondern auf einem besonders angelegten Separatkonto er=
folgt sei, als ferner von den Zeugen L. von E. und den Direk=
toren der Oldenburger Bank eidlich bekundet sei, daß zwischen ihnen
und der Klägerin vor dem 31. März 1887 die stillschweigende und
seitdem die ausdrückliche Vereinbarung bestanden habe, die frag=
lichen Werthpapiere, wenn sie dieselben auf Verlangen von der
Klägerin ausgehändigt erhalten hätten, aufzubewahren und in specie
nach Rückzahlung des Darlehns an die Klägerin zurückzugeben,
als ferner die Aeltesten der Berliner Kaufmannschaft bestätigt
hätten: „es bestehe in Fällen einer Geschäftsverbindung der vor=
liegenden Art, wenn die Aushändigung der nach Gattung und

Nominalbetrag bestimmten, dem Darlehnsgeber angezeigten, aber in dem Gewahrsam des Geldempfängers mit der Verpflichtung, sie jederzeit dem Geldgeber auf Verlangen auszuhändigen, verbliebenen Werthpapiere stattgefunden habe, ein Handelsgebrauch und zwar auch schon für die Jahre 1886 und 1887 dahin, daß auch ohne hierauf gerichtete ausdrückliche Vereinbarung der Empfänger die Papiere in specie aufzubewahren und nach Rückzahlung der Gelder in denselben Nummern — nicht blos in derselben Art und in demselben Betrage — zurückzugewähren habe". Bei dieser Sachlage angenommen, daß ein Eigenthumsübergang forderndes Reportgeschäft, also auch ein Anschaffungsgeschäft nicht vorlag. Die rechtliche Unmöglichkeit einer hier beabsichtigten Pfandbestellung stehe nicht entgegen, weil bis zur körperlichen Uebergabe stets nur ein persönlicher Anspruch auf Erfüllung vorhanden, und dieser Zustand des persönlichen Vertrauens auf die Erlangung des dinglichen Rechts hier von dem Kontrahenten für ausreichend erachtet sei. Unerheblich, daß die Nummern der zurückgelegten Papiere nicht mitgetheilt waren. IV, 305/89 vom 30. Jan./6. Febr. 90.

587. Kläger hat zwei Grundstücke von dem Liquidator einer Aktiengesellschaft aufgelassen erhalten. Erklärung, daß nur ein mündlicher Kaufvertrag vorliege, der Auflassungsstempel bezahlt. Später ist von dem Kläger noch ein Kaufstempel gleicher Höhe erhoben, der Fiskus aber zur Rückzahlung verurtheilt. Denn nach den Verhandlungen lag ein perfekter schriftlicher Kaufvertrag nicht vor. Nach einer notariellen Urkunde erschienen in dem vom Notar angesetzten Licitationstermine der Liquidator der Aktiengesellschaft D. und der Kläger. Nachdem ersterer die angeblich von vier Mitgliedern des Aufsichtsraths festgestellten Kaufbedingungen mitgetheilt hatte, bot der Kläger auf Grund derselben 255000 Mark mit dem Bemerken, daß ihm „der Aufsichtsrath" die in den Bedingungen vorgesehene Stellung einer Kaution erlassen habe. Weitere Gebote erfolgten nicht und die Erschienenen beantragten, ohne daß D. seinerseits eine Erklärung abgab, die einmalige Ausfertigung der Verhandlung für die Gesellschaft und Zustellung der Ausfertigung an den Vorsitzenden des Aufsichtsraths. Eine der Kaufbedingungen lautet dahin: „Der Aufsichtsrath ertheilt binnen zwei Wochen den Zuschlag an einen der Bieter nach seinem freien Ermessen." Laut einer anderen Urkunde er-

 schienen vor dem nämlichen Notar später drei Personen, welche nach Vorlesung der Notariatsverhandlung vom 20. desselben Monats erklärten, sie seien Mitglieder des Aufsichtsraths und ertheilten den Zuschlag. Es erhellt weder, daß die drei Mitglieder der Aufsichtsrath seien, noch daß dem Kläger der Zuschlag mitgetheilt sei. Der Aufsichtsrath ist aber auch nicht das Organ, welches die Gesellschaft nach Außen vertritt. Der in jener Bedingung vorbehaltene Zuschlag kann nur die Bedeutung entweder einer Genehmigung oder einer Instruktion für den zur Vertretung befugten Liquidator haben; sie vermag aber nicht dessen für das Zustandekommen des Vertrages nothwendigen Konsens zu ersetzen. Eine eigene Erklärung des Liquidators, durch welchen der Abschluß eines schriftlichen Vertrages mit dem Kläger hätte vermittelt werden können, ist nun aber in den Verhandlungen vom 20. und 22. Juli 1885 nicht enthalten und ebenso fehlt es an jeder Beurkundung darüber, daß die drei Aufsichtsrathsmitglieder als Vertreter der Gesellschaft gegenüber dem Kläger hätten auftreten wollen und dürfen. IV, 225/89 vom 28. Nov.

588. Nach der Feststellung wurde durch die Urkunde nur der schwebende Streit oder die schwebende Unsicherheit des Eigenthums an dem Traufgange zwischen den Eigenthümern der benachbarten Häuser geschlichtet, nicht aber zugleich ein anderweites, bis dahin noch nicht vorhandenes Rechtsverhältniß neu begründet, wenn auch der Kläger als der alleinige Eigenthümer des Traufgangs anerkannt wurde, wogegen er dem Nachbar eine Geldentschädigung von 3500 Mark zu zahlen hatte. Daraus folgert der Richter, daß lediglich ein außergerichtlicher Vergleich über nicht rechtshängige Sachen vorliege, der gemäß der Kabinetsordre vom 16. Jan. 1840 der Tarifposition „Vergleiche" des Stempelgesetzes vom 7. März 1822 unterliege, nicht auch ein anderweitiges Rechtsgeschäft im Sinne der Nr. 2ᵇ der gedachten Kabinetsordre, namentlich nicht etwa ein Kaufvertrag über den Traufgang. Revision zurückgewiesen, die Vorschrift der Kabinetsordre vom 16. Jan. 1840 zu 2ᵇ zutreffend außer Anwendung gelassen. Letztere Bestimmung setzt voraus, daß durch den Vergleich ein anderweites Rechtsgeschäft mitbegründet werde, welches, wenn nicht in Vergleichsform zu Stande gekommen, einem höheren als dem allgemeinen Vertragsstempel unterworfen wäre. Das Reichsgericht hat bereits aus-

gesprochen, daß das anderweite Rechtsgeschäft ein solches sein müsse, welches bis dahin nicht vorhanden gewesen und von dem den Vergleichsgegenstand bildenden Rechtsverhältniß verschieden sei (Urtheil des IV. Civilsenats vom 7. April 1884, Nr. 549/83). IV, 222/89 vom 25. Nov.

589. Wie nach IV, 276/88 vom 21. Jan. 89 (Bd. VII, 786) das Schuldbekenntniß für die überwiesenen Gegenstände im Erbrezeß nicht dem besonderen Stempel für Schuldverschreibungen, so unterliegt auch die Cession, mittelst welcher sich Miterben im Erbrezeß zum Zweck der Theilung Nachlaßforderungen cediren, nicht dem besonderen Stempel für Cessionen. Die Kabinetsordre vom 21. Juni 1844 hat die früher bestandene Ausnahme für Kauf- und Tauschverhandlungen — §. 10 des Stempelgesetzes vom 7. März 1822 — aufgehoben, und dadurch die allgemeine Regel zur Geltung gebracht, daß alle Geschäfte, welche zur Erbtheilung gehören, als besondere Geschäfte nicht zu versteuern sind. IV, 237/89 vom 5. Dec.

590. Die Königliche Eisenbahndirektion zu Altona hat mit der Klägerin aus Breslau einen Vertrag über die Lieferung von Eisenbahnwagen geschlossen, welcher von letzterer am 5., von ersterer am 17. Juli unterschrieben ist. Die Eisenbahndirektion hat 107,50 Mark Stempel liquidirt, und die Klägerin hat denselben am 5. Juli unter Vorbehalt der Rückforderung bei dem Hauptsteueramt zu Breslau eingezahlt. Nach §. 30, Abs. 1 des Pr. Stempelgesetzes vom 7. März 1822 haben — außer den eigentlich zur Verwaltung des Stempelwesens bestimmten Aemtern — alle diejenigen Staats- oder Kommunalbehörden, welchen eine richterliche oder Polizeigewalt anvertraut ist, die besondere Verpflichtung, auf Befolgung der Stempelgesetze zu halten und alle bei ihrer Amtsverwaltung zu ihrer Kenntniß kommenden Stempelkontraventionen von Amtswegen zu rügen. Zu diesen Behörden gehören auch die mit polizeilichen Befugnissen ausgestatteten Königlichen Eisenbahn-Direktionen (vgl. Reskript des Preußischen Ministers des Innern und Finanzministers vom 28. Jan., bezw. 8. Febr. 1883 in Hoyer-Gaupp, Preußische Stempelgesetzgebung, 4. Aufl., S. 342). Allerdings unterliegt nur eine an sich perfekte Vertragsurkunde der Stempelpflicht, und eine solche ist bei zweiseitigen Verträgen vor der Unterschrift beider

Theile nicht vorhanden. Allein nach §. 12, Abf. 1 des Gesetzes
vom 7. März 1822 müssen stempelpflichtige Verhandlungen in
der Regel auf das erforderliche Stempelpapier selbst geschrieben
werden, und Abf. 2 daselbst läßt nur dann, wenn dies nicht hat
geschehen können, eine nachträgliche Kassirung des Stempelpapiers
zu. Danach hat in der Regel die Zahlung des Stempelbetrages
der Beurkundung voranzugehen. Es lag also in der Aufforderung der Eisenbahndirektion eine amtliche Forderung des Stempels i. S. §. 11 des Gesetzes vom 24. Mai 1861 vor, in Folge
deren Klägerin den Stempel gezahlt hat. Hiernach war auch die
Klage wider die Provinzialsteuerdirektion in Altona zu erheben.
IV, 235/89 vom 5. Dec. Vgl. 705 und 647.

591. Im Gesellschaftsvertrag der o. H. G. war für den Fall
des Todes eines der beiden Gesellschafter bestimmt, der überlebende
solle das ganze Gesellschaftsvermögen, zu welchem auch Grundstücke gehörten, übernehmen, dafür an die Erben des Verstorbenen
eine Abfindungssumme zahlen. Danach ist beim Tode des einen
Gesellschafters verfahren. Vertragsstempel von 1,50 Mark, kein
Kaufstempel. Die bisherige Rechtsprechung war nicht konstant.
Vgl. einerseits die Urtheile vom 19. Sept. 1881 und vom 26. Mai
1884 (J. M. Bl. 82, S. 109; 85, S. 145). IV, 486,85 vom
5. Juli 86 (Bd. III, 954); IV, 25/86 vom 8. Juli (daf. 958);
IV, 375/86 vom 28. Febr. 87 (Bd. IV, 1002). Andererseits
IV, 260/82 vom 8. Juni; IV, 141/83 vom 31. Mai; IV,
224/83 vom 24. Sept. (bei Rassow 27, S. 851; 28, S. 249);
IV, 174/84 vom 3. Nov. (Bd. I, 1411); II, 472/84 vom
31. März 85 (daf. 1410). Damit übereinstimmend IV, 345,86
vom 21. März 87 (II, 49/88 vom 17. April und IV, 189/89
vom 11. Nov.). An den in den letztgedachten Urtheilen ausgesprochenen Grundsätzen sei festgehalten. Ein Vertrag, Inhalts
dessen bei einer auch nur aus zwei Personen bestehenden Gesellschaft die Gesellschafter sich in der Art auseinandersetzen, daß dem
einen das ganze Gesellschaftsvermögen gegen Uebernahme der Verpflichtung zur Zahlung einer bestimmten Geldsumme übertragen
wird, kann nicht als stempelpflichtiger Kaufvertrag angesehen
werden. Der eine der Gesellschafter gibt den Komplex der ihm
auf Grund des Gesellschaftsvertrages zustehenden gesellschaftlichen
Rechte auf. In Folge dessen die bisherigen gesellschaftlichen Rechte

beider Gesellschafter auf die Person des einen Gesellschafters über=
gehen. Jenes Aufgeben der gesellschaftlichen Rechte durch den
einen Gesellschafter gegen die auf der anderen Seite stattfindende
Uebernahme der Verpflichtung zur Zahlung einer Geldsumme, ist
zwar eine Uebertragung von Rechten gegen Entgelt, aber kein
Kaufvertrag im landrechtlichen Sinne. Denn der Begriff eines
solchen ist auf die Uebertragung des Eigenthums von Sachen ein=
geschränkt. Er ist ausgeschlossen, wenn Rechte, wie die vorliegen=
den, den Gegenstand der Uebertragung bilden. Das ist nicht
anders, wenn Sachen zum Gesellschaftsvermögen gehören, welche
für sich Gegenstand eines Kaufs bilden könnten; noch, wenn die
Auseinandersetzung mit den Erben eines verstorbenen Gesellschaf=
ters erfolgt. IV, 238/89 vom 5. Dec.

592. Die Abrechnungsbücher der Volksbank e. G. enthalten
Quittungen über gemachte Einlagen, welche von zwei Vorstands=
mitgliedern unterzeichnet waren, und diese Quittungen beziehen
sich auf die vorgedruckten Bedingungen über Annahme, Verzinsung
und Rückzahlung von Spareinlagen. Das Berufungsgericht stellt
fest, daß die Einlagen sich als Gegenstand von Darlehnsschulden
gegenüber den Einlegern darstellen. Daraus hat das Berufungs=
gericht mit Recht die Folgerung gezogen, daß jede Quittung eine
Schuldverschreibung i. S. des Tarifs zum Pr. Stempelgesetz vom
7. März 1822 sei. IV, 295/89 vom 23. Jan. 90.

593. Das Berufungsgericht entnahm aus der Polize, daß
das abgebrannte Hintergebäude zu 2000 Mark versichert war;
es schätzte den Werth der Verträge, in welchen die von den Par=
teien auf einem Schriftstück bezeichneten Sachverständigen den
Auftrag zur Abschätzung annahmen, auf noch nicht 150 Mark,
da dieselben ein höheres Entgelt für ihre Dienste nach den üb=
lichen Sätzen nicht zu erhalten haben würden. Deshalb stempel=
frei. Revision zurückgewiesen. Daß Verträge über Handlungen
allgemein als solche zu betrachten seien, deren Gegenstand sich
nicht nach Geld schätzen lasse, nicht richtig. Daß alle für die
Stempelung erheblichen Umstände in der Urkunde unmittelbar
enthalten sein, und die darin in Bezug genommenen anderen Ur=
kunden außer Betracht bleiben müßten, nicht richtig. IV, 46/85
vom 2. Juni (Bd. II, 1329) steht nicht entgegen, weil die Voll=
macht, welche den Gegenstand nicht bezeichnete, auch zu einem an=

deren Prozeß hätte verwendet werden können. IV, 285/89 vom 16. Jan. 90.

594. Der Schenkungsstempel — §. 4 des Gesetzes vom 30. Mai 1873 — ist zu erheben, wenn nur die Schenkungs=absicht des Erklärenden schriftlich abgegeben und die Erklärung an sich geeignet ist, diese Rechtswirkung hervorzubringen, auch wenn die Annahmeerklärung des Beschenkten nicht beurkundet ist. Hier hatten sich in der Urkunde die Kläger der Witwe Sp. ver=pflichtet, ihrer Mutter jährlich 6800 Mark zu zahlen, die Witwe Sp. aber, welche deren Mutter für Dienste belohnen wollte, den Klägern den Nießbrauch von 172 500 Mark Werthpapieren be=stellt, ohne daß die Mutter der Kläger dem Vertrage beigetreten oder deren Beitritt offen gehalten war. IV, 274/89 vom 7. Jan./ 6. Febr. 90.

595. Eine Aktiengesellschaft zu Mühlhausen i. E. hat über ein aufgenommenes Darlehn, über welches sie auf den Inhaber lautende Obligationen mit Talon ausgefertigt hatte und dem Ver=treter der Nehmer dieser Obligationen mit den Zinsabschnitten aushändigte, eine notarielle Schuld= und Pfandverschreibung — Hypothek an Häusern — aufnehmen lassen. Wenn nach dem irrevisiblen Landesgesetz vom 22. Frimaire VII für die Schuld=urkunde eine Registrirungsgebühr von 1 Proc. zu zahlen war, welche auch von der Aktiengesellschaft eingezogen ist, so ist diese durch den die Werthpapiere auf den Inhaber treffenden und hier verwendeten Stempel des Reichsgesetzes vom 29. Mai 1885 — Tarif I, Z. 2ª — nicht hinfällig geworden. Ebensowenig würde jene landesgesetzliche Abgabe in Wegfall kommen, wenn anzuneh=men wäre, in der Uebernahme der Obligation liege ein Anschaf=fungsgesetz, und es sei deshalb der Reichsstempel nach Nr. 4 des Tarifs zu erheben. II, 320/89, entsprechend II, 319/89 vom 21. Febr. 90.

596. Der Kläger G. und der Kaufmann J. waren die allei=nigen Gesellschafter der Handelsgesellschaft G. & J., an welche der letztere zwei ihm gehörige Grundstücke aufgelassen hat. Dem=nächst wurde die Gesellschaft aufgelöst und die Firma derselben im Handelsregister gelöscht. Hierauf hat J. vor dem Grund=buchamte erklärt: zum Zwecke der Uebertragung des Eigenthums der Gesellschaft in das Alleineigenthum des G. bewillige er, daß

der letztere im Grundbuche als Eigenthümer der ihm, dem J., gehörigen ideellen Hälfte an den gedachten beiden Grundstücken eingetragen werde. Das Grundstück ist auf G. eingeschrieben. Dieser hat den Auflassungsstempel von der Hälfte des Werths des ganzen Grundstücks gezahlt, Fiskus zur Rückzahlung der erhobenen anderen Hälfte verurtheilt. Maßgebend für die Stempelpflichtigkeit ist allein der Inhalt der Auflassungserklärung, nicht die auf Grund dieser Erklärung erfolgte Umschreibung. IV, 346/89 vom 24. Febr. 90.

597. Die in der notariellen Verhandlung aufgeführten neun Personen haben, wie es in derselben heißt, den nachstehenden Gesellschaftsvertrag geschlossen. Wie sich aus dem Inhalt des Vertrags ergibt, hat der unter acht aufgeführte jetzige Kläger weder Aktien gezeichnet, noch war er bei der Gründung betheiligt. „Er scheint nur als künftiges Aufsichtsrathsmitglied, wozu er demnächst gewählt wurde, zugezogen zu sein." Er war nicht Mitkontrahent, mit Recht ist er deshalb auch als nicht schuldig erachtet, den Stempel für den von der Gesellschaft in jenem Vertrage mit einem Dritten abgeschlossenen Kauf über ein Grundstück zu zahlen. IV, 373/89 vom 20. März 90.

598. Celle. Das schriftliche Anerkenntniß eines mündlich abgeschlossenen Kaufvertrags ist nur dann als ein nach pos. 29ᵃ des Tarifs zum Stempelgesetze vom 19. Juli 1867 zu verstempelnder Kaufvertrag anzusehen, wenn die Anerkennung in verpflichtender Absicht erfolgt, um durch dieselbe Rechte und Verbindlichkeiten zu begründen. Der Urkundenstempel richtet sich nach dem Rechtsgeschäft, welches sich durch die in der Urkunde enthaltene Willenserklärung vollzogen hat, oder über welches nach dem erkennbaren Willen der Betheiligten ein direktes urkundliches Beweismittel geschaffen werden soll. (Vgl. die Urtheile IV, 97/85 vom 2. Juli; IV, 275/86 vom 11. Jan.; IV, 299/86 vom 25. Jan., inhaltlich mitgetheilt bei Bolze, Praxis des Reichsgerichts, Bd. II, Nr. 1321, 1324, 1322). Hier hatten die Parteien weder ein Kaufgeschäft begründen noch ein mündliches Abkommen beurkunden, sondern allein die mündlich begründeten Rechte und Pflichten aufheben wollen und dazu nur den mündlichen Vertrag historisch erwähnt. Keine Stempelpflichtigkeit. III, 349/89 vom 21. März 90.

Erbschafts-
steuer.

599. A. L. R. Die Klägerin hatte das Sparkassenbuch von ihrer Erblasserin bei Lebzeiten geschenkt erhalten, ohne schriftliche Cession. Sie hat bei deren Leben erst 100 Mark erhoben; den Rest von 1984 Mark hatte sie als Erbin, sie hatte deshalb auch davon die Erbschaftssteuer nach §. 5 des Gesetzes vom 30. Mai 1873 zu entrichten. Daß für die Klägerin, weil sie die Erbin der Schenkgeberin geworden, die Möglichkeit des Widerrufs der früheren, unvollendeten Schenkung weggefallen ist, kann hierin nichts ändern, und ebensowenig wird die Thatsache der mit dem Anfall der Erbschaft eingetretenen Bereicherung der Klägerin dadurch hinfällig, daß die letztere bei Abhebung des noch ausstehenden Betrages des Sparkassenguthabens etwa die Absicht hatte, die Zahlung als Schenknehmerin in Empfang zu nehmen. IV, 211/89 vom 18. Nov.

600. Nach §. 28 des Pr. Erbschaftssteuergesetzes haftet der Bevollmächtigte der Erbinteressenten für die Erbschaftssteuer, wenn er die Erbschaft, einzelne Erbtheile, Vermächtnisse u. s. w. ausantwortet, ohne die darauf treffende Steuer entrichtet oder sichergestellt zu haben. Wird diese Bestimmung auf den Bevollmächtigten eines Miterben angewendet, welcher den diesem zustehenden Antheil erhoben und abgeführt hat, so haftet derselbe jedenfalls nicht auf mehr als auf die den Miterben für dessen Antheil treffende Steuer. — Vgl. §. 26, Satz 1. — IV, 221/89 vom 25. Nov.

601. Beim Fideikommiß des Ueberschusses haben sowohl der Fiduziar von dem vollen Betrage des Anfalles als der Fideikommissar von dem vollen Betrage des an ihn herausgegebenen Vermögens nach ihrem Verwandtschaftsverhältniß zum Erblasser die Erbschaftssteuer zu entrichten. Hier war eine der so fideikommissarisch substituirten Erben J. nach dem Ehemann, aber vor der als Fiduziarin bedachten Ehefrau K. verstorben und hatte ihr Recht aus dem Fideikommiß auf ihre testamentarischen Erben transmittirt. Beim Tode der J. war ihr damaliger Nachlaß versteuert. Jetzt hat Fiskus von ihren Erben die Erbschaftssteuer des ihnen aus dem K.'schen Nachlasse zugefallenen Fideikommisses erhoben. Er ist zur Rückgabe verurtheilt. Denn diese letztere Steuer war dadurch vollständig gedeckt, daß Fiskus bereits von dem ganzen Betrage des K.'schen Nachlasses die höchstmögliche

Steuer mit 8 Proc. von den als Erben angesehenen Personen nach dem Tode der Witwe K. erhalten hat. IV, 276/89 vom 9. Jan./24. Febr. 90.

602. Da der Ehemann für den ihm testamentarisch hinterlassenen Nießbrauch eine Steuer nicht zu zahlen hat, so war der Werth des Nießbrauchs mit Recht von dem Werth des von den Substanzerben gleich nach dem Tode der Erblasserin zu versteuernden Nachlasses in Abzug gebracht, und von diesen die Steuer nur von dem Restbetrage erhoben. IV, 276/89 vom 9. Jan./24. Febr. 90.

603. G. R. Die Vorinstanzen haben die Klage des Reichsgrafen P. wider die Kirchengemeinde N. auf eine Geldentschädigung wegen der nach Wiederaufbau der abgebrannten Kirche nicht wieder eingeräumten freien Kirchenstühle zu Unrecht abgewiesen. Sowohl nach evangelischem wie nach katholischem Kirchenrechte kann das Recht auf Benutzung bestimmter Kirchensitze von der Kirchengemeinde dem Besitzer eines Grundstücks als Realrecht verliehen werden und unvordenkliche Ausübung dieses Rechts durch die wechselnden Besitzer eines Grundstücks begründet die Vermuthung rechtmäßiger Erwerbung des Rechts als Realrechts. Der Inhalt dieses Rechts ist aber nicht ein jus in re aliena an der einzelnen Kirchstuhlvorrichtung oder an dem Kirchengebäude selbst, sondern das Recht, von der Kirchengemeinde die dauernde Ueberlassung bestimmter Kirchensitze zum ausschließlichen Gebrauche bei der Theilnahme am Gottesdienste der Gemeinde zu fordern. Das Recht des Klägers ist daher durch die Zerstörung des früheren Kirchengebäudes keineswegs erloschen. Auch hat der Beklagte nicht dargelegt, ja nicht einmal darzulegen versucht, daß es unmöglich sei, dem Kläger in der neuen Kirche eine gleiche Anzahl entsprechender Sitze einzuräumen. Seine Weigerung ist daher ohne Grund und berechtigt den Kläger, welcher auf Erfüllung seines Anspruchs nicht klagen kann, zur Forderung einer Entschädigung. Der erhobene Entschädigungsanspruch muß daher dem Grunde nach anerkannt werden; dagegen versteht sich von selbst, daß der Beklagte sich der Entschädigungsforderung durch Einräumung einer gleichen Anzahl von Sitzen gleicher Beschaffenheit entziehen kann. III, 217/89 vom 19. Nov. Vgl. 612.

604. Einzelne Konfessionsgenossen können zu einer kirchlichen

Erbschaftssteuer.

Kirche und Schule.

Gemeinde äußerlich vereinigt sein, ohne in Rechtsgemeinschaft zu treten und eine korporative Gemeinde zu bilden. Solcher Ausnahmefall ist hier angenommen. In dem mehrere Jahrhunderte umfassenden Zeitraum seit der Säkularisation des St. Alexander-Stiftes hatten die lutherischen Einwohner von Wildeshausen im G.-H. Oldenburg und Umgegend keine Kirche, Schule oder Kirchhof, sie stellten keinen Prediger, Küster oder Lehrer an, noch besoldeten sie solche, trugen auch keine Kirchen- und Schullasten und besaßen kein von ihnen verwaltetes Kirchenvermögen, vielmehr gehörten alle Kirchen- und Schulgebäude dem Staate, welcher dieselben und die bestehenden Einrichtungen ganz aus eigenen Mitteln erhielt, und lediglich den einzelnen Konfessionsgenossen deren Benutzung gestattete. Hiezu ist erwogen, daß die Mitglieder der Kirchengemeinde theils in der Stadt Wildeshausen, theils im umliegenden Landdistrikte lebten und unter verschiedener weltlicher Obrigkeit standen und daß eine gemeinschaftliche Thätigkeit derselben in Kirchen- und Schulsachen, welche auf ihren Zusammenschluß zu einer korporativen Gemeinde schließen lasse, nicht nachgewiesen sei. Erst seit den Gesetzen von 1849, 1853 und 1855 bestehen die klagende Kirchen- und Schulgemeinde mit korporativen Rechten. Diese konnten aus jenem vor 1849 bestandenen thatsächlichen Verhältnisse keine Rechte durch Unvordenklichkeit oder Ersitzung gegen Fiskus auf weitere Unterhaltung der Kirche und Schule erwerben. III, 200/89 vom 29. Oft. Vgl. 567.

605. Wäre anzunehmen, daß durch Observanz die allgemeine Verpflichtung der Grundstücksbesitzer zu Fürstenau begründet sei, den evangelischen Kirchhof daselbst zu unterhalten, so würde sich diese Verpflichtung auch auf den neuen Kirchhof erstrecken, welcher angelegt werden mußte, nachdem der alte Friedhof nicht mehr ausreichte — A. L. R. II, 11, §§. 761 bis 765. Unerheblich, daß die Mennoniten die Theilnahme an der neuen Kirchhofsanlage aufgegeben und für sich einen besonderen Kirchhof angelegt haben; denn dadurch wird die auf ihren Grundstücken ruhende dingliche Unterhaltungspflicht rechtlich nicht beeinflußt. IV, 334/88 vom 3. Febr. 90.

606. Der Patron der Kirche zu Lgowo hat im J. 1800 bei deren Vereinigung mit der Kirche zu Brzostkow, deren Filia sie wurde, dem Präsentationsrecht entsagt und solches dem Besitzer von Brzostkow und dessen Rechtsnachfolgern abgetreten. Damit

hat er auf das Patronatsrecht, welches noch andere Befugnisse enthält — A. L. R. II, 11, §§. 584 ff. — nicht verzichtet — vgl. 348, 612/14. — Die Besitznachfolger von Lgowo blieben deshalb als Patrone bezüglich des Neubaues einer Scheune auf dem Pfarrgrundstücke zu Brzostkow mitverpflichtet — §. 726 — und konnten deshalb nicht als Eingepfarrte zur Leistung eines Beitrages herangezogen werden. — §§. 720, 731, 740, 789 ff. — Der Fall des §. 732 lag nicht vor. IV, 332/89 vom 19. Dec.

607. Nach der konstanten Rechtsprechung des vormaligen Pr. Obertribunals, welcher sowohl das Pr. Oberverwaltungsgericht als auch das Reichsgericht gefolgt sind, liegt die in A. L. R. II, 12, §. 36 statuirte Verpflichtung der Gutsherrschaften dem Eigenthümer desjenigen Gutes ob, mit welchem die Gutsherrschaft über den Schulort verbunden ist. Bis zum Jahre 1878 hat in Kroschnitz neben der bäuerlichen Gemeinde ein selbständiges Gut gleichen Namens nicht existirt, sondern das daselbst befindliche herrschaftliche Areal bildete lediglich ein Zubehör ("Vorwerk") des Ritterguts Lomnitz, mit welchem die Gutsherrschaft über die Ortsgemeinde Kroschnitz verbunden gewesen ist. Danach können für die Leistungsfähigkeit der Gutsherrschaft hinsichtlich der ihr aus §. 36 cit. erwachsenen Verpflichtung nicht die Verhältnisse des herrschaftlichen Besitzes in Kroschnitz, sondern nur die des Hauptguts Lomnitz einschließlich seiner sämmtlichen Zubehörungen maßgebend gewesen sein, und es war für jene Zeit gleichgültig, ob auf der herrschaftlichen Feldmark in Kroschnitz für sich ausreichender Holzvorrath vorhanden war, wenn nur die Bestände auf der ganzen Besitzung den gestellten Anforderungen genügten. Der Rittergutsbesitzer von Lomnitz ist deshalb mit seiner aus der Abveräußerung des Vorwerks Kroschnitz abgeleiteten Klage auf Freiheit von der Verpflichtung auf Lieferung des Bauholzes zum Bau eines neuen Schulhauses in Kroschnitz abgewiesen. IV, 355/89 vom 6. März 90.

608. Die beiden Kirchengemeinden Plessa und Dreska mit Kraupa im ehemals sächsischen Kreise Liebenwerda haben im J. 1805 einen Vergleich geschlossen. P. hatte schon damals eine eigene Kirche, sie war aber nach dem Vergleich nicht blos Filia, sondern die Einwohner von P. waren nach der bisherigen Verfassung und den ergangenen Entscheidungen wirkliche Eingepfarrte der Kirche zu D., welche sie mit benutzten, und in welcher ihnen besondere Kirchen-

Kirche und Schule.

stühle vorbehalten waren. Danach sollten von den vier Kommunen (außer obigen noch Kahla) die Baue und Reparaturen sowie die „Vertretung des Kirchenvermögens zu D." (d. h. die Beitragspflicht zu den bei den Kirchenrechnungen sich ergebenden Fehlbeträgen) nach den aufhabenden Kirchenhufen bewirkt werden. Dieser Vergleich entsprach der hergebrachten Repartition der Parochiallasten auf die einzelnen betheiligten Gemeinden, und widersprach weder dem damals geltenden sächsischen Rechte nach dem seitdem eingeführten A. L. R. Denn nach diesem bildet die Tochtergemeinde, wenn schon sie eine selbständige rechtliche Existenz hat, mit der Mutterkirche e i n e Gesammtparochie. Was aber die Beitragspflicht der Mitglieder der Tochtergemeinde zur Mutterkirche anbetrifft, so hat das A. L. R. nicht nur den verschiedenartigen Gestaltungen des Verhältnisses nach Herkommen und Vertrag den freiesten Spielraum gelassen (II, 11, §§. 252, 710, 766), sondern es tritt auch in den subsidiarischen Bestimmungen desselben (§§. 725, 726, 770, 791, 792) der in der Rechtsprechung bereits häufig zur Anwendung gelangte Gedanke hervor, daß die Beitragspflicht ein Korrelat der Benutzung der kirchlichen Anstalten und bei gemeinschaftlicher Benutzung daher die Unterhaltspflicht eine gemeinschaftliche sei. Wenn die Kirchensitze in D. längst anderweit vermiethet seien, so könne das an den urkundlichen Rechten und Pflichten Nichts ändern. IV, 354/89 vom 3. März 90.

609. Eine besondere Entscheidung der geistlichen Oberen über die Nothwendigkeit eines Kirchenbaues — A. L. R. II, 11, §§. 707 ff. — ist nicht unbedingtes Erforderniß für die Klage der Kirchengemeinde gegen den Patron auf den gesetzlichen Beitrag zu einem Kirchenbau. Hier hatte das Konsistorium durch Genehmigung des aufzunehmenden Baudarlehns und des Abbruchs des alten Pfarrhauses die Nothwendigkeit des Neubaues anerkannt; von einem besonderen Verfahren auf Feststellung der Nothwendigkeit beim Bestreiten der Patronatspflicht durch Fiskus aber Abstand genommen, die Kirchengemeinde auf den Prozeß verwiesen; und in diesem war die Nothwendigkeit des Neubaues durch das Gutachten von Sachverständigen erwiesen. Revision gegen die Verurtheilung zurückgewiesen. IV, 368/89 vom 17. März 90.

609a. Das Patronat besteht noch, denn die Parochie ist nicht erloschen. — A. L. R. II, 11, §. 308 und Deklaration vom

13. Mai 1833. — Das Erlöschen einer Parochie erfordert sachlich, daß der Zweck des Parochialverbandes, nämlich die Gemeinschaft des öffentlichen Gottesdienstes, sich nach den Verhältnissen der Parochie nicht mehr erreichen läßt, und formell eine das Erlöschen aussprechende Verfügung des Landesherrn, und es hat zur Folge, daß das Vermögen der erloschenen Parochie als herrenloses Gut der landesherrlichen Disposition anheimfällt (A. L. R. II, 11, §§. 172, 308, 618; II, 6, §§. 177, 179, 192; Deklaration vom 13. Mai 1833; Löwenberg, Motive I, S. 557, 559; Striethorst, Archiv, Bd. 67, S. 16). Dagegen setzt die Zusammenschlagung zweier Mutterkirchen nur voraus, daß einer derselben die Unterhaltung des öffentlichen Gottesdienstes, sei es wegen Verringerung der Mitgliederzahl oder wegen Armuth der Mitglieder, Schwierigkeiten bereitet. Sie erfolgt nur zwecks Erleichterung der Unterhaltungskosten. Sie läßt die Rechte und Patronatsverhältnisse jeder der vereinigten Kirchen bestehen. Sie schließt sogar nicht aus, daß die Vereinigung unter Umständen wieder aufgehoben wird (§§. 246, 247, 752 a. a. O.). Vorliegend ist auf Grund der Ergebnisse des stattgehabten behördlichen Verfahrens, insbesondere der erzbischöflichen Vereinigungsurkunde festgestellt, daß zu Gunsten der Parochie Kizewo aus Anlaß ihrer Bedürftigkeit und der Zerstörung ihres Kirchengebäudes ihre Zusammenschlagung mit der Parochie Obornik erfolgt ist. Revision zurückgewiesen. IV, 384/89 vom 10. April 90.

609 b. Für die Zeit nach 1875 erachtet der Berufungsrichter, was auch in dem Urtheilstenor zum Ausdruck gelangt ist, die eine selbständige juristische Person darstellende Schulsozietät für die eigentlich berechtigte. Er läßt aber völlig unerklärt, in welcher Weise sich der Uebergang des nach seiner Annahme im J. 1874 von der Kirchengemeinde durch Ersitzung f ü r s i c h erworbenen Rechts auf die Schulgemeinde vollzogen haben und aus welchem Grunde die Kirchengemeinde befugt sein soll, dieses ihr jetzt nicht mehr zustehende Recht für die Schulgemeinde in eigenem Namen im Prozeßwege geltend zu machen. IV, 24/90 vom 12. Mai.

609 c. Damit, daß dem Erbpächter des Guts, mit welchem das dingliche Patronat verbunden war, das Eigenthum durch das Pr. Gesetz vom 2. März 1850 zugesprochen wurde, ging das Patronatsrecht auf die Erbpächter über. Die der Erbverpächterin

Kirche und
Schule.

verbliebenen Rechte auf Abgaben und Leistungen sind nicht Träger des Patronats. IV, 323/89 vom 12. Mai 90.

609 d. Das Patronat konnte aber durch gewöhnliche, translative Ersitzung von der früheren Eigenthümerin des berechtigten Gutes wieder erworben werden. — A. L. R. II, 11, §§. 574, 576. — Dazu war 44jähriger Zeitraum nicht erforderlich. Zwar ist für solche Umwandlung eines dinglichen in ein persönliches Patronat Genehmigung der geistlichen Oberen erforderlich. — §. 580. — Solche muß aber nach der Natur der Sache der vollendeten Ersitzung nachfolgen, sobaß zwischen dieser und der ertheilten Genehmigung ein schwebender Zwischenzustand besteht. IV, 323/89 vom 12. Mai 90.

609 e. Dabei sind nicht allein die vorgekommenen Baufälle, sondern alle geltend gemachten Patronatshandlungen — insbesondere auch die Abnahme der Kirchenrechnungen und die Wahrnehmung der Rechte des Patrons bei Besetzung der Pfarre, — in Betracht zu ziehen. Daß sich der Irrthum der Klägerin hinsichtlich ihrer Eigenschaft als Patron als Rechtsirrthum, der Besitz des Patronats also als ein ungerechtfertigter darstellt, würde der dreißigjährigen Ersitzung nach der konstanten Praxis des Obertribunals, der sich das Reichsgericht angeschlossen hat, nicht entgegenstehen. IV, 323/89 vom 12. Mai 90.

609 f. Die vollendete Ersitzung wirkt nicht blos zwischen dem früheren und dem gegenwärtigen Patron. Vielmehr kann sich darauf auch die Kirchengemeinde berufen, welche den Patron wegen Beitrags zu den Kirchenbauten in Anspruch nimmt. IV, 323/89 vom 12. Mai 90.

609 g. Da die Kirche zu Tornow keine eigenen Pfarrgebäude hat, trifft den Patron und die Eingepfarrten von T. die Verpflichtung, zur Unterhaltung der Pfarrgebäude zu Brunn, so lange die beiden Mutterkirchen zu Brunn und Tornow unter einem gemeinschaftlichen Seelsorger stehen, mit beizutragen. — A. L. R. II, 11, §§. 725/26 in Verbindung mit 790/91. — R. G. bei Gruchot 27, S. 974, E. 17, S. 153; Bolze I, 1459; V, 935ᵇ. — Allerdings beruht diese Verbindung nicht auf einem förmlichen Vereinigungsakte aller Betheiligten unter Genehmigung der Aufsichtsbehörde, sondern nur auf dem im Rezesse von 1795/97 dem Patrone zu Tornow eingeräumten Bestimmungsrechte. Aber dieser Rezeß hat die Genehmigung der geistlichen Oberen gefunden,

und nicht minder die auf Grund der rezeßmäßigen Bestimmung des Patrons zu Tornow herbeigeführte langjährige Verbindung von Tornow und Brunn zu seelsorgerischer Gemeinschaft; und im J. 1885 ist sogar der Pfarrer zu Brunn durch die geistliche Aufsichtsbehörde ausdrücklich zugleich zum Pfarrer von Tornow berufen. Dieser Thatbestand erscheint zur Annahme einer kirchenrechtlichen Vereinigung im Sinne des §. 246 a. a. O. ausreichend, und es steht nicht entgegen, daß in der letztgedachten Berufung die eventuelle Wiederabtrennung der Kirche zu Tornow vorbehalten worden ist (vgl. §§. 247, 295 ff. l. c.). V, 390/89 vom 12. Juni.

609 h. Die historische Untersuchung hat zu keinem sicheren Ergebniß geführt, ob Schmenzin und Kowalk als Tochterkirchen der Mutterkirche zu Neseband, oder ob diese drei Kirchen als vereinigte Mutterkirchen anzusehen sind. Das von den Patronen von Sch. und K. mit unterzeichnete Protokoll über die Kirchenvisitation von 1853 enthält aber den Vermerk, daß der Patron von Sch. und K. nur ein jus negativum nebst dem Ehrenrecht der Mitvollziehung der Vokation habe, während der Patron für N. das alleinige Vokationsrecht hat. Die Kirchenvisitationen bezwecken auch die Untersuchung der äußeren Verhältnisse der Kirche, namentlich der hier streitigen Punkte. In jenem Protokoll ist ein die Patrone verpflichtendes Anerkenntniß gefunden, an welches dieselben gebunden blieben. Revision zurückgewiesen. A. L. R. I, 5, §§. 185 ff. bleiben außer Anwendung. Zu Feststellung eines dem öffentlichen Recht angehörigen Rechtsverhältnisses ist auch ein in öffentlicher Urkunde von einem Betheiligten abgegebenes Anerkenntniß geeignet, in dem es den Beweis der Entstehung des Rechtsverhältnisses ersetzt. — Vgl. z. B. Pr. Gesetz vom 2. März 1850, §. 40. — IV, 55/90 vom 12. Juni.

609 i. A. L. A. Die Benutzung der Kirche in Krosigk hat von jeher den Gemeinden Krosigk und Kaltenmark, welche ohngefähr gleiche Einwohnerzahl haben, zu gleichen Antheilen zugestanden. Daraus ergibt sich die Beitragspflicht der beklagten Gemeinde Kaltenmark zur Hälfte der Baukosten. Das war überdies über 50 Jahre der Maßstab für ihre Leistungen. Für dieses Verhältniß ist es ohne Belang, daß die Beklagte erst seit 1885 eine besondere, korporativ organisirte Kirchengemeinde bildet, und ob sie seitdem als Filial- oder als eine mit Krosigk vereinigte Muttergemeinde anzusehen ist, da hierdurch in den aus der Gemeinschaft

entspringenden Verpflichtungen gegenüber der klagenden Gemeinde
nichts geändert wird. — Ohne Rechtsirrthum hat das Berufungsgericht auch den Umstand für einflußlos erklärt, daß die Beklagte
noch ein besonderes, von ihr zu unterhaltendes Kirchengebäude
besitzt, in welchem zu gewissen Zeiten Wochengottesdienste gehalten, Trauungen und Taufen vorgenommen wurden, da auch
dieser das bezüglich der Hauptkirche in Krosigk bestehende Gemeinschaftsverhältniß mit seinen Wirkungen nicht zu alteriren
vermag, wiewohl zuzugeben ist, daß solche Fälle im Gesetze keine
spezielle Regelung erfahren haben. — Striethorst 64 S. 125 ff.
— Das Gemeinschaftsverhältniß kann nicht ohne Mitwirkung der
kirchlichen Behörden gelöst werden. IV, 61/90 vom 19. Juni.

609 k. Im Fall Bd. VI, 818 hat das Berufungsgericht
anderweit für die Kirche erkannt. Revision zurückgewiesen. Das
Berufungsgericht erachtet für bewiesen, daß die Schule zu Seelow ursprünglich eine kirchliche oder wenigstens eine kombinirt
kirchliche und Schulstelle gewesen, und daß mit dieser Stelle schon
von Alters her und vor Entstehung einer förmlichen Schulgemeinde die streitigen Grundstücke verbunden gewesen. Die Vermuthung, daß die mit der kombinirten kirchlichen und Schulstelle
verbundenen Grundstücke der Kirche gehören, kann auch da nicht
eintreten, wo die Schule zwar nicht als besonderes Rechtssubjekt,
aber als eine Anstalt, als der Theil einer anderen Korporation
bestanden hat. Aber die Behauptung, daß die Schule städtische
Anstalt gewesen sei, wurde eben nicht erwiesen. „Ist sonach die
Kirche als Eigenthümerin der von der Schule in die Separation
eingebrachten Gerechtsame anzusehen, so ist sie auch Eigenthümerin
des an deren Stelle ausgewiesenen streitigen Grundstücks geworden. Denn der Umstand, daß die Schule im Laufe des Separationsverfahrens aufhörte, ein kirchliches Institut zu sein, hat
in den Vermögensverhältnissen nichts geändert. Einen besonderen
Erwerbstitel des Eigenthums an dem streitigen Grundstück hat
die Klägerin nicht nachgewiesen." Dieser Satz des Berufungsurtheils ist nicht rechtsirrthümlich. V, 320/89 vom 22. März 90.

609 l. Die Kirche zu Gollmütz ist Tochter von der Kirche
zu Rokitten. Die dortige Kirchengemeinde will, weil sie ein eigenes Pfarrhaus habe, zu den Kosten des Neubaues eines Speichers
und eines Waschhauses für die Pfarre zu R. nicht beitragen.

Unerheblich, ob in G. gerade auch ein Waschhaus und ein Speicher
bei dem dortigen Pfarrhause vorhanden. Entscheidend allein, daß
diejenige Gemeinde, welche durch die Benutzung der zu dem Pfarrgebäude der andern Gemeinde gehörigen Nebengebäude Ausgaben
spart, welche sie zu machen haben würde, wenn sie eine eigene Pfarre
hätte, zu den Unterhaltungskosten jener Gebäude beitragen muß.
Die Pflicht reicht so weit, aber nicht weiter, als eine Mitbenutzung
in diesem Sinne stattfindet. — O. T. E. 39 S. 293. — Es
bleibt hier festzustellen, 1) ob das zunächst in Frage stehende
Wasch- und Speichergebäude zum persönlichen Gebrauche des
Pfarrers oder für die Zwecke der Bewirthschaftung der Pfarr-
ländereien in Rokitten bestimmt ist. Letzterenfalls ist eine Beitragspflicht der Kläger nach jetziger Sachlage nicht begründet,
während solche im ersten Falle grundsätzlich anzuerkennen und
durch den Umstand, daß sich früher ein denselben Zwecken die-
nendes Gebäude auch in Gollmütz befunden habe, nicht beseitigt
sein würde, da es in dieser Hinsicht nur auf den gegenwärtigen Zustand ankommt und an dessen Rechtsfolgen das klägerische Erbieten zur Wiederherstellung des eingegangenen Gebäudes
nichts zu ändern vermag; 2) ob sich, wie Kläger behaupten, auch
in Gollmütz ein, wenngleich zur Zeit an andere Personen vermie-
thetes, Pfarrwohnhaus, das zu diesem Zweck bestimmt gewesen
und an sich geeignet ist, befindet, welchenfalls Kläger nach den entwickelten Grundsätzen von der Beitragspflicht für das Pfarrwohnhaus in Rokitten frei sein würden. IV, 329/89 vom 27. März 90.

609 m. Fiskus fordert Ersatz für die zu einem Schulhaus-
bau geleisteten Beiträge. Die Klage ist abgewiesen, Revision zurückgewiesen. Beklagte sind die Parzellenkäufer eines früher fiskalischen Vorwerks, welche in dem i. J. 1847 bestätigten Abgaben-
regulirungsplan nur bestimmte Geldabgaben übernommen haben.
Wollte Fiskus hieran sich nicht gebunden halten, so hat er aus
dem Kaufvertrage von 1813 nur einen persönlichen Anspruch an
die Vorbesitzer der Beklagten wegen des von jenen übernommenen
Beitrags zu den Schulbaukosten, für welchen diese nicht haften.
Wenn aber Fiskus aus jenem Vertrage ein dingliches Recht ableiten wollte, so würde dieses Mangels Eintragung im Grundbuch
gegen die Beklagten als dritte Besitzer nicht geltend gemacht werden können. IV, 358/89 vom 17. März 90.

Dritte Abtheilung.

Civilprozeß.

610. Für den Kreis Ohlau hat der Landrath die Kreis-
eingesessenen durch eine Verordnung verpflichtet, ihre Schornsteine
durch den Bezirksschornsteinfeger reinigen zu lassen gegen Entrichtung des in der Verordnung festgesetzten Kehrlohns. Der
Kehrlohn darf im Verwaltungszwangsverfahren eingezogen werden.
Fünf Bäcker fordern den so von ihnen eingezogenen Kehrlohn
zurück, weil dessen Höhe jener Verordnung nicht entspreche. Rechtsweg zulässig. Gesetz vom 11. Mai 1842, §. 1 steht nicht entgegen,
denn die Verfügung des Landraths wird nicht angegriffen; A. L. R.
II, 14, §. 78 und Kreisordnung vom 13. Dec. 1872, §. 19 nicht,
denn der Kehrlohn hat nicht die Bedeutung einer allgemeinen
Anlage, der zugelassenen administrativen Zwangseinziehung widerspricht der Rechtsweg nicht. Denn er würde auch zulässig sein,
wenn ohne Einziehung mit Vorbehalt gezahlt wäre. IV, 204/89
vom 24. Okt.

611. Die durch ihren Vater vertreten gewesenen Minderjährigen sind in einem Prozeß zu den Kosten verurtheilt. Sie
haben gegen die Gerichtskasse des Landgerichts geklagt, dieselbe
habe die Zwangsvollstreckung in das dem väterlichen Nießbrauch
entzogene Vermögen, welches die Kinder von den mütterlichen
Großeltern ererbten, zu unterlassen. Hierüber ist der Rechtsweg
unzulässig. Die Beitreibung der Gerichtskosten in Preußen erfolgt im Wege der Verwaltungszwangsvollstreckung der Verordnung vom 7. Sept. 1879 und vom 4. Aug. 1884 entsprechend,
wie dies in Betreff der Gerichtskosten für Rechtssachen, die nicht
unter die Deutsche Civilprozeßordnung fallen, der §. 14 des
Pr. Ausführungsgesetzes zum Deutschen Gerichtskostengesetze vom

10. März 1879 und die in der Verordnung vom 4. Aug. 1884 vorbehaltene Kasseninstruktion des Justizministers vom 1. Dec. 1884 (Justiz-Ministerial-Blatt 1884, S. 274, Anlage) im §. 28 durch die Fassung: „Die Anordnung des Verwaltungszwangsverfahrens wegen Beitreibung der Kosten steht dem Rendanten zu", für alle Kosten bestätigt. Hiernach ist aber gemäß §. 2, Abs. 2 der Verordnung vom 7. Sept. 1879 die Beschwerde allein bei der vorgesetzten Dienstbehörde des Beamten zulässig und somit die Beschwerde und mit ihr auch die Klage bei den ordentlichen Gerichten ausgeschlossen. IV, 184/89 vom 24. Oft.

612. Im Fall 603. Den Vorinstanzen ist darin beizutreten, daß der Kläger nach dem Neubau der Kirche nicht den Rechtsweg für seinen Anspruch auf Zuweisung einer gleichen Anzahl entsprechender Sitze betreten kann, weil die Vertheilung der Sitze in der neuen Kirche eine der Anordnung der kirchlichen Aufsichtsbehörde unterliegende Angelegenheit ist. Anders die Entschädigungsfrage. III, 217/89 vom 19. Nov.

613. Die Bank für Industrie und Handel hat gegen den Hessischen Fiskus Klage auf Zurückzahlung von 60 000 Mark Stempel, welche für Beglaubigung durch gerichtliche Beurkundung eines Generalversammlungsbeschlusses über Erhöhung des Aktienkapitals erhoben waren, angestrengt. Das zuständige Hessische Ministerium des Innern und der Justiz erhob Kompetenzkonflikt; auf seinen Antrag ist das Verfahren eingestellt, weil der Rechtsweg nach Hessischem Gesetz unzulässig sei. Beschwerde an das Reichsgericht zurückgewiesen. Nach der allgemeinen Vorschrift des §. 229 C. P. O. würde auch ein Beschluß über die Aussetzung des Verfahrens nach erhobenem Kompetenzkonflikte durch die Verwaltungsbehörde der Beschwerdeführung unterworfen sein; allein der §. 15, Ziffer 1, E. G. zur C. P. O. verordnet, daß die landesgesetzlichen Bestimmungen über die Einstellung des Verfahrens für den Fall, daß ein Kompetenzkonflikt zwischen den Gerichten und der Verwaltung entstehe, unberührt bleiben sollten, und spricht damit aus, daß die Reichsgesetzgebung die Regelung des Verfahrens über die Erhebung solcher Konflikte, insbesondere desjenigen über die Wirkungen und die Anfechtbarkeit eines gerichtlichen Einstellungsbeschlusses nach erhobenem Konflikte der Landesgesetzgebung überlassen habe. Die letztere ist also nicht blos, wie die

Querulantin meint, befugt, Vorschriften über die Einstellung des Verfahrens — die Person des Antragstellers, die Form des Antrages und den Gang der Verhandlung — zu geben, sie kann vielmehr auch, dem Stande des Partikularrechts entsprechend, das Beschwerdeverfahren gegen den Einstellungsbeschluß nach Erhebung des Kompetenzkonfliktes abweichend von R. C. P. O. gestalten. Nach dem Hessischen Ausführungsgesetz zur C. P. O., Art. 23 findet eine Beschwerde gegen den Einstellungsbeschluß nicht statt. Damit stimmen die Gesetze von Preußen, Bayern, Württemberg, Sachsen, Baden, Braunschweig und die Natur der Sache überein. Ueber die Frage, ob der Rechtsweg zulässig, ist nun von dem Hessischen Verwaltungsgerichtshof nach Maßgabe des Landesgesetzes zu entscheiden. B. III, 125/89 vom 14. Jan. 90.

614. Die für das Vorhandensein einer Verpflichtung des Klägers zur Zahlung der entrichteten Beiträge in Betracht kommenden Rechtsgründe gehören durchweg dem öffentlichen Rechte an. Betreffs der Frage, ob die streitige Verpflichtung des Klägers unter Anwendung der Pr. Verordnungen vom 15. Febr. 1714 und vom 27. Aug. 1717 aus dem Königl. Patronatsrechte hergeleitet werden kann, so wie der Frage, ob die Verpflichtung unter Anwendung des A. L. R. II, 12, §. 36 sich aus dem gutsherrlichen Verhältnisse ableiten läßt, ist dies ohne Weiteres klar. Da das Patronat ebenso wie die Gutsherrlichkeit Verhältnisse des öffentlichen Rechtes sind, so sind auch die mit dem einen oder der anderen verbundenen Verpflichtungen öffentlich-rechtlicher Natur. Aber auch die Frage, ob die in Rede stehende Verpflichtung des Klägers gewohnheitsrechtlich begründet sei, kann, wie vom Reichsgerichte bereits in dem Urtheile vom 23. Dec. 1886 (Bd. IV, 35, S. 17, S. 181) angenommen worden ist, nur eine Frage des öffentlichen Rechtes sein, da die durch das Gewohnheitsrecht abgeänderten gesetzlichen Regeln öffentliches Recht sind. Aus dem Zuständigkeitsgesetz §. 47 ergibt sich aber, daß die Zuständigkeit der Verwaltungsgerichte nicht auf die Entscheidung über ein gestelltes Verlangen der Erfüllung der öffentlich-rechtlichen Verpflichtung beschränkt, sondern für die Streitigkeiten darüber, wer von den Streitenden der öffentlich-rechtlich Verpflichtete sei, allgemein stattfinden soll. Deshalb auch für die Rückforderung des in dem Glauben an die Verpflichtung Geleisteten, während diese öffentlich-

rechtliche Verpflichtung nicht bestehe, der Rechtsweg nicht zulässig. Rechtsweg.
IV, 337/89 vom 20. Jan. 90.

615. Die Leipziger Kramerinnung hat sich aufgelöst, im Auflösungsbeschluß ist über das Vermögen der Innung verfügt. Der Beschluß der Generalversammlung wird durch Klage einiger Mitglieder der Innung angefochten, weil er formwidrig zu Stande gekommen sei, auf wesentlichem Irrthum der Betheiligten beruhe und in die Sonderrechte der Mitglieder eingreife. Aus der Gewerbeordnung, insonderheit §. 93 läßt sich die Unzulässigkeit des Rechtsweges für diese Klage nicht ableiten. VI, 275/89 vom 30. Jan. 90.

616. Der Kläger bestreitet die Befugniß der beklagten Gemeinde, die Jagd auf dem Zalenzer Teiche nach Maßgabe des Jagdpolizeigesetzes, also auf einem Theile ihres gemeinschaftlichen Jagdbezirks, zu verpachten, die Beklagte nimmt, wenigstens für einen Theil des Teiches, diese Befugniß in Anspruch, weil derselbe zu ihrem Jagdbezirke gehöre. Beide Theile stützen ihr Recht somit auf die Vorschriften des Gesetzes vom 7. März 1850, und die Vorschriften dieses Gesetzes, das sich selbst als Jagd-Polizei-Gesetz bezeichnet und zum Schutze der Jagd aus Rücksichten des öffentlichen Interesse erlassen worden ist, gehören dem öffentlichen Rechte an. Die Entscheidung gehört nach dem Pr. Gesetz vom 1. Aug. 1883, §. 105, Nr. 1 und 2 vor die Verwaltungsgerichte. V, 257/89 vom 29. Jan. 90.

617. Im Fall 44 war die Klage gegen die Gemeinde dadurch veranlaßt, daß der Gemeindevorstand, als bei Gelegenheit der Reparatur des der Beklagten gehörigen Kanals die klägerische Ableitung entdeckt wurde, letztere hat zerstören lassen. Daß dabei in irgend einer Weise zu Tage getreten wäre, daß diese Maßregel eine polizeiliche Verfügung, eine kraft staatlicher oder kommunaler Polizeigewalt getroffene Anordnung sein sollte, hat die Beklagte selbst nicht behaupten können. Unter diesen Umständen durfte der vorige Richter annehmen, daß die Anordnung ein bloßer Akt zur Wahrung von Vermögensrechten der Gemeinde, eine Handlung der Selbsthülfe, nicht aber eine Maßregel gewesen ist, durch welche in Anwendung polizeilicher Befugnisse eine Regelung des gemeinen Wassergebrauchs vorgenommen werden wollte. Daß die thatsächliche Veranlassung zu der Maßregel auf eine Entscheidung des

Landrathsamts zurückzuführen ist, wonach der beklagten Gemeinde die Aufsuchung weiterer Wasserquellen zur Pflicht gemacht war, kann dem fraglichen Akte nicht von selbst den Charakter einer polizeilichen Verfügung aufdrücken. Rechtsweg zulässig. III, 171/89 vom 17. Jan./11. Febr. 90.

618. Der Beklagte hat die Vermittlung der in §§. 73 ff. des Pr. Gesetzes vom 1. Aug. 1883 bezeichneten Behörden beantragt; das vom Kreisausschuß auf Grund des §. 25, Nr. 3 des Gesetzes vom 28. Febr. 1843 eingeleitete Verfahren bezweckt, das Widerspruchsrecht der Revisionsbeklagten (Provokaten) gegen einen auf ihre Grundstücke nachtheilig einwirkenden Rückstau mittels der Bewässerungsschleuse des Revisionsklägers gegen Entschädigung zu beseitigen. Dasselbe hat nach §. 19, Abs. 2, §§. 24 ff. des Gesetzes vom 28. Febr. 1843 die Bedeutung eines Enteignungsverfahrens, darauf gerichtet, daß dem Unternehmer einer Bewässerungsanlage, für welche ein vorwiegendes Landeskulturinteresse besteht, die zur Ausführung oder Erhaltung der Anlage erforderlichen Rechte an Grundstücken Anderer verschafft oder die der Anlage entgegenstehenden Widerspruchsrechte Anderer beseitigt werden sollen, das Eine wie das Andere gegen vollständige Entschädigung. Eine Entscheidung darüber, ob den Klägern ein solches Widerspruchsrecht zustehe, erfolgt in jenem Verfahren nicht, dasselbe hat vielmehr das Bestehen des Widerspruchsrechts zur Voraussetzung. Im gegenwärtigen Prozesse bestreiten die Kläger dem Beklagten das von diesem in Anspruch genommene Recht, das Wasser bis zur vollen, mittelst des Schutzes der neuen Schleuse erreichbaren Höhe anzustauen. Durch das von dem Beklagten vorsorglich, für den Fall seines Unterliegens im vorliegenden Prozesse, anhängig gemachte Enteignungsverfahren wird demnach der Rechtsweg für diesen Prozeß nicht ausgeschlossen. V, 294/89 vom 1. März 90. Vgl. 692.

619. Der Kläger ist auf Grund des §. 133 der „Straßen-Polizei-Ordnung für den Verwaltungsbezirk der Königlichen Polizei-Direktion zu Stettin" vom 2. Aug. 1876, welcher bestimmt, daß jeder Eigenthümer eines Grundstücks verpflichtet sei, die Straße längs des Grundstücks zu reinigen, durch Verfügung der genannten Königlichen Polizeidirektion unter Zwangsandrohung zu dieser Straßenreinigung längs seines Grundstücks aufgefordert worden. Unter Berufung auf §. 5 des Gesetzes vom 11. Mai 1842 hat

er gegen die Stadtgemeinde Stettin mit dem Antrage geklagt, die Beklagte zu verurtheilen, anzuerkennen, daß sie verpflichtet sei, die Reinigung des Bürgersteiges und des Straßendammes ... vorlängs seines Grundstücks fortan zu übernehmen. Rechtsweg zulässig. Der Kläger erklärt sich der Polizeidirektion gegenüber verpflichtet, nimmt aber gegen die Stadt als Eigenthümerin der Straße seinen Regreß. Die Stadt hat nicht die ihr obliegende Last durch ein Statut auf die einzelnen Eigenthümer abgewälzt; es handelt sich zwischen ihr und den Hauseigenthümern nicht um eine Kommunalabgabe — A. L. R. II, 14, §. 78 —; eine von der Gemeinde auferlegte Last; deshalb auch nicht §. 18 des Zuständigkeitsgesetzes vom 1. Aug. 1883 maßgebend. Die Frage, wie sie durch die Klage aufgeworfen wird, wer von zwei Grundbesitzern, dem Adjacenten und dem Straßeneigenthümer, die Straße zu fegen habe, ist zwischen diesen Parteien eine reine Frage des Vermögensrechts; öffentlich = rechtlich ist nur das, durch den jetzigen Prozeß nicht berührte, Verhältniß der die Reinigung verlangenden Staatsbehörde gegenüber. Ein allgemeiner Rechtssatz des Inhalts aber, daß vermögensrechtliche Ansprüche deshalb von der Verfolgung vor Gericht ausgeschlossen seien, weil sie auf öffentlich=rechtlicher Grundlage beruhen, oder weil öffentlich = rechtliche Fragen zur Beurtheilung gebracht werden müssen, besteht nicht; der Begriff des in den Bereich der bürgerlichen Rechtsstreitigkeiten fallenden Vermögensrechts wird dadurch, daß das Vermögensrecht auf solcher Grundlage beruht, nicht berührt. Vgl. auch Urtheil des Oberverwaltungsgerichts vom 21. Dec. 87 (Pr. Verwaltungsblatt 9, S. 154). V, 268/89 vom 8. Febr. 90.

620. **Colmar.** Nach dem Tode des Vaters wurde der Witwe bei ihrer Wiederverheirathung die Vormundschaft über ihre Kinder entzogen. Der Familienrath beschloß, der dem Trunke ergebenen Mutter die Erziehung der Kinder zu entziehen, und diese in einer Erziehungsanstalt unterzubringen. Wenn auch die Vorkehrungen betreffs der Erziehung zur Zuständigkeit der Obervormundschaft gehören, so kann diese doch nur für das Verhältniß von Mündel und Vormund, nicht gegen Dritte vollziehbare Anordnungen treffen. Da sich die Mutter der Vollziehung widersetzte, so war über die Klage des Vormunds gegen die Mutter und deren zweiten Ehemann auf Unterbringung der Kinder und Zahlung der Alimente

Rechtsweg. der Rechtsweg zulässig. II, 31/90 vom 25. März. Vgl. 527 und Bd. VI, 707; Bd. VII, 818.

620a. Wegen der den Eigenthümern der an eine neue Straße grenzenden Grundstücke durch Ortsstatut gemäß des Pr. Gesetzes vom 2. Juli 1875, §. 15 aufgelegten Beiträge steht der abgaben= berechtigten Stadt die Klage bei Gericht nicht, sondern die Zwangs= vollstreckung im Verwaltungswege zu. Unerheblich, daß nach dem Statut die Beiträge vor der Ertheilung der Bauerlaubniß zu zah= len sind, und daß hier die Erlaubniß vor Zahlung ertheilt war. V, 1/90 vom 26. April.

620b. Ein bloßer Stundungsvertrag ändert an dem Rechts= grund der Forderung und an der Unzulässigkeit des Rechtswegs nichts. V, 1/90 vom 26. April.

620c. Wenn A. L. R. II, 11, §. 56 auch auf die geduldeten Religionsgesellschaften zu beziehen, so ist diese Anwendung durch Art. 15 der Pr. Verfassung beseitigt, und ist auch nach Aufhebung des Art. 15 beseitigt geblieben. Ueberdies ist, wie sich aus dessen Entstehungsgeschichte klar ergibt, durch §. 1 des Gesetzes vom 13. Mai 1873 den Kirchen und Religionsgesellschaften das selb= ständige Recht, Mitglieder von sich auszuschließen, zugesprochen. Dagegen gibt es keine Klage bei den Gerichten mehr. Die von der Baptistengemeinde ausgeschlossene Klägerin wurde mit ihrer deshalb gegen die Gemeinde erhobenen Klage wegen Unzulässigkeit des Rechtswegs abgewiesen. IV, 30/90 vom 19. Mai.

Bedingte Zulässigkeit des Rechtswegs. 621. Die früheren Verwalter einer städtischen Sparkasse sind auf Schadloshaltung wegen eines Defekts verklagt; die Entschei= dung der Verwaltungsbehörde ist nicht die Voraussetzung für die Erhebung der gerichtlichen Klage. Die gegentheilige Annahme steht mit den §§. 10 und 11, sowie mit der Tendenz der Pr. Verord= nung vom 24. Jan. 1844 im Allgemeinen in Widerstreit. Die letztere verleiht den Aufsichtsbehörden Rechte, kraft deren sie in den Stand gesetzt sind, die durch Kassenbeamte verletzten Ver= mögensinteressen durch vollstreckbare Beschlüsse vorläufig zu wahren. Den ihnen verliehenen Rechten entsprechend ist nun zwar die Auf= sichtsbehörde verpflichtet, in den geeigneten Fällen Defekten= beschlüsse gegen Beamte zu erlassen. Doch ist die Beurtheilung, ob im einzelnen Falle ein Anlaß zu solchem Einschreiten gegeben ist, ausschließlich ihrem freien pflichtgemäßen Ermessen unterstellt.

Wenn sie daher ein Einschreiten nicht für angezeigt erachtet, so hat es dabei für die Betheiligten sein Bewenden. Es findet ein Verfahren im Verwaltungswege nicht statt und der Streit wird allein im Rechtswege ausgetragen. Das Gesetz vom 1. Aug. 1883 hat die Rechte der Aufsichtsbehörde dem Bezirksausschuß und dem Kreisausschuß übertragen, ohne hieran Etwas zu ändern. IV, 338/89 vom 23. Jan. 90.

621a. Der klagende Braumeister war zwar vom Vertrieb und Absatz des Bieres, von Anschaffung des Rohstoffes, von der Vertretung seiner Dienstherrschaft nach Außen hin ausgeschlossen, sowie in der Annahme von Arbeitern beschränkt; indessen war die Selbständigkeit des Klägers in der Leitung und Beaufsichtigung der Brauereiarbeiter hinreichend, um ihn nicht als Oberarbeiter oder Werkmeister im Sinne der G. O. §. 120ᵃ zu erklären. VI, 23/90 vom 21. April.

621b. Nach §. 114 des Reichsgesetzes vom 27. Juni 1871 mußte die auf Gewährung der Invalidenpension und Ertheilung des Civilversorgungsscheines erhobene Klage binnen 6 Monaten, nachdem dem klagenden früheren Husaren mit Erschöpfung des Instanzenzuges die endgültige Entscheidung der Militärverwaltungsbehörde bekannt gemacht, angebracht werden. Das ist hier nicht geschehen, deshalb die Klage mit Recht abgewiesen. Denn der Erlaß des Kriegsministeriums vom 3. Juli 1886, mit welchem Kläger abschläglich beschieden wurde, weil es an einer für seine Krankheit ursächlichen Dienstbeschädigung fehle, war die endgültige Entscheidung. Daß Kläger nach Ablauf der Frist eine andere Entscheidung im Verwaltungswege herbeizuführen gesucht hat, und die höchste Verwaltungsinstanz eine nochmalige Prüfung mit ungünstigem Erfolg vorgenommen hat, konnte die Frist nicht von Neuem in Lauf setzen. IV, 37/89 vom 12. Mai 90.

621c. Dem beklagten Dreschmaschinenbesitzer hat sich der Kläger verpflichtet, gegen einen täglichen Lohn von 4 Mark nebst freier Kost und Wohnung eine Dreschmaschine zu führen und alle nöthigen Reparaturen zu besorgen. Kläger ist im Besitz eines Gewerbepatents, das ihn berechtigt, als Mechanikus ohne Laden und als Schlosser ohne Gehülfen sein Geschäft selbständig zu betreiben. Der Kläger hat in Ausübung dieses selbständigen Gewerbebetriebes bei dem Beklagten funktionirt. Aus dieser Stellung als Leiter der

Bedingte
Zulässigkeit
des
Rechtswegs.

vom Beklagten gewerbsmäßig betriebenen Lohndrescherei ist er da=
durch nicht herausgetreten, daß er sich verpflichtete, die Anord=
nungen des Beklagten zu befolgen. Die Voraussetzung des §. 120ᵃ
R. G. O. liegen nicht vor; Revision zurückgewiesen. III, 90/90
vom 13. Juni.

Werth des
Streitgegen-
standes.

    622. Klage auf Vollstreckbarkeit eines Schiedsspruchs, welcher
den Schiffer verurtheilte, einen von diesem beanstandeten Ladeschein
zu unterzeichnen und dem Kläger Zinsen zu zahlen. Im Laufe
des Verfahrens auf Antrag des Klägers einstweilige Verfügung,
mittelst welcher dem Beklagten Herausgabe der Ladung auferlegt
wurde. Auch hatte der Beklagte Zahlung geleistet, um der Arresti-
rung seines Kahns zu entgehen; die Ladung war inzwischen anderweit verschifft. Kläger hatte in der Berufung erklärt, es handle
sich nur noch um die Kosten. Das ist nicht der Fall. Denn der
von dem Kläger erhobene Anspruch ist nicht damit erledigt, daß
er vorläufig zwangsweise realisirt ist. Vielmehr hat Kläger noch
jetzt das Interesse, die Zurückweisung der Revision des Beklagten
gegen das die Zulässigkeit der Zwangsvollstreckung aussprechende
Berufungsurtheil zu erlangen, um vor den Ansprüchen des Be=
klagten auf Restitution des ihm Entzogenen und Schadensersatz
bewahrt zu sein. Werth auf 2000 Mark angenommen. I, 251/89
vom 30. Nov.

    623. Die Kläger besitzen zusammen 11 Stück Aktien der in
Konkurs verfallenen Leipziger Diskontogesellschaft im Nennwerth
von 3300 Mark. Sie haben aus H. G. B. 222 und 190ᵃ auf
Ungültigkeit des Generalversammlungsbeschlusses geklagt, welcher
einen Vergleichsvorschlag genehmigte, den die wegen Schadensersatzes für mangelhafte Geschäftsführung von dem Liquidator
verklagten Mitglieder des Aufsichtsraths gethan hatten. Werth
2700 bis 3400 Mark. Daß, wenn die Kläger obsiegen, der Beschluß nach H. G. B. 190ᵃ, 222 auch den übrigen Aktionären
gegenüber außer Kraft tritt, berührt den Werth des anhängigen
Prozesses nach dem Interesse der Kläger nicht. B. VI, 98/99
vom 29. Nov.

    624. Daß überhaupt Zinsen, wenn sie gleichzeitig mit dem
Kapitale, wovon sie geschuldet werden, geltend gemacht werden,
gleichviel ob sie vor der Klage oder nach der Klage liegen, als
Nebenforderung angesehen werden sollen, kann nach dem Wortlaute

des §. 4 C. P. O. nicht zweifelhaft sein. Der Umstand aber, daß von den Zinsen fernere Zinsen vom Tage der Klage gefordert werden und nach Code 1154 gefordert werden können, kann die Natur der Zinsen als Nebenforderung im Sinne des §. 4 nicht ändern. Sie nehmen dadurch nicht die Natur des Kapitals an, sodaß sie mit als Hauptforderung anzusehen wären. Anders würde sich die Sache verhalten, wenn die fraglichen Zinsen durch besondere Vereinbarung unter den Parteien zum Kapitale geschlagen wären. II, 192/89 vom 29. Okt.

625. Der Beklagten hat M., welcher Waaren im Werth von 4298 Mark von dem Kläger zum Lagern übersandt erhalten hatte, diese Waaren für 1000 Mark Darlehn verpfändet. Erstinstanzlich ist Beklagte zur Herausgabe der Waaren gegen Erstattung der bis 15. Okt. 1888 erwachsenen Lagerkosten verurtheilt. In der Berufungsinstanz bestand die von der Beklagten verfolgte Beschwerde lediglich darin, daß ihr nicht außerdem der Anspruch auf Erstattung der Pfandforderung von 1000 Mark nebst den Lagerkosten vom 15. Okt. 1888 ab bis zur Herausgabe der Waare zugesprochen. Das Berufungsurtheil hat, unter Hervorhebung, daß dies der einzige Streitpunkt unter den Parteien, der Beschwerde nicht Statt gegeben und das erste Urtheil bestätigt. Die Revision bezweckt nichts, als Beseitigung dieser Beschwerde, deren Gegenstand danach die vom Berufungsrichter verneinte Haftung der Waare für die Pfandforderung von 1000 Mark und die Lagerkosten vom 15. Okt. 1888 ab bilden. Daß der Betrag der Lagerkosten vom 15. Okt. 1888 ab bis zu der inzwischen in der vorläufigen Zwangsvollstreckung auf Grund des ersten Urtheils erfolgten Herausgabe der Waare die Summe von 500 Mark bei Weitem nicht erreicht, unterliegt keinem Bedenken. Der Werth des Gegenstandes der Beschwerde beträgt danach jedenfalls nicht 1500 Mark. I, 252/89 vom 4. Dec.

626. Die Klage beantragt Ertheilung der Vollstreckungsklausel, weil Kläger Nachfolger des Gläubigers geworden, für welchen das Urtheil ertheilt war. Der Zusammenhang der §§. 8, 18—24 und 26 des Gerichtskostengesetzes zeigt an, daß nach dem Willen des Gesetzes der Werth des Streitgegenstandes in demjenigen Prozesse, in welchem das Urtheil ergangen ist, bezüglich dessen die Ertheilung der Vollstreckungsklausel beantragt wird

Werth des
Streitgegen-
standes.

(jedenfalls dann, wenn, wie in dem vorliegenden Falle die Zwangsvollstreckung in Bezug auf den ganzen Inhalt jenes Urtheilsspruches angestrebt wird), auch, als Werth des Streitgegenstandes in dem Streitverfahren über die Ertheilung der Vollstreckungsklausel, der Gebührenberechnung in letzterem Verfahren zu Grunde gelegt werden soll. B. I, 65/89 vom 27. Nov.

627. Da der Kaufpreis von 2099,20 Mark bereits vom Schuldner hinterlegt worden ist, Kläger aber nicht in dessen Besitz gelangen können, ohne daß die Löschung der auf dem Kaufgegenstand ruhenden Pfandlasten als nachgewiesen erachtet ist und die von dieser Voraussetzung abhängige Ertheilung der Vollstreckungsklausel Gegenstand des Rechtsstreits wider den Notar ist, so erscheint ein in die Werthsklasse 11 des §. 8 des Gerichtskostengesetzes (von über 1600—2100 Mark) fallender Betrag der Beschwerdesumme als glaubhaft gemacht. II, 221/89 vom 26. Nov.

628. Durch einstweilige Verfügung war die Eintragung einer Vormerkung zur Erhaltung des Rechts auf Auflassung eines Berliner Grundstücks angeordnet. Dem Antrag des Anwalts des Klägers entsprechend auf 50 000 Mark festgesetzt; gekauft war zu 214 000 Mark. B. V, 124/89 vom 14. Dec.

629. Beschwerde über den Beschluß, der Ablehnung eines Sachverständigen zu entsprechen, Werth 2000 Mark festgesetzt. Für den angefochtenen Beschluß sind Kosten nach Gerichtskostengesetz §. 47, Abs. 1, Nr. 4 nicht zu erheben. Danach handelt es sich um Kosten eines Verfahrens, dessen Gegenstand weder mit dem Streitgegenstande der Klage noch mit einem Theile desselben sich identifiziren läßt, sobaß die Besonderheit dieses Beschwerdeverfahrens und sein eigenartiger Gegenstand eine besondere Festsetzung im Sinne des §. 16 a. a. O. erheischt. Dementsprechend heißt es in den Motiven zu dem Entwurf eines Gerichtskostengesetzes und zwar in der Begründung zum §. 11 des Entwurfs (welcher dem §. 13 des Gesetzes entspricht) im dritten Absatze: Es kann der Fall eintreten, daß einzelne Akte Streitpunkte betreffen, welche weder mit dem Streitgegenstande der Klage noch mit einem Theile desselben identisch sind. Dahin gehört namentlich ... Gleiches gilt (der Natur der Sache nach) für die Verhandlung und Entscheidung in Angelegenheiten, welche der

Werth des
Streitgegen-
standes.

Regel nach gebührenfrei sind, wenn ausnahmsweise (§. 41, Abs. 2 und 3 des Gesetzentwurfs, welche dem §. 47, Abs. 2 und 3 des Gerichtskostengesetzes entsprechen) Gebühren zum Ansatze kommen. B. I, 61/89 vom 16. Nov.

630. Revision des Beklagten. Den Beschwerdegegenstand bildet die Verurtheilung zur Leistung einer alternativen Verpflichtung, welcher nach Wahl der Verpflichteten auf die eine oder andere Weise genügt werden kann. Sie ist also auch zu lösen durch Zahlung von 1000 Mark. Deshalb darf, mag auch der Werth der anderen Alternative ein höherer sein, der Werth des Beschwerdegegenstandes nicht höher als auf 1000 Mark geschätzt werden. V, 215/89 vom 14. Dec.

631. Beklagter ist verurtheilt, dem Kläger 153,30 Mark zu zahlen, die Kosten dem Kläger auferlegt. Berufung des Klägers auf Zusprechung von 60 Mark Zinsen und Verurtheilung des Beklagten zu den ganzen Prozeßkosten. Beschwerdewerth 60 Mark. B. V, 126/89 vom 21. Dec.

632. Uebereinstimmend mit früheren Entscheidungen bei der Widerspruchsklage auf Freigabe von gegen Dritten gepfändeten Sachen Werth nach dem Kapitalbetrag der Forderung, für welche gepfändet, ohne die Zinsen. B. V, 155/89 vom 4. Jan. 90.

633. Gemäß Gerichtskostengesetz §. 11 Gebühren nach dem einfachen Werth desselben Streitgegenstandes berechnet. Die Klage forderte Räumung der Miethwohnung, Zahlung der Miethe eines Quartals und vorzugsweise Befriedigung aus den zurückgelassenen Sachen; die Widerklage, daß dem Kläger Rechte aus dem Miethvertrage und einer späteren Urkunde nicht zustehen. Daß der Anspruch des Widerbeklagten weiter reicht, ist im ganzen Laufe des Verfahrens nicht bezeichnet, auch ist eine Vorlegung der Vertragsurkunde nicht erfolgt, sobaß dem Gericht auch nicht der mindeste Anhalt gegeben war, eine Schätzung solcher Ansprüche eintreten zu lassen. Erst in der weiteren Beschwerde tritt der Beklagte mit der nicht glaubhaft gemachten Behauptung auf, daß der Kläger nach §. 2 des Miethvertrages im Fall vorzeitiger Räumung ein Recht auf Bezahlung der Miethe habe, zunächst für das Exmissionsquartal und außerdem für die ganze fernere Kontraktsdauer, falls eine anderweite Vermiethung nicht stattgefunden haben sollte. B. V, 146/89 vom 4. Jan. 90.

634. Der Beklagte ficht das Berufungsurtheil an, welches ihm Duldung eines zweiten Wasserleitungsrohres für die Klägerin auferlegt. Folgt man nun auch dem Gutachten darin, daß das Interesse des Beklagten sich nach dem Vortheil bemesse, welcher ihm daraus entsteht, daß in Ermangelung eines zweiten Leitungsrohres die Klägerin genöthigt ist, einen Theil des von ihr angesammelten Wassers ungenutzt in den Bach abfließen zu lassen, wo es dem Beklagten in gewissen Fällen zu Gute kommt, und daß bei den gegenwärtig bestehenden Zuständen der Werth dieses Vortheils auf jährlich 89,90 Mark zu schätzen sei, so würde doch die Kapitalisirung dieser Summe zum 20fachen Betrage nur dann zulässig sein, wenn weiter die Annahme gerechtfertigt wäre, daß der in solcher Weise thatsächlich dem Beklagten erwachsende Vortheil ein dauernder sei. Das ist aber nicht glaubhaft gemacht worden. Der Beklagte hat auf die Benutzung des Wassers, welches die Klägerin augenblicklich ungenutzt abfließen läßt, kein Recht. Die Klägerin hat keine Verpflichtung, mehr Wasser anzusammeln, als sie zu nutzen im Stande ist, und es ist auch nicht ersichtlich, daß die Klägerin, wenn sie mehr Wasser ansammelt, als sie durch die jetzige Leitung anzusammeln vermag, diesen Ueberschuß in anderer Weise für sich nutzbar machen kann. Revisionssumme nicht angenommen. V, 231/89 vom 8. Jan. 90.

635. Die Klage auf Legung eines Erbschaftsinventars hat einen vermögensrechtlichen Anspruch zum Gegenstand, und da beansprucht wurde, daß die der Beklagten vom Erblasser abgetretenen Forderungen von 19 603 Mark als noch zum Nachlaß gehörig in das Inventar eingestellt werden, Werth 20 000 Mark. B. IV, 7/90 vom 14. Jan.

636. Bei der Klage auf Freiheit des Eigenthums von einer Servitut, welche der Beklagte für sein Grundstück in Anspruch nahm, sind zu vergleichen der Minderwerth des dienenden Grundstücks, wenn dasselbe belastet wäre, und der Minderwerth des herrschenden Grundstücks, wenn die Servitut nicht besteht. Hier war der letztere größer, deshalb maßgebend. Dagegen nicht maßgebend der Schaden, welcher den Eigenthümer des letzteren Grundstücks in Folge davon treffen würde, daß er genöthigt würde, seine Spenglerwerkstätte aus dem nicht servitutberechtigten Hintergebäude in sein

davor gelegenes Wohnhaus zu verlegen. B. III, 124/89 vom 21. Jan. 90.

637. Die Beklagten sind verurtheilt, Anstalten zu treffen, welche verhindern, daß das aus einem Vorfluthgraben in die Lache (an dem Grundstücke des Klägers) einmündende Wasser einen Rückstau der Lache nach dem klägerischen Grundstück verursacht. Nach Angabe der Beklagten läßt sich die Abhülfe nur durch Räumung des Weidenauer Wassers erreichen, welche auf einmal 1650 Mark und jährlich wiederkehrend 100 Mark Kosten veranschlagt ist. Da den Beklagten aber ein Dritter bekannt ist, welcher räumungspflichtig ist, so kann es ihnen nicht an Mitteln fehlen, ihn zur Erfüllung seiner Verpflichtung anzuhalten; dadurch können nicht Kosten erwachsen, welche die Revisionssumme erreichen. Dieselbe wurde auch durch das Interesse des Klägers und die Kosten nicht erreicht, welche er nach seinen eigenen Angaben aufzuwenden haben würde, um entsprechende Anlagen zu machen, wenn er im Wege der Zwangsvollstreckung nach C. P. O. §. 773 hierzu gelangt. V, 264/89 vom 5. Febr. 90.

638. Es ist zwar der Beklagten zuzugeben, daß der Kläger die Klage nicht förmlich zurückgenommen hat. Da aber dieselbe ausdrücklich erklärte, die Hauptsache sei erledigt, so muß mit dem Oberlandesgericht angenommen werden, daß über die Hauptsache selbst, nachdem Kläger sich mit der erhaltenen Zahlung zufrieden erklärte, nicht mehr zu verhandeln war. Ebenso ergibt sich aus dem Thatbestand des landgerichtlichen Urtheils, daß nur mehr über die Frage verhandelt und gestritten worden ist, wer die Kosten des Zahlungsanerbietens und die Prozeßkosten zu bezahlen habe. Daran ändert der Umstand nichts, daß die Beklagte die Abweisung der Klage beantragt hatte; denn durch den Verzicht des Klägers auf die Mehrforderung war immerhin der Streit über die Hauptsache, wie auch das Landgericht angenommen hat, erledigt. Streitgegenstand waren sonach, auch soweit die Verhandlungsgebühr in Frage steht, lediglich die oben erwähnten Kosten. B. II, 17/90 vom 7. Febr.

639. Klage auf 1800 Mark nebst 6% Zinsen seit 1. Jan. 1882. Erstinstanzlich abgewiesen 1228 nebst Zinsen zu 6% seit 27. April 1885; die Verurtheilung zu 572 Mark Kapital und 5% Zinsen davon seit 6. Juni 1888 focht der Beklagte nicht an;

Werth des Streitgegenstandes.

er beantragte aber mit Berufung Abweisung der zuerkannten Zinsen
von 1800 Mark zu 6% vom 1. Jan. 1882 bis 27. April 1885,
6% von 572 Mark vom 27. April 1885 bis 6. Juni 1888, 1%
derselben Summe von da ab. Anschließung des Klägers auf Verurtheilung zu dem erstinstanzlich Abgewiesenen. Soweit sich der
Berufungsantrag des Beklagten auf die Zinsen von den der Klägerin rechtskräftig zuerkannten 572 Mark bezog, hatten diese Zinsen
die Natur einer Nebenforderung im Sinne des §. 4 cit. verloren
und die Natur einer selbständigen Forderung angenommen. Berufungsurtheil auf Zahlung weiterer 1228 Mark nebst 5% Zinsen
vom 27. April 1885 ab. Auf die Berufung des Beklagten das
sechste Procent Zinsen abgesprochen. Revision des Beklagten Beschwerdewerth 1228 Mark Kapital und 5% Zinsen von 572 Mark
vom 1. Jan. 1882 bis 6. Juni 1888. VI, 294/89 vom 20. Febr. 90.

640. Wenn für die hier fragliche Kostenbestimmung in der
Zwangsvollstreckung ein geringerer Werth als der der ganzen Sache
zu Grunde gelegt ist, so beruht dies auf der Erwägung, daß im
stattgehabten Verfahren nicht alle Beklagte, sondern nur zwei derselben dem Kläger gegenüberstanden. Daß diesem Umstande ein
entsprechender Einfluß auf die Bestimmung der Werthstufe beigemessen ist, kann nicht mißbilligt werden, da kein Anhalt dafür
vorlag, daß sich gerade in den Händen dieser beiden Beklagten der
gesammte im Rechtsstreit fragliche Nachlaß befunden haben sollte.
B. III, 121/89 vom 18. Febr. 90.

641. Da zur Zeit der Werthfestsetzung das Berufungsverfahren noch schwebte, so ist dieselbe von Amtswegen mit Verbindlichkeit auch für die erste Instanz getroffen. Deshalb unerheblich,
daß der Prozeßbevollmächtigte im Berufungsverfahren nicht legitimirt war, den Antrag auch für die erste Instanz zu stellen.
Gerichtskostengesetz §. 16. B. V, 34/90 vom 26. März.

642. Die Klägerinnen beanspruchen ein durch Kauf und Uebergabe erworbenes dingliches Recht auf eine bestimmte Grabstätte,
in welcher fremde Leichen beigesetzt sind. Das beklagte Domkapitel
hat den Klägerinnen andere Grabstätten zur Verfügung gestellt,
welche nicht erheblich weiter von dem Grabe der Mutter der Kl.
liegen als die beanspruchten. Wie hoch der Affektionswerth des
vorliegenden Anspruches zu schätzen sei, b. h. wie hoch die Geldsumme zu veranschlagen, welche die Klägerinnen verständigerweise

für Erlangung der streitigen Stellen höchstens zu opfern bereit sein könnten, das ist nur unter Berücksichtigung der persönlichen Verhältnisse der Klägerinnen zu beurtheilen; dafür, daß diese Summe mehr als 1500 Mark betragen würde, ist Nichts beigebracht und es liegt somit keine Veranlassung vor, von der übereinstimmenden Schätzung der den thatsächlichen Verhältnissen näher stehenden Vorinstanzen (auf 100 Mark) abzuweichen. V, 308/89 vom 12. März 90.

643. Klägerin fordert 1602,85 Mark. Beklagte bestreitet die Forderung und kompensirt eventuell 396,85 Mark. Unter Zusprechung dieser Gegenforderung ist Beklagte zu 1206 Mark verurtheilt. Beschwerdewerth für die Revision der Beklagten 1602,85 Mark, da ihre Gegenforderung durch Aufrechnung getilgt wurde. III, 338/89 vom 18. März 90.

644. Im Fall 83. Der Gegenstand des vorliegenden Rechtsstreites ist die Rechtsgültigkeit der von der Beklagten eingelegten Muthung, also letztere selbst, und nicht das dem Einspruch des Klägers zu Grunde liegende Recht. Nur insoweit das letztere durch die Muthung der Beklagten beeinträchtigt wird, also nicht über die Grenzen der letzteren hinaus, kann auch das Interesse des Klägers und Revisionsklägers als bestimmend für den Werth des Streit- und Beschwerdegegenstandes anerkannt werden. V, 140/89 vom 8. März 90.

644a. In Folge erlittenen Unfalls fordert Kläger für sich eine lebenslängliche Rente von 2108,20 Mark unter Einrechnung der Pension; zugleich bittet er Beklagten zu verurtheilen, anzuerkennen, daß er, falls Kläger in Folge des Unfalls zeitig mit Tode abgehen sollte, seiner Witwe bis zur Wiederverheirathung oder ihrem Tode 24 Proc., jedem Kinde bis zum zurückgelegten 15. Lebensjahre, und bei Erwerbsunfähigkeit auch ferner 18 Proc., und wenn dasselbe mutterlos wird 24 Proc., zusammen jedoch nicht mehr als 72 Proc. von 2635,23 Mark unter Einrechnung des gezahlten Witwen- und Waisengeldes entrichte. Auf den bedingten Feststellungsantrag läßt sich §. 9 C. P. O. nach seinem Wortlaute und seiner erkennbaren Absicht nicht anwenden. Unter den vorliegenden Verhältnissen erscheint solche Anwendung um so mehr ausgeschlossen, als schon der Werth der vom Kläger unbedingt eingeklagten Rente nach dem zwölfeinhalbfachen Betrage des

Werth des Streitgegenstandes.

einjährigen Bezuges berechnet ist, und es an zuverlässigen Grundlagen für die Schätzung der etwa noch fernerhin an die Witwe
oder die Kinder zu leistenden Jahresbezüge sowie der hiervon zu
machenden Abzüge gänzlich mangelt. Vielmehr dafür §§. 3 und 4
C. P. O. maßgebend. Bei Berücksichtigung des Interesse, welches
der Kläger zur Zeit der Klagerhebung an diesem Antrage hatte,
und des Maßes der Wahrscheinlichkeit, daß ein derartiger Anspruch
einst zur Entstehung gelangen werde, konnte der Werth dieses Antrages nicht höher als auf 2000 Mark geschätzt werden, dazu der
Werth der Jahresrente, welche Kläger für sich forderte, nach §. 9
auf 11240 Mark, also Streitwerth 12000 bis 14000 Mark. Vgl.
B. VI, 58/89 bei Bolze VII, 852. — B. VI, 44/90 vom 17. April.

644 b. Der Konkursverwalter ficht das Absonderungsrecht,
welches Beklagter in Anspruch nimmt, als den Konkursgläubigern
gegenüber unwirksam an. Werth unter 1500 Mark, da die Kapital-
forderung des Beklagten nur 1483 Mark beträgt, Zinsen und
Kosten, deren Vergütung und Ersatz Beklagter neben dem Kapital
fordert, als Nebenforderung außer Ansatz bleiben. II, 47/90 vom
22. April.

644 c. Klage, daß die Stadt Leipzig nicht berechtigt sei, den
Johannapark, welcher ihr mit der Auflage vermacht war, daß das
Grundstück für immer der Bebauung entzogen bleibt, durch Beseitigung der an der südöstlichen Grenze befindlichen Anlagen um-
zugestalten, sowie Areal zur Straßenherstellung zu verwenden, daß
auch Beklagte verbunden sei, dem Kläger, als Erben des Stifters,
Sicherheit wegen Erfüllung der Auflage zu leisten. Widerklage,
daß Beklagte berechtigt sei, den näher bezeichneten Theil zur Anlegung einer Straße zu verwenden. Für den Werth des Streitgegenstandes nicht der Verkaufswerth des ganzen Johannaparks
maßgebend, welcher die Stadt nur mit den Unterhaltungskosten
belastet. Der Werth kann nur nach dem Anspruch auf Nicht-
verwendung des Theiles zu Straßenbauten und auf Erfüllung der
Vermächtnißauflage bemessen werden. Von 832000 Mark auf
200000 Mark herabgesetzt. B. VI, 47/90 vom 24. April.

644 d. Klage auf Herausgabe oder Vernichtung von Urkunden,
in welchen ein Minderjähriger dem Gläubiger versprochen hat,
die Darlehne zurückzuzahlen, welche dieser seinen Eltern gewährt
hat, erhoben, um einen Mißbrauch mit diesen rechtlich unwirk-

samen Urkunden zu verhindern. Nicht der Werth der Darlehns- **Werth des**
summen von zusammen 6750 Mark maßgebend; vielmehr nicht **Streitgegen-**
über 1500 Mark. IV, 5/90 vom 24. April. **standes.**

644e. Der Kläger ficht aus dem Anfechtungsgesetz §. 3¹ die zwangsweise Veräußerung von Mobilien durch die Ehefrau des Schuldners gegen jene an. §. 4 C. P. O. findet hier keine Anwendung, vielmehr bildet die Forderung des Anfechtungsklägers einen auf dem vollstreckbaren Urtheil des Landgerichts beruhenden Gesammtanspruch, dessen einzelne Theile als gleichberechtigt erscheinen, auch wenn sie aus Zinsen- oder Kostenschuld herrühren, sobald es sich um Bestimmung der Größe des Anspruchs auf Rückgewähr der durch angefochtene Rechtshandlungen dem Gläubiger entzogene Befriedigungsmittel handelt. Vgl. II, 22/87 vom 27. Mai (Bd. IV, 1077). II, 46/90 vom 25. April.

644f. Das Berufungsurtheil verurtheilt zu 16 000 Mark sammt Zinsen seit der Klagzustellung. Revision der Kläger, weil nicht die früheren Zinsen zum Betrage von 11 066,67 Mark zugesprochen sind; Revision des Beklagten, weil nicht 16 000 Mark sammt Zinsen seit Klagerhebung abgewiesen sind. Werth 16 000 + 11 066,67 = 27 066,67 Mark. V, 58/62 89 vom 29. März 90.

644g. Für den Beschwerdewerth waren hier nicht die Angaben des Revisionsklägers maßgebend. Geklagt war, Beklagter sei nicht berechtigt, das Wasser zur Berieselung dem Bach zu entnehmen, ohne dasselbe in das ursprüngliche Bett wieder zurückzuleiten. Nach einem früheren Gutachten des Sachverständigen fließt das Wasser, soweit es nicht bei dieser Berieselung konsumirt wird, dem Bach wieder zu. In dieser Beziehung sind die abweichenden Angaben des Klägers und Revisionsklägers der Schätzung der Revisionssumme nicht zu Grunde zu legen. Es handelt sich hier nicht um einen Schadensanspruch, für dessen Schätzung die Angaben der Kläger über den Umfang des Schadens maßgebend wären; vielmehr ist die gesetzliche Verpflichtung des Beklagten zur Zurückführung des abgeleiteten Wassers der eigentliche Gegenstand des erhobenen Anspruchs. Für diesen Anspruch selbst aber ist es gleichgültig, ob durch die gesetzwidrige Unterlassung des Beklagten den Klägern das Wasser des Briesenbachs ganz oder nur zu einem Theil entzogen wird. Der Werth des Beschwerdegegenstandes kann daher nicht lediglich nach den Angaben der Kläger

Werth des Streitgegenstandes.

über die Menge des ihnen entzogenen Wassers, sondern nur danach bemessen werden, welches wirthschaftliche Interesse sie daran haben, daß dem Beklagten die Ableitung des Wassers untersagt wird, sofern er nicht seiner Verpflichtung zur Zurückleitung des Wassers Genüge leistet. Bei Schätzung dieses Interesse aber kann es nicht unberücksichtigt bleiben, wenn das durch die Berieselung nicht verzehrte Wasser auch ohne künstliche Zuleitung ganz oder zum Theil in den Bach zurückfließt, und es darf der Sachverständige bei seiner Schätzung der den Klägern entzogenen Wasserkraft nicht von einer thatsächlichen Annahme ausgehen, die nach seiner eigenen sachverständigen Wahrnehmung und Ueberzeugung der Wirklichkeit nicht entspricht. V, 5/90 vom 3. Mai.

644h. Der Beklagte war erstinstanzlich verurtheilt, bis zur definitiven Entscheidung über Ertheilung des von dem Kläger nachgesuchten Patents die von diesem angemeldeten Apparate nicht weiter gewerbsmäßig herzustellen. Zur Zeit der Eröffnung des Urtheils war das Patent auf erfolgten Einspruch bereits versagt, aber vom Kläger Beschwerde eingelegt. Berufung des Beklagten, worauf Klage abgewiesen, nachdem jene Entscheidung auf die Beschwerde bestätigt war. Beschwerdewerth für die Berufung auf 2000 Mark festgestellt; Beschwerde zurückgewiesen. Bei Abschätzung des Beschwerdewerths für die Berufungsinstanz war die größere oder geringere Wahrscheinlichkeit in Betracht zu ziehen, ob die erstinstanzliche Entscheidung des Patentamts bis zur Entscheidung des Berufungsrichters nicht abgeändert werden würde. Dafür, daß sich danach ein höherer Beschwerdewerth als 2000 Mark herausstellt, fehlt es an allem Anhalt. Nun behauptet allerdings Beschwerdeführer, der Schaden, welchen Kläger dem Beklagten durch den Jenem vorläufig gewährten Patentschutz zugefügt habe, belaufe sich auf ein Vielfaches von 2000 Mark. Allein, daß Beklagter diesen Schaden überhaupt vom Kläger ersetzt verlangen könne, wenn das Urtheil des Königl. Landgerichts auf die Berufung des Beklagten aufgehoben würde, dafür fehlt es wiederum an jedem thatsächlichen Anhalt. B. I, 19/90 vom 21. Mai.

644i. Die Klage bezweckt die Beseitigung der Widersprüche, welche der Beklagte W. zusammen mit dem Beklagten R. gegen die Auszahlung von hinterlegten 2292,85 Mark; derselbe W. zusammen mit dem Beklagten B. gegen die Auszahlung von hinterlegten 4220,85 Mark an den Kläger erhoben hatten. Da die Widersprüche je gegen die Auszahlung der ganzen Summe er= hoben waren, so bestimmt sich der Werth des Streitgegenstandes nach diesen Beträgen. V, 53/90 vom 17. Mai.

644k. Es handelt sich darum, ob die dem Kläger vom 1. Okt. 1916 ab, dem voraussichtlichen Zeitpunkt seiner eventuellen Pen= sionirung, zugesprochene Rente um 107,12 Mark zu hoch bemessen worden ist. Kläger würde am 1. Okt. 1916 sein 65. Lebensjahr vollenden. Der fragliche Streit hat also nur für den Fall, daß der in Folge eines Eisenbahnunfalls an einer schweren Erkrankung des Nervensystems leidende Kläger über 65 Jahr alt wird, prak= tische Bedeutung. Es erscheint nun nicht zulässig, die von der Revision in Bezug genommene Vorschrift des §. 9 C. P. O. auf einen solchen Fall anzuwenden, in welchem es erst von einem nach einer Reihe von Jahren eintretenden unsicheren Ereignisse abhängt, ob es überhaupt zu der streitigen Leistung kommen wird, und den Werth einer bedingten und jedenfalls erst nach langer Zeit an= fangenden jährlichen Leistung ebenso hoch zu bestimmen, wie den Werth einer gegenwärtigen unbedingten jährlichen Leistung. Viel= mehr ist hier entsprechend dem §. 3 C. P. O. der Werth des Streitgegenstands nach freiem richterlichen Ermessen festzusetzen. VI, 61/90 vom 29. Mai.

644l. Der vom Kläger mit der Klage auf Grund des Kauf= vertrags erhobene Anspruch besteht darin, daß ihn die Beklagten von seiner Verpflichtung zur Uebertragung des Eigenthums be= freien und zu diesem Behuf die Erklärungen von ihm annehmen und selber die Anträge beim Grundbuchrichter stellen sollen, die erforderlich sind, den Eigenthumsübergang für sie zu bewirken. Festsetzung des Werths nach dem Interesse, welches der Kläger an der Entgegennahme der Auflassung hat. Dabei müssen aus= scheiden die Verpflichtungen, die bereits erfüllt sind, also das Kauf= geld, welches dem Kläger in Höhe von 40 000 Mark bereits baar gezahlt worden, da die fehlende Auflassung die Beklagten zur Kon= diktion derselben nicht berechtigen würde. Dagegen ist zu berück= sichtigen nicht blos das den Beklagten kreditirte Kaufgeld von 62 000 Mark, sondern auch der Anspruch auf Liberation von den Forderungen zum Betrage von 62 000 Mark, die die Beklagten als Selbstschuldner übernommen haben. Der Werth des Streit-

Werth des Streitgegen-standes.

Sachliche Zuständigkeit.

gegenstandes würde hiernach auf 124 000 Mark festzusetzen sein. B. V, 52/90 vom 14. Juni.

645. Im Fall 658. Dem Konsulargericht sind nach dem Gesetz vom 10. Juli 1879, §. 1, Abf. 2 nur die in dem Konsulargerichtsbezirk sich aufhaltenden Reichsangehörigen und Schutzgenossen, also nicht die Rhederei unterworfen, welche in Hamburg ihren Sitz hat. Das ist aber dahin auszulegen, daß es schon genügt, wenn der Vertreter des Deutschen dort wohnt oder sich aufhält. Es würde hiernach unbedenklich die Zuständigkeit des Konsulargerichts anzunehmen sein, wenn die hier fraglichen Güter mit dem Dampfer Polyhymnia selbst nach Shanghai gebracht wären und die Klage während des dortigen Aufenthaltes des Schiffes dessen Führer als dem gesetzlichen Vertreter der Beklagten (vgl. H. G. B. 496, 502 und 512) zugestellt wäre. Aehnlich liegt aber auch hier die Sache. Denn mögen auch, wie der erste Richter zutreffend bemerkt, Siemßen & Co. in ihrer Eigenschaft als ständige Agenten der Beklagten in den Angelegenheiten ihrer Schiffe bei dem sehr unbestimmten und oft sehr verschiedenartigen Umfange der einem sogenannten Agenten übertragenen Befugnisse nicht ohne Weiteres auch zur Prozeßführung für die Beklagte als ermächtigt anzusehen sein, so sind dieselben doch thatsächlich auf die ihnen zugestellte Klage von vornherein für die Beklagten aufgetreten und haben sich auf diese Klage eingelassen. Nachträglich hat dann aber die Beklagte ihre Vertretung durch die Agenten genehmigt und diese Genehmigung ist nach allgemeinen Rechtsgrundsätzen auf den Zeitpunkt des Beginnes des Rechtsstreits zurückzubeziehen, so daß die Beklagte rechtlich schon von dem Augenblicke der Klagzustellung an als durch die Firma Siemßen & Co. in Shanghai vertreten anzusehen ist, was ihrem eigenen dortigen Aufenthalte gleichstehend zu erachten ist. I, 325/89 vom 2. Okt.

646. Die mit Zustellung des amtsgerichtlichen Zahlungsbefehls auf 321 Mark eingetretene Rechtshängigkeit begründete die sachliche Zuständigkeit des Landgerichts, welche bestehen blieb, auch nachdem der Schuldner 300 Mark abgezahlt hatte, so daß nach erhobenem Widerspruch die Klage wegen 21 Mark bei dem Landgericht zu erheben war. — C. P. O. §§. 635, 637, 235 unter 2. — IV, 347/89 vom 24. Febr. 90.

Gerichtsstand.

647. Im Fall 590. Da nach §. 20 C. P. O. der all-

gemeine Gerichtsstand des Fiskus durch den Sitz der zur Vertretung desselben berufenen Behörde bestimmt wird, so wurde die in Breslau erhobene Klage wegen Unzuständigkeit des dortigen Landgerichts abgewiesen. IV, 235/89 vom 5. Dec.

648. Der Verkäufer hat die Verpflichtung übernommen, eingetragene Hypotheken und noch eingetragene, aber materiell bereits erloschene Reallasten löschen zu lassen. Die auf diese Vertragserfüllung gerichtete Klage des Käufers ist nicht an den Gerichtsstand der dinglichen Klage gewiesen: anders, wenn ein persönlicher Anspruch gegen den Hypothekgläubiger als den zur erloschenen Last Berechtigten auf Löschung geltend gemacht wird (wie II, 287/85, Bd. II, 1425 und III, 147/87 vom 25. Okt., Bd. V, 974). V, 242/89 vom 18. Jan. 90.

649. Als statutarisch festgesetzte Prorogation kann es angesehen werden, wenn die in Berlin domizilirte Viehversicherungs-Gesellschaft den bei ihr versicherten Angehörigen von Württemberg gegenüber die ihr zur Bedingung der Zulassung gemachte und legal bekannt gemachte Verpflichtung übernimmt, bei allen Streitigkeiten zwischen ihr und den Versicherten nur vor den betreffenden Gerichten jenes Staates Recht zu geben und zu nehmen, der einzelne Versicherte aber durch seinen Eintritt in die Gesellschaft und Annahme ihrer Statuten auch diese statutarische Verpflichtung der Gesellschaft und das für ihn aus derselben hervorgehende entsprechende Recht zum mindesten stillschweigend acceptirt. — Danach hat mit Recht der in Berlin zur Erfüllung gesellschaftlicher Verpflichtungen auf Grund C. P. O. §§. 19, 23 belangte Württemberger die Unzuständigkeit des Berliner Gerichts geltend gemacht. Jene statutarische Bestimmung aus der Zeit vor C. P. O. ist durch diese so wenig hinfällig geworden wie durch die noch nicht abgeschlossene Liquidation der Gesellschaft, da diese thatsächlich fortbesteht. Unerheblich, daß sie in Württemberg keinen Hauptagenten mehr hat. VI, 276/89 vom 20. Jan. 90.

650. II, 13/90 vom 21. Febr. bei Klage aus Markenschutzgesetz §. 13, wie I, 197/89 vom 19. Okt. bei Klage aus Patentgesetz §. 4.

651. Da der Anspruch von dem Beschwerdeführer wider seine Verwandte auf einen lehnrechtlichen Successionstitel gestützt, also eine Sigularklage erhoben werden soll, trifft der ausschließ-

liche Gerichtsstand der belegenen Sache — §. 25 C. P. L. —
zu. Vgl. E. Bd. 21, S. 411, 412, Bolze, Praxis des Reichsgerichts, Bd. I, Nr. 1540; Bd. VI, Nr. 872. — Wegen der in
verschiedenen Gerichtsbezirken belegenen Güter ist jedoch der Antrag auf Bestimmung eines gemeinschaftlichen Gerichts nach §. 36,
Nr. 4 vom Oberlandesgericht mit Recht abgelehnt. Der bloße
Umstand, daß die beiden selbständigen Güter äußerlich in der Hand
desselben Besitzers vereint waren, und von einem Lehnsnachfolger
auf Grund eines gleichen Rechtstitels angesprochen werden, genügt
nicht zur Anwendbarkeit des §. 36, Nr. 4, vielmehr setzt jene
Gesetzesbestimmung voraus, daß die Klage sich auf eine einzelne
unbewegliche Sache richtet, welche in mehreren Gerichtsbezirken
belegen ist oder auf einen Komplex von Immobilien, welche durch
ein besonderes rechtliches Band zu einer Einheit verbunden sind,
wie dies z. B. bei Fideikommissen und in Bezug auf Reallasten
der Fall sein kann. Die Bestimmung über objektive Klagenhäufung würde sonst auch vereitelt. B. III, 2/90 vom 14. Febr.

652. Eine Mannheimer Firma klagte in Mannheim gegen
eine Pariser Firma auf Zahlung für derselben nach Paris gelie-
fertes Bier. Im Vertrage vom 3. 1881 war bestimmt „Wohnsitz dieses Vertrages ist Mannheim". Der Gerichtsstand des ge-
wählten Domizils ist durch E. G. z. C. P. O. §. 14 beseitigt. Aus
der B. L. R. 111 beschränkenden Bestimmung des E. G. §. 15³ ist
aber nicht abzuleiten, die Parteien hätten mit jener Bestimmung
Mannheim zum Erfüllungsort machen wollen, zumal der Erfüllungsort eine über den Gerichtsstand hinausgehende Bedeutung
für den Inhalt der Obligation hat. Das die Klage zulassende
Berufungsurtheil aufgehoben, zurückverwiesen, da noch andere Behauptungen aufgestellt waren, aus welchen die vertragsmäßigen
Feststellungen dieses Erfüllungsorts von der Klägerin abgeleitet
waren. II, 315/89 vom 21. Febr. 90.

653. Wegen Nichtübereinstimmung des Willens beider Kontrahenten mit der sich auf zwei auf demselben Grundbuchblatt
eingetragene Grundstücke erstreckenden Auflassungserklärung war
das Eigenthum an der zweiten Parzelle auf die Beklagte, welche
nur die erste Parzelle gekauft hatte, nicht übergegangen — vgl.
V, 207/87 (Bd. V, 72). — Die Klägerin kondizirte deshalb nicht
die zweite Parzelle, sondern sie vindizirte dieselbe, indem sie Rück-

auflassung forderte. Für diese Klage das Gericht der belegenen Gerichtsstand. Sache allein zuständig. V, 319/89 vom 19. März 90.

654. Der Frankfurter Verkäufer hat dem Berliner Käufer Felle auf dessen Anweisung nach Leipzig geschickt. Der Käufer klagt, ohne Aufhebung des Kaufs zu begehren, auf Rücknahme einer Anzahl von Fellen, weil nicht vertragsmäßig, und Erstattung von auf diese aufgewendeten Kosten. Da der Käufer nur für einstweilige Aufbewahrung der beanstandeten Waare zu sorgen, sonst aber mit derselben nichts Weiteres vorzunehmen hat, so darf er Rücknahme der Felle da fordern, wo sie sich befinden, also auch in Leipzig hierauf klagen. VI, 334/89 vom 17. März 90.

654a. Bei Quasikontrakten, hier wegen gewährter Alimente, ist der Gerichtsstand des §. 29 C. P. O. nicht anwendbar. Etwas anderes folgt auch nicht aus I, 173/88 vom 9. Juli (Bd. VI, 380, E. 21, 80). III, 55/90 vom 23. Mai.

654b. Da aber Kläger behauptet hat, daß die Absicht, für die gewünschte Alimentation Vergütung zu fordern und zu geben beiderseits ausdrücklich und stillschweigend wiederholt zu erkennen gegeben sei, war der Gerichtsstand des Vertrags begründet. III, 55/90 vom 23. Mai.

654c. Die Einrede der Unzuständigkeit war zu verwerfen, ohne daß etwas darauf ankommt, ob der Kläger demnächst den Abschluß eines förmlichen Vertrags zu erweisen im Stande ist. — Bolze, Praxis, VII, 864. — III, 55/90 vom 23. Mai.

654d. Auch nach den Bestimmungen der C. P. O. ist anzunehmen, daß der Wohnsitz des Beamten am Orte des Amtssitzes nicht schon durch die Anstellung, sondern entsprechend den Vorschriften des materiellen Rechts (vgl. §. 11 der Pr. A. G. O. I, 2) erst durch die Niederlassung des Beamten am Orte des Amtssitzes begründet wird. Der Kläger war als Lehrer von Schlüchtern, wo er bis 1. März wohnte, nach Pr. Friedland versetzt, gleichzeitig aber beurlaubt. Ohne sein Amt dort anzutreten und sich dorthin zu begeben, war er demnächst nach Franzburg versetzt. Zur Zeit der Klagerhebung auf Ehescheidung wider seine in Schlüchtern zurückgebliebene Ehefrau lebte er von dieser getrennt in Eberswalde. Das angegangene Landgericht Konitz unzuständig. IV, 10/90 vom 1. Mai.

Ausschließung und Ablehnung des Richters.

654e. Daß der Richter, welcher an der Urtheilsfindung des Berufungsurtheils Theil genommen hat, in dem zur Verkündung des Urtheils erster Instanz anberaumten Termin als beisitzender Richter zugegen gewesen ist, ohne daß er an der Sachverhandlung, noch an der Urtheilsfällung erster Instanz Theil genommen hat, ist kein Grund der Aufhebung des Berufungsurtheils aus C. P. O. §. 513, Ziff. 2. III, 23/90 vom 25. April.

Streitgenossen.

655. C. P. O. §. 59 kann nur bezüglich der Fortführung des Prozesses in Frage kommen, an welchem sich die Streitgenossen als Kläger oder Beklagte betheiligt haben, nicht bezüglich solcher an dem Rechtsverhältnisse betheiligten Personen, welche gar nicht geklagt haben oder nicht mitverklagt sind. V, 251/89 vom 25. Jan. 90.

656. Köln. Klage eines Miterben, daß die Massegrundstücke zu versteigern, war nach dem materiellen Interesse nur gegen diejenigen Miterben zu richten, welchen gewisse Liegenschaften von der Mutter übereignet waren. Nur zwei Miterben, welche in dieser Lage waren, haben dem Klagantrag widersprochen, die übrigen sind unthätig geblieben. Obwohl das erstinstanzliche Versäumnißurtheil, welches die Versteigerung des größten Theils der Grundstücke anordnete, die sämmtlichen Miterben als Parteien aufführt, ist es in Wirklichkeit nur zwischen dem Kläger und jenen beiden Beklagten ergangen, welche Letzteren auch nur zu den Kosten verurtheilt wurden. Mit Recht hat der erste Richter deshalb auch den Einspruch nur dieser beiden Beklagten als zulässig bejaht. Eine nothwendige Streitgenossenschaft lag nicht vor, denn einzelne Miterben können jene Veräußerungen als rechtswirksam anerkennen. Deshalb sind auch die übrigen Miterben in der Berufung nicht zugezogen. II, 258/89 vom 24./31. Jan. 90.

657. Der zweite Gesellschafter R. hat vertragswidrig seinen Gesellschaftsantheil an M. veräußert und sein Miteigenthum diesem aufgelassen. Klage des ersten Gesellschafters gegen R. und M., daß diese Auflassung dem Kläger gegenüber unwirksam sei. Die Verschiedenheit der rechtlichen Stellung der beiden Beklagten, von denen allein der Beklagte R. gegenüber dem Kläger vertraglich gebunden ist, liegt auf der Hand, und schon daraus ergibt sich, daß R. sich dem auf Grund seiner Vertragsverletzung gegen ihn erhobenen Anspruch nicht aus dem Grunde entziehen kann, weil

derselbe Anspruch nicht auch gegen M. erhoben werden dürfe, daß folglich nicht davon die Rede sein kann, als ob das Rechtsverhält= niß nur einheitlich gegen beide Streitgenossen festgestellt werden könne. V, 256/89 vom 29. Jan. 90.

657 a. A. L. R. Der Kläger hat Alimente von seinem Bruder H. und von seiner Schwester, sowie von seinem Sohn R. gefordert. Der erste Richter hat die Klage gegen H. abgewiesen, weil derselbe unvermögend sei, den Kläger zu unterstützen; die Schwester und den R. hat er zur Zahlung von je 300 Mark jährlich verurtheilt. Nur die Schwester hat Berufung eingelegt, der Berufungsrichter hat deren Verurtheilung auf 150 Mark herab= gesetzt, weil der Bruder nicht in der Lage sei, jährlich 150 Mark zu zahlen. Dies verstieß nicht dagegen, daß in erster Instanz zwischen den Beklagten eine nothwendige Streitgenossenschaft be= stand, und die Klage gegen den Bruder rechtskräftig abgewiesen war. Widersprechende Urtheile können durch C. P. O. §. 59 nicht gänzlich verhütet werden, am wenigsten in Fällen wie der vor= liegende, wo das Rechtsverhältniß nicht von der Art ist, daß es in allen Beziehungen nur einheitlich gegenüber sämmtlichen Streit= genossen festgestellt werden kann, jeder von diesen vielmehr neben dem gemeinsamen Interesse ein eigenes Interesse zu verfolgen hat, welches von dem der übrigen nicht blos unabhängig ist, sondern mit demselben sogar in Widerspruch tritt. Der Kläger hätte den Eintritt der Rechtskraft des erstrichterlichen Urtheils gegenüber dem Bruder durch Einlegung der Berufung verhindern und so den Berufungsrichter in den Stand setzen können, seiner vom ersten Richter abweichenden Beurtheilung entsprechend auch gegen den Bruder abändernd zu erkennen. IV, 387/89 vom 14. April 90. Vgl. 852ᶜ.

657 b. Colmar. Die mehreren Erben klagen gegen Fiskus auf Aufhebung des Zwangsbefehls, welcher auf Zahlung einer Erbschaftsgebühr erlassen war. Es ist sämmtlichen Erben ein Eid auferlegt; denjenigen gegenüber, welche schwören, ist der Zwangs= befehl aufgehoben. Gegen die Anderen ist Entscheidung vorbehal= ten. Revision zurückgewiesen. Daraus, daß die Erben sammt= verbindlich haften, folgt nicht, daß ihnen gegenüber das Rechts= verhältniß nur einheitlich festgestellt werden könne. II, 79/90 vom 20. Mai.

Prozeßbevoll-
mächtigter.

658. Die Deutsche Dampfschiffsrhederei zu Hamburg hat 500 Kisten Fensterglas mit einem ihrer Dampfer nach Shanghai verschifft. Die dortige, durch Konnossement legitimirte Empfängerin hat, da die Kisten beschädigt ankamen, Klage wider die Rhederei, welche dort einen Agenten hält, vor dem Deutschen Konsulargericht erhoben. Der nicht legitimirte Agent ist für die Beklagte im Prozeß aufgetreten. Da aber der für die Beklagte in zweiter Instanz erschienene und von dieser mit Vollmacht versehene Vertreter Namens derselben die Aufhebung des erstinstanzlichen Urtheils in Verfolg der von dem Agenten eingelegten Berufung beantragt hat, so ist hierin eine stillschweigende Genehmigung der erstinstanzlichen Prozeßführung enthalten. I, 325/89 vom 20. Okt.

Kosten.

659. C. P. O. §. 96 bezieht sich auf das Verhältniß des Nebenintervenienten (auch des Streitverkündeten) zu dem Gegner, nicht zu der Hauptpartei, welcher er beigetreten ist. Ob er von dieser auf Grund des zwischen ihnen bestehenden Rechtsverhältnisses Ersatz der Kosten fordern kann, ist nicht in diesem Prozesse zu entscheiden. B. V, 138/89 vom 20. Nov.

660. Im Fall 222, 714, 802, 810. Zu der von dem Revisionsbeklagten beantragten Niederschlagung der Gerichtskosten dieser Instanz lag keine Veranlassung vor, da die Aufhebung des Berufungsurtheils nicht, wie in dem Bd. 2, S. 404 der Entscheidungen des Reichsgerichts mitgetheilten Falle, durch blos formelle unrichtige Behandlung der Sache, sondern durch rechtsirrthümliche Beurtheilung Seitens des Berufungsrichters veranlaßt ist, welche letztere nicht durch die Vorschrift im §. 6 des Gerichtskostengesetzes betroffen werden kann. V, 196/89 vom 27. Nov.

661. Im Fall 811. Zu einer Niederschlagung der Gerichtsgebühren nach Maßgabe des §. 6 des Gerichtskostengesetzes lag kein Anlaß vor, da diese Sache sich in Nichts von jedem anderen Falle zu unterscheiden schien, in welchem in der Revisionsinstanz ein Berufungsurtheil wegen irriger Auffassung prozeßrechtlicher Normen aufgehoben wird. VI, 228/89 vom 12. Dec.

662. Der Beklagte war zu den Kosten einschließlich der erlassenen einstweiligen Verfügung verurtheilt. Die Pfändungs-, Transport- und Lagerkosten, welche durch Vollstreckung der e. V. entstanden und angeblich dem Gerichtsvollzieher bezahlt seien, bei der Feststellung abgesetzt; Beschwerde zurückgewiesen. Nach §. 99,

Abs. 2 C. P. O. genügt beim Festsetzungsgesuch zur Berücksichtigung eines Ansatzes, daß derselbe glaubhaft gemacht ist. Dies ist jedoch seitens des Klägers bezüglich seines Liquidats nicht geschehen; insbesondere bestätigen die Akten nicht die von ihm in der Beschwerdeschrift aufgestellte Behauptung, daß mit dem Festsetzungsgesuch die erforderlichen Beläge von ihm dem Gericht überreicht seien. B. V, 155/89 vom 4. Jan. 90.

663. Im Fall 862 Beschwerde zurückgewiesen. Insoweit aber nach den gesetzlichen Bestimmungen bei vorläufiger Vollstreckbarkeit des Urtheils die Vollstreckung desselben abgewendet oder einstweilen eingestellt werden kann, muß dies auch in Bezug auf die Vollstreckung der Kostenfestsetzungsbeschlüsse gelten, die ihren Grund nur in der vorläufigen Vollstreckbarkeit des Urtheils in der Streitsache hat, um deren Kosten es sich handelt. B. I, 67/89 vom 4. Jan. 90.

664. Ein Rechtsanwalt, welcher verklagt, einen andern Anwalt als Prozeßbevollmächtigten bestellt hat, kann nicht für seine eigene Korrespondenz mit diesem die Kosten eines Korrespondenzmandatars zu Erstattung liquidiren. B. V, 11/90 vom 29. Jan.

665. Im Fall 115 hat der Berufungsrichter die Prozeßkosten jedem Theil zur Hälfte auferlegt, weil der Kläger zum Theil obgesiegt hat. Dem Beklagten waren auch die Kosten der früheren Revisionsinstanz nicht aufzuerlegen, obschon es sich da nur um den Theil der Forderung handelte, mit welchem Kläger durchgedrungen ist. Denn die Kosten eines Rechtsmittels sind nur der Partei zur Last zu legen, welche dasselbe ohne Erfolg eingelegt hat. Damals war zurückverwiesen. Dieser Erfolg wird nicht dadurch beseitigt, daß das Berufungsgericht nun ebenso wie früher erkannt hat. VI, 292/89 vom 13. Febr. 90.

666. Da Beklagte im Prozeß die Verpflichtung zur Vorlegung der Handelsbücher bestritten hat, so ist sie mit Recht wie zur Vorlegung auch zu den Kosten verurtheilt: trotz ihrer Erklärung, daß sie zur Vorlegung bereit sei, dieselbe auch früher nie verweigert habe. I, 320/89 vom 3. Febr. 90.

667. Genügte zur Wahrnehmung der Rechte der Konkursmasse die Anwesenheit eines am Terminsorte ansässigen Rechtsanwaltes, so hat das Beschwerdegericht aus der Rechnung des Konkursverwalters, welche neben der Prozeß- und Beweisgebühr

Reisekosten und Diäten des Konkursverwalters für Reisen nach Alfeld und Melsungen enthält, mit Recht die Kosten für die Reise nach Alfeld gestrichen, weil an diesem Orte ein Rechtsanwalt ansässig ist. Andererseits war es nicht verpflichtet, die nur liquidirten Kosten für die Wahrnehmung des Termins in Melsungen durch den Konkursverwalter um so viel zu erhöhen, als bei Wahrnehmung des Termins durch einen Kasseler Anwalt wegen der letzterem zukommenden Gebühren an Mehraufwand erforderlich gewesen sein würde, denn es besteht kein Zusammenhang zwischen den Kosten für die beiden Termine, und die Partei hat keinen Anspruch darauf, daß ein zu geringer Kostenansatz auf den an sich zutreffenden Betrag erhöht wird, weil ein anderer Kostenansatz mit Recht um diese Differenz oder mehr gemindert worden ist. B. III, 17/90 vom 21. Febr.

668. Durch das Attest des Gemeindevorstehers zu Dippmannsdorf ist ausreichend bescheinigt, daß der Kläger nicht so federgewandt sei, um einen Rechtsanwalt vollständig informiren zu können, und daß er nach Lage seines Geschäfts nicht ohne großen Schaden Reisen nach Potsdam und Berlin zur Information seiner dortigen Anwälte habe unternehmen können, daß er dagegen einen geringeren Schaden durch die Reisen nach dem von seinem Wohnorte nicht so entfernten Belzig zwecks Information des Korrespondenzmandatars erlitten habe. Daß durch die Reisen an die Gerichtsorte behufs mündlicher Information der Anwälte weniger Kosten entstanden sein würden, als durch die Annahme eines Korrespondenzmandatars, ist nicht behauptet und nach Lage der Sache ohne Weiteres nicht anzunehmen. Die Gebühren und Auslagen des Korrespondenzmandatars waren demnach zur zweckentsprechenden Rechtsverfolgung des Klägers nothwendig. B. V, 27/90 vom 8. März.

669. Der erste Richter hat die Klage wegen Unzulässigkeit des Rechtswegs abgewiesen, der zweite Richter aufgehoben, zurückverwiesen und den Beklagten zu den Kosten der Berufungsinstanz verurtheilt. Das Urtheil wegen der Kosten aufgehoben, die Entscheidung darüber zum Endurtheil ausgesetzt. IV, 338/89 vom 23. Jan. 90.

670. Die Kostenfestsetzung ist nach den §§. 98—100 C. P. O. dazu bestimmt, den Betrag der einer Partei von der anderen Partei zu erstattenden Kosten in erschöpfender und abschlie-

ßender Weise festzustellen. Es ist daher — jedenfalls der Regel nach — Aufgabe desjenigen, welcher Festsetzung des ihm von dem Gegner zu erstattenden Kostenbetrages verlangt, hierbei den gesammten Betrag der ihm zu erstattenden Kosten anzugeben, und kann es ihm deshalb nicht gestattet sein, nach Rechtskraft des Kostenfestsetzungsbeschlusses nachträglich Posten, welche er damals geltend zu machen unterlassen hat, weiter als ersatzmäßig feststellen zu lassen, mindestens dann nicht, wenn er schon damals in der Lage war, sie geltend zu machen. Es würde damit der bezeichnete Zweck der Kostenfestsetzung vereitelt werden. B. II, 24/90 vom 21. März. Vgl. Bd. VIII, 756.

671. Von zwei Mitklägern ist Dem. durch rechtskräftiges Urtheil mit seiner Klage abgewiesen und in die Hälfte der Kosten verurtheilt. Durch ein späteres Urtheil sind die Beklagten dem Mitkläger David verurtheilt. Das erste Urtheil hatte den Sinn, daß den Beklagten die Hälfte ihrer Kosten von Dem. zu erstatten ist, während dieser seine eigenen Kosten auf sich behält. Danach konnte Dem., gegen welchen der abweisende Kostenfeststellungsbeschluß des Landgerichts ergangen ist, überhaupt keine Kosten von den Beklagten erstattet verlangen. Es trifft deshalb der Grund des §. 100 C. P. O. — die gleichzeitige Ausgleichung beidertheiliger Kostenersatzansprüche — nicht zu, und war daher die Beschwerde gegen den Kostenfestsetzungsbeschluß, zu welcher dem Kläger David überdies jeder Anlaß fehlte, nicht begründet. Obgleich die gegenwärtige Beschwerde nur gegen den Kläger Dem. gerichtet ist, war der Beschluß des Oberlandesgerichts doch im Ganzen aufzuheben und die frühere Beschwerde im Ganzen zurückzuweisen, weil es sich überhaupt nur um eine gegen Dem. ergangene Entscheidung handelt. B. II, 31/90 vom 18. März.

671a. Das Landgericht hat zu 13 910 Mark verurtheilt, 115 Mark abgewiesen; das Kammergericht die Klägerin der auf Verurtheilung auch zu 115 Mark gerichteten Berufung verlustig; die auf Abweisung auch der 13 910 Mark gerichtete Berufung des Beklagten für unzulässig erklärt, eine jede Partei in die Kosten ihres Rechtsmittels verurtheilt. Das ist keine Entscheidung auf Aufrechnung der Kosten. Die Klägerin hat deshalb mit Recht Erstattung der ihr durch die Berufung des Beklagten entstandenen Kosten gefordert. B. IV, 34/90 vom 31. März.

671b. Wenn auch die Voraussetzungen nicht vorliegen, unter welchen zur zweckentsprechenden Rechtsverfolgung die Vermittlung des erstinstanzlichen Anwalts für den Verkehr der Partei mit den Anwälten der höheren Instanzen erforderlich ist, so würden doch nach Lage des Prozesses und bei der Höhe des Streitgegenstandes die Kosten einer Reise des Beklagten zum Anwalte zweiter Instanz zwecks mündlicher Instruktion nicht zu beanstanden gewesen sein, während die Kosten einer Reise zum Anwalte der Revisionsinstanz als nothwendiger Prozeßaufwand nicht hätten betrachtet werden können. Sind jene Reisekosten durch die Vermittlung des erstinstanzlichen Anwalts erspart worden, so war der zu ermittelnde Betrag derselben an Stelle der abgesetzten Gebühr des Korrespondenzmandatars zuzusetzen. B. III, 41/90 vom 1. April.

671c. Wenn auch sonst die Kosten der Zwangsvollstreckung, zu denen auch die durch Beauftragung des Gerichtsvollziehers erwachsenden Anwaltskosten gehören, zugleich mit dem zur Zwangsvollstreckung stehenden Anspruch beizutreiben, und deshalb nicht besonders festzusetzen sind — C. P. O. §. 697 — so ist doch der vom Reichsgericht anderweit ausgesprochene Grundsatz, daß, wenn die Kosten der Zwangsvollstreckung nicht zugleich mit dem zur Zwangsvollstreckung stehenden Anspruch beigetrieben sind, der Gläubiger das Recht hat, dieselben im Wege des Kostenfestsetzungsverfahrens besonders feststellen zu lassen, auch dann anwendbar, wenn wie im vorliegenden Falle der Gläubiger sich noch im Besitz des Schuldtitels befindet. Die frühere Beauftragung des Gerichtsvollziehers hatte keinen Erfolg gehabt. B. I, 11/90 vom 2. April.

671d. In einem Wechselprozesse über 1000 Mark kam vor dem Prozeßrichter ein Vergleich zu Stande, in welchem Beklagter seine Verbindlichkeit aus drei Wechseln im Betrage von insgesammt 3000 Mark anerkannte. Für die Vergleichsgebühr, welche der Kläger zur Feststellung berechnen kann, allein der Streitwerth, nicht der höhere Werth des Vergleichsgegenstandes maßgebend. B. I, 13/90 vom 12. April.

671e. Die Klägerin hatte zur Erstattung liquidirt an Kosten der Berufungsinstanz 72 Mark Kosten des erstinstanzlichen Anwalts, nämlich 24 Mark Korrespondenzgebühr, 24 Mark halbe Prozeßgebühr, 24 Mark Beweisgebühr für Abwartung des Beweisaufnahmetermins. Das Landgericht hat die halbe Prozeßgebühr,

das Berufungsgericht überdies die Beweisgebühr gestrichen, weil
solche schon vom Anwalt der Berufungsinstanz liquidirt war. Auf
die weitere sofortige Beschwerde der Klägerin ist letzterer Betrag
wieder zugesetzt, denn die Zuziehung eines Rechtsanwalts bei der
Beweisaufnahme war zur zweckentsprechenden Rechtsverfolgung
nothwendig, und die 24 Mark erreichten nicht die Höhe der Reisekosten, welche der Anwalt der Berufungsinstanz aufzuwenden gehabt
hätte, wenn er den Beweisaufnahmetermin selbst wahrnahm. Er
durfte aber die Beweisgebühr auch liquidiren, da er durch Empfang
der Ladung des Amtsgerichts und Beauftragung des erstinstanzlichen Anwalts im Beweisaufnahmeverfahren vertreten. Daß die
Beweisgebühr neben der Korrespondenzgebühr (§. 44) zugelassen
ist, obwol letztere nur berechnet werden soll, wenn der Anwalt
lediglich den Verkehr der Partei mit dem Prozeßbevollmächtigten
führt, wurde damit motivirt, daß der erstinstanzliche Anwalt nach
§. 45 hätte 48 Mark berechnen dürfen, wenn er nur den Beweisaufnahmetermin abgewartet hätte. Dann waren nicht 24 Mark
um deswillen abzusetzen, weil er überdies den Anwalt zweiter
Instanz instruirt hatte. B. VI, 41/90 vom 14. April.

671f. Der Antrag auf Feststellung von Reisekosten der
Partei mit der Anführung begründet, daß sie die zweite Reise
nach Naumburg habe unternehmen müssen, um ihren dortigen Anwalt für die Berufungsinstanz über die neuen Behauptungen zu
instruiren, welche die Klägerin in einem Schriftsatz vom 26. Mai
aufgestellt hat, weil dieser ihrem Anwalt in Naumburg am 27.,
ihm selbst erst am 28. Mai zugegangen sei, während der Termin
zur Schlußverhandlung vor dem Berufungsgericht schon am 29. Mai
anstand, so daß ihm zu einer schriftlichen Instruirung des Anwalts
keine Zeit geblieben sei. Unter diesen Umständen erschien aber
eine zweite Reise des Beklagten nach Naumburg gerechtfertigt, weil
der gedachte Schriftsatz der Klägerin neue Behauptungen enthielt,
welche auf die Entscheidung von Einfluß werden konnten und deshalb Vorsichtshalber vom Beklagten beantwortet werden mußten,
was sich jedoch bei der Kürze der Zeit brieflich nicht mehr mit
Sicherheit bewerkstelligen ließ. V, 43/90 vom 3. Mai.

671g. Die Genossenschaftsbank St. hatte wider den Acceptanten C. N. ein Wechselerkenntniß erlangt. U. legitimirte sich
als Rechtsnachfolgerin der Genossenschaftsbank durch öffentliche

 Urkunden und erlangte für sich die Vollstreckungsklausel. Sein Antrag auf Feststellung der der Klägerin erwachsenen Kosten ist von dem Amtsgericht zurückgewiesen; dieser Beschluß aus anderen Gründen vom Reichsgericht wieder hergestellt. Denn C. N. hat inzwischen rechtskräftig gewordenes Urtheil wider U. erlangt, anzuerkennen, daß diesem ein Recht auf Zahlung des Wechsels gegen ihn nicht zustehe, weil, wie C. N. auf Grund C. P. O. §. 686 einredeweis geltend gemacht hatte, der Wechsel der Genossenschaftsbank von S., dem Aussteller, bezahlt war; S. habe gegen C. N. keinen Anspruch, weil dieser nur ein Gefälligkeitsaccept ertheilt habe. S. habe seine angeblichen Rechte an U. abgetreten und, um dem C. N. seine Rechte abzuschneiden, die Genossenschaftsbank rechtswidrig vermocht, die Cession auf U. auszustellen. Demgemäß war U. weiter verurtheilt, die vollstreckbare Ausfertigung des Wechselurtheils und den Wechsel an C. N. herauszugeben und in die Aufhebung der Zwangsvollstreckungsmaßregeln zu willigen. Dieses Urtheil hat den Sinn, daß dem früheren Urtheil die Eigenschaft eines zur Zwangsvollstreckung geeigneten Titels für U. entzogen ist. Dieser kann also auch nach C. P. O. §. 98, Abs. 1 nicht einen Anspruch auf Erstattung von Prozeßkosten geltend machen. B. I, 21/90 vom 31. Mai. Vgl. 869f.

671h. Die Widerkläger hatten 18 000 Mark Schadensersatz gefordert; es wurden ihnen aber nur 10 000 Mark zugesprochen; gleichwohl ist der Widerbeklagte zu allen Kosten verurtheilt, weil die Festsetzung der Höhe der Forderung vom richterlichen Ermessen abgehangen habe. Revision zurückgewiesen, da jene Verurtheilung durch C. P. O. §. 88 gedeckt werde; der Umfang der Ausübung des in Anwendung dieser Vorschrift geübten Ermessens kann einen Revisionsgrund nicht abgeben. II, 94/90 vom 10. Juni.

671i. Das Landgericht hatte die Einrede der Unzuständigkeit verworfen, und den Beklagten in die Kosten verurtheilt. Demnächst ist die Klage in der Hauptsache abgewiesen, und die Klägerin in die Kosten des Rechtsstreits verurtheilt. Da die Rechtsanwälte für die Hauptsache die volle Prozeß- und Verhandlungsgebühr zu liquidiren haben, daneben nicht dieselbe Gebühr für den Zwischenstreit fordern können, so wurden zur Erstattung festgestellt dem Beklagten die volle Prozeß- und Verhandlungsgebühr, die Auslagen des Zwischenstreits abgesetzt; der Klägerin zur Erstattung

nur die Auslagen des Zwischenstreits festgestellt. B. IV, 66/90 Koften.
vom 16. Juni.

671 k. Daß der Konkursverwalter zur Führung der Kor=
respondenz mit dem auswärtigen Prozeßbevollmächtigten ausrei=
chende Fähigkeiten besaß, muß nach seiner Beschäftigung als kauf=
männischer Buchhalter in dem Geschäfte eines Zimmermeisters
unbedenklich angenommen werden. Aus den mit der Beschwerde
eingereichten Manualakten läßt sich auch keineswegs ersehen, daß
die Korrespondenz mit dem Berliner Anwalte eine besonders
schwierige gewesen sei. Es handelte sich dabei vielmehr wesentlich
nur um die Information zur Replik, und diese Information be=
traf thatsächliche Verhältnisse, mit welchen der Konkursverwalter
vorzüglich vertraut sein mußte, und zu deren Darlegung es be=
sonderer Rechtskenntnisse nicht bedurfte. Daraus aber, daß für
die Konkursmasse mehr als 70 ähnliche Anfechtungsklagen ange=
stellt sind, und daß der Verwalter mit sonstigen Geschäften über=
lastet ist, läßt sich die Verpflichtung des Beklagten, die durch die
Zuziehung des Korrespondenzanwalts verursachten Kosten zu er=
statten nicht herleiten. B. VI, 73/90 vom 23. Juni.

672. Im Fall 786 und 835 wurde die auf den Kläger Gerichtskosten=
gesetz.
und Revisionsbeklagten entfallende Hälfte der gerichtlichen Kosten,
weil die Voraussetzung des Gerichtskostengesetzes §. 6 vorliege,
niedergeschlagen. IV, 312/89 vom 6. Febr. 90.

673. Mit der Revisionseinlegung kündigte der Revisionskläger
den Antrag an, das Berufungsurtheil im vollen Umfang aufzu=
heben. Danach ergab sich ein Beschwerdewerth von 3438,63 Mark.
Vorbereitender Schriftsatz des Revisionsbeklagten mit angekün=
digtem Antrage der Zurückweisung der Revision; spätere Ein=
schränkung des Revisionsantrags angekündigt mit Beschwerdewerth
3250,48 Mark und in der mündlichen Verhandlung gestellt. Die
Verhandlungs= und Entscheidungsgebühren waren dem Revisions=
kläger zu berechnen nach der Werthklasse von 2700—3400 Mark;
außerdem aber eine Zurücknahmegebühr nach der Werthklasse von
120—200 Mark. Gerichtskostengesetz §. 46. Für das Ge=
richtskostengesetz, welches lediglich das Verhältniß der Parteien
zur Staatskasse regeln will, kommt es bei der Zurücknahme
nicht sowohl auf das Dispositionsrecht der Parteien in
deren Prozeßverhältniß und die Formen zur prozeßgerechten

Gerichtskosten-
gesetz.

Bethätigung dieses Rechts an, als auf das Wesen der betreffenden Erklärung als die Gebührenberechnung durch Beendigung des Rechtsstreits bedingenden Akt. — Andererseits setzt §. 46 voraus, daß der Beschwerdewerth schon nach der Einlegung nicht erst nach dem in der mündlichen Verhandlung gestellten Antrag bemessen werden kann, da das Rechtsmittel vor dieser zurückgenommen werden kann. B. I, 246/90 vom 15. Jan.

673a. Von der Beklagten sind statt 175 Mark Vorschuß 262,50 Mark eingezogen. Der Kläger ist zu den Kosten verurtheilt, bis auf 10 Mark, welche der Beklagten von den Gerichtskosten auferlegt sind. Der Beklagten sind 87,50 Mark zu erstatten, ohne daß diese 10 Mark darauf angerechnet werden. Allerdings ist ein von der vorschußpflichtigen Partei gezahlter Vorschuß für Gebühren und Auslagen, soweit der Ansatz bestehen bleibt, nach den §§. 87, Abs. 2 und 90 Gerichtskostengesetzes selbst dann nicht zurückzuzahlen und ein bisher von der vorschußpflichtigen Partei nicht geforderter Vorschuß auch dann noch einzuziehen, wenn die Kosten des Verfahrens einem Anderen auferlegt worden sind. Daraus aber folgt nicht, daß die vorschußpflichtige Partei, wenn ihr durch die gerichtliche Entscheidung eine bestimmte Summe oder eine bestimmte Quote der Gerichtskosten auferlegt worden ist, diese Summe oder Quote außer dem Vorschusse zahlen müsse. Vielmehr ist, da die vorweg einzuziehenden Beträge nur einen Vorschuß auf die erwachsenden Gerichtskosten und Auslagen bilden, die gerichtliche Entscheidung über die Tragung dieser Kosten für die Zahlungspflicht der Partei maßgebend. B. III, 40/90 vom 11. April.

Gebühren-
ordnung für
Zeugen.

673b. Ob einem Zeugen, welcher zu den Personen nicht gehört, welche nach der G. O. f. Z. vom 30. Juni 1878, §. 2, Abs. 3, Entschädigung nach dem geringsten Satz zu fordern haben, ohne jeden Nachweis nach seinem Stande eine Entschädigung zugebilligt werden kann, weil er offensichtlich einen Erwerb versäumt hat, ist aus den thatsächlichen Verhältnissen des Einzelfalles zu beurtheilen. Das Kammergericht hat angenommen, daß dies bei einem selbständigen Maurermeister in Berlin für eine Abwesenheit von 2 bis 3 Stunden nicht zutrifft. Da derselbe einen Nachweis nicht geführt hat, daß er thatsächlich einen Erwerb versäumt habe, wurde ihm eine Entschädigung für Zeitversäumniß wegen seiner Zeugenvernehmung nicht zugebilligt.   Beschwerde verworfen.   B. V, 46/90 vom 23. April.

674. Der Nebenintervenient hat durch einen Anwalt Beschwerde gegen das Zwischenurtheil des Landgerichts erhoben. Dafür waren nach §. 41 G. O. f. R. $^3/_{10}$ der Gebühr zu berechnen, auch wenn der Nebenintervenient sich demnächst in der mündlichen Verhandlung durch einen anderen Prozeßbevollmächtigten vertreten lassen mußte; nicht wegen §. 46 (welcher nur von der Hälfte der Prozeßgebühr redet) die Hälfte jener Gebühr, vgl. auch §. 48.   Da der Kläger in einem Vergleich die Prozeßkosten übernommen hatte, so waren ihm gegenüber jene $^3/_{10}$ festzustellen.   B. VI, 4/90 vom 3. Febr.

675. Dem Justizrath F. steht als Mandatar des Klägers die Beweisgebühr zu (§. 13⁴), sofern er in dem Beweisaufnahmeverfahren eine hierauf bezügliche Thätigkeit entwickelt hat.   Dazu genügt zwar nicht die bloße Empfangnahme der Ladung zum Beweistermin, es reicht aber hin, daß er in Folge derselben mit seinem Machtgeber in Korrespondenz getreten und ihm, bezw. dem Anwalte erster Instanz, von dem Termine Nachricht gegeben hat. Außerdem dem Substituten, welcher auswärts den Zeugenvernehmungstermin abwartete, da durch die Reise von F. mehr Kosten entstanden sein würden, die Beweisgebühr und $^5/_{10}$ der Prozeßgebühr, wegen welcher Beschwerde nicht erhoben war.   B. V, 16/90 vom 26. Febr. 90.

676. Aus der Fassung des §. 37 der Gebührenordnung: „Der Rechtsanwalt erhält drei Zehntheile der Sätze des §. 9", ist nicht zu schließen, die drei Zehntheile seien zweimal in Ansatz zu bringen, einmal als Prozeßgebühr und einmal als Verhandlungsgebühr.   Da im Sühnetermin mündlich nicht verhandelt wird, hat der Rechtsanwalt, welcher im Sühneverfahren als Beistand der Ehefrau auftrat, nur $^3/_{10}$ des Gebührensatzes des §. 9 als Prozeßgebühr zu berechnen.   B. IV, 20/90 vom 17. Febr.

677. Die Eigenschaft der Verhandlungen als kontradiktorischer ergibt sich daraus, daß über die Fähigkeit eines der Mitbeklagten zur Eidesleistung verhandelt und dieserhalb eine Beweiserhebung angeordnet ist, und demnächst wegen der Fassung des vom gesetzlichen Vertreter dieses Mitbeklagten zu leistenden Eides widersprechende Anträge gestellt sind, verhandelt wurde und

Gebührenord-
nung für
Rechtsanwälte.

entschieden ist. Gegenüber diesem Inhalt der mündlichen Verhandlungen war nicht entscheidend, daß die Beklagten grundsätzlich
ihre Pflicht zur Eidesleistung nicht beanstandet hatten, und daß
die Unfähigkeit eines derselben zur Eidesleistung wegen Geistes-
schwäche auch von Amtswegen hätte beachtet werden müssen. B. III,
121/89 vom 18. Febr. 90.

Sicherheits-
leistung.

678. Die Kläger forderten Ungültigkeitserklärung von zwei
Beschlüssen der Generalversammlung der verklagten Aktiengesellschaft. Auf Antrag der Beklagten wurde den Klägern durch Be-
schluß des Landgerichts aufgegeben, Sicherheit in Höhe von
6000 Mark binnen 4 Wochen zu leisten. — H. G. B. 190a, 222.
— Die Beklagte ladet „zur Verhandlung", als dies nicht geschehen.
Urtheil vom 25. Jan., in welchem gemäß C. P. O. §§. 105 und
243 die Klage für zurückgenommen erklärt wurde. Einspruch der
Kläger unter Nachweis, die Sicherheit sei bestellt; Urtheil des
Landgerichts vom 8. März, in welchem der Einspruch als unstatthaft verworfen wurde, weil das Urtheil vom 25. Jan. ein
Versäumnißurtheil nicht sei. Auf Berufung der Kläger Aufhebung
des Urtheils vom 8. März und des demselben vorausgegangenen
Verfahrens bis zum Termin vom 25. Jan. Zurückverweisung.
Auf Revision der Beklagten Aufhebung der Aufhebung des vorausgegangenen Verfahrens, im Uebrigen Zurückweisung der Revision.
Die Entscheidung des Landgerichts über die prozeßhindernde Einrede hätte nicht durch Beschluß, sondern durch Zwischenurtheil erfolgen sollen. Mit dieser Entscheidung war aber der Streit über
die ganze Einrede erledigt. Nun war nur zu verhandeln, ob die
Klage auf Antrag der Beklagten für zurückgenommen zu erklären
sei, oder ob in die Verhandlung der Sache einzutreten sei (wenn
etwa Beklagte auf die Sicherheit verzichteten — oder wenn Kläger
die Sicherheit noch leisteten). Denn da es sich um eine prozessuale Sicherheitsleistung und um Versäumung einer richterlichen
Frist (C. P. O. 198) handelt, kann auch im Fall H. G. B. 190a
die Sicherheit noch nachträglich geleistet werden (C. P. O. §. 209),
so lange nicht die mündliche Verhandlung über den Antrag auf
Verwirklichung des Rechtsnachtheils geschlossen war. Hier hatte
die Beklagte beim Nichterscheinen der Kläger Versäumnißurtheil
auf Grund C. P. O. §. 105 beantragt. Daß bei solcher Sachlage
das Landgericht hätte Versäumnißurtheil nach §. 295 C. P. O.

erlassen müssen, nicht richtig. Weder hatte Beklagte solchen An= Sicherheits=
leistung.
trag gestellt, noch brauchte sie ihn zu stellen, wenn Kläger nicht
erschienen. Ein Mangel im Verfahren (C. P. O. §. 501) lag
also darin nicht, daß das Landgericht nicht gemäß C. P. O. §. 295
erkannt hat. II, 253/89 vom 6. Dec. Vgl. 842.

679. Dem Rechtsanwalte, welchen das Gericht gemäß §. 107, Armenrecht.
Ziffer 3 der C. P. O. einer armen Partei zur Wahrnehmung
ihrer Rechte beigeordnet hat, steht es nicht zu, die Annahme des
Auftrags um deswillen zu verweigern, weil er die von der Partei
beabsichtigte Rechtsverfolgung oder Rechtsvertheidigung für muth=
willig oder aussichtslos erachtet. Diese Frage hat vielmehr ledig=
lich das Gericht zu entscheiden. Nur in den, §. 31 der Rechts=
anwalts=Ordnung bemerkten Fällen darf und muß der Rechts=
anwalt seine Berufsthätigkeit versagen. Außerdem darf er wohl
die Bedenken, welche ihm gegen die Gerechtigkeit der von ihm zu
vertretenden Sache beigehen, dem Gerichte vorstellen und eine
Beschlußfassung über Entziehung des Armenrechts veranlassen.
Wird aber seinem Antrage nicht entsprochen, so hat er dagegen
kein Beschwerderecht. B. VI, 1/90 vom 9. Jan.

680. Im Fall 355. Es ist nicht erforderlich, daß der In= Mündlichkeit.
halt aller Schriftstücke, welche dem Sachverständigen vorgelegen
haben und von diesem benutzt sind, in der mündlichen Verhand=
lung vorgetragen wird. Glaubte der Beklagte, daß erhebliche
Schriftstücke von dem Sachverständigen übersehen oder nicht voll=
ständig berücksichtigt seien, so war es seine Sache, in der münd=
lichen Verhandlung hierauf aufmerksam zu machen, dem Ge=
richte den Inhalt der Schriftstücke vorzutragen. VI, 202/89 vom
25. Nov.

680a. Der §. 271 C. P. O. verleiht der Partei kein un= Abschriften.
bedingtes Recht auf Ertheilung von Abschriften aus den Akten
in beliebiger Zahl. Es unterliegt vielmehr der Antrag auf Er=
theilung mehrerer oder wiederholter Abschriften der sachlichen
Prüfung des Gerichtsschreibers und des gegen die Entscheidung
des Letzteren angerufenen Prozeßgerichts. Diese sachliche Prüfung
ist im vorliegenden Fall erfolgt und es können die für die Ab=
lehnung der erbetenen zweiten Abschrift eines 74 Seiten umfas=
senden Gutachtens gegebenen Gründe nicht gemißbilligt werden.
B. V, 42/90 vom 12. April.

Fragepflicht.

681. Der Kläger hatte sich im Ehescheidungsprozeß für die von ihm behauptete und in der Verhandlung der Berufung wiederholt vorgebrachte Beleidigung durch die Beklagte in der Klageschrift auf das Zeugniß der L. berufen. Es war daher, wenn der Anwalt des Klägers Berufungsbeklagten dieses Beweiserbieten in der Berufungsinstanz nicht gleichfalls vorgetragen haben sollte, von Seiten des Berufungsgerichts durch geeignete Frage (§. 130 C. P. O.) auf eine Erklärung des Berufungsbeklagten hinzuwirken, ob er sich des in der Klage vorgeschlagenen Beweismittels oder welcher anderen Beweismittel er sich für die bestrittene Beleidigung bedienen wolle. Aufgehoben, zurückverwiesen. II, 268/89 vom 10./17. Jan. 90.

682. Kläger ist wegen nicht erbrachten Beweises abgewiesen, Revision zurückgewiesen. Das Revisionsgericht unterstellt, Kläger hätte vielleicht seinen Beweis auf andere Weise führen können. Dem Berufungsgericht könne aber, selbst wenn ihm dies erkennbar gewesen wäre, deswegen nicht der Vorwurf eines prozessualen Verstoßes gemacht werden, weil es den Beweisführer auf diesen anderen Weg nicht verwiesen habe. Denn Kläger sei sich dessen bewußt gewesen, was er überhaupt zu beweisen habe. Sollte Kläger unterlassen haben, bei dem von ihm eingeschlagenen Wege das gesammte ihm zur Verfügung stehende Beweismaterial herbeizuschaffen, so habe für das Gericht auch keine Verpflichtung bestanden, ihn zur Ergänzung des unzureichenden Materials aufzufordern. III, 267/89 vom 17. Jan. 90.

683. Die Klägerin hatte im Fall 26 auch Eigenthum an dem Platze des säkularisirten, demnächst abgebrochenen Abteigebäudes behauptet, aber nicht erwiesen. Sie wäre im Stande gewesen, durch Vorlegung der Beschlüsse der Domänenverwaltung das Sachverhältniß bezüglich etwaiger Rückgabe des Eigenthums an die Kirche aufzuklären. Da sie sich ihrer Beweispflicht bewußt war, hatte der Berufungsrichter keine Verpflichtung, diese Vorlegung anzuregen. II, 278/89 vom 17. Jan. 90.

684. Der Berufungskläger sah das auf Klagabweisung gerichtete erstinstanzliche Urtheil irrthümlich als Zwischenurtheil an; erklärte auch, daß über den klägerischen Antrag selbst nicht entschieden werden könne, weil der Akt vom 4. Mai 1887, über dessen Bedeutung zunächst zu erkennen sei, nicht zur Hand sei.

Wenngleich nun der Berufungsantrag insofern unklar war, als er keinen Antrag darüber enthielt, was das Berufungsgericht erkennen solle, sofern es dem Antrag des Berufungsklägers, zu erkennen, es sei das Urtheil des Landgerichts nur ein Zwischenurtheil näher bezeichneten Inhalts, nicht entspreche, so war doch aus der Erklärung in der Verhandlung vor dem Oberlandesgericht ersichtlich, daß der Berufungskläger auch das Materielle der Sache in Frage stellen und daß er nicht etwa, wie das Oberlandesgericht ausführt, für den Fall, daß dasselbe annehme, das Landgericht habe mit Recht ein Endurtheil gegeben, die sachliche Richtigkeit der landgerichtlichen Darlegung und Entscheidung über die rechtliche Bedeutung des Akts vom 4. Mai 1887 zugeben wollte. Das Oberlandesgericht war daher jedenfalls verpflichtet, gemäß §. 130 C. P. O. die Sache in dieser Hinsicht näher aufzuklären, insbesondere auf Erläuterung und Vervollständigung des Berufungsantrags hinzuwirken, und je nach dem Ergebniß eine weitere — erschöpfende — Verhandlung der Sache und nach Umständen eine Vertagung zu diesem Behufe wegen Nichtvorhandenseins des Aktes vom 4. Mai 1887 eintreten zu lassen. II, 285/89 vom 24. Jan. 90.

685. Wenn die Bestreitung — 823 — als zu allgemein anzusehen, so wäre Beklagte zu befragen gewesen, zumal bei einer Vergleichung die von dem Kläger nach Rubriken liquidirten Schadensbeträge fast durchgehends höher gefunden werden als die entsprechenden Versicherungssummen. Ueberdies war der eventuelle Rückgriff der Beklagten auf das Ergebniß der sachverständigen Schadenstaxation zu berücksichtigen. VI, 267/89 vom 23. Jan. 90.

686. Im Fall 708. Wenn in der dort angegebenen Hinsicht die Parteianführungen ungenügend sind und der gestellte Antrag unklar und unbestimmt ist, lag es nach §. 130 C. P. O. dem Richter ob, durch Fragen auf eine Ergänzung und Klarstellung hinzuwirken. Hierzu war im gegebenen Falle um so mehr Anlaß gegeben, als die Klägerin mit einem Schriftsatze ein Verzeichniß der Rückstände an Gemeindebeiträgen überreicht hatte. IV, 334/89 vom 3. Febr. 90.

687. Im Fall 258. Mochte die Fassung des Klagepetitums nicht korrekt erscheinen, so hatte der Richter gemäß §. 130 C. P. O. zu fragen. II, 2/90 vom 28. Febr.

688. Im Fall 808 keine Verpflichtung des Richters, die Beklagte zu fragen, ob sie sich nicht auf §. 15 der Statuten beziehen wolle. III, 318/89 vom 28. Febr. 90.

689. Der Berufungsrichter mißbilligt die Gründe des Landgerichts, welches unter Bezugnahme auf den Inhalt der Urkunde das Beweiserbieten der Kläger, daß sie nicht 9000 Mark, sondern nur 6000 Mark als baares Darlehn empfangen hätten, für unerheblich erklärt, indem er in Gemäßheit des Code 1131 ausführt, die streitige Mehrforderung von 3000 Mark bestehe nicht, wenn es derselben an einem gültigen Verpflichtungsgrunde fehle. Das Berufungsurtheil gelangt aber zur Bestätigung der Entscheidung erster Instanz, weil die Kläger ihr Beweiserbieten in der Berufungsinstanz nicht wiederholt hätten. Das Urtheil beruht auf einer Verletzung des §. 130 C. P. O.; denn wenn die Kläger aus Rechtsirrthum den früher erbotenen Beweis für nicht mehr erforderlich hielten, hatte der Richter durch Ausübung des Fragerechts auf Ergänzung der Anträge hinzuwirken. II, 12/90 vom 6. März.

690. In dem noch nicht rechtskräftig entschiedenen Hauptprozesse hatte die Beklagte die Prozeßfähigkeit der Klägerin bestritten. Auf Antrag der Klägerin war Zwangsverwaltung durch einstweilige Verfügung angeordnet; in diesem Verfahren auch die Prozeßfähigkeit bestritten, übrigens erstinstanzlich die einstweilige Verfügung aufgehoben, Berufung der Klägerin. Aussetzung bis zur rechtskräftigen Entscheidung auf Antrag der Klägerin. Beschwerde der Beklagten zurückgewiesen. Die Voraussetzung des §. 139 trifft im vorliegenden Fall zu; sowohl im Pachtprozeß, wie im Prozeß über die einstweilige Verfügung ist in erster Reihe die Frage zu beantworten, ob die Klägerin Prozeßfähigkeit besitzt, der Beklagte sich also auf ihre Klage einlassen muß, und erst nach deren Bejahung darf das Gericht in eine Prüfung des Anspruchs eintreten. Mit Unrecht vermißt hiernach die Beschwerde die Präjudizialität eines Rechtsverhältnisses, welches den Gegenstand eines anderen anhängigen Rechtsstreites bildet. Daß das Rechtsverhältniß dem Prozeßrecht angehört, schließt die Anwendbarkeit des §. 139 nicht aus. B. V, 5/90 vom 11. Jan. 90.

691. Wenn die Beschwerde ausführt, daß der Beklagte ein besonderes Interesse daran habe, daß der Streit über die einst-

weilige Verfügung alsbald seine Erledigung finde, so läßt sie Aussetzung.
der
Verhandlung.
außer Acht, daß dies Interesse nicht der einstweiligen Verfügung
eigenthümlich ist, sondern fast bei jedem Prozesse vorliegt, außer=
dem aber, selbst wenn der Prozeß Fortgang hätte und dem Be=
klagten die Entscheidung günstig ausfiele, die Klägerin doch nicht
behindert wäre, das Rechtsmittel der Revision einzulegen, und bis
zur Entscheidung des Revisionsgerichts die dem Beklagten lästige
Zwangsverwaltung bestehen bliebe.* B. V, 5/90 vom 11. Jan. 90.

692. Im Fall 618 hat auch der Antrag der Beklagten das
anhängige Prozeßverfahren bis zur Erledigung des Verwaltungs=
verfahrens über die Ausschließung des Rückstaues auszusetzen, keinen
Sinn. V, 294/89 vom 1. März 90.

692 a. Im Fall 733 a war das Oberlandesgericht durch die
von der Klägerin gegen das die Klage abweisende landgerichtliche
Urtheil eingelegte Berufung lediglich mit der Entscheidung über
die prozeßhindernde Einrede der Rechtshängigkeit befaßt, konnte
deshalb nicht die Aussetzung auf Grund C. P. O. §. 139 ver=
fügen; ebensowenig steht dem Revisionsgericht gegenüber jener Ein=
rede diese Befugniß zu. Ein desfallsiger Antrag ist von den
Beklagten bei dem Landgericht zu stellen, an welches die Sache
zurückverwiesen ist. II, 38/90 vom 28. März.

693. Unmittelbar nach Eröffnung der mündlichen Verhand= Verlegung und
Vertagung.
lung beantragte Beklagter Vertagung. Das war nur eine Wieder=
holung des einige Tage vorher gestellten Terminsverlegungsan=
trags, auf welchen noch nicht verfügt war. Insoweit Beschwerde
gegen die abgelehnte Vertagung unzulässig. — C. P. O. §§. 203,
Abs. 3, 205, Abs. 2. — Sollte der Antrag auf Vertagung anders
behandelt werden gemäß §. 530, so war hier Versäumnißurtheil
erlassen. Jedenfalls würde die hier erhobene· Beschwerde als
unbegründet erscheinen; denn eine länger dauernde Verhinderung
des Anwaltes einer Partei am mündlichen Verhandeln kann in
der Regel nicht als ein genügender Grund zur Vertagung einer
Verhandlung gegen den Willen der Gegenpartei gelten, da die
Partei, bezw. ihr Anwalt, hätte für anderweitige Vertretung sor=
gen müssen, es müßten denn ganz besondere Umstände vorliegen,
welche dies unmöglich gemacht hätten; dergleichen Umstände

---

* Vgl. C. P. C. §. 648³.

Verlegung und Vertagung. sind nun aber hier gar nicht dargelegt worden. B. VI, 20/90 vom 13. Febr.

Zustellung. 694. Eine Ausfertigung des ersten Urtheils ist auf Antrag des klägerischen Prozeßbevollmächtigten, Rechtsanwalts T., seitens der Gerichtsschreiberei des Landgerichts dem Rechtsanwalt E. zu Mühlhausen ausgereicht. Seitens der Parteien wie des Berufungsgerichts ist stillschweigend die Thatsache, daß der Rechtsanwalt E. vom Rechtsanwalt T. mit Betreibung der Urtheilszustellung beauftragt gewesen, als unstreitig vorausgesetzt. Der sonach vom Prozeßbevollmächtigten mit dem Betriebe der Zustellung des Urtheils betraute Anwalt war zu dieser Handlung, auch wenn er nicht beim Prozeßgericht zugelassen ist, gesetzlich legitimirt. — III, 243/86 vom 1. Febr. 87 (Bd. IV, 1154, E. Bd. 17, S. 415); I, 310/82 vom 12. Juli; IV, 349/84 vom 12. März 85 (Bd. I, 1670). Vgl. Pl. vom 3. Jan. 87 (III, 1107). — Aus der Befugniß zum Betriebe der Urtheilszustellung folgt aber für einen derartigen Substituten zugleich die Berechtigung zur Beglaubigung der zuzustellenden Urtheilsabschrift. Der Abs. 2 des §. 156 der C. P. O. steht dem nicht entgegen. Die Tendenz dieser Vorschrift geht augenscheinlich dahin, daß, sofern die Zustellung überhaupt auf Betrieb eines Anwalts erfolgt, diesem auch die Beglaubigung des zuzustellenden Schriftstücks zustehen soll. IV, 191/89 vom 28. Oft.

695. III, 256/89 vom 7. Jan. 90. Ersatzzustellung einer an die zwei Anwälte des Berufungsbeklagten, welche ein gemeinschaftliches Bureau hatten, adressirten Berufungseinlegung an deren gemeinschaftlichen Gehülfen mit dem Vermerk des Postboten „der Adressat“ sei nicht anwesend gewesen, gültig wie Bd. VIII, 792/94.

696. Die Zustellung des vorbereitenden Schriftsatzes, dessen Inhalt die Grundlage der Berufungsverhandlung gebildet hat, an den mit der Ehescheidungsklage belangten Ehemann selbst ist mit Rücksicht darauf, daß der Beklagte im zweiten Rechtszuge einen Vertreter, dem die Schrift zugestellt werden konnte, nicht hatte, für eine prozeßordnungsmäßige zu erachten. IV, 311/89 vom 6. Febr. 90.

696 a. Der Prozeßbevollmächtigte der Berufungsinstanz C. H. betreibt die Anwaltspraxis gemeinsam mit dem Rechtsanwalt F. H. beim Landgericht. Die an C. H. adressirte Revisionsschrift

sollte durch die Post zugestellt werden. Das Original der Zu= Zustellung.
stellungsurkunde enthält die Beurkundung, daß der Postbote den
Brief nebst Abschrift der Zustellungsurkunde, da er „den Adressaten
selbst in dem Geschäftslokal nicht angetroffen, dem Gehülfen des=
selben, F. H. übergeben" habe. In der Abschrift ist gesagt, der
Brief nebst Abschrift der Zustellungsurkunde seien „dem Adressaten
selbst, nämlich dem Geschäftsinhaber F. H. übergeben". Die
Zustellung ist aufrecht erhalten. Widerspruch zwischen Abschrift
und Original gereicht der Revisionsklägerin nicht zum Nachtheil
— R. G. E. 4, S. 433 — und wurde nicht für ausreichend
erachtet, Gegenbeweis zu erbringen, die Zustellung sei so wie in
dem Original beurkundet, nicht erfolgt. VI, 60/90 vom 22. Mai.

696 b. Daraus, daß F. H. Associé von C. H. ist, folgt
nicht, daß er dessen Gehülfe i. S. C. P. O. §. 168 ist, aber
auch nicht das Gegentheil. Daß er Gehülfe nicht sei, ist vom
Revisionsbeklagten nicht behauptet. VI, 60/90 vom 22. Mai.

697. Das Berufungsgericht hat angenommen, die Klage sei Fristen.
verspätet, weil nach Ablauf der in §. 22 des rheinpreußischen
Gesetzes vom 18. April 1887 gesetzten Frist erhoben, obwohl der
Vertreter der Beklagten sich mit Nichtbeobachtung der Frist einver=
standen erklärt hatte. Irrevisibel: nach C. P. O. §. 757 bestimmt
sich die Zwangsvollstreckung in das unbewegliche Vermögen ein=
schließlich des Vertheilungsverfahrens nach den Landesgesetzen.
Nirgends ist in jenem Gesetz ausgesprochen, daß die Frist des §. 22
dieselbe Bedeutung habe wie die in C. P. O. §. 764, Abs. 1 be=
stimmte Frist: dahingestellt gelassen, ob diese durch Vereinbarung
erstreckt werden konnte. II, 280/89 vom 21. Jan. 90.

698. Die Revision gegen das Endurtheil griff die durch Wiederein=
setzung in den
vorigen Stand.
Zwischenurtheil bewilligte Wiedereinsetzung gegen Ablauf der Be=
rufungsfrist an. Revisionskläger hatte damals der Wiedereinsetzung
nicht widersprochen. Aufgehoben, zurückverwiesen. Der erstinstanz=
liche Rechtsanwalt des Beklagten P. hat einen Anwalt beim
Berufungsgericht H., welcher die Einlegung abgelehnt hatte, am
6. Juni um Abgabe an einen anderen Anwalt ersucht. Die Post=
karte hat der am 7. Juni erkrankte und am 20. Juni wieder ein=
getretene Bureauvorsteher des H. unter Akten aufgefunden, und
nun erst expedirt. Die Frist mit dem 18. Juni abgelaufen. Das
Berufungsgericht nimmt unabwendbaren Zufall an, weil P. die

Wiederein-
setzung in den
vorigenStand. von ihm vernünftiger Weise zu erwartende Sorgfalt angewendet
habe, und die Versäumung auch bei Anwendung der vernünftiger
Weise zu erwartenden Sorgfalt nicht hätte vermieden werden
können. — Vgl. IV, 211/86 vom 23 Dec. (Bd. IV, 1165); C.
17, 98). — Es ist aber unerwogen geblieben, ob nicht der Zufall
dadurch abgewendet werden konnte, daß P. die rechtzeitige Einlegung der Berufung kontrolirte, und, als von H. keine Antwort
einging, rechtzeitig erinnerte. — Vgl. IV, 268/88 vom 12./15. Nov.
(Bd. VI, 289). — V, 192/89 vom 23. Nov.

699.   Der Rechtsanwalt N. hatte einen Berichtigungsbeschluß
des Berufungsgerichts erlangt, und in Folge dessen die erst nach dem
Tage der Zustellung des Berufungsurtheils (24. Okt.) notirte Frist,
nachdem er §. 478 C. P. O. angesehen hatte, wieder löschen lassen,
und nach dem Tage der Zustellung des Berichtigungsbeschlusses
eintragen lassen.   Durch eine am 4. Dec. in seine Hände gelangte
Korrespondenzkarte wurde er veranlaßt, den §. 478 nochmals zu
prüfen, erkannte seinen Irrthum und betrieb nun Einlegung der
Revision.   Der 1823 geborene und seit 40 Jahren als Rechts-
anwalt thätige N. ist zur betreffenden Zeit wegen eines seit langen
Jahren bestehenden, mit zeitweiligen Wallungen des Blutes zum
Kopf und mit Schwindel verbundenen Herzleidens in ärztlicher
Behandlung gewesen und hat nach seiner für glaubhaft erachteten
Versicherung von Anfang September v. J. bis mindestens Ende
November fast täglich an schweren Schwindelanfällen gelitten.
Ein solcher Krankheitszustand ist nach dem ärztlichen Atteste vom
5. Dec., gegen welches sich Bedenken nicht ergeben haben, mit
vorübergehender Verringerung der Urtheilskraft verbunden.   Liegt
nun ein Irrthum vor, welcher bei normalen Geisteskräften nicht
möglich erscheint — Anwendung des §. 478 auf den Berichtigungsbeschluß und die Revisionsfrist —, so hat es für in
hohem Grade wahrscheinlich erachtet werden können, daß die irr-
thümliche Auslegung in einem vorübergehenden Zustande krankhaft
gestörter Geistesthätigkeit erfolgt ist.   Auch hat der Versicherung
des N. Glauben geschenkt werden dürfen, daß er sich seines krank-
haften Zustandes zur betreffenden Zeit nicht bewußt gewesen ist.
Auf Grund dieser Annahme ist die Wiedereinsetzung in den vorigen
Stand bewilligt worden.   III, 330/89 vom 11. März 90.

699 a.   Landgerichtliches Urtheil dem Kläger am 13. April

zugestellt, am 28. April, eingegangen am 1. Mai, Antrag auf Armenrecht bei dem Oberlandesgericht, substantiirt durch thatsächliche Angaben und Beweismittel. Ablehnender Beschluß vom 6. Mai am 8. Mai zugestellt. Beschwerde an das Reichsgericht vom 15. Mai, am 21. Mai Armenrecht bewilligt. Bestellung eines Armenanwalts, welcher am 31. Mai die Berufung mit Antrag auf Wiedereinsetzung zustellte. Die Wiedereinsetzung ist vom Oberlandesgericht bewilligt. Das Armenrechtsgesuch sei vierzehn Tage vor Ablauf der Berufungsfrist eingereicht worden, und diese Zeit würde nach ordnungsmäßigem Geschäftsgange zur rechtzeitigen Einlegung der Berufung ausgereicht haben. Eine schuldbare Versäumniß des Klägers liege daher nicht vor, und es bedürfe nicht der Erhebung des erbotenen Beweises, daß Kläger in Folge seines krüppelhaften Zustandes die ganze Zeit bis zum 28. April nöthig gehabt habe. Die Annahme, daß die Fristversäumniß auf einen unabwendbaren Zufall zurückzuführen sei, werde auch durch den Umstand nicht ausgeschlossen, daß Kläger, nachdem er den Beschluß vom 6. Mai vier Tage vor Ablauf der Berufungsfrist erhalten, die Beschwerde nicht sofort, sondern erst am 15. Mai bei dem Beschwerdegerichte eingereicht habe, denn die Einreichung der Beschwerde während dieser vier Tage würde für die Wahrung der Berufungsfrist belanglos gewesen sein, und das Unbenutztlassen zweier weiterer Tage nach Ablauf der Berufungsfrist erscheine als unerheblich. Der armen Partei war nicht zuzumuthen unter Aufwendung von Kosten inzwischen durch einen Anwalt die Berufung einreichen zu lassen. Die eigentliche Ursache der Fristversäumniß sei die, von dem Willen des Klägers unabhängige, ungerechtfertigte Ablehnung seines Armenrechtsgesuchs gewesen. Revision zurückgewiesen. Der Zufall stellt sich als ein unabwendbarer dar, weil dessen schädliche Folgen auch durch die äußerste, von einem sorgfältigen Manne vernünftiger Weise nach den Umständen zu erwartende Vorsicht nicht abgewendet werden konnten. II, 52/90 vom 18. April.

699 b. Das landgerichtliche Urtheil ist dem Prozeßbevollmächtigten erster Instanz am 20. Nov. zugestellt; dieser hat dem Prozeßbevollmächtigten zweiter Instanz den 30. Nov. als Tag der Zustellung bezeichnet, in Folge dessen die Berufung von diesem am 21. Dec. eingelegt ist. Kein Grund der Wiedereinsetzung, da

 die Partei das Verschulden ihres Vertreters zu tragen hat. II,
82/90 vom 30. Mai.

700. Als das Verfahren beim Landgericht wegen einer persönlichen Schuld schwebte, wurde der Konkurs des Beklagten eröffnet; danach Urtheil des Landgerichts vom 18. Jan., welches
dieser am 2. Febr. der Klägerin zustellen ließ. Am 9./11. März
deren Berufung, am 6. April Antrag auf Aussetzung wegen des
Konkurses. Anmeldung im Konkurse am 16. April, an deren
Rand der Klägerin eröffnet, daß am 28. Febr. Zwangsvergleich
auf 25 Proc. geschlossen, am selben Tage bestätigt sei. Am 8. Juni
Aufhebung des Konkurses, am 5. Juni hat Klägerin das Verfahren wieder aufgenommen, weil der Konkurs beendigt sei. Das
Berufungsurtheil vom 10. Juli wies die Berufung als unzulässig
zurück. Aufgehoben. Klägerin hat keine Befriedigung aus dem
zur Masse gehörenden Vermögen des Beklagten gesucht, sie hat
auch ihre Forderung nicht zur Konkursmasse angemeldet, damit
solche entweder nach K. O. §. 132, Abs. 1 festgestellt oder sie in
die Lage versetzt werde, das Verfahren gegen den Gemeinschuldner
aufzunehmen, §. 134, Abs. 3. Durch die Eröffnung des Konkursverfahrens ist auch der Gemeinschuldner nicht absolut handlungs-
und prozeßunfähig geworden, vielmehr haben die §§. 5 und 6
K. O. nur den Sinn und die Tragweite, daß derselbe keine
solche Handlungen vornehmen darf, welche mittelbar oder unmittelbar die Konkursmasse und die Konkursgläubiger, bezw.
deren Konkursanspruch betreffen. Der Beklagte muß daher
jedenfalls solche von ihm während des Konkursverfahrens vorgenommene Handlungen gegen sich gelten lassen, welche die Konkursmasse und die Konkursgläubiger nicht berühren und, wie im gegebenen Falle die am 2. Febr. von ihm bewirkte Zustellung des
Urtheils, ihre Wirkung erst nach aufgehobenem Konkursverfahren
gegen sein Vermögen äußern sollen. Die Klägerin hat auch in
der mündlichen Verhandlung vor dem Berufungsgericht ihre Forderung nach Maßgabe des Nachlaßvergleiches gemindert, und der
Umstand, daß von ihr das Verfahren in zweiter Instanz schon
am 5. Juni wieder aufgenommen, der Konkurs erst am 8. Juni
aufgehoben worden ist, erscheint deshalb unerheblich, weil die Verhandlung erst am 3. Juli stattgefunden hat. II, 245/89 vom
6. Dec.

700a. Nachdem das landgerichtliche Endurtheil am 10. Juli *Aussetzung des* verkündet war, starb der Beklagte am 22. Juli; das Urtheil *Verfahrens.* wurde dessen Prozeßbevollmächtigten am 1. Aug. zugestellt. Auf dessen Antrag vom 31. Aug. hat das Landgericht mittelst Beschlusses vom 2. Sept., zugestellt am 5. Sept., die Aussetzung des Verfahrens beschlossen. Nachdem die Erben festgestellt waren, hat das Landgericht mittelst Beschlusses vom 6. Nov. das Verfahren wieder aufgenommen. Die Berufung der Erben des Beklagten ist dem Kläger am 5. Dec. 1889 zugestellt. Sie ist mit Recht als unzulässig verworfen; denn das erstinstanzliche Verfahren war durch den Tod des Beklagten nicht unterbrochen — C. P. O. §. 223 —. Das Prozeßgericht — §§. 225, 226 — war aber nicht das Landgericht, nachdem das erstinstanzliche Endurtheil zugestellt war. V, 88/90 vom 18. Juni.

701. Im Antrage auf Ausschließung eines Gesellschafters *Klage.* ist der Antrag auf Auflösung der Gesellschaft nicht enthalten. I, 154/89 vom 18. Sept./16. Okt.

702. Unstreitig hatte der Cedent der ursprünglichen Klägerin, der Baumeister H., für Ausführung des Baues Mohrenstraße 47 in Berlin eine vor dem 1. Jan. 1885 fällige Bausumme von 55 560 Mark vom Beklagten vertragsmäßig zu fordern und hierauf im J. 1884 ratenweise 44 600 Mark baar vom Beklagten bezahlt erhalten. Seine Restforderung hatte er am 30. April 1885 schriftlich an die Witwe S. cedirt, welche einen Betrag von 4000 Mark hiervon einklagte. Nachdem diese Thatsachen nunmehr feststehen, kann jedenfalls keine Rede mehr davon sein, daß Klägerin zur Begründung der Klage verpflichtet gewesen wäre, eine genaue Rechnungsaufstellung über die vom Beklagten geleisteten Theilzahlungen zu machen. Die Analogie eines Kontokorrentverhältnisses greift hier überall nicht Platz. Sache des Beklagten war es vielmehr, die Thatsachen zu behaupten und nachzuweisen, durch welche die Geltendmachung des Klageanspruches oder dieser selbst ausgeschlossen sein würde. VI, 171/89 vom 28. Okt.

703. Der Kläger behauptet, daß seiner Bude Nr. 27 das Traufrecht auf das Grundstück der Beklagten zustehe, und verlangt, daß die Beklagten, welche nach seiner Ansicht durch ihren Bau die Ausübung seines Rechts beeinträchtigt haben, den Bau so weit zurückziehen, als es zur Ausübung seines Rechts erforderlich ist.

 Alleinige und nothwendige Voraussetzung des Klageanspruchs, wie er mit dem Klageantrage verfolgt wird, ist demnach das Trauf=recht. Wenn nun auch nicht ausdrücklich mit dem Klageantrage die Feststellung des Traufrechts gefordert wird, so kann doch der Antrag nur dahin verstanden werden, daß die Beklagten, indem sie die zur Ausübung des Traufrechts erforderlichen Einrichtungen treffen, das Traufrecht anerkennen sollen; denn ohne daß dem Kläger gleichzeitig das Traufrecht zugesprochen wird, ist die Ver=urtheilung der Beklagten nach dem Klageantrage nicht möglich. Das Berufungsgericht irrt daher, wenn es annimmt, durch den Klageantrag werde keine Entscheidung über das Traufrecht selbst begehrt, und es verletzt die Bestimmung des §. 499 der C. P. O., indem es der Entscheidung über den Bestand des Traufrechts aus=weicht, denn das Berufungsgericht ist verpflichtet, über alle einen zuerkannten oder aberkannten Anspruch betreffenden Streitpunkte, über welche in Gemäßheit der Anträge eine Verhandlung und Entscheidung erforderlich ist, zu entscheiden. V, 267/89 vom 8. Febr. 90.

704. Der Beklagte ist als Vertreter der Aktiengesellschaft auf Ersatz des Kaufpreises verurtheilt, welchen er leichtsinnig kre=ditirt hatte. Nachdem die Klägerin den von P. nicht bezahlten Betrag des Kaufschillings als ihren Verlust und damit als den ihr durch das Verhalten des Beklagten erwachsenen Schaden be=zeichnet hatte, wäre es Sache des Beklagten gewesen, zu behaupten, daß der mit P. vereinbarte Kaufpreis den wirklichen Werth der Waare bezw. denjenigen Werth, der daraus anderweit hätte er=zielt werden können, überstiegen habe. Es mag sodann richtig sein, daß die Klägerin bei Zurückhaltung der Waare Auslagen gehabt haben würde; Beklagter hatte aber Anlaß dies geltend zu machen, nachdem die Klage eben auch darauf gestützt worden war, daß die Waare, wenn sie gegen binnen 10 Tagen zu leistender Zahlung abgesendet worden wäre, hätte zurückgehalten werden können. VI, 208/89 vom 28. Nov. Vgl. 479.

705. Nach §. 12 des Gesetzes vom 24. Mai 1861 (Gesetz=sammlung S. 241) ist die Klage auf Rückzahlung von Stempel=beträgen, abgesehen von den zu Gerichtskassen eingezogenen, gegen die zur Verwaltung der indirekten Steuern bestimmte Provinzial=behörde zu richten. Nach der zutreffenden Darlegung in den dies=

feitigen Urtheilen vom 3. Dec. 1883 — IV, 334 und 335/83 — ift unter diefer Provinzialbehörde diejenige Provinzialfteuerdirektion zu verftehen, von welcher oder in deren Bezirk durch eine andere mit der Wahrnehmung des fiskalifchen Intereffes betraute Behörde der fragliche Stempelbetrag feftgefetzt und erfordert ift. IV, 235/89 vom 5. Dec. Vgl. 590.

706. G. R. Zwar enthält die Bezugnahme auf unvordenkliche Verjährung als Eigenthumserwerbsgrund zugleich die Bezugnahme auf außerordentliche Erfitzung; aber der Berufungsrichter war nicht verpflichtet, hierauf von Amtswegen einzugehen, und der Kläger hat die außerordentliche Erfitzung für fich nicht angerufen. III, 251/89 vom 3. Jan. 90.

707. Im Fall 10 war erftinftanzlich auf Zahlung des Kaufpreifes geklagt; in der Berufung bezog fich Kläger auf die Verurtheilung der Beklagten im Vorprozeß. Da der Kläger einen Antrag auf Ertheilung eines Vollftreckungsurtheils auch da nicht geftellt hatte, hatte das Berufungsgericht keinen Anlaß hierauf einzugehen. VI, 245/89 vom 9. Jan. 90. Vgl. 730.

708. Das Berufungsurtheil hat nicht feftgeftellt, welche Beträge zu den geklagten Pfarr- und Kirchenbauten die einzelnen Beklagten fchulden. Aufgehoben, zurückverwiefen. Der §. 230 C. P. O. erfordert als wefentliche Beftandtheile der Klage die beftimmte Angabe des Streitgegenftandes und einen beftimmten Antrag. An Beiden fehlt es hier, wie die Motivirung des Urtheils felbft ergibt, indem lediglich mit Rückficht auf die Unbeftimmtheit des Streitgegenftandes und des Klageantrages die Erörterung, ob und inwieweit die Beklagten ihrer Verbindlichkeit während der ftreitigen Zeit fchon nachgekommen find, abgelehnt und fo den Beklagten die Rechtsvertheidigung bezüglich des Umfanges ihrer Verpflichtung verfagt ift. Mag nun auch davon ausgegangen werden, daß es nicht unbedingt nothwendig ift, den Anfpruch bereits in der Klagefchrift der Summe nach genau zu bezeichnen und den Antrag auf Zuerkennung einer beftimmten, ziffermäßig angegebenen Summe zu richten, fo find doch diejenigen Angaben unentbehrlich, welche zur quantitativen Begrenzung und Feftftellung des Anfpruchs erforderlich find. IV, 334/88 vom 3. Febr. 90. Vgl. 686.

709. Der Ehemann hat allein auf Zahlung rückftändiger

 Kaufgelder für eine Druckerei zu Barby nebst Verlag des Elb-
und Saaleboten geklagt, während er mit seiner Ehefrau zusammen
verkauft hatte. Abgewiesen, da nach A. L. R. I, 5, §. 450 die Eheleute zusammen klagen mußten. Der Umstand allein, daß der
Kläger der Ehemann der Mitberechtigten ist, erscheint unerheblich,
weil der Kläger thatsächlich nicht auch als Vertreter seiner Ehefrau die Klageforderung geltend gemacht hat, wenigstens nicht in
der Klage und im Laufe der ersten Instanz, weil ferner der Kläger
nicht einmal dargelegt hat, kraft welchen ehelichen Güterrechts er
durch seine ehemännlichen Befugnisse zur Vertretung der Ehefrau
berechtigt sei. V, 360/89 vom 26. Febr. 90.

710. Betreffend den klägerischen Anspruch auf Herausgabe
der Ehescheidungsstrafe, so ist einleuchtend, daß der Antrag auf
Vorlegung des Inventars nur zur Vorbereitung dieses eigentlichen
Zwecks der Klage dienen soll und daß die Klägerin schließlich nichts
anderes bezielt, als daß ihr ein Drittel von demjenigen Vermögen
zukomme, welches sich nach dem zu errichtenden Inventar als
Vermögen ihres Ehemanns ergeben werde. Ein derartiger, klag-
bar gemachter Anspruch ist seiner rechtlichen Natur nach als Anerkennungsklage zu betrachten. Zwar hat die Klägerin im Widerspruch
hiermit sowohl in erster als in zweiter Instanz eine bestimmte
Summe in ihr Klagpetitum aufgenommen und um deren Zuerkennung gebeten, indessen kann hierdurch der Charakter ihrer Klage
nicht als verändert und in eine nach der derzeitigen Sachlage
unstatthafte Leistungsklage verwandelt angesehen werden. Vielmehr
ist dem Klaganspruch in der Weise stattzugeben, daß Beklagte
anzuerkennen habe, der Klägerin ein Drittheil des nach dem Inventar sich ergebenden Vermögens zu erstatten. Nur insofern war
die in das Klagpetitum aufgenommene Forderung einer bestimmten
Summe zu berücksichtigen, als die Erstattungspflicht der Beklagten
nicht höher als in dem geforderten Betrage von 9000 Mark. III,
325/89 vom 4./11. März 90.

711. Im Fall 139, 539 hat die Verkürzung der Kaufgelder-
masse nicht blos den Sohn August, sondern auch den Sohn Karl
und zwar Beide zu gleichen Antheilen betroffen, es ist daher für
die Feststellung der Aktivlegitimation unumgänglich nothwendig,
die Frage zu prüfen und zu entscheiden, welche Personen Substituterben des Sohnes Karl geworden sind. Denn wenn die

Tochter Klara, wie sie behauptet, mit zu diesen gehört, so ist der nach dem Testamente ihr frei zustehende Antheil kein von dem Individualrecht der unbekannten Substituterben des August berührter Bestandtheil der Substitutionsmasse. IV, 365/89 vom 13. März 90.

711a. Die Klage auf Abnahme eines im Schiedsspruch auferlegten Eides und Erlaß eines Schiedsspruchs ist gegen die Firma K. & Co. erhoben, die Klägerin hat ausdrücklich erklärt, daß die Klage gegen die im Registerauszug als Inhaber bezeichneten Personen nicht gerichtet sein sollte. Nun besteht aber die beklagte Gesellschaft von Bauunternehmern als offene Handelsgesellschaft nicht; das gegen sie erlassene Urtheil war bedeutungslos. Deshalb sind mit Recht die Klage und der Antrag auf Eidesabnahme als unzulässig abgewiesen. Revision zurückgewiesen. Vgl. II, 39/88 vom 13. April (Bd. VI, 631). III, 307/89 vom 15. April 90.

711b. In einem Reverse vom 22. Juli hatte der Beklagte dem Kläger für den Fall, daß seine Besitzung durch dessen und H.'s Vermittelung verkauft werde, eine procentuale Provision zu zahlen; im Reverse vom 26. Juli versprach Beklagter dem Kläger allein, falls der Kauf nicht perfekt werden sollte, 3000 Mark zu zahlen. Der Kauf ist nicht perfekt geworden. Die Klage führt an, daß der Kauf stattgefunden habe, berechnet nach Procenten des Kaufpreises die dem Kläger und H. gebührende Provision auf 3375 Mark und nimmt hiervon auf Grund eines mit H. getroffenen Abkommens zwei Drittel für Kläger in Anspruch. Bei dieser Begründung der Klage blieb Kläger auch dann noch stehen, nachdem vom Beklagten einwandsweise auf die spätere Vereinbarung vom 26. Juli hingewiesen war. Er erklärte nicht, auch nicht etwa eventuell, seinen Anspruch auch aus dieser zweiten Vereinbarung herleiten zu können und zu wollen, und behauptete nicht, daß der Vertrag vom 22. Juli durch die spätere Vereinbarung geändert sei, vertrat vielmehr im Berufungsverfahren, wie der Thatbestand ergibt, die Ansicht, daß beide Reverse „nebeneinander Gültigkeit haben". Demnach ist die Klage mit Recht abgewiesen, weil allein auf den ersten Revers gegründet. VI, 27/90 vom 24. April.

711c. Nach A. G. O. I, 46, §. 3 ist eine dem Erbtheilungsverfahren vorangehende Präjudizialklage zulässig, wenn Umfang und Existenz des Erbrechts unter den Erbprätendenten streitig

Klage.

ist. Diese Klage ist nicht beseitigt durch die Bestimmungen der C. P. O. über die Feststellungsklage. Um eine solche Klage handelt es sich hier bei dem Streit, ob sich die Erbfolge wegen des väterlichen Nachlasses nach dem wechselseitigen Testamente der Eheleute oder nach dem Testamente des überlebenden Vaters regelt. III, 60/90 vom 30. Mai.

Feststellungs-klage.

712. Im Fall Bd. VIII, 372. Daß die Cessionarin ein rechtliches Interesse an der Feststellung hat, daß die Cedentin ihr wegen der Nichtlieferung der Hypothek hafte, ergibt sich ohne Weiteres daraus, daß es sich bei dieser Feststellung um das Bestehen eines Schadensersatzanspruches handelt, welchen die Klägerin wider die Beklagten zu haben glaubt. Das Interesse an der alsbaldigen Feststellung hat aber das Berufungsgericht darin gefunden, daß die von der Klägerin gegen den Schuldner O. zu treffenden Maßnahmen von der Frage abhingen, ob die Haftpflicht der Beklagten bestand oder nicht. Da die Beklagte diese Haftpflicht bestritten hatte, so konnte ohne Rechtsirrthum vom Berufungsgericht festgestellt werden, daß die Klägerin eine ausreichende Veranlassung hatte, Klage gegen die Cedentin auf generellen Schadensersatz, Liquidation vorbehalten, zu erheben. III, 214/89 vom 19. Nov.

713. Der Zweck der Feststellungsklage ist nach §. 231 der C. P. O., daß durch richterlichen Ausspruch mit bindender Kraft für die Parteien festgestellt werden (konstatirt werden) soll, daß ein Rechtsverhältniß bestehe (oder nicht bestehe), nicht aber, wie der Berufungsrichter annimmt, daß ein bis dahin nicht, oder nicht formgültig, bestehendes Rechtsverhältniß zu einem bestehenden oder formgültig bestehenden gemacht (in diesem Sinne festgestellt), daß also im vorliegenden Falle dem nur mündlich geschlossenen Vergleiche durch Richterspruch die ihm fehlende Kraft eines schriftlichen Vergleichs verliehen („für den Abschluß des Vergleiches in bindender Form Ersatz im Wege gerichtlicher Feststellung" geschaffen) werden solle. Eine Feststellungsklage in diesem Sinne gibt es nicht und kann es nicht geben. V, 196/89 vom 27. Nov.

714. Der in dem aufgehobenen Urtheile unterstellte Gegensatz zwischen einer Schadensklage ohne Liquidation des Anspruchs und einer Feststellungsklage besteht nicht, jede derartige Schadensklage

ist vielmehr eine Feststellungsklage, die Ausdrucksweise des An=
trags (die Beklagte zu verurtheilen, „zu entschädigen" oder „ihre
Entschädigungspflicht anzuerkennen") ist im Effekt gleichbedeutend,
und der Antrag auf Feststellung der Entschädigungspflicht wird
nicht dadurch unzulässig, daß die klagebegründende Thatsache (Wasser=
entziehung durch den Bergbau der Beklagten) in den formulirten
Antrag aufgenommen ist. Bei der Prüfung, ob ein rechtliches
Interesse des Klägers an alsbaldiger Feststellung der Entschädigungs=
pflicht vorliege (C. P. O. §. 231) und ob ein Schadensanspruch,
insbesondere für die Vergangenheit, noch bestehe, wird die Behauptung der Beklagten, daß der mündliche Vergleich geschlossen und bis=
her zur Ausführung gebracht worden sei, ihre Würdigung zu finden
haben. V, 196/89 vom 27. Nov.

715. B. Dem Kläger war durch die Verwaltungsbehörde
Konzession zur Errichtung einer Sägemühle und Baufabrik und
einer Stauanlage mit Turbinentriebwerk am Gewerbskanal Obern=
dorf-Rastatt ertheilt. Er solle sich mit der Beklagten wegen Mitbenutzung einer Stauanlage und des Kanals auf Grund des Wasser=
gesetzes Art. 11 abfinden, der Bau des Werks und dessen Inbetrieb=
setzung dürfe erst erfolgen, wenn vorstehende Bedingung erfüllt sei.
Die Frist zur Ausführung erlösche, wenn der Kläger nicht bis
zum 1. Aug. 1888 den Nachweis des Benutzungsrechts erbracht
habe. Dies begründete das rechtliche Interesse des Klägers an
der alsbaldigen Feststellung, daß der Beklagten das von ihr beanspruchte Eigenthums= oder ausschließliche Benutzungsrecht am
Gewerbekanal, welcher von der Verwaltungsbehörde als öffentliches
Gewässer angesehen wurde, nicht zustehe und daß Kläger an den
vorhandenen Stauanlagen mitberechtigt sei. Dies Interesse ist
auch nicht dadurch hinweggefallen, daß vor Beendigung dieses Prozesses die Konzession mit Ablauf der Frist erloschen ist, da von
der Beklagten keine Thatsache geltend gemacht wurde, welche den
Schluß rechtfertigen würde, daß die jetzige Klägerin die beabsichtigte Erneuerung der Konzession nicht mehr erlangen könnte. Die
von den Beklagten behaupteten privatrechtlichen Befugnisse zur
ausschließlichen Benützung des Kanals oder doch der Strecke des=
selben, welche Klägerin als öffentliches Gewässer für das projektirte
Triebwerk selbst benutzen will, bilden das Rechtsverhältniß, dessen
Existenz die Beklagten zur Einsprache gegen die beabsichtigte Er=

richtung eines Triebwerks Seitens des Klägers berechtigt hätte
und welches demnach ſchon vor Erlangung der Konzeſſion vorhanden war. II, 243/89 vom 13. Dec.

716. Im Fall 708 war wegen der Rückſtände eine Feſt-
ſtellungsklage ausgeſchloſſen, da die Kircheugemeinde die Leiſtungs-
klage erheben kann. IV, 334/88 vom 3. Febr. 90.

717. Im Fall 312 geklagt auf Feſtſtellung, daß Kläger berechtigt ſei, den 4666²/₃ Mark überſteigenden Betrag der Spar-
kaſſenforderung für ſich zu erheben. Beklagter war zwar nicht
legitimirt, aus der Perſon ſeiner Ehefrau und Schwägerin geltend
zu machen, daß dieſen das Sparkaſſenbuch in Höhe von je
5000 Mark geſchenkt ſei. Denn dies iſt eine Einrede aus der
Perſon eines Dritten. Da aber darüber, ob und mit welchem
rechtlichen Folge das Sparkaſſenbuch an jene beiden anderen geſchenkt, und wer zur Erhebung des dieſen geſchenkten Betrags
berechtigt ſei, nur zwiſchen dem Kläger und jenen beiden anderen
Perſonen erkannt werden kann, ſo fehlte es dem Kläger ſoweit
an einem rechtlichen Intereſſe, dieſe Frage gegenüber dem Beklagten zum rechtlichen Austrag zu bringen. Aus dieſem Grunde
wurde die Reviſion gegen das die Klage zu einem Betrage von
13 999,98 Mark abweiſende Urtheil bezüglich des den dem Beklagten zuerkannten Betrag von 4666²/₃ Mark überſteigenden
Betrags beſtätigt. II, 263/89 vom 14. Jan./11. Febr. 90.
Vgl. 836.

717a. Der Berufungsrichter erwägt, daß die Klage, in wel-
cher der Schaden ziffermäßig nicht berechnet iſt, ſich neben der
Vertragsabrede und Betrug auch auf die geſetzliche Gewährleiſtung
für ſtillſchweigend vorausgeſetzte Eigenſchaften ſtütze und es im
Intereſſe des Klägers liege, ſich dieſen Klagegrund, der der kurzen
Verjährung unterliege, neben dem der Vertragsabrede zu erhalten.
Er fügt hinzu, daß der Kläger noch einen beſonderen Anlaß zur
Klage habe, weil die Parteien über die Bedeutung der im §. 4
des Kaufvertrages (Verſprechen der Schadloshaltung) enthaltenen
Beſtimmung ſtreiten, und führt endlich aus, daß der Kläger inner-
halb der Verjährungsfriſt, wenn auch einen Theil des erlittenen
Schadens, ſo doch nicht den ganzen Schaden ziffermäßig habe
geltend machen können. Damit iſt das Intereſſe des Klägers an
der alsbaldigen Feſtſtellung der Schadenserſatzpflicht des Beklagten

ohne Rechtsirrthum begründet; Revision zurückgewiesen. V, 340/89 Feststellungs-
vom 16. April 90. klage.

717b. Im Fall Bd. VIII, 815 hat das Berufungsgericht
das Berufungsbegehren des Klägers in dem im Streit verbliebenen Punkt wiederum abgewiesen, weil Kläger eine Feststellungsklage nicht erhoben habe, vielmehr entspreche das Anerkennungsbegehren, als Element der Erfüllungsklage, einer weit verbreiteten
badischen Praxis. Revision zurückgewiesen. II, 65/90 vom 9. Mai.

717c. Durch das Pfändungspfandrecht hat der Gläubiger
dem Drittschuldner gegenüber das Recht erworben, daß Dieser das
seinem Gläubiger Geschuldete nicht zum Nachtheile des Pfändungspfandgläubigers an seinen Gläubiger ausbezahlen darf, sondern
es zur demnächstigen Befriedigung Jenes aufbewahren muß. Die
stattgefundene Pfändung legt ferner dem Drittschuldner die Pflicht
auf, dem Pfändungspfandgläubiger über die Existenz und den Betrag der gepfändeten Forderung Rede zu stehen (C. P. O. §. 739).
Dieser Pflicht des Drittschuldners muß auf der anderen Seite als
entsprechend das Recht des Pfandgläubigers angesehen werden,
gegen den Drittschuldner, welcher nach dem Inhalte der Klage das
Bestehen der Forderung in Abrede gestellt hat, die Feststellung
derselben durch Richterspruch zu verlangen. II, 107/90 vom 24. Juni.

717d. Der Mangel eines Interesses des Pfandgläubigers
an alsbaldiger Feststellung ist dadurch geheilt, daß Jener im Laufe
des Prozesses die Ueberweisung der gepfändeten Forderung erlangt
hatte, und nun die Feststellungsklage in die Leistungsklage um-
wandelte. II, 107/90 vom 24. Juni.

718. Daß der Kläger, wenn er Zweifel darüber hegt, ob die Klagenhäu-
von ihm in erster Linie in Aussicht genommene Feststellungsklage sung.
zulässig sei, befugt ist, für den Fall, daß dieselbe als unzulässig
angesehen werden sollte, sofort in der Klage die Verurtheilung des
Beklagten zu beantragen, kann nicht als zweifelhaft erscheinen, da
einem derartigen Verfahren keine gesetzliche Vorschrift entgegensteht.
Hier war auf die Leistungsklage verurtheilt, die Feststellungsklage
als unzulässig abgewiesen. II, 267/89 vom 10. Jan. 90.

719. Der Kläger hatte bereits in erster Instanz alle die- Keine Klag-
jenigen Thatsachen geltend gemacht, welche zur Begründung der änderung liegt
Entschädigungsklage gehören, und eine unstatthafte Klagänderung vor in den
läge eben deshalb selbst dann nicht vor, wenn die Annahme, von 719—728a.

Keine Klag-
änderung liegt
vor in den
Fällen
719—728 a.

welcher der Berufungsrichter ausgeht, begründet wäre, daß nämlich aus den Thatsachen, aus welchen in zweiter Instanz ein Ent= schädigungsanspruch hergeleitet wird, in erster Instanz nur der Abschluß eines Provisionsvertrags und die Verpflichtung des Beklagten zur Zahlung einer Vermittlergebühr habe hergeleitet werden wollen. Kläger wäre hierdurch nicht gehindert gewesen, in zweiter Instanz seinen Anspruch als Entschädigungsanspruch zu qualifiziren und damit aus den Thatsachen, auf welche sein An= spruch schon in erster Instanz gestützt war, eine andere rechtliche Folgerung zu ziehen. Jene Annahme war überdies nicht begründet. VI, 216/89 vom 5. Dec.

720. Der Berufungsrichter hat den in der zweiten Instanz vorgebrachten neuen Klaggrund geprüft und aus materiellen Gründen verworfen. Man muß deshalb annehmen, er sei davon ausgegangen, es liege keine Klagänderung vor. Hieran ist der Revisionsrichter nach §. 242 C. P. O. gebunden. V, 195/89 vom 23. Nov.

721. Im Fall 135. Kläger hat nachträglich eventuell be= antragt, ihn von seiner Verpflichtung, das dem Beklagten zuviel Gezahlte zur Nachlaßmasse zahlen zu müssen, zu befreien. Beide Ansprüche auf die Thatsache gestützt, daß Beklagter zuviel gezahlt erhalten habe, verfolgen den Zweck, den Kläger schadlos zu halten. Keine unzulässige Klagänderung. IV, 315/89 vom 3. Dec.

722. Kläger habe der Gemeinschuldnerin 300 Mark Darlehn gegeben. Später: Kläger habe bei der Gemeinschuldnerin einen Wechsel über 2000 Mark diskontirt, wofür er 2000 Mark Valuta erhalten sollte. Er habe ihr hiervon 300 Mark geliehen, weil sie derselben zur Löhnung bedurfte. I, 260/89 vom 7. Dec.

723. Der Gläubiger beansprucht ein Pfandrecht an dem ge= pfändeten Anspruch des Schuldners auf Herausgabe der von diesem einem Dritten anvertrauten Werthpapiere. Im Laufe des Ver= fahrens gibt der Dritte die Werthpapiere an den Gerichtsvollzieher heraus. Der Gläubiger darf nun nach C. P. O. §. 240³ das Pfändungspfandrecht an den Werthpapieren in diesem Prozesse geltend machen. II, 251/89 vom 20. Dec.

724. Erstinstanzlich hatte der Kläger den Anspruch aus einem angeblich geschlossenen Gesellschaftsvertrag nur auf die Urkunde vom 9. Mai gegründet, welche ihm das Recht gab, unter den

dort normirten Bedingungen, eine Gesellschaft mit dem Beklagten zu begründen, und eine darauf erfolgte spätere Erklärung, die Gesellschaft begründen zu wollen. Darin wurde ein Gesellschaftsvertrag nicht gefunden, weil eine Vereinbarung über das Essentiale fehlte, was als Einlage gelten sollte. Damit, daß der Kläger zweitinstanzlich die vorhergegangene mündliche Verabredung vortrug, welche die Urkunde ergänzte, war keine Klagänderung gegeben. Denn, der konkrete Rechtsanspruch, welcher ausgetragen werden sollte, blieb derselbe, die Angabe einer anderen Zeit stellte nicht nothwendig eine Klagänderung dar, und in der Urkunde vom 9. Mai war auf eine mündliche Vereinbarung hingewiesen. II, 260/89 vom 10. Jan. 90.

Keine Klagänderung liegt vor in den Fällen 719—728 a.

725. Der Hauseigenthümer M. hatte den Kläger wegen seiner Forderung von 8000 Mark auf die von der Bank zu zahlenden Baugelder angewiesen, der Kläger hatte aber von jener Summe an den Beklagten 2500 Mark gezahlt, nach der Klagbehauptung mit der Abrede, daß Beklagter dem Kläger eine Hypothek auf das Grundstück des M. verschaffen sollte. Diese war nicht verschafft, Klage auf Zahlung der 2500 Mark. In der späteren Behauptung, „falls das nicht anging, sollte Beklagter dem Kläger nach Fertigstellung des Baues 2500 Mark zahlen", lag keine Klagänderung. Denn die Hypothek konnte nur die Sicherung des Klägers für die Valutenforderung bilden. Die Pflicht des Beklagten zur Zahlung der Cessionsvaluta kam nicht dadurch in Wegfall, daß der Beklagte zur Leistung der versprochenen Sicherheit außer Stande war. Das neue Vorbringen enthält nur eine nähere Bestimmung der Verpflichtung des Beklagten in Ansehung der Sicherstellung und in Betreff der Bestimmung der Zahlungszeit. IV, 250/89 vom 16. Dec.

726. Kläger fordert die von dem Schuldner hinterlegte Schuldsumme auf Grund einer Cession vom 28. Jan. 1888, Beklagter und Widerkläger auf Grund einer Pfändung und Ueberweisung gegen den Cedenten, nachdem er bereits am 23. Jan. dieses Objekt auf Grund C. P. O. §. 744 durch Zustellung eines Schriftsatzes in Anspruch genommen. In der Berufung hat Kläger angeführt, er habe dem Cedenten bereits Johannis 1877 die Schuldsumme gezahlt und dadurch das Gläubigerrecht erworben. Da, wie Kläger behauptet, diese Behauptung schon in der in der Klage in Bezug genommenen Cessionsurkunde vom 28. Jan. 1888

anerkannt ist, so hätte der Berufungsrichter die angebotene Vor=
legung der Urkunde anordnen sollen. Dadurch, daß er schlechthin
Klagänderung annahm, C. P. O. §§. 240 und 489 verletzt. Auf=
gehoben, zurückverwiesen. IV, 302/89 vom 28. Jan. 90. Vgl. 741.

727. Im Fall 291 hatte der Kläger negatorisch auf Unter=
sagung des Betriebs eines Bierverlagsgeschäfts bei Strafe und
Feststellung der Schadensersatzpflicht des Beklagten geklagt. Nach=
dem seit Erhebung der Klage der Konkurs über das Vermögen
des Beklagten eröffnet war und geschwebt hatte, hat er sein Ge=
schäft eingestellt, und nun der Sachlage entsprechend in der Be=
rufung dahin abgeändert, daß er Feststellung der Nichtberechtigung
des Beklagten zum Bierverlage, und an Stelle der Schadens=
ersatzpflicht im Prinzip, Zahlung einer bestimmten Schadenssumme
begehrt. Das war zulässig. I, 12/90 vom 15. März.

728. Im Fall 540 war die Klage erst darauf gegründet,
daß in §. 5 die Enkel nicht substituirt, also die Witwe und ihr
Sohn zur Abtretung des Erbrechts befugt gewesen seien; dann
darauf, daß der Besitz und die Verwaltung des Erbtheils der
Frau J. zugestanden habe, und folglich jetzt dem Kläger als ihrem
Rechtsnachfolger gebühre, auch wenn derselbe mit der fideikommis=
sarischen Substitution der Enkel belastet wäre. Darin würde eine
Klagänderung nicht liegen, vielmehr sind dieselben Thatsachen nur
unter einen anderen rechtlichen Gesichtspunkt gezogen. IV, 350/89
vom 27. Febr. 90.

728a. Die Klage auf Erfüllung eines Kaufvertrags, in der
Berufung auf Schadensersatz, weil Beklagte das dem Kläger ver=
kaufte Grundstück anderweit einem Dritten verkauft und diesem
übergeben habe, war abgewiesen. Aufgehoben, zurückverwiesen.
Wenn auch die Veränderung (hier der Verkauf an einen Dritten)
vor Erhebung der Klage erfolgt ist, so schließt das die Anwen=
dung von C. P. O. §. 240³ nicht aus, wenn Kläger dies erst nach
Erhebung der Klage erfahren hat. So ist §. 240³ „später" aus=
dehnend auszulegen. II, 66/90 vom 9./16. Mai.

729. Nachdem der Kläger in der Klage nur als persönlicher
Gläubiger des A. P. aufgetreten war und in dieser Eigenschaft
die von seinem Schuldner vorgenommenen Rechtshandlungen einer=
seits als simulirt, andererseits auf Grund des §. 3, Nr. 1 des
Anfechtungsgesetzes angefochten hatte, konnte er ohne Aenderung

des Klagegrundes das nachträglich erlangte Hypothekenrecht nicht benutzen, um gemäß §. 5 des Pr. Gesetzes vom 13. Juli 1883 das dem A. P. etwa zustehende Recht auf Löschung der Hypothek des J. P. geltend zu machen. VI, 201/89 vom 21. Nov.

730. Im Fall 707 würde auch unzulässige Klagänderung vorgelegen haben. VI, 245/89 vom 9. Jan. 90.

731. In der Klage gefordert Rückgabe der Erbpachtstelle, weil der letzte Erbpächter ohne Leibeserben verstorben sei; diese Klage abgewiesen, weil die Ehefrau des Beklagten Enkelin des ersten Erwerbers, so daß der Heimfall nicht eingetreten. Die neue Begründung aus der Thatsache, daß der Beklagte die Stelle vom letzten Erbpächter ohne Genehmigung des Erbverpächters gekauft habe, macht das Privationsrecht des Erbverpächters geltend. Das ist keine Replik, sondern eine andere Klage. Wenn auch jene Thatsache bereits in der Klage behauptet war, so hatte Kläger dort nicht den Willen erklärt, das Privationsrecht auszuüben. III, 306/89 vom 21. Jan. 90.

732. Im Fall Bd. VII, 1128, 1178 wurde anderweit die Klage abgewiesen. Die ursprüngliche Klage stellt sich als eigentliche Pfandklage dar und begehrt auf Grund der Hypothek das Zurückbringen der als Zubehör der Gebäude mitverpfändeten Gegenstände. Der nach dem Thatbestande erster Instanz in zweiter Linie gestellte Antrag begehrt Zahlung des Werthes der fraglichen Gegenstände mit 1500 Mark an die Kläger oder den Sequester und stützt sich auf die unter Beweis gestellte Behauptung, Beklagter habe von der Verpfändung und der drohenden Subhastation Kenntniß gehabt. Die Annahme des Berufungsrichters, daß auch dieser eventuelle Antrag ebenso wie die ursprüngliche Klage auf keinem andern Rechtsgrunde als der Hypothek beruhe, und denselben insbesondere die Absicht, Entschädigung gemäß Code 1382 ff. zu fordern, nicht zu Grunde liege, muß sowohl nach dem eventuellen Klagebegehren als dem Beweiserbieten als zutreffend anerkannt werden. Dieser Rechtsauffassung entsprechend wurde begehrt, daß der Werth der Fahrnisse an die Kläger gezahlt oder behufs Vertheilung in dem bevorstehenden Vertheilungsverfahren hinterlegt werde, während Kläger, wenn es sich um eine Deliktsklage gehandelt hätte, Ersatz der durch die Wegbringung der Fahrnisse entstandenen Werthverminderung

der Gebäude und des Ausfalls bei der Subhastation gefordert haben würden. Hieraus folgt, daß die in zweiter Instanz lediglich auf die Behauptung eines Delikts gegründete Entschädigungsklage wegen unzulässiger Aenderung des Klagegrundes gemäß §. 489 der C. P. O. abzuweisen war. II, 286/89 vom 28. Jan. 90.

733. Im Fall 709 hatte der Kläger in der Berufung die Genehmigung seiner Ehefrau zu seiner Klagerhebung beigebracht und beantragt, den Beklagten zur Zahlung an ihn und seine Ehefrau zu verurtheilen. Unzulässige Klagänderung wie II, 111/87 vom 4. Okt. (Bd. V, 1087, E. 19, S. 184). V, 360/89 vom 26. Febr. 90. Vgl. auch Bd. I, 1709[5].

733a. Die Stadt hat zunächst gegen die Kirchengemeinde Eigenthum an der Schule ausgewiesenen Grundstücken beansprucht; später eventuell beantragt, zu erkennen, daß die Nutzung an dem streitigen Grundstücke dem jedesmaligen Rektor der Stadtschule zu Seelow gebühre und als Theil seines Einkommens zu gewähren sei. Darin sieht der Berufungsrichter unzulässige Klagänderung. Revision zurückgewiesen. V, 320/89 vom 22. März 90.

733b. Die in der Berufungsinstanz versuchte Klagbegründung eines Mitklägers, nach welcher das Eigenthum eines Theils der Insel ihm nicht, wie erstinstanzlich geltend gemacht, in seiner Eigenschaft als Uferbesitzer in der Feldmark Schmollen zusammen mit Kläger W., sondern in seiner Eigenschaft als Eigenthümer eines Grundstücks in P., anscheinend gemeinschaftlich mit anderen Uferbesitzern daselbst zustehen soll, unzulässige Klagänderung. V, 21/90 vom 17. Mai.

733c. Dem Berufungsgericht ist darin beizutreten, daß eine unzulässige Klagänderung vorliege. In erster Instanz haben die Kläger die Ersitzung des Fischereirechts nur für sich als Uferanlieger auf den ihre Grundstücke berührenden Theil des Flusses behauptet; in zweiter Instanz nehmen sie das von sämmtlichen Einwohnern von Kerstenbrügge, also auch von ihnen selbst, ersessene Fischereirecht an dem ganzen streitigen Theile des Flusses in Anspruch. Grund und Inhalt beider Berechtigungen sind verschieden. V, 40/90 vom 4. Juni.

733d. Klägerin fordert aus einer Erbauseinandersetzung die Zinsen einer Abfindungssumme. Die jetzigen Beklagten haben schon früher beim Gericht des Wohnsitzes der Klägerin wider diese eine Klage auf Aufhebung der Auseinandersetzung wegen Betrugs und Irrthums erhoben; sie haben deshalb jetzt die Einrede der Rechtshängigkeit eingewendet. Dieselbe ist nicht begründet; denn es handelt sich nicht um denselben, sondern um einen präjudiziellen Anspruch. II, 38/90 vom 28. März. Vgl. 692*. ^{Rechtshängigkeit.}

733e. Bei Erhebung der Klage gegen A. & W. war alleiniger Inhaber dieser Firma N. A. Die vorliegende Klage ist gerichtet gegen W. W., welcher Gesellschafter der aufgelösten Handelsgesellschaft war, die unter jener Firma früher bestanden hatte. Mit Recht ist daher die Einrede der Rechtshängigkeit verworfen. I, 87/90 vom 26. April.

733f. Die in der mündlichen Verhandlung vorgetragenen Urkunden waren dem Kläger nicht gemäß C. P. O. §. 122 durch vorbereitende Schriftsätze angekündigt. Die Erklärung von dessen Vertreter, daß er sich über die Urkunden nicht erklären könne, muß als ein Antrag auf Vertagung der Verhandlung verstanden werden, falls die Urkunden für erheblich erachtet werden sollten. Der Berufungsrichter durfte nicht die Urkunden für ächt erachten. I, 36/90 vom 19. April. ^{Einlassung.}

734. Die prozeßhindernde Einrede des §. 247⁵ ist auch dann begründet, wenn die kostenpflichtige Partei, welche die zurückgenommene Klage von Neuem erhebt, das Armenrecht hat, oder die Rechtswohlthat des Nothbedarfs hat. Sie ist aber nicht begründet, wenn jene Partei die Annahme eines vexatorischen Benehmens widerlegt: hier mit der Behauptung, daß der eine der wegen Alimente beklagten Brüder sie zur Zurücknahme der Klage mit der Erklärung veranlaßt habe, „sie (die Beklagten) hätten ja doch die Prozeßkosten zu zahlen, Klägerin könne ihnen weitere Kosten sparen, wenn sie die Klage zurücknehme, sie solle es thun, dann würde sie es besser haben, als wenn das Gericht entscheide"; der andere mitbeklagte Bruder habe diese Erklärung genehmigt. IV, 188/89 vom 28. Okt./1. Nov. Ebenso IV, 240/89 vom 9. Dec. ^{Prozeßhindernde Einrede.}

735. Identität des Anspruchs lag auch vor, als der Kläger zunächst seine Kinder bei dem (anscheinend unzuständigen) Amtsgerichte auf Zahlung von 60 Mark monatliche Alimente verklagte, dann die Klage zurückzog und bei dem Landgericht von Neuem auf Alimente klagte. Denn auch mit der neuen Klage fordert der Kläger aus dem gleichen Grunde seiner Vermögenslosigkeit die

Verurtheilung der Beklagten zur Zahlung von Alimenten und
gleichgültig für die Frage der Identität ist die Einschränkung des
Anspruchs auf einen niedrigeren Betrag und der spätere Anfangspunkt der geforderten Alimente. Abweisung, weil die Kosten noch
nicht erstattet waren. IV, 240/89 vom 9. Dec.

Einrede.

736. Allerdings ist ein auf Grund C. P. O. §§. 136, Abs. 2
und 274 gefaßter Trennungsbeschluß stets nur eine prozeßleitende
Verfügung; allein der eigentliche Grund für die Beschwerde der
beklagten Partei ist, falls die Trennung zu Unrecht beschlossen
worden, in dem darauf ergehenden materiellen Erkenntnisse zu
suchen. Wie gegen dieses, so muß auch gegen den fraglichen Beschluß, als gegen eine dem Endurtheil vorausgegangene und dasselbe bedingende Entscheidung nach Maßgabe des §. 473 das
Rechtsmittel der Berufung zugelassen werden. So wenn die
Gegenforderung im rechtlichen Zusammenhang mit der Klagforderung stand, und der Richter sich darüber hinweggesetzt hat, oder
wenn die Frage der Konnexität zwischen Haupt- und Gegenforderung von ihm unrichtig beurtheilt ist. Ferner, wenn die Verhandlung der Klagforderung bis zum Schluß geführt war, gleichwohl die Verweisung der Gegenforderung zum getrennten Prozeß
ausgesprochen ist. In diesem Falle hatte der Instanzrichter nur
zu prüfen, ob blos der Klaganspruch zur Endentscheidung reif
und ob, wenn dies der Fall, die Vorschrift des §. 274 in Anwendung zu bringen sei. Irrt der Richter bei dieser Prüfung
und wendet er die eben genannte Prozeßschrift an, obwohl bei
richtiger Beurtheilung der Sachlage nicht nur der Klaganspruch,
sondern auch die Gegenforderung zur Entscheidung reif zu erachten
gewesen wäre, so muß gleichfalls dem Beklagten das Rechtsmittel
der Berufung zur Seite stehen. Hier wurde das Berufungsurtheil, welches die Unzulässigkeit der Berufung ausgesprochen
hatte, aufgehoben und zurückverwiesen. Der erste Richter hatte,
nachdem er das Verfahren über die Klageforderung bis zum
Schlusse fortgeführt, in Anwendung des §. 136 der C. P. C.
beschlossen, daß die Gegenforderung in getrenntem Prozeß verhandelt werde, und er hatte sein Urtheil über die Klagforderung
ohne Rücksicht auf die Gegenforderung gefällt. III, 277/89 vom
12. Nov.

737. Im Fall 134, 305 konnte die Ehefrau nicht Einreden

aus der Person ihres Ehemanns gegen die Forderung von dessen Gläubiger geltend machen, welchem die Forderung des Ehemanns an E. überwiesen war. Das stand nicht einmal dem E. zu, wenn dieser von dem Gläubiger aus der überwiesenen Forderung belangt wäre. Nun hat die Beklagte zwar behauptet, es beruhe auf einer zu ihrem Nachtheil geschehenen Kollusion des Klägers mit ihrem Ehemann, wenn dieser unterlassen habe, das im Wechselprozeß ergangene Urtheil im Ordinarprozeß (mittelst Widerklage) anzufechten. Aber auch dieser Umstand könnte, selbst wenn er erweislich gemacht würde, keine Beachtung verdienen. Welcher Vertheidigungsmittel sich der Schuldner dem Kläger gegenüber bedienen wollte, stand ganz zu seinem Ermessen. Daraus, daß er keine Einreden im Wege der Widerklage vorbrachte, kann, gleichviel aus welchem Motiv er dies unterließ, die Beklagte nicht die Befugniß herleiten, auf solche Einreden zurückzukommen. III, 226/89 vom 26. Nov.

738. Die Einrede, Kläger habe im Fall 459 den Kauf des Beklagten genehmigt, war deshalb unerheblich und unsubstantiirt, weil aus dem Kaufvertrage selbst nur der Abschluß auf den Namen des Beklagten, nicht aber die Zurückhaltung der 2000 Mark von der Anzahlung zu ersehen war, Kläger aber, nachdem er hiervon erst am 22. März 1888 Kenntniß erhalten, mag er auch den Vertrag bereits am 19. März ausgehändigt haben, bereits am 23. März an Beklagten von Berlin aus telegraphirt hat: „Trete zurück", so daß nicht ersichtlich ist, wann Kläger den Vertrag, sei es im Sinne auch der geschehenen Zurückhaltung der 2000 Mark von der Anzahlung oder auch nur neuerdings nach Kenntniß von jener Zurückhaltung genehmigt haben sollte. I, 240/89 vom 4. Dec.

739. Daß Beklagter die Forderung des Klägers zur Zahlung übernommen habe, hat der Kläger zu seinem ersten Klagegrund behauptet. Der Beklagte bestreitet dies. Deshalb kann er der Anfechtungsklage gegenüber nicht geltend machen, daß Kläger an jene Behauptung gebunden sei. VI, 196/89 vom 25. Dec.

740. Daß der Käufer nicht auf Grund von A. L. R. I, 5, §. 378 zurücktreten kann, weil die Nähmaschinentheile bei seiner Kundschaft keinen Anklang gefunden haben, ergibt sich daraus, daß hierin nicht eine solche unvorhergesehene Veränderung der Um-

Einrede.

stände gefunden werden kann, durch welche die Erreichung des ausdrücklich erklärten oder aus der Natur des Geschäfts sich ergebenden Endzwecks beider Theile unmöglich gemacht wurde. Das Rücktrittsrecht aus §. 380 a. a. O. hat aber Käufer nicht geltend gemacht. Da sich seine Behauptungen und Ausführungen nur auf §. 378 bezogen, konnte jene Geltendmachung nicht darin gefunden werden, daß er in Anknüpfung hieran §. 377 folgende citirte. I, 253/89 vom 7. Dec.

740a. Die vorberichtliche Verurtheilung der Versicherungsgesellschaft zu Zinsen aufrecht erhalten, weil dieselbe aus dem §. 12 des Geschäftsplans, nach welchem die Versicherungssumme später zu zahlen ist, in den Vorinstanzen keine Einrede abgeleitet, noch den §. 12 mündlich vorgetragen hat. VI, 66/90 vom 5. Juni.

Widerklage.

741. Im Fall 726 war das neue Vorbringen jedenfalls der Widerklage gegenüber als neues Vertheidigungsmittel zulässig, selbst wenn das Vorbringen für die Vorklage als Klagänderung unzulässig. IV, 302/89 vom 28. Jan. 90.

742. Beide Parteien betrieben als Gesellschafter zwei Geschäfte, eines in Marienthal, eines in Liebenstein. Kläger hat bei der Auflösung der Gesellschaft das L. Geschäft, Beklagter das M. Geschäft übernommen. Für das Letztere war eine Kautionshypothek auf das Grundstück des Klägers eingetragen. Dieser klagt auf Löschung der Hypothek. Beklagter hat eine Retentionseinrede und Widerklage erhoben, weil Kläger durch unrichtige Eintragungen in die M. Geschäftsbücher sein persönliches Guthaben zu günstig angegeben, er schulde 30 000 Mark. Zum Begriff des rechtlichen Zusammenhanges war es nicht erforderlich, daß es sich in Klage und Widerklage um Leistung und Gegenleistung aus genau demselben einzelnen Vertrage handelte, sondern es genügte, daß beide in demselben Rechtsverhältniß ihre thatsächliche Begründung fanden. Dies aber lag hier vor, da beide Klagansprüche auf dem Societätsverhältniß bis zur Auflösung und einschließlich derselben beruhen. Die Erfüllung der Pflichten der Gesellschaft gegen einander während bestehender Gesellschaft steht hier im engsten Zusammenhange mit dem Maß und Umfang der gegenseitigen Ansprüche aus dem Auflösungsvertrage, und macht gerade der Widerkläger geltend, daß dem Gegner in Folge unrichtiger Buchungen während bestehender Gesellschaft eine hohe Abfindung im Auseinandersetzungs-

vertrage zugesprochen sei, während sein Debetsaldo, bezüglich dessen er, Beklagter, nun alleiniger Gläubiger geworden sei, zu gering erscheine. Es würde der bona fides des Societätsvertrages zuwiderlaufen, wenn dem Beklagten versagt würde, derartige Ansprüche gegen den Klaganspruch auf Erfüllung der ihm in Folge der Geschäftsauflösung obliegenden Leistungen geltend zu machen. Diese Retentions= und Widerklageansprüche waren daher für zulässig zu achten, und ist über dieselben in der Sache zu verhandeln und zu entscheiden. III, 304/89 vom 18. Febr. 90. *Widerklage.*

742a. Im Fall Bd. VII, 1100 hatte der damalige Direktor der beklagten Aktiengesellschaft K. nach dem für diese günstigeren Berufungsurtheil und vor der damaligen Revisionsverhandlung dem Kläger eine in der Verhandlung nicht vorgelegte schriftliche und gerichtlich rekognoscirte Erklärung dahin abgegeben, die beklagte Aktiengesellschaft möge die Entscheidung des Reichsgerichts nicht über sich ergehen lassen, und anerkenne daher, dem Kläger gegenüber zur Herausgabe der geklagten 40 Stück Stammaktien verpflichtet zu sein. Gleichzeitig übernahm die Beklagte die sämmtlichen Kosten des durch Anerkenntniß erledigten Prozesses. Auf Grund dieses Anerkenntnisses wurde die Beklagte nur zur Herausgabe der Aktien verurtheilt, Revision zurückgewiesen. Der Direktor der Aktiengesellschaft war auch ohne Auftrag der Aktiengesellschaft zur Erklärung des Anerkenntnisses legitimirt; das von der Beklagten behauptete betrügliche Einverständniß des K. mit dem Kläger ist trotz richterlicher Frage nicht unter Beweis gestellt, und die Behauptung, es sei kein sachlicher Grund ersichtlich, weshalb das Anerkenntniß ausgestellt sein könne, nicht zutreffend, da sich K. davon überzeugt haben kann, daß der Anspruch des Klägers begründet ist. I, 60/90 vom 29. März. *Anerkenntniß.*

743. In der Nachlaßsache des Gläubigers haben die Erben mit dem Vormunde der Erben des Schuldners übereinstimmend zum gerichtlichen Protokoll erklärt, die Hypothek von 600 Thalern sei bezahlt. Das war kein gerichtliches Geständniß. Da aber der Berufungsrichter durch dies außergerichtliche Geständniß von der Richtigkeit der zugestandenen Thatsache überzeugt wurde, durfte er davon ausgehen, daß die Erben des Gläubigers, welche im Prozeß behaupteten, die Hypothek sei nicht bezahlt, die Unwahrheit der zugestandenen Thatsachen zu beweisen haben. V, 251/89 vom 25. Jan. 90. *Geständniß.*

Geständniß.

744. In den früheren Verhandlungen, welche dem auf=
gehobenen Berufungsurtheil vorhergegangen sind, ist davon aus=
gegangen, der Beklagte und Widerkläger sei Vollerbe seines Va=
ters. — Bd. VII, 474. — Darin lag nicht ein gerichtliches Ge=
ständniß des Klägers. Deshalb durfte nach Vorlegung der
letztwilligen Verfügung des Vaters das jetzige Urtheil der That=
sache Rechnung tragen, daß der Beklagte nur Fiduziarerbe ohne
Verwaltungsbefugniß ist. V, 275/89 vom 15. Febr. 90.

745. Das Berufungsurtheil verletzt den §. 262 C. P. O.
und beruht auf der in der französischen Rechtsprechung entwickelten
Auffassung des Art. 1356 Code über das qualifizirte Geständniß.*
Der Beklagte, welcher auf Grund der Urkunde eine Darlehns=
forderung von 9000 Mark geltend macht, hat auf die Eides=
zuschiebung erklärt, daß er nur 6000 Mark baar gegeben habe,
behauptet aber, daß eine weitere ihm zustehende Forderung von
3000 Mark durch Novation in eine Darlehnsschuld umgewandelt
worden sei. Diesem Geständnisse gegenüber bedurfte es nicht des
von den Klägern bezüglich des von ihnen behaupteten geringeren
Betrages in erster Instanz gestellten Beweiserbietens, vielmehr
lag dem Beklagten der Beweis ob, daß seine Mehrforderung auf
einem gültigen Verpflichtungsgrunde beruhe.** Derselbe behauptet,
daß durch das Schuldbekenntniß eine theils durch baares
Darlehn, theils durch Novation entstandene Darlehnsforderung
dargethan sei, und diese Ausführung war von dem Berufungs=
richter zu prüfen. Nur wenn der Richter aus der Urkunde kraft
des ihm nach §. 259 C. P. O. zustehenden Rechtes der freien
Beweiswürdigung die Ueberzeugung von der Richtigkeit der be=
haupteten Novation schöpfte, oder wenn die Behauptung des Be=
klagten durch Erhebung der ferner erbotenen Beweise dargethan
war, durfte die Forderung in ihrer beanspruchten Höhe als fest=
gestellt erklärt, und die negative Feststellungsklage abgewiesen wer=
den. II, 12/90 vom 6. März. Vgl. 276.

Außergericht=
liches
Geständniß.

746. Der Beklagte hatte sich auf die Erklärung seines Be=
triebführers, daß er einen erst in Einnahme gestellten, dann aber
wieder gestrichenen Posten von 250 Mark zu Küchenzwecken für
den Beklagten verwendet habe, mit der Streichung einverstanden

---

* Vgl. Bd. V, 1125. ** Vgl. Bd. IV, 626; Bd. VIII, 192.

erklärt. Materiell lag nach dem beiderseitigen Vorbringen in dem Einverständnisse des Beklagten zum Striche des Einnahmepostens von 250 Mark kein Dispositionsakt, sondern nur ein außergerichtliches Geständniß des Beklagten, daß die bezügliche Behauptung des Klägers über die Verwendung jenes Betrages zu Küchenzwecken auf Wahrheit beruhe. Ein solches Geständniß kann nach allgemeinen Grundsätzen durch einfachen Gegenbeweis entkräftet werden. Es hatte daher vorliegend der Beklagte entweder einen ihm untergelaufenen Irrthum bei Abgabe des Geständnisses oder die objektive Unrichtigkeit des Zugestandenen darzuthun. Der Beweis dieser Unrichtigkeit ist durch das im Laufe des Prozesses abgegebene gerichtliche Zugeständniß des Klägers, daß die streitigen 250 Mark in der That nicht zu Küchenzwecken verwendet worden seien, und zugleich durch die unangefochtene Feststellung des ersten Richters, daß eine solche Verwendung nicht stattgefunden haben könne, vollständig geführt worden. Es kann sich daher nur darum handeln, ob dem Kläger jetzt noch zu gestatten ist, im Einzelnen darzulegen und zu erweisen, daß er die 250 Mark auf andere, nicht in Rechnung gestellte Verbindlichkeiten des Beklagten verrechnet habe. Hierüber allein ist von dem Berufungsrichter demnächst zu befinden. III, 321/89 vom 28. Febr./11. März 90.

746 a. Für die Beweiskraft eines außergerichtlichen Geständnisses ist nicht der Wille des Erklärenden zu erfordern, ein Geständniß abzulegen, während doch, zumal nach dem in §. 259 C. P. O. ausgesprochenen Grundsatze der freien Beweiswürdigung ernstlich gemeinte Aeußerungen, aus denen auf die Wahrheit einer dem Aeußernden nachtheiligen Thatsache zu schließen ist, schon an sich und ohne die auf solchen Erfolg gerichtete Absicht des Aeußernden von überzeugender Kraft sein können. IV, 9/90 vom 1. Mai.

747. Richtig ist, daß die Notorietät nur für solche Thatsachen in Betracht kommen kann, welche von der Partei behauptet sind. Das trifft aber im vorliegenden Falle zu, da der ganze Einwand der Beklagten auf der Behauptung beruht, daß sie von der Klägerin betrogen worden sei, und das Gericht gerade die betrügliche Art des klägerischen Geschäftsbetriebes als gerichtskundig hinstellt. Die Revision macht geltend, es habe festgestellt werden müssen, daß die sämmtlichen bei der gegenwärtigen Entscheidung betheiligten

Gerichtskundigkeit.

Richter auch an den in den Gründen erwähnten anderen Verhandlungen, aus denen die Gerichtskundigkeit geschöpft worden, Theil genommen hätten. Diese Rüge geht von einer unrichtigen rechtlichen Auffassung aus. Nach C. P. O. 264 bedürfen Thatsachen, welche bei dem Gerichte offenkundig sind, keines Beweises. Was als offenkundig anzusehen sei, hat der Richter selbst zu ermessen. Er ist hierbei nicht auf bestimmte Erkenntnißquellen beschränkt. Insbesondere ist unzutreffend, daß die Notorietät, wie dies bei wirklichen Beweismitteln der Fall ist, aus der mündlichen Verhandlung selbst, welche die in Rede stehende Prozeßsache betrifft, geschöpft sein müsse. II, 199/89 vom 29. Okt.

748. Das Oberlandeskulturgericht durfte nach seiner Kenntniß von ländlichen Wirthschaftsverhältnissen in der Zeit von 1791 ab ohne Beweiserhebung feststellen, daß, nach den Verhältnissen der Schlesischen Gebirgslandschaft, für den Unterhalt jeder Familie der provokantischen Häusler ein Viehstand, welcher Streu erforderte, wenn auch in bescheidenem Maße erforderlich war. V, 204/89 vom 4. Dec.

Vermuthung.

749. Nach dem Berufungsurtheil stritt, so lange Fiskus Inhaber der Forstwald war, welche damals eine selbständige Gemarkung bildete, die Vermuthung dafür, daß derselbe als Inhaber derselben Eigenthümer, zum Mindesten vermutheter Eigenthümer der dieselbe durchschneidenden Wege war. Diese V. konnte nur eine aus den thatsächlichen Verhältnissen entnommene, den Fiskus von der Beweislast befreiende einfache Präsumtion sein. Im Jahre 1826 ist die besondere Gemarkung Forstwald aufgelöst und den benachbarten Gemeinden mit vollem Gemarkungsrecht vom 1. Jan. 1808 rückwärts zugetheilt, ohne daß in den betreffenden Verträgen die Frage, wer Eigenthümer der Wege sei, berührt wurde. Die Gemeinden haben gar nicht behauptet, das Eigenthum vom Fiskus durch diese Verträge erworben zu haben. Die Klage des Fiskus gegen die Gemeinden auf das Eigenthum an den Wegen durfte deshalb nicht abgewiesen werden wegen mangelnden Eigenthumsbeweises. Die aus der Zugehörigkeit zur Gemeindemark herzuleitende Präsumtion wurde aber durch jene thatsächliche Vermuthung sofort entkräftet. III, 251/89 vom 3. Jan. 90.

Beweislast.

750. Im Fall 428 hatte der Schiffer durch Löschung in Valparaiso statt im Bestimmungshafen Mollendo die Reise freiwillig

aufgegeben. Daß dies mit Zustimmung oder mit nachfolgender Beweislaſt.
Genehmigung des Verſicherten geſchehen wäre, ſo daß derſelbe nach
§. 77 der S. B. B. keinen Anſpruch gegen die Verſicherungs=
geſellſchaft habe, iſt eine Einrede, welche dieſe zu beweiſen hat.
I, 84/89 vom 4. Mai.

751. Rechtsirrthümlich iſt im Fall 460/66 die Argumenta-
tion des Berufungsrichters. Der Berufungsrichter findet den Anſpruch darum nicht genügend begründet, weil nach H. G. B. 94
der Geſellſchafter nur für culpa in concreto hafte, die unordent=
liche Wirthſchaft des Beklagten alſo nur dann als Aus=
ſchließungsgrund gelten könne, wenn von den Klägern nach=
gewieſen würde, daß der Beklagte in ſeinen Angelegenheiten
ſorgfältiger zu verfahren pflege. Die Kläger hätten dies nicht
einmal behauptet. Dieſer Grundſatz iſt offenbar falſch. Der
Beklagte hat die entſprechende Entſchuldigung vorzubringen und
zu beweiſen. I, 154/89 vom 18. Sept./16. Okt.

752. Unſtreitig hat eine Abrechnung in der Weiſe ſtatt=
gefunden, daß Forderungen des Nieß gegen deſſen Kaufſchillings=
ſchuld von 2765,50 Mark verrechnet und ein zu Gunſten des
Beklagten verbliebener Ueberſchuß von Nieß bezahlt wurde. Be=
klagter behauptet: verrechnet wurde (neben einem unbeſtrittenen
Darlehn von 400 Mark) die Heirathgutsforderung, welche damals
noch 1800 Mark betrug. Die Kläger behaupten: verrechnet wurde
nicht die Heirathgutsforderung, die jetzt noch im Betrag von
2400 Mark beſteht, ſondern das beſtrittene Darlehn von 1800
Mark. Für letzteres ſind Kläger beweispflichtig, wie ſich aus
folgender Erwägung ergibt: Beklagter wendet gegen die an ſich
zum Betrag von 1800 Mark anerkannte Heirathgutsforderung
ein, dieſelbe ſei gegen ſeine an ſich gleichfalls anerkannte Kauf=
ſchillingsforderung verrechnet. Dieſe Einwendung hat allerdings
Beklagter zu beweiſen. Beweiſt er nicht, ſo beſteht die Heirath=
gutsforderung, aber auch die Kaufſchillingsforderung, ſo
lange nicht die Kläger deren Tilgung darthun. Nun geben
die Kläger zu, daß eine Verrechnung ſtattgehabt hat, behaupten
aber, es ſei die Kaufſchillingsforderung getilgt — nicht durch
Verrechnung mit der Heirathgutsforderung, ſondern durch Ver=
rechnung mit dem beſtrittenen Darlehn. Dieſe Art der Tilgung
der Kaufſchillingsforderung ſetzt den von den Klägern zu liefern=

Servitut. den Erwerb der Einheit des Terrains voraus. VI, 640/89 vom 6. März 90.

753. Die Annahme des Berufungsrichters, der Gesellschaftsvertrag mit den Bestimmungen des Entwurfs habe wegen der ursprünglichen Intention der Parteien, daß ein solcher nur schriftlich abgeschlossen werden solle, nicht zu Stande kommen können, verkennt die Beweislast. Die Klägerin hat allerdings darzulegen und zu beweisen, daß ein Gesellschaftsvertrag mit einem bestimmten Inhalt zu Stande gekommen ist. Sie hat aber ihren Anspruch genügend begründet, wenn sie anführt, ihr Ehemann habe mit ihrer Bevollmächtigung mit ihrem Namen einen Gesellschaftsvertrag mit dem Beklagten verabredet. Allerdings sei die schriftliche Abfassung des Vertrags beabsichtigt gewesen, allein es sei alsbald ein gesellschaftlicher Betrieb des Geschäftes, auf welches sich der Vertragsentwurf beziehe, in einer dem Inhalt des Entwurfs entsprechenden Weise mit Wissen und unter Betheiligung des Beklagten und mit Wissen der Klägerin ins Werk gesetzt und zehn Monate lang fortgesetzt worden. Hierdurch sei der Vertragswille der Parteien erklärt worden, daß auf Grund des Vertragsentwurfs ein Gesellschaftsvertrag eingegangen worden, die Gesellschaft sei dadurch konstituirt worden. Wollte der Beklagte dies bestreiten, so mußte er Momente vorbringen, durch welche der Schluß, daß die ursprüngliche Absicht der Parteien Betreffs der Schriftlichkeit durch die thatsächliche Ausführung geändert worden sei, widerlegt wurde; etwa dahin, daß die Gesellschaft auf anderer Grundlage als der des Entwurfs begründet sei. I, 235/89 vom 20. Nov.

754. Revisionskläger hat sich auf die bei Bolze, Bd. VI, 1036 auszugsweise mitgetheilte Entscheidung V, 106/89 bezogen. Dabei stellt Revisionskläger zu Unrecht gleich die Anfechtung wegen Betrugs und den Fall, daß ausdrücklich vorausgesetzte Eigenschaften fehlen. Ist eine Eigenschaft des Vertragsgegenstandes im Vertrage ausdrücklich vorausgesetzt, also der Wille des Erwerbers zum erkennbaren Ausdruck gekommen, daß er nur eine Sache von dieser Eigenschaft erwerben will, so wird dadurch jede, auch die nach sonstiger Verkehrsauffassung unerhebliche Eigenschaft dergestalt wesentlich, daß der dem Erwerber unbekannte Mangel die Willenserklärung vereitelt. (A. L. R. I, 4, §. 77.) Ausnahmsweise tritt

diese Folge nicht ein, obschon der Erwerber nach einer Eigenschaft gefragt hat, und diese im Vertrage zugesagt ist, wenn gleichwohl erhellt, daß der Erwerber seinen Entschluß, das Geschäft einzugehen, von dem Vorhandensein dieser Eigenschaft nicht hat abhängig machen, das Geschäft also auch bei deren Mangel abschließen wollen. Dann liegt eine Eigenschaft, welche Voraussetzung des Geschäftsabschlusses hat sein sollen, nicht vor. Diese Ausnahme von der Regel, daß die Willenserklärung des Erwerbers als Ganzes aufzufassen und nur so, oder überhaupt nicht gültig ist, muß dessen Gegner beweisen. So V, 106/89. Anders beim Betrug, wenn auf Grund dessen Aufhebung des Geschäfts gefordert wird. Ob der Betrug die Veranlassung zum Geschäfte gewesen, kann nur aus der Lage des einzelnen Falles unter Anwendung richterlichen Ermessens über die Bedeutung, welche ein verständiger Mann denjenigen Umständen, über welche ein Irrthum bestanden hat, beizumessen pflegt, also nach objektiven Gesichtspunkten, nicht nach dem, nur durch das „ausdrückliche Voraussetzen" zur Geltung kommenden subjektiven Ermessen des Kontrahenten beurtheilt werden und die Thatsachen, welche für diese Beurtheilung in Betracht kommen sollen, muß allerdings derjenige beweisen, welcher die Aufhebung des Geschäfts wegen Betruges verlangte. V, 194/89 vom 23. Nov.

755. Im Fall 134. Da feststeht, daß die von dem Ehemanne beschenkte Ehefrau den Betrag der geschenkten Geldforderung eingezogen hat, so wäre es ihre Sache gewesen, zu behaupten und darzuthun, daß sie jetzt nicht mehr bereichert sei. Da sie dies nicht gethan hat, zum Vollen verurtheilt. III, 266/89 vom 26. Nov.

756. B. Im Ehevertrag waren beiderseitig 50 Mark in die Gütergemeinschaft eingeworfen, alle übrige fahrende Habe von der Gemeinschaft ausgeschlossen und verliegenschaftet. Der Ehemann hatte bekannt, daß die Ehefrau 3000 Mark baar eingebracht habe. Sie fordert diese nach der Ehescheidung zurück. Sie erklärt jetzt, das Einbringen habe in einem Sparkassenbuch bestanden, welches später, nach Abschluß des Ehevertrags, erhoben sei. Daß das Geld erhoben sei, hat der Beklagte zugestanden, aber bestritten, daß er es erhalten habe. Wenn aber die Klägerin bei Eingehung der Ehe das Sparkassenbuch besaß, was unbestritten ist, so hat sie

Beweislast. durch ihren Besitz solcher Forderung das durch dieselbe repräsentirte Werthobjekt in die Ehe eingebracht und hat sie, vermöge der Verliegenschaftung der Fahrnisse, schon damit gegen den Ehemann bei Auflösung der Ehe einen Anspruch auf Herausgabe des Werths desselben. Vielmehr war es Sache des Beklagten, im Wege der Einrede zu behaupten und zu beweisen, es sei der Einzug des Sparkasseguthabens durch seine Ehefrau unter solchen Umständen und auf eine solche Weise erfolgt, daß es ihm nicht möglich gewesen sei, sich in den Besitz des Geldes zu setzen, welches seine Ehefrau auf das Sparkasseguthaben ausbezahlt erhielt. II, 248/89 vom 17. Dec.

757. Der eine Gesellschafter fordert die Ausschließung des Anderen aus der Gesellschaft, weil dieser Ausgaben gemacht, ohne die Genehmigung des Ersten einzuholen. Daß diese Genehmigung nicht eingeholt sei, hat der Erstere zu beweisen. V, 255/89 vom 29. Jan. 90.

758. Die Ehefrau erhebt Ansprüche auf einen Theil der Erstehungssumme aus dem Zwangsverkauf des Hauses ihres Ehemanns auf Grund von Handfesten, welche ihr der Ehemann für eine Schuld verpfändet hat. Der beklagte Gläubiger, welcher den Zwangsverkauf veranlaßte, ficht die Pfandbestellung an. Der Berufungsrichter hat auf Grund vorgelegter Urkunden, deren Datum bestritten ist, festgestellt, daß der Ehemann die Verpfändung der Ehefrau versprochen hatte. Der Beklagte hat zu beweisen, daß die Pfandhingabe in das kritische Jahr vor Erhebung der Anfechtungseinrede gefallen ist — §. 3, Nr. 2 des Anfechtungsgesetzes. — I, 328/89 vom 29. Jan./3. Febr. 90.

759. Um die Vermuthung der Nr. 2 des §. 3 Anfechtungsgesetzes, welche sich in dem Fall ergibt, daß die Hingabe des Pfandes in der kritischen Zeit erfolgt ist, — s. 170 — zu widerlegen, hat die Klägerin zu beweisen, daß eine Verpflichtung zur Pfandhingabe bestand aus einer ihr vom Ehemann gemachten Zusage, also eine wirksame Zusage, also auch eine unanfechtbare. Den Beweis, daß diese Zusage vor der kritischen Zeit lag, hat die Ehefrau zu führen. I, 328/89 vom 29. Jan./3. Febr. 90.

760. Der Beklagte hat behauptet, bei Ertheilung der Zusage der Verpfändung, wann jene auch erfolgt sein möge, habe der Ehemann die Absicht der Benachtheiligung seiner Gläubiger

und die Klägerin hiervon Kenntniß gehabt. Diesen Beweis hat der Beklagte zu führen. I, 328/89 vom 29. Jan./3. Febr. 90.

761. Der Kläger geht davon aus, es stehe ihm aus dem Societäts- oder aus dem Dissociationsvertrage eine Forderung von 7104,34 Mark gegen den Beklagten zu. Seine Erklärung, dem Beklagten stehen Gegenforderungen zu, welche er in gewisser Höhe anerkenne, war die anticipirte Einlassung auf eine zu erwartende Kompensationseinrede nicht Klagegrund; er hatte nicht zu beweisen, welche Forderungen Beklagter gegen ihn habe. Wenn nun der Beklagte behauptet hatte, der Kläger habe nach dem Vertrage gewisse Gegenstände zum Selbstkostenpreise übernehmen sollen und auch erhalten, so hätte, wenn der Kläger dies einfach bestritten hätte, nicht wohl zweifelhaft sein können, daß Beklagter seine Behauptung hätte beweisen müssen. Nun hat Kläger die Behauptung nicht einfach geleugnet, andererseits sie aber auch nicht in vollem Umfange zugestanden; er hat vielmehr behauptet, daß Beklagter nicht den ganzen Selbstkostenpreis fordern könne, sondern den Selbstkostenpreis für die Auflagerartikel nur nach Abzug des darauf früher bereits gemachten Gewinnes. Damit hat sich aber die Beweislast nicht verschoben; es muß vielmehr, da hiernach der Kläger die Behauptung des Beklagten, daß ihm der ganze Selbstkostenpreis ohne Abzug des Gewinns zukomme, bestritten hat, der Beklagte bezüglich dieses Punktes für beweispflichtig erachtet werden. III, 308/89 vom 11. Febr. 90. Vgl. 791.

762. Negative Feststellungsklage, die Darlehnsforderung, für welche Kläger eine Schuld- und Pfandverschreibung über 9000 Mark ausgestellt hatte, habe von Anfang an nicht mehr als 6000 Mark betragen. Der Beklagte ist genöthigt, seine Forderung geltend zu machen, und für diese weitere Verhandlung ist ohne Rücksicht auf die Parteirollen die Frage der Beweislast lediglich nach der materiellen Sachlage zu beurtheilen. II, 12/90 vom 6. März. Vgl. Bd. I, 1770 und Bd. IX, 745.

763. Das von dem Berufungsrichter angezogene Urtheil des Reichsgerichts vom 16. Febr. 1889 (V, 310/88, vgl. Bd. VII, 1038) ist nicht dahin zu verstehen, daß es in allen Fällen nur auf den Beweis der mündlichen Abrede bei den Vorverhandlungen oder dem Vertragsabschlusse ankomme, sondern das Reichsgericht hat nur unter Berücksichtigung der damals vorliegenden Umstände

Beweislast. ausgesprochen, daß in dem gegebenen Falle die Wiederaufhebung des mündlichen Abkommens bis zur Auflassung von demjenigen Kontrahenten, welcher sie behauptet hatte, bewiesen werden müsse. Im vorliegenden Falle hat der Berufungsrichter festgestellt, daß vor und bei Errichtung des Kaufvertrags die Verpflichtung des Beklagten in Betreff der Ueberlassung der Parzellen an den Kläger definitiv mündlich verabredet, und eine Aenderung dieses Vertragswillens bis zur Auflassung um so weniger anzunehmen, als Beklagter keine Thatsachen, welche auf eine Aenderung schließen lassen, behauptet habe. Danach durfte Beklagter zur Erfüllung der mündlichen Abrede verurtheilt werden. V, 318/89 vom 15. März 90.

764. Allerdings hat im Allgemeinen die Aktiengesellschaft, wenn sie gegen Jemand als Aktionär oder aus einem Vertragsverhältniß, welches die erfolgte Begründung der Aktionäreigenschaft zur Voraussetzung hat, einen Anspruch erhebt, das rechtsverbindliche Zustandekommen der Aktionärbetheiligung, sobald es bestritten wird, zu beweisen. Hat aber, wie hier nach den eigenen Angaben der beklagten Konkursmasse des Rübenaktionärs und dem Nichtbestreiten entsprechender Behauptungen der klagenden Rübenaktiengesellschaft anzunehmen ist, der Gemeinschuldner von der klagenden Aktiengesellschaft Aktien genommen, über dieselben durch Verpfändung disponirt, die Rübenäcker statutengemäß zur Bebauung angezeigt, so darf, ehe zur Vorlegung der Originalurkunden zum Nachweise des rechtsverbindlichen Herganges bei der Errichtung der Gesellschaft zu schreiten ist, verlangt werden, daß das Bestreiten der rechtsverbindlichen Entstehung der Aktionäreigenschaft durch Behauptung eines bestimmten rechtserheblichen Mangels begründet wird. I, 334/89 vom 5. Febr. 90.

765. Dem Beklagten ist durch einen auf ihn übertragenen Kämmereikontrakt die in das Grundbuch eingetragene Verpflichtung auferlegt, in seinem Hause keinen Keller anzulegen. Er hat eingewendet, die auf Beseitigung der angelegten Keller klagende Finanzdirektion habe hieran kein rechtliches Interesse. Dafür war Beklagter beweispflichtig. VI, 330/89 vom 17. März 90.

765a. Wie festgestellt, versteht man in Hamburg unter Etagenhäusern allgemein Häuser, welche mehrere übereinander liegende, getrennte Familienwohnungen enthalten, während der Ausdruck Wohnhaus, wenn er im Gegensatz zum Etagenhause gebraucht wird, das nur zum Bewohnen einer einzelnen Familie eingerichtete Haus bezeichnet. Der Kläger, ein Hamburger, hat mehrere Baustellen von der Finanzdeputation gekauft. Nach den Kaufbedingungen sollte auf einer Baustelle der Bau eines Etagenhauses gestattet sein, auf den übrigen der Bau von Wohnhäusern mit drei Stocken. Wollte der Kläger behaupten, daß er die Bedingung, in welche er konsentirt hatte, anders als in jenem Sinne verstanden habe, so hatte er das zu beweisen. VI, 20/90 vom 21. April.

765b. Um seine auf Erfüllung des vorliegenden zweiseitigen Vertrages gerichtete Klage zu begründen, mußte der Kläger den Beweis erbringen, daß er seinerseits den Vertrag erfüllt, also die Bassins in der im Vertrage vorgesehenen Art wasserdicht hergestellt habe. Diesen Beweis hat das Oberlandesgericht für nicht geführt erachtet, deshalb mit Recht die Klage abgewiesen, ohne daß dem Kläger vom Richter zu sagen war, was er noch zu thun habe, um seine Restforderung geltend machen zu können. Der obige Satz ist im Code nicht ausdrücklich ausgesprochen; aber diese nicht zutreffende Beziehung auf Art. 1315 kann an der Richtigkeit des Satzes selbst und seiner Anwendung Nichts ändern. II, 49/90 vom 25. April.

765c. Nach dem Vertrage war Käufer nicht befugt, die Coaks, wenn sie mehr als 14 Proc. Aschen- und Wassergehalt hatten, dem Verkäufer zur Verfügung zu stellen, vielmehr sollte der etwaige Mehrgehalt als Fehlquantum angesehen und Verkäufer zu Nachlieferung verpflichtet sein. Bestreitet aber der Käufer, daß der Verkäufer quantitativ dasjenige geleistet habe, wozu er nach dem Kaufvertrage verpflichtet war, so hat der Verkäufer den Beweis zu liefern, auch wenn der Käufer über die Theillieferung verfügt hat, hier, daß die gelieferten Coaks nur den vertragsmäßigen Aschen- und Wassergehalt gehabt haben. III, 33/90 vom 6. Mai.

765d. Die Klage geht auf den angemessenen Preis für einen ausgeführten und auf 3800 Mark vom Kläger veranschlagten Bau; Beklagte behauptete, der Bau sei zu dem festen Preise von 2700 Mark verdungen. Kläger hat zu beweisen, daß der Bauvertrag nach Maßgabe des auf 3800 Mark lautenden Kostenanschlags, jedoch ohne bestimmte Festsetzung der Bausumme abgeschlossen sei. Dies wurde vom Reichsgericht nicht gemißbilligt. II, 85/90 vom 30. Mai. Vgl. 799a und 825a.

766. Das Statut war dahin ausgelegt, daß der Nachweis der Invalidität durch Bescheinigung des zuständigen Knappschafts-arztes, im Fall einer Revision des vom Vorstande bestimmten Arztes, zu welcher das Urtheil des ersten Werksbeamten und des zuständigen Knappschaftsältesten einzuholen, geführt werden müsse, unter Ausschluß aller anderen Beweismittel. Daß diese Bestimmung keine rechtliche Gültigkeit habe, weil sie eine Beschränkung des Rechtswegs und einen Verstoß gegen prozessuale, der Privat-autonomie entzogene Vorschriften in sich schließe, nicht richtig. Vgl. V, 364/88 vom 30. März 89 und öfter. V, 309/89 vom 21. Dec. Vgl. Bd. VIII, 1037.

767. Die Beklagte hatte die Garantie dafür übernommen, daß die von ihr gelieferte Kühlanlage den Kellerraum des Klä-gers während des Betriebes bei bestimmtem Kraft- und Wasser-bedarf durchschnittlich während der Monate Juni bis Oktober auf + 3 Grad Celsius abkühle. Die Lieferung und Aufstellung erfolgte im Juli 1887, worauf der Kläger bereits unter dem 23. Juli der Beklagten anzeigte, daß die Maschine nicht annähernd der garantirten Leistung entspreche, auch nicht abzusehen sei, ob sie diese Leistung jemals erreichen werde. Nach verschiedenen Re-paraturen im August und nachdem der Kläger am 13. Sept. die Hälfte des Kaufpreises mit 4500 Mark bezahlt, ist zur Ausglei-chung der Differenzen zwischen den Parteien, welche nament-lich darüber stritten, ob die Mängel der Leistung der Anlage in deren Konstruktion oder in dem ungeeigneten Leitungswasser oder in der mangelhaften Wartung der Maschine gelegen, im Nov. 1887 ein Abkommen dahin getroffen, es sollte gemeinschaft-lich eine maßgebende Probe während sechs Tagen auf die Leistungs-fähigkeit der Maschine im hohen Sommer vorgenommen werden. Werde dabei der garantirte Erfolg erzielt, so habe Kläger den Restpreis zu zahlen; andernfalls breche Beklagte die Maschine ab. Die Probe hat mit beiderseitiger Bewilligung im Febr. 1888 stattgefunden und erzielte den garantirten Erfolg. Kläger zahlte darauf den Restpreis. Im September Wandlungsklage, weil die Maschine den garantirten Erfolg nicht erziele. Klage abgewiesen. Durch die vereinbarte Probe ist der Streit zwischen den Parteien vertragsmäßig erledigt. Dem Abkommen ge-mäß gilt zwischen ihnen als festgestellt, daß die Kühlanlage

so hergestellt ist, daß sie, wie garantirt, während des Betriebes
auch im hohen Sommer den Raum auf eine Temperatur von
+ 3 Grad Celsius bringt und erhält. Einen Dolus des Beklagten hat Kläger nicht behauptet. I, 332/89 vom 3. Febr.

768. Wenn der zweite Richter die Bestimmung des §. 19
der allgemeinen Bestimmungen, daß Differenzen zwischen dem
Unternehmer und dem bauleitenden Beamten über die Ausführung
der Arbeit auf Anrufen des Unternehmers von dem zuständigen
Kreisbaubeamten an Ort und Stelle untersucht werden sollen, und
daß das schriftlich motivirte Gutachten desselben auch in dem
etwa zu beschreitenden Rechtswege sachlich allein maßgebend sein soll, dahin auslegt, daß damit jedes andere Beweismittel für den Nachweis, — daß das von ihm gelegte Pflaster
den Anforderungen, welche der bauleitende Beamte inhaltlich des
Vertrages zu stellen hatte, entsprach, — ausgeschlossen erscheine und Kläger die Folgen davon, daß er nicht auf das Gutachten des betreffenden Sachverständigen provocirte, selbst zu tragen
habe, so handelt es sich hier um thatsächliche Auslegung einer
Vertragsbestimmung, die einen rechtlichen Irrthum nicht ersehen
läßt. Insbesondere hat der zweite Richter die vom Revisionskläger vermißte ausdrückliche Bestimmung über Ausschluß anderer
Beweismittel über diesen Punkt eben gerade in dem kritischen §. 19
gefunden. Im Uebrigen erscheint der Kläger durch diesen nur
nebenbei geltend gemachten Entscheidungsgrund nicht beschwert, da
der von dem Kläger angetretene Zeugenbeweis erhoben und gewürdigt ist. VI, 233/89 vom 10. März 90.

769. Der sonst begründete Anspruch auf Vorlegung der
Handelsbücher der Beklagten wurde dadurch nicht beeinträchtigt,
daß sich ein Theil der Bücher zur Zeit in gerichtlichem Gewahrsam befindet. Beklagte zur Vorlegung verurtheilt. I, 320/89
vom 3. Febr. 90.

769a. Beklagte hatten sich zum Beweise auf die Bücher
des Mitbeklagten C. berufen. Sie haben die Herbeischaffung der
Bücher, welche sich entweder bei dem Amtsgericht Rössen oder bei
der Staatsanwaltschaft befänden, beantragt. Danach hätte das
Berufungsgericht diese Behörden um Herbeischaffung der Bücher
ersuchen sollen. — C. P. O. §. 397. — I, 58/90 vom 3. Mai.

769b. Ganz unzutreffend die Erwägung, daß auf die Bücher

Urkunden.

eines in Konkurs verfallenen Kaufmanns zu seinen Gunsten kein Gewicht zu legen sei. Welche Beweiskraft den Büchern beizulegen, läßt sich erst bestimmen, wenn dieselben vorliegen. Aufgehoben, zurückverwiesen. I, 58/90 vom 3. Mai.

769c. Durch die Nassauische Verordnung vom 2. Jan. 1863 sind die Bürgermeister ermächtigt, die Namensunterschriften von Mitgliedern und solchen Personen zu beglaubigen, welche die Konzession zu temporärem Aufenthalt daselbst erwirkt haben. Hier hatte der Bürgermeister von Selters die Unterschrift des der dortigen Gemeinde nicht zugehörigen, in Grenzhausen wohnhaften Z. beglaubigt. Die Annahme, daß die Urkunde dadurch zu keiner öffentlichen geworden, nicht rechtsirrthümlich. III, 43/90 vom 20. Mai.

Zeugen.

770. Das Reichsgericht, VI. Civilsenat, hat bereits durch Beschluß vom 28. Nov. 1887 (Bd. V, 1177, E. 20, S. 378 fg.) die Frage, ob gegen den die Zeugnißweigerung für unrechtmäßig erklärenden Beschluß des Prozeßgerichts den Prozeßparteien ein Beschwerderecht zustehe, verneinend entschieden, weil, wenn auch der §. 352 C. P. O. die sofortige Beschwerde gegen das Zwischenurtheil allgemein zuzulassen scheine und ein faktisches Interesse einer Partei an der Nichtvernehmung eines Zeugen bestehen könne, den Parteien nach den §§. 355 und 364 C. P. O. — abgesehen von einem damals und jetzt nicht vorliegenden Verzichte auf das Zeugniß — nur ein Recht auf die Vernehmung des Zeugen zukomme, während das Recht auf die Weigerung des Zeugnisses nur dem Zeugen eingeräumt und daher auch nur von ihm allein in den Formen des gesetzlich zugelassenen Verfahrens verfolgbar sei. Beigetreten. B. IV, 127/89 vom 3. Dec.

771. In der Erklärung der Parteien, die Aussagen der als Sachverständige beeidigten Personen als Zeugenaussagen gelten lassen zu wollen, liegt der Verzicht auf deren nachträgliche Beeidigung als Zeugen. V, 165/89 vom 18. Dec.

772. Der Beklagte hat den Gegenbeweis angeboten, daß in dem verkauften Hause kein Schwamm war, wesentlich durch Berufung auf das sachverständige Urtheil der von ihm benannten Zeugen. Der Beweis ist nicht erhoben, Revision zurückgewiesen. Wenn sich auch C. P. O. §. 369 nicht unmittelbar auf sachverständige Zeugen bezieht, so ergibt sich doch aus dem zu Grunde

liegenden Prinzip, daß dem Richter für die Entscheidung von Zeugen.
Beweisfragen auf Grund sachverständiger Gutachten ein freieres
Ermessen auch dann zustehen muß, wenn es sich um vergangene
Zustände handelt. Deshalb kein Verstoß gegen C. P. O. §. 259,
wenn der Berufungsrichter aus der Aussage der in erster Instanz vernommenen Sachverständigen (sachverständigen Zeugen)
eine volle Ueberzeugung gewonnen hat, so daß sie durch abweichende Urtheile der vom Beklagten benannten Personen nicht
erschüttert werden könnte. V, 165/89 vom 18. Dec.

772a. Der Zeugenbeweis darf nicht derartig eingeschränkt
werden, daß man alle Thatsachen, deren Wahrnehmung ein Urtheil voraussetzt, vom Nachweise durch Zeugen ausschließt, besonders dann nicht, wenn es sich um Wahrnehmungen handelt, die
auf Grund gewöhnlicher Lebenserfahrung richtig aufgefaßt und
beurtheilt werden können. Es wird nur Sache des Richters sein,
zu prüfen, ob von dem Zeugen nach seiner Individualität die
Fähigkeit, derartige, eine Beurtheilung des sinnlich Wahrgenom-
menen voraussetzende Eindrücke wiederzugeben, erwartet werden
kann und hiernach den Werth der Zeugenaussagen zu bemessen. —
Hier handelte es sich um die Beurtheilung des Gesanges einer
für ein Berliner Restaurant engagirten Gesellschaft von Sänge-
rinnen. VI, 2/90 vom 31. März.

772b. Die Zeugen Witwe H. und Jakob W. sollen nach
dem Antrage der Kläger darüber vernommen werden, ob der Beklagten Witwe R. geb. Hannemann bei Empfangnahme des Darlehns von 3000 Mark von den Geldgebern, ihren Eltern, ausdrücklich erklärt worden ist, daß diese 3000 Mark dem Sohne
Friedrich Hannemann, Erblasser der Kläger, gehören. Die Kläger
haben aufklärend bemerkt, daß diese 3000 Mark eine Abfindung
des Friedrich H. bilden, welcher in dem Gutsabtretungsvertrage
der Eltern mit dem Sohne J. J. H. für abgefunden erklärt worden
sei. Handelt es sich hiernach um eine Abfindung des klägerischen
Erblassers aus dem elterlichen Vermögen, so liegt insoweit eine
durch das Familienverhältniß bedingte Vermögensangelegenheit vor,
weil die Abfindung mit Rücksicht auf die durch Verwandtschaft gegebene Erbberechtigung erfolgt. Die darlehnsweise Hingabe der
Summe an einen Dritten mit der Erklärung, daß dieses Geld
dem Abgefundenen gehöre, steht aber zu der durch das Familien-

 verhältniß bedingten Abfindung in einem so nahen Zusammenhange, daß die Witwe H. über die ganze streitige Thatsache ihr Zeugniß nicht verweigern kann. Aber auch der Zeuge W. ist zeugungspflichtig; denn wenn auch für seine mitbeklagte Ehefrau die streitige Thatsache keine durch ihr Familienverhältniß begründete Vermögensangelegenheit ist, so fällt doch die aus §. 348 sub 1—3 C. P. O. begründete Berechtigung zur Verweigerung des Zeugnisses allgemein in dem Falle weg, wenn es sich um eine durch das Familienverhältniß einer Partei bedingte Vermögensangelegenheit handelt. B. III, 49/90 vom 6. Mai.

772c. Beklagter hatte in der Berufung einen Zeugen benannt, welcher 1½ Jahre hindurch in Rußland vergebens gesucht ist; dem Beklagten war dann noch eine Frist von 14 Tagen gegeben, um den derzeitigen Aufenthalt des Zeugen anzuzeigen. Die Anzeige des Aufenthalts des Zeugen, wie sie dem Beklagten in dem Beschlusse aufgegeben war, mußte so erfolgen, daß der Zeuge vernommen werden konnte. Sie ist so innerhalb der Frist nicht erfolgt; der Beklagte hatte sich vorbehalten, die Wohnung des Zeugen in seinem angeblichen Aufenthaltsorte Hamburg anzugeben; er hat diese Wohnung aber überhaupt nicht angegeben. Er hat also der Auflage nicht genügt. Nun war zwar die Frist auf Antrag des Beweisführers gestellt. Allein die Annahme, es sei in §. 321 C. P. O. ein Antrag des Gegners des Beweisführers gemeint, entbehrt der Begründung. Sie findet weder im Ausdruck dieses Paragraphen noch in anderen Bestimmungen der Civilprozeßordnung eine Stütze. Da die Frist resultatlos abgelaufen ist, und das Berufungsgericht mit Recht angenommen hat, daß durch anderweite Versuche, den Zeugen zu vernehmen, das Verfahren verzögert werden würde, so ist mit Recht ohne Vernehmung des Zeugen in der Sache erkannt. I, 95/90 vom 7. Juni.

 773. Die Revision rügt Verletzung des §. 369, Abs. 2 C. P. O., indem sie davon ausgeht, daß ein gerichtlicher „Häuseradministrator", dessen Vernehmung über die Höhe der Miethserträge Kläger beantragt haben, ein für diese Art von Gutachten öffentlich bestellter Sachverständiger sei. Der Berufungsrichter hebt aber mit Recht hervor, daß es sich hier nicht um den Miethswerth wirklich bestehender Wohnungen, welche besichtigt werden können, sondern

um den Miethswerth nur projektirter Baulichkeiten in einer Ent-
eignungssache handelt. Es ist keine Verletzung der (überdies wesentlich instruktionellen) Vorschrift des Abs. 2, §. 369, wenn der Berufungsrichter die gerichtlichen Häuseradministratoren für derartige
Abschätzungen als minder geeignet erachtet. V, 157/89 vom 19. Okt.

774. Gegen den Beschluß, durch welchen die Ablehnung der
Sachverständigen für begründet erklärt wird, findet kein Rechtsmittel statt. Das gilt auch bezüglich des Beschlusses, welcher die
Ablehnung auf Beschwerde für begründet erachtet. B. I, 61/89
vom 13. Nov.

775. Richtig ist, daß der Sachverständige, wenn er über Thatsachen vernommen ist, welche außerhalb des Rahmens des von
ihm geforderten Gutachtens liegen, neben dem Sachverständigeneid
auch den Zeugeneid zu leisten hat. Dies kann der Fall sein, wenn
ein Arzt über die in der Vergangenheit liegenden Krankheits-
erscheinungen gehört ist, und er dann begutachten soll, auf welche
Entstehungsursachen die Krankheit zurückzuführen ist; vgl. §. 379
C. P. O. Anders aber liegt die Sache, wenn der Arzt sich nur
darüber ausspricht, auf welche Weise er Kenntniß von den Thatsachen erlangt hat, die nach dem Beweissatz die Grundlage seines
Gutachtens bilden sollen. Diese Thatumstände werden nicht auf
Grund seiner Auslassung, sondern unabhängig davon durch die
anderweit erhobenen Beweise vom Richter festgestellt. Die Bemerkung des Sachverständigen, daß er Kenntniß von den Ergeb-
nissen der Beweisaufnahme erlangt habe, mag sie nun durch Einsicht der Akten oder durch Beiwohnung der Vernehmungen bewirkt
sein, bildet sonach einen Theil seines Gutachtens und wird demgemäß durch den von ihm geleisteten Sachverständigeneid gedeckt.
V, 210/88 vom 20. Nov. 89.

776. Unbegründet ist die Ausstellung, daß der beauftragte
Richter dem Sachverständigen B. eine schriftliche Begutachtung
gestattet habe. Eines besonderen Beschlusses des Prozeßgerichts
bedurfte es zu dieser Anordnung nicht. Nach §. 376, Abs. 2 a. a. O.
lag es in dem Ermessen des Prozeßgerichts, das Erscheinen des
Sachverständigen zum Zwecke der Erläuterung seines schriftlichen
Gutachtens anzuordnen. Da dies nicht geschehen, so ist anzunehmen, daß das Prozeßgericht die Anordnung des beauftragten Richters gebilligt hat. V, 165/89 vom 18. Dec.

Sach-
verständige.

777. Der vorgeschlagene Sachverständige ist Schwieger-
vater des Decernenten, Mitgliedes und Vertreters des verklagten
Eisenbahnbetriebsamts. Klägers Ablehnung des Sachverständigen
wegen Besorgniß der Befangenheit gerechtfertigt, zumal S. bei
seiner Vernehmung angab, sein Schwiegersohn habe im Laufe
des Prozesses mit ihm über die Sache gesprochen; S. habe diesen
gebeten, ihn nicht als S. vorzuschlagen. B. VI, 7/90 vom
20. Jan.

Eid.

778. Der Beklagte will in der Ausführung des Berufungsrichters, daß dem Kläger der Beweis seiner, die Tilgung der
Schulden des J. durch dessen Vater betreffenden Behauptung ob-
liege, der Kläger aber nicht so viel Beweis erbracht habe, um für
ihn auf einen nothwendigen Eid zu erkennen, einen Verstoß gegen
den in dem reichsgerichtlichen Urtheile vom 7. Juni 1888 (Bd. VI,
1099; S. 21, S. 371 ff.) ausgesprochenen, das Verhältniß der
Beweispflicht zu der Frage, welchem der Streittheile ein nothwendiger Eid aufzulegen sei, betreffenden Rechtsgrundsatz gefunden
wissen. Die Rüge aber erscheint unbegründet. Das Berufungsgericht hat den Kläger mit Recht für beweispflichtig erachtet. Und
wenn es annimmt, daß der beweispflichtige Kläger so viel Beweis
nicht erbracht habe, um ihm einen nothwendigen Eid aufzulegen,
daß vielmehr nur so viel gegen die Beklagten vorliege, um für sie
auf einen nothwendigen Eid zu erkennen, so verletzt es keine Rechtsnorm, sondern bewegt sich innerhalb der Grenzen thatsächlicher
Erwägungen, deren Richtung durch die Frage, welcher der Streittheile beweispflichtig sei, nothwendig bestimmt werden muß. IV,
175/89 vom 17. Okt.

779. Nach Vernehmung eines Zeugen legte das Landgericht
mittelst bedingten Urtheils dem Kläger einen Eid auf, der Berufungsrichter dem Inhaber resp. den Inhabern der beklagten Handlung. Die Revision rügt, daß nicht zuvor festgestellt sei, welche
Personen die Inhaber bezw. die Vertreter der Gesellschaft seien.
Zurückgewiesen. Hat die Firma nur einen Inhaber, so ist die
Sache an sich klar. Sind mehrere Inhaber vorhanden, welche die
Firma repräsentiren, so kann es allerdings im Hinblick auf die
§§. 336 — mit 434 — und 439 noch zu einem Zwischenstreite
darüber kommen, wer den Eid zu leisten hat; auch kann im Falle
des §. 434, Abs. 2 unter Umständen die Verweigerung des Eides

Seitens des einen Inhabers eine andere Folge nach sich ziehen, als die im bedingten Endurtheile ausgesprochene. Allein derlei Eventualitäten sind, Falls mehrere Personen den Eid leisten sollen, überhaupt nicht ausgeschlossen; durch das bedingte Eidesurtheil kann denselben nicht vorgebeugt werden. Das letztere genügt den gesetzlichen Vorschriften, wenn es die Partei bezeichnet, welche den Eid zu leisten hat, und die Folge der Leistung und Nichtleistung des Eides so genau, als die Lage der Sache dies gestattet, feststellt. VI, 258/89 vom 23. Dec.

780. Was die Formulirung der Eide anlangt, so hat Revisionsklägerin mit Recht zunächst darauf hingewiesen, daß der Klage des G. ein Verzeichniß der einzelnen Gegenstände gar nicht beiliegt, die Bezugnahme auf eine Klagebeilage in dessen Eidesnorm daher eine unzutreffende ist. Die Bezugnahme auf die „vorliegenden Regulirungsverhandlungen" sodann, welche sich in beiden Eidessätzen findet, ist so allgemein und unbestimmt, daß dieselbe für Beklagte die Gefahr in sich birgt, die Schwörenden möchten ohne genaue Vorstellung von dem Inhalte des Schwurthemas den Eid leisten; ebenso wäre der Ausdruck „beziehungsweise" besonders bei Personen von dem Bildungsstande der Kläger zu vermeiden. Jene Allgemeinheit und Unbestimmtheit eines wesentlichen Theiles des Inhalts der Eidessätze macht die Aufhebung des angefochtenen Urtheils nothwendig. VI, 267/89 vom 23. Jan. 90.

781. Nachdem rechtskräftig auf den Eid des als Vorstandsmitglied der klagenden Aktiengesellschaft bezeichneten Direktors Hillemeyer erkannt war, wurde ermittelt, daß dieser gar nicht Mitglied des Vorstandes war, sondern Vorsitzender des Aufsichtsraths. Die Eidesabnahme war also unmöglich; deshalb mit Recht C. P. O. §. 433 angewendet; das Berufungsgericht hat anderweit auf den Eid der den Vorstand bildenden Direktoren Griese und Eickhoff erkannt. Revision soweit unbegründet. V, 253/89 vom 25. Jan. 90.

782. Das Berufungsgericht hat vorstehend sowohl die Folgen ausgesprochen, wenn beide Direktoren schwören, als wenn keiner schwört: für den Fall, daß nur einer schwört, ist die Entscheidung dem Läuterungsurtheil vorbehalten, in dem die Beweisaufnahme darüber, ob jeder der beiden Direktoren zur alleinigen Vertretung der Gesellschaft befugt sei, in die Zeit nach dem Schwurtermin

Eid.　verlegt ist. Aufgehoben, zurückverwiesen, weil dies dem Wesen eines Endurtheils widerspricht — C. P. O. §. 427 —. V, 253/89 vom 25. Jan. 90.

783. Das Landgericht hat, nachdem der Kläger im Termin zur Leistung des durch Beweisbeschluß auferlegten Eides nicht er= schienen war, dem Antrag des Beklagten auf Erlaß eines Ver= säumnißurtheils — §. 430 — nicht stattgegeben, weil es den Eid für unerheblich erachtete, da eine höhere Gegenforderung erwiesen sei, und danach in der Sache erkannt. Das Berufungsgericht hat dies Endurtheil auf Grund C. P. O. §. 501 aufgehoben, und in die erste Instanz verwiesen. Das Reichsgericht hat aufgehoben, und zurückverwiesen. Von dem einen unerheblichen Eid anord= nenden Beweisbeschluß kann das Gericht so gut wie von jedem anderen unerheblichen Beweisbeschluß wieder abgehen; es braucht in solchem Fall kein Versäumnißurtheil gefällt zu werden. Daß solches im Fall des §. 430 nur aus den Gründen des §. 300 verweigert werden dürfe, ist nicht richtig. VI, 203/89 vom 25. Nov. Vgl. 847.

784. Der Beklagten ist zu schwören nachgelassen: es sei nicht wahr, daß sie außer den auf Grund des Schuldscheins vom 16. Nov. 1880 von dem verstorbenen H. als Darlehn erhaltenen 7500 Mark von demselben am 18. Nov. 1880 noch ein Darlehn von 3000 Mark erhalten habe. Daß in den gesperrten Worten ein für ein Eidesthema unstatthaftes Urtheil enthalten sei, kann nicht anerkannt werden. III, 231/89 vom 3. Dec.

784b. Seitens der Kläger wird geltend gemacht, daß der von den beiden Beklagten zu $^2/_3$ und $^1/_3$ beerbte Rechtsvorgänger der Beklagten C. H. bei dem mit ihrer Mutter geschlossenen Erb= theilskaufe sich verpflichtet hätte, der Verkäuferin den aus der Verwerthung des angekauften Erbtheils über die Kaufsumme von 20 000 Thalern sich ergebenden Mehrerlös herauszuzahlen. Es handelt sich also um die Verbindlichkeit zur Zahlung einer Geld= summe, die ihrer Natur nach theilbar und hier thatsächlich im Verhältniß von zwei Dritteln zu einem Drittel getheilt ist. Von einem nur einheitlich festzustellenden Rechtsverhältnisse, wie es der §. 434 C. P. O. voraussetzt, kann hiernach keine Rede sein. Nach= dem der eine Beklagte den Eid geleistet hatte, wurde gegen ihn die Klage abgewiesen. Die Mitbeklagte, welche den Eid nicht ge=

leistet hat, ist zu ⅓ verurtheilt. Revision zurückgewiesen. II, 228/89 vom 3. Nov.

785. Vgl. 470. Den beiden Theilhabern des früheren Bankhauses S. & L. war ein Eid zugeschoben und durch Urtheil auferlegt. Einer hat erklärt, nicht schwören zu wollen. Sowohl wenn die beiden Theilhaber Liquidatoren waren, als wenn sie nach aufgelöster Gesellschaft Streitgenossen waren, durfte der Eid nicht schlechthin als verweigert angesehen werden, sondern C. P. O. §. 434, Abs. 2 war anzuwenden. VI, 244/89 vom 2. Jan. 90.

786. Die zweitinstanzliche Eidesänderung beschwerte den Beklagten, weil mehrfache Verhandlungen stattgefunden hatten, die Erklärung des Beklagten nicht gerade bei der Verhandlung abgegeben zu sein brauchte, welche zum Abschluß geführt hatte, und der Eid so wie im ersten Urtheil normirt, zugeschoben war. IV, 312/89 vom 6. Febr. 90.

787. Klägerischerseits ist geltend gemacht, es sei vereinbart, daß der Beklagte, wenn er das Grundstück für einen höheren Preis als 6000 Mark weiter veräußere, die Hälfte des Mehrerlöses an den Kläger herauszahlen solle, während der Beklagte aufstellt, daß diese Verpflichtung von der doppelten Bedingung abhängig gemacht sei, daß bei der Weiterveräußerung des Grundstücks mindestens der Preis von 20 000 Mark erzielt und ferner der von der Zeche Hagenbeck gestellte Expropriationsantrag abgelehnt werde. Der Kläger hat nun über die von ihm behauptete Verabredung, welche die Grundlage des erhobenen Anspruches bildet, dem Beklagten den Eid zugeschoben und dieser ist von demselben eventuell einfach angenommen. Wird dieser Eid verneinend abgeleistet, so ist der Klageanspruch zerstört und abzuweisen, irgend welchen Zusatzes, namentlich der eidlichen Bekräftigung der Erklärung der Beklagten bedurfte es nicht. Auch hatte der Beklagte solche Fassung in der Vorinstanz nicht beantragt. Auf einen dem Antrag des Beklagten entsprechenden Gerichtsbrauch läßt sich die Revision nicht stützen. II, 307/89 vom 11. Febr. 90.

788. Der Gesetzgeber hat unzweideutig ausgesprochen, daß auf den richterlichen Eid nur die in §. 439 angezogenen §§. 422 bis 433, 435 entsprechende Anwendung finden sollten, also nicht §. 434. Ihm genügte, daß dem Richter durch §. 438 der Weg eröffnet ist, bei Auferlegung des Eides eine Auswahl unter den

Eib. Streitgenossen zu treffen. Hat der Richter des bedingten Endurtheils eine solche Auswahl nicht getroffen, so müssen alle Streitgenossen schwören, und wenn nicht alle Streitgenossen schwören,
so gilt der Eid als nicht geleistet. Hier war den Streitgenossen
bei untheilbarem Rechtsverhältniß ein zugeschobener Eid über eine
Zahlung von 1500 Mark, und ein richterlicher Eid über eine
Zahlung von 3000 Mark auferlegt. Alle Streitgenossen bis auf
die zu einer geringfügigen Quote betheiligte Witwe eines inzwischen verstorbenen Streitgenossen leisteten den Eid. Für den zu-
geschobenen Eid nahm das Berufungsgericht die Wahrheit der
beschworenen Thatsache an, für den auferlegten Eid lehnte es eine
gleiche Feststellung ab, weil der Eid als nicht geschworen zu gelten
habe. Aus dem bedingten und einem weiteren Urtheile ergab sich,
daß das Berufungsgericht hatte aussprechen wollen, daß der Eid
von jedem einzelnen der Streitgenossen auszuschwören sei. I,
321/89 vom 5. Febr. 90.

789. Nachdem auf einen Eid des in den Prozeß eingetretenen Konkursverwalters erkannt war, wurde der Konkurs aufgehoben. Der Revisionsantrag des Gegners, das Urtheil auf Grund
C. P. O. §. 433, Abs. 3 aufzuheben, unbegründet. Dies setzt
rechtskräftige Auflage des Eides voraus; und überdies geht die Prüfung des Revisionsrichters darauf, daß nach der dem Berufungsrichter vorliegenden Sachlage kein rechtlicher Verstoß begangen ist.
II, 332/89 vom 23. Febr. 90.

790. Das Berufungsurtheil verletzt den §. 426, Abs. 2
C. P. O. nicht, indem es die Abweisung der Widerklage auf die
durch Beweisbeschluß angeordnete Leistung des von dem Direktor
der Klägerin abgelegten Eides setzt. Zu den Angriffs- und Ver-
theidigungsmitteln gehört nach der Sprachweise der C. P. O. auch
die Widerklage. In §. 251, Abs. 1 wird dies ausdrücklich bestimmt. VI, 279/89 vom 6. Febr. 90.

791. Im Fall 761 ging aus der Begründung des Berufungsrichters hervor, er habe dem Beklagten „den Reinigungseid" auferlegt, weil er den Kläger beweispflichtig erachtete. Wegen
falscher Beurtheilung der Beweislast als Grund dieser Eidesauflage aufgehoben, zurückverwiesen. III, 308/89 vom 11. Febr. 90.

792. Nachdem ein Zeuge, der Verwalter des Hauses, in
welchem Wohnungsräume und Laden vermiethet waren, den In-

halt des von ihm abgefaßten Kündigungsschreibens bekundet hat,   Eid.
legt das Gericht dieses Schreiben dahin aus, daß dem Miether die
gesammten Räume vermiethet waren, und legt darauf dem be=
klagten und widerklagenden Hauseigenthümer einen Ueberzeugungs=
eid dahin auf, daß sich das Kündigungsschreiben nicht blos auf
den Laden und das daran stoßende Zimmer, sondern auf sämmt=
liche Miethräume bezogen habe. Revision zurückgewiesen. V,
355/89 vom 8. März 90.

792a. Der Kläger hat einen Eid geleistet, daß er auf eine
Provision nicht verzichtet habe. Der Beklagte hat aber auch
Handlungen des Klägers geltend gemacht, aus welchen sich dieser
Verzicht konkludent ergebe (namentlich Durchgehen der Rechnung
mit dem Beklagten, ohne daß dieser den ihm bekannten Posten
als fehlend beanstandet habe). Auf diese Erklärungen kann der
über den Verzicht geleistete Eid nicht bezogen werden. I, 352/89
vom 26. Febr. 90.

792b. Das Berufungsgericht legte dem Ueberzeugungseid,
welchen das Landgericht von' den drei Klägern darüber gefordert
hatte, daß ihr Erblasser die 8010 Mark für das von ihm mit
dem Beklagten und Berufungskläger gemeinsam erworbene Grund=
stück allein bezahlt habe, keine wesentliche Bedeutung für die rich=
terliche Ueberzeugung von der Wahrheit dieser Thatsache bei, und
würde deshalb auf einen Eid der Kläger nicht erkannt haben,
wenn nicht zwei Berufungsbeklagte einen Wahrheitseid über die
sonst nicht unter Beweis gestellte Behauptung erboten hätten, der
Beklagte habe diesen Beiden gegenüber anerkannt, daß der Erb=
lasser die Hälfte des Kaufpreises für ihn ausgelegt habe, und
daß er diese Hälfte den drei Erben noch verschulde. Auf diesen
Ergänzungseid der beiden Berufungsbeklagten erkannte der Be=
rufungsrichter. Damit ist keine Rechtsnorm verletzt. IV, 357/
89 vom 6./31. März 90. Vgl. 838b.

792c. Anlangend die aus den Erklärungen der Kläger ent=
nommene Einrede, so hat das Berufungsgericht die desfallsigen
Behauptungen des Beklagten schon durch die im Vorprozesse
von den Klägern geleisteten Eide für widerlegt erachtet. Es ist
ohne Weiteres anzunehmen, daß das Berufungsgericht diesen
Eiden nicht für den gegenwärtigen Prozeß die Bedeutung des
§. 428 C. P. O. beigelegt, vielmehr auf Grund jener Eide in

freier Beweiswürdigung für den gegenwärtigen Prozeß die Ueber=
zeugung von der Unwahrheit der Behauptungen des Mitbeklag=
ten gewonnen hat. Revision zurückgewiesen. III, 58/90 vom
23. Mai.

792d. Der von ihrem Ehemann getrennt lebenden Ehefrau
war ein mit Herrenbekanntschaft verbundener nächtlicher Verkehr
nachgewiesen. Unter Anwendung von A. L. R. II, 1, §. 673 ist
ihr der Reinigungseid darüber auferlegt, daß sie, seitdem sie von
ihrem Ehemann getrennt lebe, mit andern Männern den Beischlaf
nicht vollzogen habe; für den Nichtschwörungsfall ist die Schei=
dung ausgesprochen. Revision zurückgewiesen, da sich die Wider=
beklagte nicht darüber beschweren kann, daß bei solcher Sachlage
auf einen Eid ohne Benennung der Männer erkannt ist. IV,
44/90 vom 2. Juni.

792e. G. R. Der Gläubiger hat, nachdem Schuldner ihm
Hypothek bestellt hatte, dem Bürgen erklärt: „Vetterchen, jetzt
seid Ihr von der Bürgschaft los; jetzt habe ich die Nachhypothek.‟
Das Berufungsurtheil erwägt, daß diese Aeußerung nach den
Umständen des Falles ebensowohl von einer Freigabe des Be=
klagten von der Bürgschaft, wie in dem beschränkteren Sinne
genommen werden könne, daß Beklagter nicht mehr zu befürchten
brauche, aus der Bürgschaft in Anspruch genommen zu werden,
da die Hauptschuldnerin selber wegen des durch Unterpfand nicht
gedeckten Theiles der Forderung Sicherheit biete, und bestätigt
das erste Urtheil, welches dem Kläger den richterlichen Eid auf=
legte, daß es nicht wahr sei, daß er den Beklagten aus der ge=
leisteten Bürgschaft freigegeben habe. Revision zurückgewiesen.
Da sich der Eid mit auf jene Aeußerung erstreckt, so war für
einen besonderen Schiedseid über jene Aeußerung kein Raum.
III, 62/90 vom 3. Juni.

792f. Die Beklagte hat in erster Instanz den Eid gegen
§. 413 C. P. O. zurückgeschoben, ohne zugleich den Eid even=
tuell anzunehmen. Es würde deshalb nach §. 417 der Eid als
verweigert anzusehen sein. Gemäß §. 485 C. P. O. durfte aber
Beklagte auch noch in zweiter Instanz neue Beweismittel über
die betreffende Thatsache bezeichnen; und dies hatte nach §§. 418,
419 die Wirkung, daß sie die Eidesrelation noch nach Aufnahme
der Beweise widerrufen konnte. Es waren deshalb zunächst die

neuen Beweise zu erheben. Denn weder mit dem Wortlaut des
§. 419 noch mit der auf Gewinnung der materiellen Wahrheit
gerichteten Tendenz des Gesetzes ist es zu vereinigen, daß der
Partei in diesem Falle nur die Zurücknahme der zulässigen, nicht
aber der unzulässigen Eidesrelation gestattet sein sollte. III, 26/90
vom 14. Febr./25. März.

792 g. Als „Vertreter" im Sinne C. P. O. §. 410 ist in
Bezug auf jeden andern Handelsgesellschafter derjenige Handelsgesellschafter anzusehen, welcher für die Handelsgesellschaft eine
Schuld kontrahirt. Durch diese seine Handlung wird jeder andere Handelsgesellschafter verpflichtet. I, 87/90 vom 26. April.

793. Das Hanseatische Oberlandesgericht: Verwerflich erscheine die Eideszuschiebung darüber, daß Kläger während der
letzten 4 Jahre mit Kontrolmädchen geschlechtlichen Verkehr ge-
pflogen habe. Die Zulassung eines Eides in so allgemeiner Fassung sei Sache des richterlichen Ermessens. Der Wichtigkeit des
Eides widerspreche es, wenn eine Partei in Ehesachen, ohne Anhaltspunkte für eine Untreue des Gegners zu haben, sich des Eides
nur bediene, um dem Gegner ein Geständniß zu entlocken. Könne
auch eine Partei, welche aus dem Ehebruche der anderen Rechte
für sich herleite, nicht jederzeit den Namen der Person, mit
welcher der Ehebruch getrieben sei, angeben, so müßten doch,
wenn dem Eide seine Bedeutung gewahrt bleiben solle, irgend
welche Verdachtsgründe vorliegen. Gegenwärtig habe die Beklagte, obwohl der Kläger wiederholt die Zulässigkeit der Eideszuschiebung ihrer Allgemeinheit wegen bekämpfte, den Verdacht
irgendwie näher nicht dargelegt. Daraus habe das Gericht die
Ueberzeugung gewonnen, daß es ihr an jeder thatsächlichen Unterlage für ihre Behauptung fehle, ihre Eideszuschiebung daher einen
Eidesmißbrauch darstelle. Revision zurückgewiesen. VI, 212/89
vom 19. Dec.

794. Ebenso unter Bezugnahme auf IV, 396/86 bei Bolze,
Bd. IV, 1320⁵ und VI, 13/88; daselbst, Bd. V, 1219, daß der
Ehemann im letzten halben Jahr sich mit einem Kontrolmädchen
in Hamburg geschlechtlich abgegeben habe. Die Entscheidung
darüber, ob die Behauptung bestimmter Thatsache vorliege oder
nur als ein Ausfluß vager Vermuthung, sei Sache des richterlichen
Ermessens. Hier hatte der Berufungsrichter bezüglich vorstehender

Eides-
zuschiebung.

Eideszuschie-
bung unzu-
lässig in den
Fällen
793—796 c.

24*

Eibeszuschie-
bung unzu-
läſſig in den
Fällen
793—796 c.

Eibeszuschiebung das Letztere angenommen, während er den Eid
darüber zugelaſſen hatte, daß der Ehemann im letzten Jahre mit
einem vom Zeugen D. näher bezeichneten öffentlichen Mädchen in
Leith geſchlechtlich verkehrt habe. Das war vom Ehemann nicht
angefochten, Reviſion der Ehefrau zurückgewieſen. VI, 289/89
vom 3. Febr. 90.

795. Unzuläſſig die Eibeszuschiebung darüber, daß das von
dem Erblaſſer des Beklagten, welcher auf die Eheſcheidungsſtrafe
haftete, hinterlaſſene Vermögen ſich auf 27000 Mark belaufe;
denn der Eid läuft auf eine Taxe hinaus. III, 325/89 vom
4./11. März 90.

796. Das Berufungsurtheil aufgehoben, welches auf einen
dem klagenden Betriebsführer zugeſchobenen und von dieſem angenommenen Eid erkannt hatte, daß er die von ihm für den Beklagten vereinnahmten im Kaſſabuch nicht in Einnahme geſtellten
250 Mark zur Bezahlung von in den Kaſſabüchern nicht in Ausgabe verrechneten damaligen Verbindlichkeiten des Beklagten verwendet habe. Durch dieſe Entſcheidung iſt ſowohl die Frage, ob
und auf welche andere Privatſchulden des Beklagten die ſtreitigen
250 Mark verrechnet worden ſeien, als auch die Frage der Exi-
ſtenz und Rechtsverbindlichkeit ſolcher Anſprüche an den Beklagten
unzuläſſiger Weiſe in das Ermeſſen des Klägers geſtellt worden;
überdies verſchlechterten die Gründe des Berufungsrichters die
Rechtslage des Beklagten noch, inſofern danach Kläger nicht einmal zur gerichtlichen Angabe der ihm vermeintlich zuſtehenden
Privatforderungen verpflichtet erſcheine. Bei ſolcher Sachlage ver-
ſtößt der dem Kläger zuerkannte Eid gegen den Grundſatz, daß
die Zuſchiebung und Ableiſtung eines Eides nur über Thatſachen,
nicht auch über Urtheile ſtatthaft iſt. C. P. O. §. 410. III,
321/89 vom 28. Febr./11. März 90.

796a. Die Frage, ob die angebliche Anerkennung eine „vertragsmäßige“, d. h. eine ſolche war, durch die ſich Beklagte zur
Erfüllung von Neuem verpflichten wollte, iſt keineswegs eine rein
thatſächliche, ſondern eine ſolche, die ſich nur durch rechtliche, nicht
etwa einfache und naheliegende Erwägungen entſcheiden läßt, alſo
ein Urtheil involvirt, wie es nach §. 410 nicht zu Eid verſtellt
werden kann. III, 26/90 vom 14. Febr./25. März.

796 b. Beklagter hat den Eid zugeſchoben, daß er für mehr

geforderte 3000 Mark Arbeiten im Tagelohn für Kläger geleistet habe. Eideszuschiebung über diese Behauptung unzulässig, weil auf einer Schlußfolgerung aus einer Reihe nicht angegebener Thatsachen und Schätzungen beruhend. VI, 340/89 vom 8. Mai 90.

796c. F. P. hat bekundet, daß er zwar keine guten Geschäfte mit der Annoncenuhr gemacht, aber vor dem 11. April, an welchem Tage Klägerin dem Beklagten eine Uhr unter Anpreisung verkauft hat, der Klägerin hierüber keine Mittheilung gemacht hat. Nun hat Beklagter der Klägerin den Eid zugeschoben, daß sie zu jener Zeit die ungünstigen Erfolge von F. P. aus Mittheilungen Dritter gekannt habe. Das ist mit Recht für zu unbestimmt erachtet, um als Grundlage einer Eideszuschiebung zu dienen. I, 29/90 vom 2. April.

797. Bei Ablehnung des Antrages auf Vorlage des Geschäftsbuches wird verkannt, das die Aussage des Zeugen, wonach B. seine Werthpapiere nicht gebucht haben soll, unmöglich maßgebend sein könnte, wenn gleichwohl in dem vorzulegenden Buche solche Einträge sich finden sollten. Mag auch beim Zeugenbeweise eine Abwägung bereits erhobener mit noch weiter angebotenen Zeugenaussagen dahin zulässig sein, daß die durch die vorhandenen Zeugnisse begründete richterliche Ueberzeugung nicht geändert würde, wenn auch weitere Zeugen Anderes bekunden sollten, so ist nach der Natur des Urkundenbeweises eine Bevorzugung des Zeugenbeweises vor der Urkunde ausgeschlossen; denn, wenn der Inhalt der letzteren der Bekundung des Zeugen widerspricht, so ist damit — abgesehen vom Falle einer Fälschung — bewiesen, daß der Zeuge sich zum mindesten geirrt habe. II, 194/89 vom 22. Okt.

798. Die Bezugnahme des Klägers auf seine Handakten zu Unrecht mit der Begründung abgelehnt, daß nicht anzunehmen sei, daß sie etwas Bestimmtes zu Gunsten des Klägers enthalten, weil dies sonst in erster Instanz festgestellt sein würde, — und daß sie, weil nur Aufzeichnungen des Klägers enthaltend, nicht als schlechthin zuverlässiges Beweismittel zu verwerthen seien. IV, 315/89 vom 3. Dec.

799. Das Berufungsgericht hat nach einer sehr eingehenden Beweisaufnahme und sorgfältiger Beweiswürdigung die Ueber-

Nichtberück-
sichtigung von
Beweisan-
trägen.

zeugung erlangt, daß das in Bremerhaven gelieferte und abge-
ladene, nach Philadelphia versandte alte Eisen dort richtig ver-
wogen und abgeladen ist. Der Kläger hat den Gegenbeweis durch
Benennung des Surveyer Campbell angetreten, daß in Philadelphia ein erheblich geringeres Quantum angekommen, während das
Schiff auf der Reise nicht angehalten hat. Der Berufungsrichter
durfte diesen Beweis ablehnen, weil seine Ueberzeugung nicht erschüttert werden würde, auch wenn C. das ausgesagt hätte, da er
nach seinem eigenen Attest nur Verwiegen, nicht die Ausladung
kontrolirt hat. Wenn die Beweismomente der Klage im Einzelnen
unangefochten bleiben, wenn nur dem im Ganzen gewonnenen Resultat der Abwägung in Bremerhaven die Abwägung in Philadelphia gegenübergestellt wird, so daß die Wahl der Annahme
bleibt, an welchem von beiden Orten ein sehr starker Irrthum
oder eine sehr große Unredlichkeit vorgekommen sei: so ergibt sich
von selbst, daß ein Gegenbeweis als in sich zusammenfallend und
unerheblich angesehen werden darf, welcher in der Kette der Thatsachen unkontrolirbare Momente übrig läßt. Das Berufungsgericht ist nach einer so umfassenden und sorgfältigen Beweiserhebung, wie sie hier stattgefunden hat, im vollen Recht, wenn
es an den von dem Kläger unternommenen indirekten Gegenbeweis
einen strengen Maßstab anlegt, und schon in der Beweisantretung
die Darlegung einer Beweisführung fordert, welche voraussichtlich
auf alle einzelnen thatsächlichen Momente der Löschung und Wä-
gung in Philadelphia ein helles Licht wirft. Mit der Möglichkeit,
daß der von dem Kläger aufgerufene Zeuge mehr bekunden könne,
als er nach den Behauptungen des Klägers und nach dem, was
er in seinem eigenen Certifikat niedergelegt hat, bekunden soll und
voraussichtlich bekunden wird, braucht das Berufungsgericht nicht
zu rechnen. I, 284/89 vom 9. Jan. 90.

799a. Im Fall 765d, 825a. Kläger hatte den weiteren
Beweis erboten, daß Beklagter selbst für den in Frage stehenden
Bau Ziegelsteine bestellt und bezahlt habe. Diesen Beweis konnte
der Berufungsrichter nicht mit der Erwägung ablehnen, daß
derselbe neben dem von ihm angegebenen Gesichtspunkte liege,
denn er richtet sich ausdrücklich gegen die Behauptung eines in
Bausch und Bogen abgeschlossenen Bauvertrages. II, 85/90 vom
30. Mai.

800. Die Beschwerde, daß ein Zeuge M., dessen Ladung nicht sogleich erfolgen konnte, weil er an seinem bisherigen Wohnorte nicht angetroffen wurde, dem Beweisbeschlusse entgegen unvernommen geblieben ist, und die Beschwerde, daß der vorgeschlagenen Zeugin J. die Verweigerung ihres Zeugnisses gestattet worden ist, obwohl sie nicht mit dem Kläger verschwägert, sondern nur mit dessen Schwager verheirathet ist (C. P. O. §. 348, Nr. 3), konnten in der Revisionsinstanz nicht mehr geltend gemacht werden, nachdem sie bei denjenigen mündlichen Verhandlungen, welche in den Vorinstanzen später noch stattgefunden haben, nicht vorgebracht worden sind (C. P. O. §. 267). V, 194/89 vom 23. Nov.

800a. Die Kammer für Handelssachen hat dem Beklagten einen Eid abgenommen, welcher demselben gar nicht (mehr) zugeschoben war. Vielmehr hat der Kläger, bevor der Beklagte den Eid angenommen hatte, gegen die Auferlegung eines Eides an denselben protestirt, und eben damit hat er die frühere Zuschiebung zurückgenommen. Nahm gleichwohl die Kammer für Handelssachen den Eid ab, so lag nicht blos ein Verstoß gegen §. 426 C. P. O., sondern, wenn sie demnächst in ihrem Urtheil die Thatsache, weil sie beschworen war, für wahr annahm, auch ein Verstoß gegen §. 428 vor. Dieser Verstoß, welcher ja erst im Urtheil gemacht ist, wurde nicht dadurch geheilt, daß der Kläger nicht gerügt hat, daß der Eid überhaupt abgenommen ist. I, 41 90 vom 16. April.

801. Nur die Beklagte hat Berufung eingelegt. Das Berufungsurtheil läßt nun aber unentschieden, ob und inwieweit die vom ersten Richter angeordneten Einrichtungen zur Abwendung der von dem Grundstück der Beklagten in das des Klägers eindringenden Gerüche und überfliegenden Federn getroffen werden sollen. Hiermit ist der Streit, wie er durch die Berufung in die zweite Instanz gebracht war, nicht entschieden. Die Beklagte hatte, nachdem auf Vornahme bestimmter Einrichtungen geklagt und nachdem in erster Instanz hierauf erkannt war, ein Recht darauf, daß hierüber im gegenwärtigen Prozeß entschieden werde. Durch das Berufungsurtheil wird aber auch ein Anspruch zuerkannt, der nicht erhoben war, etwas zugesprochen, was nicht beantragt war (C. P. O. §. 279) und das erste Urtheil zum Nachtheil der Be-

Richteramt und Verhandlungsmaxime.

klagten abgeändert. Der Berufungsrichter verneint dies, weil es im Interesse der Beklagten liege, wenn ihr freie Hand gelassen werde. Allein eben weil das Berufungsurtheil unentschieden läßt, welche Einrichtungen die Beklagte zu treffen haben wird, könnte, wenn es bei diesem Urtheil verbliebe, die Beklagte möglicherweise genöthigt sein, andere Maßnahmen als die von dem ersten Richter angeordneten, vielleicht neben diesen noch weitere Maßnahmen zu treffen und in die Lage kommen, nur hierdurch die Zwangsvollstreckung nach §. 775, auf welche der Berufungsrichter verweist, abzuwenden; die Zwangsvollstreckung könnte dahin führen, daß etwas geschehen müßte, was Kläger nicht beantragt hat, und daß die Lage der Beklagten eine ungünstigere würde, als dies nach dem ersten Urtheil der Fall wäre. VI, 195/89 vom 18. Nov.

802. Geklagt, weil den Brunnen des Klägers durch das Bergwerk der Beklagten das Wasser entzogen sei. Nach C. P. O. §. 279 in Verbindung mit §§. 230², 269, 487 war für das Urtheil der Klagantrag maßgebend. Diesen Prozeßrechtssatz verletzt der Berufungsrichter, indem er gegenüber dem Antrage, welcher auf Verurtheilung der Beklagten, sei es zur Anerkennung ihrer Entschädigungspflicht ohne Bezeichnung der Art und des Umfanges des Entschädigungsmittels, sei es — eventuell — zur Zahlung eines bestimmten Entschädigungsbetrages in Gelde unter Vorbehalt von Nachforderungen gerichtet ist, die Beklagte zur Ersatzleistung in bestimmter anderer Art (durch Anschluß an die Wasserleitung) verurtheilt. Diese Art der Entschädigung ist nicht ein Weniger als beantragt (— wie der Berufungsrichter vielleicht mit den Worten sagen will: die Behauptung des Klägers, die Beklagte sei zum Ersatze des Schadens verpflichtet, weil sie ihn durch ihren Bergbau verursacht habe, sei in ihren Folgen erheblich weiter tragend —), sondern sie ist etwas Anderes als begehrt ist. Ueber die Art der Entschädigung muß der Beklagte, der hierbei ein klar liegendes rechtliches Interesse hat, gehört werden; die Vertheidigung des Beklagten aber braucht sich nur gegen das vom Kläger Beantragte zu richten. V, 196/89 vom 27. Nov. Vgl. 810, 828.

803. Darüber, daß der Kläger überhaupt und namentlich entsprechend der Vorschrift in §. 269 C. P. O. schriftlich den

Antrag auf Verurtheilung des Beklagten zum Schadensersatze Richteramt und Verhandlungsmaxime. wegen Nichterfüllung des Vertrages gestellt und verlesen habe, ergibt sich aus dem Thatbestande und dem Sitzungsprotokolle der ersten Instanz nichts. Es durfte daher das Landgericht auch nicht darüber erkennen, ob ein Anspruch des Klägers auf Schadensersatz wegen Nichterfüllung des Vertrages bestehe oder nicht. Wenn trotzdem das Berufungsgericht in den Entscheidungsgründen seines Urtheils ausführt: „die Berufung des Beklagten anlangend, so hat der Kläger den Anspruch auf Schadensersatz wegen Nichterfüllung laut Thatbestand des Endurtheils vom 22. Febr. 1889 allerdings bereits in erster Instanz eventuell geltend gemacht", also darin, daß der Kläger auf den Antrag des Beklagten, die Klage abzuweisen, entgegnet hat, daß er für den Fall, daß ihm nach der Ansicht des Gerichts ein Recht auf Erfüllung nicht zustehe, Schadensersatz wegen Nichterfüllung fordern könne, daß die Klage wenigstens als Feststellungsklage begründet sei, die Geltendmachung des gedachten Anspruchs findet, so verletzt es die Vorschriften in §. 269. Denn danach müssen die Anträge entweder in den vorbereitenden Schriftsätzen oder in dem Protokolle beizufügenden Schriftsätzen enthalten und aus diesen verlesen werden, und es hat die Nichtbeachtung dieser Vorschrift die Nichtberücksichtigung der Anträge zur Folge. Die Klage wurde abgewiesen. III, 260/89 vom 29. Nov./6. Dec.

804. Im Fall 593. Vom Kläger war behauptet, daß die Urkunde nicht stempelpflichtig sei. Die Behauptung, daß das Schriftstück auch wegen des geringwerthigen Gegenstandes vom Stempel befreit sei, ist allerdings aus den Schriftsätzen, in denen sie sich findet, nicht in den Thatbestand der Urtheile übergegangen. Da die Urkunde dem Richter vorlag, so bedurfte es doch auch zur Berücksichtigung jenes Befreiungsgrundes nicht der ausdrücklichen Hervorhebung desselben von Seiten der Klägerin, insofern sich derselbe aus dem Schriftstücke ergab und prozessualische Gründe nicht verhinderten, alle aus dem Inhalt des Schriftstücks sich ergebenden, für die Frage der Stempelpflichtigkeit in Betracht kommenden Momente herbeizuziehen. IV, 285/89 vom 16. Jan. 90.

805. Der Kläger, welcher eine ihm cedirte Theilforderung des K. an den Beklagten von 1800 Mark geltend machte, ist ab-

gewiesen, weil diese Forderung schon vorher an die Nebenintervenientin G. abgetreten gewesen sei. Aufgehoben, zurückverwiesen. Denn nach der Cessionsurkunde hat K. an G. eine ganz andere Forderung von 12 000 Mark cedirt. Nichtsdestoweniger hat das Berufungsgericht seine Entscheidung darauf gestützt, daß nach der Absicht des Cedenten K. beide Cessionen denselben Gegenstand hätten haben sollen, nämlich dasjenige, was ihm aus der Gesammtheit der dort näher bezeichneten, von ihm mit den Beklagten abgeschlossenen Rechtsgeschäfte dereinst noch zustehen werde; ohne daß die Beklagten oder die Nebenintervenientin nur eine solche Absicht des K., geschweige denn seiner Mitkontrahenten bei den beiden Cessionen behauptet gehabt hätten. VI, 274/89 vom 25. Jan. 90.

806. Revisionskläger rügt Verletzung der §§. 119, 279 C. P. O., weil die Einwendungen des Beklagten, auf Grund deren die Abweisung des klägerischen Anspruchs ausgesprochen sei, nicht diesem Anspruch entgegengesetzt, sondern zur Begründung der Gegenansprüche auf Konventionalstrafe geltend gemacht seien. Revision zurückgewiesen. Die Berechtigung des Richters zur Zurückweisung der fraglichen Ansprüche würde von dem geltend gemachten Gesichtspunkte aus nur etwa dann bemängelt werden können, wenn der Beklagte die Abweisung dieser Ansprüche überhaupt nicht beantragt hätte; da er aber dies gethan, so war der Berufungsrichter zur Verwerthung eines, wenn auch nicht ausdrücklich an dieser Stelle, sondern zunächst bei einem anderen Punkte des Rechtsstreites vom Beklagten geltend gemachten Einwandes unzweifelhaft berechtigt, da das Gericht nach §. 279 C. P. O. nur nicht berechtigt ist, einer Partei etwas zuzusprechen, was sie nicht verlangt und beantragt hat, dagegen zur Zurückweisung von Ansprüchen, welche sich als nicht gerechtfertigt erweisen, unter Umständen selbst ohne Antrag nicht nur berechtigt, sondern sogar verpflichtet erscheint. Die Zurückweisung des Anspruchs hing ebenso wie die Zuerkennung der Konventionalstrafe davon ab, daß Beklagter säumig gewesen. Da diese Nichteinhaltung des Vertrages von Seiten des Klägers als erwiesen angenommen wurde, war der Berufungsrichter um so mehr berechtigt, sie nach den beiden angeführten Richtungen zu verwerthen, als der betreffende Einwand des Beklagten auf den §. 11 der allgemeinen Vertrags-

bedingungen gestützt war und diese Vertragsbestimmung dem Be=
klagten sowohl das Recht des Rücktritts vom Vertrage bei Säum=
niß des klagenden Unternehmers, als das Recht auf Konventional=
strafen (wenn auch letzteres nur zum Theile) regelt, so daß die
beklagtische Bezugnahme auf §. 11 an sich schon auch einen Hin=
weis auf das Recht des Rücktrittes und seine Voraussetzungen
enthält. VI, 233/89 vom 10. März 90.

807. Nachdem beklagte Unfallversicherungsgesellschaft den An=
spruch der hinterbliebenen Witwe allein aus dem nicht erwiesenen
Grunde bestritten hatte, daß deren versicherter Ehemann sich durch
den Sturz in die Warnow das Leben genommen habe, war das
Berufungsgericht nicht einmal berechtigt, das Beweisergebniß aus
dem nicht geltend gemachten Ungültigkeitsgrunde der offenbaren
Trunkenheit zu prüfen. Die Revision der Beklagten zurückge=
wiesen. III, 318/89 vom 28. Febr. 90.

808. Nach §. 15 der Statuten erfolgt die Zahlung des
fälligen Versicherungskapitals innerhalb Monatsfrist, nachdem dessen
Höhe anerkannt oder rechtskräftig festgestellt ist. Beklagte hat sich
auf §. 15 nicht bezogen, nicht einmal denselben verlesen; das Be=
rufungsgericht hat die Beklagte zu 6 Proc. Zinsen seit der Klag=
erhebung verurtheilt. Revision zurückgewiesen. III, 318/89 vom
28. Febr. 90. Vgl. 708.

809. Im Fall 291 hatte Kläger selbst erklärt, daß die von
ihm im ersten Vertrage übernommene Leistung in der Einräumung
bezw. Uebertragung des Rechts zum Verschleiß von Bieren be=
standen habe. Allein für die rechtliche Natur eines Abkommens
ist diese Erklärung des Klägers nicht maßgebend; vielmehr hat
der Richter darüber nach dem Inhalt des Abkommens zu urtheilen.
I, 12/90 vom 15. März.

810. Die Klage war darauf gegründet, daß den Brunnen des
Klägers das Wasser durch das Bergwerk des Beklagten entzogen
sei. Diesen Klaggrund läßt der Richter unerörtert. Er verurtheilt
aber aus einem angeblichen Vergleich zu der in diesem Vergleich
übernommenen Leistung. Nun hat Kläger zwar erwähnt, daß die
Beklagte durch den Anschluß an ihre Wasserleitung bisher einen
Ersatz für die versiegten Brunnen gewähre, er hat aber das Zu=
standekommen eines auch nur mündlichen Vergleiches nicht be=
hauptet, sondern im Gegentheil es als Veranlassung zur Klage

bezeichnet, daß die Beklagte eine Verpflichtung wegen dieser Art
des Ersatzes nicht übernommen habe und nicht übernehmen wolle.
Auch daß er zu einem Vergleiche nach dem von ihm vorgelegten
schriftlichen Entwurf bereit sei, hat er nicht ausgesprochen. Nur
die Beklagte, in der erst in zweiter Instanz vorgetragenen
„Klagebeantwortung" beruft sich auf einen von ihr bisher einge-
haltenen und nach ihrer Meinung die Ansprüche des Klägers er-
ledigenden mündlichen Vergleich. Es ist aber unzulässig, daß der
Berufungsrichter den, vom Kläger aufzustellenden Klagegrund aus
der Vertheidigung der Beklagten entnimmt, indem er sagt, die
Klagebeantwortung ergebe die Entstehung desjenigen Rechtsverhältnisses, welches der Kläger festgestellt wissen wolle. V, 196/89
vom 27. Nov.

811. In dem Urtheile erster Instanz sind von den klagend
geforderten 600 Mark nebst Zinsen unter I dem Kläger 30 Mark
nebst Zinsen zugesprochen; unter II ist für den Beklagten ein ihm
zugeschobener Eid normirt; unter III heißt es: „die weitere Entscheidung auch bezüglich des Kostenpunktes wird dem Läuterungsurtheil vorbehalten"; unter IV ist die vorläufige Vollstreckbarkeit
geregelt. In den Entscheidungsgründen ist gesagt, der zugeschobene
Eid sei dem Antrage des Klägers gemäß nach §. 425 der C. P. O.
zum Erkenntnisse zu stellen gewesen; dann wörtlich: „die Folgen
seiner Leistung oder Nichtableistung lassen sich zur Zeit noch nicht
feststellen, da er zwei Punkte, das Gehalt und das Weihnachts-
geschenk, betrifft, und nicht abzusehen ist, ob der Beklagte den
ganzen Eid, oder nur einen Theil desselben oder den Eid überhaupt nicht schwören wird." Das Urtheil war als bedingtes Endurtheil gewollt, weil in den Entscheidungsgründen der gesammte
Prozeßstoff für den Fall der Leistung oder Nichtleistung des Eides
erwogen war, so daß für keinen der denkbaren Fälle noch über
ein Angriffs- oder Vertheidigungsmittel zu erkennen war, wenn-
schon das Urtheil nicht §. 427 C. P. O. entsprach. Das die Berufung als unzulässig zurückweisende Urtheil ist aufgehoben, die
Sache an das Berufungsgericht zurückverwiesen. VI, 228/89
vom 12. Dec.

812. Geklagt ist gegen die Töchter des H., Emma 24 Jahre,
Marie, vertreten durch ihren Vater, 20 Jahre alt. So waren
die Beklagten auch erstinstanzlich verurtheilt. Berufung eingelegt

für Marie jetzt verehel. W., und Emma, vertreten durch ihren
Vater. Nach dem Thatbestand bezeichnet Klägerin H. als gesetz=
lichen Vertreter der Emma. Der Rechtsanwalt der Berufungs=
kläger erklärt, daß er als unmittelbarer Bevollmächtigter von
Emma nicht auftreten wolle. In den Entscheidungsgründen wird
davon ausgegangen, daß Emma zur Zeit der Klagerhebung groß=
jährig und Marie minderjährig war. Deshalb habe Emma nicht
durch ihren Vater vertreten werden können; die Klage aus diesem
Grunde abgewiesen, gegen Marie aus sachlichen Gründen. Revi=
sion der Klägerin. Parteien geben übereinstimmend an, Marie
sei zur Zeit der Klagerhebung großjährig, Emma minderjährig
gewesen. Berufungsurtheil aufgehoben, zurückverwiesen. Nach
dem Rubrum muß angenommen werden, daß, — was nach den
jetzigen Parteiangaben auch der Wirklichkeit entspricht, — von den
beiden Schwestern die Marie H., jetzt verehelichte W., die ältere,
welche zur Zeit der Klageerhebung schon großjährig war, die
Emma H. dagegen, die jüngere, damals noch minderjährig ge=
wesene, ist, und dies vorausgesetzt, ergibt sich ohne Weiteres die
Hinfälligkeit der Urtheilsbegründung der Beklagten Emma H.
gegenüber. IV, 234/89 vom 9. Dec.

813. Hervorgehoben wird noch, daß sich der Berufungsrichter
bei der Entscheidung gegen die von ihm als Emma H. bezeich=
nete Beklagte auf einen unrichtigen prozessualen Standpunkt ge=
stellt hat. Denn wenn keine Klagezustellung mit rechtsver=
bindender Wirkung stattgefunden hat, weil die Klage dem Vater
der Großjährigen zugestellt war, ist eine Klage überhaupt nicht
erhoben (§. 230 C. P. O.) und folglich kann von einer Klage=
abweisung nicht die Rede sein. Auch ist es prozessual un=
richtig, eine Berufung zuzulassen, welche, wie der Richter für den
vorliegenden Fall konstatirt hat, von einer als Vertreter der Partei
nicht legitimirten Person eingelegt ist, weil derselbe als unmittel=
barer Vertreter der als großjährig angenommenen Emma nicht
aufgetreten ist. IV, 234/89 vom 9. Dec.

814. Gegen Widerbeklagten war in der Zwangsvollstreckung
der Antrag gestellt, Bücher vorzulegen. Das Landgericht „er=
kannte für Recht", nach mündlicher Verhandlung, der Widerbe=
beklagte ist gehalten .. dem Widerkläger für die Zeit .. über die
Geschäfte .. bei Vermeidung einer Geldstrafe von 500 Mark

Rechnung zu legen. Zu dieser Rechnungslegung war Widerkläger bereits früher rechtskräftig verurtheilt. Die Berufung war als unzulässig verworfen, Revision zurückgewiesen. Denn es handelt sich nur um einen durch sofortige Beschwerde anfechtbaren Beschluß. Das Berufungsgericht betont, daß der erste Richter seine Entscheidung durch Bezugnahme auf §. 774 als Beschluß charakterisirt habe. Wegen der vom Widerkläger behaupteten Erfüllung hat er ihn auf den Weg der Klage verwiesen (C. P. O. §. 686). Unerheblich, daß die Entscheidung des ersten Richters in der äußeren Form eines Urtheils ergangen war, da auch in §. 774 der Ausdruck „erkennen" gebraucht wird. Von dem Fall II, 19/87 vom 14. Juni — Bd. IV, 1530 (E. 18, S. 360) — unterscheidet sich der vorliegende wesentlich dadurch, daß in jenem Falle die nach §. 773 C. P. O. zutreffende Entscheidung zugleich mit der Entscheidung über eine Klage in einem Endurtheile und als Bestandtheil desselben getroffen war. Gegen dies Endurtheil war die Berufung das allein zulässige Rechtsmittel, weil es als solches erlassen war und nicht zu einem Theil mit der Berufung, zu einem andern Theil mit der sofortigen Beschwerde angegriffen werden konnte. I, 307/89 vom 18. Jan. 90. Vgl. Bd. IV, 1118.

815. Das landgerichtliche Urtheil — 902 — enthielt auch den Ausspruch, daß Widerbeklagte nicht berechtigt sei, ihre Waaren und deren Verpackung mit den für die Widerklägerin eingetragenen Waarenzeichen zu bezeichnen noch so bezeichnete Waaren feilzuhalten oder in Verkehr zu bringen. Das ist nicht ein Ausspruch im Sinne C. P. O. §. 231, sondern hat die Bedeutung eines auf eine negatorische Klage erlassenen Urtheils, durch welches die Führung des Zeichens untersagt wurde, so daß Zwangsvollstreckung aus C. P. O. §. 775 zulässig ist, wie später auch entsprechende Strafandrohung vom Prozeßgericht erlassen ist. I, 283/89 vom 11. Jan. 90. Vgl. Bd. VIII, 805, 803.

816. Im Fall 703. Die Klage aus dem Traufrecht, daß Beklagte mit dem Neubau auf ihrem Grundstück von der Bude der Kläger einen Meter, mindestens 18 Zoll zurückbleibe, ist abgewiesen, weil der Kläger aus dem im Verfahren, betreffend die einstweilige Verfügung, erlassenen Urtheil noch gegenwärtig die Zwangsvollstreckung in Antrag bringen könne, wodurch Einrich-

tungen geschaffen würden, welche die Ausübung des Traufrechts
ermöglichten. Aufgehoben, zurückverwiesen. Denn dasjenige, was
der Kläger mit der Hauptklage gerade erstrebt, ist und wird ihm
durch die einstweilige Verfügung nicht gewährt: die Festsetzung des
endgültigen Zustandes. V, 267/89 vom 8. Febr. 90.

817. Klage aus einer angeblich durch den Vertrag vom J. 1805
begründeten Dienstbarkeit, daß ihnen, als den Eigenthümern des
Hauses Nr. 2, eine unbedingte Lichtrechtsdienstbarkeit auf das
Nachbareigenthum der Beklagten zustehe, ferner die Letzteren zu
verurtheilen, den neben ihrem Hause befindlichen Stall (früher
Waagelokal), sowie Bretterschuppen abzureißen. Die Beklagten
erkannten an, daß das Lichtrecht des klägerischen Grundstücks in
dem gegenwärtig thatsächlich bestehenden Umfange durch Ersitzung
begründet sei und für sie die Verpflichtung bestehe, den Stall,
falls bei dessen Anlegung ein Fenster des klägerischen Hauses verbaut sei, zu entfernen, bestritten aber, daß dem klägerischen Grundstücke eine weitergehende Servitut zustehe. Das Landgericht wies
die Klage ab, soweit sie auf eine unbedingte Lichtgerechtigkeit ging.
Zurückweisung der Berufung, weil der unter der Herrschaft des
gemeinen Rechts geschlossene Vertrag nur den Zweck gehabt habe,
auszusprechen, daß der Vorbesitzer des Klägers qua. Eigenthümer
beliebig viele Fenster anlegen dürfe, ohne eine Dienstbarkeit zu
begründen, sodaß jene Fenster auch verbaut werden dürften. Revision zurückgewiesen. Das Klagepetitum war auf Zusprechung
einer unbedingten Lichtrechtsdienstbarkeit, d. h. nach der
Erläuterung des Rechts, eine beliebige Anzahl von nicht zu ver-
bauenden Fenstern in der Grenzwand nach dem Eigenthume der
Beklagten hin zu haben, gerichtet, und in dem Antrage zweiter
Instanz wird eine unbedingte und unbeschränkte Lichtrechtsdienstbarkeit in Anspruch genommen. Daß ihnen ein
Recht minderen Umfanges zugesprochen werde, ist Seitens des
Klägers niemals beantragt, namentlich auch jedes Hinzielen auf
das Anerkenntniß der Beklagten abgelehnt worden. Hiernach kann
das Oberlandesgericht, wie es keiner weiteren Ausführung bedarf,
ein Vorwurf um deswillen nicht treffen, daß dasselbe den Klägern
nicht ein beschränkteres Recht, als das von ihnen geltend gemachte,
zuerkannt hat. II, 321/89 vom 21. Febr. 90.

818. Im Fall 258 nahm der Berufungsrichter an, daß es

Urtheil. auf die zur Begründung der Auflösungsklage in zweiter Linie vorgetragenen Thatsachen, welche auf eine Verletzung von Vertrags= verbindlichkeiten hinausliefen, nicht ankomme, weil es sich hier um Ansprüche aus Code 1184 handle. Damit hat der Richter zu Unrecht einen bei der Beurtheilung zu berücksichtigenden Theil des Prozeßstoffs bei Seite gelassen. Aufgehoben, zurückverwiesen. II, 2/90 vom 28. Febr.

819. Karlsruhe. Im Fall 353. Die Rüge unbegründet, es könne überhaupt nicht in einem Civilrechtsstreit ein Verbot be= züglich einer Maßregel der Verwaltungsbehörde ausgesprochen werden. Allein es handelt sich im vorwürfigen Fall nicht um ein unmittelbares Verbot bezüglich einer Maßregel der Verwaltungs= behörde und gegenüber dieser Behörde; sondern es will nur mit der erwähnten Urtheilsbestimmung bezüglich der Wirkung für das Pachtverhältniß zwischen dem Kläger und dem Fiskus als Folgerung aus dem Pachtverhältniß ausgesprochen werden, es sei der verpachtende Beklagte auch für die Zukunft nicht be= rechtigt, seinen Verpflichtungen gegenüber dem Kläger sich durch Gestattung der Eisbahn und der Entnahme von Eis zu entziehen. Eine derartige Feststellung einer Grundlage für eine sonst eintretende künftige Entschädigungspflicht ist aber dem bürgerlichen Richter nicht entzogen. II, 33/90 vom 25. März.

820. Nach dem Pachtvertrage ist der Verpächter berechtigt, Reparaturen seinerseits ausführen zu lassen, wenn objektiv fest= steht, daß eine Reparatur erforderlich ist und daß solche von dem unter der Voraussetzung der Erforderlichkeit reparaturpflichtigen Beklagten versäumt ist. Der Berufungsrichter hat den Pächter nach Maßgabe des Klagantrags verurtheilt, sich der Zurückweisung oder Störung der vom Kläger mit Reparaturen beauftragten Personen zu enthalten, ohne dabei eine Strafandrohung aus= zusprechen, sodaß der Kläger, wenn er Zwangsvollstreckung aus dem Urtheil beantragen will, eine Ergänzung beantragen muß — C. P. O. §. 775 —. Indessen ist der Kläger dadurch nicht be= schwert; denn der Kläger muß, wenn er künftig seinerseits sein Einschreiten zum Zweck von Reparaturen für zulässig erachtet, immer noch zunächst das objektive Vorhandensein der im Urtheil wie im Pachtvertrag bezeichneten Voraussetzungen seiner Befugniß zum Einschreiten nachweisen; und der Beklagte hat keinen Anlaß

zu der Annahme gegeben, daß er seine von ihm im Prozeß an=
erkannte und im Urtheil ausgesprochene Verpflichtung künftig un=
erfüllt lassen werde. Der Kläger hat als Klagveranlassung nur
bezeichnet, daß er auf Grund der Baurevision Reparaturen als
nothwendig bezeichnet und nach vergeblicher Aufforderung des
Beklagten zu deren Vornahme den Zimmermeister geschickt habe.
Eine Entscheidung aber darüber zu geben, ob, was der Beklagte
bestritten hatte, Kläger zum Einschreiten berechtigt sei, sobald nach
seiner Ansicht Reparaturen nothwendig und Beklagter hierin
säumig sei, erachtete der Berufungsrichter nicht für angängig,
weil der Klagantrag hierauf nicht gerichtet war. Revision zurück=
gewiesen. V, 249/89 vom 19. Febr. 90.

820a. Der Richter erster Instanz hat in seinem Urtheil die
Klage unbedingt mit einem Betrage von 3,92 Mark abgewiesen,
die weitere Entscheidung von den im Tenor des Urtheils formu=
lirten Eiden abhängig gemacht und bezüglich der Prozeßkosten die
Entscheidung sich vorbehalten. Diese Form des Urtheils weist
darauf hin, daß der erste Richter, neben seiner unbedingten Ent=
scheidung, gemäß §. 427 C. P. O. hat erkennen, also ein durch
Eid bedingtes Endurtheil hat aussprechen wollen. Nichtsdesto=
weniger faßt der Berufungsrichter das Urtheil als ein bloßes
Zwischenurtheil nach §. 275 C. P. O. auf, weil zu definitiver
Erledigung des Streits ein Ausspruch darüber fehle, daß falls die
Klageforderung um die unter Eid gestellten Beträge gekürzt werde,
die Klage insoweit abgewiesen, ferner darüber, daß im gegenthei=
ligen Falle die Beklagten schuldig sein sollen, diese Beträge zu
zahlen und schließlich darüber, welchen Betrag die Beklagten —
einerlei, ob die Eide geschworen werden oder nicht — jetzt schon
zu entrichten verpflichtet seien. Aufgehoben, zurückverwiesen. Daß
das Landgericht den Tenor nicht so präzis und nicht so vollständig
gefaßt hat, als dies nach Lage der Sache möglich war, hätte das
Berufungsgericht zur Korrektur veranlassen sollen. Daß die Be=
rufung als unzulässig verworfen ist, war nicht gerechtfertigt. III,
51/90 vom 20. Mai.

820b. In der ersten Instanz war die Klage „zur Zeit"
abgewiesen, weil Kläger den Beklagten über die Verwaltung ihrer
Grundstücke noch nicht Rechnung gelegt habe. Auf die Berufung
des Beklagten ist jener Zusatz gestrichen. Revision des Klägers

zurückgewiesen. Es versteht sich von selbst, wird auch in den Gründen des erstinstanzlichen Urtheils bestimmt hervorgehoben und von dem Berufungsgerichte keineswegs verneint, daß der Kläger mit einer anderweiten Klage zu hören ist, wenn er seiner Rechnungslegungsfrist genügt und dabei die Aufwendung eigener Mittel darthut. Einer also begründeten Klage würde die Einrede der Rechtskraft auf Grund der Entscheidung des gegenwärtigen Rechtsstreites nicht begegnen können. Hieraus erhellt, daß der Kläger keinen Grund hatte, über das Berufungsurtheil sich zu beschweren. VI, 70/90 vom 2. Juni.

821. Der Einwand, daß der Käufer, welcher gegen seinen Verkäufer Schadensansprüche geltend gemacht hat, gegen seinen Abkäufer dolos verfahren sei, indem er diesem die Eigenthumsansprüche eines Dritten verschwieg, durfte dem Verfahren über die Höhe des Schadensanspruchs vorbehalten werden, da der Berufungsrichter davon ausging, daß jener Einwand diesen Anspruch nur verringere. V, 248/89 vom 22. Jan. 90.

822. Daß ein Theil der erhobenen Ansprüche der Höhe nach liquid gestellt ist, hindert den Richter nicht, statt über diesen Theil ein Endurtheil zu fällen, bezüglich des ganzen Anspruchs ein Zwischenurtheil über den Grund des Anspruchs zu geben. V, 248/89 vom 22. Jan. 90.

822a. Der Kläger behauptet, er habe mit dem Beklagten für gemeinschaftliche Rechnung fünf Höfe zum Zweck gemeinschaftlicher Parzellirung angekauft. Er hat eine Rechnung über Einnahmen und Ausgaben aufgestellt, welche sich ungetrennt auf die Parzellirung aller fünf Höfe erstreckt, und fordert antheilige Zahlung des Rechnungssaldos, ohne daß sich erkennen läßt, ob sich bezüglich des Schäfer'schen Hofes eine Unterbilanz ergibt. Infolge Beschlusses des Landgerichts ist zunächst über die Frage entschieden, ob der Beklagte auch zum Ankauf dieses Hofes und den Wiederverkauf Auftrag ertheilt habe. Die Entscheidung hierüber Zwischenurtheil nach §. 275 C. P. O., also inappellabel. III, 59/90 vom 30. Mai.

822b. Daß ohne weiteren Nachweis die Existenz eines Schadens angenommen, und danach Zwischenurtheil nach §. 276 C. P. O. gegeben wurde, gerechtfertigt. Denn daß die ungerechtfertigte Herbeiführung des Zwangsverkaufs eines so werthvollen Ritterguts,

wie das hier fragliche, wegen eines verhältnißmäßig unbedeutenden
Schuldrestes und eines Zwangsverkaufs mit dem Erfolg, daß die
gerichtliche Gutstaxe durch den Subhastationserlös bei Weitem
nicht erreicht worden ist, für den Schuldner mit einer Vermögens=
beschädigung verbunden gewesen ist, muß bis zum Beweise, daß
es sich ausnahmsweise anders verhalte, ohne Weiteres vorausge=
setzt werden. III, 69/90 vom 10. Juni.

823. In dem Berufungsurtheil ist auf den Thatbestand des
erstinstanzlichen Urtheils und auf die Protokolle vom 2. Juli 1888
und 5. Juli 1889 verwiesen. Nach diesen wurde beidemale das
erstinstanzliche Urtheil vorgetragen, wie demnach anzunehmen das
ganze. Aus diesem geht hervor, daß die Schadensliquidation des
Klägers N. von der Beklagten beanstandet ist; eventuell hatte
Beklagte die von Sachverständigen vorgenommenen Taxationen als
maßgebend erklärt. Da eine ausdrückliche Zurücknahme der Be=
streitung nicht vorliegt, auch keine Umstände vorlagen, aus welchen
auf ein Zugeständniß zu schließen, so durfte das Berufungsurtheil
nicht die Höhe der Schadensliquidation wegen mangelnder Repro=
duktion jener Bestreitung als zugestanden ansehen. Eventuell wäre
zu fragen gewesen. VI, 267/89 vom 23. Jan. 90.

823a. Der Thatbestand des Berufungsurtheils gibt zwar
an, was aus den Beweisverhandlungen der ersten (und zweiten)
Instanz bei der Verhandlung in der Berufungsinstanz vorgetragen
ist. Dagegen läßt sich aus demselben nicht entnehmen, was von
den in erster Instanz vorgebrachten Parteibehauptungen in zweiter
Instanz zum Vortrag gebracht ist. Die Bemerkung im That=
bestande des angefochtenen Urtheils: Nach stattgehabter Beweis=
aufnahme ist durch das Urtheil des Landgerichts der Kläger abge=
wiesen, läßt nicht mit Sicherheit erkennen, daß der Thatbestand
des ersten Urtheils vorgetragen ist, namentlich läßt sich nicht über=
sehen, ob dasjenige, was der Revisionskläger in dieser Instanz aus
den Verhandlungen der ersten Instanz zur Begründung seiner Be=
schwerden mitgetheilt hat, in zweiter Instanz vorgetragen ist.
Aufgehoben, zurückverwiesen. III, 33/90 vom 6. Mai.

823b. Bei Beurtheilung der Sache muß das in dem That=
bestand des landgerichtlichen Urtheils unter Ziffer 4 erwähnte
damalige Vorbringen des Beklagten außer Betracht bleiben, da,
wenn auch der Thatbestand des oberlandesgerichtlichen Urtheils im

Zwischen-
urtheil.

Thatbestand.

25*

Thatbestand. Allgemeinen auf den Thatbestand des landgerichtlichen Urtheils Bezug nimmt, diese Bezugnahme sofort im oberlandesgerichtlichen Thatbestand eine Erläuterung und Einschränkung erhalten hat, wonach insbesondere die unter Ziffer 4 erwähnte Einwendung im zweiten Rechtszuge nicht aufrecht erhalten wurde, und auch die oberlandesgerichtlichen Entscheidungsgründe ausdrücklich hervorheben, es habe sich der Beklagte auf den bezüglichen Kaufvertrag nicht mehr berufen. II, 90/90 vom 6. Juni.

Urtheils-begründung. 824. Der Beklagte hat behauptet, er habe die Nähmaschinentheile nur unter der Voraussetzung gekauft, daß die Maschinen tadellos seien, sich gut bewährten und bei der Kundschaft Anklang fänden. In dieser Beziehung ist dem Kläger ein richterlicher Eid auferlegt. Die Rüge, daß hierbei eine gewisse thatsächliche Behauptung des Beklagten nicht gewürdigt sei, zurückgewiesen. Denn diese Thatsache hatte der Beklagte nur in Verbindung mit der anderen Behauptung geltend gemacht, daß ein Kauf auf Probe abgeschlossen sei, in dieser Beziehung ist sie vom Berufungsurtheil gewürdigt. Es ist aber kein Verstoß wider C. P. O. §. 259, wenn das erkennende Gericht eine in Beziehung auf einen bestimmten Behelf geltend gemachte Behauptung nicht in sonstigen Seitens der Partei nicht geltend gemachten Richtungen würdigt. I, 253/89 vom 7. Dec.

825. Das Oberlandesgericht stellt fest, daß die Beklagten innerhalb der durch Anerkennung der Allgemeinen Bedingungen der Submission genehmigten Frist ihre Angebote einseitig weder zurücknehmen noch ausdrücklich oder stillschweigend, d. i. durch eine dem Angebote gegebene Auslegung abändern konnten und erklärt deshalb für unerheblich, was die Beklagten innerhalb dieser Frist dem Oberingenieur D. hierwegen erklärten; denn daß ihnen dieser etwa bindende Zusagen in ihrem Sinne gemacht habe, hätten sie selbst nicht zu behaupten vermocht. Hier ist übersehen, daß die behaupteten Erklärungen der Beklagten gegenüber D., dessen Zeugniß nicht gewürdigt ist, eine Schlußfolgerung auf den Vertragswillen der Offerenten bei der Abgabe ihrer Anerbietungen vom 22. und 23. Okt. 1888 und den mit den in denselben gebrauchten Ausdrücken verbundenen Sinn mit mehr oder weniger Sicherheit zulassen konnten. Vermochten auch die Beklagten den gewollten Inhalt ihrer Anerbietungen nicht nachträglich abzuändern

Urtheils-
begründung.

und eine solche Abänderung auch nicht durch die Form einer bloßen
Erläuterung zu erreichen, so wäre doch nicht ausgeschlossen, daß
der Richter aus gedachter Unterredung Beweis dafür entnehmen
konnte, daß die Beklagten in der That bei ihren Anerbietungen
durch die erwähnten Beisätze die Annahme auf das Ganze beschränken und diesen Sinn, um Mißverständnisse zu vermeiden,
nur noch mündlich sicherer feststellen wollten. Aufgehoben, zurückverwiesen. II, 18/90 vom 14. März.

825a. Im Fall 765d war angenommen, Kläger habe den
ihm obliegenden Beweis nicht geführt. Aufgehoben, zurückverwiesen. Folgende Darlegungen des Klägers sind nicht berücksichtigt: Zunächst weist er darauf hin, daß die vom Beklagten aufgestellte Behauptung, der Bau sei gegen einen festen Preis von
2700 Mark übernommen worden, mit dessen eigener Angabe im
Widerspruch stehe, nach welcher derselbe dem Kläger bereits
3000 Mark, also einen Mehrbetrag von 300 Mark bezahlt habe.
Ferner sucht er aus dem Kostenanschlage selbst, welcher nach der
Behauptung des Beklagten dem Vertrage zu Grunde lag, den
Nachweis zu führen, daß ein Verdingungsvertrag in Bausch und
Bogen nicht beabsichtigt worden sein könne, weil in einzelnen Po-
sitionen Arbeiten ohne Angabe des Preises „nach näherer Angabe",
zu speziellem Nachweis und Abrundung, sowie „unvorhergesehene
Arbeiten zum speziellen Nachweis" aufgeführt seien. II, 85/90
vom 30. Mai. Vgl. 799a.

826. Der Beklagte war Inhaber einer auf seinen Namen
geschriebenen Hypothek, an welcher noch andere Baugläubiger betheiligt waren. Er hatte die Verpflichtung, diese davon zu benach-
richtigen, daß das verpfändete Grundstück zur Subhastation stand,
und sie zusammen zu berufen. Das hat er unterlassen, vielmehr
das Grundstück mit einem Dritten zusammen erstanden, wobei die
Hypothek ausfiel, und er hat das Grundstück mit Vortheil verkauft. Auf die Klage eines der Betheiligten ist er verurtheilt,
von der gewonnenen Summe einen von dem Kläger geforderten
Betrag zu einer für die übrigen Betheiligten zu bildenden Masse
zu hinterlegen. Diese Verurtheilung zum Schadensersatz war u. A.
damit begründet: Bei Anwendung des §. 260 C. P. O. müsse billig
Rücksicht auf den Beschädigten und die durch die Schadenszufügung erschwerte Lage desselben genommen und könne von ihm

C. P. O.
§. 260.

kein weiterer Beweis als die Darlegung der naturgemäßen Wahr=
scheinlichkeit verlangt werden. Von diesem Standpunkt rechtfertige
sich die Annahme, daß dasjenige, was Beklagter im Verein mit
dem Dritten möglich gemacht habe, auch die übrigen 14 Gläu=
biger sei es einzeln oder vereint hätten erreichen können, d. h. daß
es ihnen entweder ermöglicht worden wäre, das Grundstück für
den gleichen Preis zu kaufen und zu verkaufen, wie der Beklagte
und der Dritte. Es wurde danach festgestellt, daß wenn der Be=
klagte die übrigen Gläubiger vom Termine in Kenntniß gesetzt
hätte, dieselben für ihre Hypothek eine Deckung in so großer Höhe
hätten erzielen können, als der Vortheil betrage, den der Be=
klagte und der Dritte durch Ankauf und Verkauf des Grundstücks
für sich erzielt hätten. Revision zurückgewiesen. Die Feststellung
bedeute: die übrigen Gläubiger würden denselben Vortheil erlangt
haben, was auch ausreichend begründet sei. IV, 226/89 vom
22. Nov.

827. Vorstehend passen nicht die vom Reichsgericht I, 209/87
vom 9. Nov. (nicht I, 268/87 vom 19. Nov.) — Bd. V, 1141,
E. 20, 2 — R. O. H. G., E. 12, S. 117, 118; Bd. 14, S. 239;
Bd. 15, S. 303 und Bd. 19, S. 103 ausgesprochenen Grund=
sätze; sie setzen die Beseitigung des in den Händen des Gegners
befindlichen, für den Beweispflichtigen gar nicht oder doch nur
schwer zu entbehrenden Beweismittels durch den Gegner voraus,
im vorliegenden Falle handelt es sich um eine auf Verschulden
gestützte Interesseforderung, die so gut, wie das Verschulden selbst,
nach allgemeinen Regeln der Beweislast vom Kläger bewiesen
werden muß. IV, 226/89 vom 22. Nov.

828. Im Fall 802 und aus den dortigen Gründen darf nicht
etwa die im §. 260 C. P. O. dem Richter gegebene Befugniß,
darüber, wie hoch (in Gelde) ein Schaden sich belaufe, nach
freier Ueberzeugung zu entscheiden, auf die weitere Befugniß aus=
gedehnt werden, unter mehreren Entschädigungsmitteln ohne darauf
lautenden Antrag zu wählen. V, 196/89 vom 27. Nov.

829. Nach der Police war der Entschädigungsanspruch für
die versicherten und verbrannten Waaren nach den Preisen zu be=
stimmen, zu welchen diese (hier Lac dye) wieder anzuschaffen seien.
Bei der Schwierigkeit, diesen Anschaffungspreis zu beweisen, schätzte
das Berufungsgericht die Höhe desselben unter Heranziehung von

§. 260 C. P. O. Das war an sich nicht unzulässig; das Urtheil wurde aber Mangels ausreichender Begründung unter Berücksichtigung aller durch die Beweisaufnahme gewonnenen Momente und Mangels Erhebung der noch angebotenen Beweise aufgehoben. I, 317/89 vom 1. Febr. 90. Vgl. 424.

830. Im Fall 156 fordert Kläger Ersatz von Aufwendungen, welche angeblich den Werth des Hauses nicht erhöht haben, also Ersatz von Schaden. Die Würdigung umfaßte selbstverständlich auch den dem Kläger aus seinen Aufwendungen etwa verbleibenden Vortheil, weil soweit kein Schaden vorliegt. Der Berufungsrichter durfte deshalb unter Anwendung von §. 260 die Wertherhöhung, welche das Haus des Klägers durch die Aufwendungen erlangt hat, frei auf 500 Mark schätzen. III, 266/89 vom 31. Jan./11. Febr. 90.

831. Beklagter hat Geräthschaften des Klägers ohne Berechtigung benutzt; darüber, ob Geräthschaften überhaupt gar nicht mehr zurückgegeben wurden, spricht sich der zweite Richter nicht aus. Der Berufungsrichter hält aber den Kläger für beweisfällig, weil er nicht nachgewiesen habe, wie viele Geräthschaften unberechtigter Weise benützt worden seien. Aufgehoben, zurückverwiesen, weil der Richter nicht auf Grund C. P. O. §. 260 den Schaden geschätzt, eventuell sich der in §. 260 angegebenen Behelfe (Begutachtung durch Sachverständige, Schätzungseid) nicht bedient hat. VI, 233/89 vom 10. März 90.

831a. Es waren 20 794 Kubikmeter Steine gebrochen; der Berufungsrichter legt aber nur 20 000 Kubikmeter zu Grunde, „weil er von den überschießenden geringen Einheiten absieht". Dieses völlig unmotivirte Weglassen eines für den Kläger günstigen Faktors ist auch im Hinblick auf die freiere Stellung, welche C. P. O. §. 260 dem Richter einräumt, nicht zu rechtfertigen. Da 10 Pfennig für den Kubikmeter bei der Verurtheilung zu 2000 Mark zu Grunde gelegt, hat der Revisionsrichter die Beklagte zu weiteren 79,40 Mark verurtheilt. III, 352/90 vom 22. April.

831b. Die Schätzung des Antheils, welcher verschiedenen zusammen wirkenden Ursachen (hier den aus verschiedenen Anstalten zufließenden schädlichen Wassern) an dem Gesammtschaden zuzuschreiben ist, liegt innerhalb der durch C. P. O. §. 260 dem Richter gegebenen Befugnisse. V, 9/90 vom 7. Mai.

 832. Auf die gelegentlich des Umlageverfahrens während des Konkurses gegen die Genossenschaft von den jetzigen drei Beklagten gegen die Mitglieder der Genossenschaft, vertreten durch die Liquidatoren, erhobenen Klagen wurde ausgesprochen, daß die von den drei Genannten mit der Versicherungsanstalt abgeschlossenen Versicherungsverträge für die drei Genannten nicht verbindlich geworden und daß sie aus dem im Vertheilungsplan enthaltenen Verzeichniß der Genossenschafter zu streichen seien. Jetzt sind die Beklagten als Genossenschafter von einem Gläubiger der Genossenschaft in Anspruch genommen. Diesem steht jene rechtskräftige Vorentscheidung nicht entgegen. Der Gläubiger ist kein allgemeiner Rechtsnachfolger der damals als Genossenschafter Belangten oder eine Person, welche aus sonstigen, in ihrem Verhältniß zu den Genossenschaftern beruhenden Gründen eine zum Nachtheil der Genossenschafter ergangene Entscheidung gegen sich gelten lassen müßte. Er verfolgt nicht etwa Rechte der damals unterlegenen Genossenschafter (oder, wenn man in Beziehung auf jene früheren Rechtsstreite dies für gleichbedeutend erachten will, der Genossenschaft), vielmehr seinerseits selbständige, in seiner Person erstmals erstandene Rechte gegen die Beklagten. Aus dem Genossenschaftsgesetz ist auch nicht abzuleiten, die Frage, ob ein Einzelner Mitglied der Genossenschaft gewesen sei, könne nur in einem Prozesse zwischen diesem und der Genossenschaft ausgetragen werden. II, 235/89 vom 6./13. Dec. Vgl. 251.

833. Der Bergmann S. hatte Ansprüche auf Invalidenunterstützung gegen den St. Wendeler Knappschaftsverein, dessen Vorsitzender Carl Cetto war. Dieser Verein ist im J. 1882 aufgelöst, sein Vermögen auf den neuen St. Wendeler Knappschaftsverein, dessen Vorsitzender A. Cetto war, übergegangen, mit der Verpflichtung, die zu den Cetto'schen Werken gehörigen Invaliden so lange zu unterstützen, bis das Vermögen des alten Vereins erschöpft sei. Zu den nicht zu den Cetto'schen Werken gehörigen Invaliden gehört S. Er hat, nachdem angeblich das Vermögen des alten Vereins konsumirt war, Klage gegen den St. Wendeler Knappschaftsverein, vertreten durch seinen Vorsitzenden A. Cetto, auf die Invalidenunterstützung erhoben. Dazu wurde der Beklagte rechtskräftig verurtheilt, ohne daß im Prozesse zur Sprache kam, daß es zwei St. Wendeler Knappschaftsvereine gegeben habe,

einen alten und einen neuen. Nachdem bei dem Amtsgericht ein
Prozeß auf Ableistung des Offenbarungseides eingeleitet war, er=
hob in diesem A. Cetto namens des neuen Vereins den Einwand,
die frühere Verurtheilung zur Zahlung sei als gegen den alten
Verein ergangen anzusehen. Damit wurde er abgewiesen und
der neue Verein zu Vorlegung eines Vermögensverzeichnisses und
Ableistung des Offenbarungseides verurtheilt. Nun hat der neue
Verein Feststellungsklage gegen S. erhoben, daß das Urtheil des
Landgerichts in Sachen S. gegen den St. Wendeler Knappschafts=
verein nicht gegen den neuen St. Wendeler Knappschaftsverein er=
gangen sei und den Beklagten für nicht berechtigt zu erklären, jenes
Urtheil gegen den neuen St. Wendeler Knappschaftsverein in Voll=
zug zu setzen. Damit wurde er abgewiesen. A. Cetto könne sich
vernünftiger Weise nur für den Verein, dessen Vorsitzender er
war, eingelassen haben: zumal dem neuen Verein das Vermögen
des alten Vereins übertragen war. Daß dieser Verein nur be=
schränkt hafte, soweit er Vermögen des alten Vereins hatte, habe
er im Vorprozesse nicht geltend gemacht. Revision zurückgewiesen.
II, 246/89 vom 17. Dec. Vgl. Bd. VII, 959.

834. In dem Verfahren vor dem Amtsgericht über Ableistung
des Offenbarungseides — vgl. 833, 889, 890 — war die Un=
zuständigkeit des Amtsgerichts zur Entscheidung der Frage, ob der
beklagte Verein der Verurtheilte sei, nicht geltend gemacht. Das
Urtheil des Amtsgerichts wurde auch soweit rechtskräftig, als das=
selbe den zur Ableistung des Offenbarungseides in Anspruch ge=
nommenen Verein hierzu verurtheilt hatte. — Vgl. B. IV, 124/83
vom 22. Nov., E. 10, 135. — Da aber nur der Anspruch auf
Leistung des Offenbarungseides erhoben war, beschränkte sich die
Rechtskraft auf die Entscheidung dieses Punktes, sie erstreckte sich
nicht darüber hinaus allgemein darauf, daß der neue Verein als
der Schuldner anzusehen sei, was auch in der Urtheilsformel nicht
ausgesprochen war. II, 246/89 vom 17. Dec.

835. Das Landgericht wies den Kläger mit 1868,80 Mark
ab und verurtheilte den Beklagten zu 1547,20 Mark, falls Kläger
den Eid leiste, es sei nicht wahr, daß Beklagter erklärt habe, er
mache die Reise nur, wenn u. s. w. Der Kläger legte Berufung
ein, weil Beklagter nicht für den Schwörungsfall zur Zahlung
auch von 1868,80 Mark verurtheilt sei. Das Berufungsgericht

verurtheilte den Beklagten zu 3416 Mark, falls Kläger den Eid
leiste, es sei nicht wahr, daß der Beklagte bei Abschluß des Vertrages über die von Sp. und dem Kläger im Winter 1883/84 zu
unternehmende Orientreise erklärt habe, er mache die Reise nur,
wenn u. s. w. Das Berufungsurtheil verstößt bezüglich der Summe
von 1547,20 Mark gegen die Rechtskraft. Denn gegen diesen
Theil der Entscheidung war Berufung nicht eingelegt. Soweit
konnte also auch nicht geändert werden. Aufgehoben, erstinstanzliche Eidesnorm für die Verurtheilung zur ganzen Summe hergestellt. Vgl. 786. IV, 312/89 vom 6. Febr. 90.

836. Im Fall 717 sprach das Revisionsurtheil in seinen
Gründen aus, dem Kläger sei durch dies Urtheil nur das Recht
entzogen, das eine Drittel der Sparkassengelder im Betrage von
4666²/₃ Mark für sich zu erheben, wogegen der Kläger trotz der
erfolgten Klagabweisung nicht gehindert sei, seine Ansprüche auf
die beiden anderen Drittel gegen die Ehefrau und die Schwägerin
des Beklagten zu verfolgen. III, 263/89 vom 14. Jan./11. Febr. 90.

837. Der Kläger aus Posen hatte von dem Beklagten in
Budapest im Okt. 1883 gekauft 160 Doppelcentner Rothkleesamen
nach Probe, lieferbar frachtfrei Budapest an Ordre des Klägers.
Weil ihm derselbe nicht geliefert wurde, verklagte er ihn auf die
Preisdifferenz, berechnet nach dem Marktpreise von Breslau, wohin er die Waare beordert haben würde. Er machte jedoch den
höher berechneten Schaden nur zum Theilbetrage von 900 Mark
geltend, mit der Erklärung, daß der Marktpreis von Budapest
zur Zeit des Verzugs ebenso hoch gewesen wäre als der von
Breslau. Der Richter nahm an, der Marktpreis von Budapest
sei maßgebend gewesen, erhob über diesen Beweis, und verurtheilte
den Beklagten zu 900 Mark. Dieselben sind gezahlt. Nun hat
Käufer von Neuem auf 3004 Mark geklagt, indem er die Ge-
sammtdifferenz nach dem Marktpreise von Breslau auf 3904 be-
rechnete und sich die gezahlten 900 Mark anrechnete. Die Rechtskraft der früheren Entscheidung steht ihm nicht entgegen. Denn
über den jetzt geklagten Theilanspruch von 3004 Mark ist im
Vorprozeß nicht geurtheilt. Wäre im Vorprozeß nur der Marktpreis von Breslau behauptet (nicht auch der von Budapest), und
der Richter hätte damals die so substantiirte Klage abgewiesen, so
stünde die Abweisung der 900 Mark nicht der neuen Klage auf

3004 Mark entgegen. — C. P. O. §. 293. — I, 302/89 vom Rechtskraft. 12. März 90. Vgl. 408.

838. Die jetzigen Nichtigkeitskläger haben, wie sie zugestehen, im Auftrage und für Rechnung von O., früher einem Theilhaber der inzwischen aufgelösten o. H. G. O. & Sohn, die Klage gegen den Patentanspruch I des Patents 413 auf eine Kombination von Kinderstuhl und Kinderwagen erhoben. Mit ganz derselben Klage waren früher O. & Sohn rechtskräftig abgewiesen. Die durch die Rechtskraft dieses Urtheils begründete Verpflichtung, den Patentanspruch gelten zu lassen, liegt auch dem damaligen Theilhaber der o. H. G. für seine Person ob. Ihm steht die Einrede der Rechtskraft entgegen, und die in seinem Auftrage, wenn auch im eigenen Namen klagenden C. & D. müssen sie gegen sich gelten lassen. Wenn sie als Berufungskläger behaupten, daß sie die Berufung im eigenen Interesse verfolgen, so waren sie damit nicht zu hören, da sie, nachdem die erstinstanzliche Entscheidung in Wahrheit gegen O. als eigentliche Partei ergangen ist, dieselbe nicht in anderer Funktion, als in welcher sie erstinstanzlich aufgetreten sind, anfechten können. I, 306/89 vom 15. März 90.

838a. Im früheren Prozesse hatte die Kirchengemeinde zu Gollnitz, vertreten durch den Kirchenvorstand, gegen die gleichfalls durch ihre Kirchenvorstände vertretenen Kirchengemeinden zu Rofillen u. s. w. geklagt. Sie war rechtskräftig abgewiesen, weil nicht die Kirchengemeinde, sondern die Eingepfarrten zur Erhebung der Klage legitimirt seien. Nun haben diese gegen die Eingepfarrten geklagt. Es sind aber zugleich auf Seiten der Kläger und auf Seiten der Beklagten die resp. Kirchenvorstände beigetreten. Diese werden jetzt als die allein aktiv und passiv legitimirten angesehen. Nun steht der klagenden Kirchengemeinde die Einrede der Rechtskraft nicht entgegen. Denn dem in dem Urtheile des Vorprozesses angenommenen Legitimationsmangel ist wirksam dadurch abgeholfen, daß an dem gegenwärtigen Rechtsstreite neben den Kirchengemeinden auch die sämmtlichen Eingepfarrten, welche das Urtheil des Vorprozesses als aktive und passive Träger des streitigen Anspruchs ansah, theilgenommen haben. Durch diese Mitwirkung ist der Berufungsrichter in die Lage gekommen, ohne Verstoß gegen die Wirkungen der Rechtskraft eine von der früheren abweichende Entscheidung zu treffen, und es gereicht den Beklagten nicht zur Beschwerde, daß er die am Prozesse betheiligten Kirchengemeinden auch ohne die Konkurrenz der Eingepfarrten für legitimirt erachtet haben würde. Entscheidend ist, daß gegenwärtig auf beiden Seiten in übereinstimmender Weise diejenigen Personen an der Prozeßführung sich betheiligt haben, welche als Subjekte des streitigen Rechtsverhältnisses in Betracht kommen können. IV, 329/89 vom 27. März 90.

838b. Im Fall 792b, vgl. III, 344/85 vom 23. März/ 20. April 86 (Bd. III, 1391 und E. 15, 48). Daß der Berufungsrichter den Eid, welchen das Landgericht allen drei Klägern auferlegt hatte, geändert und nur zwei Mitklägern auferlegt hat, obwohl Kläger weder Berufung eingelegt noch Anschließung erklärt hatten, verstößt nicht gegen die relative Rechtskraft. Solche Aenderung ist statthaft, wenn sie dem Berufungskläger vortheilhafter ist. Das nimmt hier der Berufungsrichter mit Recht an, weil statt daß drei Kläger einen Ueberzeugungseid schwören, nun zwei Kläger einen Wahrheitseid schwören sollen. IV, 357/89 vom 6./31. März 90.

838c. Nach den Entscheidungsgründen des unter der Herrschaft der Hannöverschen Untergerichtsordnung von 1827 ergangenen rechtskräftigen Urtheils von 1850 ist als unbestritten angenommen, daß die damals beklagten Eigenthümer der abligen Güter zu Ritterhude als Patrone der Kirche und Schule zu R. verpflichtet seien, die erforderlichen Schulräume herzustellen, und sie wurden demgemäß verurtheilt, die damals erforderlich erachteten Schulräume herzustellen. Mit jenem Element der Entscheidung ist gemäß des gemeinen Rechts in einer die Rechtsnachfolger der damaligen Eigenthümer der belasteten Grundstücke derselben Klägerin gegenüber bindenden Weise ausgesprochen, daß das Realpatronat überhaupt verpflichtet ist, die jeweils erforderlichen Schulräume herzustellen. III, 66/90 vom 9. Mai.

838d. Im Vorprozeß hatte der jetzige Beklagte C. auf Zahlung des Restkaufgeldes von 61 000 Thaler oder auf Gewährung dieses Betrags in vollgezahlten Interimsaktien der damals beklagten, jetzt klagenden Aktiengesellschaft geklagt. Er wurde damit im J. 1876 abgewiesen, weil er die 61 000 Thaler in Aktien, obwohl er gewußt, daß sie statuten und gesetzwidrig kreirt gewesen, in Zahlung auf das Kaufgeld angenommen habe. Jetzt

hat er auf Schadensersatz, weil er eine Hypothek auf dem ver=
kauften Grundstück nicht heruntergeschafft, belangt — 852b — die
Einrede des nicht erfüllten Vertrags vorgeschützt, weil er von der
Aktiengesellschaft keine vollgezahlten Interimsscheine erhalten habe.
Damit wurde er nicht gehört. Denn mit jener Vorentscheidung
ist ausgesprochen, daß die Aktiengesellschaft ihrer Verpflichtung zur
Gewährung der 61 000 Thaler in baar oder Aktien bezw. In=
terimsscheinen genügt hat, und bedurfte es nicht noch einer beson=
deren Erörterung von Seiten des Berufungsrichters, ob C. die
seinerseits gegen die Aktiengesellschaft übernommene Verpflichtung
zur hypothekenfreien Uebergabe der Grundstücke nur mit Rücksicht
auf die vertragsgemäße Gegenleistung vollgezahlter Aktien einge=
gangen war. Diese Thatsache enthält lediglich ein Moment der
Vertragsauslegung; eine neue, von dem im Vorprozeß geltend ge=
machten Fundament abweichende Begründung des Anspruchs ist
darin nicht zu finden. V, 124/89 vom 2. April 90.

838e. Der Beklagte hatte den Klägern 300 Stammaktien
und 400 Prioritätsobligationen einer Aktiengesellschaft unter der
Garantie verkauft, daß aus der Zeit vor 1. April 1884 weitere
den Werth der Aktien beeinflussende oder den Status der Bilanz
verschlechternde Schulden der Gesellschaft als die aus den Bilanzen
zu ersehenden nicht vorhanden seien. Für weiter bestehende Ver=
bindlichkeiten wollte der beklagte Gründer aufkommen. In den
Bilanzen waren 7500 Mark Kaufstempel für Veräußerung an die
Aktiengesellschaft nicht aufgenommen. Der Beklagte ist verurtheilt,
7500 Mark an die Aktiengesellschaft einzuzahlen, Revision zurück=
gewiesen. Durch das Urtheil IV, 479/85 vom 24. Mai 86
(Bd. III, 1120) wurde die Klage auf Erstattung der 7500 Mark
zur Kasse der Aktiengesellschaft nur abgewiesen, weil damals actio
nata nicht vorlag. Nachdem inzwischen in einem Vorprozeß zwi=
schen der Aktiengesellschaft und der Provinzialsteuerdirektion gegen
jene rechtskräftig ausgesprochen ist, daß die Zurückforderung des
Stempels, weil dieser zu Recht erhoben, nicht begründet ist, steht
den Klägern die Einrede der Rechtskraft aus jener Entscheidung
des Reichsgerichts nicht entgegen. V, 356/89 vom 26. April 90.

838f. Daß nur in einem Prozeß zwischen den jetzigen Par=
teien über die „wirkliche" Berechtigung der Stempelforderung
entschieden werden könne, rechtsirrthümlich, weil der betreffenden

Abmachung der Parteien ein solcher Sinn nicht entnommen werden kann. Darnach sollte der Beklagte für die nicht aus den Bilanzen ersichtlichen Schulden der Aktiengesellschaft aufkommen. Dies muß allerdings dahin verstanden werden, daß wirkliche Schulden der Aktiengesellschaft vorliegen müssen, wenn der Beklagte aus dem Garantieversprechen in Anspruch genommen werden soll; aber daß die hier in Frage stehende Schuld eine solche wirkliche Schuld der Aktiengesellschaft ist, kann nicht bündiger bewiesen werden als dadurch, daß die Aktiengesellschaft, weil ihre Klage gegen die Provinzial-Steuerdirektion auf Rückzahlung des vermeintlich nicht geschuldeten bezüglichen Stempelbetrages rechtskräftig deshalb abgewiesen worden ist, weil dieser Stempel zu Recht gefordert und bezahlt sei. Dieses Urtheil schuf nicht erst die Schuld, sondern erklärte sie als bereits vorhanden und zwar in unumstößlicher Weise, indem der Aktiengesellschaft fortan kein Mittel mehr zu Gebote steht, den Ungrund der Stempelforderung mit Erfolg geltend zu machen. Ueberdies kann der Beklagte nicht geltend machen, daß die Frage zwischen der Aktiengesellschaft und dem Fiskus zu Unrecht gegen die Aktiengesellschaft entschieden sei, da die Aktiengesellschaft nach Erlaß des Urtheils des Landgerichts rechtzeitig dem Beklagten erfolglos den Streit verkündet hatte und demnach der Beklagte es sich selber zuzuschreiben hat, daß das Urtheil rechtskräftig geworden ist. V, 356/89 vom 26. April 90.

838 g. Im Vorprozeß war die Mutter und Erblasserin des jetzigen Klägers mit einem Regreßanspruch gegen ihren Cedenten abgewiesen. Diese Abweisung stand der jetzigen Klage nicht entgegen. Beide Ansprüche waren auf einen Betrug des Cedenten über die Bonität der Hypothek, welche dieser zur Befriedigung eines Anspruchs des Vaters auf Kaufgelder auf dessen Anweisung der Mutter cedirt hatte, gerichtet. Wie für die Entscheidung der Hauptsache, so ist es deshalb auch für die Entscheidung auf den Einwand der res judicata nicht von alleiniger Bedeutung, ob, was der Berufungsrichter in Betracht zieht, die behaupteten betrügerischen Handlungen oder Unterlassungen des L. nur gegen den Vater des Klägers direkt gerichtet waren, und die Mutter des Klägers nur durch Vermittelung ihres Mannes in einen, ursprünglich durch L. absichtlich veranlaßten Irrthum gerathen ist

(vgl. auch A. L. R. I, 4, §. 86), oder ob die betrügerische Thätig- Rechtskraft. keit sich, sei es in einem und demselben, sei es in zeitlich ge- trennten Vorgängen, von vornherein und unmittelbar gegen beide Ehegatten M. gerichtet haben mag. Entscheidend ist aber, daß der jetzige Anspruch aus der Person der Mutter erhoben ist, weil diese zufolge der Abnahme der werthlosen Hypothek ihr Ein- gebrachtes, zu dessen Deckung der Ehemann M. ihr die Hypothek cediren ließ, verloren habe. Davon war im Vorprozeß keine Rede. Die Mutter klagte damals auf Grund einer Cession der Erben ihres Ehemanns, weil dieser durch den Betrug seine Haus- kaufgelder verloren habe. Es wird also jetzt ein anderer Ent- schädigungsanspruch aus derselben betrügerischen Handlung abge- leitet. V, 49/90 vom 14. Juni.

839. Gemäß C. P. O. §. 304, Abs. 2 war mit Rücksicht Versäumniß-
verfahren. darauf, daß der Beklagte früher im Ausland wohnte, die Zustel- lung also im Ausland zu geschehen habe, in dem Versäumniß- urtheil die Einspruchsfrist auf vier Monate bestimmt. Die Zu- stellung des Urtheils hat im Ausland nicht geschehen können, weil der Beklagte inzwischen nach Deutschland zurückgekehrt war. Wenn auch das Versäumnißurtheil dem Berufungskläger in Deutschland zugestellt ist, so wurde dadurch die Anwendung der einmal für den Einspruch festgestellten viermonatlichen Frist nicht ausgeschlossen. I, 296/89 vom 16. Okt./6. Nov.

840. Gegen den ausgebliebenen Nebenintervenienten kein Versäumnißurtheil, da derselbe durch die erschienene Hauptpartei mit vertreten wird. VI, 274/89 vom 25. Jan. 90.

841. Im Fall 657 hatte der erstinstanzliche Richter noth- wendige Streitgenossenschaft angenommen, und deshalb gegen den ausgebliebenen M. ein Versäumnißurtheil nicht ertheilt, vielmehr beide kontradiktorisch verurtheilt. Hierüber kann sich der andere Mitbeklagte R., dessen Berufung zurückgewiesen war, nicht be- schweren. Seine Revisionsrüge, das erstinstanzliche Urtheil be- ruhe auf falscher prozessualer Grundlage, ohne Bedeutung. V, 256/89 vom 29. Jan. 90.

842. Im Fall 678. Wie der Revisionskläger in dem Fall, wenn er das Rechtsmittel zurückgenommen hat, und demnächst in dem Verhandlungstermin nicht erscheint, durch Versäumniß- urtheil der Revision verlustig zu erklären ist, — E. 6, S. 364 ff. —

Versäumniß-
verfahren.

so ist auch, wenn der Kläger nicht erschienen ist, welchem aufgegeben war, die Sicherheit zu leisten, auf Antrag des Beklagten
die Klage für zurückgenommen durch Versäumnißurtheil zu erklären. — C. P. O. §§. 105, 243. — Zumal das Gericht in
Anschung der Frage, ob die Sicherheit geleistet ist, lediglich auf
die Behauptung des Beklagten und die von demselben vorzulegenden Schriftstücke angewiesen ist. Der Einspruch war also
zulässig. II, 253/89 vom 6. Dec.

842 a. Ein Ausländer, welcher den durch Gerichtskostengesetz §. 85 vorgeschriebenen Vorschuß für die Gerichtskosten nicht
eingezahlt hat, ist zur Verhandlung nicht zuzulassen, und auf
Antrag des Gegners ist dann das Rechtsmittel zurückzuweisen.
So ist auch zu verfahren, wenn der Ausländer Einspruch gegen
ein Versäumnißurtheil eingelegt hatte, und der Gerichtskostenvorschuß bis zur Verhandlung über den Einspruch nicht geleistet war.
Unerheblich, daß der Ausländer nun des Rechtsmittels definitiv
verlustig geht. B. II, 137/83 vom 21. Dec. I, 80/86 vom
12. Febr. I, 78/90 vom 24. Mai/14. Juni.

Vorbereitendes
Verfahren.

843. Es bedurfte nicht der ausdrücklichen Anordnung eines
vorbereitenden Verfahrens im Sinne der §§. 313 ff. C. P. O.,
wenngleich der Beschluß auf Anberaumung eines Termins vor
dem beauftragten Richter zum Zweck der Information über die
nach Vorlegung der vom Kläger producirten Rechnungen streitig
bleibenden Kostensätze eine solche Anordnung einschließen mag.
Jedenfalls hat das Berufungsgericht durch diese Anordnung seine
Befugnisse nicht überschritten; ebensowenig dadurch, daß mit derselben der Beschluß über den zu erhebenden Zeugenbeweis — soweit die Thatsache sich als streitig ergeben würde — verknüpft
wurde. Es könnte das übrigens dahingestellt bleiben, weil der
Beklagte die Höhe der Rechnungen, auf die sich die Zeugenaussagen bezogen, nachträglich anerkannt hat. V, 165/89 vom 18. Dec.

844. Die Angabe im Thatbestand des landgerichtlichen Urtheils, „die einzelnen Streitpunkte seien folgende", hat im vorliegenden Fall nicht etwa nur eine ganz allgemeine Bedeutung dahin, daß der Richter zu größerer Uebersichtlichkeit bezeichnet, was
bei der Urtheilsfällung in Betracht zu ziehen sei, sondern gewinnt
eine specielle technische Bedeutung durch den, zwar in dem Thatbestand nicht besonders hervorgehobenen, aber da es sich hier um

die processuale Bedeutung einer Parteierklärung handelt, gleichwohl zu berücksichtigenden Umstand, daß, nachdem von den streitenden Parteien verschiedene, eingehende Aufstellungen über
das Maß der Ansprüche erfolgt und vorgelegt waren, auf den von
den beiderseitigen Vertretern selbst in der mündlichen Verhandlung
des Landgerichts gestellten Antrag von dem Gericht ein vorbereitendes Verfahren im Sinne des §. 312 C. P. O. angeordnet
wurde und dieses sodann auch stattfand. Die Bemerkung im landgerichtlichen Thatbestand, „die einzelnen Streitpunkte seien folgende", hat hiernach die Bedeutung einer Wiederholung der in
jenem Verfahren erfolgten Fixirung der Streitpunkte, soweit sie
überhaupt noch in der schließlichen mündlichen Verhandlung
aufrecht erhalten wurden. Mit dieser Fixirung will andererseits
auch festgestellt werden, daß, abgesehen von jenen Streitpunkten,
die Partei den gegentheiligen Anspruch mit den ihn begründenden
Thatsachen zugebe. Darnach ist aber im Hinblick auf §. 494
C. P. O. kein Raum mehr dafür vorhanden, daß der Beklagte
im zweiten Rechtszuge abgesehen von jenen speziellen Streitpunkten
die klägerische Forderung in ihrer Höhe einfach bestreitet. II,
309/89 vom 7. Febr. 90.

845. Im Fall 156 u. 830 hatte Beklagte gegen das Berufungsurtheil nicht remedirt. Es war ihr aber, auch ohne Anschließung nicht zu bestreiten, daß sie die actio doli bemängelte, nachdem Revisionskläger aus derselben einen weitergehenden Anspruch
auf Absetzung der nach dem Berufungsurtheil anzurechnenden
500 Mark Wertherhöhung verfolgte. Denn wäre der Anspruch
aus dem Umbau überhaupt nicht begründet, so dürfte keinenfalls
zum Vortheil des Klägers reformirt werden. III, 266/89 vom
31. Jan./11. Febr. 90.

846. Die Klage forderte als den Pflichttheil 219 119,81 Mark
nebst Zinsen zu 5 Proc. seit dem Todestage des Vaters. Landgericht verurtheilte zu 181 981,41 Mark nebst Zinsen seit Klagerhebung und wies die Mehrforderung ab. Die Berufung der
Beklagten durch Theilurtheil in Höhe von 172 164,09 Mark nebst
Zinsen seit Klagerhebung abgewiesen, wegen 10 594,50 Mark Entscheidung vorbehalten. Revision zurückgewiesen. Nach deren Erledigung beantragten die Beklagten Abweisung des Klaganspruchs,
soweit er über 172 164,09 Mark nebst Zinsen seit der Klagerhe

Rechtsmittel. bung hinausging.   Nun schloß sich Klägerin der Berufung an mit
dem Antrage, ihr noch weitere 5 Proc. Zinsen von 181 931,41 Mark
seit 23. April 1884 bis 9. Mai 1888 abzüglich der noch strei=
tigen 10 594,50 Mark zuzusprechen.   Da die Berufung erst be=
züglich 172 164,09 Mark und der Zinsen seit Erhebung
der Klage abgewiesen war, so war die an eine Frist nicht ge=
bundene Anschlußberufung wegen der früheren Zinsen zulässig, sie
war auch gegen dasselbe Endurtheil gerichtet wie die Berufung.
IV, 288/89 vom 20./28. Jan. 90.

846 a. Das Berufungsurtheil hat die prinzipale Ehenichtig=
keitsklage des Ehemanns abgewiesen, auf die eventuelle Klage
wegen unüberwindlicher Abneigung die Ehe geschieden, und den
Ehemann für den allein schuldigen Theil erklärt. Das Urtheil
ist nur von dem Ehemann angefochten; auf seine Revision ist die
Abweisung der prinzipalen Klage aufgehoben, zurückverwiesen.
Der Kläger hat die Entscheidung wegen der Schuldfrage ange=
griffen und seine Forderung, daß die Beklagte für den allein
schuldigen Theil erklärt werde, wiederholt. Ist dieser Angriff
auch nur ein eventueller, während der prinzipale für begründet
erachtete die erneuerte Prüfung der Klage auf Ungültigkeitserklä=
rung fordert, so läßt sich doch die Entscheidung über diesen even=
tuellen Revisionsantrag nicht umgehen, weil die Aufrechterhaltung
der Abweisung jener Klage auf Ungültigkeitserklärung nicht aus=
geschlossen und dann die Schuldfrage erheblich ist. Die Revision
wurde in dieser Beziehung für unbegründet erachtet. IV, 386/89
vom 10. April 90.

Berufung. 847.   Im Fall 783 bleibt zu entscheiden, ob nicht der Be=
klagte verlangen durfte, daß die von ihm eventuell vorgeschützte
Kompensationseinrede nur so weit zum Zwecke der Klagabweisung
in Betracht gezogen werde, wie der Klaganspruch im Uebrigen als
begründet anzuerkennen sein würde. Wäre dabei auch das Land=
gericht einem Rechtsirrthum verfallen gewesen, so würde derselbe
doch für keinen error in procedendo, sondern nur für einen
error in judicando zu halten sein, wegen dessen eine Urtheils=
aufhebung nach §. 501 C. P. O. nicht erfolgen durfte. VI,
203/89 vom 25. Nov.

848. Im Fall 678 hatte sich das Berufungsurtheil als
Zwischenurtheil bezeichnet; es lag aber, da auf Grund C. P. O.

501 in die erste Instanz zurückverwiesen war, ein revisibeles Endurtheil vor — wie IV, 146/86 vom 13. Dec. (Bd. IV, 1434,
E. 17, S. 358) —. II, 253/89 vom 6. Dec.

849. Gegen Wach mit Seuffert und Kreis: die Zurückweisung eines neuen Aufrechnungspostens auf Grund C. P. O. §. 491,
Abs. 2 hat auch dann zu erfolgen, wenn der Gegner die Unzulässigkeit der Geltendmachung des Anspruchs nicht gerügt hat. IV,
282/89 vom 28. Jan. 90.

850. Was die Gegenforderung betrifft, welche der Beklagte
aufrechnend und widerklagend aus einem Pachtvertrag erhebt, so
enthält das Berufungsurtheil den Ausspruch, daß dieselbe in
zweiter Instanz nicht verfolgt werden könne. Die erste Instanz
hat, nachdem sie über die Klagforderungen aus einem Darlehn
und dem Versprechen eines Heirathsguts am 8. Juni 1888 theils
bedingt, theils unbedingt entschieden hatte, am 2. Juli 1888 über
die in Rede stehende Gegenforderung durch Zwischenurtheil erkannt. Dies war unrichtig. Es hätte Endurtheil ergehen sollen,
was zwar nicht unbedingt, wohl aber bedingt geschehen konnte.
Das Urtheil vom 2. Juli 1888 ist nun aber nach Form und
Inhalt ein Zwischenurtheil, welches der Rechtskraft nicht fähig ist,
und von den Klägern mit der Berufung nicht angefochten werden
kann. Ist aber hiervon auszugehen, so muß jener Ausspruch des
Berufungsrichters für gerechtfertigt erkannt werden. C. P. O.
§. 473, dessen Voraussetzung nicht zutrifft, nicht verletzt. VI,
319/89 vom 6. März 90.

851. Bereits in erster Instanz hatte der Kläger bestritten,
daß zwischen der Klage und Widerklage ein rechtlicher Zusammenhang bestehe, und beantragt, Letztere als unzulässig eventuell ohne
diesen Zusatz abzuweisen. Nachdem nun das die Widerklage als
unbegründet abweisende erste Urtheil vom Beklagten durch Berufung angefochten war, hatte das Berufungsgericht den Rechtsstreit
insoweit von Neuem allen Inhalts zu prüfen, also auch in Betreff
der vom Kläger gegen die Zulässigkeit der Widerklage erhobenen
Einwendungen. III, 304/89 vom 18. Febr. 90.

852. Das Landgericht hat dem Kläger diese Eide auferlegt:
1) daß ich mit meiner Schwester im Anfange des Jahres 1865
über meine Auslagen und über den für dieselbe eingezogenen
Güterkaufpreis von 4800 Thaler, sowie das für deren Sohn W.

an mich ausbezahlte Legat von 2000 Thaler abgerechnet habe und derselben nur 3000 Thaler schuldig blieb, daß die Eintragungen in dem von mir eigenhändig geführten Hausbuche, soweit sie meine Schwester und deren Kinder betreffen, richtig sind, und meine Ausgaben für W. 1691 Thaler 20 Silbergroschen, für A. 6833 Thaler 18 Silbergroschen 1 Pfennig betragen; 2) daß es nicht wahr ist, daß ich die Steigpreise aus der Weinversteigerung vom 25. April 1854 eingezogen und nicht an meine Schwester abgeliefert habe. Für den Fall der Leistung beider Eide wurde Beklagte zur Zahlung von 5832,82 Mark mit Zinsen verurtheilt, die Mehrforderung bis auf einen Betrag von 525 Mark abgewiesen, und bezüglich dieses Betrages die Entscheidung vorbehalten, für den Fall der Leistung des ersten und Weigerung des zweiten Eides sollte Beklagte zur Zahlung von 3983,48 Mark nebst Zinsen verurtheilt, die Mehrforderung abzüglich des vorbehaltenen Betrags von 525 Mark abgewiesen werden. Auf die Berufung des Beklagten ist dem Kläger nur der Eid auferlegt: Ich schwöre, daß die auf die Beklagte, deren Mutter sowie die auf W. bezüglichen Eintragungen in dem von mir eigenhändig geführten Hausbuche richtig und der Wahrheit entsprechend sind. Für den Schwörungsfall soll Beklagte zur Zahlung von 3016,98 Mark nebst Zinsen verurtheilt, die Entscheidung über 525 Mark vorbehalten und die Nachforderung abgewiesen werden. Keine reformatio in pejus: den Anträgen der Beklagten gemäß belastet der Berufungsrichter den Kläger mit dem Erlöse der Weinversteigerung und hält die Abrechnung nicht für wahrscheinlich gemacht, hebt daher zu Gunsten der Beklagten die Eidesauflage auf. Diese Entscheidung macht ein Zurückgehen der Rechnungsaufstellung auf das Jahr 1855 erforderlich, in welcher nach übereinstimmender Erklärung beider Parteien abgerechnet worden war. Der in deren Berufungsurtheil auferlegte Eid deckt sich zwar dem Wortlaute nach mit einem Theil der Eidesauflage erster Instanz, er geht aber weiter, weil er nicht nur die Rechnungsperiode seit dem Jahre 1865, sondern auch die vorausgegangenen zehn Jahre umfaßt. Das Berufungsurtheil verbessert aber die Lage der Beklagten durch die an die Eidesleistung geknüpften Folgen. Der erste Richter hatte für den Fall der Leistung beider Eide die Beklagte zur Zahlung von 5832,82 Mark, für den Fall der Leistung des ersten und Weigerung des zweiten

Eides zur Zahlung von 3994,48 Mark verurtheilt, dagegen knüpft Berufung. das Berufungsurtheil an die Leistung des Eides nur eine Verurtheilung zur Zahlung von 3016,98 Mark, ein Theil der vom ersten Richter zugesprochenen Klageforderung wird also endgültig abgewiesen. Für die Beurtheilung der Frage, ob eine reformatio in pejus vorliege, ist aber der Gesammtinhalt der Urtheilsverfügungen maßgebend, und hiernach hat die Beklagte mit der Berufung einen wesentlichen Vortheil erreicht. II, 26/90 vom 18./25. März.

852 a. Im Fall Bd. VII, 1202 hatte das Oberlandeskulturgericht seiner damaligen Entscheidung die Ansicht zu Grunde gelegt, daß auch eine Fischereiberechtigung als eine selbständige Gerechtigkeit, der darauf haftende Zins als ablösbare Reallast angesehen werden könne. Die Provokation war abgewiesen, weil der Fischereizins ein für die Eigenthumsbeschränkung an den Fischereigewässern übernommenes Aequivalent sei, solches aber nur zugleich mit der ablösbaren Fischereiberechtigung selbst abgelöst werden könne. Nach der Zurückverweisung hat das Berufungsgericht ausgesprochen, daß Fischereiberechtigungen in Privatgewässern eines Anderen, insbesondere wenn sie im Grundbuch nicht eingetragen sind, selbständige Gerechtigkeiten im Sinne des §. 6 Gesetzes vom 2. März 1850, also auch Trägerinnen von ablösbaren Reallasten nicht sein, und der Rentenbank als sichernde Unterlage für die von ihr zu gewährende Abfindung nicht überwiesen werden könnten. Diese Aenderung der eigenen Rechtsansicht war, nachdem das frühere Berufungsurtheil ganz aufgehoben, prozessualisch nicht zu beanstanden. C. P. O. §. 289 ist auf aufgehobene Urtheile nicht zu beziehen. V, 314/89 vom 19. März 90. Vgl. 857 a.

852 b. Im Fall Bd. I, 487 hat der Berufungsrichter nach Zurückverweisung Klägerin mit dem Anspruch auf Zahlung des Ausfalls der folgenden Hypothek an den Gläubiger abgewiesen, weil angenommen, daß dieser Hypothek eine wirkliche Forderung nicht zu Grunde lag, nun aber Beklagten auf Grund eines erst jetzt gestellten Antrags zur Zahlung an die Klägerin verurtheilt, weil, wenn jene folgende Hypothek nicht bestand, und die vorhergehende Hypothek heruntergeschafft war, der Klägerin als Eigenthümerin der Kaufgelderrest zugefallen sein würde. Der Berufungs

richter hat darin eine unzulässige Klagänderung nicht gefunden.
Durch §. 528 C. P. O. war aber der Berufungsrichter nicht be=
hindert, auf das neue Vorbringen einzugehen, wenn nun auch
Revisionskläger bei der neuen Entscheidung noch ungünstiger ge=
stellt wurde als durch die aufgehobene. V, 124/89 vom 2. April 90.

852c. Im Fall 657a ist auf Revision des Klägers auf=
gehoben und zurückverwiesen; weil bei der Herabsetzung der Ver=
urtheilung der Schwester die Behauptung des Beklagten nicht er=
wogen ist, daß der Kläger gänzlich erwerbsunfähig sei, während
der erste Richter angenommen habe, der Kläger könne noch jährlich
150 Mark durch Abschreiben verdienen; und daß von dem Sohn
R. durch Zwangsvollstreckung Nichts zu erlangen sei. In beiden
Beziehungen bedurfte es keiner Anschlußberufung; vielmehr war
für die Frage, ob es bei der Verurtheilung der Schwester
zu 300 Mark zu belassen sei, der Rechtsstreit in den durch die
Anträge bestimmten Grenzen von Neuem zu verhandeln. (§. 487.)
IV, 387/89 vom 14. April 90.

852d. Der Verpächter hat erst in der Berufung geltend ge=
macht, daß Pächter die Gräben nicht geräumt, in Folge dessen
ihm ein Schaden von höherem Betrage als die von diesem zurück=
geforderte Pachtkaution erwachsen sei. Das war zulässig, da keine
Kompensationseinrede — §. 491 — vorlag. V, 6/90 vom 30. April.

853. Im Fall 374. Das Berufungsurtheil wurde wegen
mangelhafter Begründung aufgehoben. „Einer Zurückverweisung
der Sache in die Vorinstanz bedurfte es jedoch nicht, da der
Inhalt der vorgelegten und anerkannten Verhandlungen vom 1. und
2. Dec. unmittelbar, ohne daß eine durch Auslegung zu gewin=
nende thatsächliche Feststellung dieses Inhalts erforderlich erscheint,
zur Wiederherstellung des erstinstanzlichen Urtheils führt.“ Im
§. 2 des Erbvergleichs, dessen Zusammengehörigkeit mit dem Ver=
trage vom 1. Dec. als unbestritten festgestellt ist, bestimmt, daß
die Auflassung sofort nach der obervormundschaftlichen Genehmi=
gung erfolgen sollte; es ist nicht erörtert, was das bedeute gegen=
über der Beredung vom 1. Dec.: Auflassung binnen 14 Tagen.
Sodann übersehen, daß die sechste Tochter den Beitritt nur „vor=
erst“ abgelehnt und Fortsetzung der Verhandlungen beantragt hatte.
„Ist aber in dieser Erklärung eine Ablehnung des Beitritts noch
nicht zu finden“, so sind auch die daraus gezogenen Folgerungen

hinfällig. Das Berufungsgericht hat als unstreitig festgestellt, daß bei der Erbtheilungsverhandlung vom 2. Dec. der Vertrag vom 1. Dec. vorgelegen hat und daß die Uebereignung des Grundstücks an die Klägerin auf Grund des Vertrages vom 1. Dec. 1887 erfolgte. Es ergibt sich daraus von selbst, daß, da die Klägerin sich an beiden Verhandlungen als Kontrahentin betheiligt hat, für die Uebereignung des Grundstücks an die Klägerin die Bestimmungen des Vertrages vom 1. Dec. 1887 maßgebend blieben, sofern dieselben nicht durch die neueren Bestimmungen der Verhandlung vom 2. Dec. 1887 abgeändert wurden. Nur eine Abänderung des Vertrages vom 1. Dec. 1887, welche durch die Sachlage geboten erschien, findet sich: statt der Auflassung innerhalb 14 Tagen die Bestimmung: Die Auflassung erfolgt sofort nach obervormundschaftlicher Genehmigung dieses Erbvergleichs. Da sowohl bei dem Vertrage vom 1. Dec. wie bei dem Erbvergleich vom 2. Dec. die bevormundete minderjährige M. als Kontrahentin betheiligt war, so bedurfte es, um diese beiden Verhandlungen wirksam zu machen, nach §. 42, Nr. 4, 5 der Vormundschaftsordnung vom 5. Juli 1875 der Genehmigung durch das Vormundschaftsgericht. Die Auflassung konnte daher nicht früher ertheilt werden, als das Vormundschaftsgericht die Veräußerung durch den Erbvergleich vom 2. Dec. und damit zugleich den Vertrag vom 1. Dec. genehmigt hatte. Wann diese Genehmigung erfolgen werde, ließ sich nicht mit Bestimmtheit voraussehen, und der Bestimmung eines Termins für die Ertheilung der Genehmigung würde sich das Vormundschaftsgericht, wie man sich sagen mußte, wohl kaum gefügt haben. Deshalb mußte, sollte der Verkauf des Grundstücks an die Klägerin ernstlich gemeint sein, an die Stelle der vierzehntägigen Frist zur Auflassung die Bestimmung gesetzt werden, daß die Auflassung sofort nach der Genehmigung des Vormundschaftsgerichts erfolgen solle. Das Kaufgeschäft wurde hiernach erst aus der am 19. Sept. ertheilten Genehmigung des Vormundschaftsgerichts wirksam und erst da konnte überhaupt die Erfüllung desselben durch Auflassung in Frage kommen, wie sie im §. 4 des Erbvergleichs vorgesehen ist. Die Klage war deshalb verfrüht. Dieselbe war abzuweisen. Da auch die Beklagten sofort nach ertheilter Genehmigung die Ertheilung der Auflassung ins Werk gesetzt, Klägerin die Entgegennahme abgelehnt

Revision.   hat, war diese zur Entgegennahme der Auflassung nach der Widerklage zu verurtheilen. V, 190/89 vom 20. Nov.

854. Das Gerichtsverfassungsgesetz §. 70 versteht unter öffentlichen „Abgaben", wegen deren die Revision ohne Beschränkung
auf eine Summe zulässig ist, alle Leistungen von Geld oder anderen Vermögenstheilen, zu welchen die Angehörigen eines Staates
oder einer öffentlichen Körperschaft dem Staate oder der Körperschaft auf Grund einer dem öffentlichen Rechte angehörigen Norm
verpflichtet sind. Ein solcher Fall liegt hier vor, indem das Hamburgische Baupolizeigesetz von 1882 in §. 93 unter 2 bestimmt:
„Die Eigenthümer der anliegenden Grundstücke haben zu der Siel-
anlage einen Beitrag zu entrichten. Dieser Beitrag beträgt"
u. s. w. Die Revision war aber unbegründet. VI, 242/89 vom
23. Dec.

855. Im Fall 28, 137 hat der Berufungsrichter angenommen, daß durch die selbstschuldnerische Uebernahme die Hälfte der
Pfandbriefschuld durch jeden der Gutsannehmer jedem der letzteren
zur Pflicht gemacht werden sollte, den Miteigenthümer, falls dessen
Antheil für den von ihm übernommenen Schuldantheil in Angriff
genommen würde, schadlos zu halten. Mit Recht wird von der
Revision geltend gemacht, daß es sich hierbei nicht sowohl um eine
auf Auslegung beruhende thatsächliche Feststellung als um eine
aus der Schuldübernahme gezogene Rechtsfolgerung handle, deren
Richtigkeit der Prüfung des Revisionsrichters unterliegt. V, 245/89
vom 18. Jan. 90.

856. Unter den in §. 70 des Gerichtsverfassungsgesetzes genannten öffentlichen Abgaben sind nicht blos staatliche Abgaben zu
verstehen, sondern auch Abgaben an Gemeinden und an andere
öffentliche Korporationen und Anstalten, insofern deren Beitreibung
als eine öffentliche Angelegenheit betrachtet wird. Letzteres ist hier
in Ansehung der in Rede stehenden kirchlichen Abgabe der Fall,
welche nach Maßgabe des §. 18 des Hamburgischen Gesetzes vom
23. April 1879, betreffend das Verhältniß der Verwaltung zur
Rechtspflege, vom Kläger zwangsweise beigetrieben worden ist.
VI, 288/89 vom 10. Febr. 90.

857. Zulässigkeit der Revision im Fall 883, trotz mangelnder
Revisionssumme, weil es sich dabei um Zulässigkeit des Rechtswegs handele. III, 303/89 vom 25. Febr. 90.

857a. Im Fall 852a in Bd. VII, 1202, hat das Revisions- Revision.
urtheil vom 21. Nov. 1888 den Satz, rücksichtlich dessen der Berufungsrichter seine frühere Ansicht zum Nachtheile der Revisionskläger geändert hat (daß nämlich die Fischereigerechtigkeit an sich
Trägerin einer ablösbaren Last sein könne, wenn nicht die besondere Beziehung zwischen Last und Gerechtigkeit dem entgegen-
stände), der Aufhebung des Berufungsurtheils nicht zu Grunde
gelegt, sondern es hat nur entschieden, daß, da der Berufungsrichter einmal von diesem, nicht nachzuprüfenden, Satze ausgehe,
auch die thatsächlichen Voraussetzungen für dessen Anwendbarkeit
unangreifbar festgestellt werden müßten. Nur die rechtliche Beurtheilung, daß es an dieser Feststellung fehle, liegt der Aufhebung
des Berufungsurtheils zu Grunde. Wurde aber die anderweitige
Feststellung, welche das Revisionsurtheil vermißte, durch die Aenderung, welche der Berufungsrichter in seiner eigenen, durch die
Aufhebungsgründe nicht berührten, Rechtsauffassung für nothwendig
erachtet hat, entbehrlich, so war für die Anwendung solcher Rechts-
sätze, welche nach §. 528 C. P. O. für den Berufungsrichter bindend waren, kein Raum mehr. V, 314/89 vom 19. März 90.

857b. In den Vorinstanzen war der Eid sowohl über das
Zahlungsversprechen als über dessen Acceptation zugeschoben und
angenommen. Es war aber nur auf den Eid über das Versprechen erkannt. Das Reichsgericht hat selbst auch auf den Eid
über die Acceptation des Versprechens erkannt, und über die Rechts-
folge. III, 41/90 vom 9./16. Mai.

858. Das Landgericht hat durch Urtheil eine einstweilige Ver- Beschwerde.
fügung aufgehoben, in den Entscheidungsgründen ausgesprochen:
mit dieser Entscheidung erledigt sich zugleich ein Antrag des Klägers, die (in der einstweiligen Verfügung) angedrohte Ordnungs-
strafe gegen den Beklagten (wegen der Zuwiderhandlung gegen
die V.) festzusetzen. Berufung des Klägers mit dem Antrage, die
e. V. wieder herzustellen und den Beklagten zur Zahlung der
Strafe zu verurtheilen. Das Berufungsgericht stellte die e. V.
wieder her. Zugleich erließ dasselbe einen Beschluß, durch welchen
„die sofortige Beschwerde" bezüglich der Strafe als unzulässig
verworfen wurde, weil verspätet. Auf die Beschwerde des Klägers
hat das Reichsgericht den Beschluß in der Sache als gegenstandslos
aufgehoben. Denn die Beschwerde setzt eine Entscheidung des Ge-

richts voraus, an welcher es hier mangelt. Der Ausspruch des Landgerichts hat den Sinn, daß es über den Antrag auf die Strafe einer Entscheidung nicht bedürfe. Wäre von demselben ein Beschluß gefaßt auf Zurückweisung, so hätte derselbe bei mangelnder Verkündigung von Amts wegen zugestellt werden müssen. Das Berufungsgericht hätte die Berufung gegen jenen Satz der Entscheidungsgründe als unzulässig zurückweisen müssen. Die Belastung des Klägers mit den Kosten der unrichtiger Weise vom Kammergericht angenommenen „Beschwerdeinstanz“ erschien jedoch um deswillen als gerechtfertigt, weil der Kläger durch seinen unzulässigen Berufungsantrag den Anlaß zur Entstehung der Kosten gegeben hat. B. V, 125/89 vom 23. Okt.

859. Es ist richtig, daß die Motivirung der an das Landgericht erhobenen Beschwerde vom 31. Aug. 1889 einen Abstrich sowohl der pos. Nr. 7 als auch der Nr. 8 und 9 gerechtfertigt haben würde. Wenn jedoch der Beschwerdeführer selbst diese Konsequenz nicht gezogen, sondern nur die Absetzung der Nr. 7 verlangt hat, so lag für das Landgericht kein Anlaß vor, in weiterem Maße zu Gunsten des Klägers zu entscheiden, als dieser beantragt hatte. Ob der Antrag auf einem Versehen beruhte, oder ob Gründe vorlagen, welche eine andere Entscheidung bei Nr. 8 und 9 als bei Nr. 7 bedingten, durfte von dem Richter, da der Wille des Beschwerdeführers deutlich ausgesprochen war, nicht in Betracht gezogen werden. Zu einer Anwendung des Fragerechts gemäß §. 130 der C. P. O. fehlte es an jedem Anlaß. Auf die weitere Beschwerde des Beklagten mußte deshalb der Beschluß des Königl. Oberlandesgerichts, durch welchen auf Beschwerde des Erstattungspflichtigen auch pos. 8 und 9 gestrichen sind, aufgehoben, und die Beschwerde des Klägers über den Beschluß vom 31. Aug. 1889 zurückgewiesen werden. Wollte die Beschwerde vom 17. Okt. als Ergänzung der früher an das Landgericht erhobenen sofortigen Beschwerde auf weitere Herabsetzung aufgefaßt werden, so war sie verspätet, da der amtsgerichtliche Feststellungsbeschluß am 21. Aug. zugestellt war. B. V, 144/89 vom 4. Dec.

860. Wenn auch die erste Instanz als Kammer für Handelssachen das Amtsgericht Siegen bezeichnet ist, so war es doch nicht das Amtsgericht, sondern die dem Landgericht gleichstehende Kammer für Handelssachen, welche die Kosten festgestellt hat. Deshalb unter-

lag die Beschwerde gegen den Beschluß des Oberlandesgerichts dem Anwaltszwang. B. I, 72/89 vom 21. Dec.

861. Die Beschwerde des Klägers vom 12. Nov. war nicht blos wegen der Kosten erhoben, sondern vorzugsweise gegen die Ablehnung des Antrages auf Eintragung der Vormerkung gerichtet. Sie betraf also die Hauptsache. Daran ändert auch nichts der Umstand, daß das Königl. Landgericht von der ihm im §. 534 C. P. O. ertheilten Ermächtigung Gebrauch gemacht, und den Antrag des Klägers durch Beschluß vom 13. Nov. in der Hauptsache erledigt hatte. Es war vielmehr das Königl. Kammergericht verpflichtet, die an sich zulässige Beschwerde, soweit dies nicht vom Landgericht geschehen war, also hier in Betreff des Kostenpunktes, zu erledigen. §. 94 nicht anwendbar. B. V, 152/99 vom 4. Jan. 90.

862. Das erstinstanzliche Urtheil, durch welches der Antrag auf einstweilige Verfügung unter Verurtheilung in die Kosten zurückgewiesen war, ist für vorläufig vollstreckbar erklärt. Kostenfeststellungsbeschluß auf Antrag des Beklagten, und Berufung des Klägers mit dem Antrage, die Zwangsvollstreckung einzustellen. Beschluß des Berufungsgerichts, die Zwangsvollstreckung sei gegen Sicherheitsleistung einzustellen. Die Beschwerde des Klägers war trotz §. 647, Abs. 2 C. P. O. zulässig, weil sie darauf gerichtet ist, das Gericht habe von §§. 647, 657 in einem Fall Gebrauch gemacht, für welchen diese nicht gegeben. B. I, 67/89 vom 4. Jan. 90. Vgl. 663.

863. Gegen die Anordnung, daß zur Hauptsache zu verhandeln sei — C. P. O. §. 248 letzter Satz — Beschwerde unzulässig — §. 530 — da der vorhergehende Antrag in der mündlichen Verhandlung zu stellen, also auch über denselben mündlich zu verhandeln ist. Unerheblich, ob der Gegner gehört ist. B. VI, 134/89 vom 2. Jan. 90.

864. Ebenso Beschwerde unzulässig über den Beschluß, durch welchen der nach vorstehender Anordnung gestellte Aussetzungsantrag abgelehnt wurde. Wird dem vorhergehenden Antrage entgegengetreten, so kann hierin nicht der selbständige Antrag gefunden werden, das Verfahren auszusetzen; vielmehr handelt es sich hier nur um das Gesuch, dem Antrage auf Verhandlung zur Hauptsache keine Folge zu geben. Diese Natur des Gesuches ändert sich rechtlich auch nicht dadurch, daß etwa Anfangs dem gegne-

rischen Antrage nicht entgegengetreten und der Widerspruch erst gegen die jenem Antrag entsprechende Anordnung erhoben und nun in die Form eines Antrages auf Aussetzung des Verfahrens gekleidet wird. Es würde hierdurch einfach die Unzulässigkeit der Beschwerde gegen die ursprüngliche Anordnung illusorisch gemacht und die Beschwerde auf dem Umwege des §. 229 eingeführt, was offenbar nicht im Sinne dieser Gesetzesvorschrift gelegen sein kann. B. VI, 134/89 vom 2. Jan. 90.

865. C. P. O. §. 701 bezieht sich nur auf Entscheidungen, welche im Zwangsvollstreckungsverfahren erlassen werden, nicht auf solche Entscheidungen, welche zur Vorbereitung dieses Verfahrens dienen. Die Entscheidung des Gerichtsschreibers über die Ertheilung des Zeugnisses der Rechtskraft sowie über das in C. P. O. §. 646, Abs. 2 gedachte Zwischenzeugniß ergeht aber noch nicht im Zwangsvollstreckungsverfahren. B. V, 157/89 vom 5. Febr. 90.

866. C. P. O. §. 540, Abs. 4 bezieht sich nur auf die Fälle, in welchen der vom Prozeßgericht zu treffende Beschluß über die Entscheidung des beauftragten Richters oder des Gerichts= schreibers der Anfechtung durch die sofortige Beschwerde unter= liegt. Handelt es sich nun hier um die von dem Gerichtsschreiber verweigerte Ertheilung eines Zeugnisses darüber, daß gegen den Kostenfeststellungsbeschluß eine sofortige Beschwerde nicht erhoben ist, so ist §. 539 maßgebend. Das Oberlandesgericht hätte des= halb auf den nach Ablauf der Nothfrist gestellten Antrag eine sachliche Entscheidung geben müssen. B. V, 157/89 vom 5. Febr. 90.

867. Der Rechtsanwalt S. hatte bei dem Gerichtsschreiber beantragt, sein von demselben abgelehntes Gesuch um Ertheilung eines Zeugnisses — 865 und 866 — dem Oberlandesgericht vor= zulegen. Das Oberlandesgericht hatte, ohne hiervon dem Rechts= anwalt S. Mittheilung zu machen, die Akten dem Reichsgericht vorgelegt, weil der Ansicht des Gerichtsschreibers beizutreten sei. Das Reichsgericht lehnte einen Beschluß ab, weil ein den Par= teien zugestellter Beschluß des Oberlandesgerichts, über welchen Beschwerde geführt werden könne, nicht vorliege. Das Ober= landesgericht hat in einem Beschluß vom 28. Nov., welcher dem Rechtsanwalt S. zugestellt wurde, es abgelehnt, über den von ihm stillschweigend gebilligten Beschluß des Gerichtsschreibers einen

durch sofortige Beschwerde anfechtbaren Beschluß zu fassen. Auf Widerspruch des S. und dessen Antrag, das Oberlandesgericht möge als Prozeßgericht über die Ablehnung des Gerichtsschreibers Beschluß fassen, wurde der Antrag abgelehnt, weil derselbe nicht innerhalb der Nothfrist gestellt sei — f. 866 —. Auf die gegen diese Beschlüsse an das Reichsgericht erhobene Beschwerde hob dasselbe jene Beschlüsse auf und wies den Gerichtsschreiber des Oberlandesgerichts an, dem Rechtsanwalt S. das erbetene Attest darüber zu ertheilen, ob gegen den Kostenbestellungsbeschluß sofortige Beschwerde an das Oberlandesgericht erhoben sei. B. V, 157/89 vom 5. Febr. 90.

868. Für F. & O. Mobiliarpfändung bei dem Miether von R. Der Vertheilungsplan zwischen F. & O. und R. weist den Erlös jenen zu, weil Letzterer keinen Zwangsvollstreckungstitel hatte. Nun klagte R. gegen den Miether auf den rückständigen Miethzins und verlangte beim Landgericht auf Grund C. P. O. §. 710 Sistirung der Ausschüttung des Auktionserlöses bis zur Beendigung jenes Prozesses. Das Kammergericht wies die Beschwerde von F. & O. wegen Ablaufs der Nothfrist für sofortige Beschwerde zurück, das Reichsgericht die weitere Beschwerde deshalb: Dahin gestellt, ob §. 710 nicht anwendbar, weil eine Klage gegen den konkurrirenden Gläubiger nicht vorlag. Dies unterstellt, war der landgerichtliche Beschluß entweder Anordnung eines (auch von R. beantragten) dinglichen Arrestes zur Sicherung seines gesetzlichen Pfandrechts bezw. eine einstweilige Verfügung, oder er entbehrte jeden Rechtsgrundes. In jenem Falle wäre nur Widerspruch und Klage, in diesem nur Beschwerde bei der Aufsichtsbehörde oder Anfechtung durch Klage zulässig, in beiden Fällen eine gegen das Verfahren gerichtete Beschwerde (C. P. O. §. 530) unzulässig gewesen. B. V, 12/90 vom 5. Febr.

869. Das Landgericht setzte die Beweisgebühr des Substituten ab, auf Beschwerde der Klägerin hielt das Oberlandesgericht diese Absetzung für ungerechtfertigt, wies aber die Beschwerde zurück, weil es die gleiche Prozeßgebühr des Hauptbevollmächtigten absetzte. Weitere Beschwerde zulässig. B. V, 16/90 vom 26. Febr.

869a. Beklagter hat unter den erstattet verlangten Kosten 21 Mark für die Reise des Sachverständigen B. nach G. zur Besichtigung der streitigen Kuh liquidirt und das Amtsgericht diesen

Ansatz zugelassen, das Landgericht aber denselben in der Weise abgeändert, daß es den Betrag für die Reisekosten auf 4,10 Mark herabsetzte, dafür aber 10 Mark für das Gutachten des B. einstellte. Ueber diesen letzteren Ansatz hatte aber die erste Instanz noch nicht erkannt, auch nicht erkennen können, da ihn der Beklagte gar nicht ersetzt verlangt hatte, noch hatte verlangen können, da die Gebühr für das Gutachten dem Sachverständigen aus der Gerichtsvorschußkasse direkt bezahlt und dem Kläger unter den Gerichtskosten mit zuliquidirt worden war. Ueber diese Gebühr lag sonach nur die Entscheidung des Landgerichts vor und die dagegen erhobene Beschwerde durfte daher nicht vom Oberlandesgericht als unzulässig verworfen werden. B. III, 42/90 vom 11. April.

869 b. Weitere Beschwerde zulässig, denn die erste Instanz hatte die Kosten abgesetzt, die zweite die Beschwerde aus dem formellen Grunde verworfen, weil eine Feststellung nicht zulässig sei. B. I, 11/90 vom 2. April.

869 c. Im Vertheilungsverfahren war die Beschwerde gegen Beschlüsse des Landgerichts vom Februar und September 1889, nicht beswegen zurückzuweisen, weil der Beschwerdeführer es unterlassen habe, den auf Grund des angefochtenen Beschlusses vom September 1889 erlassenen Beschluß des Amtsgerichts vom Januar 1890 anzufechten, durch welchen das Amtsgericht die dem Beschwerdeführer ertheilte Anweisung für ungültig erklärt und so die Landgerichtlichen Beschlüsse vom Februar und September 1889 in Vollzug gesetzt habe. Die Anordnung, welche dem Amtsgericht übertragen war — C. P. O. §. 538 — und welche dasselbe an Stelle des Landgerichts getroffen hat, ist als eine Ergänzung und Vervollständigung der Beschlüsse des Landgerichts anzusehen. Solche Anordnung, bezüglich deren das Amtsgericht an die Auffassung des Landgerichts gebunden ist, und welche, soweit sie dessen Beschluß entspricht, nicht mit Erfolg angefochten werden kann, so lange dieser Beschluß selbst in Kraft bleibt, kann eine formelle Rechtskraft erlangen, wenn die sofortige Beschwerde stattfindet und solche nicht rechtzeitig eingelegt oder verworfen wird. Aber diese Rechtskraft verliert dadurch ihre Bedeutung, daß der Beschluß, auf welchem sie beruht, aufgehoben wird. B. VI, 42/90 vom 22. April.

869 d. Das Landgericht hat einen Werthfestsetzungs- und einen Kostenfeststellungsbeschluß erlassen. Beide Beschlüsse wurden

von der Klägerin mittelst einfacher bezw. sofortiger Beschwerde
angefochten; der Anwalt erklärte, daß er eventuell, soweit dies erforderlich, die Beschwerde für seine Person eingelegt haben wollte.
Damit wurde die der Partei Mangels eigenen Interesse gegen den
Werthfestsetzungsbeschluß nicht zustehende Beschwerde getragen. War
aber diese Beschwerde vom Prozeßvertreter eingelegt, so konnte
auch der Partei die Anfechtung des Kostenfestsetzungsbeschlusses aus
dem Grunde, weil die Anwaltsgebühren zu niedrig berechnet seien,
nicht versagt werden. Erreichte der klägerische Vertreter durch die
Beschwerde gegen die Bestimmung des Werthes des Streitgegenstandes dessen Erhöhung, so war er zur Forderung entsprechend
höherer Anwaltsgebühren berechtigt, und konnte die Klägerin deren
Erstattung vom Prozeßgegner nur dadurch erreichen, daß sie den
auf einer niedrigeren Annahme des Werthes des Streitgegenstandes beruhenden Kostenfestsetzungsbeschluß innerhalb der gesetzlichen Nothfrist durch sofortige Beschwerde angriff. — Vgl. Bolze,
Praxis des Reichsgerichts, Bd. VI, Nr. 1219. — B. III, 44/90
vom 22. April.

869e. Das Amtsgericht hat die Pfändung von unentbehr-
lichen Sachen des Miethers für den Vermiether „unbeschadet der
Retentionsrechte des Miethers" als unzulässig aufgehoben; die
Beschwerde des Vermiethers ist vom Landgericht zurückgewiesen
mit der Erwähnung in den Gründen, daß das Landgericht, wenn
der Miether Beschwerde erhoben hätte, jenen Vorbehalt gestrichen
haben würde. Weitere Beschwerde des Vermiethers unzulässig.
B. V, 54/90 vom 28. Mai.

869f. Im Fall 671g hatte das Amtsgericht den Kostenfest-
stellungsantrag des U. zurückgewiesen, weil der Rechtsnachfolger
nicht auf Grund der an ihn erfolgten Cession in den Prozeß seines
Rechtsvorgängers eintreten könne, um einen solchen Eintritt handle
es sich aber bei dem Kostenfeststellungsantrage. Das Landgericht
hob auf; C. R. erhob Beschwerde an das Kammergericht auf Grund
des inzwischen wider U. ergangenen Urtheils über die Einrede aus
§. 686 C. P. O. Der die Beschwerde abweisende Beschluß des
Kammergerichts enthielt einen neuen selbständigen Beschwerdegrund,
so daß weitere Beschwerde an das Reichsgericht zulässig war. B.
I, 21/90 vom 31. Mai.

869g. Die Beschwerde an das Reichsgericht war einfache,

Beschwerde. keine sofortige. Denn der Gegenstand derselben war nicht ein Kostenfeststellungsbeschluß, sondern der Landgerichtliche Beschluß, durch welchen das Amtsgericht angewiesen wurde, sich der Kostenfeststellung zu unterziehen. B. I, 21/90 vom 31. Mai.

Urkundenprozeß. 870. Ohne Rechtsirrthum hat das Berufungsgericht angenommen, daß im gegebenen Falle die dem Rechtsanwalt P. ertheilte Prozeßvollmacht denselben auch zu der vorbereitenden Handlung der Kündigung der Kapitalien ermächtigte. Die Vorlage dieser Vollmacht mit der Klage war aber gemäß §. 84 der C. P. O. nicht geboten. II, 20/90 vom 6. März.

Eheprozeß. 871. Zufolge §. 14 E. G. zur C. P. O. sind die prozeßrechtlichen Vorschriften des Bürgerlichen Gesetzbuchs über die Form der Ehescheidung wegen einer bestimmten Ursache außer Kraft getreten, es findet demnach keine Vorverhandlung über die Einreden und keine Vorentscheidung über die Zulässigkeit der Klage i. S. des Code 246 mehr statt. Ob und in welchem Abschnitte des Verfahrens noch neue Klagegründe nachgeschoben werden können, ist nach den Bestimmungen der C. P. O. zu beantworten, und diese verordnet in §. 574 für Ehesachen ausnahmsweise, daß bis zum Schlusse derjenigen mündlichen Verhandlung, auf welche das Urtheil ergeht, andere als die in der Klage vorgebrachten Klagegründe geltend gemacht werden können, was sich auch auf das Verfahren in der zweiten Instanz bezieht. Hiernach dürfte die Ehefrau, nachdem eine Versöhnung nach Erhebung der Klage stattgefunden hatte, und sie von Neuem mißhandelt war, diese neuen Mißhandlungen in Verbindung mit den früheren in dem festgesetzten Ehescheidungsprozeß geltend machen. II, 231/89 vom 19. Nov.

872. Da nach der maßgebenden Auffassung des Berufungsgerichts in Hamburg eine Klage auf Herstellung des ehelichen Lebens nicht besteht, so war die auf Erlassung des Rückkehrbefehls unter dem Präjudiz, daß sonst die Ehe wegen böslicher Verlassung werde geschieden werden, als Ehescheidungsklage aufzufassen, wenn schon der eventuelle Antrag auf Ehescheidung nicht gestellt war. Deshalb auch die Eideszuschiebung über eine zur Aufrechthaltung der Klage erhobene Replik nicht zulässig. VI, 277/89 vom 3. Febr. 90.

873. Der interimistischen Regelung der Kindererziehung bezw. des Verbleibs der Kinder während der Dauer des Ehescheidungs-

prozesses durch den Eherichter steht, auch für das Gebiet des ge=
meinen Eherechts, ein gesetzliches Hinderniß, insbesondere §. 575
C. P. O. nicht entgegen. Letzterer untersagt nur die definitive
Hereinziehung anderer als der dort genannten Ansprüche in den
Eheprozeß. Einstweilige Verfügungen sind dem Eherichter durch
§. 584 freigegeben; die genannten Fälle der Gestattung vorläufiger
Trennung und der Alimente sind nur Beispiele. VI, 306/89
vom 24. Febr. 90.

874. Aus §. 16⁴ E. G. z. C. P. O. ist nicht abzuleiten,
daß dem Eherichter der Erlaß einstweiliger Verfügungen über
Verbleib der Kinder nur da gestattet sei, wo solcher Erlaß durch
das bürgerliche Recht vorgesehen sei, wie nach Pr. R. und Code. —
Uebrigens war solcher Erlaß vor C. P. O. auch in G. R. ge=
richtsgebräuchlich und deshalb Rechtens. VI, 306/89 vom
24. Febr. 90.

875. Zustellung der Berufung an den Oberstaatsanwalt bei
dem Oberlandesgericht, nicht den Staatsanwalt beim Landgericht —
wie IV, 10/87 vom 16. Mai, bez. Revision (Bd. IV, 1500,
E. 18, S. 405). II, 21/90 vom 4. März. Ebenso unter Ci=
tirung von Bolze, V, 1360. III, 340/89 vom 14. März 90.

876. II, 21/90 vom 4. März wie B. VI, 62/88 vom 24. Mai
(Bd. VI, 1238), bezüglich der Befugniß des dem Entmündigten als
Vertreter beigeordneten Rechtsanwalts, für diesen in der Berufung
einen Rechtsanwalt zu bestellen.

877. Nach Vollziehung des Rezesses über die Ablösung einer
Abgabe nahm die Kirchengemeinde W. die für den Schullehrer
eingetragene Abgabe in Anspruch. Die Bestätigung des Rezesses
war bei Anmeldung dieses Anspruchs noch nicht erfolgt, mußte
vielmehr deshalb ausgesetzt werden. Danach hatten auch die Aus=
einandersetzungsbehörden zwischen Schulgemeinde und Kirchen=
gemeinde zu erkennen. — Pr. Verordnung vom 20. Juni 1817
§. 20. — V, 132/89 vom 23. Oct.

878. Vgl. Bd. IV, 1508. Den Provokanten ist für den
Nichtschwörungsfall ein Recht auf Raff= und Leseholz sowie Wald=
streu nunmehr in den beanspruchten Reviertheilen zugesprochen,
Revision des Provokaten zurückgewiesen. Es bedurfte des Zu=
satzes nicht „nach Abzug des auf eigenen Grundstücken gewonnenen
Raff= und Leseholzes, eventuell auch der Waldstreu und des Mooses“,

Eheprozeß.

Entmündi=
gungs=
verfahren.

Separations=
verfahren.

Separations-
verfahren.

ebenso wenig der Einschränkung „auf den Bedarf der Wirthschaft". Denn die Provokanten haben darüber hinaus keine Rechte in Anspruch genommen. Nach Art. 4 des Pr. Gesetzes vom 2. März 1850 versteht sich aber die Abrechnung der eigenen Düngerbereitungs- und Feuerungsmittel bei der Ablösung ebenso von selbst wie nach dem Begriff der Dienstbarkeit die Beschränkung auf den Bedarf des berechtigten Grundstücks. V, 204/89 vom 4. Dec.

879. Ob die Ausübung der von der Gemeinheitstheilungsordnung von 1821 erfessenen Waldstreuberechtigung gemäß der Verordnung von 1843 §§. 1, 3—8 einzuschränken, durfte das Urtheil des Oberlandeskulturgerichts bis dahin vorbehalten, daß sich die Entscheidung durch den Gang des Ablösungsverfahrens als nothwendig herausstellen sollte. Instruirt war dieser Punkt noch nicht. V, 204/89 vom 4. Dec.

880. Die 113 Stellenbesitzer von Agnetendorf waren in einem Vorprozesse rechtskräftig für berechtigt erklärt, Waldstreu aus dem Hermsdorfer Reviere zu entnehmen, die Stellenbesitzer in Hinteragnetendorf überdies auch aus dem Petersdorfer Revier: Letzteres auf Grund von Zugeständnissen des Provokaten. Welche Grundstücke damals zu Hinteragnetendorf gerechnet waren, ergab sich aus den damaligen Entscheidungsgründen nicht. Andere Ermittelungsversuche vergeblich geblieben; deshalb blieb beim Mangel eines Beweises der Provokanten die Erklärung des Provokaten maßgebend, daß die von ihm bezeichneten 19 Stellen die im Petersdorfer Reviere berechtigten waren. Auf eidesstattliche Versicherungen der Provokanten mit Recht kein Werth gelegt. Ein Beweis, daß alle 113 Stellenbesitzer nach vor jenen früheren Urtheilen liegenden Erwerbstiteln berechtigt seien, war durch die Rechtskraft dieser Entscheidungen ausgeschlossen. V, 228/89 vom 4. Jan. 90.

881. Die Vorderrichter haben die Kläger, welche Abfindung in Land forderten, für verbunden erklärt, die Abfindung in Kapital oder Geldrenten anzunehmen. Revision nach §. 67 des Gesetzes vom 18. Febr. 1880 unzulässig. V, 228/89 vom 4. Jan. 90.

882. Früher sind der Kanon und die ritterschaftlichen Anlagen abgelöst, welche das Rittergut Gelting von den Gutsunterghörigen zu fordern hatte. Jetzt hat der Rittergutsbesitzer auf Ablösung des Anspruchs provozirt, daß die Letzteren die dem Gut

als solchem auferlegten dinglichen Abgaben, diesem von der Hand Separations-
verfahren.
zu halten haben.   Allerdings weist §. 5 des Pr. Gesetzes vom
3. Jan. 1875 darauf hin, daß möglichst alle derartigen Verhältnisse zwischen denselben Grundbesitzern möglichst gleichzeitig geregelt werden.   Das ist aber nur eine reglementarische Vorschrift,
deren Außerachtlassung nicht die Folge hat, daß die bei der früheren
Ablösung nicht zur Sprache gekommene Reallast deshalb unablös-
bar wurde oder in Wegfall käme.   III, 287/89 vom 31. Jan. 90.

883.   Die willkürliche und widerrechtliche Hereinziehung der
den G.'schen Erben gehörigen, auf einer anderen Markung gelegenen Parzelle in das Separationsverfahren von Niederwaroldern
durfte nicht bestehen bleiben, sie mußte in irgend einer Weise ausgeglichen werden, sei es durch Rückgabe des Grundstücks oder durch
entsprechende Entschädigung.   Solange weder das eine noch das
andere bewirkt war, konnte von Herstellung eines völlig geordneten
Zustandes in dem dortigen Verfahren nicht die Rede sein.   Nun
wird zwar in der vorliegenden Streitsache nicht um die Rückgabe
des Grundstücks, auch nicht um eine nach dessen objektivem Werth
zu bemessende Entschädigung gestritten, vielmehr ist von dem Rechtsnachfolger der G.'schen Erben auf Zahlung des in dem Kaufvertrage als Ersatz für das Grundstück stipulirten Geldbetrags
geklagt.   Von wesentlichem Einfluß auf die Frage der Zuständigkeit ist jedoch dieser Umstand um deswillen nicht, weil nur wenn
die Entschädigungsansprüche der G.'schen Erben, bezw. des Klägers in der einen oder anderen Weise ausgeglichen sind, die bei
Ausführung des fraglichen Separationsverfahrens vorgekommenen
und dessen endgültige Regulirung hindernden Streitigkeiten vollständig erledigt erscheinen.   Die Separationsbehörden waren deshalb gemäß der Königlichen Verordnung vom 30. Juni 1834, §. 7
auch zuständig, über diesen Entschädigungsanspruch zu erkennen.
III, 303/89 vom 25. Febr. 90.

884.   Aus C. P. O. §. 749³ ist nicht abzuleiten, daß die Zwangs-
vollstreckung.
Ehefrau, wenn sie wegen ihrer Alimentenforderung die Eintragung
auf den Antheil des Ehemannes am gütergemeinschaftlichen Grundstück hätte erlangen können, den späteren Gläubigern des gütergemeinschaftlichen Vermögens gegenüber gesichert gewesen wäre.
Denn um eine Zwangsvollstreckung in die Alimentenforderung handelt es sich hier nicht.   IV, 187/89 vom 28. Okt. Vgl. 518 und 519.

885. Die Klage ist darauf gestützt, daß die im Wege der Zwangsvollstreckung mit Beschlag belegte und überwiesene Forderung (nach den Normen des §. 1 und §. 4 Nr. 4 des Reichsgesetzes vom 21. Juni 1869 in Verknüpfung mit der Bestimmung des §. 749 C. P. O.) der Pfändung nicht unterworfen sei. Wollte das der Kläger geltend machen, so mußte er nach C. P. O. §. 685 die Unzulässigkeit der Pfändung bei dem Vollstreckungsgericht ausführen, gegen dessen ablehnende Verfügung sofortige Beschwerde erheben. — C. P. O. §. 701. — Die Klage des Schuldners gegen den Gläubiger zum gleichen Zweck war unzulässig. Vgl. B. I, 4/86 vom 10. Febr. bei Bolze, II, Nr. 1934, IIIᵃ, 141/86 vom 27. Mai (Bd. III, 1472 und E. 16, 84) u. A. I, 249/89 vom 30. Nov.

886. Eine Klage gegen den Notar auf Ertheilung der Vollstreckungsklausel für die von ihm aufgenommene Kaufkontraktsverhandlung (§. 702⁵) war unzulässig. Dieselbe ist auch nicht aus Code de procédure 839 abzuleiten. Hier stand eine amtliche Handlung mit causae cognitio in Frage. — §. 664. — Die Prüfung und Entscheidung darüber, ob die von den Klägern beigebrachten von einem anderen Notar aufgenommenen Löschungsbewilligungen ordnungsmäßig seien und demnach die Ertheilung der Vollstreckungsklausel zuließen, lag nach §. 705, Abs. 2 C. P. O. dem beklagten Notar als öffentlichem Beamten ob, und wenn dieser, wie geschehen, diese Urkunden wegen einer Abweichung in der Bezeichnung des Pfandobjekts von der Beschreibung des Kaufgegenstandes nicht für vollbeweisend erachtete und deshalb die Beifügung der Vollstreckungsklausel vorerst ablehnte, so stand den Klägern zur Herbeiführung der Vollstreckbarkeitserklärung mittelst gerichtlicher Klage nur der Weg offen, nach Maßgabe des §. 705 Abs. 5 C. P. O. auf Ertheilung der Vollstreckungsklausel gegen den Schuldner Klage zu erheben. II, 221/89 vom 26. Nov.

887. Z. hatte bei dem Magistrat zu Hannover 20000 Mark Pr. 3½% Konsols hinterlegt. Er hat in einem Vergleich anerkannt, daß diese der Klägerin eigenthümlich gehören, und in Auszahlung an die Klägerin gewilligt. Zuvor hatte der Beklagte die von Z. bestellte Kaution als eine Geldforderung desselben an den M. zu H. pfänden und sich überweisen lassen. Eine Pfändung der Konsols ist hierdurch so wenig bewirkt wie eine Pfän-

dung des Anspruchs auf deren Herausgabe. Da aber Beklagter
den Eigenthumsanspruch des Klägers an den Konsols bestritten
und durch die Prätension, aus derselben Befriedigung zu erlangen,
bedroht hat, so war die Interventionsklage nach C. P. O. §. 690
veranlaßt. Denn Klagegrund und Veranlassung sind hier nicht
anders zu beurtheilen wie bei jeder anderen Eigenthums= oder
Besitzklage. Deshalb ist mit Recht Beklagter verurtheilt. V,
203/89 vom 4. Dec.

888. Das gegen den einen Miteigenthümer ergangene Urtheil
kann nicht die Wirkung haben, daß auf Grund desselben die dem
anderen mitgehörende Sache gepfändet und verkauft wird, ohne
daß gegen letzteren gleichfalls ein Urtheil vorliegt. Das gilt um
so mehr, wenn dem nicht mitverklagten Miteigenthümer, wie bei
der Errungenschaftsgemeinschaft dem Manne, die alleinige Dispo=
sition über die zu pfändende Sache gebührt. Im Interventions=
prozesse kann die Frage, ob der nicht mitverurtheilte Miteigen=
thümer kraft materiellen Rechts der Pfändung nicht widersprechen
dürfe, nicht zum Austrag gebracht werden. V, 213/89 vom
11. Dec.

889. §. 781 C. P. O. findet nur dann Anwendung, wenn
der in dem vollstreckbaren Titel bezeichnete Schuldner
Widerspruch erhebt, und zwar aus Gründen, welche, sei es
die Voraussetzungen der Zwangsvollstreckung im Allgemeinen, sei
es speziell die Voraussetzungen der Offenbarungseidespflicht be=
treffen. — §. 711, 769, 784. — II, 246/89 vom 17. Dec.

890. Im Fall 833. Ein Fall der vorliegenden Art (889),
wo von der Partei, gegen welche die Zwangsvollstreckung
sich richtet, dem neuen St. Wendeler Knappschaftsverein, in dem
bei dem Amtsgericht eingeleiteten Verfahren auf Ableistung des
Offenbarungseides geltend gemacht wurde, daß sie nicht der ver=
urtheilte Schuldner sei, daß vielmehr die rechtskräftige Ver=
urtheilung als gegen den alten Verein ausgesprochen anzusehen
sei, Beklagte also das Bestehen einer Schuld und die Wirksam=
keit des vollstreckbaren Titels ihr gegenüber bestritt, liegt außer=
halb des Gebietes der dem Vollstreckungsgerichte nach den Regeln
der §§. 684 und 685 zustehenden Kognition. II, 246/89 vom
17. Dec.

891. Die von einem anderen Gericht in einem Strafver=

Zwangs-
vollstreckung.

fahren erkannten Geldstrafen, und zusammen mit diesen die Kosten des Strafverfahrens waren nicht durch Ersuchen des Amtsgerichts einzuziehen, in dessen Bezirk der Verurtheilte wohnt, sondern durch unmittelbare Beauftragung eines Gerichtsvollziehers. — G. V. G. §§. 161, C. P. O. §§. 674, 152 ff., St. P. O. §§. 495, 36 —38. — Dabei konnte die Gerichtschreiberei letzteren Amtsgerichts in Anspruch genommen werden. — G. V. G. §. 162; Anweisung des Bundesraths vom 23. April 1880. (Centralblatt, Nr. 21, S. 278.) B. IV, 132/89 vom 19. Dec.

892. W. bewahrte für G. zwei badische Staatsobligationen auf. R. hat als Gläubiger von G. dessen Anspruch an W. auf Herausgabe bei dem Amtsgericht bis zum Betrage seiner Forderung pfänden lassen. Der Pfändungsbeschluß ist dem W. zugestellt. Mit Unrecht ist dieser Pfändung die Wirksamkeit gegenüber einem anderen Gläubiger des G. versagt, weil jene Pfändung des Anspruchs die Erfordernisse der nicht durch körperliche Besitzergreifung oder Anlegung von Siegeln vollzogenen Pfändung körperlicher Sachen nicht habe ersetzen können, da die Werthpapiere nicht anderen Geldforderungen in dieser Beziehung gleichgestellt seien. Durch die Zustellung des Pfändungsbeschlusses an W. war das Pfandrecht an der Forderung auf Herausgabe der Papiere nach C. P. C. §§. 730/44; 745, 730, Abs. 3 begründet. II, 251/89 vom 20. Dec.

893. Nach §. 746 C. P. O. ist bei der Pfändung eines Anspruchs, welcher eine bewegliche körperliche Sache betrifft (§. 745) anzuordnen, daß die Sache an einen vom Gläubiger zu beauftragenden Gerichtsvollzieher herauszugeben sei. Wird die Herausgabe verweigert, so steht nichts entgegen, daß der Gläubiger nachträglich den Gerichtsvollzieher zu einer nochmaligen Aufforderung des Drittschuldners zur Herausgabe der Sache beauftrage und, wenn alsdann der Aufforderung wie im vorliegenden Falle entsprochen wird, so kommt damit an den im Besitze des Gerichtsvollziehers befindlichen Sachen das Pfändungspfandrecht zur Entstehung. Die Erwirkung eines nochmaligen Gerichtsbeschlusses ist also nicht erforderlich. II, 251/89 vom 20. Dec.

894. Zweifellos hat der Kläger sich der sofortigen Zwangsvollstreckung nach Inhalt der Urkunde nur für den Fall unterworfen, daß er die Zinsen nicht pünktlich zahle. Voraussetzung

der Zwangsvollstreckung war demnach die nicht pünktliche Zahlung der Zinsen. Diese Voraussetzung ist aber dadurch festgestellt, daß der Kläger eingeräumt hat, die Zinsen für das 2. Quartal nicht pünktlich gezahlt zu haben. Mag nun auch dem Kläger vielleicht zuzugeben sein, die vollstreckbare Ausfertigung der Urkunde habe nur ertheilt werden dürfen, wenn die Beklagte den Beweis der nicht pünktlichen Zahlung der Zinsen als einer vom Gläubiger zu beweisenden Thatsache durch öffentliche Urkunden führte: so kann doch jetzt, wo die zu beweisende Thatsache feststeht, der Umstand, daß jener Beweis nicht geliefert wurde, nicht mehr zur Aufhebung oder Einstellung der Zwangsvollstreckung führen. B. V, 156/89 vom 4. Jan. 90.

895. Im Fall 282. Bedeutungslos muß der Umstand erscheinen, daß die Zustellung nicht an T. persönlich, sondern gemäß §. 168 C. P. O. an dessen Buchhalter im Geschäftslokale bewirkt ist. Nach A. L. R. I, Tit. 20, §. 288 und §. 2 der Verordnung vom 9. Dec. 1809 ist zur Wirksamkeit der Verpfändung einer Forderung gegenüber dem Schuldner allerdings die „Bekanntmachung" an Letzteren erforderlich, allein diese Bekanntmachung erfolgt bei der gerichtlichen Pfändung nach der Vorschrift des §. 730, Abs. 3 C. P. O. durch Zustellung des Pfändungsbeschlusses. Im Allgemeinen stellt die C. P. O. die Ersatzzustellung (§§. 166—169) in Ansehung ihrer Wirkungen einer sonstigen Zustellung völlig gleich. Daß T. vor der Zahlung keine Kenntniß von der Zustellung erhalten habe, hat er einen Nachweis nicht angetreten, auch, soweit dies der Thatbestand erkennen läßt, gar nicht bestritten, zur Zeit der Anweisung zur Zahlung der 5000 Mark Kenntniß von dem Inhalte des Pfändungsbeschlusses gehabt zu haben. Er ist deshalb unbedenklich rechtlich so zu beurtheilen, als wenn ihm vor der Ertheilung der Anweisung die Pfändung persönlich bekannt gemacht worden wäre. VI, 261/89 vom 19. Dec.

896. Im Fall 935 hatte der Gläubiger auf Grund vollstreckbarer Ausfertigung gegen den Bürgen Zwangsvollstreckung wegen nicht gezahlten Restbetrags der Akkordsumme, berechnet von den 122 455,03 Mark vollziehen lassen. Der Bürge durfte gemäß C. P. O. §. 686 auf Aufhebung der Zwangsvollstreckung klagen, weil Gläubiger nur einen Anspruch auf den Ausfall bei

ben noch nicht realiſirten und von ihm nicht aufgegebenen Sicherheiten hatte.   Daß die Einwendung in dem Vergleichstermin nicht
erhoben war, nicht entſcheidend.   Etwas anderes wäre auch nicht
aus A. L. R. I, 20, §. 46 abzuleiten, welches gerade einen erſt
in der Exekutionsinſtanz zu erhebenden Einwand gibt. — Vgl.
Dernburg I, §. 343, Anm. 27 u. A. —. Uebrigens wurde mit
der Einrede geltend gemacht, daß der Titel der Zwangsvollſtreckung
nicht auf die Leiſtung gerichtet ſei, deren Erzwingung durch die
Vollſtreckung beantragt ſei — Einwand des zweifelhaften Urtheils-
inhalts bei Reincke C. P. O. S. 602 —. Danach wurde der
Gläubiger verurtheilt.   I, 267/89 vom 14. Dec.

897.   Zwar iſt auch dem Schuldner gegenüber die Gültigkeit des Pfändungspfandrechts von der Erfüllung der Vorbedingungen der §§. 671, 672 C. P. O. abhängig.   Mangelt es an
einer dieſer Vorbedingungen, iſt alſo namentlich in Fällen, wo
dem Gläubiger eine Sicherheitsleiſtung obliegt, die für den Nachweis derſelben erforderliche Urkunde nicht zugeſtellt worden, ſo ſteht
dem Schuldner unbedenklich das Recht zu, die Aufhebung der
Pfändung auf dem in §. 685 der bezeichneten Wege zu beantragen.
Allein jeder Anlaß zu einem ſolchen Antrage fällt mit dem Zeitpunkte der nachträglichen Erfüllung der geſetzlichen Vorbedingungen
fort.   Der Gläubiger hatte, bevor aus dem gegen vorläufige
Sicherheit für vollſtreckbar erklärten Urtheil die Zwangsvollſtreckung
verfügt wurde, die Sicherheit geleiſtet.   Er hat ſie an demſelben
Tage geleiſtet, an welchem der Pfändungs- und Ueberweiſungs-
beſchluß dem Drittſchuldner zugeſtellt wurde, es ſteht nicht feſt,
ob vor oder nach der Zuſtellung; und die Drittſchuldner haben
gezahlt.   Demnächſt iſt der Konkurs über den Schuldner eröffnet.
Der Konkursverwalter kann die Zahlung nicht aus dem Grunde
aus A. L. R. I, 16, §. 207 zurückfordern, weil die Zwangsvollſtreckung ungeſetzlich vollzogen ſei. — Vgl. V, 859/81 vom
19. April 1882 und V, 233/83 vom 17. Nov. -- VI, 246/89
vom 2. Jan. 90.

898.   Das Oberlandesgericht hatte Einſtellung der Zwangsvollſtreckung wegen der Koſten, zu denen der jetzige Kläger rechtskräftig verurtheilt war, aus C. P. O. §. 688 angeordnet.   Aufgehoben.   Denn Kläger hat jetzt nur Rückgabe der Werthpapiere
gefordert, welche er dem Beklagten geſchenkt hatte.   Es iſt nicht

ohne Weiteres anzunehmen, daß im Falle des Obsiegens des Klä=
gers die Kostenforderung des Beklagten auf Grund des in Rechts=
kraft erwachsenen Urtheiles „getilgt" wird. Außerdem steht, da
dem Beklagten in dem früheren Prozesse das Armenrecht bewilligt
war, dem für denselben bestellten Rechtsanwalte nach §. 115,
Abs. 1 C. P. O. das Recht zu, seine Gebühren und Auslagen
von dem in die Prozeßkosten verurtheilten Prozeßgegner beizutrei=
ben. Von diesem Recht hat der Armenanwalt Gebrauch gemacht.
B. II, 8/90 vom 21. Jan.

899. Bei dem Gericht, in dessen Bezirk die Zwangsvoll=
streckung erfolgt, können alle Klagen angestellt werden, welche
Dritte auf die Behauptung stützen, daß ihnen am Zwangsvoll=
streckungsgegenstande ein die Veräußerung hinderndes Recht zustehe
— C. P. O. §. 696 — auch die Klage des Konkursverwalters,
mittelst welcher er die Pfändung aus K. O. §. 23² anficht. VI,
243/89 vom 16. Jan. 90.

900. Im Fall Bd. VII, 1214 anderweit: Es war nun be=
hauptet, die Zahlung des Nadelgeldes sei nach und seit Schließung
der Ehe erfolgt; wenn dem gegenüber der Schuldner eine bis=
herige vierteljährige Zahlung „eines Nadelgeldes" von 1000 Mark
von Seiten des Vaters der Fürstin an diese einräumt, so liegt
darin trotz der damit verbundenen Ableugnung einer rechtlichen
Verpflichtung mehr als das Zugeständniß eines bisher gewährten
Almosens, in dessen Lichte die Zuwendung früher nach den Er=
klärungen des Gläubigers aufgefaßt werden mußte und vom Reichs=
gerichte an der mitgetheilten Stelle des oben citirten Beschlusses
aufgefaßt worden ist. Die Regelmäßigkeit und Gleichmäßigkeit
der Zahlungen nach Zeit und Betrag, die von dem Schuldner
selbst denselben gegebene Bezeichnung eines „Nadelgeldes", welche
auf die Absicht der Fortdauer der Zuwendung hindeutet, endlich
der Umstand, daß der Gebende der Vater der Empfängerin ist,
stehen thatsächlich der Annahme entgegen, daß dieser seiner Tochter
künftighin entziehen werde, was er ihr bisher gegeben hat. Die
Absicht einer solchen Entziehung ist auch vom Schuldner gar nicht
behauptet worden. Mit Rücksicht hierauf wurde eine Kompetenz
von 3000 Mark für das Jahr für ausreichend erachtet. B. V,
6/90 vom 21. Jan.

901. Die legislativen Gründe, welche dazu geführt haben,

Zwangs=
vollstreckung.

dem Berechtigten die Befugniß zu gewähren, sich ein Attest der
Rechtskraft für Urtheile zu beschaffen, treffen bei unanfechtbaren,
oder nur mit der Beschwerde anfechtbaren vollstreckbaren Beschlüssen in gleichem Maße zu. Da das Gesetz keinerlei Bestimmungen enthält, aus denen gefolgert werden könnte, daß die Vorschrift des §. 646 C. P. O. ausschließlich für Urtheile bestimmt
sein solle, so muß eine analoge Ausdehnung für zulässig erachtet
werden. Der Grundbuchrichter hatte, weil der Kostenfeststellungsbeschluß nur vorläufig vollstreckbar sei, nur eine Vormerkung auf
die Grundstücke des Schuldners eingetragen, zur Eintragung einer
definitiven Hypothek ein Attest der Rechtskraft gefordert. Der
Gerichtsschreiber des Oberlandesgerichts wurde angewiesen, das
beantragte Zeugniß darüber auszustellen, daß sofortige Beschwerde
gegen den Kostenfeststellungsbeschluß nicht erhoben sei. B. V,
157/89 vom 5. Febr. 90.

902. Vom Landgericht war Widerbeklagte unter Anderem verurtheilt, die für sie im Handelsregister seit .. eingetragenen Waarenzeichen löschen zu lassen, das Urtheil auch für vorläufig vollstreckbar erklärt. Auf Grund C. P. O. §§. 647, 657 wurde auf
Antrag der Widerbeklagten die Zwangsvollstreckung gegen eine von
derselben bestellte Sicherheit von .. eingestellt. Jetzt Klage auf
Rückgabe der hinterlegten Papiere; das verurtheilende Berufungsurtheil aufgehoben, Klage abgewiesen. Unrichtig der Satz, daß
das Landgerichtliche Urtheil nicht hätte für vorläufig vollstreckbar
erklärt werden dürfen, bezüglich des hier wiedergegebenen Urtheils-
inhalts, weil die Zwangsvollstreckung nach §. 779 C. P. O. hier
darin bestehe, daß die Erklärung, zu welcher Beklagter verurtheilt
werde, als abgegeben gelte, sobald das Urtheil die Rechtskraft erlangt hat. Dieser Grund beruht auf der rechtsirrigen Identifi-
zirung der Vollstreckbarkeit eines Urtheils damit, daß dasselbe geeignet ist, durch Vollstreckungsmittel erzwungen zu werden. — Vgl.
III*, 46/86 vom 28. Juni (Bd. III, 1506)*. I, 283/89 vom
11. Jan. 90. Vgl. 835.

—

* Der dort wiedergegebene Inhalt des Urtheils ist u. A. auch so
motivirt: „Vollstreckbar" sind auch rechtskräftige richterliche Urtheile, welche
nur das Bestehen eines Rechtsverhältnisses feststellen (§. 231 C. P. O.) oder
eine Partei zu Abgabe einer Willenserklärung verurtheilen (§. 779) oder die

903. Die im Fall 902 bestellte Sicherheit haftet nicht blos für den Schaden, welcher der Widerklägerin dadurch erwachse, daß sie das Urtheil nicht habe zur Vollstreckung bringen können. Eine solche Sicherheit haftet vielmehr der Klägerin pfandesgleich für dasjenige, wozu die Beklagte in der vorläufig für vollstreckbar erklärten Entscheidung verurtheilt ist, insofern und insoweit diese Entscheidung demnächst, sei es unangegriffen, sei es trotz Beklagterseits dagegen eingelegter Rechtsmittel, zu Gunsten der Klägerin, bestehen bleibt. Accessorisch tritt zu der Haftung für den unmittelbaren Gegenstand der Verurtheilung oder wo dieser nicht erzwungen werden kann, für das demselben äquivalente Interesse hinzu die Haftung für das besondere Interesse, welches der Widerklägerin etwa dadurch erwächst, daß (in Folge des Beklagterseits erwirkten Beschlusses auf Einstellung der Zwangsvollstreckung) letztere nicht schon damals erfolgen konnte. Auch wenn die Eingangs 902 wiedergegebene Verurtheilung auf die vorläufige Vollstreckbarkeit nicht hätte erzwungen werden können, haftete die von der Widerbeklagten bestellte Sicherheit dafür, daß das demnächst in diesem Punkte bestätigte Urtheil nicht schon auf die erstinstanzliche Verurtheilung zur Ausführung gebracht ist. Eine weitere Haftung der Widerbeklagten ergab sich aus 815, aus der Verurtheilung zu Prozeßkosten, aus der angeordneten Vernichtung von Etiketten mit dem zu Unrecht gebrauchten Waarenzeichen. I, 283/89 vom 11. Jan. 90.

Zwangs-
vollstreckung.

Klage abweisen, obwohl daraus keine eigentliche Zwangsvollstreckung stattfindet. Der Ausdruck „vollstreckbar", den die C. P. O. vom Urtheile braucht, bedeutet nicht soviel, wie „vollstreckungsfähig", sondern kennzeichnet nur das Urtheil als gültig, rechtswirksam, unanfechtbar. Zum Belege Dessen darf auf §. 648 verwiesen werden. Hiernach sind auch ohne Antrag für vorläufig vollstreckbar zu erklären: 1) Urtheile, welche auf Grund eines Anerkenntnisses verurtheilen oder 2) den Eintritt der in einem bedingten Endurtheile ausgedrückten Folgen aussprechen; 3) ein weiteres in derselben Instanz gegen dieselbe Partei erlassenes Versäumnißurtheil; 4) Urtheile im Urkunden oder Wechselprozesse; 5) Urtheile, welche Arreste oder einstweilige Verfügungen aufheben. In den Fällen unter 1, 2, 3 kann die Feststellung eines Rechtsverhältnisses oder die Verurtheilung zu Abgabe einer Willenserklärung, in den Fällen unter 2 bis 5 können Klagabweisungen, demnach Urtheile vorliegen, welche Vollstreckungshandlungen nicht zur Folge haben. Dennoch ist die vorläufige Vollstreckbarkeit des Urtheils anzuordnen.

904. Der Schuldner der Gerichtskosten P. war noch bei seinem Leben gemahnt; damit war die Zwangsvollstreckung nicht begonnen, denn die Pr. Verordnung vom 7. Sept. 1879, §§. 6 und 23 unterscheidet die letztere von der Mahnung; so ist auch §. 22 zu verstehen. IV, 306/89 vom 6. Febr. 90.

905. Vorstehend war nach dem Ableben des Schuldners die Pfändung einer Forderung desselben gepfändet, und der Gerichtskasse zur Einziehung überwiesen. Die Verfügung ist zwar dem Drittschuldner behändigt, sie war aber nicht gegen die Erben oder gegen einen dem Nachlaß oder den Erben bestellten Pfleger, sondern gegen den (verstorbenen) Schuldner gerichtet. Pfändung ungültig. Daß die Zwangsvollstreckung so nicht erfolgen konnte, folgt aus ihrem Wesen, als eines Rechtsstreits zwischen mehreren Personen in Verbindung damit, daß der verstorbene Schuldner, dessen Persönlichkeit mit dem Tode geendigt hat, nicht mehr als der Gegner angesehen werden kann, an seine Stelle vielmehr die Erben treten. Auch setzt die in C. P. P. §. 693, Abs. 1 und §. 22, Abs. 1 der angez. Verordnung getroffene Ausnahmebestimmung, wonach es eines Pflegers oder der Zuziehung des Erben selbst nicht bedarf, wenn die Zwangsvollstreckung zur Zeit des Todes des Schuldners schon begonnen hatte und nachher in den Nachlaß nur fortgesetzt werden soll, den obigen Satz als Regel voraus, und §. 694 C. P. O., §. 22, Abs. 2 der Verordnung bezweckten nichts Anderes, als dem Gläubiger die (sonst fehlende) Möglichkeit zu schaffen, schon vor dem Antritt des Erben, sowie bei Unbekanntschaft desselben oder seines Aufenthalts die Forderung aus dem Nachlasse beizutreiben, indem sie die Bestellung eines Pflegers auf Antrag des Gläubigers, bezw. der Vollstreckungsbehörde vorsehen. Auch lassen jene Bestimmungen über die ruhende Erbschaft eine Ausdehnung auf die Erbschaft in dem Schwebezustand, der auch nach dem A. L. R. während der Ueberlegungsfrist eintritt (I, 9, §. 386 A. G. O.; A. L. R. I, 24, §. 15), wohl zu, und die Motive zur C. P. O. verweisen, indem sie von der ruhenden Erbschaft sprechen, ausdrücklich auf die eben zitirte Bestimmung der Gerichtsordnung. Es kommt aber darauf im vorliegenden Falle nicht an, denn wollte man annehmen, daß der §. 694 cit. und §. 22, Abs. 2 cit. den vorliegenden Fall, in welchem die Zwangsvollstreckung während der Ueberlegungsfrist stattgefunden hat, nicht

treffen, so würde die Folge nur die sein, daß die Zwangsvoll=
streckung überhaupt nicht, auch nicht mittelst Bestellung eines
Pflegers vor Ablauf der Ueberlegungsfrist mit Wirkung erfolgen
könnte. IV, 306/89 vom 6. Febr. 90.

906. Später als vorstehend die Gerichtskasse hatte ein anderer
Gläubiger gegen den Sohn und Erben des Schuldners dieselbe
Forderung pfänden lassen. Diese Pfändung war rechtswirksam,
obwohl Jener nicht alleiniger Erbe war, und die übrigen sechs
Erben erst zwei Tage nach der Zustellung an den Drittschuldner
der Erbschaft entsagt hatten. Nach Analogie A. L. R. I, 20, §. 16
war jene Pfändung mit dieser Entsagung konvalescirt. Die Kasse
ist deshalb zur Herauszahlung des eingezogenen Betrags an diesen
Gläubiger verurtheilt. IV, 306/89 vom 6. Febr. 90.

907. Das Landgericht hat die beklagten Versicherungsgesell=
schaften verurtheilt, der Klägerin eine Summe zu zahlen, und das
Urtheil für vorläufig vollstreckbar erklärt. Das Berufungsgericht
hat durch besonderes Urtheil das Landgerichtliche Urtheil soweit
als es die vorläufige Vollstreckbarkeit aussprach, wieder aufgehoben,
weil nach den Versicherungsverträgen die versicherten Summen
einen Monat nach Rechtskraft des Urtheils zu zahlen seien, und
die Klägerin verurtheilt, die inzwischen eingezogene Summe den
Beklagten zurückzuzahlen. Die Revision der Klägerin ist als un=
begründet zurückgewiesen. Trotz §. 656, Abs. 3 war die Revision
soweit zulässig, als die Klägerin zur Rückzahlung verurtheilt war.
Dafür spricht auch die Analogie des §. 563, Abs. 2. Das Be=
rufungsurtheil war zwar als Zwischenurtheil im Sitzungsprotokoll
bezeichnet, aus seinem Inhalt ergibt sich aber, daß ein provisori=
sches Endurtheil gefällt werden wollte. Das Berufungsurtheil war
auch sachlich begründet; und es verstieß nicht gegen §. 655. Der
Berufungsrichter hat insoweit in der Hauptsache erkannt, und das
erstinstanzliche Urtheil der Sache nach durch ein Theilurtheil ab=
geändert, als er der Klägerin das Recht abgesprochen hat, vor
Ablauf eines Monats seit der Rechtskraft des Urtheils Zahlung
zu verlangen. I, 259/89 vom 30. Nov.

908. Die Klage der Ehefrau des Schuldners stützt sich auf
§. 690 C. P. O. Gegenstand derselben ist nicht eine Handlung
des Beklagten, sondern die Unzulässigkeitserklärung der Zwangs=
vollstreckung durch den Richter. Diese wird aber dadurch, daß die

 gepfändeten Sachen, wie der Beklagte behauptet, verkauft sind,
nicht überflüssig. Denn selbst wenn mit der Revision anzunehmen
wäre, daß durch den Verkauf das Pfändungspfandrecht des Be=
klagten gemäß §. 306 Handelsgesetzbuchs erloschen sei, so würde
doch dadurch die Zwangsvollstreckung nicht unwirksam geworden
sein; ihre Rechtmäßigkeit und ein Verschulden der Klägerin vor=
ausgesetzt, würde sich vielmehr der Anspruch des Beklagten aus
der Pfändung in eine Interesseforderung verwandelt haben und
die Klägerin ihm persönlich zum Schadensersatz verpflichtet worden
sein. Aber wie das Pfändungspfandrecht, so hat auch dieser An=
spruch zur Voraussetzung, daß der Klägerin ein Recht, der Zwangs=
vollstreckung zu widersprechen, nicht zustand. Sind hiernach die
Ansprüche des Beklagten aus einem etwaigen Pfandbruch bis zur
Entscheidung des gegenwärtigen Rechtsstreits in der Schwebe, so
sind sie auch nicht geeignet, das mit der Klage verfolgte Recht der
Klägerin in irgend einer Weise zu beeinflussen. V, 317/89 vom
15. März 90.

909. Nach den §§. 690, Abs. 3 und 688, Abs. 1 C. P. O.
war es eine unerläßliche Voraussetzung der Gewährung des An=
trages auf Einstellung der Zwangsvollstreckung, daß der Kläger
die seinen Antrag begründenden Thatsachen glaubhaft machte. Nach
dem Gesammtinhalt der Akten und den mit der gegenwärtigen
Beschwerde überreichten Vorlagen ist zwar angenommen, daß
diesem Erforderniß jetzt genügt sei, und daß sich nach dem gegen=
wärtigen Stande der Sache die in den Vorinstanzen angeordnete
Einstellung der Zwangsvollstreckung rechtfertige, der Beschwerde
konnte aber in ihrer prinzipalen Richtung keine Folge gegeben
werden, da bei der thatsächlich verwickelten und rechtlich keineswegs
einfachen Beschaffenheit der in Frage stehenden Rechtsansprüche
ein genügender Anlaß vorlag, die Sistirung der Zwangsvoll=
streckung von einer entsprechenden Sicherheitsleistung Seitens des
Antragstellers abhängig zu machen. Die verfügte Sicherheitslei=
stung wurde aber herabgesetzt, weil durch die einstweilige Sisti=
rung des Zwangsvollstreckungsverfahrens die Haftung der Pfand=
gegenstände für die Ansprüche des pfändenden Gläubigers nicht
aufgehoben wird, sondern der Gläubiger nur gegen etwaige Schäden
der Verzögerung seiner Befriedigung, insbesondere durch die etwa
eintretende Werthverminderung der Pfandobjekte zu schützen ist.

Deshalb nicht ohne Weiteres der ganze Taxwerth der Pfand-
gegenstände maßgebend. B. III, 29/90 vom 14. März.

910. Mutter und Sohn hatten das Grundstück von dem Vater
und Ehemann ererbt, die Mutter hatte den lebenslänglichen Nießbrauch. Nachdem die Mutter das Grundstück veräußert hatte,
wurde der Kauf rechtskräftig annullirt; das Grundstück sollte an
Beide zurück aufgelassen werden. Dabei schlossen Beide den Vertrag, daß die Auflassung an sie Beide erfolgen sollte; der Sohn
jedoch an seiner Hälfte der Mutter den lebenslänglichen Nießbrauch
einräumte; auch sollte dem Sohn während der Lebenszeit der
Mutter kein Verfügungs-, Veräußerungs- und Verwaltungsrecht
zustehen. Diese Beschränkung ist gleichzeitig mit der Auflassung
in das Grundbuch eingetragen; die beklagte Gläubigerin des Sohns
hat wegen einer für vorläufig vollstreckbar erklärten Forderung
eine Vormerkung auf den Antheil des Sohnes eintragen lassen.
Sie ist auf Klage von Mutter und Sohn zur Löschung verurtheilt,
Revision zurückgewiesen. Der Berufungsrichter legt den Vertrag
unanfechtbar dahin aus, daß durch denselben die Verfügungsbefugniß
über die Grundstückshälfte des Sohnes, soweit Letzterer sich derselben begeben, auf dessen Mutter übertragen worden ist. Danach kann nicht bezweifelt werden, daß die — schon wegen ihres
Nießbrauchsrechts an der Verfügungsbeschränkung des Sohnes
interessirte — Mutter ein vertragsmäßig erworbenes Recht darauf
hat, daß der Verfügungsbeschränkung nicht zuwider gehandelt wird;
woraus weiter folgt, daß die Verfügungsbeschränkung auf einer
rechtlichen Privatverfügung im Sinne des A. L. R. I, 4, §. 15
beruht, deren Eintragung ins Grundbuch nach §§. 17, 19 daselbst
der Beschränkung auch gegen Dritte Rechtswirksamkeit verleiht.
Deshalb sind auch die Gläubiger des Sohnes an sie gebunden,
zumal hier die Beklagte nicht bereits bestimmte Rechte an dessen
Vermögen erworben hatte, als die Grundstückshälfte in dasselbe
fiel. Auch die Eintragung einer erst nach Ableben der Mutter
wirksam werdenden Vormerkung würde als Beeinträchtigung der
auf die Mutter übergegangenen Verfügungsgewalt erscheinen. V,
304/89 vom 5. März 90.

911. Das Honorar des Verwalters unterscheidet sich in nichts
von den sonstigen Kosten der Zwangsverwaltung. Gleich allen
übrigen Kosten und Ausgaben der Zwangsverwaltung ist dasselbe

aus den erzielten Einkünften des Grundstücks vorweg zu bestreiten (§. 148 des Pr. Gesetzes vom 13. Juli 1883) und fällt, soweit dies nicht möglich, gleich den übrigen Kosten des Verfahrens dem betreibenden Gläubiger zur Last, der dasselbe nur unter den gleichen Voraussetzungen, wie seine sonstigen Ausgaben zur Erstattung aus der Zwangsversteigerungsmasse liquidiren kann, nämlich nur dann, wenn dadurch, daß an Stelle des Eigenthümers ein Verwalter gesetzt wurde, das Grundstück für die Zwangsversteigerung erhalten oder wiederhergestellt worden ist, also z. B. wenn durch Einleitung der Zwangsverwaltung Verwüstungen des Gutes durch den Eigen=thümer Einhalt gethan wurde.   V, 177/89 vom 13. Nov.

912. Die Ausgaben, welche bei der bis zum Zuschlag fort=gesetzten Zwangsverwaltung des Grundstücks von dem betreibenden Gläubiger zur Erhaltung und nöthigen Verbesserung des Grund-stücks gemacht sind, sind nach §. 24 des Gesetzes vom 13. Juli 1883 aus dem Kaufgelde zu berichtigen, wenn sie aus den Ein-künften nicht erstattet werden können. Sind die thatsächlich er-zielten Einkünfte von dem Verwalter nicht abgeliefert, auch nicht zur Erstattung der von dem betreibenden Gläubiger geleisteten Vorschüsse verwendet worden, so kann das den Realgläubigern nicht zum Nachtheil gereichen, eine etwaige Untreue des Verwalters und ebenso eine gesetz= oder instruktionswidrige Verwendung und Ver=schleuderung der erzielten Einkünfte von Seiten desselben kann nach dem oben ausgesprochenen Grundsatz, daß die Realgläubiger durch die ohne ihren Willen veranlaßte Vollstreckungsmaßregel keinen Schaden erleiden dürfen, nur den die Zwangsverwaltung betreibenden Gläubiger, nicht aber die Realgläubiger treffen, gleich=viel ob dem ersteren dabei eine Versäumniß zur Last fällt oder nicht. V, 177/89 vom 13. Nov.

913. Das führt aber zu dem Ergebniß, daß bei Beantwor-tung der Frage, ob die zur Erhaltung und nöthigen Verbesserung des Grundstücks von dem die Zwangsverwaltung betreibenden Gläubiger gemachten Ausgaben aus den Einkünften erstattet werden können, im Sinne des §. 24 des Gesetzes vom 13. Juli 1883 nur der Stand der während der ganzen Dauer der Verwaltung gemachten Einnahmen und zu leisten gewesenen Wirthschaftsaus=gaben in Betracht zu ziehen, die Frage also nicht schon dann zu verneinen ist, wenn nach Beendigung der Zwangsverwaltung ein

Baarbestand nicht vorhanden war und mithin auch nach §. 150 a. a. O. zur Zwangsversteigerungsmasse nicht abgeführt worden ist. V, 177/89 vom 13. Nov.

914. Es kann auch keinen wesentlichen Unterschied machen, ob thatsächlich Ueberschüsse erzielt worden sind, und der Verwalter den nicht abgelieferten Fehlbetrag zu vertreten hat, oder ob bei ordnungsmäßiger Verwaltung, insbesondere Verwendung der eingehenden Gelder sich ein Ueberschuß der Einnahmen über die Verwaltungsausgaben hätte herausstellen müssen, für welchen der Verwalter nicht minder verantwortlich sein würde. V, 177/89 vom 13. Nov.

915. Der Zwangsverwalter darf zumal mit Genehmigung des Vollstreckungsgerichts Versicherungsverträge über die Früchte des Grundstücks abschließen. V, 195/89 vom 23. Nov.

916. Der Eigenthümer hat die Früchte im Mai 1888 gegen Hagelschäden versichert, die gestundete Prämie der Gesellschaft auf Gegenseitigkeit nicht gezahlt; es ist auch nicht gekündigt. Sie fordert die Prämie für 1888 und 1889 aus den Erstehungsgeldern, von welchen ein Theil zurückbehalten ist, von der Beklagten, welche mit ihrer Hypothek ausgefallen ist. Die zur Deckung ausreichenden Einkünfte der Zwangsverwaltung an Baarbestand und Erntevorräthen sind der Beklagten mit dem Gut ausgeantwortet. Der in der zweiten Hälfte des Mai 1888 bestellte Zwangsverwalter soll mit Genehmigung des Vollstreckungsgerichts in den Versicherungsvertrag eingetreten sein und Zahlung versprochen haben. Der Anspruch würde aus §§. 148, 150, Abf. 2 des Gesetzes vom 13. Juli 1883 begründet sein. Für denselben haftete die Zwangsverwaltungsmasse, und als deren Rechtsnachfolger die Zwangsvollstreckungsmasse, an welche die Einkünfte gekommen sind. Ob die Sache anders liegen würde, wenn die Einkünfte bei der Subhastation mit ausgeboten wären, war nicht zu entscheiden. V, 195/89 vom 23. Nov.

917. Wenn auch die Viehstücke, deren Herausgabe der Pächter des inzwischen subhastirten Grundstücks von dem Ersteher fordert, dem Pächter gehörten, so konnte der Zwangsverwalter die auf dem Grundstück vorhandenen Viehstücke doch zu thatsächlichem Zubehör des Grundstücks machen. V, 197/89 vom 27. Nov. Vgl. 919 und Bd. VII, 1224.

918. Im Fall 35 und 59. Bei der Versteigerung wurde bekannt gemacht, daß die Eintragung Abtheilung II in ihrer Rechtsgültigkeit zweifelhaft sei, daß der Verkauf des Grundstücks somit nach dem Titelblatte erfolge, jedoch unter Hinweis, daß über die zeitige Zugehörigkeit oder Abtrennung des Regulirungsrechts von den Subhastationsgrundstücken der Prozeßrichter zu entscheiden haben werde, somit das Bestehen des Rechts zweifelhaft sei. Danach ist die Zugehörigkeit der Grundgerechtigkeit überhaupt so wenig als die des Regulirungsrechts Kaufbedingung am Wenigsten gegen den beklagten Untermüller geworden. Durch den Hinweis auf die mögliche Herbeiführung einer Entscheidung des Prozeßrichters über die zweifelhafte Frage der Zugehörigkeit des Regulirungsrechts ist dem Ersteher nur überlassen, die Rechte auf Anfechtung des Vertrags gegen den Beklagten geltend zu machen, welche dem Subhastaten etwa zustanden oder welche sich sonst aus dem Wesen des veräußerten Rechts begründen lassen möchten. Wie aber solche Anfechtung zu begründen sein möchte, ist nicht ersichtlich. Sollte ein solches Anfechtungsrecht den übrigen Untermüllern zustehen, weil die Aenderung in der Verwaltung des gemeinschaftlichen Rechts ohne ihre Zustimmung geschehen sei, so kann der Ersteher dieses Recht Dritter nicht für sich geltend machen. Ein eigenes Recht auf Anfechtung als Ersteher hat er nicht. V, 198/89 vom 30. Nov.

919. Im Fall 917. Der Kläger hat den ihm durch C. P. O. §. 690 eröffneten Weg nicht eingeschlagen. Die Viehstücke sind deshalb, da sie thatsächliches Zubehör des subhastirten Grundstücks und auf demselben waren, Eigenthum des Erstehers geworden. — Vgl. V, 137/87 vom 24. Sept./29. Okt. (Bd. V, 1391, S. 19, 61). — Der Vorbehalt der von dem Kläger angemeldeten Eigenthumsansprüche durch den Subhastationsrichter gab dem Kläger nur einen Anspruch an die Kaufgelder. — Vgl. V, 167/88 vom 10. Okt. (Bd. VI, 1269). Kläger ist mit seinem Anspruch gegen den Ersteher abgewiesen. V, 197/89 vom 27. Nov.

920. Der Kläger hatte das inzwischen subhastirte Gut auf das laufende Jahr erpachtet, und nach seiner Angabe die Aussaat auf seine Kosten und die Bestellung mit seinem Inventar beschafft. Es gebührten ihm also die Früchte mit ihrem Entstehen. — A. L. R. I, 7, §. 194, I, 9, §. 221. — Soweit nicht die

Realinteressenten einen Anspruch auf die Früchte als Einkünfte erlangten — S. O. von 1883, §§. 140, 143, 148 ff. — gebührten jene Früchte, auch wenn sie vom Zwangsverwalter gezogen, aber nicht verwendet waren, dem Pächter. Der Ersteher hat auf dieselben, soweit sie nicht als zur Fortführung der Wirthschaft erforderlich, Zubehör des Guts waren — A. L. R. I, 2, §. 49 — kein Recht. — Vgl. auch A. L. R. I, 21, §§. 350 ff. — V, 197/89 vom 27. Nov.

921. Zwischen dem beklagten Ersteher und dem klagenden Pächter war im Vorprozeß rechtskräftig entschieden, daß der Kläger kein Recht habe, der Zwangsverwaltung zu widersprechen, weil der Pachtvertrag in Folge der Anfechtung des Beklagten als hypothekarischen Gläubigers von 1575 Mark insoweit diesem gegenüber für unwirksam erklärt wurde. Damit ist die Frage bezüglich der dem Kläger als Nutzungsberechtigten zustehenden Rechte Dritten gegenüber, insonderheit dem Beklagten als Ersteher gegenüber nicht zum Nachtheil des Klägers entschieden. Zurückverwiesen unter Vorbehalt, welche Ansprüche Beklagter als ausgefallener Hypothekgläubiger in Verbindung mit der Fraudulosität des Pachtvertrags auf die Ernte erheben will. V, 197/89 vom 27. Nov.

922. Der Beschluß des Landgerichts, durch welchen auf Antrag des Klägers der dingliche Arrest gegen den Beklagten angeordnet worden, war auf den Widerspruch des Beklagten durch ein für vorläufig vollstreckbar erklärtes Urtheil des Landgerichts aufgehoben, auf Berufung des Klägers durch Urtheil des Oberlandesgerichts Naumburg vom 22. Nov. 1889 wieder hergestellt; in Folge dessen erscheint der Arrestbefehl in der gleichen Weise, als ob gegen denselben Widerspruch nicht erhoben wäre, zur Vollziehung geeignet, ohne daß er der Vollstreckungsklausel bedarf, da der Fall, für welchen C. P. O. §. 809 die Vollstreckungsklausel gefordert wird, nicht vorliegt. Die Ertheilung der Vollstreckungsklausel deshalb auch vom Gericht mit Recht verlangt. B. V, 151/89 vom 21. Dec.

923. Mit Recht geht das Urtheil davon aus, daß die aus mißlicher Vermögenslage oder Mangel an gutem Willen zu besorgende Säumniß des Schuldners in Bezahlung seiner Schulden für sich allein noch keinen zureichenden Arrestgrund bilde, ein solcher aber auch nicht ausschließlich in der drohenden Einwirkung

 des Schuldners oder eines unberechtigten Dritten zu finden sei, der Arrest vielmehr nach der Absicht des Gesetzes dem Gläubiger auch gegen die drohenden Einwirkungen äußerer und zufälliger Umstände Schutz gewähren solle. Der Berufungsrichter verkennt aber den in §. 797 C. P. O. bestimmten Rechtsbegriff des Arrest= grundes, wenn er den am 1. Juli 1889 stattgehabten Brand der Fabrik, mit welchem auch die für die Miethforderung haftenden Illaten verbrannten, als solchen bezeichnet. Dieser Brand ist nämlich der Arrestanlage vorausgegangen, ein Arrestgrund liegt aber nur dann vor, wenn zu besorgen ist, daß in Zukunft eine Thatsache eintreten werde, welche ohne Verhängung des Arrestes die Zwangsvollstreckung vereiteln oder wesentlich erschweren würde. Allerdings konnte die durch den Brand herbeigeführte Sachlage die Besorgniß einer künftigen Vereitelung der Zwangsvollstreckung hervorrufen, von diesem Gesichtspunkte aus hat aber der Berufungs= richter die Sache nicht geprüft, die Entscheidung konnte daher nicht aufrecht erhalten werden. II, 316/89 vom 18. Febr. 90.

924. Bezüglich der Kaufpreisforderung für überlassene Be= triebseinrichtungen, an denen nachträglich den Verkäufern das Eigen= thum vorbehalten war, führt das Berufungsurtheil aus, daß es hier an einem Arrestgrunde fehle, weil durch den Brand die Lage des Gläubigers gegenüber dem schuldnerischen Vermögen sich nicht verschlechtert habe. Aus diesem Satze ergibt sich nicht nur, daß der Berufungsrichter den Brand als einen Arrestgrund auf= faßt, sondern auch, daß er dem Gläubiger das Recht abspricht, für sein Gesuch einen Umstand geltend zu machen, welcher bereits zur Zeit der Eingehung des Rechtsverhältnisses bestanden hat. Allerdings wurde im Gebiete des gemeinen Rechts von einigen Schriftstellern der Satz aufgestellt, daß der Gläubiger, welcher sich mit einem unsicheren Schuldner eingelassen habe, hierdurch das Recht verliere, diese Unsicherheit durch Arrestgesuch geltend zu machen, der Civilprozeßordnung aber ist diese Auffassung fremd, es fragt sich nicht, wann die Besorgniß des Gläubigers entstanden, sondern ob sie begründet sei. Mit Unrecht erklärt daher der Be= rufungsrichter die Behauptungen des Klägers für unerheblich, daß sich die Schuldner vor und nach dem Brande in schlechter Ver= mögenslage befunden hätten, daß dieselben die Versicherungsgelder bei Seite zu schaffen in der Lage seien, und ihnen nach ihrem

bisherigen Verhalten eine solche Verfügung über die Versicherungsgelder zugetraut werden dürfe. II, 316/89 vom 18. Febr. 90.

925. Das Berufungsgericht hat bei Annahme der Glaubhaft-
machung des Klaganspruchs über die einzelnen Theile der Klagbegründung und die Einwendungen des Beklagten eine dem künftigen Endurtheil in der Hauptsache präjudicirende definitive Entscheidung nicht gegeben, sondern ausdrücklich hervorgehoben, das
Begehren des Beklagten, in eine genauere Prüfung der Begründet-
heit des Arrestanspruchs einzutreten, laufe dem Wesen und Zweck
des Arrestprozesses zuwider. Danach sind die vorgetragenen Thatsachen und rechtlichen Gesichtspunkte nur in soweit geprüft, wie
dies nach Annahme der Vorinstanz für die Entscheidung über das
Arrestgesuch erforderlich war. Daß die auf solcher Prüfung beruhende Annahme, der Klaggrund sei glaubhaft gemacht, auf einer
Gesetzesverletzung beruhe, ist nicht ersichtlich, und ist im Uebrigen
das richterliche Ermessen der Vorinstanz in dieser Richtung nicht
nachzuprüfen. III, 10/90 vom 18. Febr.

926. Da die eingeklagte Forderung zu Gunsten dritter Gläubiger des Klägers arrestirt war, erfolgte die Verurtheilung „vor-
behältlich der den benannten Gläubigern aus den von ihnen
erwirkten Arresten erwachsenen Rechte“. Die Verurtheilung schlechthin auszusprechen, und die Erledigung der Arreste dem Zwangs-
verfahren vorzubehalten, wurde für unzulässig erachtet. I, 216/89
vom 9. Jan. 90.

927. Der Arrest war wegen ausgelooster Obligationen der
Kaschau-Oderberger Eisenbahngesellschaft, wegen deren die Exekution
im Auslande vollstreckt werden mußte — C. P. O. §. 797 — auf
Forderungen derselben in Deutschland verfügt, auf den Widerspruch
der Beklagten in der Berufung wieder aufgehoben, weil die Beklagte für alle jene Obligationen in Ungarn Hypothek bestellt habe
und solche dort eingetragen sei. Das Urtheil war auf die Pr.
A. G. O. I, 29, §. 12 und A. L. R. I, 20, §§. 22, 23 gegründet.
Allein abgesehen von allem Anderen steht dieser Begründung entgegen, daß für die Verhängung des Arrestes der C. P. O. nicht
ein materiellrechtlicher Anspruch auf Sicherheitsleistung die Grundlage bildet, vielmehr findet der Arrest zur Sicherung der Zwangsvollstreckung wegen der Forderung, nicht wegen eines dieser innewohnenden accessorischen Kautionsanspruches statt, und zwar, wie

 der Abf. 2, §. 796 C. P. O. ausdrücklich ausspricht, wegen der Forderung auch dann, wenn sie betagt ist. Das alleinige Erforderniß besteht nach §. 797 in der Besorgniß, daß ohne die Verhängung des Arrestes die Vollstreckung des Urtheils vereitelt oder wesentlich erschwert würde, bei erforderlicher Zwangsvollstreckung im Auslande schon in diesem Umstande. Die geschehene Bestellung einer Sicherheit kann daher nur unter dem Gesichtspunkte einer Beseitigung dieser Besorgniß oder der Beseitigung der Erforderlichkeit der Zwangsvollstreckung im Auslande in Betracht gezogen werden und der Standpunkt, daß, wenn sie in dieser Richtung unzureichend ist, sie doch den Arrest ausschlösse, weil sie in gleichem Maße unzureichend schon zur Zeit ihrer Bestellung war, ist der C. P. O. fremd. Aufgehoben, zurückverwiesen. I, 2/90 u. A. vom 26. Febr.

928. Die Arrestbeklagte hat vorstehend geltend gemacht, daß ihr Gefahren drohen, daß wegen derselben Obligationen, wenn sie von der Arrestklägerin nach vollzogenem Arrest veräußert werden, von dem jeweiligen Inhaber von Neuem Arrestanträge gestellt werden. Wenn sie, da die Obligationen nicht hinterlegt werden, hiergegen Sicherheit fordert — C. P. O. §§. 801, 805 —, so läßt sich das nicht mit dem Hinweis darauf zurückweisen, daß die Arrestbeklagte den neuen Arrestanträgen mit dem Hinweis auf die bereits wegen derselben Obligationen vollzogenen Arreste entgegentreten könne. Denn der neue redliche Inhaber solcher Inhaberobligationen ist nicht Rechtsnachfolger des früheren Inhabers; ihm präjudiziren also auch nicht die früheren Arrestvollstreckungen. I, 2/90 vom 26. Febr.

 929. Das Amtsgericht hatte am 14. Dec. einstweilige Verfügung auf Eintrag einer Vormerkung zur Sicherung des Rechts auf Auflassung erlassen. Das die e. V. aufhebende Berufungsurtheil aufgehoben, die e. V. für rechtmäßig erklärt. Durch den notariellen Kaufvertrag war der Anspruch auf Auflassung glaubhaft gemacht. Damit dem Erforderniß des §. 70 G. E. G. §. 18 des Pr. Ausführungsgesetzes zu C. P. O. §. 8 des E. E. G. genügt. Unerheblich, daß der Käufer das Kaufgeld noch nicht bezahlt hat. Der Zweck des Gesetzes würde vereitelt werden, wenn man die Vormerkung nur wegen solcher Ansprüche zulassen wollte, deren sofortiger Erfüllung Hindernisse nicht entgegenstehen. Uner-

heblich die Erklärung der Beklagten, daß sie zur Auflassung bereit Einstweilige Verfügung. gewesen und einer Klägerin die Auflassung vereitelt habe. Da es sich im gegenwärtigen Rechtsstreit nur darum handelt, ob die vom Amtsgericht erlassene Verfügung vom 14. Dec. zu dieser Zeit gerechtfertigt war, so kann das spätere kontraktwidrige Verhalten der Klägerin die Entscheidung nicht beeinflussen. Bezüglich der Zeit vor 14. Dec. haben Beklagte Beweis nicht angetreten. Auch haben die Beklagten von A. L. R. I, 11, §. 230 keinen Gebrauch gemacht, vielmehr im Vorprozeß selbst auf Entgegennahme der Auflassung geklagt. V, 236/89 vom 11. Jan. 90.

930. Nachdem das Berufungsurtheil verkündet, wenn schon noch nicht zugestellt war, war die Berufungsinstanz erledigt. Das Berufungsgericht war also gemäß C. P. O. §. 816, 821 nicht mehr zuständig, eine einstweilige Verfügung zu erlassen, daß der klagende Ehemann der beklagten Ehefrau Kostenvorschuß zu zahlen habe. B. IV, 5/90 vom 14. Jan.

931. Durch einstweilige Verfügung (§. 819) durfte nicht die Einziehung eines Stempels im Wege der Verwaltungs-Zwangsvollstreckung eingestellt werden; hierüber entscheiden allein die Gesetze, welche den Rechtsweg bezüglich der Verwaltungszwangsvollstreckung regeln. Die Pr. Verordnung vom 7. Sept. 1879 enthält aber eine diesbezügliche Vorschrift in §. 26 nur wegen Anprüche dritter Personen. IV, 293/89 vom 20. März 90.

932. Das Reichsgericht hält an dem von diesem Senat Schiedsrichterliches Verfahren. wiederholt ausgesprochenen Satze fest, daß der Schiedsvertrag über die zwischen den Parteien streitige Frage erledigt war, nachdem die Schiedsrichter über diese Frage einen Spruch gefällt hatten, wenn auch die Klage auf Vollstreckbarkeit wegen nicht gewährten Gehörs abgewiesen war. Das ergibt sich aus den Bestimmungen der Civilprozeßordnung. Nach §. 867 kann die Aufhebung eines Schiedsspruchs beantragt werden, wenn der Partei in dem Verfahren das rechtliche Gehör nicht gewährt war. Die Aufhebung aus diesem Grunde findet nicht statt, wenn die Parteien ein Anderes vereinbart haben. Die Partei, welcher das rechtliche Gehör nicht gewährt ist, kann also auch auf Geltendmachung dieses Aufhebungsgrundes verzichten, indem sie den erlassenen Schiedsspruch anerkennt oder sich demselben unterwirft. Der ohne rechtliches Gehör abgegebene Schiedsspruch ist nicht schlechthin

nichtig, als sei ein solcher gar nicht abgegeben. Vielmehr besteht er zu Recht, bis er aufgehoben wird, nachdem die Partei in dem über den Schiedsspruch ergangenen Verfahren dessen Aufhebung aus diesem Grunde beantragt hat. Besteht aber der Spruch einstweilen zu Recht, so haben die Schiedsrichter ihre Funktion damit erfüllt, daß sie einen Spruch ertheilt haben. Damit dieselben einen neuen Spruch zu fällen zuständig wären, müßte ein neuer Schiedsvertrag zwischen den Parteien abgeschlossen werden; oder der abgeschlossene Schiedsvertrag müßte diesen Sinn haben, daß die Schiedsrichter nicht blos einen, sondern daß sie zwei oder mehrere Sprüche abgeben sollen, — jedesmal einen neuen, wenn der abgegebene Spruch aufgehoben ist. Einen solchen Sinn hat die Bestimmung nicht, daß sich die Parteien wegen aller ihrer Differenzen dem Schiedsspruch des Vorstandes des Vereins der Getreidehändler an der Hamburger Börse unterwerfen. Der Vorstand hatte einen zweiten Schiedsspruch ertheilt; daß die Beklagte sich in dem zweiten Verfahren vor ihm vorbehaltlos eingelassen hätte, war nicht festgestellt. Die Klage aus dem zweiten Schiedsspruch abgewiesen. Der Kläger hätte nach der Beseitigung des ersten Schiedsspruchs im ordentlichen Rechtsweg klagen müssen. I, 251/89 vom 30. Nov.

933. Damit, daß das rechtskräftige Urtheil des Landgerichts dem ersten Schiedsspruch die Vollstreckbarkeit aus dem Grunde abgesprochen hatte, weil derselbe der Aufhebung unterlag, ist zwischen den Parteien die Ungültigkeit jenes Schiedsspruchs rechtskräftig ausgesprochen. Derselbe war also beseitigt. Die Ungültigkeit des zweiten Schiedsspruchs war nicht aus dem Umstande abzuleiten, daß der erste Schiedsspruch nicht auf eine Klage des jetzigen Beklagten formell aufgehoben sei. I, 251/89 vom 30. Nov.

934. Im Fall Bd. VIII, 1031 hat das Berufungsgericht nach anderweiter Verhandlung von Neuem die Einrede des Schiedsvertrags verworfen und den Beklagten verurtheilt. Nun ist die Revision zurückgewiesen. Der Schiedsrichter zu Elberfeld habe das persönliche Erscheinen des Klägers aus Mühlhausen i. E. und des Beklagten aus Lengenfeld für nothwendig erklärt und nur für den Fall, daß diese Parteien sich hierzu bereit erklärten, seine Bereitwilligkeit zur Fällung des Schiedsspruchs ausgesprochen; die Mittheilung seiner eventuellen Bereitwilligkeit an die Parteien

habe sonach eine Anfrage an dieselben enthalten, und es habe einer ausdrücklichen bejahenden Antwort bedurft, wenn diese den Vorschlag des Schiedsrichters hätte annehmen wollen, während die Nichtbeantwortung seitens der beiden Theile innerhalb eines Zeitraums von mehreren Monaten als eine Ablehnung des gemachten Vorschlags bezw. als Rücktritt vom Schiedsvertrage angesehen werden müsse. Das wurde als eine ausreichende Begründung des Berufungsurtheils erachtet; die thatsächliche Würdigung sei aber der Nachprüfung des Revisionsrichters entgegen. II, 318/89 vom 25. Febr. 90.

935. Der Gläubiger hatte angemeldet 122 455,05 Mark mit der Erklärung, er beanspruche die Vorrechte, welche sich aus in der Anmeldung angezogenen Pfändungspfandrechten, Eintragungen und Cessionen in securitatem ergeben. In die Tabelle war die Forderung als anerkannt eingetragen, ohne Erwähnung eines Rechts auf abgesonderte Befriedigung. Demnächst Zwangsvergleich mit selbstschuldnerischer Bürgschaft des Sch. für die Erfüllung. Der Eintrag in die Tabelle ist auszulegen unter Heranziehung der Anmeldung; die Forderung war anerkannt, wie sie angemeldet war. Danach stand dem Gläubiger die Forderung auf 122 455,05 Mark bezw. die Akkordrate nur soweit zu, als er nicht aus den ihm zur Sicherheit angewiesenen Objekten befriedigt wurde, also auf den Ausfall. I, 267/89 vom 14. Dec. Vgl. 896.

936. Der Widerbeklagte hatte Forderungen an den Gemeinschuldner, als er von demselben Waaren kaufte. Daß er zu dieser Zeit Kenntniß von der Zahlungseinstellung des Gemeinschuldners hatte, schließt nicht das Recht des Widerbeklagten aus gegen die vom Konkursverwalter geklagte Kaufpreisforderung jene seine eigene Forderung zu kompensiren. K. O. §. 48³ setzt voraus, daß derjenige, welcher dem Gemeinschuldner etwas schuldig war, später eine Forderung an denselben erworben hat. Hier konnte nur in Frage kommen, ob der Konkursverwalter berechtigt war, den Kauf des Widerbeklagten anzufechten. Aber er hat nicht unter Anfechtung des Kaufs die Waaren zurückgefordert, sondern auf den Kaufpreis geklagt. I, 275/89 vom 21. Dec. Vgl. 167.

937. Der Berufungsrichter erwägt: Voraussetzung des Nachlaßkonkurses sei allerdings, daß den Gläubigern nur der Nachlaß,

nicht auch das eigene Vermögen der Erben hafte, weil nur ersteren Falles im Nachlaffe eine getrennte Vermögensmaffe gegeben fei. Aber diefes Erforderniß liege auch vor; denn, wenn auch die Witwe der Benefizialerben-Eigenschaft verluftig erflärt und daher den Nachlaßgläubigern mit ihrem ganzen Vermögen verhaftet gewefen fei, fo fei diefe Eigenschaft doch den beiden Kindern unbeftritten geblieben, und letztere feien deshalb befugt, ihrerfeits die Gläubiger an den Nachlaß zu verweifen. Diefe Erwägung beruht auf richtiger Anwendung der Vorschrift des §. 205 K. O. und A. L. R. I, 17, §§. 127 ff. enthaltenen Grundfätze. IV, 244/89 vom 12. Dec. 89/28. Jan. 90.

938. Ein zur Konkursmaffe gehöriges Grundftück war un-verkauft geblieben, weil der Konkursverwalter irrthümlich geglaubt hatte, daffelbe habe zu dem zur Maffe gehörigen Rittergut gehört und fei mit diefem verkauft. Nachdem der Beschluß über Auf-hebung des Konkurfes ergangen war, erwirkte ein Gläubiger, welcher feine Forderung angemeldet, ohne daß er für diefe Be-friedigung erlangt hatte, für diefe eine Vormerkung auf das Grundftück. Nun wurde das Konkursverfahren wieder eröffnet. Auf Klage des Verwalters ift der Gläubiger auf Grund K. O. §. 153, Abf. 2 verurtheilt, die Vormerkung löschen zu laffen. Der vorerwähnte Irrthum fteht dem Irrthum über das Dafein eines Vermögensftückes oder deffen Zugehörigkeit zur Maffe gleich. Allerdings hat, wenn auf Grund der Aufhebung des Konkurfes der Gemeinschuldner über einen thatfächlich nicht verwertheten, alfo feiner Verfügung wieder anheimgefallenen Gegenftand ver-fügt, oder ein einzelner Gläubiger denfelben zu feiner Befriedi-gung in Beschlag genommen oder verwendet hat, eben damit die Möglichkeit aufgehört, daß der Gegenftand als ein zur Maffe gehöriger noch nachträglich ermittelt werde und für die Anwen-dung des §. 153, Abf. 2 K. O. bleibt folchenfalls kein Raum mehr. Vgl. auch Striethorft 97, S. 195. Der Gläubiger aber, welcher es weiß, daß ein Gegenftand zu denen gehört, welche nach Konkursrecht zur Befriedigung der Gefammtheit dienen follen, und daß nur aus Unkenntniß diefe Verwendung bis zur Schlußver-theilung unterblieben ift, handelt argliftig, indem er die Unkennt-niß des Verwalters und der Gläubigerschaft zu feinem Vortheile benutzt. Seine Kenntniß von dem beftehenden Anspruche der

Gläubigerschaft schließt die Befugniß zum Zugriffe (§. 152) aus.
§. 9 des E. E. G. würde nur den Dritten decken, welcher das
Grundstück nach Aufhebung des Konkurses erworben hätte. V,
172/89 vom 6. Nov. 89/21. Jan. 90.

939. Bei der zehntägigen Frist des §. 23, Ziff. 2 der K. O.
ist der Tag der Zahlungseinstellung nicht mitzuzählen. Da die
Zahlungseinstellung am 14. April erfolgte, war die am 4. April
erfolgte vorzeitige Zahlung anfechtbar. III, 310/89 vom 18. Febr. 90.

940. Da der Schuldner bis spätestens gegen Mai zu zahlen
verpflichtet war, hatte der Gläubiger die am 4. April erfolgte
Befriedigung seiner Forderung nicht zu beanspruchen. III, 310/89
vom 18. Febr. 90.

941. Im Fall 32 hat Eugen Asch die von Gebrüder Kahn
gekauften Tuche zusammen mit anderen Ende Okt. 1885 an R. & F.
nach Berlin zur Appretur geschickt. Die Vereinsbank erwirkte
gegen Asch einstweilige Verfügung, durch welche Herausgabe der
Tuche an jene angeordnet wurde und erfolgte. Durch Urtheil des
Landgerichts vom 14. Dec. 1885 wurde die einstweilige Verfügung
aufgehoben bezüglich 47 Stück Tuche, weil Asch Eigenthümer sei.
Am 12. Jan. 1886 Konkurs über Asch eröffnet. Das Landgerichtliche Urtheil zu Gunsten der Konkursmasse am 2. Febr. 1887
bestätigt. Die Vereinsbank hatte jene 47 Stück Tuche im August
1886 an eine Berliner Firma verkauft und übergeben. In einem
Uebereinkommen zwischen der Vereinsbank und dem Konkursverwalter ließ dieser die Veräußerung gelten und die Berliner Firma
erkannte sich als Schuldnerin der Konkursmasse für den Kaufpreis
der 47 Stück von 3688,85 Mark, macht aber in einem noch schwebenden Prozeß ihre höhere Konkursforderung compensando geltend. Gebrüder Kahn erheben wegen 36 Stück Tuch von den
47 Stück einen Aussonderungsanspruch, und machen, da die Konkursmasse durch Beitritt zu dem Verkauf an die Berliner Firma
diesen anerkannt hat, den Anspruch geltend, die Konkursmasse habe
die ihr gegen die Vereinsbank zustehende Forderung insbesondere auf
die hinterlegte Sicherheit in Höhe von 2728,53 Mark nebst Zinsen
abzutreten und den Klägern im Falle der Zahlung jenes Betrags
durch die Vereinsbank die erhaltene Summe herauszuzahlen. Dazu
ist die Konkursmasse verurtheilt. Waren aber die Kläger bereits
vor der Konkurseröffnung Eigenthümer der Tuche geworden, so

stand ihnen daran gemäß §. 35 K. O. das Aussonderungsrecht
zu, sofern nicht sie, sondern der Konkursverwalter die thatsächliche
Verfügungsgewalt darüber besaßen. Letztere Voraussetzung lag
aber vor, weil, nachdem die Vereinsbank die Beschlagnahme er=
wirkt hatte, in dem Prozesse wegen Bestätigung der einstweiligen
Verfügung Asch mit Umgehung der Kläger sein angebliches Eigen=
thum als Käufer der Tuche geltend gemacht hat, zu dessen Gun=
sten die Aufhebung der Beschlagnahme erfolgt, nach seinem Tode
die Konkursmasse in den Prozeß eingetreten ist und für sich das
bestätigende Berufungsurtheil vom 2. Febr. 1887 erwirkt hat.
Demnach konnten nicht die Kläger, sondern die Konkursmasse über
die von der Beschlagnahme freigegebenen Tücher verfügen und
war, solange dieser Zustand dauerte, der Anspruch auf Aussonde=
rung begründet. Die Beklagte hat nun aber weiter über die Tücher
verfügt, indem sie die in Mißachtung der Urtheile von der Vereins=
bank vorgenommene Weiterveräußerung genehmigte und diese als
Schuldnerin des entsprechenden Theils des Kaufpreises annahm.
Daraus haben die vorderen Instanzen mit Recht die Folgerung
gezogen, daß die Konkursmasse selbst als Verkäuferin der den
Klägern gehörenden Tuche zu behandeln und daher §. 38 K. O.
anzuwenden sei. II, 325/89 vom 4. März 90.

942. Die Gebrüder Kahn haben damit, daß sie eine Forde=
rung in Höhe von 6256,14 Mark anmeldeten, auf ihr Aussonde=
rungsrecht nicht verzichtet, denn sie haben in der Anmeldung diese
Aussonderung ausdrücklich vorbehalten. Der Umstand, daß der
Konkursverwalter gleichwohl die Konkursforderung in Höhe von
5000 Mark anerkannt hat, und daß diese so in die Tabelle ein=
getragen ist, kann ihnen nicht zum Nachtheil gereichen. II, 325/89
vom 4. März 90.

943. Den Gebrüdern Kahn ist eine Konkursforderung von
1256,14 Mark Schadensersatz zugesprochen, weil ihnen die 64 Stück
Tuch nicht geliefert sind. Hierfür nicht K. O. 15, 21 maßgebend,
da die Kläger bereits erfüllt hatten, aber H. G. B. 355, 356.
Schon in der Anmeldung zur Konkursmasse haben Kläger den
Willen kundgegeben, für den Fall der Nichtlieferung Schadens=
ersatz zu fordern; ebenso ist durch Klagerhebung Inverzugsetzung
erfolgt. Der Konkursverwalter hat überdies dem Aussonderungs=
anspruch nicht stattgegeben, sondern nach der bereits am 30. Jan.

1886 erfolgten Anmeldung durch Genehmigung des Weiterverkaufs die Lieferung vereitelt. II, 325/89 vom 4. März 90.

944. Auf Grund K. O. §§. 137 ff., 143, 146 kann ein Gläubiger nicht gegen den Konkursverwalter auf Zahlung der auf ihn entfallenden Dividende klagen, auch wenn der Verwalter Namens der Konkursmasse ein Zahlungsversprechen abgegeben hätte. Denn bei diesen vorläufigen Vertheilungen handelt es sich immer um Verwaltungsmaßregeln. Ist der Konkursgläubiger zu Unrecht übergangen, so kann er nur Entschädigungsansprüche gegen die Person des Konkursverwalters, oder Rückforderungsansprüche gegen die bei den Vertheilungen berücksichtigten Gläubiger erheben. IV, 351/89 vom 27. Febr. 90.

945. Da die Anfechtung des Konkursgläubigers nur zu Gunsten der Konkursmasse wirkt (VI, 204/87 vom 12. Dec. — Bd. V, 341, E. 20, S. 29), so konnte der Gläubiger, dessen Forderung im Konkurse anerkannt war, und welcher sodann ein Absonderungsrecht an der Forderung des Gemeinschuldners geltend gemacht hatte, weil er dieselbe vor dem Konkurse aber, nachdem der Gemeinschuldner die Forderung einem Dritten cedirt hatte, hatte pfänden lassen, dem Konkursverwalter gegenüber daraus keine Rechte ableiten, daß diese Cession Letzterem gegenüber für unwirksam erklärt war. Dem Gläubiger gegenüber bestand diese Cession noch zu Recht, er hatte also ein Pfandrecht an der dem Dritten abgetretenen Forderung durch die Pfändung nicht erworben. II, 14/90 vom 11. März.

946. Für ein Vertheilungsverfahren im Sinne des §. 758 C. P. O. und für eine dasselbe einleitende Hinterlegung des Erlöses fehlen im vorliegenden Falle, in welchem nur ein einziger Absonderungsberechtigter vorhanden ist, alle gesetzlichen Voraussetzungen. In dem in §. 53 K. O. vorgesehenen Falle findet ein gerichtliches Vertheilungsverfahren überhaupt nicht statt, es ist vielmehr lediglich Sache des Konkursverwalters, die vorhandenen Massegläubiger nach Maßgabe dieser Vorschrift zu befriedigen, soweit die vorhandene Masse reicht. Selbst wenn außer den Massekosten, welche erst nach den Masseschulden im engeren Sinne des Wortes berücksichtigt werden dürfen, noch weitere Masseschulden dieser Art vorhanden sein sollten, welche Anspruch auf gleichmäßige Befriedigung wie die dem Kläger zustehende Kostenforde-

Konkurs.

rung gewährten, würde der Beklagte durch die angefochtene Entscheidung nicht beschwert sein, weil ein derartiges Verfahren durch
diese Entscheidung nicht ausgeschlossen, der Verwalter vielmehr
lediglich auf die ihm nach den §§. 3 und 53 K. O. obliegenden
Verpflichtungen verwiesen worden ist. B. II, 28/90 vom 18. März.

947. Im Fall Bd. VII, 1259 hat der Berufungsrichter
anderweit ebenso erkannt. Revision zurückgewiesen. Nach den
jetzt vorliegenden Konkursakten hatte der Konkursverwalter, welcher in den Prozeß nicht eintrat, die angemeldete Kostenforderung,
zu welcher der Gemeinschuldner erstinstanzlich und in dem für vorläufig vollstreckbar erklärten Urtheil verurtheilt war, anerkannt;
die Hauptforderung war von ihm und dem Gemeinschuldner bestritten. So Eintrag in die Tabelle. Das Anerkenntniß wegen
der Kosten wurde dahin verstanden, daß die Forderung so anerkannt war, wie sie durch das erstinstanzliche Urtheil begründet
war, als eine vorläufige, so daß das Anerkenntniß einem die
Klage abweisenden Urtheil auch bezüglich der Kostenforderung
nicht entgegenstand. I, 355/89 vom 1. März 90.

Freiwillige
Gerichts-
barkeit.

948. Die Führung der Genossenschaftsregister nach dem
Reichsgesetz vom 1. Mai 1889 gehört zur freiwilligen Gerichtsbarkeit. Wegen der in solchen Sachen liquidirten Gerichtskosten
keine Beschwerde an das Reichsgericht zulässig. B. I, 8/90 vom
12. März.

Alphabetisches Register.

jungsbeklagten auferlegten Eiden 838b, 852.

Beschluß oder Urtheil? 814.

Beschwerde nicht gegen einen Ausspruch in den Entscheidungsgründen des Urtheils, der Antrag sei erledigt 858; unzulässig gegen Anordnung, daß in der Hauptsache zu verhandeln 863; gegen abgelehnte Aussetzung des Verfahrens 864; über Einstellung des Verfahrens bei Kompetenzkonflikt 613; keine der Partei gegen die den Zeugnißzwang für unberechtigt erklärende Entscheidung 770; keine an das Reichsgericht wegen Kosten aus Führung des Genossenschaftsregisters 948; zulässig über ein in der Berufung über die vorläufige Vollstreckbarkeit ergangene Entscheidung 862; wegen abgelehnter Vertagung? unbegründet wegen Verhinderung des Anwalts 693. Weitere unzulässig 869a; zulässig 869a, 869f; wenn ein anderer Kostenposten gleicher Höhe abgesetzt war 869; wenn erste Instanz materiell entscheidet, zweite aus formellen Gründen zurückweist 869b; einfache Beschwerde gegen den Beschluß, durch welchen das Untergericht angewiesen, sich der Kostenfeststellung zu unterziehen 869g; Beschwerde wegen Sistirung der Ausschüttung eines Auktionserlöses 868; über verweigerte Ausstellung eines Attestes, daß gegen einen Kostenfeststellungsbeschluß eine sofortige Beschwerde erhoben sei 865—867; gegen einen Beschluß des Landgerichts, nicht auch gegen dessen Ausführung betreffenden Beschluß des Amtsgerichts 869g; Beschwerde der Partei auf Erhöhung gegen den Kostenfeststellungsbeschluß 869d; Anwaltszwang bei Beschwerde über Beschluß betreffend Kostenfestsetzung, erste Instanz detachirte Kammer für Handelssachen 860; Entscheidung nicht über Antrag hinaus 859; der auf eine Beschwerde eines Mitklägers ergangene Beschluß wird, obwohl die weitere Beschwerde nur gegen den andern Mitkläger erhoben, gegen welchen die erstinstanzliche Entscheidung allein ergangen, ganz aufgehoben 671; das Landgericht ändert auf Beschwerde seinen Beschluß in der Hauptsache ab, das Oberlandesgericht hat über die Kosten zu beschließen 861.

Besitz. Eigenthumsbesitz an einem Platze? 36; Quasibesitz einer Dienstbarkeit; heimlicher wegen unterlassener Anzeige? 44.

Bestätigung eines ungültigen Geschäfts 239.

Betrug, s. Arglist. Theilnahme bei nicht völlig aufgeklärtem Sachverhalt 132; bei Verträgen Beklagter durch B.; zum Eintritt in die Gesellschaft bestimmt, Einrede gegen Gläubiger 251; Anfechtung bei Gewährleistung für cedirte Hypothek 252; durch Einrede ohne Erbieten der Rückgabe 253.

Beweisanträge, zu Unrecht nicht berücksichtigte 799a; zu Unrecht abgelehnter Urkundenbeweis 797, 798; z. U. abg. Sachverständigenbeweis über Sprachgebrauch 237; mit Recht abgelehnt bei Beweis durch sachverständige Zeugen 771; mit R. abg. Gegenbeweis 799; Anfechtung ausgeschlossen nach Veräußerung des gekauften Gegenstandes oder eines wesentlichen Theils 254.

Beweislast bei Schuld- und Pfandverschreibung, Streit über die Summe; Behauptung, ein Theil sei als Gratifikation bewilligt 745; mangelnde gewerbliche Verwerthbarkeit bei Patenten 104; Streit über Abrechnung welcher Forderung? 752; über vom Kläger zum Theil eingeräumte Gegenforderung 761; der Erfüllung bei gegenseitiger Obligation 765b; bei der Alimentationspflicht beg. des Inhändenhabens von Vermögen 515; Bereicherung 755; bei Anfechtungseinrede und früherer Zusage 758—760; ursprünglich schriftlicher Vertrag beredet, später thatsächlich ausgeführter Vertrag 753; Fortbestand der mündlichen Beredung bis zur Auslassung 763; wesentliche Eigenschaft für die Entschließung des Erwerbers bei ausdrücklich vorausgesetzten Eigenschaften und bei Betrug 754; bei Wucher 274; der Käufer habe eine Kaufbedingung abweichend von dem allgemeinen Sprachgebrauch des Orts verstanden 765a; Kläger fordert angemessenen Preis, Beklagter behauptet Abschluß zum verabredeten Preise 765d; Nachforderung des Kaufpreises, weil zuviel Transportkosten abgerechnet, B. bezüglich der Nebenkosten 299; höherer Gehalt der gelieferten Koaks an Kische und Wasser nach Verfügung des Käufers 765c; Genehmigung vorzeitiger Beendigung der Reise Seitens des Verfrachters 750; Kausalzusammenhang zwischen Unfall und Tod bei Unfallversicherung 434; Verschuldung des Mitgesellschafters 751; Genehmigung zu Ausgaben durch Mit-gesellschafter nicht eingeholt 757; Rechtsbestand einer Aktiengesellschaft 765; ob das Geld des Sparkassenbuchs, welches eingebracht wurde, dem Ehemann zugeflossen 756; B. bei negativer Feststellungsklage 762; Einrede mangelnden Interesses 765; B. bei Schadenswürdigung 827.

Beweisvertrag. Invalidität nur nachzuweisen durch Attest eines bestimmten Arztes 766; Probe einer für mangelhaft erklärten Maschine 767; der Befund eines Sachverständigen soll ausschließlich maßgebend sein 768.

Börsengeschäfte. Kauf von Aktien per ult., im Laufe des Monats werden junge angekündigt, welche demnächst noch nicht emittirt werden dürfen 411; keine Erhöhung der vereinbarten Depots vor ultimo, deshalb keine Zwangsregulirung beim Ausbleiben 412.

Bürge beim Zwangsvergleich. Einrede, der Gläubiger könne Zwangsvollstreckung nur für den Ausfall bei den Sicherheiten fordern 890; der Verkäufer läßt Anderen als dem Käufer mit dessen Bewilligung auf, keine Einrede des Bürgen 441; Aufgeben von Sicherheiten? 442—44; Befreiung des Bürgen durch Aufhebung der Hauptverpflichtung, wenngleich unter Begründung einer gleichwerthigen Verpflichtung des Schuldners 445; ein Gesellschafter der bürgenden o. H. G. tilgt durch Uebernahme der Schuld, Regreß der o. H. G. gegen die Mitbürgen 446.

Cautio, s. Wucher. Als Gewinnantheil ein Extrahonorar für Darlehn bei Ankauf eines Grundstücks 276.

Cession, später Pfändung und Ueberweisung der Forderung an Dritten, der Schuldner zahlt an Cessionar 281; C. zur Einziehung im eigenen Namen, das Eigenthum der Forderung bleibt dem Cedenten; der Schuldner zahlt, obwohl die Forderung gegen Cedenten gepfändet ist 282; C. keine in der Gestattung der Kompensation 474; Uebernahme der Aktiva des Geschäfts begreift nicht den Uebergang einer persönlichen Forderung des Geschäftsinhabers 474; C. zur Sicherheit nach A. L. R. 783; C. des Entschädigungsanspruchs an den Urheber des Brandes im Voraus durch die Versicherung 384.

Chikane. Beweis 39; in-

wenn die Urkunde zuvor nicht mitgetheilt 733f.

Einrede. Keine E. auf Grund von Behauptungen des Klägers zu anderem Klagegrund, welchen Beklagter bestreitet 739; E. aus der Person des Dritten 737, 717; durch Kompensation (s. diese), Trennung nach §. 136 oder Theilurtheil nach §. 274, 736; E. der Genehmigung eines auftragswidrigen Geschäfts bei der Sachlage nicht substantiirt 738; Substantiirung der E. veränderter Umstände in einer Beziehung nicht gültig für andere Beziehung 740; prozeßhindernde der Kostenerstattung, Kläger hat das Armenrecht 734; und klagt erst beim Amtsgericht, dann beim Landgericht 735.

Einstweilige Verfügung auf Vormerkung zur Sicherung der Auflassung aus Kauf ohne Zahlung des Kaufgeldes 929; bei Verzug des Käufers nach erlassener e. V. 929; Aussetzung der Verhandlungen bis zur rechtskräftigen Entscheidung der Hauptsache 690, 621; Erledigung der Instanz 930; e. V. des Oberrichters über den Verbleib der Kinder 873, 874; keine Einstellung einer Verwaltungszwangsvollstreckung 931.

Eltern und Kinder. Verzicht der Mutter auf ein Erziehungsrecht zu Gunsten von Pflegeeltern 525; Verpflichtung des Vaters zur Alimentenzahlung für das von der Mutter rechtswidrig zurückgehaltene Kind 526; der Mutter werden die Kinder auf Klage des Vormunds entzogen 527; Alimentationspflicht der Mutter in Geld ohne Rücksicht auf das geringe Vermögen der Kinder 528.

Enteignung. Berücksichtigung der Vortheile aus einem gleichzeitigen anderen Enteignungsunternehmen 568; trennbarer Punkt nicht streitig geworden 569; Hinterlegungszinsen der Enteignungssumme 570; Besitzveränderung im Laufe des Enteignungsverfahrens 578, 579; Werth eines Theils nach A. L. R. 571; Uebernahme der Lasten 572; Ersatz der Kosten, bez. der Lasten 573; Frist für Beschreitung des Rechtswegs 574; 4 % Zinsen in Westpreußen, sichere Kapitalanlegung 577; Veranschlagung ungewisser Steuern 576; thatsächliche Vortheile 575.

Entmündigungsverfahren. Zustellung der Berufung an den Oberstaatsanwalt 875; der beigeordnete Rechtsanwalt bestellt den Prozeßbevollmächtigten in der Berufung 876.

Erbe. Klage des Fiduziar ohne Verwaltungsbefugniß wegen einer hinterlegten Hypothek gegen einen Prätendenten 547.

Erbauseinandersetzung. Anfechtung, weil das obervormundschaftliche Gericht, welches genehmigt hat, ein nicht berücksichtigtes Aktivum nicht gekannt hat 530.

Erbrezeß nicht die Auseinandersetzung über eine von den Erben eingegangene o. H. G. über Betrieb einer gemeinschaftlich gebliebenen Ziegelei 556.

Erbschaftsantretung. Keine konkludente 546.

Erbschaftssteuer von mündlich geschenktem Sparkassenbuch 599; Haftung des Bevollmächtigten eines Miterben für die Steuer 600; der Nießbrauch dem Ehemann hinterlassen, Berechnung der E. des Substanzerben 602; die E. der Fideikommißerben auf den Ueberrest 601.

Erbvertrag, mündlicher? 541.

Erbverzicht gegen Versprechen einer Abfindung; das Versprechen ungültig wegen Mangels gerichtlicher Form 542.

Erfüllung. Klage auf E. nach abgewiesener Schadensklage 261.

Erfüllungsort. Zusatzvertrag am neuen Domizil, präsumtiver E. des neuen Vertrags 265.

Erklärung durch Schweigen 204; keine Theilung der Erklärung, um daraus Genehmigung der Ausführung eines Auftrags durch einen Andern abzuleiten 203; Mangel der Uebereinstimmung von Willen und Erklärung nur, wenn äußerlich hervorgetreten 206; E. in Uebereinstimmung mit dem Willen bis zum Beweise des Gegentheils 207.

Ersatzreservisten Mannschaften des Regiments 236.

Erhöhung der Mühle am Quellwasser? Offene Anlage 42; das Recht auf ein Wehr gegenüber einem Grundeigenthümer 43; E. einer Grunddienstbarkeit, Heimlichkeit des Besitzes? 44.

Familienfideikommiß. Keine Verurtheilung zur Gestattung, daß die Landschaft zahle, welche aus eigenem Interesse verwaltete 552.

Faustpfand schriftlich bestellt ohne schriftliche Annahme 71; die vorstehende Hypothek deren Faustpfandgläubiger gegenüber als simulirt von nachstehendem Hypothekar angegriffen 63; Kollision mit Pfändungspfandrecht 72—74; Abrede der Aufrechnung von Gegenforderungen aus späteren Geschäften, inzwischen verpfändet der Gläubiger die Forderung und notifizirt 25.

Feststellungsklage. Keine F. gegen andere Person, als zwischen welchen die Frage mit rechtlichem Erfolg auszutragen (Gültigkeit der Schenkung) 717; F. des Pfändungspfandgläubigers gegen den Drittschuldner 717a; auf generellen Schadensersatz 717a, 713, 714; F. nicht eine Klage auf richterliche Ergänzung eines formlosen Vertrags 713; F. daß der Beklagten ein den Kläger ausschließendes Recht an einem öffentlichen Gewässer nicht zustehe, auch nach Erlöschen der dem Kläger bedingt gewährten Konzession 715; keine F. wegen Rückständen von Beiträgen zu Kirchenbauten 716; keine F., sondern Anerkennungsbegehren als Element der Erfüllungsklage 717b.

Fideikommissarische Substitution. Veräußerung eines Grundstücks in der Absicht, die Rechte der Substituten zu verletzen 537; F. S. für den Fall, daß der Fiduziar nicht letztwillig verfügt 538; Entziehung der Rechte durch Verpfändung gegen Veräußerungsverbot, Klage des Pflegers? 539; F. S. auch der Enkel, wenn die Kinder substituirt waren? 540.

Firma. H. G. B. 23, Abs. 2, wenn diese nicht eingetragen war 109; Störung des Rechts auf die F. durch öffentliche Ankündigung ausschließlicher Berechtigung 110; auch im Ausland 110; Klage auf Unterlassung der Firmenführung nicht veranlaßt 111, 112; nicht auf Unterlassung ähnlicher Firma 112; Granitwerk Blauberg für ein Granitwerk am Blauberg 111.

Form. Keine Klage auf die Schrift 222; mündlicher Vertrag wird bindend nur durch vollständige Erfüllung 222; mündliches Versprechen einer Vermögenszuwendung für den Fall der Heirath 338, 339; mündliche Genehmigung des Hausvaters 224; mündliche Vereinbarung über Auslegung eines schriftlichen Vertrags 225; mündlicher Vergleich unter sofortigem Verzicht, später nur theilweis schriftlicher Verzicht 226; Aufhebung eines Pachtvertrags mündlich und thatsächlich 227; Schriftlichkeit bei Zusage des Mandatars Geld zu 4 Proc. beschaffen zu wollen 219; Nebenabrede 720, 771; Wiederaufhebung eines Kaufs über ein Grundstück unter Verzicht auf das Ungezahlte 723.

Frachtvertrag „frei von Bruch" und daneben „frei von Bruch" in den Kisten" 366; Konossement über 500 Kisten, 2 Kisten nicht abgeliefert. H. G. B. 610? 367; Freizeichnung inkorrekter Ablieferung bei Fehlen zweier Kisten? 368; H. G. B. 408 nicht bei a conto Zahlungen 369; Unterbrechung des Transports und Lagerung, die Sachen verbrennen 370; Abweichung des Reglements von der Vorschrift des Frachtbriefs über Höhe der Fracht 365.

Fragepflicht nicht bei klarem Antrag 859; keine Verpflichtung, Ergänzung des ungenügenden Beweisantritts nach Weg und Material zu veranlassen 682, 683; unklarer Berufungsantrag 684; allgemeine Bestreitung 685; unkorrekte Klagebitte 687; keine wegen nicht verlesenen Statutenparagr. über spätere Zahlung 686; naheliegende Umstände 419b; unterlassene Wiederholung erstinstanzlicher Beweisantretung 681; wegen Bestimmtheit des Gegenstandes 686; bei von der Partei falsch beurtheilter Beweislast 698.

Fremde Sache verkauft; ausdrücklich? 386.

Freiwillige Gerichtsbarkeit. Keine Beschwerde an das Reichsgericht wegen Kosten aus Führung des Genossenschaftsregisters 948.

Fristen. §. 22 des Rheinpr. Ges. vom 18. April 1887. 697.

Gegenseitiger Vertrag? 219; keine Verpflichtung bei nicht gewährter Gegenleistung 268; die Lieferung trotz der Mängel angenommen, und Vertrag im Wesentlichen erfüllt, keine Zurückbehaltung der ganzen Gegenleistung 269; Berechnung des Interesse, wenn der Konkursverwalter in den g. V. nicht eintritt, unter Einrechnung der Gegenforderung 270; Rücktritt und Interesseforderung statt des Erfüllungsanspruchs 271; Rücktritt ohne Verschuldung 272.

Gegenstand der Vertragsobligation. Klage auf Erfüllung nach abgewiesener Schadensklage 264.

Genehmigung verabredungswidrigen Handelns, Substantiirung 738; Ablehnung einer Genehmigung nicht so zu theilen, daß die Genehmigung der Ausführung durch einen Andern an sich genehmigt sei 205; G. unbrauchbarer Zeichnungen, weil Bau danach nicht auszuführen, nicht nachtheilig 364; G. eines wegen Irrthums anfechtbaren Vertrags 230; keine einfache G. beim Mangel obervormundschaftlicher Zustimmung 239; keine Genehmigung nach Beprobung bei irrthümlicher Unterzeichnung 240.

Genossenschaft. Geltendmachung des durch Vertrag von Gesellschaftsorganen veranlaßten Eintritts eines G.ers gegen Gläubiger 251; keine Rechtskraft des Urtheils zwischen G. und G.er für Anspruch des Gläubigers gegen G.er 832; die G. wird nur durch die Unterschriften zweier Vorstandsmitglieder verpflichtet, die V. überlassen dem Kassirer, welcher zugleich V., die alleinige Aufnahme von Darlehen 213, 214.

Gerichtskostengesetz §. 6 Niederschlagung der Kosten 672; §. 40 Zurücknahmegebühr in der Revisionsinstanz 673; §. 85 der Ausländer zahlt in der Rechtsmittelinstanz den Gerichtskostenvorschuß nicht ein 842a; keine Anrechnung von Gerichtskosten auf den zu Unrecht erhobenen Theil des Vorschusses, wenn jene durch den Rest des V. gedeckt 673a.

Gerichtskundig aus anderen Verhandlungen; Theilnahme aller erkennenden Richter an jenen V.? 747; Viehhaltung bei den Häuslerfamilien seit 1791. 748.

Gerichtsstand. Kein Beweis des Vertragsschlusses in dem Verfahren über die Einrede der Unzuständigkeit 654c; keine Ernennung eines gemeinschaftlichen Gerichts für die Klage aus lehnrechtlichen Successionsfällen wegen der unter verschiedenen Gerichten belegenen Einzelgrundstücke 651; der belegenen Sache. Klage auf Rückauflassung wegen Ungültigkeit der Auflassung 653; Klage auf Rücknahme unkontraktlicher Waare 654; des Delikts nicht Klage aus §. 13 des Markenschutzgesetzes 650; des Erfüllungsortes nicht durch „Wahl des Wohnsitzes" 652. Prorogation, ausschließliche einer Versicherungsgesellschaft 649; des Vertrags bei stillschweigendem Vertrag 654b; nicht bei Quasikontrakten 654a; Herbeiführung einer Löschung aus persönlicher Verpflichtung 648; des Wohnsitzes eines versetzten Beamten, welcher sich an den neuen Ort nicht begeben hat 654d; Rückforderung von Stempeln (§. 21) 647; Anfechtung einer Pfändung (C. P. O. §. 696) 899.

Gesellschaft. Die von zwei Pächtern gemeinschaftlich zu stellende Pachtkaution ist von einem im eigenen Namen gestellt, Miteigenthum 448; Begründung des Ersatzanspruchs an Mitgesellschafter 449; Antrag eines Gesellschafters auf Ausschluß des Zweiten 450; Gründe der Ausschließung 451. 452; Klage auf Ungültigkeit der Veräußerung des Miteigenthümers, obschon die Auflösung der Gesellschaft feststeht 453; Schweigen während mehrerer Jahre bei einseitigem Geschäftsbetrieb des Andern, als Auflösung des Verhältnisses aufgefaßt 454; Verkauf des Inventars durch einen Gesellschafter nach vorgängiger Benachrichtigung des Andern 447.

Geständniß. Beweis der Unwahrheit bei außergerichtl. G. 743; kein G. bezüglich der Erblegitimation der Gegenpartei 744; qualifizirtes, Beweislast 745; außergerichtliches, kein Dispositionsakt, beseitigt durch Gegenbeweis 746; nicht Absicht zu gestehen 746a.

Gewährleistung für abgetretene, nicht bestehende Spezialhypothek, Bd. VIII, 372; kein Einwand, daß Cessionar Generalhypothek hat untergehen lassen, Bd. VIII, 375; Kauf eines Geschäfts mit Maschinen, Entäußerung eines Theils der Maschinen 404, 405.

Gewässer. Kein unentziehbares Recht der Mühle auf die Quelle 84, 85; Klage des Grundeigenthümers auf Beseitigung eines Wehres im Privatflusse 86, 87, 88; kein Recht des Unterliegenden auf das Wasser der nicht gefaßten Quellen 89; Landsee in Verbindung mit einem Flusse; öffentlich? 90.

Gewinnantheil. Berechnung bei einer Maklerprovision, der eine Theilhaber hat sich bei der Vermittelung ausbedungen, daß er an dem Gewinn theilnehme, welcher durch Weiterveräußerung erzielt werde 525.

Gewohnheitsrecht, partikulares 2; Beseitigung einer gesetzlichen Abgabe durch G. 1.

Grundbuch. Dem Grundstück steht mit mehreren anderen eine Grunddienstbarkeit an einem anderen, jenem ein Vorrecht zu; Abtretung dieses Vorrechts an einen anderen Servitutberechtigten, Eintrag

hat Zahlung eines Kaufpreises versprochen, wenn ihm Verkäufer ein Grundstück zu einem bestimmten Preise anbiete 376; Erhöhung des Kaufpreises nach der Erfüllung 387; Verdacht der Zahlungsunfähigkeit des Käufers 382; Selbsthülfeverkauf bei Androhung, nachdem bereits anderweit verkauft war 377, 378; Verletzung über die Hälfte, Maßstab des Werths 379. Kein Schadensersatz des Verkäufers für verzögerte Leistung bei zeitweiser Unmöglichkeit 373; Verpflichtung des Verkäufers zur Uebertragung von Russischem Eigenthum eingeschränkt auf Ausstellung entsprechender Vollmacht — weitere Verpflichtung zur Beseitigung von Hindernissen 383; Kauf eines Geschäfts mit Maschinen, Entwährung eines Theils der Maschinen, Anspruch des Käufers 384, 385; mehrere Häuser zusammengekauft, eines mit Schwamm behaftet, Redhibition aller 381; Erlaß der Reparaturkosten zur Beseitigung des Schwamms, ohne Abzug des Mehrwerths 375. Kauf nach Handelsrecht. Bedeutung der angenommenen Schlußnote mit Preisbestimmung bei vorhergegangenem Mißverständniß über Preis 401; Kauf mit vorbehaltener Spezifikation 404; Waaren mittlerer Art und Güte beim Kauf zur Probe 388; Uebergabe? 390. Fixgeschäft. Erfüllung gefordert? 403. Selbsthülfeverkauf (s. Kauf), keine Disposition des Verkäufers durch Verkauf eines Theils der nicht abgenommenen, vorher ausgeschiedenen Waare 402; Hinausschiebung des Selbsthülfeverkaufs 395; Erfüllung eines Theils, Schadensersatz für anderen Theil 397; Rücktritt des Verkäufers bei Säumigkeit des Käufers für frühere Lieferungen 407; der Verkäufer verkauft anderweit an Dritten, dieser dem Käufer, welcher Erfüllung fordert 398; Kauf unter Bedingung der Theillieferung an bestimmtem Tage, Verkäufer weigert Auslieferung 394; Verzug des Verkäufers in Uebergabe 389; Rücktrittserklärung mit Widerklage auf Rückzahlung des Preises 391; die zu einem Theilbetrag beklagte Preisdifferenz zugesprochen und zu diesem Theil gezahlt nach dem Marktpreis des Erfüllungsortes, Klage auf den Rest nach dem Marktpreis des Bestimmungsorts 408; Ort der Bestimmung vorbehalten, Klage auf Preisdifferenz 410; Theilbetrag von dem Schaden abstrakt berechnet und gezahlt, der Rest konkret berechnet 409; Zahlung nach Empfang und Richtigfinden bei Zuckerrübensamen 392; kein Rücktritt nach Zahlung des Preises 393. Mängelanzeige ohne Benennung der einzelnen Lieferungen 399; keine verspätete Anzeige 405; Ausfallprobe, Mängelanzeige 406; Garantie, Dispositionsstellung 396; Lagerkosten des Käufers keine niedrigeren als des Spediteurs 231; Käufer verkauft die zur Verfügung gestellte Waare, keine Verpflichtung zur Preiszahlung 400; Abkommen auf eine maßgebende Probe der angeblich mangelhaft gelieferten Maschinen 767.

Kaufmann nicht der Direktor einer Aktiengesellschaft 230; ein Restaurateur mit Gehalt K. 232.

Kausalität. Haftung für Verschulden nicht ausgeschlossen durch Mitverschulden des Vormunds des Beschädigten 116; Haftung des Mandatars für den Verlust einer Forderung dadurch, daß dem Dritten Anlaß gegeben wurde, angebliche Gegenforderung zu kompensiren, und er inzwischen insolvent wurde 117; Umfang des Schadens eingeschränkt zufolge groben Verlebens des Beschädigten 118.

Kirche und Schule ohne Kirchengemeinde erwerben keine Rechte gegen den Staat 604; kein Uebergang von der Kirchengemeinde an die Schulgemeinde, und keine Vertretung dieser durch jene 609b; Nothwendigkeit eines Kirchenbaues im Prozeß durch Sachverständige erwiesen 609; die auf den Grundstücken ruhende Pflicht, den Kirchhof zu unterhalten, erstreckt sich auch auf den neuen 605; Zusammenlegung zweier Parochien etwas Anderes als Erlöschen einer 609a; Vereinigung zweier Muttertirchen, Unterhaltspflicht der Pfarrgebäude 609g; Kirche zwei Gemeinden gemeinschaftlich, Beitragspflicht zur Hälfte 609f; Filialgemeinde mit der Muttertirche einer Parochie 608; F. mit eigener Kirche beitragspflichtig zur Mutterkirche nach alten Vergleichen 608; Beitragspflicht der F. zur Kirche der mater 609f; Kirchenstuhl nach Wiederherstellung der abgebrannten Kirche, Entschädigung 603.

Kirchengemeinde. Haftung aus lex Aquilia 488.

Klage. Der Antrag auf Ausschließung eines Gesellschafters enthält nicht den Antrag auf Auflösung der Gesellschaft 701; neuer Klaggrund ohne entsprechenden Antrag 707; Beurtheilung der Begründung lediglich nach der Klage, nicht nach der Einrede, welche sich Kläger nicht aneignete 711b; über den Grund des Klageanspruchs, dingliches Recht, zu entscheiden 703; bestimmter Gegenstand bei Klagen auf Rückstände 708; Präjudizialklage nach A. G. O. über die Erbfolge 711c; K. auf Inventar Anerkennungsklage 710; neben Bezeichnung einer vom Beklagten zu zahlenden bestimmten Summe 710; nicht gegen Notar auf Ertheilung der Vollstreckbarkeitserklärung 846; nicht gegen eine Firma als solche, welche keine o. H. G. 711a; K. aus unvordenkl. Verjährung als Eigenthumserwerb enthält in sich K. aus außerordentlicher Ersitzung 706; K. auf Erfüllung nach abgewiesener Schadensklage 264; Substantiirung der K. auf Schadensersatz wegen eines durch leichtsinniges Kreditiren verlorenen Kaufpreises 704; Substantiirung bez. geleisteter Abzahlungen 702; K. auf Unterlassung einer unrechten That, Verkauf von Schuhwaaren als die einer andern Fabrik 151; K. gegen Miterben auf Einwerfung einer Annahmesumme veranlaßt? 551. Aktivlegitimation. Keine Klage des Ehemanns aus einem von ihm und der Ehefrau gemeinschaftlich vorgenommenen Verkauf 709; die fideikommissarischen Substituten mehrerer Erben betheiligt, Klage des Pflegers der Substituten eines Erben 711; der Testamentsvollstr. zahlte aus eigenen Mitteln zum Nachlaß, aus diesem zuviel an Miterben, K. im eigenen Namen 135. Passivlegitimation. Welche Provinzialsteuerbehörde bei Rückforderung von Stempeln? 706; die Jagdgemeinschaft verklagt v. Jagdpächter, weil einzelne Grundeigenthümer die Jagd durch veränderte Nutzungen geschädigt haben 341; Klage gegen Gemeinde, weil der Gemeindevorstand eine Wasserleitung zerstört hat 617.

Klagänderung. Klage des Ehemanns ihm, zu zahlen — Genehmigung der Ehefrau und Antrag, an beide Eheleute zu zahlen 733; Eigenthumsansprüche an Schulgrundstücken — die Nutzung für den Küster der Schule beansprucht 735;

Eigenthumsanspruch an eine Insel durch Bezugnahme auf Eigenthum anderen Ufers 733b; Ersitzung des Fischereirechts durch Anlieger — der sämmtlichen Einwohner 733c; Klage aus Heimfall einer Erbpachtsstelle — Privationsrecht 731; Hypothekarische Klage — Deliktsklage 732; Anfechtung — Löschungsanspruch als Hypothekgl. auf Grund §. 5 des Pr. G. vom 13. Juli 1883. 729; Klage auf Erfüllung — auf Vollstreckungsurtheil 730.

Keine Klagänderung. Aenderung der thatsächlichen Verhältnisse vor Klagerhebung, später vom Kläger erfahren 728a; dieselben Thatsachen werden unter einen anderen rechtlichen Gesichtspunkt gezogen 728; stillschweigende Annahme l. R. 720; Provisionsanspruch — Entschädigungsanspruch aus denselben Thatsachen 719; Zahlung an den Kläger — Befreiung von seiner Haftung 721; Darlehn baar gezahlt — das von dem Beklagten zu zahlende Geld als Darlehn belassen 722; Pfändungspfandrecht an dem Anspruch auf Herausgabe — an den im Laufe des Verfahrens herausgegebenen Werthpapieren 723; ergänzende mündliche Verhandlungen vor dem Vertragsschluß 724; der Beklagte habe versprochen eine Hypothek zu verschaffen, — er habe Zahlung der Valuta versprochen, wenn er die H. nicht verschaffe 725; Cession — in der Cessionsurkunde anerkannt, daß Forderung schon früher durch Zahlung übergegangen 726; Klage auf Unterlassung — nach veränderter Sachlage auf Feststellung, daß Beklagte nicht berechtigt sei 727.

Klagenhäufung. Verbindung der Feststellungs- mit der Leistungsklage 718.

Kollation. Erlaß durch den Bevollmächtigten 555.

Kommission. Bedingungen und Regulativ weichen ab 327; Vorbehalt, in sich kompensiren zu dürfen 327; Selbsteintritt bei diskretionären Aufträgen 328; Selbsteintritt in Geschäfte, bei denen der Tageskurs festgestellt wird nur nach den bei der Liquidationskasse angemeldeten Geschäften 329; kein Anspruch, wenn K. die Papiere weder bezogen noch bereit gehalten hat 330; Verkaufskommissionär kein Einwand wegen niedrigern Werthes 331; Haftung für Rath bei Ankauf von Papieren 332; Auftrag an eine o. H. G., welche sich vor der Ausführung auflöst, Ausführung einer anderen o. H. G., welche das Geschäft und die Aktiven übernahm 333; der Einkaufskommissionär wird durch den Eintritt in das Geschäft Verkäufer; danach darf er nicht weiter verkaufen ohne die Voraussetzungen H. G. B. 343, 334.

Kompensation mangelnde Fälligkeit 122; keine gegen Anspruch auf Liberirung 123; im Voraus verabredete Kompensation der Gegenforderung aus später abzuschließenden Geschäften; inzwischen verpfändet der Gläubiger die Forderung und notifizirt 75.

Konfessoria auch gegen Nichteigenthümer 51; keine Anwendung von A. L. R. I, 19, §. 5 auf den Pächter, welcher ein Haus zur Betreibung der Schankwirthschaft erpachtet, wissend, daß der Verpächter verpflichtet ist, solche nicht einzurichten 52; Bezeichnung des herrschenden und des dienenden Grundstücks 53.

Konfusion. Keine durch Beerbung 124.

Konkurrenzenthaltung. Kein Geschäft zu betreiben innerhalb eines Umkreises, Auslegung 245; keine Verpflichtung aus einem Geschäft wieder auszutreten, wenn dasselbe nachträglich K. geschäft wird 361.

Konkurs. Konkurs über Nachlaß, wenn ein Miterbe persönlich haftet, zwei Benefizialerben 937; kein Absonderungsrecht an einer vor der Pfändung einem Dritten cedirten Forderung des Gemeinschuldners, wenn die Cession nur auf die Anfechtung des Konkursverwalters für unwirksam erklärt ist 945; Aussonderungsanspruch bei vom Konkursverwalter genehmigtem Verkauf von dem Kläger gehörigen Waaren 941; Aussonderungsanspruch nicht ausgeschlossen durch Anmeldung der Konkursforderung 942; Berechnung der zehntägigen Frist im Fall K. O. §. 228. 939; der Schuldner hatte „bis spätestens gegen Mai" zu zahlen, Befriedigung am 4. April 940; Aufrechnung gegen eine bei Kenntniß der Zahlungseinstellung kontrahirte Schuld gegen eine ältere Forderung 938; Berechnung des Interesse, wenn der Konkursverwalter nicht in den gegenseitigen Vertrag eintritt 370; Schadensersatz wegen Nichtlieferung des Konkursverwalters 943; Konventionalstrafe liquidirt für in einem Jahre von in K. verfallenem Rübenaktionär nichtgelieferte Rüben, 486, 487; Anerkennung einer Kostenforderung ausgelegt als einer provisorischen 947; Restriktive Auslegung des Eintrags in die Tabelle nach der Anmeldung 935; keine Klage eines Gläubigers auf Abschlagsdividende 914; kein Vertheilungsverfahren im Fall §. 53 K. O. 946; Aufhebung des Konkurses, während ein zur Masse gehöriges Grundstück aus Irrthum unveräußert blieb, Vormerkung eines Gläubigers, K. O. §. 153, Klage auf Löschung 938.

Kontokorrentvertrag. Befreiung der ausscheidenden Genossen für Ansprüche von Gläubigern der Genossenschaft durch Saldoziehung? 300, 301.

Kontradiktorische Verhandlung 677.

Kontrahenten. Bauherr oder Bauunternehmer dem Lieferanten verpflichtet? 208; Pferdehandel auf dem Markte 209; Selbstkontrahent bei erkennbarer Thätigkeit im Interesse eines Dritten 210; der „Rendant der Sparkasse" beauftragt für seine Person 211; nicht K., obwohl in der notariellen Verhandlung als solche aufgeführt 597; der Verwalter in eigenem Interesse verpachtet 212.

Konventionalstrafe. A. L. R. I, 5, §. 302 294; nicht verwirkt durch erfolglosen Versuch 296; nicht verwirkt, bei kontraktwidrigem Verhalten des Gegenkontrahenten 295.

Korporation. Einheitlichkeit des Fiskus bezüglich seiner Verpflichtung aus einem Vertrage und der Störung dieser B. durch eine andere als die kontrahirende Behörde 489; Haftung der Kirchengemeinde für die durch ein Versehen des Stiftungsraths bei einem Bau verursachten Körperverletzung 488; Haftung der Stadt für unterlassene Vorsorge bei Ausführung eines Baues 490.

Kosten. Keine Niederschlagung bei rechtsirrthümlicher Behandlung 660, 661; bei der Feststellung nicht glaubhaft gemacht 662; Ausführung des Genossenschaftsregisters keine Beschwerde an Reichsgericht 948; Verurtheilung zu K. trotz Erklärung Beklagter sei zur geforderten Vorlegung der Bücher bereit gewesen 666; Verurtheilung zu den Kosten trotz Verurtheilung nur zu einem geringeren Betrage der Schadenssumme 671b; Beklagter in die Kosten des Zwischenstreits, Kläger in die des Prozesses, Feststellung 671; der Nebenintervention nicht von der eigenen Partei 669;

R. der Berufung nicht dem unterliegenden Berufungsbeklagten, wenn wegen anzunehmender Zulässigkeit des Rechtsweges in die I. Instanz verwiesen 669; R. der Revision, wenn zurückverwiesen, demnächst aber wieder ebenso erkannt ist 665. Kostenfeststellung keine, nachdem dem Urtheil der Titel zur Zwangsvollstreckung entzogen 671g; keine wiederholte Kostenfeststellung 670; Feststellung der R. für Berufung des Gerichtsvollziehers zur Zwangsvollstreckung? 671o; vorläufige Vollstreckbarkeit eines Kostenfestsetzungsbeschlusses 663; keine Beschwerde, weil bei Ablehnung von einem Posten nicht ein anderer Kostenposten erhöht sei 667; jede Partei zu den Kosten ihres Rechtsmittels, keine Aufrechnung 671a; keine Kostenausgleichung, wenn ein Mitkläger abgewiesen, und in die Hälfte der Kosten verurtheilt ist 671; R. der Reise der Partei zum Anwalt 671f; Korrespondenzgebühr und Beweisgebühr zur Erstattung 671e; keine Korrespondenzmandatargebühr des beklagten Rechtsanwalts 664; Korrespondenzgebühr, obgleich nicht nothwendig, in Höhe ersparter Reisekosten 671b; keine Korrespondenzgebühr des Konkursverwalters 671k; Kosten des Korrespondenzmandatars auf Attest des Gemeindevorstehers 668; Vergleichsgebühr bei einer Verschiedenheit des Streitgegenstandes und des Vergleichsgegenstandes 671d.

Kreditgeschäft. Hypothekarisches Darlehn, daneben ein besonderer Tilgungsvertrag. Berechnung der Zinsen bei vorzeitiger Tilgung 314.

Kündigung eines Darlehns durch den Prozeßbevollmächtigten 870; von Theilbeträgen vier Wochen, des ganzen Kapitals drei Monate, der Schuldner kündigt das ganze Kapital in Theilbeträgen 313.

Lagerkosten des Käufers keine niedrigeren als wie Spediteur lagert 231.

Lehnrecht. Aufhebung eines Rückkaufsrechts des Lehnfolgers mit gesetzlicher Aufhebung der Lehne 77.

Lex Aquilia. Verletzung durch ein beim Rennen ausgebrochenes Pferd 174; Verletzung bei berechtigter Ausübung des Pfändungsrechts und Widerstands 175; Verwundung bei Schießen ohne polizeiliche Erlaubniß 176; Haftung einer Kirchengemeinde aus der Lex Aquil. 488; Ausstattung beim 16. Lebensjahre neben Renten vom 14. Jahre 178; Schmerzensgeld 177; Tod durch Sturz in unverwahrten Graben neben einer Straße 179; kein Anspruch, wenn einverstanden mit der Nichtbeleuchtung 180.

Lex commissoria bei gegenseitigem Vertrag; keine Verwirkung, wenn der Kläger seine Leistung wegen Säumigkeit des Gegners zurückhalten durfte 293.

Licenz vorbehalten bei Abtretung von Patentrechten 415; nicht berührt durch theilweise Vernichtung des Patents 416; Gebühr für den verflossenen Zeitraum zu zahlen, wenn spätere Patentverletzungen nicht erfolgt sind 417.

Lotteriespiel, verbotenes, durch Verkauf von Prämienloosen 413, 414.

Mahnverfahren. Abzahlungen nach Zustellung des Zahlungsbefehls begründen nicht die Zuständigkeit des Amtsgerichts für die zu erhebende Klage 646.

Mäkelvertrag. Heirathsvermittelung 320, 321; Angemessener Betrag für Parzellirung 322; Kaufurkunde nur von dem auftraggebenden Verkäufer unterschrieben 323; das Geschäft in anderer Weise abgeschlossen 324; Provision Gewinnantheil, dessen Berechnung 325; nur im vorbereitender Vertrag vermittelt, von welchem Rücktritt 326.

Manifestation des Vermögens zur Ermittelung der Ehescheidungsstrafe 311.

Markenschutz. Verletzung bei zwischenliegenden Verträgen? 107, 108.

Meiergut. Recht der Ehefrau das Heirathsgut zurückzufordern 78; Verpflichtung der Guterbin aus dem Erlöse des subhastirten Meierguts die Forderung der Ehefrau zu befriedigen 79, 80.

Miteigenthum. Zwischenmauer, Code 654. 27; Anspruch des M.ers gegen den andern wegen zur Hälfte übernommener Hypothek 55.

Miterben. Klagen einzelner auf Löschung der Hypothek 549; Streit zwischen den M., ob eine Forderung des Nachlasses an den Kläger bestehe, durch Klage auf Einzahlung einer Schuld des Beklagten zum Austrag zu bringen 550; Klage auf Einwerfung einer Annahmesumme 551; Zinspflicht für überlassene Grundstücke 552; Rechenschaft über eingezogene Forderungen 553; Vertrag nach Stämmen statt nach Köpfen zu erben 554.

Mühle, kein unentziehbares Recht auf die Quellen 84, 85; mehrere Mühlen haben ein gemeinschaftliches Recht auf eine Stauvorrichtung, welche vom Obermüller regulirt wird; Ablehnung des Rechts an einen Untermüller 25; kein Anspruch der Mühle, wenn der Bergeigenthümer den das Wasser liefernden Erbstollen aufläßt 81.

Mündlichkeit. Schriftstücke, welche von Sachverständigen benutzt sind, nicht vorgetragen 680.

Nachbarrecht. Lärm durch Betreibung der Böttcherei neben einer Synagoge 38; Beweis der Chikane 39; keine Klage auf Beseitigung einer von öffentlicher Behörde im öffentlichen Interesse bewirkten Veränderung der Straße 40; aber auf Schadensersatz und Sicherstellung gegen weiteren Schaden 40; Actio aquae pl. aro. auch wenn die Anlage die Aenderung des Wasserlaufs nicht bezweckte 40; Verhältniß zum Enteignungsverfahren 41.

Nachlaßbehörde. Bedeutung der Entgegennahme der Erklärung der einzelnen Erben 554.

Negatoria, l. Konfessoria. R. nicht veranlaßt 111, 112; Kl. auf Unterlassung des Verlaufs von Schuhwaaren als die einer Fabrik, aus welcher sie nicht herrühren 151.

Notar. Klage gegen N. auf Vollstreckbarkeitserklärung 686.

Nützliche Geschäftsführung. Keine des Staats für den Deichverband, wenn er ein neues Deichkataster anlegt 491.

Obfervanz, dingliche Unterhaltungspflicht bez. Kirchhof 1; ausgeschlossen durch Rechtsirrthum trotz entgegenstehenden Gutachtens des höchsten Gerichtshofs 1.

Oeffentliche Straße. Verlegung in einer Entfernung vom Privatgrundstück, kein Anspruch 22.

Oertliches Recht. Keine Berücksichtigung fremden Rechts, da kein Anhalt, daß dasselbe anders bestimmt 10; Eigenthumserwerb an Waaren 16; Gewährleistungsversprechen f. abgetretene Hypothek 15; Einrede der Verjährung bei zweiseitigem Vertrage mit

Grundstück unzulässig, welches einer Verfügungsbeschränkung des Schuldners unterworfen 910; Intervention der Ehefrau mit Eigenthumsansprüchen nicht beseitigt dadurch, daß inzwischen die Sachen verkauft seien 908; Intervention gegen Pfändung, welche den Gegenstand nicht traf 887; Pfändung e. Forderung unter Ersatzzustellung an den Drittschuldner 895; Einwand des Bürgen, daß Gläubiger seine Befriedigung aus den ihm haftenden Sicherheiten zu suchen habe 896; Mahnung im Verwaltungszwangsverfahren kein Beginn der Zwangsvollstreckung 904; Voraussetzung des Verfahrens über Leistung des Offenbarungseides 889; keine Zuständigkeit des Vollstreckungsgerichts über Identität der verurtheilten Partei im Verfahren über den Offenbarungseid zu befinden 890; Pfändung eines Anspruchs auf Herausgabe von Werthpapieren 892; nachträgliche Herausgabe der Papiere an Gerichtsvollzieher ohne erneuten Gerichtsbeschluß 893; die Zwangsvollstreckung wird gegenüber dem Schuldner gehellt, wenn die nach dem Urtheil zuvor zu leistende Sicherheit nachträglich geleistet ist 897; keine Einstellung auf Grund C. P. O. §. 688 wegen Kosten des Armenanwalts 898; keine Klage wegen Unzulässigkeit der §. 885.

Zwischenurtheil über den ganzen Anspruch, wenn e. Theil bereits liquid 822; Einrede, welche den Schadensanspruch nicht ganz beseitigt, dem Verfahren über die Höhe vorbehalten 821; nach §. 275, ob sich die Gesellschaft auf eines oder mehrere geklagte Geschäfte erstreckt 822a; nach §. 276, die Existenz eines Schadens nach Sachlage anzunehmen 822b.

Zwischenwand. Code 654. 27.

Druck von F. A. Brockhaus in Leipzig.

Berichtigungen.

Zu Band IV.

Nr. 893, vorletzte Zeile, statt: Vormunds, lies: Vaters

Zu Band VIII.

Nr. 142, Zeile 1, statt: 1874, lies: 1884

Zu Band IX.

Seite 11, die Randrubrik „Eigenthumserwerb", st.: bei 28, zu 29.
  » 201,   »   »   „Bürgschaft", st.: bei 440, zu 441.
  » 203,   »   »   „Gesellschaft", »   » 446, » 447.
  » 204 oben, statt: Gesellschaft, lies: Bürgschaft.